China
0
500 km
N
Seite 167
Seite 157
Seite 132-133
Seite 184
Seite 191
Seite 258
Seite 235
Seite 212-213
Seite 260-261
Seite 266
Seite 245
Seite 240
Seite 250
Seite 340
Seite 338
Seite 317
Seite 304
Seite 298
Seite 276/277
Seite 312
Ozero Baykal
Ulan-Ude
Chita
Mohe
Da Hinggan Ling
Blagoveshchensk
Khabarovsk
Tongjiang
Manzhouli
Bei'an
Yichun
Hegang
Songhua
Sikhote
Ulaanbaatar
Choybalsan
Qiqihar
Jiamusi
Jixi
Hokkaido
Harbin
Suifenhe
Ussuriysk
Nungnai Sum
Baicheng
Wladiwostok
Sea of Japan
Changchun
Jilin
Tongliao
Mongolei
Innere
Gobi
Liao He
Shenyang
Ch'ŏngjin
dzadgad
Fushun
Kimch'aek
Jinzhou
Nord Korea
Hohhot
Jining
Zhangj
Chengde
Dandong
Baotou
Peking
Pjöngyang
Datong
Tanggu
Korea Bay
Honshu
Huang He
Tianjin
Dalian
Gangneung
Bo Hai
Sŏul (Seoul)
Nagoya
Taiyuan
Shijiazhuang
Yantai
Süd-Korea
Japan
Gelber Fluss
Gr. Kanal
Huang He
Busan
Okayama
Kobe
Jinan
Qingdao
Gwangju
Hiroshima
Yan'an
Gelbes Meer
Jiaozuo
Lianyungang
Fukuoka
Luoyang
Kaifeng
Cheju-do
Nagasaki
Xi'an
Zhengzhou
Xuzhou
Kagoshima
Ying He
Hefei
Wuxi
Nanjing
Shanghai
Ostchinesisches Meer
Suzhou
Hangzhou
Sanxia
Yichang
Schluchten
Wuhan
Ningbo
Nansei-shoto
Chang Jiang
Dongting
Poyang Hu
Jingdezhen
Chongqing
Changsha
Nanchang
Wenzhou
Shaoyang
Hengyang
Fuzhou
Wendekreis des Krebses
Guiyang
Keelung
Taipeh
Guilin
Yangshou
Xiamen
Taiwan
Shaoguan
Yu Shan 3952
Liuzhou
Kanton (Guangzhou)
Shantou
Pazifischer Ozean
Xun Xi
Wuzhou
Tainan
Kaohsiung
Hongkong
Nanning
Macau
Batan Inseln
Zhanjiang
Xuwen
Golf von Tonkin
Südchinesisches Meer
Haikou
Hainan Dao
Hainan
Sanya
Philippinen

POLYGLOTT Apa Guide

China

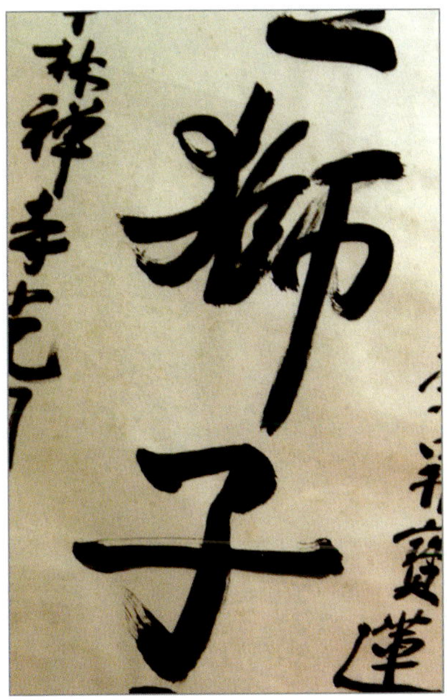

»

Unser China-Spezialist

Franz-Josef Krücker schreibt seit mehr als 20 Jahren über Reisen, Zeitgeschichte und Kultur in Asien. Von 1983 bis 1998 war er Redakteur und zeitweilig Chef vom Dienst bei der Zeitschrift »Das moderne China«. Er hat drei Jahre in Hongkong gelebt und China auf zahlreichen Reisen kennengelernt. Heute arbeitet er als freiberuflicher Autor, Lektor und Übersetzer und ist Verleger des Wissenschaftsverlags edition global.

Zeichenerklärung

- S-Bahn, Metro, U-Bahn
- Post
- Busbahnhof
- Flughafen
- Auto-Bahnverladung
- Schiffsverbindung
- Autofähre
- Kirche
- Kloster
- Synagoge
- Moschee
- Friedhof
- Moslemischer Friedhof
- Jüdischer Friedhof
- Aussichtspunkt
- Antike Ruinenstätte
- Burg, Schloss
- Burgruine, Schlossruine
- Windmühle
- Denkmal
- Turm
- Leuchtturm
- Nationalpark
- ★ ❶ Ⓐ Sehenswürdigkeit

PT 09K1 ◆ 09010

Polyglott APA Guide China
Ausgabe 2010/2011

Autoren: Brice Minngh, Chris Taylor, Brent Hannon, David Drakeford, Graham Bond, Andrew Forbes, David Bedford, Ed Peters, Manfred Morgenstern, Tom Le Bas

Deutsche Bearbeitung: Franz-Josef Krücker
Redaktion: Anissa Nasser
Karten und Pläne: Polyglott Kartografie und Phoenix Mapping
Typographie: Ute Weber, Geretsried
Satz: Schulz Bild & Text, Hamburg
Titeldesign-Konzept: Studio Schübel Werbeagentur GmbH, München

Alle Informationen stammen aus zuverlässigen Quellen und wurden sorgfältig geprüft. Für ihre Vollständigkeit und Richtigkeit können wir jedoch keine Haftung übernehmen.
Ergänzende Anregungen, für die wir dankbar sind, bitten wir zu richten an:
Apa Publications c/o Langenscheidt KG, Postfach 40 11 20, 80711 München. E-Mail: redaktion@polyglott.de

Polyglott im Internet:
www.polyglott.de

Printed in Singapore
ISBN 978-3-8268-1208-8

REISEMAGAZIN

HINTERGRUND

KARTEN

UNTERWEGS

China erkunden

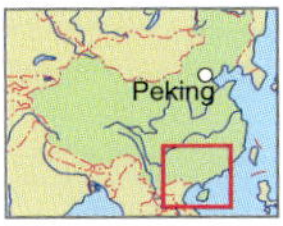

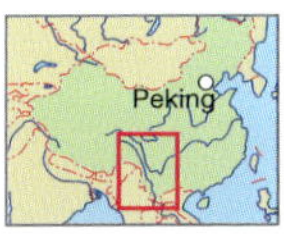

REISESERVICE

Inspiration

Das Land der vielen Kontraste versammelt beeindruckende historische Bauwerke, futuristische Architektur, zeitlose Landschaften und faszinierende alte Dörfer.

Links: Die atemberaubende Skyline des neuen, modernen Stadtteils Pudong in **Shanghai** wird von glitzernden Hochhäusern und dem Fernsehturm beherrscht. So schnell wie keine andere Stadt hat Shanghai das Alte zerstört und sich ein völlig neues Bild gegeben, in dem historische Bauwerke nur noch als kleine Inseln auftauchen. Wenig erinnert heute noch an den Art-déco-Glanz des »Paris des Ostens«. **Siehe Seite 215**

Oben: Die herrliche Landschaft aus Karstkegeln zu beiden Seiten des Flusses Li in der Umgebung von **Guilin** schlägt schon seit Jahrhunderten Menschen in ihren Bann, früher vor allem Landschaftsmaler. Heute gleitet man auf einem Boot durch das mit üppigem Grün bewachsene Gebirge aus Felsnadeln. **Siehe Seite 337**

Rechts: Durch das hügelige Gelände im Norden des Reiches schlängelt sich die etwa 6400 km lange **Große Mauer,** die die Barbaren davon abhalten sollte, in das Reich der Mitte einzudringen. Nördlich von Peking, z.B. bei Badaling und Mutianyu, sind mehrere Mauerabschnitte restauriert und wieder begehbar. Sie bieten grandiose Ausblicke auf die herrliche Landschaft. **Siehe Seite 154 und 162**

Rechts: Die Handelsroute der **Seidenstraße** verband Xi'an mit zahlreichen Städten in Westasien und Europa. Auf chinesischem Gebiet sind Oasen wie Turfan und Marktstädte wie Kashgar zu besuchen, die sich heute Zentralasien mehr verbunden fühlen als der fernen chinesischen Hauptstadt. **Siehe Seite 400 und 403**

Oben: Ein Besuch der Flussstadt **Fenghuang** in der Provinz Hunan versetzt Reisende in das alte China zurück. Holzhäuser, zwischen denen nur enge Straßen verlaufen, stehen direkt am Fluss. **Siehe Seite 329**

Oben: Im gebirgigen Nordwesten der Provinz Yunnan hat sich die Stadt **Lijiang** zu einem beliebten Reiseziel entwickelt. Sie verbindet historische Häuser mit großartiger Natur. **Siehe Seite 373**

Links: Die Macht und den Wahn des ersten Kaisers versinnbildlicht die **Terrakotta-armee,** die sein Mausoleum in unterirdischen Schächten bewacht. **Siehe Seite 193 und 204**

Oben: Seit in den Schluchten am **Yangzi** der Wasserpegel gestiegen ist, kann man auch die Nebenflüsse befahren. **Siehe Seite 256**

Unten: Den **Huangshan** in der Provinz Anhui sollte jeder in seinem Leben einmal bestiegen haben. Bizarre Felsen, dürre Kiefern und herrliche Ausblicke über Berge und Wolken belohnen den Tüchtigen. **Siehe Seite 268**

Rechts: Der **Himmelstempel in Peking** gehört zu den harmonischsten Bauwerken des alten China. Er befindet sich in einem großen Park, der Entspannung in der Großstadt bietet. **Siehe Seite 143**

Für Sie ausgewählt

Einzigartige Sehenswürdigkeiten, bunte Feste, lebhafte Städte, aufregende Landschaften, gute Restaurants und vieles mehr hat China zu bieten. Hier finden Sie die besten Tipps und Ausflugsziele.

Wichtigste Städte

◆ **Peking** Das Zentrum der politischen Macht mit vielen außergewöhnlichen Sehenswürdigkeiten. **Siehe Seite 135**

◆ **Shanghai** Die moderne Metropole Chinas. **Siehe Seite 6 und 215**

◆ **Kanton** Weltoffene Wirtschaftsstadt mit alten Tempeln und hervorragenden Restaurants. **Siehe Seite 304**

◆ **Nanjing** Mit breiten Straßen und stillen Kanälen verstömt die attraktive ehemalige Hauptstadt eine entspannte Atmosphäre. **Siehe Seite 234**

◆ **Chengdu** In einem kleinen Teil der Stadt findet man noch alte Läden und Teehäuser. **Siehe Seite 354**

◆ **Kunming** Die Hauptstadt der südlichen Provinz Yunnan wird geprägt durch ihre Lockerheit und ein angenehmes Klima. **Siehe Seite 366**

◆ **Qingdao** Deutsche Kolonialarchitektur und Bierbraukunst machen den Reiz der Stadt aus. Mit langen Sandstränden ist sie ein beliebter Badeort. **Siehe Seite 182**

◆ **Xiamen** Interessant ist v.a. die Insel Gulangyu mit alten Kolonialbauten. **Siehe Seite 316**

◆ **Xi'an** Nahe der alten Hauptstadt steht die Terrakottaarmee Wache. **Siehe Seite 7 und 204**

◆ **Lhasa** Echte Religiosität findet sich noch in den Klöstern und Tempeln der tibetischen Hauptstadt. **Siehe Seite 389**

◆ **Hongkong** Einzigartiges Flair einer internationalen Hafenstadt mit vielen Attraktionen. Schon allein die faszinierende Skyline ist eine Reise wert. **Siehe Seite 279**

Ganz oben: Schmackhafte Dim Sum **Oben:** Pingyao, eine der am besten erhaltenen alten Städte Chinas **Links:** Drachenfigur vom Chengdu-Tempel **Unten rechts:** Siegel

Schöne Orte

◆ **Fenghuang** Die idyllische Flussstadt erinnert an vergangene Zeiten. **Siehe Seite 7 und 329**

◆ **Dali** Mit seiner schönen Umgebung gehört Dali zu den entspannendsten Orten des Landes. **Siehe Seite 370**

◆ **Pingyao** Wunderbar erhaltene Kleinstadt in der Provinz Shanxi mit einer Stadtmauer aus der Mingzeit. **Siehe Seite 181**

◆ **Suzhou** Die einst reiche Stadt der Seide und der Gärten. **Siehe Seite 240**

◆ **Chaozhou** Diese Perle hat sich das Flair einer historischen Stadt bewahrt. **Siehe Seite 313**

◆ **Quanzhou** Eine äußerst angenehme Stadt, die einst einen geschäftigen Hafen besaß. **Siehe Seite 319**

◆ **Kaifeng** Ehemalige Hauptstadt mit gut erhaltener Altstadt. **Siehe Seite 201**

◆ **Turfan** Eine interessante Oasenstadt mitten in Zentralasien. **Siehe Seite 410**

Herrliche Landschaften

◆ **Guilin** Steile Karstkegel säumen den idyllischen Li-Fluss. **Siehe Seite 6 und 338**

◆ **Huangshan** Das »Gelbe Gebirge« gibt sich oft geheimnisvoll nebelverhangen. **Siehe Seite 270**

◆ **Reisterrassen in Longsheng, Prov. Guangxi** 800 Meter reichen die »Drachenrücken« genannten Reisterrassen einen steilen Bergrücken hinauf. **Siehe Seite 344**

◆ **Westliches Sichuan** Hier verzaubern magisch leuchtende Seen in Jiuzhaigou und das Pandareservat in Wolong. Im Norden weites Grasland. **Siehe Seite 362**

◆ **Xishuangbanna, Yunnan** Diese tropische Region mit seltenen Vögeln, Elefanten und dem buddhistischen Volk der Dao hat mehr gemeinsam mit Laos als mit China. **Siehe Seite 377**

◆ **Drei Parallelflüsse, Yunnan** Die drei großen Ströme Nujiang, Mekong und Yangzi reißen mächtige Schluchten in die Landschaft. **Siehe Seite 375**

◆ **Strände im Süden Hainans** Die weißen Sandstrände von Dadonghai und Yalong sind wohl die schönsten Strände Chinas. **Siehe Seite 315**

◆ **Emeishan** Den für Buddhisten und Daoisten heiligen Berg in der Provinz Sichuan zeichnen Tempel, Wälder und eine reiche Flora an seinen Hängen aus. **Siehe Seite 270 und 358**

◆ **Taishan** Ein weiterer heiliger Berg im Norden, von dem aus sich schöne Ausblicke bieten. **Siehe Seite 184 und 271**

◆ **Himmelssee (Tianchi)** Ein herrlicher See im Gebirgsmassiv des Tianshan. **Siehe Seite 169**

◆ **Naturreservat Wulingyuan** Zahllose Karstberge, Seen, Wasserfälle und Höhlen sowie dichter Wald machen die Landschaft abwechslungsreich. **Siehe Seite 328**

Oben: Proben zur Parade am Nationalfeiertag **Links:** Panda in Sichuan **Unten:** Reisterrassen von Longsheng

Feste und Events

◆ Millionen reisen zum **Neujahrsfest** zu ihren Familien – keine gute Reisezeit. Aber eine besondere Zeit mit Drachentänzen und Tempelfesten. Sehr schön ist das Chinesische Neujahr in Hongkong.

◆ Das **Eisskulpturenfest** im nordöstlichen Harbin findet im tiefsten Winter statt. **Siehe Seite 171**

◆ Beim **Drachenbootfest** werden in Südchina, v.a. in Zigui, Ende Mai/Anfang Juni wilde Rennen mit viel Lärm ausgetragen. **Siehe Seite 347**

◆ Die **Feste der Miao und Dong** in Guizhou gehören zu den buntesten Volksfesten des Landes. **Siehe Seite 346**

◆ Der **Geburtstag Tin Haus** (chin. Tian Hou, auch als Matsu oder A-Ma bekannt) wird in den südlichen Küstenstädten mit Prozessionen und Feuerwerken begangen. **Siehe Seite 320**

◆ Zu den **buddhistischen Festen** gehören die Geburtstage Buddhas und Guanyins. **Siehe Seite 84**

◆ Mondkuchen und Laternen beherrschen die Stimmung beim **Mittherbstfest,** das auch Mondfest genannt wird. Es findet im September statt. **Siehe Seite 443**

◆ Zum **Nationalfeiertag** werden Paraden abgehalten. Läden sind geschlossen und Millionen Chinesen machen Urlaub. **Siehe Seite 443**

Weitere Feste **siehe Seite 16, 88 und 443**

Abseits der Wege

◆ **Provinz Guizhou** Heimat von über 30 Minderheitenvölkern. Die Dong sind als Erbauer von überdachten Brücken bekannt, die Miao als Organisatoren bunter Feste.
Siehe Seite 346

◆ **Beihai, Guangxi** Eine stille Hafenstadt unweit der vietnamesischen Grenze, mit Stränden und alten Gebäuden aus den Handelszeiten.
Siehe Seite 345

◆ **Lushan, Jiangxi** Dieser Bergort über dem Yangzi-Tal wurde einst als Sommerlager von den christlichen Missionaren, dann von Mao Zedong genutzt. **Siehe Seite 326**

◆ **Kaschgar, Xinjiang** In der westlichsten Stadt Chinas trafen sich die Karawanen, die auf der Seidenstraße unterwegs waren.
Siehe Seite 415

◆ **Lanzhou, Gansu** Wenige Touristen bleiben in dieser staubigen Stadt mit extrem hoher Luftverschmutzung. Es gibt keine Sehenswürdigkeiten, doch das am Gelben Fluss gelegene Lanzhou verbreitet zentralasiatische Atmosphäre.
Siehe Seite 404

◆ **Grasland der Inneren Mongolei** Eine scheinbar unendliche Weite von Gras und Steppe, die nur von ein paar einsamen Stupas unterbrochen wird.
Siehe Seite 172

◆ **Karakorum-Passstraße** Eine der spektakulärsten und gefährlichsten Straßen der Welt führt nach Pakistan. **Siehe Seite 401 und 419**

◆ **Grenze zu Sibirien** Ausgedehnte Nadelwälder und Seen bestimmen das Grenzgebiet zu Russland. Hier finden seltene Vögel eine Heimat.
Siehe Seite 170

◆ **Das Inselinnere von Hainan** In den Hügeln gibt es einige kleine Gebiete tropischen Regenwalds, in denen Minderheitengruppen leben. **Siehe Seite 316**

◆ **Südwestliches Fujian** Im Bezirk Yongding findet man zahlreiche Rundhäuser der Hakka. **Siehe Seite 318**

Oben: Der idyllische Westsee in Hangzhou **Links und unten:** Kampfkunsttraining **Links:** Naturschutzgebiet Wulingyuan, Provinz Hunan

Klassisches China

◆ **Westsee, Hangzhou** Von Dichtern besungen, von Malern verewigt – ein nebelumwobener See mit Bäumen und Pagoden.
Siehe Seite 250

◆ **Kaiserkanal** Der alte, 1800 km lange Kanal wurde ursprünglich vor tausend Jahren angelegt und verbindet einige Handelsstädte miteinander.
Siehe Seite 243

◆ **Sommerpalast, Peking** Ein ausgedehnter, klassischer chinesischer Garten mit Brücken, Pagoden und einem riesigen See. **Siehe Seite 148**

◆ **Flussfahrt auf dem Yangzi** **Siehe Seite 260**

◆ **Flussfahrt auf dem Li** Das Boot gleitet durch die einzigartige Karstlandschaft bei Guilin.
Siehe Seite 343

◆ **Große Wildgans-Pagode (Dayanta), Xi'an** Eindrucksvolle Aufbewahrungsstätte für Manuskripte, im 6. Jh. erbaut.
Siehe Seite 192

Tempel und Klöster

◆ **Wong Tai Sin Temple, Hongkong** Nicht nur wegen der Wahrsager ist der daoistische Tempel einer der belebtesten in Hongkong. **Siehe Seite 289**

◆ **Lamatempel, Peking** Bei Besuchern beliebter Tempel im Norden Pekings. **Siehe Seite 145**

◆ **Hängender Tempel am Hengshan** Der Xuankongsi steht auf einem heiligen Berg des Daoismus. **Siehe Seite 179**

◆ **Insel mit Putuoshan** Vor Shanghai liegt diese Insel mit einem heiligen Berg. **Siehe Seite 254**

◆ **Shaolin** Das weltbekannte Zentrum der Faustkämpfer ist vor allem ein Zentrum des Kommerzes. **Siehe Seite 198**

◆ **Kloster Labrang, Xiahe** In diesem größten lamaistischen Kloster außerhalb von Tibet leben etwa 2000 Mönche. **Siehe Seite 405**

◆ **Tempel des Weißen Pferdes, Luoyang** Dies soll der älteste buddhistische Tempel Chinas sein. **Siehe Seite 197**

◆ **Bambustempel, Kunming** Surreale Skulpturen von buddhistischen Heiligen zieren den Tempel. **Siehe Seite 367**

◆ **Konfuzius-Tempel, Qufu** Die Heimat von Chinas Chefideologen. **Siehe Seite 186**

Oben: Der Große Buddha von Leshan **Links:** Räucherstäbchen im Tempel **Unten:** Überall Verbote

Wichtigste historische Stätten

◆ **Terrakottakrieger bei Xi'an.** **Siehe Seite 193**

◆ **Kaiserpalast, Peking** Der große Palast der Ming- und Qing-Kaiser. **Siehe Seite 136**

◆ **Longmen-Grotten** Zahlreiche Höhlen sind mit buddhistischen Figuren geschmückt. **Siehe Seite 199**

◆ **Großer Buddha von Leshan** Diese 71 m hohe Buddhastatue soll den Flussverkehr schützen. **Siehe Seite 361**

◆ **Mogao-Grotten** Über Jahrhunderte haben buddhistische Mönche in den 490 Grotten gelebt und sie mit buddhistischen Skulpturen versehen. **Siehe Seite 409**

◆ **Potala-Palast Lhasa, Tibet** In diesem gigantischen Palast residierte einst der Dalai Lama. **Siehe Seite 387**

◆ **Shaoshan** Maos Geburtsort ist mit nachgemachten Hütten und einem Museum bestückt. **Siehe Seite 327**

◆ **Tian'anmen-Platz, Peking** Auf diesem riesigen Platz wurde schon mehrfach Geschichte geschrieben. **Siehe Seite 140**

REISETIPPS

◆ **Touristeninformation:** Die Büros von CTS (China Travel Service) und CITS (China International Travel Service) wollen Touren verkaufen und sind keine wirklichen Auskunftsstellen. Sie helfen aber, wie auch andere Reisebüros, beim Kauf von Flug- und Zugtickets.

◆ **Eisenbahntickets:** Übernachtfahrten sollten zwei bis fünf Tage im Voraus gekauft werden (früher geht meist nicht), denn am Tag der Reise sind sie oft ausverkauft, was ein besonderes Problem darstellt, wenn man unterwegs in den Zug einsteigt. Nehmen Sie die beste verfügbare Kategorie (soft-sleeper). Wer Nerven sparen will, beauftragt ein Reisebüro. In den Bahnhöfen gibt es meist einen separaten Schalter für Ausländer, an dem die Schlangen nicht so lang sind.

◆ **Busse:** Manche Langstreckenbusse, besonders zwischen kleineren Orten, fahren erst ab, wenn alle Plätze verkauft sind. Fahrkarten erhält man gewöhnlich am Reisetag am Busbahnhof. In größeren Städten gibt es oft verschiedene, meilenweit voneinander entfernte Busbahnhöfe für Fahrten in verschiedene Richtungen.

Hotels

Preiskategorien (Doppelzimmer in der Hochsaison, ohne Frühstück)
●●●●● = über 150 €
●●●● = 100–150 €
●●● = 70–100 €
●● = 35–70 €
● = unter 35 €

◆ Bamboo Garden Hotel
24 Xiaoshiqiao Lu, Ecke Jiugulou Dajie, **Peking,** Tel. 0 10/5852 0088, Fax 5852 0066, E-Mail: bbgh@bbgh.com.cn, www.bbgh.com.cn. ●●
Das Bamboo Garden Hotel im ehemaligen Haus eines Ministers aus der Qing-Dynastie hat 50 mit traditionellen Möbeln aus der Kaiserzeit eingerichtete Zimmer. Im kleinen Garten mit Bambus, roten Laternen, Zickzack-Brücken und Pavillons sind der Fantasie keine Grenzen gesetzt. Das Personal hilft gerne bei der Organisation einer Rikschafahrt durch die Hutongs. **Siehe Seite 435**

◆ Xi'an Sofitel Hotel
319 Dongxin St, **Xi'an,** Tel. 0 29/ 8792 8888, Fax 8792 8999, www.sofitel.com. ●●●●●
Das Sofitel stellt eine Bereicherung dar. Mit seinen 432 modern ausgestatteten Zimmern (mit Internet-Anschluss), verschiedenen Restaurants, Schwimmbad und Sportanlagen bildet es eine der wenigen Oasen inmitten der Stadt. Besonders angenehm ist, dass die Sehenswürdigkeiten in der Altstadt zu Fuß erreicht werden können. **Siehe Seite 436**

◆ White Swan Hotel
1 Shamian Nanjie, **Kanton,** Tel. 0 20/8188 6968, Fax 8186 1188, E-Mail: swan@whiteswanhotel.com, www.whiteswanhotel.com. ●●●
Die hervorragende Lage am Perlfluss, geschmackvoll ausgestattete Zimmer, guter Service, mehrere Restaurants und Bars, zwei Schwimmbäder, die große Lobby mit rauschendem Wasserfall – alles zusammen macht das Hotel zu einem der besten Hotels in Kanton. **Siehe Seite 429**

◆ Grand Hyatt Hotel
88 Century Blvd., **Shanghai,** Tel. 0 21/5049 1234, Fax 5049 1111, E-Mail: info@hyattshanghai.com, www.shanghai.hyatt.com. ●●●●●
Das in der 53. bis 87. Etage des Jinmao-Wolkenkratzers in Pudong gelegene 5-Sterne-Hotel ist bekannt für seine gediegene Atmosphäre. 555 im Art-déco-Stil eingerichtete Zimmer mit fantastischem Panoramablick und die Piano-Bar im atemberaubenden Atrium machen das Wohnen im »höchstgelegenen Hotel der Welt« zu einem Erlebnis. **Siehe Seite 438**

◆ Lusongyuan Hotel
22 Banchang Hutong, Kuanjie, **Peking,** Tel. 0 10/ 6404 0436, Fax 6403 0418. ●●
Eine wunderbare Alternative zu den meist unpersönlichen internationalen Hotels ist dieses kleine traditionelle Hofhaus in der Nähe des Trommelturms. Die geschmackvoll ausgestatteten Zimmer lassen Erinnerungen an vergangene Zeiten wach werden. Ausflüge in die Umgebung können mit dem Fahrrad unternommen werden. Langfristige Reservierung empfehlenswert. **Siehe Seite 436**

◆ The Peninsula Hotel
Salisbury Road, Tsim Sha Tsui, **Hongkong,** Tel. 00 852/2920 2888, Fax 2722 4170, E-Mail: pen@peninsula.com, www.peninsula.com. ●●●●●
Das berühmte Luxushotel aus der Kolonialzeit macht mit 300 eleganten Zimmern und Suiten, acht Restaurants und Bars, unterschiedlichen Business- und Wellnesseinrichtungen bis heute seinem Namen alle Ehre. Rolls Royce- oder Hubschrauberservice sowie erstklassige Einkaufspassagen sind ebenso selbstverständlich wie der einmalige Hafenblick aus dem von Philipp Starck gestylten Felix-Restaurant. **Siehe Seite 431**

◆ YMCA
41 Salisbury Road, Tsim Sha Tsui, **Hongkong,** Tel. 00 852/2268 7000, Fax 2739 9315, E-Mail: room@ymcahk.org.hk, www.ymcahk.org.hk. ●●●
Seiner zentralen Lage in direkter Nachbarschaft zum Peninsula Hotel verdankt das hochklassige YMCA seine Beliebtheit. Es bietet praktisch eingerichtete Zimmer und gute Restaurants zu für Hongkong günstigen Preisen. Weit im Voraus buchen! **Siehe Seite 432**

Restaurants

Preiskategorien (für eine Person mit einem Getränk)
●●●●● = über 25 €
●●●● = 15–25 €
●●● = 10–15 €
●● = 5–10 €
● = unter 5 €

◆ **Nanxing Steamed Bun Restaurant**
85 Yuyuan Lu, **Shanghai,** Tel. 0 21/6326 5265; tgl. 11–21 Uhr. ●●
Mitten im Trubel der Altstadt sind die mit Fleisch, Gemüse und Krabbenfleisch gefüllten Teigtäschchen des Restaurants etwas ganz Besonderes. Durch Schaufenster in die Küche kann man die Zubereitung dieser typischen Shanghaier Spezialität beobachten. Die aufgetürmten Dampfkörbe, in denen die *xiaolongbao* gegart werden, sind ein beliebtes Fotomotiv.

◆ **Qinshanzhai**
247 Wuhousi Dajie, **Chengdu,** Tel. 0 28/8509 8875; tgl. 17–21 Uhr. ●●●–●●●●
Die Gerichte im traditionell eingerichteten Qinshanzhai sind nach den Prinzipien der »Fünf Elemente« zusammengestellt. Jedes Element verspricht eine positive Wirkung auf den Organismus. Ausgewogen soll die Menüfolge sein, z.B. »heiß« (Lamm), »warm« (Huhn), »neutral« (Pilze), »erfrischend« (Paprika) und »kalt« (Sprossen).

◆ **Nengrenju**
5 Taipingqiao Baitasi, **Peking,** Tel. 0 10/6601 2560; tgl. 11–13 und 17–20 Uhr. ●●●
Vor allem im Winter ist der »Mongolische Feuertopf« ein beliebtes Essen. Unterschiedliche Einlagen wie dünn geschnittenes Fleisch und Gemüse, aber auch Nudeln werden in einen Topf mit heißer Fleischbrühe getaucht, der auf dem Tisch vor sich hin köchelt. Zwischendurch gibt es scharfe Sesam-Lammspieße. Es kann beliebig nachbestellt werden. Trotz großer Konkurrenz gehört das alteingesessene Nengrenju (nahe dem Tempel der Weißen Pagode) zu den besten Feuertopf-Restaurants der Hauptstadt.

◆ **Defachang**
3 Xi Dajie, **Xi'an,** Tel. 0 29/727 6453; tgl. 11–13.30 und 17–20 Uhr. ●●●–●●●●
Hausgemachte Nudeln und insbesondere die vielen Varianten gedämpfter Maultaschen (*jiaozi*) serviert das Defachang in guter Qualität. Nach etwa 20 Gängen *jiaozi* mit verschiedenen Füllungen – Huhn, Schweinefleisch, Fisch, Krebs, Gemüse, Affenpilz oder süße Walnusspaste – ist der Hunger gestillt. Als Nachtisch werden winzig kleine, im Feuertopf gegarte *jiaozi*, meist ohne Füllung, gereicht.

◆ **Qianmen Quanjude Roast Duck Restaurant**
32 Qianmen Dajie, **Peking,** Tel. 0 10/6701 1379; tgl. 11–13.30 und 16–20 Uhr. ●●●●
Seit seiner Gründung im Jahre 1864 wird im Quanjude alltäglich Pekingente aufgetischt. Das Stammhaus in der Nähe des Qianmen unterhält noch weitere Filialen in Peking. In der Regel werden zunächst verschiedene Gemüse- und Fleischgerichte serviert, den krönenden Abschluss bildet dann erst die mit Frühlingszwiebeln in hauchdünne Weizenfladen einzuwickelnde, kross geröstete Haut der originalen Pekingente. Zur Verdauung trinkt man den bekannten *Ergutou*-Schnaps. **Siehe Seite 152**

◆ **Meilongzhen**
1081 Nanjing Road, **Shanghai,** Tel. 0 21/6253 5353; tgl. 17–22 Uhr. ●●
Unscheinbar, versteckt in einem engen Hinterhof gelegen, gilt das Meilongzhen als eines der besten Restaurants für die echte Shanghai-Küche. Die Speisekarte reicht von milden Meeresfrüchte-Spezialitäten bis hin zu

scharfen Sichuan-Gerichten. Dunkle Holzvertäfelung und ein üppiges Dekor sorgen für gediegene Atmosphäre. Reservierung notwendig.
Siehe Seite 230

◆ Nanping
8 Nanshan Lu, **Hangzhou,** Tel. 05 71/8706 7294; tgl. 17–21 Uhr. ●●–●●●
Das Nanping gehört zu den in China eher dünn gesäten Restaurants, die auch eine große Auswahl an vegetarischen Gerichten anbieten. Doufu-Ente oder Reis-Fisch sind in Form und Geschmack »dem Original« täuschend ähnlich. Süßspeisen aus Reis, Lotoskernen, Kräutern und Obst sind nicht nur ein Augenschmaus, sondern zerschmelzen auf der Zunge.

◆ Guangzhou
2 Wenchang Nanlu, **Kanton,** Tel. 0 20/8188 8388; tgl. 11–13 und 17 bis 20.30 Uhr. ●●
Die Kantoner Spezialitäten – etwa Spanferkel oder eine außergewöhnlich dekorierte Winterkürbissuppe sowie die große Auswahl an Nachspeisen (*dianxin*) – sind für Ausländer immer wieder eine Überraschung. Doch keine Angst, Exoten wie Haifischflossensuppe, Schlange oder Affenhirn stehen nicht automatisch auf jeder Speisekarte. Das Guangzhou ist wegen seiner Größe (gleichzeitig können tausend Gäste verköstigt werden) und wegen seines schönen Innenhofs mit Wasserfall über die Grenzen der Stadt hinaus bekannt.
Siehe Seite 321

◆ Sheung Wan Ho Choi Seafood Restaurant
287–291 Des Voeux Road, Central, **Hongkong,** Tel. 00 852/2850 6722; tgl. 8.30–17.30 Uhr.
●●●–●●●●
Dim sum gehören zu den beliebtesten Speisen in Hongkong. Allerdings werden sie generell nur bis mittags serviert, abends fragt man meist vergeblich. Die mit vielerlei Zutaten gefüllten Teigtaschen werden auf Servierwagen durch das Restaurant geschoben, und man bestellt, was einen gerade anlacht. Einen kleinen Überblick gibt die auch auf Englisch erhältliche Speisekarte. Übrigens, wer das Restaurant erst am Abend besucht, hat eine reiche, wenn auch kostspielige Auswahl an Meeresfrüchten.

Shopping

◆ Fenghuang-Fabrik für Seidenteppiche
33 Donger Lu, **Xi'an;** tgl. 9–17 Uhr.
Die Kunst des Teppichknüpfens kam über die Seidenstraße aus dem westlichen Asien nach China. Noch heute werden Teppiche nach alten, aber auch zeitgenössischen Mustern aus Baumwolle und Seide geknüpft.

◆ South Pearls
35 Xishan Lu, **Guilin;** tgl. 9–18 Uhr.
South Pearls bietet seit Jahren eine große Auswahl an seltenen Salzwasserperlen aus dem südchinesischen Meer sowie Süßwasserperlen in verschiedenen Farben an.

◆ Apotheke Tonghan Chundang
20 Yuyuan Road, **Shanghai;** tgl. 9.30–20 Uhr.
Mitten in der Altstadt, in der Nähe des Yu-Gartens, befindet sich eine der bekanntesten Apotheken Chinas. In ihren Auslagen findet man sowohl westliche Medikamente als auch Fernöstliches – darunter Akupunkturnadeln, Ginseng, Hirschgeweih, Kräuter, Tee, Schlangenhäute oder Tigerbalsam. Beim Einkauf ist Vorsicht angebracht, v.a. bei Inhaltsstoffen geschützter Tiere wie Tiger, Nashorn oder Bär.

◆ Forschungsinstitut für Seidenstickerei
262 Jinde Lu, **Suzhou;** tgl. 10–17 Uhr.
In einer schönen Gartenanlage widmet man sich der Seidenstickerei. Feinste einseitige oder doppelseitige Motive werden von geschickter Frauenhand erstellt. Der Laden bietet eine reiche Auswahl an Seidenartikeln.

◆ Jademarkt
Kansu/Ecke Canton Road, Kowloon, **Hongkong;** tgl. 11–16 Uhr.
Ein Eldorado für Jadefans ist der Hongkonger Jademarkt mit seinem reichen Angebot von der gefärbten Imitation bis hin zum echten Jadestein (Jadeit und Nephrit), vom kleinen Anhänger bis zur tonnenschweren Statue. Jade steht in Asien für Stabilität und Schutz vor Krankheiten. So manche Jadearbeit ist unbezahlbar, andere sind dagegen völlig wertlos. Zwar gilt der Jadekauf als Vertrauenssache, Handeln ist auf alle Fälle angebracht. Ebenfalls im Angebot befinden sich Perlen und Halbedelsteine. **Siehe Seite 288**

◆ **Panjia-Wochenendmarkt**
Panjiayuan, Huawei Lu, **Peking;** Sa/So von Sonnenauf- bis Sonnenuntergang.
Mittlerweile ist der Panjia-Markt 3 km östlich des Himmelstempels jedes Wochenende so überlaufen, dass sich frühes Aufstehen lohnt. Originale und v.a. Kopien von Kunst und Kitsch werden genauso angeboten wie ein immenses Sortiment an Souvenirs aus allen Teilen des Landes. **Siehe Seite 145**

◆ **Hubei Provincial Antique Chief Store**
156 Donghu Lu, **Wuhan;** tgl. 8.30–18 Uhr.
Echte Antiquitäten sind in China längst eine Seltenheit geworden. Und so ist beim Kauf einer seltenen Vase oder eines angeblich antiken mythischen Fabeltiers aus Bronze durchaus Vorsicht angebracht. Kontrollierte Antiquitäten, die über 80 Jahre alt sind, werden mit einem roten Siegel versehen und können mit einer Quittung legal ausgeführt werden. Derartige Raritäten findet man in der Antiquitätenabteilung dieses Museumsladens.

Aktiv

◆ **Besteigung eines heiligen Berges**
Auskunft: CITS Chengdu, 65 Renmin Nanlu, Tel. 0 28/655 8731, E-Mail: citsfit@sc.homeway.com.cn
Pilger- oder Wanderreisen zu den heiligen Bergen des Buddhismus oder Daoismus haben eine lange Tradition. Relativ leicht zu organisieren ist die Besteigung des Emeishan. Als einer der vier heiligen buddhistischen Berge gilt der Emei nach chinesischer Auffassung als einer der schönsten Berge unter dem Himmel. Bei klarer Sicht reicht der Blick mitunter bis zu den verschneiten Spitzen des östlichen Himalaja. Auf gut ausgebauten Wegen, mit Übernachtungsmöglichkeiten in diversen Tempeln, kann man innerhalb von zwei bis drei Tagen (südliche Route 64 km, nördliche 44 km) den 3099 Meter hoch gelegenen Gipfel erreichen. Schneller geht es natürlich per Bus und Seilbahn: in einem Tag hin und zurück. Aber wo bliebe dann das Erlebnis?
Als Ausgangspunkt für eine mehrtägige Besteigung des Emeishan ist das Baoguo-Kloster bestens geeignet (Emeishan; ●). Auch in anderen höher gelegenen Klöstern bzw. Tempeln kann übernachtet werden, wie etwa im Wannian-, Xiaxiangchi- oder im Jinding-Tempel (●). Telefonische Vorbestellung ist nicht möglich, deshalb sollte man darauf achten, so früh wie möglich einzuchecken. Eine etwas komfortablere Alternative bietet das Emeishan Hotel (Emeishan, Tel. 0 83/355 2688, Fax 559 1061; ●–●●).

◆ **Wandern in Hongkong**
Auskunft: Hong Kong Tourism Board, Humboldtstr. 94, 60318 Frankfurt/M., Tel. 0 69/9 59 12 90, Fax 5 97 80 50, E-Mail: frawwo@hktb.com, www.discoverhongkong.co
Wie wäre es mit einer geführten Wanderung durch das Vogelparadies in den New Territories? In den Mai-Po-Sümpfen machen Hunderte von Zugvogelarten Station. Allerdings muss es nicht unbedingt der 100 km lange MacLehose Trail in den New Territories sein, gut ausgeschilderte Wanderwege laden auf den Inseln Lantau und Lamma auch zu zwei- oder mehrstündigen Wanderungen ein. Vorbei an Fischerdörfern und versteckten Klöstern führen sie irgendwann zu Restaurants, in denen leckere Fischgerichte serviert werden. Das Hong Kong Tourist Board verschickt auf Anfrage eine englische Wanderbroschüre »Hong Kong Walks«.

◆ **Wandern auf der Großen Mauer**
William Lindesay, Peking, Tel./Fax 0 10/6175 1982, E-Mail: william@wildwall.com, www.wildwall.com
Ein halber Tag im Rahmen einer organisierten Rundreise auf der Großen Mauer reicht für Sie nicht? Der Brite William Lindesay, der schon 2470 km entlang der Mauer gewandert ist, veranstaltet seit längerem von Peking aus individuell gestaltete und von ihm

persönlich geführte Wanderungen entlang nicht restaurierter Abschnitte der Mauer. Es besteht die Möglichkeit, sowohl Halb- oder Ganztagesausflüge, aber auch mehrtägige Wanderungen zu buchen. Für Übernachtung und Verpflegung wird gesorgt.

◆ **Kameltour**
Auskunft: CITS Dunhuang, 28 Mingshan Lu, Tel. 0 93/7882 8678.
Am Mondsichelsee in der Oasenstadt Dunhuang besteht die Möglichkeit, einen kurzen oder mehrstündigen begleiteten Ausritt auf dem Kamel durch die bezaubernde Dünenlandschaft zu machen. Auf Wunsch können auch weitere Touren, etwa zu den 25 km entfernten Mogao-Grotten, organisiert werden. Für Verpflegung wird gesorgt. Nicht entgehen lassen sollte man sich das Sandrodeln in den Dünen, das mit dem Kamelritt kombiniert werden kann.

◆ **Fahrradtouren**
China by bike, Karlsgartenstr. 19, 12049 Berlin, Tel. 0 30/6 22 56 45, Fax 62 72 05 90, E-Mail: info@china-by-bike.de, www.china-by-bike.de; biss-Reisen, Freiligrathstr. 3A, 10967 Berlin, Tel. 0 30/6 93 65 30, Fax 6 94 18 51, E-Mail: info@biss-reisen.de, www.biss-reisen.de
Rad fahren in der südchinesischen Provinz Yunnan, in der Karsthügellandschaft von Guilin oder im Raum Peking? Erprobte und geführte Fahrradreisen in verschiedenen Landesteilen Chinas werden erfolgreich vom Berliner Sinologenteam (China by Bike) und von den Chinaspezialisten von biss-Reisen durchgeführt. In meist kleinen Gruppen macht man unter Anleitung täglich mehrstündige Touren durch landschaftlich reizvolle Gegenden.

◆ **Chinesische Malerei und Kalligrafie**
Jointculture, Wasunger Weg 20, 12249 Berlin, Tel. 0 30/71 58 12 57, E-Mail: jointculture@aol.com, www.jointculture.de
Wer könnte sich der Faszination der Tuschmalerei oder Kalligrafie entziehen? Bei einer Reise durch die landschaftlich zauberhafte Provinz Zhejiang kommen Sie dem Geheimnis dieser Kunst näher, lernen Siegelschnitzerei kennen und können erste Schriftzeichen oder Bilder mit nach Hause nehmen.

◆ **Kung-Fu und Wushu**
Dahlke-Reisen, Weststr. 19, 45357 Essen, Tel. 02 01/8 69 59 57, Fax 8 69 59 58, E-Mail: dahlketravel@aol.com, www.china-erleben.de
Im Shaolin-Kloster, dem Geburtsort der alten Kampfsportarten Kung-Fu und Wushu, werden fast ganzjährig Kurse angeboten, die auch für Ausländer zugänglich sind. Schnuppern innerhalb eines Tageskurses ist genauso möglich wie ein hartes Training über Wochen oder Monate. Wer sich zuerst einen Überblick über die verschiedenen Kampfsportarten verschaffen will, kann sich zum Shaolin-Wushu-Festival einfinden, das jedes Jahr im September stattfindet.

◆ **Golfen in China**
Guilin Jiangshan Int. Travel Service Co., Business Travel Center, Herr Zhang Hai (spricht fließend Deutsch), 4 Li-River Road, Guilin, VR China, Tel. 07 73/581 8611, Fax 581 8622, E-Mail: postmaster@chinaurlaub.com, www.chinaurlaub.com
Da in Asien oft Politik oder Geschäfte auf dem Golfplatz gemacht werden, sind landesweit in landschaftlich schönen Gegenden Golfplätze angelegt worden, wie der in der bezaubernden Karstlandschaft von Guilin gelegene Merryland Golf Club oder der Yalong Bay Golf Club in Sanya auf der tropischen Insel Hainan. Auf einfachen und exklusiven Plätzen werden unterschiedliche Schwierigkeitsgrade und Trainingsmöglichkeiten angeboten.

Feste

◆ **Laternenfest**
Ganz China, Januar/Februar
Im Anschluss an das Neujahrsfest werden im ganzen Land die schönsten Laternen gebastelt und ausgestellt: riesige Paläste, Zeremonien, Umzüge, historische oder legendäre Figuren, Tiere, Obst, wunderbare Blüten – alles in Form von Laternen. Besonders stimmungsvoll ist es, wenn abends die Laternen angezündet werden, und man sich mit *yuanxioa*, kleinen Kugeln aus gefülltem Klebreis, verwöhnen lässt. Während früher die Laternen an den Häusern angebracht waren, werden heute besonders originelle Exemplare an exponierten Stellen der Städte ausgestellt, z.B. auf den alten Stadtmauern in Xi'an oder Nanjing.

◆ **Drachenfestival Weifang,** April
Weifang, die windreiche Stadt am ostchinesischen Meer, ist die Heimat der chinesischen Drachenbaukunst. Schon seit alters wird in der »Zeit des hellen Lichtes« im April für einige Tage ein internatio-

nales Drachenfestival veranstaltet. Aus unterschiedlichen Materialien, in allen Dekors und Größen werden die Drachen zusammengebaut und »flügge« gemacht.

◆ **Wasserfest der Dai Xishuangbanna,** Provinz Yunnan, April
Aufgrund der Hitze, die im April in Südchina herrscht, wird das Wasserfest von der in dieser Gegend ansässigen Volksgruppe der Dai geradezu herbeigesehnt. Jeder darf dann jeden mit Wasser bespritzen. Das Wasserfest ist für die Dai gleichzeitig das Neujahrsfest. Mit dem Wasser soll das Vergangene weggewaschen und Platz für das Kommende geschaffen werden. Lieder und Tänze, Elefantenparaden, Feuerwerk und Märkte sind Bestandteil des Spektakels, das besonders aufwendig in Xishuangbanna gefeiert wird.

◆ **Brötchenfest auf Cheung Chau**
Cheung Chau, **Hongkong,** April–Mai
Auf Cheung Chau glaubt man, dass jedes Frühjahr hungrige Geister von Piratenopfern auf der Suche nach Nahrung über die Insel streifen. Mit hohen Türmen aus über 20 000 Brötchen will man sie sättigen. Höhepunkt der mehrere Tage dauernden Festivitäten ist eine Prozession, bei der als Götter oder Helden verkleidete Kinder, von »unsichtbaren« Gestellen getragen, über den Köpfen der Zuschauermenge zu schweben scheinen. Auch wenn die Fähren auf die Insel in dieser Zeit recht voll sind, lohnt sich der Ausflug.

◆ **Thangkafest Tibet,** August
Anlässlich des Shoton-Festes im August werden in vielen tibetischen Klöstern große Thangkas entrollt und für einige Tage ausgestellt. Den Rest des Jahres sind die riesigen, kunstvoll gearbeiteten Rollbilder unter Verschluss. Da das Wetter im August in der Regel gut ist, ist dies natürlich auch die Hochsaison für tibetische Pilger. Traditionelle Gesänge und Tänze begleiten das Fest vor allem in Lhasa oder Xigaze und geben einen authentischen Einblick, wie in Tibet gefeiert wird.

◆ **Naadamfest der Mongolen**
Innere Mongolei, v.a. in der Umgebung von **Hohhot,** Juli
Zum Naadamfest scheint jedermann in der Inneren Mongolei unterwegs zu sein, um den Opferzeremonien, Pferderennen, Ringkämpfen oder Bogenschieß-Wettbewerben beizuwohnen. Lokale Gesänge und Tänze aus der Steppe gehören zum Programm sowie typisch mongolisches Essen. Das bunte Treiben der vielen Menschen in traditionellen Gewändern vermittelt einen guten Eindruck vom Lebensgefühl der Mongolen.

◆ **Konfuziusfest Qufu,** Ende September
In Qufu, der Heimat des Philosophen Konfuzius, findet Ende September ein internationales Konfuziusfest statt. Die von traditioneller Musik begleiteten Tanzaufführungen beschreiben Ereignisse aus dem Leben des Gelehrten. In Gedenkveranstaltungen erinnert man an seine Schriften, die bis heute das asiatische Denken beeinflussen. Bunte Märkte sowie Wettrennen auf Stelzen oder Löwentänze runden die Festivitäten ab.

Weitere Feste **siehe Seite 9, 88 und 443**

Die neue Supermacht

Nach Jahrhunderten der Innenschau sucht sich China heute das Wissen aus aller Welt zusammen und kehrt seinen Nationalismus nach außen.

China ist ein Land der Superlative. Noch ist es das bevölkerungsreichste Land der Erde, es besitzt nach Russland und Kanada die drittgrößte Fläche und nimmt für sich in Anspruch, die längste kontinuierliche Kultur in der Geschichte zu haben. Belege gibt es dafür keine, die Kontinuität ist nur behauptet, man könnte sogar sagen, dass China seine Entwicklung durch seine vielen gewaltsamen Umschwünge vorwärts getrieben hat. Die letzten zwanzig Jahre zeigten eine Phase beschleunigten Wirtschaftswachstums wie in Europa vor zwei Jahrhunderten.

China, der im Westen benutzte Name, stammt aus der Zeit der Qin-Dynastie (221–206 v. Chr.), als erstmals ein geeintes Reich entstand. In verschiedenen Umschriften entstanden Namen wie »Tschin«, später »Kathai«, während die Chinesen ihr Land als Zhongguo »Reich der Mitte« bezeichnen.

Nach den Vorstellungen der frühen Philosophen war die Erde eine quadratische Scheibe, über der sich ein halbkugelförmiger Himmel wölbte. Das »Reich der Mitte« mit dem Thron des Kaisers in seinem Zentrum befand sich genau im Fokus dieses Himmels. Der Kaiser als Sohn des Himmels vermittelte zwischen diesem und den Menschen. Je näher man dem Thron war, desto besser, je weiter entfernt, desto schlimmer, bis hin zu jenen unglücklichen »Barbaren«, die außerhalb des chinesischen Reiches lebten. Bis heute sehen sich die Chinesen als anderen Völkern überlegen an.

Aus europäischer Sicht lag China am Rande der bekannten Welt. Man brachte ihm beträchtliches kulturelles Interesse entgegen, doch in geschichtlichem und politischem Sinn spielte es keine Rolle. Viel später sahen westliche Beobachter China als schlafenden Riesen oder, poetischer ausgedrückt, als schlafenden Drachen. Nun ist der Drache erwacht und mischt sich auf der Suche nach Rohstoffen und Absatzmärkten in die Weltpolitik ein.

Ganz offensichtlich hat China mit dieser Rolle noch beträchtliche Probleme. Die meiste Zeit war das Reich vor allem auf sich selbst gerichtet, schloss sich nach außen ab und konzentrierte sich auf die

Vorhergehende Seiten: Eisskulptur in Harbin – Reisterrassen bei Longsheng, Autonome Region Guangxi **Ganz links:** Chinesische Oper **Oben:** Buddhistischer Mönch am Putuoshan **Rechts:** Altes und neues Shanghai **Unten:** Die Große Wildgans-Pagode in Xi'an

gerade neu eroberten Gebiete. China lernt schnell, aber sein Auftritt auf der Weltbühne war in jüngster Zeit von erheblichen Schwierigkeiten geprägt.

Seit dem Ende des Zweiten Weltkriegs hat sich die Bevölkerungszahl des Landes auf weit über 1,3 Mrd. Menschen mehr als verdoppelt. Über ein Fünftel der Weltbevölkerung muss von den nur sieben Prozent des Landes ernährt werden, die für Ackerbau geeignet sind. Die Arbeitslosigkeit ist gigantisch, und die Regierung schickt sogar schon Arbeiter nach Afrika, damit sie dort im Tausch gegen Rohstoffe Straßen bauen.

In den großen Städten wird Besuchern das Ergebnis der viel zu schnellen demografischen und wirtschaftlichen Entwicklung ins Auge springen: eintönige, qualitativ schlechte Bauweise, extrem hohe Luft- und Wasserverschmutzung, Millionen verarmter Menschen auf der Suche nach Arbeit. Gleichzeitig sieht man die Opulenz der wenigen Reichen. Nur in den großen Küstenstädten ist eine gut gestellte Mittelschicht entstanden, die heute in relativem Wohlstand lebt. Das alles wird beherrscht von einer Kommunistischen Partei, die völlig korrupt den Staat beherrscht und keine Abweichung duldet.

Allein die außergewöhnlichen Landschaften, das Kulturgut und die Chinesen selbst locken Besucher heute nach China. Von den Bergen im Süden und Westen bis zum Grasland der Inneren Mongolei, von den Reisterrassen bis zu den gewaltigen Flüssen – landschaftlich ist China so vielfältig wie Europa. Und überall trifft man auf einfache, freundliche Menschen, die eben auch nur unter der Tyrannei der Mächtigen leiden.

Einige Hinweise auf die Sprache in diesem Buch

Schon seit vielen Jahrhunderten haben vor allem die Missionare versucht, eine lateinische Umschrift für die chinesischen Schriftzeichen zu finden. Es gibt zahllose Versionen, doch international anerkannt ist inzwischen das *Hanyu Pinyin,* das weitgehend in diesem Buch verwendet wird. Ausnahmen bilden jene Wörter, die in der deutschen Sprache fest verankert sind, wie etwa Peking oder Kanton. Der wichtigste Politiker Chinas im 20. Jahrhundert hingegen wurde früher meist Mao Tse-tung umschrieben; die Pinyin-Umschrift Mao Zedong ist nicht weit entfernt und einfacher und wird deshalb hier angewandt. Bei seinem Gegenspieler Chiang Kaishek allerdings wird die alte Schreibweise beibehalten, weil das Pinyin Jiang Jieshi ganz anders aussieht und kaum bekannt geworden ist.

Bei den Namen von Orten und Sehenswürdigkeiten haben wir, wann immer es möglich ist, eine Übersetzung ins Deutsche vorangestellt, die für deutschsprachige Leser leichter zugänglich ist als die oft sehr langen Pinyin-Bezeichnungen. Die Pinyin-Bezeichnungen stehen in der Regel nachgestellt in Klammern. Natürlich gibt es auch dafür Ausnahmen, beispielsweise wenn die Pinyin-Bezeichnung sehr bekannt ist. Manchmal werden aus Gründen der Lesbarkeit auch beide Namen verwendet, z.B. Tian'anmen und Tor des Himmlischen Friedens oder Platz des Himmlischen Friedens und Tian'anmen-Platz, wörtlich eigentlich »Platz des Tors des Himmlischen Friedens«. Weitere Informationen siehe Seite 455, geografische Bezeichnungen auf Seite 38. ■

Links: Nudeln mit Schweinefleisch und Gemüse **Rechts:** Lusheng-Fest der Miao in der Provinz Guizhou **Ganz rechts:** Das Go-Spiel wird überall im Land gespielt

Die Chinesen

Mehr als 1,3 Milliarden Menschen, fast ein Fünftel der Weltbevölkerung, leben in China – und die meisten davon zusammengedrängt auf einem nur 500 km breiten Streifen entlang der Küste.

Die Chinesen, oder besser gesagt die Han-Chinesen, haben eine klare Vorstellung davon, wer zu ihnen gehört: Man muss ihre Kultur und ihre Werte verinnerlicht haben. Dabei haben sie bei ihrer gewaltsamen Ausbreitung von den Ufern des Gelben Flusses (Huang He) nach Süden zahlreiche andere Völker und Kulturen vernichtet, verdrängt oder assimiliert.

Die Bezeichnung Han-Chinesen geht auf die zweite Kaiserdynastie zurück, die nach der Reicheinigung durch Qin Shihuangdi 221 v. Chr. um das Jahr 200 v. Chr. das Reich festigte. Von 206 v. Chr. bis 220 n. Chr. herrschte die Dynastie der Han über ein kleines Gebiet im Norden des heutigen China. Von dort breiteten sich die Han-Chinesen über Jahrhunderte vor allem nach Süden, aber auch nach Osten und Westen aus und zwangen die dort lebenden Völker zur Flucht oder zur Assimilation. Und diese bedeutete für die Chinesen inbesondere die Übernahme ihrer Sprache, Sitten und Gebräuche.

Reste der ehemals auf dem heutigen Territorium Chinas lebenden Völker werden jetzt als »Nationale Minderheiten« bezeichnet und leben vor allem in den unwirtlicheren Gegenden des Landes. 56 Gruppen sind offiziell anerkannt und bekommen – zumindest theoretisch – nach der Verfassung bestimmte Rechte garantiert, etwa ihre eigene Sprache zu pflegen oder nach eigenen Sitten zu leben. Nach Etablierung der Volksrepublik sollte auch ihr Leben den Vorstellungen der neuen Machthaber angepasst werden, alle Eigenheiten wurden unterdrückt, bis etwa ab 1978 eine Liberalisierung einsetzte. Doch bis heute sehen die Han-Chinesen gerne auf die anderen Völker herab und betrachten deren Lebensstile lediglich als Folklore.

Besonders in Tibet und Xinjiang wächst der Widerstand gegen die chinesische Überfrem-

Links: Chinas Kulturszene blüht auf **Rechts:** Ehrgeizige Infrastrukturplanungen und andere Bauprojekte steigern die Nachfrage nach Bauarbeitern überall im Land

»

Chinas riesige Einwohnerzahl bringt Vor- und Nachteile mit sich. Einerseits sorgt eine scheinbar unendliche Menge an billigen Arbeitskräften für eine boomende Wirtschaft, andererseits kann der enorme Bedarf an Nahrungsmitteln und anderen Rohstoffen kaum gedeckt werden. Die Folge: intensive Landwirtschaft, große Umweltprobleme und steigende Abhängigkeit von Importen.

dung. Die chinesischen Machthaber hingegen siedeln Hunderttausende Han in diesen entlegenen Gebieten an, um die eigenständige Kultur der Tibeter und Uiguren zu unterdrücken und letztendlich zu zerstören. Im Juli 2009 kam es zu Unruhen in Xinjiang, der Heimat der Uiguren. 156 Menschen kamen ums Leben.

Zu den positiven Auswirkungen der Wirtschaftsreform seit 1978 gehören die verbesserten Möglichkeiten, im Land und ins Ausland zu reisen, bessere Arbeitsmöglichkeiten in den modernisierten Sektoren, eine zwar teure, aber intensivierte Ausbildung und in den Städten auch eine verbesserte Versorgungslage.

Gleichzeitig sind allerdings riesige gesellschaftliche Probleme entstanden. Die Schere zwischen Arm und Reich klafft beträchtlich auseinander und weitet sich immer mehr. Die soziale Versorgung der Bevölkerung durch Schulen, Krankenhäuser und mit Wohnungen, die früher zwar einfach, aber immerhin kostenlos war, ist mittlerweile nur noch zu hohen Preisen und auf privater Basis zu erlangen. Und so existieren überall in China große Ungerechtigkeiten. Darüber hinaus gibt es kein wirklich funktionierendes Rechtssystem, welches diese korrigieren könnte. Insbesondere die arme Landbevölkerung leidet darunter.

VIELE MENSCHEN, WENIGE FAMILIENNAMEN

Als Dschingis Khan gefragt wurde, wie er China erobern wolle, soll er geantwortet haben: »Ich töte alle mit Namen Wang, Li, Zhang und Liu. Der Rest ist dann kein Problem mehr.«

Bei einer Bevölkerung von mehr als einer Milliarde sollte man annehmen, dass es auch viele Familiennamen gibt, doch von den 12 000 Nachnamen, die einst bekannt waren, existieren heute nur noch 3000, und fast ein Drittel der Bevölkerung hört auf nur fünf Familiennamen. 90 Prozent der Chinesen teilen sich nur hundert Namen, die als *lao bai xing*, die »hundert alten Namen« bekannt sind. Allein 90 Mio. Menschen hören auf den Namen Li, der damit der am weitesten verbreitete der Welt ist. Zum Vergleich: In den USA gibt es nur 2,4 Mio. mit dem Nachnamen Smith, dem häufigsten Namen der englischsprachigen Welt.

Bei den Vornamen herrscht eine größere Vielfalt, und dennoch kommen Verwechslungen der Identität häufig vor, was zu allerhand bürokratischer Konfusion führt. Das Namensproblem entstand vor Hunderten von Jahren, als die eroberten Völker gezwungen wurden, nicht nur chinesische Sitten, sondern auch chinesische Namen anzunehmen und sich bei den beliebtesten bedienten.

Traditionell wird der Familienname vorangestellt. Ihn benutzt man zur Anrede, nicht den Vornamen.

»

Auf dem Land, wo die Familien noch enger zusammenhalten, fiel es wesentlich schwerer, die Ein-Kind-Politik durchzusetzen. In den Dörfern verdeutlichen gemeinsame Nachnamen traditionell die Zugehörigkeit zum Familienclan.

Bevölkerungsdruck

Neunzig Prozent der Bevölkerung Chinas ballen sich auf einem Fünftel der Landfläche; am dichtesten besiedelt sind der Osten und der Südosten. Millionenstädten mit drängender Enge stehen weite, leere Landschaften gegenüber, allerdings in unwirtlichen Gebirgen, Steppen und Wüsten.

Im Jahre 4 unserer Zeitrechnung wurden die Chinesen erstmals gezählt, und man kam auf 57 Mio., eine Zahl, die 700 Jahre später auf 51 Mio. gesunken war. Um das Jahr 1250, als die Mongolen China eroberten, stieg die Bevölkerungszahl erstmals über 100 Mio., erst Mitte des 18. Jahrhunderts über 200 Mio. Doch hundert Jahre später hatte sie sich bereits auf 400 Mio. verdoppelt.

Durch die zahlreichen Kriege in den folgenden hundert Jahren wuchsen die Zahlen nicht mehr so schnell, sodass man für den Beginn der Volksrepublik 1949 von etwa 500 Mio. Bewohnern ausgeht. Doch dann erfolgte eine enorme Beschleunigung. Dies geschah nicht nur, weil wieder Frieden eingekehrt war, sondern weil Mao irrtümlich behauptete, jede Hand sei eine Arbeitskraft, und dabei völlig vergaß, dass auch jeder Mund zu füttern war. Bis Anfang der 1980er-Jahre stieg die Zahl der Chinesen somit auf etwas über eine Milliarde; heute sind es mehr als 1,3 Milliarden. Große Ausfälle hat es nach dem Krieg vor allem in der Zeit des Großen Sprungs (1959–1962) gegeben, als schätzungsweise 30–40 Millionen Chinesen verhungerten, und in der Kulturrevolution (1966–1969), der nach Schätzungen bis zu 100 Millionen zum Opfer fielen.

Eine so große Anzahl von Menschen zu kontrollieren, bringt zahllose Schwierigkeiten mit sich. Irgendwann wurde auch der Führung klar, dass nur sieben Prozent der Landfläche Chinas für den Ackerbau geeignet sind, und dass bei 21 Geburten und nur sechs Todesfällen pro tausend Personen die Versorgung bald nicht mehr sicherzustellen war.

Zusammen mit der maoistischen Politik der Volkskommunen und Massenkampagnen wurde auch die Bevölkerungspolitik der 1950er- und 1960er-Jahre als Katastrophe erkannt. Also beschloss die Partei 1978 eine Kehrtwendung zur sogenannten Ein-Kind-Politik. Jedes Ehepaar sollte unter Kontrolle der Nachbarschaftskomitees nur noch ein Kind bekommen, dem dann staatliche Hilfen zustanden, die es für ein zweites Kind nicht gab, während für ein drittes gar Strafen zu zahlen waren.

Links: Chinas umstrittene Ein-Kind-Politik hatte auf dem Land nur mäßigen Erfolg **Rechts:** Hochglanz in einer exklusiven Shanghaier Bar

Mit dieser Maßnahme wollte man die Bevölkerungszahl Chinas bis zum Jahr 2050 unter 1,2 Milliarden halten. Danach würde sie schon wegen der herrschenden demografischen Voraussetzungen abnehmen, wieder unter eine Milliarde fallen und sich bis gegen Ende des 21. Jahrhunderts bei etwa 800–900 Millionen stabilisieren.

In der Praxis ließen sich die Menschen jedoch selbst im diktatorisch regierten China nicht so einfach verplanen. Es gab starken Widerstand gegen die Ein-Kind-Politik, vor allem auf dem Land, wo viele Familien Kinder als einzige Altersversicherung ansahen und wo der Glaube, dass nur Söhne die Ahnenlinie aufrechterhalten können, noch weit verbreitet ist.

Zunächst setzten die Parteikader diese Politik mit aller Gewalt durch. Sie verteilten nicht nur sinnvolle Verhütungsmittel, sondern erzwangen Abtreibungen sogar bis zum achten Monat. Zahlreiche weibliche Säuglinge wurden – und werden bis heute – ausgesetzt oder nach der Geburt getötet. In den Städten dagegen fand die neue Politik eher Anerkennung, was nicht zuletzt damit zusammenhängt, dass dort meist nicht mehr als durchschnittlich vier Quadratmeter Wohnraum pro Person zur Verfügung standen. Inzwischen wurde die Ein-Kind-Politik in der Praxis gelockert und mit Ausnahmeregelungen versehen.

Dass früher in China vier oder gar fünf Generationen in einem Haus lebten, entspricht weniger der Realität als gesellschaftlichen Idealvorstellungen, die nur im Adel und in sehr reichen Familien verwirklicht werden konnten. Allerdings hält man ökonomisch weiter zusammen, auch wenn sich die Familienmitglieder über das ganze Land verstreut haben.

Im Prinzip gelten in China auch noch die konfuzianischen Ideale von der Dominanz der Älteren über die Jüngeren und der Männer über die Frauen. Die gesellschaftliche Hierarchie, ein zentrales Organisationselement des Konfuzianismus, blieb weitgehend erhalten und wurde

durch die derzeit herrschende, stalinistisch organisierte Kommunistische Partei übernommen und eher noch zementiert.

Ergebnis dieser Politik war zudem ein Missverhältnis zwischen Männern und Frauen. Auf 100 Frauen kommen heute in China 120 Männer – in einigen Gegenden sogar bis zu 135 –, sodass demnächst etwa 200 Millionen Chinesen ohne Partnerin dastehen werden. Ärzte dürfen heute die Ergebnisse von Ultraschalluntersuchungen zur Geschlechtsbestimmung von Ungeborenen nicht mehr bekannt geben, doch gegen ein kleines Trinkgeld lassen sich viele überzeugen.

Die Familie ist in China tatsächlich Keimzelle der Gesellschaft, also Vorbild und grundlegender Bestandteil gesellschaftlicher Organisation. Ihre Mitglieder leben häufig möglichst lange zusammen, auch mit mehreren Generationen unter einem Dach.

Wanderarbeiter

Im heutigen China wandern nach Schätzungen internationaler Institute etwa 200 Mio. Arbeiter auf der Suche nach Beschäftigung aus den Dörfern des Westens in die wohlhabenderen Küstenstädte. Zurück bleiben die Frauen und Alten, die so gut es geht versuchen, die Selbstversorgung mit Lebensmitteln aufrecht zu erhalten.

Doch haben die Wanderarbeiter, fern der Heimat und der Familie, ein besseres Leben gefunden? Die meisten leben in Schlafsälen oder Containern, arbeiten hart und schicken Geld nach

»

Einige Fabrikbesitzer zahlen die Löhne ihrer Arbeiter nur einmal im Jahr aus, zum chinesischen Neujahrsfest. Manchmal müssen die Wanderarbeiter dann feststellen, dass sie weit weniger als vereinbart erhalten.

Hause. Wer sich in einem solchen Leben zufrieden fühlt, ist meist jung und unverheiratet und kann, wenn die Bedingungen günstig sind und die Löhne regelmäßig gezahlt werden, die Eltern und Großeltern in der armen Provinz am Leben erhalten.

Und wie anderswo auf der Welt werden sie auch in China diskriminiert und sind durch ihre Armut schutzlos. Viele sprechen kein Hochchinesisch, sondern nur ihre Provinzdialekte, können sich also oft nicht einmal richtig verständigen. Vor allem im Süden werden schon Vorwürfe von Arbeitern in den staatlichen Konzernen laut, dass die Wanderarbeiter ihnen durch die niedrigen Löhne die Arbeitsplätze wegnähmen. Auch die steigende Kriminalität wird ihnen angelastet. Für viele kleinere Delikte mögen sie durchaus verantwortlich sein, während die wirklichen Verbrechen im Normalfall von gut organisierten Banden verübt werden.

Meist ist das Leben als Wanderarbeiter allerdings geprägt von Kampf und Entbehrung. Die Chinesen beschreiben dies als *chi ku,* »Bitterkeit essen«. Vor allem ältere Männer vermissen ihre weit entfernt lebende Familie und fürchten die gefährliche, schmutzige Fabrikarbeit oder die gigantischen Baustellen, auf denen zahllose fatale Unfälle geschehen. Man sieht sie überall in China, auf den Bahnhöfen, in den Straßen oder auf den vielen Baustellen, in der Regel ohne Helme und Schutzkleidung, schmutzig und völlig ausgelaugt.

Links: Gruppengymnastik in einem Pekinger Park **Oben:** Eine moderne Kunst-Installation sorgt in Shanghai für Verwunderung

Das am meisten verbreitete Problem ist die Unterschlagung von Löhnen. Viele Wanderarbeiter werden nur einmal im Jahr bezahlt, bevor sie über das Neujahrsfest nach Hause fahren, und finden in der Lohntüte viel weniger vor, als ihnen zustehen würde. Sie haben kaum Möglichkeiten, sich dagegen zu wehren, denn meist machen kriminelle Unternehmer gemeinsame Sache mit korrupten Parteikadern, und Beschwerden, falls sie überhaupt verfolgt werden, werden über Monate und Jahre verzögert. Täglich gibt es Hunderte von – teilweise handgreiflichen – Protesten gegen diese Ausbeutung.

Seit 2004 steigen die Löhne der Fabrikarbeiter, sodass China nicht in jedem Fall mehr die billigsten Produktionskosten bieten kann. Große Unternehmen wandern deshalb nach Südostasien ab. Im Zuge der Wirtschaftskrise sind bereits mehr als 30 Millionen Wanderarbeiter aus der Perlflussregion in ihre heruntergekommen Dörfer zurückgekehrt.

Der Niedergang des alten Systems

Früher, bevor die Gier nach Reichtum den Osten Chinas beherrschte, war das Leben ganz anders organisiert. Die staatlichen Betriebe garantierten lebenslang den Arbeitsplatz, die Wohnung und die soziale Absicherung. Jeder war Mitglied einer *danwei* (Arbeitseinheit), die

die Menschen versorgte und überwachte. Mit der Wirtschaftsreform wurde auch die »eiserne Reisschüssel« zerbrochen, private oder genossenschaftliche Unternehmen spielen eine größere Rolle, und jeder muss sich selbst um Arbeit, Wohnung, Kranken- und Altersversorgung, Kindergarten und Schule kümmern. Und heftig dafür bezahlen. Das System der *danwei* ist zusammengebrochen.

Insbesondere die Wanderarbeiter haben oft keine Krankenversicherung und werden von Ärzten und Krankenhäusern abgewiesen, wenn sie nicht im Voraus bar bezahlen können. Doch nicht allein die Wanderarbeiter leiden unter dem Zusammenbruch des Sozialsystems, sondern fast alle Arbeitnehmer. Nur noch die Beschäftigten, die eng mit der Partei verbunden sind, erhalten kostenlose Gesundheitsversorgung und Schulen, alle anderen müssen zahlen. China hat in manchen Bereichen ein kapitalistisches System eingeführt, ohne allerdings gleichzeitig eine soziale Komponente zu etablieren.

Die Kluft zwischen Stadt und Land

Die Bauern in den stadtfernen Gebieten sind bei dieser Entwicklung übersehen worden. Während die jungen und arbeitsfähigen Männer und Frauen auf der Suche nach Arbeit im Land umherziehen, blieben die Alten und Kranken zurück. Chinesische Dörfer sind heute geprägt von alten Ehepaaren, deren Kinder weit weg sind, von Familien ohne Väter, von Frauen ohne Ehemänner. Doch selbst in der Umgebung der reichen Städte wie Peking, Shanghai und Kanton werden die Bauern benachteiligt. Die Bebauung mit Wohnungen und Industrieanlagen dehnt sich immer weiter aus, und häufig werden die Bauern einfach von ihrem Land verdrängt. Die dafür fälligen Kompensationen reichen nicht einmal für den Bau eines neuen Hauses und werden zuweilen sogar von korrupten Parteikadern unterschlagen.

Doch zunehmend wehren sich die Bauern und armen Landbewohner. Täglich gibt es Demonstrationen und gewaltsame Angriffe gegen inkompetente und korrupte Kader, die selbst der Führung in Peking nicht unbekannt geblieben sind. Doch häufig kann sich nicht einmal die Zentralregierung – so sie es denn wollte – gegen die lokalen Seilschaften durchsetzen. Und die Position der Bauern ist schwach, denn das Land gehört nicht ihnen, sondern dem Staat, von dem sie es pachten.

Für die lokalen Kader sind große Projekte – finanziert von ihren Freunden in den lokalen Banken – prestige- und gewinnträchtig, sodass sie diese auch gegen Anordnungen aus Peking realisieren. Der Kampf zwischen Stadt und Land bestimmt den Alltag des heutigen China.

Der städtische Mittelstand

In den Städten hat sich eine gut ausgebildete, zunehmend wohlhabende Mittelschicht etabliert. Oft wohnen solche Familien in den gigantischen Wohnsilos, die an der Peripherie der Städte errichtet wurden, stehen allmorgendlich auf dem Weg zum Arbeitsplatz im Stau oder eng eingequetscht in der U-Bahn. Diese Sekretärinnen, Verkäuferinnen, Buchhalter oder Dienstleister haben teure Schulen besucht, verstehen es, mit Computern umzugehen und sprechen manchmal sogar Englisch. Ihr verfügbares Einkommen wächst genauso wie ihre Freizeit, in der sie ins Kino gehen, gut essen, Kleidung, Mobiltelefone, Uhren und Autos kaufen. Sie besuchen beliebte Urlaubsziele wie die Insel Hainan oder Guilin, seltener solche im Ausland. Einige sind schon in Europa oder den USA gewesen. Doch auch in den Städten machen sich bereits Krisensymptome bemerkbar: inflationäre Immobilienpreise, Dauerstau und zunehmende Kriminalität.

Während Mao noch propagierte, dass »die Frauen die Hälfte des Himmels tragen«, dies aber nicht verwirklichte, hat sich in den letzten zwanzig Jahren in den modernisierten Sektoren der Gesellschaft die Stellung der Frau verbessert. Von 1990 bis 2000 stieg die Zahl der arbeitenden Frauen von 280 auf 330 Millionen, und inzwischen machen sie sogar schon 46 Prozent der arbeitenden Bevölkerung aus. In der Politik hat jedoch kaum eine Änderung stattgefunden, wie Vizepremier Wu Yi feststellt. Sie sagt, die Lage sei »bei Weitem nicht zufriedenstellend«. Die KP Chinas wird weiterhin von einer Riege alter Männer beherrscht.

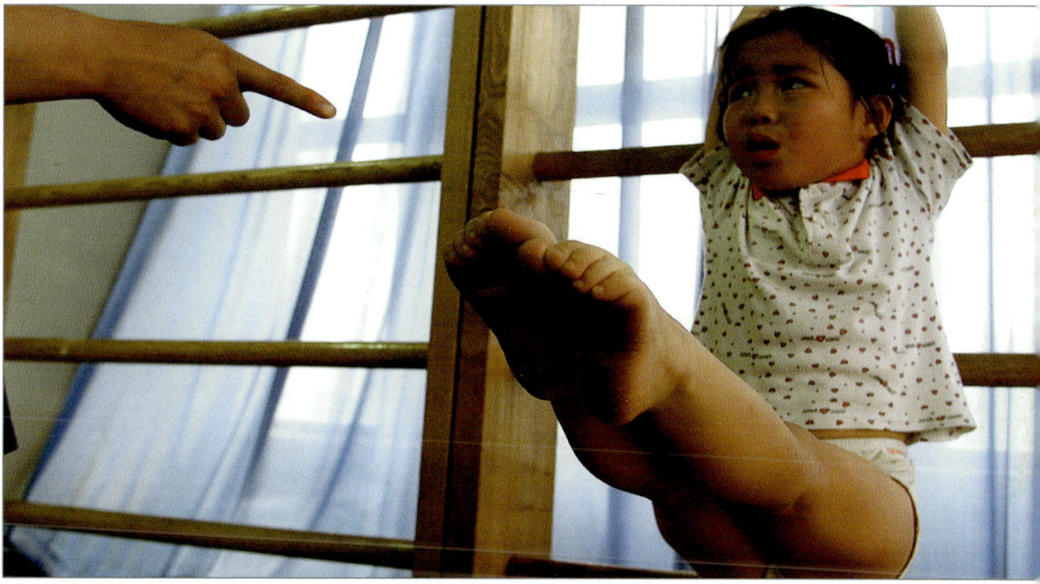

Konfuzianische Werte

Die kommunistische Machtübernahme von 1949 und einige der Bewegungen, die ihr folgten, wie etwa der »Große Sprung« und die »Kulturrevolution«, aber auch die massive Wirtschaftsreform der letzten zwei Jahrzehnte haben das Wertesystem der chinesischen Gesellschaft schwer in Mitleidenschaft gezogen. Insbesondere die Ein-Kind-Politik hat die Familie als zentrale Einheit der Gesellschaft in Frage gestellt.

Der die chinesische Gesellschaft bis heute bestimmende Konfuzianismus schreibt die niedrigere Stellung der Frau im sozialen Gefüge fest.

Links: Städtische Unterführung **Oben:** Sport ist mit Drill in früher Jugend verbunden

Alltagsleben

Die Chinesen waren in der Vergangenheit mehr an der Gemeinschaft orientiert als die Menschen im Westen, essen und reisen z.B. gern in Gruppen. Die Gemeinschaftserziehung beginnt schon im Kindergarten, wo es mit *yi, er, san* (eins, zwei, drei) beim Turnen und Tanzen losgeht.

Wie ihre reichhaltige und vielfältige Küche es erahnen lässt, essen die Chinesen sehr gerne. Das einst rare Schweinefleisch ist in den Städten schon zur Selbstverständlichkeit geworden, oft gibt es zudem Rind, Fisch und Meeresfrüchte. Zu Hause kocht man vielleicht zwei, drei Gerichte mit Reis, doch wenn man ausgeht, muss der neu gewonnene Wohlstand auch auf dem Tisch gezeigt werden.

Dies gilt insbesondere dann, wenn das Bankett auf Firmenkosten abgesetzt werden kann. Und da in China immer nur einer für die ganze Tafel zahlt, wird so eine endlose Runde von Einladungen und Gegeneinladungen in Gang gesetzt. Dabei kommen auch sehr exotische Speisen von artengeschützten Tieren auf den Tisch, doch bei einer Einladung braucht man sich nicht zu sorgen, denn für unerfahrene Ausländer stehen immer auch ganz einfache Speisen bereit. Früher war nach dem Essen der Abend beendet, doch inzwischen hat sich eine glitzernde Clubszene mit allen ihren Attraktionen und abstoßenden Facetten breitgemacht.

Das Fernsehen unterliegt einer strengen Zensur. Doch auch das Propagandaministerium hat gelernt, dass dröge Politikerreden eher abstoßen, und hält ein buntes Programm von Seifenopern, Dramen, Quizshows und Sport zur Volksbelustigung bereit. Manches wird aus dem Ausland eingekauft oder imitiert. Ausländische Nachrichtensender sind nur in den teuersten Hotels zu empfangen. Manchen Internetnutzern gelingt es, Filme und Shows aus Hongkong oder Taiwan herunterzuladen, doch auch hier wird die Kontrolle immer schärfer.

Natürlich wird das Fernsehen nicht zuletzt zur direkten Propaganda eingesetzt. In Nach-

UNTERHALTUNG UM JEDEN PREIS

Die beliebteste Freizeitbeschäftigung ist inzwischen auch in China das Fernsehen. Der Hongkonger Unternehmer Gordon Wu erklärte bereits Anfang der 1990er-Jahre, dass die Chinesen sich nicht um Politik scheren, sondern in klimatisierten Räumen fernsehen wollen. Und so schauen sie auf dem einen Kanal den Basketballspielern zu oder einer Fußballübertragung. Auf einem anderen Kanal laufen historische Dramen in üppigen Kostümen, steif vorgetragene Nachrichten oder aus Korea, Japan oder den USA importierte Shows. Am beliebtesten sind aber die aus dem Ausland abgekupferten Programme, wie etwa die äußerst erfolgreiche Castingshow »Supergirl«.

Auch das Internet wird immer populärer. Zwar muss jeder Computer mit einer Zensursoftware ausgerüstet sein, denn die Zentralregierung möchte die Kontrolle über sensible Themen wie Tibet, Taiwan oder Demokratie behalten, doch die meisten der 132 Mio. User (also knapp 10 % der Bevölkerung) besuchen Chatrooms oder informieren sich über Arbeit und Immobilien. Während es früher nur sehr wenige Telefone gab, hat China eine Technologiestufe übersprungen und setzt jetzt ganz auf die Mobiltechnik. Bis hin zum einfachen Bauern und Wanderarbeiter besitzen fast alle Chinesen ein Handy. Egal ob im Bus oder im Park: gequatscht wird überall.

richtensendungen werden wichtige Ereignisse verschwiegen, andere Meldungen aufgebauscht, etwa der Einsatz der Armee oder der Besuch von Politikern in Katastrophengebieten, ohne dass gefragt wird, wie diese Katastrophen zustande kamen. Vor den Olympischen Spielen 2008 wurde heftig auf den Westen eingedroschen, der ausgiebig über die Unruhen in Tibet berichtete und sich über die Behinderung der Presse beschwerte. Der Vorwurf war, der Westen gönne China seine Erfolge nicht.

Nationale Minderheiten

Mehr als 50 als »Nationale Minderheiten« bezeichnete Völker leben im heutigen China, wenn man jene in Tibet und Xinjiang hinzurechnet. Diese beiden Gebiete sind für die Pekinger Regierung militärisch wichtig, Tibet wegen seiner Nähe zum Feindesland Indien und Xinjiang wegen der atomaren Waffen, die dort stationiert sind, des Atommülls, der dort vergraben ist, und der strategisch wichtigen Bodenschätze, die dort gefunden wurden. Deshalb werden Tibeter und Uiguren besonders scharf überwacht.

Im Jahr 2000 beschloss die Zentralregierung die Stärkung der westlichen Gebiete, unter anderem durch die Verbesserung der Infrastruktur und die Etablierung von Industrie. Hunderttausende von Han-Chinesen wurden umgesiedelt, um die misstrauisch beäugten Minderheiten in Schach zu halten. Das größte Projekt dieser Initiative war die 2006 fertiggestellte, hauptsächlich militärischen Zwecken dienende Tibetbahn, die jetzt Peking mit Lhasa verbindet.

Etwa acht Prozent der Bevölkerung gehören zu den Minderheitengruppen, von denen die im südwestlichen China siedelnden Zhuang mit zwölf Millionen die größte Gruppe stellen. Sie unterscheiden sich vor allem durch die Sprache und ihr soziales Wertesystem.

Die Verfassung garantiert den Minderheiten formal bestimmte Rechte und Privilegien, darunter den Gebrauch der eigenen Sprache, was bis in die 1980er-Jahre noch verboten war. Sie können auch in Grenzen ihren Glauben ausüben und nach ihren Traditionen leben. Doch nur selten gibt es Schulen, in denen die Minderheitensprachen gelehrt werden, fast alle Lehrer sind Han-Chinesen, die diese Sprachen gar nicht beherrschen, und nur die Kenntnisse des Hochchinesischen ermöglichen den Zugang zu weiterführenden Schulen, Universitäten und Berufsausbildungen. So verkommen die Lebensgewohnheiten und Traditionen nicht-chinesischer Völker zur bloßen Folklore, die in bunten Kostümen Touristen vorgeführt wird.

In der autonomen Region Xinjiang im Nordwesten waren einst die Uiguren die vorherrschende Volksgruppe, doch inzwischen machen sie weniger als 45 Prozent der Bevölkerung dort aus. Nur zusammen mit Kasachen, Kirgisen und anderen Völkern stellen sie noch eine knappe islamische Mehrheit, die sich in ihren Turksprachen untereinander verständigen kann. In den 1950er-Jahren machten sie noch mehr als 80 % der Bevölkerung aus. Alle größeren Städte werden jetzt von Han-Chinesen dominiert, und in der größten Stadt der Region, Ürümqi mit seinen mehr als einer Million Einwohnern, liegt der Anteil der Han-Chinesen schon über 80 %.

Links: Begeistertes Publikum der beliebten Fernsehshow »Supergirl« **Rechts:** Muslimische Hui in der Provinz Gansu

Die muslimischen Hui bilden in ihrer autonomen Region Ningxia etwa ein Drittel der Bevölkerung. Sie leben meist in den ökonomisch rückständigen Gebieten. Die Innere Mongolei beherrschen die Han-Chinesen bereits seit vielen Jahrzehnten; heute stellen sie 75 Prozent der Bevölkerung. Dennoch leben in der Inneren Mongolei mehr Mongolen als in der weiter nördlich gelegenen, nur dünn besiedelten und jetzt unabhängigen Mongolischen Republik. ■

Ein Land der Extreme

Chinas Staatsgebiet erstreckt sich vom subarktischen Norden bis zum tropischen Süden, von kargen Wüsten und Bergen im Westen bis zu den intensiv landwirtschaftlich genutzten Küstenebenen im Osten.

Über Jahrhunderte haben die unwirtlichen Randgebiete Chinas das Land von der Welt abgeschlossen. Im Osten und Südosten zieht sich eine Küste von 18 000 km Länge hin, im Süden und Westen ragt das Himalaja-Plateau auf. Im Norden und Nordwesten dehnen sich weite Wüsten aus.

Die Entfernung zwischen der nördlichen Stadt Mohe am Heilongjiang, der die Grenze zu Russland bildet, bis zum Zhengmu-Riff im Südchinesischen Meer beträgt etwa 5500 km. Von der westlichen Grenze im Pamir-Gebirge bis zum Zusammenfluss des Heilongjiang mit dem Wusulijiang (Ussuri) sind es ca. 5200 km.

Nachbarländer sind Nordkorea, die Mongolei, Russland, Kasachstan, Kirgisien, Tadschikistan, Afghanistan, Pakistan, Indien, Nepal, Bhutan, Burma, Laos und Vietnam.

Diese Lage bewirkt extreme Klimaunterschiede. Während man auf den südöstlichen Inseln noch im Winter baden und tropische Früchte essen kann, erstarrt der Nordosten unter dem sibirischen Frost. Einige Gebiete in Tibet zählen zu den Regionen mit ewigem Frost, während in Guangdong und im Süden Yunnans die Wachstumsperiode zwölf Monate dauert.

»

Mit einer Fläche von 9 560 900 km² ist China nach Russland und Kanada das drittgrößte Land der Erde, etwa so groß wie das geografische Europa. Chinas Landgrenze misst mehr als 20 000 Kilometer.

Links: Die Große Mauer windet sich wie ein Lindwurm über die Hügel nördlich von Peking **Rechts:** Bambus wächst im Süden als Nutzpflanze

Klima

Angesichts der Ausmaße Chinas können extreme Temperaturunterschiede nicht überraschen. Neben der enormen Ausdehnung und den Höhenunterschieden zwischen den Hochplateaus im Westen und den Tiefebenen im Osten und Südosten ist es die Lage am Rand des Pazifischen Ozeans, die das Klima beeinflusst.

Im Winter formieren sich in den Hochdruckzonen des asiatischen Kontinentalblocks kalte Luftmassen und strömen südwärts; sie bewirken die für den chinesischen Winter typische trockene Wetterlage. Im Sommer herrscht maritimes Klima. Die Sommermonsune bringen Regen vom Pazifik, wobei sich die Regenzone langsam von Süden nach Norden bewegt.

Chinas Nordosten und die nördliche Mongolei haben kurze, warme Sommer, die Winter sind lang und kalt. Die nach Westen anschließenden Wüsten der Inneren Mongolei und Xinjiangs haben heiße, trockene Sommer mit gelegentlichen Stürmen. Die Winter sind kalt und trocken. Auf dem Tibet-Qinghai-Plateau zeigen sich wegen der Höhenlage die Winter extrem kalt, die kurzen Sommer gemäßigt warm.

Zentralchina hat durchweg heiße, aber niederschlagsreiche Sommer. Es kann zu verheerenden Überflutungen kommen. Nördlich des Yangzi fällt Regen v.a. in den Monaten Juli und August. In der Tiefebene des Yangzi geraten die Winter etwas milder als in der nördlichen Lössebene. Im natürlich geschützten Roten Becken in Sichuan beträgt die Wachstumsperiode bis zu elf Monate und macht die Region zur Reiskammer Chinas. Im Süden und Osten fühlen sich die Winter wegen der hohen Luftfeuchtigkeit kühl an (außer in Hainan und Yunnan). Im August und September erreichen Taifune die Küste bis in die Gegend von Shanghai.

Oberflächengestalt

China wird gelegentlich Land der Berge genannt. Zwei Drittel des Territoriums sind Gebirge, Hügelland oder Hochplateaus. Typisches Merkmal der Oberflächengestalt ist der nach Nordosten, Osten und Südosten stufenförmig abfallende Aufbau. Die oberste Stufe bildet das Tibet-Qinghai-Plateau mit einer Höhe von mehr als 4000 Metern. Es umfasst Tibet, Qinghai und das westliche Sichuan. Auf diesem Hochplateau entspringen die großen Flüsse Chinas und Südostasiens. Der Gelbe Fluss (Huanghe) und der Yangzi (Chang Jiang) durchziehen China nach Osten hin, während der Brahmaputra (Zangbo Jiang), der Salween (Nu Jiang) und der Mekong (Lancang Jiang) sich nach Süden und Südosten wenden.

Die zweite Stufe bilden Plateaus und Becken in einer Höhe von 1000 bis 2000 m; von Norden nach Süden sind dies: das Tarim-Becken, das

GEOGRAFISCHE GRUNDBEGRIFFE

Chinesische Namen beschreiben oft recht schlicht geografische Zustände, festgemacht an einer hinten angehängten Silbe. So erkennt man bereits am Ortsnamen selbst, ob es sich um einen Berg, Fluss, See etc. handelt.

shan, feng: Hügel, Berg
he, jiang: Fluss
pendi: Bassin
hu, chi: See
hai: Meer
wan: Bucht
xia: Schlucht
wenquan: Quelle
bei: Norden
nan: Süden
dong: Osten
xi: Westen
shi: Stadt, Gemeinde
xian: Bezirk

Mongolische Plateau, das Zentralchinesische Lössplateau, das Rote Becken von Sichuan und das Yunnan-Guizhou-Plateau. Die dritte Stufe besteht aus den Ebenen und Tiefebenen am Unterlauf der großen Flüsse – ein breiter Streifen vom Norden in den Süden, der kaum höher als 500 m über dem Meeresspiegel liegt. In dieser Region leben über zwei Drittel der Bevölkerung, hier befinden sich die landwirtschaftlichen und industriellen Zentren.

Diese gestufte Topografie ist das Ergebnis großer tektonischer Bewegungen unter der chinesischen Landmasse, die bis heute anhalten. Deshalb kommt es in vielen Regionen, vor allem im Nordwesten, Südwesten und Nordosten, häufig zu Erdbeben. 1976 wurde die Stadt Tangshan, 145 km östlich von Peking, zerstört; dabei kamen mehr als 250 000 Menschen ums Leben. Mehr als 70 000 Opfer forderte das Erdbeben in Sichuan im Mai 2008.

China hat die höchsten Berge der Welt. Von den insgesamt 14 Achttausendern gehören neun zum Himalaja-Gebirge in chinesischem Grenzgebiet. Mit 8848 m ist der Mount Everest an der chinesisch-nepalesischen Grenze der höchste Berg der Erde. Über hundert Berge sind mehr als 7000 m hoch, und mehr als tausend erreichen 6000 m. Der Himalaja gehört zu den jüngsten Gebirgen der Erde. Nördlich davon trennt das Kunlun-Gebirge das Tibet-Qinghai-Plateau vom Tarim-Becken und der Wüste Taklamakan. Es beginnt im Westen auf dem Pamir-Hochland und erstreckt sich 2500 km nach Osten. Der Muztag (7723 m), der Muztagata (7546 m) sowie der Kongur (7719 m) sind die höchsten Erhebungen im Kunlun-Gebirge.

Weiter nördlich erstreckt sich ebenfalls in west-östlicher Richtung das Himmelsgebirge, wie der Name Tianshan übersetzt lautet. Auch hier strecken Siebentausender ihre schneebedeckten Gipfel in den Himmel. Zwischen Kunlun- und Tian-Gebirge liegt bei Turfan die nach dem Toten Meer zweittiefste Senke der Erde, 154 m unter dem Meeresspiegel. Die beiden Gebirge umschließen Chinas größte Wüste, die Taklamakan, deren Name etwa bedeutet: »die Wüste, in die man hineingeht, aber nicht mehr herauskommt«.

Das Große Xingan-Gebirge im Nordosten bildet eine natürliche Grenze zwischen dem mandschurischen Tiefland und den mongolischen Steppen. Es ist gleichzeitig Chinas größtes Waldgebiet und somit auch eine bedeutende Wasserscheide. Das 200 bis 300 km breite Gebirge erstreckt sich von den Ufern des Heilongjiang 1200 km in südwestliche Richtung. Die höchste Erhebung erreicht nur 2029 m, dennoch

Links: Das westchinesische Xinjiang ist eine flache Ebene
Oben: Aufstieg zum Mount Everest

»

Die höchsten Berge der Welt sind im Reich der Mitte zu finden. Den Gipfel des Mt. Everest, auch Shengmufeng oder Qomolongma genannt, teilen sich China und Nepal. Auch im Kunlun- oder Tian-Gebirge ragen noch Siebentausender empor.

beeinflusst der Gebirgsblock das Klima maßgeblich. Die sommerlichen Südostmonsune werden aufgehalten, sodass das östlich des Gebirges liegende Tiefland sehr viel Regen abbekommt, während die westlich davon liegenden Steppen das ganze Jahr über trocken bleiben.

Eine ähnlich bedeutende Klimascheide ist das Qinling-Gebirge, das über 1500 km von der Gansu-Qinghai-Grenze durch die Provinz Shaanxi bis nach Henan reicht und die subtropische von der gemäßigten Zone trennt. Im Sommer bremst es die feuchten Luftmassen des Monsuns, im Winter hindert es die kalten Nordwinde daran, bis nach Zentralchina einzudringen.

Als Hengduan-Gebirge bezeichnet man eine Gruppe von Gebirgszügen, die Osttibet, Westsichuan und Yunnan durchziehen. Hengduan bedeutet »Schranke«, und in der Tat bilden diese Gebirgszüge ein bis in die Neuzeit unüberwindliches Hindernis zwischen Ost und West. Die tiefen, in Nord-Süd-Richtung verlaufenden Täler werden von großen Flüssen durchzogen, etwa dem Jinsha (Quellfluss des Yangzi) und dem Mekong. Die durchschnittliche Höhe des Gebirges liegt bei 3000 bis 4000 m, der höchste Gipfel, der Gongga, erreicht immerhin 7556 m. Die Höhendifferenz zwischen den Gebirgskämmen und den Flusstälern beträgt auf engstem Raum bis zu 2000 m. Schneebedeckte Gipfel überragen dichte Wälder und tropische Gewächse in den Tälern.

Die großen Flüsse

Der historisch bedeutendste Strom Chinas ist ohne Zweifel der Gelbe Fluss (Huanghe). Er entspringt in Qinghai, biegt bei Lanzhou scharf nach Norden und wendet sich später bei Baotou in der Mongolei wieder nach Süden, wobei er ein Knie bildet. Auf seinem Weg durchschneidet er die fruchtbare Lössebene. Sein Wasser schuf die Voraussetzung für das Entstehen der chinesischen Zivilisation, denn hier siedelten die ersten Gemeinschaften. Mit großen Anstrengungen musste der Gelbe Fluss jedoch immer wieder gebändigt werden.

Der 5464 km lange Fluss führt in seinem Oberlauf noch kristallklares Wasser, erst auf seinem Weg durch das Plateau färbt der Löss ihn

Oben: Die Hukou-Wasserfälle am Gelben Fluss **Rechts:** Reisfelder in Guizhou: Traditionelle Anbaumethoden blieben in ländlichen Regionen erhalten

gelb, weil die Lösserde wegen mangelnder Anpflanzungen leicht erodiert und in den Fluss geschwemmt wird. Mit 20 kg Schlick pro Kubikmeter Wasser trägt der Gelbe Fluss jährlich über eine Milliarde Tonnen Sedimente in seinen Unterlauf. In der nordchinesischen Tiefebene lagert er über 400 Mio. Tonnen wieder ab. Hier wächst das Flussbett jährlich um ca. zehn Zentimeter. Gegen Überschwemmungen müssen ständig Deiche gebaut und erneuert werden.

Der größte Fluss Chinas und zugleich der drittgrößte der Welt ist der 6300 km lange Yangzi (Chang Jiang). Er trennt das Land in Norden und Süden und ist gleichzeitig Kulturgrenze, denn im Norden überwiegt Getreide- und Süßkartoffelanbau, während der Süden von nassen grünen Reisfeldern beherrscht wird.

Der Yangzi entspringt am Fuß des 6621 m hohen Gelandong in den Tanggula-Bergen in der Provinz Qinghai. Der Oberlauf trägt noch den Namen Tuotuo, danach heißt er Tongtian He, und von Yibin in Qinghai bis nach Sichuan nennt man ihn Goldsandfluss (Jinsha Jiang). Der Mittellauf trägt heute den Namen Ghan Jiang, während der Unterlauf von Yangzhou bis zur Mündung von den Einheimischen Yangzi genannt wird. In seinem Mittellauf durchquert er auf 204 km drei berühmte Schluchten.

Bodenschätze

China ist reich an Bodenschätzen. An vielen Orten kommt Kohle vor, und das Land gehört zu den wichtigsten Produzenten von Gold, Zinn, Quecksilber, Aluminium, Wolfram und Schwerspat. Es gibt u.a. Ölvorkommen in Shaanxi und im Nordosten, die in der Mao-Ära mit primitiver Technik und großer Verschwendung abgebaut wurden. Doch die Nachfrage nach Öl wächst schnell, sodass China entgegen internationalem Recht Öl- und Gasvorkommen im Südchinesischen Meer abbauen will.

Fruchtbarer Boden findet sich v.a. im Osten und Süden, der intensiv und mit hohem Einsatz von Dünger und Pestiziden genutzt wird. Intensive Waldrodung und Versteppung des Bodens sind seit Jahrhunderten Probleme, die nie ernsthaft angegangen wurden. In den letzten zwei Dekaden wurden 35 Mrd. Bäume gepflanzt, die rein statistisch die Waldfläche von 12 auf 17 Prozent vergrößerten. ■

UMWELTPROBLEME

Schon seit Jahrhunderten beuten die Menschen das Land rücksichtslos aus. Wälder, Flüsse und der Boden müssen die riesige, ständig wachsende Menge an Menschen versorgen. Während der Mao-Jahre gab es große Kampagnen, danach erzwangen einzelne Politiker technische Wahnideen wie den Drei-Schluchten-Damm (s. S. 262). Und seit 2002 wird ein Plan verfolgt, Wasser aus dem Yangzi-Becken nach Nordchina umzuleiten. Kanäle von 1120 km Länge sollen ohne Rücksicht auf die Umwelt gebaut werden. Wilderei, abgeholzte Wälder und massive Bodenerosion haben die Lebensgebiete von Wildtieren zerstört. Die Flüsse sind toxisch belastet, die Luft ist verpestet. Von den zehn schmutzigsten Städten der Welt liegen acht in China. Industriebetriebe leiten Abfälle in Flüsse, Seen, das Meer und die Luft.

Trotz jüngerer Bemühungen der Umweltbehörde und internationaler Organisationen wird schnellem Wirtschaftswachstum immer der Vorrang eingeräumt. Erlassene Vorschriften sind oft nicht bekannt oder werden schlicht ignoriert. Dabei hilft das durch und durch korrupte Wirtschaftssystem. Auf internationaler Bühne weist China die Appelle des Westens zurück und verweist auf die Umweltprobleme, die dieser in der Zeit seiner schnellen Industrialisierung hatte. (Mehr zum Tierschutz auf S. 93.)

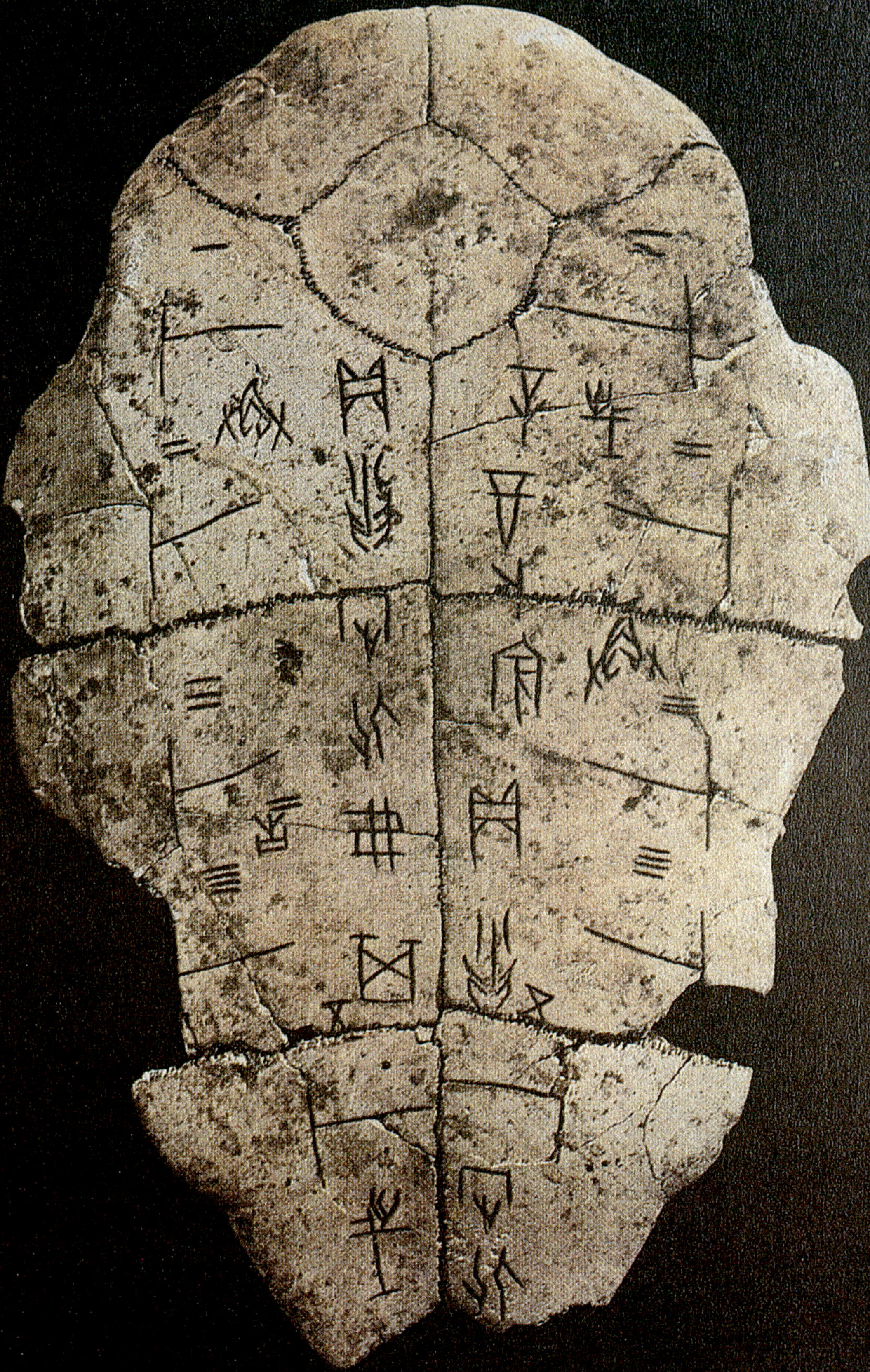

Das kaiserliche China

Rund 2500 Jahre Geschichte des kaiserlichen China sind schriftlich belegt. Sie reicht von einigen Zeugnissen vor der Qin-Dynastie bis zur Errichtung einer Republik im Jahre 1911.

Wenn Chinesen auf ihre Vergangenheit verweisen, dann reicht das bis in Zeiträume zurück, die nur Legende sind. Immerhin sind rund 2500 Jahre Geschichte schriftlich belegt. Nach dem bisher vorliegenden archäologischen Material lebten bereits vor einer halben Million Jahren Menschen im Gebiet des heutigen China. In den 1920er-Jahren wurden fossile Reste einer Hominidenart in Yuanmou (Provinz Yunnan) und in Lantian (Provinz Shaanxi) entdeckt. Vor über 400 000 Jahren lebte in Zhoukoudian der Peking-Mensch (Sinanthropus pekinensis), der aufrecht gehen, einfaches Werkzeug herstellen und Feuer entfachen konnte. Doch mit dem Peking-Menschen bricht die Entwicklung ab. Erst aus den Jahren um 3000 v. Chr. finden sich verschiedene neolithische Kulturen, von denen die wichtigsten die matriarchale Yangshao-Kultur und die patriarchale Longshan-Kultur waren.

Die Entdeckung des steinzeitlichen Dorfes Banpo (im heutigen Xi'an) legte den Schluss nahe, das Knie des Gelben Flusses mit seiner fruchtbaren Lösslandschaft sei das Zentrum der alten chinesischen Kultur und Zivilisation gewesen. Funde der letzten Jahre zeigen jedoch, dass auch in anderen Gebieten – in Xinjiang, der Mandschurei, Sichuan und Guangdong – neolithische Kulturen angesiedelt waren.

Für die von manchen Wissenschaftlern behauptete Xia-Dynastie (21.–16. Jh. v. Chr.) gibt es keine Belege. Als Urahn der chinesischen Nation gilt der Legenden entstiegene Gelbe Kaiser Huangdi, von dem es heißt, er habe die anderen Stämme mit Waffen aus Jade bezwungen.

Links: Schriftzeichen aus der Shang-Dynastie auf einem Schildkrötenpanzer **Rechts:** Staatsbeamte im Jahr 1901

Die Shang-Dynastie (16.–11. Jh. v. Chr.)

Im Jahr 1899 fielen einem Wissenschaftler Knochen auf, in die archaische Schriftzeichen geritzt waren. Jahre später konnte man die Herkunft der Knochen in Anyang in der heutigen Provinz Henan verorten, wo eine Siedlung ausgegraben wurde, die als Shang-Hauptstadt interpretiert wird. Schamanen im Dienst der Shang-Fürsten brachten Schulterknochen von Tieren zum Splittern und interpretierten die Bruchstellen als Orakel. Inzwischen wurden mehr als 100 000 solcher Knochen gefunden.

Orakelknochen und Bronze-Inschriften sowie die Ausgrabungsstätten kennzeichnen die Shang als gut organisierte Gesellschaft. Die Elite frönte dem Jagdsport und kämpfte in von Pferden gezogenen Wagen, während die Bauern in teilweise unter der Erde liegenden Wohnungen leben mussten. Es gab Ahnenverehrung, und in den Gräbern hochgestellter Personen wurden wertvolle Objekte sowie die Überreste von Tier- und Menschenopfern gefunden.

Die Zhou-Dynastie (11. Jh.–221 v. Chr.)

Eine andere frühe Gesellschaft ist die der Zhou. Ihr Siedlungsgebiet lag ursprünglich westlicher als das der Shang (in den heutigen Provinzen Shanxi und Gansu), durch den Kontakt mit den

Shang wurden sie allerdings zunehmend sinisiert. Um ihr riesiges Territorium verwalten zu können, wurde ein Lehenssystem geschaffen, an dessen Spitze der Fürst stand. Er wies den Mitgliedern seiner Sippe Land zu, wofür diese dem Fürsten Abgaben zahlen oder ihn bei seinen Kriegen unterstützen mussten.

Religiös orientierten sich die Zhou an der Shang-Tradition, vermischten diese jedoch mit ihrer Himmelsreligion. Oberste Institution war der Himmel, der Fürst galt als Himmelssohn, der zwischen dem Himmel und den Menschen vermittelte. Der Himmelssohn allein konnte die nötigen rituellen Opfer darbringen. Die Zhou verboten Menschenopfer und stellten die Befragung von Knochenorakeln ein.

»

Die Nahrungsmittelproduktion in den frühen chinesischen Zivilisationen war äußerst arbeitsintensiv und erforderte viele Arbeitskräfte, um Bewässerungssysteme anzulegen und so die Ernteerträge zu maximieren. Kontrolliert werden konnte dies nur mittels eines streng hierarchisch organisierten politischen Systems.

Ende des 9., Anfang des 8. Jhs. v. Chr. drangen Nomadenstämme zusammen mit erstarkten, unzufriedenen Lehnsfürsten ins Wei-Tal ein, zerstörten 771 v. Chr. die Hauptstadt und töteten den Fürsten. Das war das Ende der Westlichen Zhou-Dynastie. Der Sohn des Fürsten gründete in Luoyang die neue Hauptstadt der Östlichen Zhou-Dynastie. Die Funktion des Zhou-Herrschers beschränkte sich von da an auf die eines Oberpriesters, der die großen rituellen Opfer darbrachte.

Die Östliche Zhou-Dynastie, die formal bis 221 v. Chr. dauerte, gliedert sich in zwei große Perioden: die Frühlings- und Herbstperiode (771–476 v. Chr.) und die Zeit der Streitenden Reiche (476–221 v. Chr.). In der ersten Periode erstarkten die Lehnsfürsten und der Landadel, die nunmehr Land als erblich und verkäuflich betrachteten und es an die Bauern verpachteten. An die Stelle des Fürstentums trat ein System von miteinander verbündeten und rivalisierenden Adelsstaaten. Im 6. Jh. geriet die Adelsgesellschaft in eine tiefe Krise. Das Zhou-Reich zerfiel in kleine Teilstaaten. Ab dem 6. Jh. zwangen die starken Staaten den schwachen ihren Willen auf. Zu Beginn der Zeit der Streitenden Reiche hatte sich die Zahl der miteinander um die Vorherrschaft rivalisierenden Staaten auf sieben reduziert.

Diese gesamte Zeit war eine Periode harter gesellschaftlicher Brüche. Neue soziale Klassen und Gruppen entstanden, Handel und Austausch zwischen den einzelnen Staaten nahmen zu, und die Frage nach der Vereinheitlichung des Reiches wurde zum zentralen Konflikt. Solche Auseinandersetzungen schlugen sich natürlich auch in den Debatten der großen philosophischen Schulen nieder: Die Systeme des Konfuzianismus und des Daoismus entstanden als Auswirkung einer Epoche, in der »hundert Schulen miteinander wetteiferten«. Als erfolgreichste dieser Schulen erwies sich schließlich der Legalismus.

Die Qin-Dynastie (221–206 v. Chr.)

Im Staate Qin wurde auf legalistischen Einfluss hin das Lehnssystem beseitigt und durch Landkreise ersetzt. Der Fürst des kriegerischen Randstaates war dank seiner legalistischen Berater in der Lage, mit seinen Heeren, die zudem über die besseren Waffen verfügten, die anderen Staaten in mehreren Feldzügen zu unterwerfen.

221 v. Chr. rief sich der Fürst von Qin zum ersten Kaiser, Qin Shihuangdi, aus. Hauptstadt wurde Xianyang (westlich des heutigen Xi'an). Er teilte das Land in Präfekturen auf und ließ es zentralistisch von abrufbaren Beamten verwalten. Zur Abwehr nomadischer Stämme ließ der Qin-Kaiser zum ersten Mal bereits existierende Teilstücke von Mauern zur Großen Mauer (einem Vorläufer der heute existierenden Mauer) verbinden. Der entmachtete Adel wurde in der Hauptstadt angesiedelt, wo man ihn besser kontrollieren konnte.

Zwar regierte die Qin-Dynastie nur kurz, doch sie formte die Zukunft: Maße und Gewichte wurden vereinheitlicht, ebenso die Münzen und nicht zuletzt die chinesische Schrift. Das Verkehrswesen wurde durch die Einführung einer einheitlichen Spurbreite der Transportwagen standardisiert. Qin Shihuangdi zeigte sich als äußerst strenger Herrscher. 213 v. Chr. wurden alle nicht-legalistischen Bücher verbrannt, auf das Aufzeichnen anderer Bücher stand die Todesstrafe. Das gesamte Volk litt unter der Despotie des Kaisers. Zwangsarbeiter für seine zahllosen Bauprojekte – seine Grabanlage, die Große Mauer, Adelspaläste – fehlten als Arbeitskräfte in der Landwirtschaft und im Handwerk; die Hungersnöte nahmen zu, sodass nach seinem Tode im Jahre 211 v. Chr. sein Sohn bald gestürzt wurde.

Die Han-Dynastie (206 v. Chr.–220 n. Chr.)

Der Anführer des Aufstandes, Liu Bang, ernannte sich 206 v. Chr. zum ersten Kaiser der Han-Dynastie. Von dieser Dynastie leiten die Chinesen ihren Namen ab. Sie bezeichnen sich bis heute als Volk der Han. Die Han-Dynastie währte mehr als 400 Jahre. Hauptstadt wurde Chang'an, das heutige Xi'an. Nach der Lage der Hauptstadt unterteilt man die Dynastie in eine Westliche (206 v. Chr.–8 n. Chr.) und eine Östliche Han-Dynastie (23–220 n. Chr.), deren Hauptstadt wiederum Luoyang war. Die ersten Kaiser der Dynastie lockerten die strengen Gesetze ein wenig und belohnten ihre Kampfgefährten und Angehörigen mit Lehen. Grund und Boden war käuflich zu erwerben, sodass neben dem Adel jetzt auch die Kaufmanns- und Beamtenfamilien über Grundbesitz verfügten.

Im Wesentlichen wurde das Regierungssystem der Qin-Dynastie übernommen, aber die Beamtenschaft wuchs zum Machtträger heran. 124 v. Chr. entstanden die Staatsprüfungen für Beamte, an denen theoretisch jeder teilnehmen konnte; praktisch war dies aber nur den Kin-

Links: Bronzener Weinbehälter aus der Shang-Zeit
Rechts: Der legendäre Gelbe Kaiser

DYNASTIEN

Xia-Dynastie (legendär)	21.–16. Jh. v. Chr.
Shang-Dynastie (legendär)	16.–11. Jh. v. Chr.
Zhou-Dynastie	11. Jh.–221 v. Chr.
Frühlings- und Herbstperiode	771–476 v. Chr.
Zeit der Streitenden Reiche	476–221 v. Chr.
Qin-Dynastie	221–206 v. Chr.
Han-Dynastie	206 v.–220 n. Chr.
Sui-Dynastie	581–618
Tang-Dynastie	618–907
Song-Dynastie	960–1279
Yuan-Dynastie	1279–1368
Ming-Dynastie	1368–1644
Qing-Dynastie	1644–1911

dern der besitzenden Klassen möglich, da das Erlernen der Schrift ungeheuer kompliziert war. Die Han-Herrscher stützten ihre Macht auf den Landadel, der Überschüsse erwirtschaftete und Zeit zum Erlernen von Schrift und Kulturgeschichte besaß. Kaiser Wudi (140–87 v. Chr.) machte den Konfuzianismus zur Staatsdoktrin. Die gebildete Oberschicht widmete sich der Malerei und den schönen Künsten, neue Werke der Philosophie und der Geschichtsschreibung entstanden. Eine der bedeutendsten Erfindungen der Han-Dynastie war das Papier, nachdem bis dahin lediglich Holz, Bambus oder Seide Verwendung fanden.

Im Jahr 180 v. Chr. tauchte eine neue Gruppe am Hof des Kaisers auf, die bis 1911 eine entscheidende Rolle spielen sollte: die Palasteunuchen. Ursprünglich als Betreuer für die kaiserlichen Frauen und Nebenfrauen engagiert, avancierten sie bald zu Beratern und spielten bei den Palastintrigen eine wichtige Rolle.

Ihre Blütezeit erlebte die Han-Dynastie unter Kaiser Wudi. Für das chinesische Reich war die Auseinandersetzung mit den nomadischen Völkern im Norden und Westen schon immer eine der größten Herausforderungen gewesen. Wudi gelang es, die Hunnen zu besiegen und den Einfluss des Kaiserreichs bis in die Westgebiete – das heutige Xinjiang – auszudehnen. Er eroberte das Tarim-Becken, die südliche Mandschurei und das Gebiet des heutigen Nordkorea. Während der Herrschaft der Han bestanden weitreichende Beziehungen zu anderen Kulturen. Seit dem 1. Jh. v. Chr. waren bereits Karawanen über die Seidenstraße gezogen und hatten im Austausch gegen Seide Pferde und Gold geliefert.

Die Han setzten jedoch auch die kriegerische Ausdehnung nach Süden fort und lasteten die Kriegskosten den Bauern auf. In den letzten 70 Jahren der Dynastie konzentrierte sich der Landbesitz wegen der wachsenden Steuerlast in immer weniger Händen, die Landflucht unter den Bauern verstärkte sich, Hofintrigen und korrupte Beamte waren alltäglich, und die Eunuchen mischten aktiv in der Politik mit. Zudem gab es zu schwere Naturkatastrophen. Ein Bauernaufstand im Jahre 184 schwächte die Herrschaft der Han entscheidend. Als der Kaiser im Jahr 220 abdankte, war das Land heruntergekommen, die Bevölkerung stark dezimiert.

In der späten Han-Zeit kam der Buddhismus aus Indien nach China. Er war besonders bei nicht-chinesischen Herrschern im Norden beliebt und drängte durch seine Lehren und seine Kunst den Konfuzianismus zurück.

Teilung und Wiedervereinigung

Nach dem Ende der Han-Dynastie bekämpften sich in wechselnden Epochen und Konstellationen verschiedene Staaten. Diesen Wirren bereitete die Sui-Dynastie 581 ein Ende. Obwohl nur von kurzer Dauer, gelang es ihr, das Reich wieder zu einigen, eine neue Zentralregierung einzurichten und die Landwirtschaft zu konsolidieren. Die 400-jährige Spaltung in Nord- und Südchina hatte damit ein Ende gefunden.

Ehrgeizige Projekte wurden in Angriff genommen, etwa der Bau des Kaiserkanals, der die Flüsse Haihe, Huanghe, Huaihe und Yangzi miteinander verband und so einen Warenaustausch zwischen Norden und Süden ermöglichte. Der Kanal diente vor allem zum Transport von Reis aus dem Süden, wodurch sich das landwirtschaftliche Zentrum mehr und mehr in die fruchtbaren Regionen Südchinas verlagerte. 46 Millionen Menschen lebten damals in China. Ähnlich wie unter der Herrschaft des Ersten Kaisers wurde das Land durch Bauprojekte, Kriege und die große Verschwendungssucht des Hofes enorm überfordert. Die Sui wurden in einem allgemeinen Aufstand gestürzt. Ein ehemaliger General der Sui-Dynastie gründete 618 die Tang-Dynastie.

Tang-Dynastie (618–907)

Die Dynastien der Tang und der Song (960 bis 1279), die durch eine nur kurze Periode der erneuten Zersplitterung in fünf Dynastien und zehn Reiche unterbrochen waren, gelten als Blütezeiten der chinesischen Geschichte, und das sowohl militärisch, ökonomisch und politisch als auch kulturell. Den ersten Tang-Kaisern gelang es, Ruhe und Ordnung wiederherzustellen. Sie betrieben eine expansive Außenpolitik, drangen bis nach Zentralasien, Korea und Nordvietnam vor. Sie unterwarfen mehrere Turkvölker und brachten Tibet unter ihre Oberhoheit. Allerdings waren die Tibeter militärisch so stark, dass sie die Hauptstadt Chang'an kurzzeitig sogar erobern konnten.

Die Hauptstadt der Tang hatte Anfang des 8. Jahrhunderts ungefähr eine Million Einwohner, von denen etwa die Hälfte innerhalb der Stadtmauern lebte. Gemäß der Vorstellung von einer quadratischen Welt war die Tang-Hauptstadt in Form eines Schachbretts angelegt. Rund ein Zehntel der Bevölkerung waren Ausländer, Chang'an war im wahrsten Sinne des Wortes eine kosmopolitische, multikulturelle Metropole. Über ein System von Handelsrouten, von der Kaiserstadt aus organisiert, entstanden Verbindungen zu Türken, Tibetern, Arabern und Persern, und auf der Seidenstraße reiste der Mönch Xuanzang nach Westen, um den Buddhismus zu studieren.

Unter der Herrschaft des Kaisers Taizong kam es zu einem wirtschaftlichen Aufschwung, sodass, bedingt durch ein neues Landverteilungssystem und verbesserte Bewässerung, die landwirtschaftlichen Erträge stiegen. Der Staat gründete zahlreiche Manufakturen; Kuriersysteme und Postkutschen förderten den Handel, der Kaiserkanal wurde fertiggestellt. Künste und Wissenschaften blühten auf, und bis heute gelten die Tang-Gedichte als unübertroffen. Unter den Tang wurden neue Verwaltungseinheiten mit provinzähnlichen Strukturen geschaffen, die militärische Verwaltung von der zivilen getrennt, das kaiserliche Beamtenprüfungssystem reformiert und wiedereingeführt. Der konfuzianische Beamtenstaat setzte sich endgültig gegen die Adligen durch.

»

Die Tang-Dynastie gilt als das Goldene Zeitalter der chinesischen Geschichte. Die Künste, insbesondere die Dichtkunst und die Malerei, gelangten zu neuer Blüte, und die Hauptstadt Chang'an (heute Xi'an) gehörte zu den größten Städten der damaligen Welt.

Links: Bronzener Behälter aus der Zhou-Dynastie
Oben: Wandgemälde der Tang-Dynastie: Hofdamen

CHINESISCHE ERFINDUNGEN

Die Chinesen hatten einst einen hohen Stand in der Entwicklung der Technologie erreicht. Schon früh benutzten sie Papier, das sie bedruckten, den magnetischen Kompass, Schwarzpulver und ausgefeilte Bewässerungsmethoden, um das Land fruchtbar zu machen.

Der Glaube, dass der Kaiser der »Sohn des Himmels« sei, einer weder räumlich noch persönlich verorteten Einheit, führte früh zu astronomischen Beobachtungen. Der Halleysche Komet wurde erstmals 467 v. Chr. verzeichnet, und ein Kalender mit 360 Tagen pro Jahr fand im 3. Jh. v. Chr. Verwendung. Im 13. Jh. soll es 17 verschiedene astronomische Instrumente im Pekinger Observatorium gegeben haben. Chinesische Astronomen berechneten die Länge des Jahres auf 365,2424 Tage, was fast modernen Berechnungen entspricht.

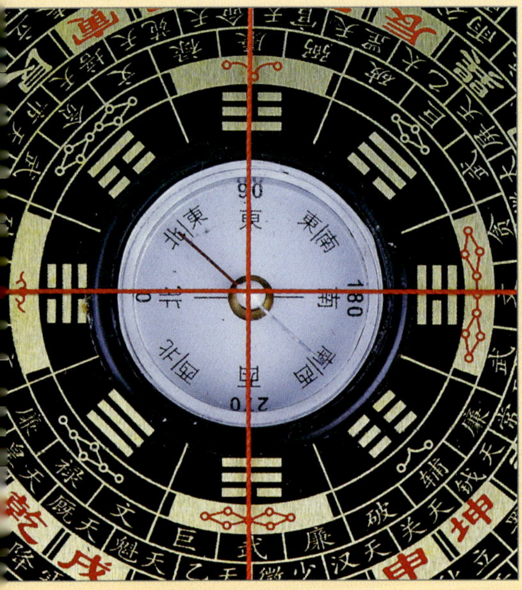

Im 3. Jh. stellten die Chinesen erstmals Papier her, das sie 800 Jahre später auch bedrucken konnten – mit geschnitzten Platten, aber noch nicht mit beweglichen Lettern. Und kaiserliche Geografen sollen sich schon über die Abweichung des magnetischen Nordpols vom geografischen gewundert haben, als den Europäern noch nicht bewusst war, dass die Erde über ein Magnetfeld verfügt. Schon vor tausend Jahren produzierten Eisenschmelzereien in China Mengen an Metall, die Europa erst im 17. Jh. erreichte. Die Feldbewässerung wurde im 1. Jh. eingeführt, das Wasserrad 400 Jahre später, zwar vor Europa aber lange nach Ägypten. Im 9. Jh. mischten daoistische Mönche auf der Suche nach dem Elixier des Lebens Holzkohle, Salpeter und Schwefel und entdeckten so das Schießpulver, das später für Feuerwerke, Bomben und Granaten benutzt wurde. Auch die Produktion von Porzellan ist ein gutes Beispiel für die überlegene Entwicklung chinesischer Technologien. Glasierte Keramiken wurden ab dem 2. Jh. hergestellt und waren im 17. Jh. in Europa so beliebt, dass Porzellan auf Englisch bis heute »china« heißt.

Der Niedergang chinesischer Technologie

Die chinesische Technologie hatte immer nur den Reichen und Mächtigen gedient. Deshalb wurde sie nie in größerem Umfang weiterentwickelt, wie dies im ausgehenden Mittelalter in Europa der Fall war.

China sah sich selbst immer als das Zentrum der Welt und als die einzige entwickelte Kultur. Als die Ming-Dynastie sich zu Beginn öffnete und mehrere große Seeexpeditionen unternahm, wurde dies – nach Streitereien am Hof – von einem Tag auf den anderen wieder beendet, die Flotte vernichtet. Nur hundert Jahre später tauchten die ersten europäischen Schiffe vor der chinesischen Küste auf, ausgestattet mit Kanonen, die sich die chinesische Erfindung des Schießpulvers mit großem Erfolg zunutze machten. In seiner Arroganz tat China dies als unbedeutend ab und musste doch bald den Ausländern Vorrechte einräumen, die deren Erfolg begründeten, während das chinesische Reich immer mehr zerfiel.

Heute setzt China wieder auf Technologie und will mit rasender Geschwindigkeit seine Versäumnisse nachholen. Dabei bedient man sich fleißig des gewaltigen Vorsprungs im Know-how, den der Westen aufzuweisen hat und allzu oft blauäugig abkupfern lässt. ■

Links und oben: Der magnetische Kompass und das Schießpulver gehören zu den zahlreichen Erfindungen des kaiserlichen China

Doch schon unter Kaiser Taizong waren gewisse Verfallserscheinungen sichtbar geworden. Nach dem Tode des Kaisers Gaozong kam es zu Palastintrigen. Die erste und einzige inthronisierte Kaiserin Chinas, Wu Zetian, ging als Siegerin daraus hervor und regierte 20 Jahre, bis sie von ihrem Sohn Xuanzong abgelöst wurde. Dieser soll wegen der schönen Konkubine Yang Guifei schließlich seine Staats- und Regierungsgeschäfte vernachlässigt haben. In der Folge kam es zur Revolte des An Lushan, die zwar niedergeschlagen wurde, das Land jedoch wirtschaftlich und politisch ruinierte. Das Machtvakuum nutzten lokale Gouverneure und Militärs zur Durchsetzung ihrer Interessen. Während im Kaiserpalast die Eunuchen herrschten, wurde das Land von Bauernrevolten erschüttert, und im Norden erstarkten erneut die Nomadenvölker. Im Jahre 907 stürzte die Tang-Dynastie.

Song-Dynastie (960–1279)

Die Song-Dynastie wurde von einem Militärbefehlshaber gegründet und sollte sich als eine Zeit kultureller Blüte erweisen. Man teilt die Ära in die Nördliche Song (960–1127) und die Südliche Song (1127–1279), die entstand, als 1126 die Nüzhen Kaifeng eroberten und in der Gegend von Peking die Jin-Dynastie gründeten. Die Song waren gezwungen, nach Süden auszuweichen und ihre Hauptstadt von Kaifeng nach Hangzhou zu verlegen.

Die Bevölkerungszahl wuchs und mit ihr die Städte. Man entwickelte die Kohlen- und Eisenförderung und intensivierte den Handel. Erstmals wurden aus Papier hergestellte Bücher verwendet, was auch das Bildungswesen förderte. Gleichzeitig wurden ein neuer, autoritärer Staatskonfuzianismus eingeführt und die Beamtenprüfungen ausgeweitet. Nur die Reichen konnten sich eine solche Ausbildung leisten, womit eine obrigkeitshörige Verwaltungselite produziert wurde.

Die Yuan-Dynastie (1279–1368)

Ende des 12. Jhs. entstand im Norden eine neue Bedrohung, die Mongolen. Zwischen 1218 und 1253 war es den unter Dschingis Khan vereinigten Mongolenstämmen gelungen, Zentralasien, Russland und einige osteuropäische Länder zu erobern. 1234 stürzten sie die Jin-Dynastie und eroberten 1276 die Hauptstadt der Südlichen Song. Mit der Einnahme der Provinz Guangdong 1279 gehörte China dem mongolischen Riesenreich an. 1275 kam der venezianische Kaufmannssohn Marco Polo über die Seidenstraße nach Khanbaliq (heute Peking), der Hauptstadt der Yuan-Dynastie. Er stand 17 Jahre im Dienst des Khans und präsentierte nach seiner Rückkehr den ersten umfassenden Bericht vom sagenhaften Land im Osten (Kathai).

Der Handel entlang der Seidenstraßen blühte wieder auf, der Kaiserkanal zwischen Süden und Norden wurde repariert, und im heutigen

Rechts: Dschingis Khan (1162–1227) vereinte die mongolischen Nomadenstämme zu einer gewaltigen Streitmacht

Peking wurde eine neue Hauptstadt angelegt, die die Mongolen Dadu (»große Stadt«) nannten. Sie musste aus dem Süden versorgt werden, doch durch die Ausmaße des gewaltigen, von den Mongolen beherrschten Reichs gestaltete sich der Güteraustausch wesentlich einfacher.

Während der Mongolen-Dynastie wurden die Han-Chinesen sozial und politisch diskriminiert. Gleichzeitig waren die Mongolen bei der Verwaltung des chinesischen Reiches auf einen Beamtenapparat chinesischen Zuschnitts angewiesen, den sie im oberen Segment mit zahllosen Ausländern besetzten, vor allem Persern. Die Mongolen sinisierten sich nie. Sie betrieben allerdings eine Politik religiöser Toleranz, vor allem förderten sie den aus dem Himalaja stammenden Lamaismus. Die Landenteignung der

Bauern und chinesischer Adliger sowie die Verteilung des Bodens an mongolische Adlige und lamaistische Klöster führten im Zusammenwirken mit hohen Steuern zur Verarmung der Bauernschaft. Die soziale Not nahm zu, und es entstanden Widerstände.

Die Ming-Dynastie (1368–1644)

Nach einer langen Periode von Unruhen wurden die Mongolen von chinesischen Truppen gestürzt. Der neue Kaiser nannte die nun wieder chinesische Dynastie *ming* (hell, klar) und machte Nanjing zur Hauptstadt. Erst der dritte Ming-Kaiser kehrte nach Peking zurück.

Die Ming konsolidierten die Wirtschaft, subventionierten die Bearbeitung des Ackerlands, verbesserten die Bewässerung und ließen erstmals wieder Baumwolle anpflanzen. Damit festigte sich die Stellung der Zentralregierung. Chinesische Schiffe befuhren die Weltmeere; unter dem Kommando des muslimischen Eunuchen Zheng He segelte die chinesische Flotte bis in den Indischen Ozean und in die Südsee. Handelsbeziehungen wurden geknüpft, und erste Chinesensiedlungen entstanden im Ausland. Vor allem das Handwerk und die Manufakturen erlebten einen Aufschwung.

Unter den Ming kamen die ersten Missionare nach China, 1517 erreichten portugiesische Schiffe erstmals Kanton. Gefahr für die Ming-Kaiser drohte aber eher aus dem Norden. Zur Abwehr der kriegerischen Nomaden wurde die Große Mauer ausgebaut. Gegen Ende der Ming-Dynastie verarmten die Bauern zusehends. Den Kaiserhof lähmten Intrigen der Eunuchen. Anfang des 17. Jhs. kam es erneut zu einer Bauernrevolte, die das Ende der Dynastie einläutete.

Die Ankunft der Europäer

Die ersten Portugiesen landeten 1517 an der südchinesischen Küste bei Kanton. Sie wurden als Tributüberbringer aus einem fernen Land beschrieben. Bei der Ankunft feuerten die Portugiesen Salutschüsse ab und versetzten die Chinesen in helle Aufregung, waren doch Waffen zu jener Zeit in Kanton verboten und diese Begrüßungssitte unbekannt. Missverständnisse und Misstrauen prägten die Beziehungen.

Den Portugiesen folgten Spanier, Holländer und Briten. Im 16. Jh. kamen die ersten europäischen Missionare, Matteo Ricci, der Begründer der katholischen Mission in China, und Adam Schall von Bell. Zwar waren sie bei der Missionierung nicht sehr erfolgreich, aber es gelang ihnen dank ihrer vorzüglichen wissenschaftlichen Kenntnisse, am Kaiserhof Fuß zu fassen und Berater des Hofes zu werden.

Faszination oder aber abschätzende Ablehnung bestimmte das vor allem durch die jesuitischen Missionare geprägte Chinabild in Europa. An den europäischen Fürstenhöfen waren im 17. und 18. Jh. Chinoiserien in Mode; vornehme Häuser hatten ihr Chinazimmer, und so mancher europäische Gelehrte war von chinesischen Theorien und Auffassungen beeindruckt, wie etwa Gottfried Wilhelm Leibniz, der unter dem Einfluss des »Buchs der Wandlungen« eine binäre Zahlentheorie entwickelte, die später die Grundlage für die Computertechnologie werden sollte. Bei anderen Gelehrten, wie etwa bei Hegel und Marx, stieß China auf Ablehnung, es galt als das große Reich der Despotie und Stagnation, ein Land ohne Entwicklung, das sich in einem ewigen Kreislauf bewegte.

Die Qing-Dynastie (1644–1911)

Den Zerfall der Ming-Dynastie nutzten die Mandschuren aus. 1644 stürzten sie die Ming und errichteten eine eigene, die Qing-Dynastie. Die Mandschuren waren aus den Nüzhen, einem Nomadenvolk, das am Songhua-Fluss siedelte, hervorgegangen. Gegen Ende des 16. Jhs. war es ihrem Fürsten Nurhaci gelungen, die

Nomadenstämme zu einigen und 1616 eine eigene Dynastie im Nordosten zu errichten. Er eroberte in den Folgejahren weitere Gebiete, schließlich Peking. Ende des 17. Jhs. hatten die Qing das gesamte chinesische Kernland eingenommen. Mit mehreren Feldzügen in den zentralasiatischen Raum und nach Süden konsolidierten sie ihre Macht. 1683 war Taiwan okkupiert, hinzu kam die Eingliederung Tibets und Ostturkestans (Xinjiang). Den Höhepunkt ihrer Macht erreichten sie Mitte des 18. Jhs., als ihr Territorium über 11 Mio. km² umfasste.

Im Nordosten erstreckte sich das Qing-Reich nun über den Fluss Heilongjiang hinaus, im Süden mussten Nachbarstaaten wie Burma, Nepal und Vietnam die chinesische Oberhoheit anerkennen. In der Qing-Zeit war die Bevölkerung bereits auf über 400 Mio. angewachsen. Die ersten 150 Jahre der Mandschu-Herrschaft – mit bedeutenden Kaisern wie Kangxi (1662–1722) und Qianlong (1736–1796) – waren neben einer Periode der Expansion auch eine der Stabilisierung. Durch eine milde Steuer- und Landwirtschaftspolitik, die Vergrößerung der Anbauflächen, die Förderung des Handwerks und den Aufbau von Industrie (Bergbau, Salzgewinnung etc.), den verstärkten Außenhandel und nicht zuletzt durch die Instandsetzung und den Ausbau der Wasser- und Dammbauten gelang eine Ankurbelung der Wirtschaft. Die Qing-Kaiser verließen sich von Anbeginn auf die konfuzianische Administration, gleichzeitig huldigten sie aber weiter ihren schamanistischen Auffassungen und waren meist gläubige Lamaisten.

Das Qing-Reich wurde von den mandschurischen Klans, an deren Spitze der Kaiser stand, durch ein streng patriarchalisches System regiert. Die Chinesen waren deklassiert. Äußeres Zeichen dafür war der Zopf, dessen Tragen ihnen auferlegt wurde. Gegen Ende des 18. Jhs. nahm die Zahl der Aufstände zu. Den Hintergrund für den Zerfall des Reiches bildete der wachsende Widerspruch zwischen der enormen Bevölkerung Chinas (1850 waren es bereits 430 Mio. Menschen gegenüber 266 Mio. in Europa) und der technologischen Stagnation seit der späten Ming-Dynastie. Als bedrohlicher sollte sich aber die Ankunft jener erweisen, die in China so gerne Barbaren genannt werden.

Die Ming-Dynastie hatte zwar anfangs noch Expeditionen zu Schiff ausgesandt, die bis in den Pazifik und an die Küsten Arabiens vordrangen, aber auf Befehl des Kaisers Yongle wurde die Flotte mit der Begründung zerstört, China habe es nicht nötig, andere Erdteile zu bereisen. Diese Selbstzentriertheit war eine der

Links: Der italienische Missionar Matteo Ricci wirkte am Ming-Kaiserhof **Oben:** Holländische Gravur von 1665, die chinesische Bauern bei der Feldarbeit zeigt

Hauptursachen dafür, dass China die wirkliche Bedeutung des Vordringens der Europäer nach Asien nicht begriff. Für die Chinesen war ihr Land das »Reich der Mitte«, das Zentrum von Zivilisation und Kultur. Der chinesischen Vorstellung entsprechend herrschte der Kaiser dank seiner überlegenen Tugenden; und diese moralischen Qualitäten konnte er allen, Chinesen und Barbaren, zuteil werden lassen. Kamen Gesandte nomadischer Stämme oder südostasiatischer Gebiete nach China, so geschah dies nach chinesischer Auffassung vor allem, um sich der Gunst des Kaisers zu versichern und um von der chinesischen Kultur zu lernen. Die Gesandtschaften solcher Völker erschienen zumeist mit Tributen am Kaiserhof und zogen dann oft mit Gegengeschenken nach Hause, die qualitativ bei Weitem das übertrafen, was sie mitgebracht hatten. Dies war Ausdruck einer herablassenden Großzügigkeit oder aber eines diplomatischen Kalküls.

»

Bis zum 17. Jh., als der Ming-Getreue Koxinga Taiwan zum Stützpunkt für seinen Kampf gegen die neue Qing-Dynastie erkor, hatten sich die Chinesen nicht für die Nachbarinsel interessiert. Nach der Niederlage des Rebellen im Jahre 1683 wurde Taiwan Teil des chinesischen Kaiserreichs.

Ende des 18. Jhs. war nach vielversprechendem Beginn die christliche Mission von den chinesischen Kaisern wieder verboten worden. Noch 1793, in Großbritannien die Zeit der Industriellen Revolution, ließ Kaiser Qianlong dem britischen Gesandten Lord Macartney mitteilen, China sei wirtschaftlich reich und könne sich selbst versorgen, es brauche keine Güter aus dem Ausland. Ende des 18. Jhs. durfte lediglich der Hafen von Kanton von ausländischen Handelsschiffen angelaufen werden; die Geschäftsbeziehungen unterlagen strengen Bestimmungen. Aber nach und nach begannen sich die Verhältnisse zu ändern. Die Qing-Dynastie, die um 1800 den Höhepunkt ihrer Macht überschritten hatte, nahm die neue Bedrohung, die über das Meer kam, nicht wahr. Fixiert auf die zentralasiatischen Gebiete mit den kriegerischen Nomaden, unterschätzte sie die modernen Waffen der »Barbaren«: Waren, Kapital und Kanonen.

Die Opiumkriege und der Taiping-Aufstand

Zu einem entscheidenden Faktor entwickelte sich dabei der Handel und Schmuggel von Opium. Die Chinesen hatten lange Zeit die Monopolstellung für den in Großbritannien sehr beliebten Tee innegehabt. Dadurch war mehr und mehr Silber nach China geflossen. Der Import von Waren wurde aber aus den bereits genannten Gründen abgelehnt. Um 1816 fasste die Britische Ostindische Kompanie den Beschluss, verstärkt Opium nach China zu exportieren, das sie sich wiederum in Silber bezahlen ließ. So geriet die chinesische Handelsbilanz, gebunden an den Materialwert des Silbers, 1825 ins Minus. Als Gegenreaktion wurde 1839 der Opiumhandel verboten, die chinesische Regierung ließ 20 000 Kisten Opium demonstrativ verbrennen.

Für die Briten war dies ein willkommener Anlass, ihre Überlegenheit zu demonstrieren und Chinas Tore für die britische Industrie, für Opiumhändler und Missionare zu öffnen. Die Flotte drang während des Ersten Opiumkriegs (1839–1842) bis Nanjing vor. Dort kapitulierte der Qing-Kaiser und musste laut Vertrag von Nanjing, dem ersten der zahlreichen »ungleichen Verträge« (wie sie in China bis heute genannt werden), eine Entschädigung von 21 Mio. Silberdollar zahlen, fünf Häfen – u.a. Shanghai und Kanton – öffnen, dort den Ausländern Exterritorialität zugestehen sowie die Insel Hongkong als Kolonie »für immer« abtreten.

Der Qing-Kaiserhof versuchte, die Kosten des verlorenen Krieges auf die Bevölkerung abzuwälzen. Eine Folge davon war der Taiping-Aufstand (1850–1864), bei dem sich große Rebellengruppen gegen die Monarchie wandten und die Kontrolle über mehrere Städte gewannen. Der Aufstand wurde brutal niedergeschlagen.

Im Zweiten Opiumkrieg (1858–1860) drangen britische und französische Truppen bis Peking vor. Der Kaiser floh, und sein Sommerpalast wurde in Schutt und Asche gelegt. Die folgende Konvention von Peking brachte die endgültige Öffnung Chinas für das Ausland. 43 Häfen waren nun den westlichen Kaufleuten zugänglich.

Weitere Kolonialmächte folgten dem Beispiel der Briten, zunächst Russland und Japan, das 1895 den Krieg mit China gewonnen und die Kontrolle über Korea und Taiwan erhalten hatte. Das Deutsche Reich übernahm Teile der Provinz Shandong. Das Qing-Reich erwies sich als unfähig, dem entgegenzutreten. In der zweiten Hälfte des 19. Jhs. steigerte sich die Fremdenfeindlichkeit bei rückwärts gewandten Teilen der chinesischen Bevölkerung, ab 1897 insbesondere in der Provinz Shandong, wo die Deutschen sich Teile der Jiaozhou-Bucht als Pachtgebiet angeeignet hatten und die Missionstätigkeit auf Protest und Widerstand stieß. Die sog. Boxer belagerten 1900 für zwei Monate die ausländischen Gesandtschaften in Peking, wurden aber von einer alliierten Armee vertrieben.

»

Auf das Privatleben des Kaisers Qianlong gehen viele romantische Geschichten zurück. Mit seinen zwei Hauptfrauen, unzähligen Konkubinen und Dienstmädchen soll er 17 Söhne und zehn Töchter gezeugt haben.

Ganz links: Verhandlungen zwischen Briten und Chinesen **Links:** Lord Macartney und Kaiser Qianlong **Rechts:** US-Truppen in Peking nach dem Boxeraufstand 1901

Die Boxerbewegung

Die Boxerbewegung war reaktionär auf den unveränderten Erhalt der Monarchie ausgerichtet. Gleichzeitig wuchs eine neue politische Kraft heran, die eine nationalstaatliche Vereinigung des Landes auf republikanischer Grundlage propagierte. Hauptvertreter war Sun Yatsen, der Vater des modernen China, der sich von westlichen und christlichen Ideen der Aufklärung inspirieren ließ. Er hatte im Ausland studiert, musste dort Asyl suchen und zog sich oft aus Angst vor Verfolgung in die ausländischen Bezirke zurück. Nach dem Sturz der kaiserlichen Dynastie wuchs der Einfluss der Republikaner, v.a. nachdem sie die Nationale Partei (Guomindang, GMD) gegründet hatten. ■

Das moderne China

Der größte Teil des 20. Jhs. war in China geprägt von Bürgerkrieg und politischen Intrigen. Die Unruhen gipfelten in Maos verheerender Kulturrevolution. Seitdem hat ein Wandel hin zum ökonomischen Pragmatismus Teilen des Landes größeren Wohlstand beschert: China hat sich zur Werkbank der Welt gemausert.

Schon seit Mitte des 19. Jhs. sah sich China vor die Herausforderung gestellt, auf die Veränderungen im Rest der Welt zu reagieren, auf den Kolonialismus, auf die Industrielle Revolution, auf den Aufschwung der Wissenschaften, die geistige Aufklärung, die Verbesserung der Reise- und Kommunikationsmöglichkeiten. Die Monarchie versuchte dagegen, den alten Zustand so lange wie möglich aufrecht zu erhalten.

Die Revolution von 1911

Neben der republikanischen Bewegung hatten bereits gegen Ende des 19. Jhs. verschiedene Gelehrte versucht, den drohenden Niedergang mit einer »Bewegung der Selbststärkung« und der Reform der Monarchie aufzuhalten. Sie wollten vom Westen Waffen, Technik und Wirtschaftssystem übernehmen und den Konfuzianismus von seinen schlimmsten Auswirkungen befreien – etwa das System der Beamtenprüfungen abschaffen. 1898 konnten die Reformer tatsächlich den noch jungen Kaiser Guangxu auf ihre Seite ziehen und zu Veränderungen überreden, die als »100-Tage-Reform« bekannt wurden, weil nach dieser Zeit die konservative Fraktion am Hof unter der Führung von Guangxus Tante, der Kaiserinwitwe Cixi, alle Reformen beendete und den Kaiser im Sommerpalast internierte, wo er bis zu seinem Tod 1908 blieb.

Doch der Zerfall der Monarchie ließ sich nicht mehr aufhalten. Auch Cixi starb 1908 und konnte nur noch einen weiteren Neffen, den dreijährigen Puyi, auf dem Thron installieren. Kinder hatten in China häufig nominell geherrscht, während im Hintergrund nahe Verwandte und hohe Beamte als Regenten die Fäden zogen. Doch zu Beginn des 20. Jhs. brachten eben jene

lieber die Schätze, derer sie habhaft werden konnten, aus dem Palast und zogen sich in ihre Anwesen im Norden der Hauptstadt zurück. Die Monarchie brach zusammen, der Kaiser dankte 1911 formell ab und stürzte das Riesenreich in eine erneute Phase von Chaos und Gewalt. Eine hundertjährige Aufholjagd begann.

Politisches Bewusstsein

In den Jahren des Ersten Weltkriegs wuchs in China eine neue linke Intellektuellenbewegung heran. Am 4. Mai 1919 manifestierte sich diese junge politische Kraft in großen Demonstrationen. Anlass dieses in China unter dem Namen »Vierte-Mai-Bewegung« bekannten Protests war der Versailler Friedensvertrag, in dem die ehemals deutschen Gebiete in Shandong nicht zurückgegeben, sondern der Verwaltung Japans unterstellt wurden. Die Wut darüber war so groß, dass zum Boykott japanischer Waren aufgerufen wurde und es in vielen Städten zu Generalstreiks kam. Die Vierte-Mai-Bewegung gilt als erster großer Aufbruch Chinas in Richtung Westen und Demokratie.

Der Bürgerkrieg

Im Juli 1921 wurde in Shanghai von nur 13 Delegierten, die lediglich 50 Mitglieder vertraten, die Kommunistische Partei Chinas (KPCh) gegründet. Unter den Gründungsmitgliedern befand sich auch der junge Mao Zedong. In der ersten Hälfte der 1920er-Jahre wuchs und stabilisierte sich die KPCh überraschend schnell. Nach sowjetischem Vorbild versuchte sie zunächst, bei der städtischen Arbeiterschaft Streiks zu organisieren, meist jedoch erfolglos. Die Guomindang (GMD, Nationale Volkspartei) unter Führung von Sun Yatsen, enttäuscht von der mangelnden westlichen Unterstützung, wandte sich unter dem Eindruck der russischen Revolution ebenfalls mehr und mehr der jungen Sowjetunion zu. Es kam zu einem offiziellen Bündnis zwischen der GMD und der KPCh, und in Whampoa bei Kanton wurde eine Militärakademie unter der Leitung Chiang Kaisheks gegründet, dessen Stellvertreter der Kommunist Zhou Enlai war. In einem gemeinsamen Nordfeldzug ab 1926 kämpfte die südliche Republik gegen die nördlichen lokalen Militärmachthaber. Chiang Kaishek gelang es dabei, bis Februar 1928 den größten Teil des Landes südlich des Yangzi unter seine Kontrolle zu bringen.

Wichtigste Gegner Chiangs waren aber die Kommunisten, mit denen er gegen Ende des Nordfeldzuges gebrochen hatte und deren Bekämpfung große Beträge aus der Staatskasse verschlang. Die Kommunisten wichen den zahllosen Vernichtungsfeldzügen der Guomindang aus und zogen sich in das südostchinesische Jinggang-Gebirge zurück, wo eine neue Strategie für die Revolution entwickelt wurde. Anstelle der bisher unter dem Einfluss sowjetischer Berater praktizierten Konzentration auf die

Links: Puyi, der letzte Kaiser von China **Oben:** Während des Langen Marsches spricht Zhou Enlai bei Zunyi zu den Soldaten **Rechts:** Chiang Kaishek, Führer der Guomindang, bei einer Versammlung der Nationalisten

»

Nach Sun Yatsens Tod 1925 übernahm Chiang Kaishek die Führung der Guomindang. Seinen Machtanspruch konsolidierte er, indem er Soong May Ling heiratete, die Schwester von Sun Yatsens Witwe.

MÄNNER, DIE GESCHICHTE MACHTEN

Als Vater der Republik gilt der Arzt **Sun Yatsen.** 1866 bei Macau geboren, betrieb er unter dem Einfluss westlicher Ideen den Sturz der Monarchie und gründete die Guomindang (GMD, Nationale Volkspartei). 1920 etablierte er in Kanton eine Gegenregierung zu den nördlichen Militärs, starb aber 1925 während der Vorbereitungen zum Nordfeldzug.

Sein Nachfolger wurde **Chiang Kaishek** (1887 bis 1975), der aus dem Militär kam, in reichste Shanghaier Kreise einheiratete und sich der GMD anschloss, in deren militärischem Arm er schnell aufstieg. Nach dem verlorenen Bürgerkrieg gegen die KP floh er nach Taiwan, wo er mit Unterstützung der USA ein diktatorisches Regime aufbaute, allerdings auch den Grundstein für einen Wirtschaftsaufschwung legte.

Gegenspieler Chiangs war **Mao Zedong.** Er wurde 1893 in der Nähe von Changsha (Prov. Hunan) in eine wohlhabende Bauernfamilie geboren, schloss sich früh der revolutionären Bewegung an und war 1921 Mitbegründer der KP Chinas. Auf dem Langen Marsch setzte er sich als Führer durch, der er bis zu seinem Tod am 9. September 1976 treu blieb. Neben dem Aufschwung nach 1949 steht er auch für das Elend des Großen Sprungs (1958–1960) und die katastrophale Kulturrevolution (1966–1969). In dieser Zeit entstand auch der Personenkult, mit dem er seine Position in den Fraktionskämpfen der Partei stärkte.

Zweiter Mann neben Mao war seit dem Langen Marsch **Zhou Enlai** (1898–1976). Er entstammte einer Gelehrtenfamilie aus Huai'an (Prov. Jiangsu), studierte in den 1920er-Jahren in Deutschland und Frankreich, wo er sich der kommunistischen Bewegung anschloss. Schon früh zeigte sich sein besonderes Geschick in der Diplomatie. Nach 1949 wurde er Außenminister, später Ministerpräsident. In der Kulturrevolution begrenzte er die Schäden der Mao-Fraktion. Seine geschickte Politik führte China aus der Isolation und 1971 in die UNO. Er starb Anfang 1976.

Ständig zwischen den Fraktionen lavierte **Deng Xiaoping,** der, in den 1950er-Jahren für die Verfolgung der Intellektuellen verantwortlich, in der Kulturrevolution selbst Opfer wurde. 1904 in Sichuan geboren, ging er 1920 als Werkstudent nach Frankreich, stieg ab 1926 in Armee und Partei schnell auf, nahm am Langen Marsch teil und wurde nach 1949 zu einem der mächtigsten Politiker. Nach mehrmaliger Entmachtung übernahm Deng ab 1978 die Rolle Maos und setzte die Wirtschafts- und Öffnungspolitik durch. Im Juni 1989 befahl er die gewaltsame Räumung des Tian'anmen-Platzes. Deng starb im Februar 1997 in Peking.

Nach dem Massaker von 1989 wurde **Jiang Zemin** (geb. 1926) als neuer Generalsekretär der KP, später auch als Präsident, installiert. Er stammt aus Yangzhou (Prov. Jiangsu). 1985 begann seine Karriere in der KP in Shanghai, wo er schließlich Bürgermeister war. Von November 2002 bis September 2004 trat er schrittweise von seinen Ämtern zurück.

Der neue starke Mann Chinas ist **Hu Jintao,** geb. 1942 in Jixi (Prov. Anhui). Der studierte Hydraulikingenieur hat 40 Jahre strengste Parteikarriere hinter sich, u.a. als Parteisekretär z.B. in Tibet, wo er für die Niederschlagung der Aufstände verantwortlich zeichnete. ■

Links: Sun Yatsen wird von Kommunisten und Nationalisten gleichermaßen verehrt **Oben:** Plakate mit den Porträts von Zhu De und Mao in Yan'an

Städte und das Industrieproletariat entdeckte man die Gruppe der Bauern als die wichtigste Kraft für eine Revolution in China.

In insgesamt fünf Feldzügen versuchte Chiang Kaishek 1931–1935, die Kommunisten zu vernichten. Um den ständigen Angriffen zu entgehen, verließen diese ihre Stützpunkte in Südchina und begannen den legendären Langen Marsch, der durch insgesamt elf Provinzen führte. 12 000 Kilometer wurden zurückgelegt; von 130 000 Teilnehmern überlebte nur ein Zehntel, und dennoch war das Ansehen der KP Chinas durch diesen Marsch beträchtlich gewachsen. Mao konnte sich 1935 als Führer der chinesischen Kommunisten durchsetzen und blieb es bis zu seinem Tod 1976.

Die Invasion der Japaner

Bereits 1931 hatte Japan Teile Nordostchinas annektiert und dort mit dem letzten, abgedankten Mandschu-Kaiser Puyi an der Spitze den Marionettenstaat Mandschuguo gegründet. Doch die Japaner beabsichtigten weitere Eroberungen. Chiang Kaishek konnte angesichts dieser Bedrohung nicht alle Truppen gegen die Kommunisten zusammenziehen. Zudem mehrten sich kritische Stimmen innerhalb seiner eigenen Partei. Diese Oppositionellen wollten den Bürgerkrieg beenden und gemeinsam mit den Kommunisten Front gegen Japan machen. Schließlich gelang es ihnen sogar, Chiang zu einem Bündnis mit den Kommunisten zu bewegen. Zwei Guomindang-Generäle verhafteten Chiang 1937 in Xi'an und zwangen ihn zu Verhandlungen mit den Kommunisten. Man vereinbarte, beide Armeen zu vereinigen, und die Kommunisten verzichteten auf Teile ihres Programms. Alles sollte der Aufgabe des nationalen Widerstands untergeordnet werden.

Ein von den Japanern am 7. Juli 1937 inszenierter Zwischenfall an der Marco-Polo-Brücke bei Peking führte zum Chinesisch-Japanischen Krieg. Im selben Jahr wurde Shanghai eingenommen. Dort und v.a. in Nanjing versuchten die Japaner, den Widerstand der Bevölkerung durch brutale Massaker zu brechen. Chiang Kaishek zog sich nach Chongqing in der Provinz Sichuan zurück. Während die Kommunisten von ihren Stützpunkten im Norden aus einen Guerillakrieg gegen Japan führten, leisteten die Truppen von Chiang Kaishek im Süden den Invasoren Widerstand.

Nach der Kapitulation Japans im September 1945 standen sich zwei Fronten gegenüber: auf der einen Seite der von den Alliierten im Zweiten Weltkrieg unterstützte Chiang Kaishek, der als zukünftiger Machthaber gesehen wurde, auf der anderen Seite die Rote Armee und die Bauernguerilla. Ein blutiger Bürgerkrieg brach aus. Aus heutiger Perspektive betrachtet, fiel der KPCh der Sieg fast in den Schoß, denn die Guomindang hatte die Unterstützung weiter Teile der Bevölkerung verloren. In einigen Großoffensiven wurden zunächst Peking und andere Städte im Norden besetzt, und in mehreren Feldzügen nach Südchina wurde die GMD schließlich bei der Schlacht am Yangzi-Fluss derart geschwächt, dass sie sich mit ihren Resttruppen und ca. zwei Millionen Flüchtlingen auf die Insel Taiwan zurückziehen musste.

Rechts: Mao und der Vorsitzende des Präsidiums des Obersten Sowjets, Kliment Woroschilow, bei einem Staatsbesuch in Peking 1957

Gründung der Volksrepublik China

»China ist aufgestanden!« Mit diesen Worten rief Mao Zedong am 1. Oktober 1949 vom Tor des Himmlischen Friedens (Tian'anmen), von dem schon früher die Kaiser ihre Edikte herabließen, die Volksrepublik China aus. Den chinesischen Kommunisten war es gelungen, China zu vereinigen und unter eine zentrale Regierung zu stellen. China galt damals als der kranke Mann Asiens, die Bevölkerung hatte unvorstellbar gelitten. Die Revolution war zwar gewonnen, aber wie sollte das Land wieder aufgebaut werden?

In den ersten Jahren der Volksrepublik gelang es, die Kriegsschäden zu beheben und die Voraussetzungen für die Industrialisierung und Modernisierung des Landes zu schaffen. 1952 wurde die versprochene Landreform in Angriff genommen. Hunderten Millionen von Bauern wurde Land zugeteilt, das den Großgrundbesitzern enteignet worden war. Hunderttausende

Mit Unterstützung der Sowjetunion und osteuropäischer Staaten führte die VR China den Ersten Fünfjahresplan (1953–1957) mit Betonung der Schwerindustrie durch. Am Ende dieser Periode waren nahezu alle Betriebe verstaatlicht und die Bauern in Genossenschaften zusammengefasst. 1954 definierte sich die Volksrepublik China in ihrer ersten Verfassung als sozialistischer Staat mit der Diktatur des Proletariats, angeführt von der KP Chinas. Eine zentralistische Regierung wurde aufgebaut, der Druck auf innenpolitische Gegner wuchs. Hauptopfer waren meist Intellektuelle, ab 1957 landeten Hunderttausende in Arbeitslagern.

Großgrundbesitzer hingegen wurden vor »Volkstribunale« gestellt und meist zum Tode verurteilt.

Zu den wichtigsten außenpolitischen Zielen der ersten Jahre gehörte die feste Eingliederung der Gebiete, die seit dem Sturz der Monarchie 1911 nur noch punktuell oder gar nicht mehr mit dem chinesischen Reich verbunden waren: Tibet, Xinjiang, die Innere Mongolei und die südchinesische Provinz Yunnan. Die Sowjetunion zog ihre Truppen aus der Mandschurei ab und verzichtete auf ihre Ansprüche auf dieses Gebiet. Tibet wurde durch einen brutalen Feldzug erobert und gegen den Willen der Bevölkerung besetzt, auch die anderen Gebiete wurden »heim ins Reich geführt«.

Der »Große Sprung«

Ermutigt durch die passable wirtschaftliche Situation propagierte Mao 1958 den »Großen Sprung nach vorn«. In einem Zeitraum von nur wenigen Jahren wollte man wirtschaftlich fortgeschrittene Länder in der Pro-Kopf-Produktion einholen. Wichtigstes Mittel dafür sollten die Volkskommunen werden. Bis Ende 1958 waren praktisch alle Bauern in solchen großen Kollektiven zusammengefasst, in denen sie ähnlich einer militärischen Organisation zahlreiche, meist unbezahlte Arbeitseinsätze leisten mussten. Der »Große Sprung« endete in einer Katastrophe, keines der angestrebten Ziele wurde erreicht. Durch gigantische Arbeitseinsätze fehlten der Landwirtschaft Arbeitskräfte. Gleichzeitig ge-

»

1960 kam es zwischen China und der Sowjetunion nach schwierigen Jahren zum offenen Bruch. Die sowjetischen Berater wurden, zum Nachteil der chinesischen Industrie und technologischen Entwicklung, ausgewiesen. Mao verfolgte danach zunehmend eine Politik der Isolation.

rieten Arbeiter und Bauern an die Grenze ihrer physischen Leistungsfähigkeit. Missernten und Naturkatastrophen führten zu einer Verschärfung der Situation: Eine Hungerkatastrophe kostete 40 Millionen Menschen das Leben.

zeichneten. Privatinitiative wurde in begrenztem Rahmen zugelassen. Die Wirtschaft begann, sich zu erholen. Mao Zedong befürchtete jedoch eine Hinwendung zum Kapitalismus. So inszenierte er 1966 einen Machtkampf innerhalb der Partei, der fatale Folgen haben sollte: die »Große Proletarische Kulturrevolution«. Junge Rote Garden und Kader der linken Fraktion wollten eine radikalere Form des Sozialismus und wandten sich gegen alles, was sie für bourgeois hielten. Politiker und Intellektuelle, aber auch einfache Leute fielen dem Terror zum Opfer, darunter auch Maos Hauptwidersacher, Liu Shaoqi. Schätzungen sprechen von 100 Mio. Toten.

1960 kam es zwischen China und der Sowjetunion zum Bruch. Die Sowjetunion beendete jegliche Wirtschaftshilfe und holte ihre Berater samt technischen Unterlagen aus China zurück.

Die Kulturrevolution

Die Innenpolitik in den auf das Desaster des »Großen Sprungs« folgenden Jahren zwischen 1961 und 1965 war von einer pragmatischeren Grundhaltung geprägt, für die Politiker wie Liu Shaoqi und Deng Xiaoping verantwortlich

Links: Rote Garden 1973 in Shanghai **Oben:** Begeisterte Anhänger Maos mit dem Roten Buch während der Kulturrevolution in Peking **Rechts:** Mao-Figuren und andere Memorabilien werden überall in China verkauft

Der Übergang zu einer neuen Ära

Die Kulturrevolution hatte China ein katastrophales Erbe hinterlassen, das durch die anhaltenden Fraktionskämpfe innerhalb der Kommunistischen Partei in den 1970er-Jahren noch zementiert wurde. Die landesweiten Massenkampagnen und Verfolgungen Intellektueller flauten zwar nach 1969 ab, doch die ökonomisch unsinnigen und politisch doktrinären Strukturen blieben erhalten, solange sich die Spitzenkader in der Parteizentrale von Zhongnanhai – neben dem Kaiserpalast – bekämpften oder, wie dies Mao Zedong nach den Aussagen seines Leibarztes Li Zhisui getan haben soll, mit jungen Mädchen vom Lande im Swimmingpool und in den Betten vergnügten.

In den riesigen Volkskommunen schufteten die nun wieder enteigneten Bauern auf Anweisung oft wenig kenntnisreicher, aber dafür roter Kader für die gemeinsame Mahlzeit und einheitliche Kleidung. Die Landwirtschaft war nicht den lokalen Bedingungen angepasst, sondern funktionierte nach zentral erstellten Plänen. Millionen von Wissenschaftlern, Spezialisten und als »rechts« gebrandmarkten Intellektuellen und Künstlern mussten auf dem Land leben und dort z.B. Schweineställe ausmisten. Nicht nur die Wirtschaft, sondern auch das Gesundheitssystem, das soziale System insgesamt, stand vor dem Kollaps.

Als ausgleichender Faktor in Peking wirkte jedoch der langjährige Ministerpräsident Zhou Enlai, der aus einer alten Gelehrtenfamilie stammte, im Inland wie im Ausland gleichermaßen hohes Ansehen genoss und keiner Fraktion zuzurechnen war. Er leitete die außenpolitische Öffnung ein, die dazu führte, dass die VR China 1971 einen permanenten Sitz mit Vetorecht im UN-Sicherheitsrat übernahm und anschließend von den meisten westlichen Staaten diplomatisch anerkannt wurde. Mit der »Pingpong-Diplomatie« (Einladung von Tischtennismannschaften) wurde das Eis zu den USA gebrochen, und 1972 traf Präsident Nixon zu einem Besuch in Peking ein. Zhou Enlai sprach aber auch erstmals von jener Politik im Innern, welche die folgenden Jahrzehnte bestimmen sollte: die »vier Modernisierungen«, nämlich der Landwirtschaft, Industrie, Wissenschaft und Technik und schließlich des Militärs.

1976 sollte sich als Jahr der Entscheidung erweisen. Im Januar starb Zhou Enlai, was der linken Fraktion um den auch schon kranken Mao sowie seiner Frau Jiang Qing zunächst einen Vorteil verschaffte. Als die Menschen zum Totengedenktag im April auf dem Tian'anmen-Platz offen um Zhou trauerten, ließ Mao diese Versammlungen von der Polizei gewaltsam auflösen. Der als Führer der Rechten angesehene Wirtschaftspragmatiker und stellvertretende Ministerpräsident Deng Xiaoping wurde erneut gestürzt. Doch am 9. September 1976 musste auch der »Große Steuermann« Mao Zedong endgültig das Ruder aus der Hand legen. Ein offener Machtkampf brach aus, der mit der Verhaftung der »Viererbande« um Jiang Qing sein Ende fand.

Nachfolger Maos wurde Hua Guofeng, der für sich in Anspruch nahm, vom »Großen Vorsitzenden« persönlich mit den Worten »Wenn Du die Sache in die Hand nimmst, ist mir wohl« die Weihen empfangen zu haben. Eine schöne Legende, denn Zeugen gibt es dafür keine. Hua versuchte, einen mittleren Kurs zu steuern, der aber kein Problem löste, sodass er nach zwei Jahren wieder verschwand.

Dengs neuer Kurs

Im Hintergrund zog nämlich längst der »kleine Vorsitzende« die Fäden und leitete eine grundlegende Richtungsänderung in der Wirtschaft ein. Obwohl er nie die höchsten Ämter einnahm, entwickelte sich Deng Xiaoping zum wichtigsten Politiker der folgenden Jahre, dem die politische Öffnung Chinas zum Westen und die Wirtschaftsreform zugeschrieben werden. Damit tut man ihm ein wenig zuviel der Ehre an, denn die Grundlagen dieses Wegs legte bereits Zhou Enlai. Vor allem die amerikanische Presse steigerte sich in eine Art Personenkult für Deng und übersah dabei, dass Deng in den 1950er-Jahren als rechte Hand Maos für die Niederschlagung der »100-Blumen-Kampagne« verantwortlich zeichnete, bei der Intellektuelle zuerst zu Kritik an der Partei ermutigt und dann bestraft oder umgebracht wurden.

Die auf dem Parteitag 1978 beschlossenen Reformen begannen in der Landwirtschaft. Die staatlichen Ankaufpreise für Getreide und andere landwirtschaftlichen Produkte wurden erhöht, nicht abgabepflichtige Mengen durften die Bauern auf »freien Märkten« tauschen oder verkaufen. Die Volkskommunen verloren nach und nach an Einfluss und wurden schließlich wieder abgeschafft. Heute steht die Bauernfamilie wieder im Zentrum der Landwirtschaft. Der Boden ist zwar kollektives Eigentum, doch die Familien können ihn für 15 Jahre, oft auch länger, pachten und müssen dafür Geldbeträge oder Naturalien abliefern. Ergebnis war bereits nach kurzer Zeit eine ungeheure Steigerung der landwirtschaftlichen Erträge, sodass China nach langen Jahren erstmals wieder Selbstversorger, zeitweise sogar Exporteur von Getreide wurde. Gleichzeitig strebte man eine Diversifizierung der Agrarwirtschaft an, was mehr Obst und Gemüse, gezüchtete Fische und Meeresfrüchte und vieles andere in die Essschüsseln zumindest der städtischen Bevölkerung brachte.

Allerdings stellten sich auch die Nachteile bereits nach wenigen Jahren ein. Der Aufbau von Märkten, auf denen die Bauern ein höheres Einkommen erzielen konnten, gelang vor allem in stadtnahen Gebieten, während die kargen Regionen im Westen eher verarmten, da der Staat seine Umverteilungsfunktion immer weniger ausübte. Die Landfamilien folgten zwar dem Vorbild der »Zehntausend-Yuan-Bauern«, konnten ihre Einkommenssteigerungen aber nur erreichen, indem sie ihre Kinder statt in die Schule aufs Feld schickten. Gemeinschaftsaufgaben wie der Deichbau wurden vernachlässigt, der Schutz der Umwelt spielte überhaupt keine Rolle, was nach Naturkatastrophen zu riesigen Schäden geführt hat.

In der Industrie sollte die Initialzündung durch die vier 1982 eingerichteten Wirtschaftssonderzonen gegenüber von Taiwan sowie an den Grenzen von Macau und Hongkong erfolgen. Der Staat stellte dort die Infrastruktur zur

Verfügung, ausländische Firmen investierten, führten Rohstoffe oder Halbfertigprodukte ein, die von chinesischen Arbeiterinnen zu im internationalen Vergleich niedrigen Löhnen montiert und schließlich wieder ausgeführt wurden. Davon versprach sich die Regierung nicht nur Beschäftigung, sondern auch weitere Investitionen und den Transfer von Know-how. Nicht alle Zonen schlugen sofort ein, erfolgreich war vor allem Shenzhen an der Grenze zu Hongkong, das sich in zehn Jahren vom Fischerdorf zur Millionenstadt entwickelte.

Doch die Geschwindigkeit der Reform sollte sich noch weiter beschleunigen. So erhielt Shanghai einen Sonderstatus, und entlang der Küste wurden 14 Häfen geöffnet – ironischer-

Links: US-Präsident Gerald Ford und Deng Xiaoping, damals Vizepräsident Chinas, während eines Staatsbanketts 1975
Rechts: Plakate propagieren Familienplanung

weise genau jene, in denen sich im 19. Jahrhundert die ungeliebten Kolonialisten niedergelassen hatten. Bald drangen die produzierten Waren auch in andere Städte und ländliche Regionen vor und bescherten China ein lange nicht gekanntes Klima des Konsums. »Reich werden ist gut«, verkündete der Reformer Deng und »Es ist egal, ob eine Katze weiß ist oder schwarz, Hauptsache, sie fängt Mäuse«, was bedeuten sollte, dass es ihm gleich war, ob der Wohlstand durch kapitalistische oder sozialistische Methoden errungen wurde.

Doch so einfach wie die Slogans gestaltete sich die Entwicklung nicht. Enorme Inflations-

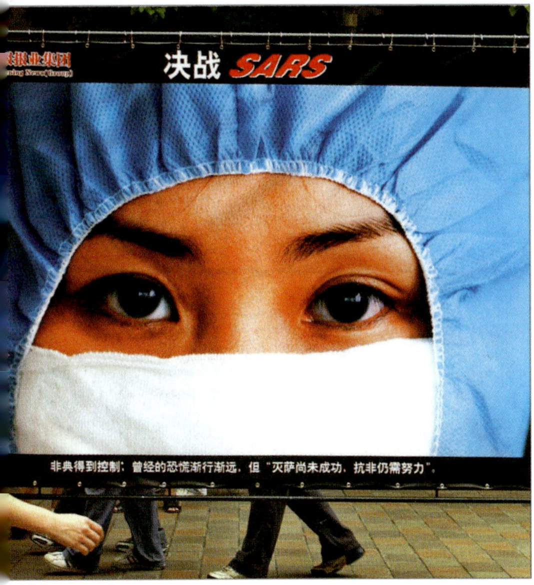

raten waren die Folge, die Reformer standen mal auf dem Gaspedal, mal auf der Bremse. Als größtes Reformhindernis stellten sich die in den 1950er-Jahren nach sowjetischem Vorbild geschaffenen großen Staatskonzerne heraus, die starr wie Felsen in der Brandung allen Veränderungen trotzten (und trotzen) und dabei Riesenbeträge an Subventionen verschlangen.

Die jetzt schon häufig verkündete Meinung, China sei eigentlich bereits ein kapitalistischer Staat, geht jedoch an der Realität weit vorbei. Richtige Privatfirmen gibt es weiterhin sehr selten, zudem sind sie klein und befinden sich nicht an strategisch wichtigen Stellen der Ökonomie – weder der Fahrradflickladen noch das Restaurant oder die studentische Softwarefirma. Praktisch alle großen, erfolgreichen Firmen sind Joint Ventures von ausländischen Unternehmen mit inländischen Staatsbetrieben. Diese sind jedoch Staatsfirmen der neuen Art, meist kontrolliert von Ministerien, anderen Staatskonzernen oder politischen Kadern, bzw. deren Söhnen oder Schwiegersöhnen, den sog. Prinzen. Die Parteibürokratie bleibt dadurch mit der Wirtschaft auf unerquickliche Art verbunden.

»

Deng Xiaoping war unfähig – oder unwillig –, Mao offen anzuprangern. Dies hätte bedeutet, die ganze chinesische Revolution in Misskredit zu bringen. Die Lösung war, Maos Herrschaft in eine gute frühe Phase und eine schlechte spätere Phase einzuteilen.

Der Ruf nach Demokratie

Zusätzlich zu den eingeleiteten und zumindest teilweise erfolgreichen »vier Modernisierungen« forderte aber schon bald eine zunehmende Zahl von Chinesen eine fünfte, die Modernisierung des politischen Systems, sprich Demokratie. Denn auf diesem Feld bewegte sich fast gar nichts. Die Kommunistische Partei herrscht bis heute nach leninistischer Vorgabe der »Diktatur des Proletariats« bis in die kleinsten Winkel des Landes und der Gesellschaft. Sie kontrolliert nicht nur Parlament und Wirtschaft, sondern auch das Rechtssystem, die Medien, die Kultur und viele Details des Alltags. Polizeieinheiten sowie die Armee überwachen jeden einzelnen und schreiten im Notfall gnadenlos ein.

Schon 1979 regte sich dagegen erster Widerstand. An der Pekinger »Mauer der Demokratie« hingen täglich neue Wandzeitungen, die die Partei und die Zustände im Land kritisierten. Wie bei der »100-Blumen-Kampagne« ließ man die Kritiker eine Zeit lang gewähren und sperrte sie dann ein. Danach kehrte Ruhe ein, doch schon bald machten sich Künstler, die nicht mehr als Propagandisten der Partei arbeiten wollten, und Intellektuelle wieder bemerkbar. Erneut folgte eine harte Kampagne, diesmal unter dem illustren Titel des Kampfes gegen »geistige Verschmutzung«.

Den Höhepunkt der Protestbewegung erlebte jedoch der Frühling des Jahres 1989. Im April starb der bei den Studenten beliebte Hu Yaobang – einst designierter Nachfolger Deng Xiaopings, dann gestürzt, als er 1986/87 nicht hart genug gegen studentische Proteste vorging. Die Trauerkundgebungen auf dem Tian'anmen-Platz eskalierten zu landesweiten Protesten gegen Bürokratie und Korruption und für Freiheit und Demokratie. Zehntausende Pekinger hielten den zentralen Platz über Wochen besetzt. Einen solchen Gesichtsverlust konnte das Politbüro nur durch eine harte Strafmaßnahme ausgleichen. In der Nacht vom 3. auf den 4. Juni ordneten Deng Xiaoping und Ministerpräsident Li Peng den Einsatz der Armee zur Räumung des Tian'anmen-Platzes an. Dabei kamen Tausende ums Leben, in Schauprozessen wurden weitere Tausende zu Lagerhaft verurteilt.

stärken. Dennoch ging die Partei kompromisslos gegen sie vor, ließ Demonstranten verhaften und ohne Prozess in Arbeitslagern verschwinden. Nicht ohne Erfolg, denn mittlerweile ist es um die Sekte still geworden.

Der wirtschaftliche Modernisierungskurs wurde beibehalten, doch er stieß immer wieder an Grenzen. Computer und das Internet vereinfachen die Kommunikation ungemein, doch wie sollte man die ausländischen Einflüsse und die Kommunikation der Dissidenten per E-Mail unterbinden? So werden nicht nur Zeitschriften, sondern auch die Seiten, die im Internet in China aufrufbar sind, scharf zensiert.

Internationale Politik

China brauchte Jahre, um seine internationale Isolation nach dem Massaker zu überwinden. Innenpolitisch blieben die Kontrollen unverändert, wobei die Führung oft panisch und mit bedenkenloser Härte auf alle Anzeichen von Opposition reagierte. Am deutlichsten wurde dies bei der Behandlung der buddhistisch-meditativen Sekte Falun Gong, die Mitte der 1990er-Jahre schnell an Anhängerschaft gewann. Sie hatte kein konkretes politisches Programm, appellierte lediglich an den einzelnen, sich durch Meditation und Körperübung zu

Links: 2003: Chaos beim Ausbruch von SARS **Oben:** Peking erhält den Zuschlag für die Olympischen Sommerspiele 2008

China tritt zunehmend internationalen Organisationen bei, 2001 nach mehr als zehnjährigen Verhandlungen auch der Welthandelsorganisation WTO. Das Gesetzeswerk wird ausgebaut, auch aus dem Ausland übernommen, aber bei dem Rechtsempfinden hapert es gewaltig. Recht ist weiter das Recht des Stärkeren, der es nutzt, um seine Interessen durchzusetzen. Von den WTO-Bestimmungen übernahm man die Vorteile, lässt sich aber jede Pflicht abringen.

Insgesamt ist der Wirtschaftskurs ruhiger geworden. Doch die Spekulationsblase im Immobiliensektor hat riesige Ausmaße angenommen, und das staatlich kontrollierte Bankensystem weist mit gigantischen faulen Krediten das Potential zu einem Crash auf.

Mit den akuten Krisen Anfang des 21. Jhs. ging der Parteiapparat ebenfalls wenig vertrauenerweckend um. Das Gesundheitssystem ist weitgehend zusammengebrochen, Behandlungen gibt es fast nur noch auf privater Basis, das AIDS-Problem mit Millionen Infizierten, zum Beispiel durch den Handel mit aus Not gespendetem Blut in Henan, wurde lange verdrängt und totgeschwiegen. Als die Lungenseuche SARS ausbrach, verfiel man sogleich auf dieselbe Taktik; die tatsächlichen Ausmaße sind der Öffentlichkeit bis heute unbekannt.

Allein die politische Machtübergabe funktionierte reibungslos. Jiang Zemin erstaunte alle, die ihn als Übergangsführer ansahen, er verwaltete das Land unauffällig und brachte seine Seilschaften in Stellung. Sein 2003 installierter Nachfolger Hu Jintao muss seine Unabhängigkeit erst noch unter Beweis stellen. Der jetzige Premierminister Wen Jiabao gilt zwar als Reformer, doch als einer ohne eigenes Profil. Alle Augen richten sich also jetzt auf Hu Jintao.

Die Beziehung zu Taiwan

Seit 1949 betrachten die Kommunisten Taiwan als abtrünnige Provinz, die wieder ans Festland angegliedert werden soll. Währenddessen sahen sich die GMD-Regierungen als rechtmäßige Erben der chinesischen Republik. Beide Positionen waren durchaus unrealistisch. Seit Hongkong (1997) und Macau (1999) der Volksrepublik als Sonderverwaltungszonen angeschlossen wurden, versucht Peking diese Politik des »ein Land, zwei Systeme« auch auf das viel größere Taiwan anzuwenden. Dabei hat es niemals die Option aufgegeben, die 160 km vor der chinesischen Küste gelegene Insel mit Gewalt zu annektieren, was durch das Gewalt-Ermächtigungsgesetz von 2005 unterstrichen wurde.

Bei den freien und unabhängigen Präsidentenwahlen von 2000 in Taiwan ging Chen Shuibian, der Kandidat der oppositionellen DPP (Democratic Progressive Party) als klarer Sieger hervor. Erstmals wurde die alte GMD in echten Wahlen besiegt. Doch Chens auf mehr Unabhängigkeit bedachter Kurs brachte die kommunistische Führung gegen ihn auf, die sich insgeheim mit der alten GMD verbündete. Seit im März 2008 der GMD-Kandidat Ma Ying-jeou Präsident wurde, haben sich die wirtschaftlichen Beziehungen an der Taiwan-Straße wieder verbessert.

Ideologiewechsel

Nachdem 1999 die »Deng-Xiaoping-Ideen« auf dieselbe Stufe wie die Mao-Gedanken gehoben wurden, wird die in China sowieso kaum reflektierte marxistische Theorie weiter in den Hintergrund gedrängt. Nationalismus und die Herrschaft der Kommunistischen Partei sind nun die vorherrschende Ideologie. So können seit einigen Jahren auch Unternehmer der KPCh beitreten oder umgekehrt auch Mitglieder der KP Unternehmer werden. Und es verwundert dann nicht mehr, dass von den 2000 reichsten Chinesen 91 Prozent Verwandte der obersten Führungsschicht der KP sind.

China im 21. Jahrhundert

China trat optimistisch in das 21. Jhs. ein. Das Land wurde 2001 in die Welthandelsorganisation WTO aufgenommen und erhielt die Olympischen Spiele 2008 zugeteilt. Unternehmer standen immer noch Schlange vor Chinas Tür, und Fraktionsstreitigkeiten innerhalb der Partei waren ausgebügelt worden. Nach außen bemerkenswert glatt übergab Jiang Zemin seine Ämter an Hu Jintao, den in Moskau ausgebildeten Ingenieur mit einer langen Parteikarriere. Premierminister Wen Jiabao gilt als gemäßigter Reformer ohne höhere Ansprüche.

Durch keine interne oder externe Kritik ließ man sich von den Technologieprojekten abbringen, sei es nun der ökologisch desaströse Drei-Schluchten-Damm (s. S. 262) oder die Raumfahrt. 2003 schickte China als drittes Land einen Astronauten in den Weltraum. Im Jahr 2008 folgte auf einer weiteren Mission der erste Raumspaziergang eines Chinesen.

Doch die Probleme des Landes sind nicht zu übersehen. Vor allem die Probleme der 800 Mio. Landbewohner und speziell der 200 Mio. Wanderarbeiter sind einer Lösung noch nicht nähergekommen. Premier Wen Jiabao versprach, auf dem Land wieder die kostenlose Gesundheitsvorsorge und Schulbildung einzuführen. Das neue Eigentumsgesetz soll die Rechte der Bauern stärken, doch die Anwendung von Gesetzen stellt in China ein zentrales Problem dar. Insgesamt sollen die Unterschiede zwischen Stadt und Land verringert werden, da es seit Jahren Zehntausende von Protestveranstaltungen gegen die Regierung und die Korruption gibt.

Die Vorfreude der Machthaber auf die Olympischen Spiele 2008 wurde durch einige Ereignisse im Frühjahr getrübt. Die Proteste von Mönchen in Tibet, ihre brutale Niederschlagung und die darauf folgenden Störungen des Fackellaufes warfen erneut ein Schlaglicht auf die katastrophale Menschenrechtssituation in China.

Im Mai bebte die Erde in Sichuan und begrub mehr als 70 000 Tote unter sich, eine ungeheuer große Zahl für eine dünn besiedelte Region. Es stellte sich heraus, dass vor allem Schulen aus minderwertigen Materialien errichtet worden waren. Sehr typisch für die Entwicklung Chinas war auch der Milchskandal, der während der Spiele verheimlicht wurde. Erst danach wurde bekannt, dass große Mengen Baby-Milchpulver vergiftet waren; Hunderttausende Kinder erkrankten und mehrere kamen ums Leben. Gier beherrscht das Wirtschaftsleben, auch bei der

Produktion von Spielzeug, bei dem immer wieder erhöhte Bleibelastungen gefunden werden.

Im Juli 2009 kam es im Nordwesten des Landes zu heftigen Zusammenstößen zwischen Uiguren und chinesischen Polizisten. Die Unruhen wurden brutal niedergeschlagen.

Die chinesische Regierung behauptete, gestärkt aus der Weltwirtschaftskrise hervorgehen zu können. Doch bei dem schlichten Entwicklungsmodell, das v.a. auf den Export von für ausländische Kunden produzierte Waren setzt, und den massiven Problemen im Bankensektor hat sich China stark von der internationalen Nachfrage abhängig gemacht. Wenn interne und externe Probleme zusammentreffen, ist es schwer, das Ergebnis vorherzusagen. ■

Links: Männer beim Sammeln von Altmetall auf einer Müllhalde in Shanghai. Chinas großer Bedarf an Rohstoffen ließ die Preise für Schrott weltweit ansteigen **Rechts:** Die chinesische Nationalflagge

Geschichte im Überblick

Das frühe Kaiserreich

2100–1600 v. Chr.
Die Xia-Dynastie blieb bisher ohne archäologische Belege.

1600–1122 v. Chr.
Die Shang-Dynastie hinterlässt erstmals kulturelle Zeugnisse einer Besiedlung bei Luoyang und Xi'an.

1122–256 v. Chr.
Zhou-Dynastie: Oberste Institution wird *tian*, der Himmel; der Herrscher vermittelt als »Sohn des Himmels« zwischen diesem und den Menschen.

770–476 v. Chr.
In politisch bewegter Zeit entstehen verschiedene Schulen, darunter Konfuzianismus und Daoismus.

403–221 v. Chr.
Zeit der Streitenden Reiche

Qin-Dynastie (221–206 v. Chr.)

221 v. Chr.
Der Fürst von Qin hat in einem 10-jährigen Feldzug die anderen Fürstentümer unterworfen und ruft sich zum ersten Kaiser, Qin Shihuangdi, aus. Mauersysteme werden zur Großen Mauer verbunden, Maße und Gewichte sowie die Schrift vereinheitlicht. Erster Zentralstaat.

Han-Dynastie (206 v. Chr.–220 n. Chr.)

Ab 206 v. Chr.
Rebellen stürzen die Qin und etablieren die Han-Dynastie. Der Feudalismus kehrt zurück, doch die Zentralmacht bleibt erhalten. Das Reich dehnt sich weiter nach Süden aus.

180 v. Chr.
Erstmals werden am Hof Eunuchen beschäftigt, die die Frauen und Konkubinen des Kaisers bedienen.

25 n. Chr.
Luoyang ist neue Hauptstadt.

Ab 65 n. Chr.
Über die Seidenstraße gelangt der Buddhismus nach China und wird sinisiert.

220
Abdankung des letzten Han-Kaisers. Es entstehen verschiedene Fürstentümer.

Sui-Dynastie (581–618)

581
Nach dem Machtverlust der Han ab 220 und dem Zerfall in mehrere Machtzentren gelingt dem Sui-Klan eine erneute Zentralisierung mit der Hauptstadt Chang'an (nahe dem heutigen Xi'an). Ein neues Rechtssystem entsteht, die Große Mauer wird repariert und Kanäle zwischen Nord- und Südchina werden gebaut.

Tang-Dynastie (618–907)

618
Der Li-Klan ruft die Tang-Dynastie aus, die das Reich ausweitet und Verbindungen zum tibetischen Hof knüpft. Kulturelle Blüte. Die Hauptstadt Chang'an wächst zu einer der größten Städte der Welt heran.

690–705
Die Kaiserin Wu (627–705) ist die erste weibliche Herrscherin. Das Verfassen von Gedichten wird Teil der Beamtenprüfung.

907–960
Nach dem Fall der Tang-Dynastie teilt sich das Reich in fünf Dynastien und zehn Königreiche. In Teilen des Landes herrscht Anarchie.

Song-Dynastie (960–1279)

Ab 960
Kaifeng wird die Hauptstadt der Song-Dynastie. Im Norden breiten sich nomadische Reitervölker aus und errichten eine Hauptstadt unweit des heutigen Peking.

1040
Erste Erwähnung des Druckens mit beweglichen Lettern. Entwicklung des Neo-Konfuzianismus.

1127
Vor Invasoren aus dem Norden fliehen die Song weiter nach Süden. Hangzhou wird Hauptstadt.

Ganz links: Verfolgung von Konfuziusschülern durch Qin Shihuangdi **Oben links:** Wächterfigur eines Grabes aus der Wei-Dynastie **Links:** Große Mauer aus der Ming-Dynastie **Oben:** Eine Giraffe als Geschenk für Kaiser Yongle **Ganz oben:** Kriegsschiff der Yuan-Dynastie **Rechts:** Qing-Kaiser Kangxi

Yuan-Dynastie (1279–1368)

1279
Nachdem die Mongolen sich 1206 auf Dschingis als Großkhan geeinigt haben, beginnt ihr Eroberungsfeldzug nach Westen und Süden, wo er durch die Eroberung von Hangzhou und die Errichtung der Yuan-Dynastie einen Abschluss findet. Mit Dschingis' Enkel Kublai herrscht erstmals ein Nicht-Chinese über das Reich. Er bedient sich zahlreicher ausländischer Verwalter. Hauptstadt wird Khanbaliq an der Stelle des heutigen Peking. 1294 stirbt Kublai, die Macht der Mongolen zerfällt.

Ming-Dynastie (1368–1644)

1368
Nach Aufständen gegen die Fremdherrscher besteigt wieder ein Chinese den Thron und gründet die Ming-Dynastie. Ihr dritter Kaiser, Yongle, verlegt die Hauptstadt von Nanjing nach Peking und lässt u.a. den Kaiserpalast anlegen. Die Große Mauer entsteht in größerer Länge und neuer Form wieder.

1405–1433
Der Eunuch und Admiral Zheng He (1371–ca. 1433) unternimmt sieben Seereisen nach Südostasien und Indien, um den Handel zu intensivieren. Diese Wendung nach außen wird abrupt abgebrochen.

1517
Die ersten portugiesischen Schiffe ankern vor Kanton.

1553
Macau wird portugiesische Kolonie und erste europäische Siedlung auf chinesischem Boden.

Qing-Dynastie (1644–1911)

Ab 1644
Nach dem Zerfall der Ming-Dynastie besetzen die Mandschuren Peking und erobern im Westen neue Gebiete. Sie assimilieren sich schnell und zwingen den Han die Haarzöpfe auf.

1661–1722
Herrschaft des Kangxi-Kaisers.

1736–1796
Herrschaft des Qianlong-Kaisers.

1839–1842
Die Europäer versuchen, den Handel mit China zu intensivieren, auch mit gewaltsamen Mitteln. Die Briten setzen Opium als Handelsware ein und führen Krieg um ihre Kolonie Hongkong und die Öffnung von Häfen, was ihnen u.a. im Vertrag von Nanjing zugesagt wird. Andere Kolonialländer folgen.

1850–1864
Der Taiping-Aufstand in Süd- und Mittelchina richtet sich gegen die

konservative Zentralmacht in Peking, wird jedoch gewaltsam niedergeschlagen.

1855–1875
Rebellionen von Muslimen.

1860
Britische und französische Truppen setzen den Sommerpalast in Peking in Brand. Die Halbinsel Kowloon wird der Kolonie Hongkong angegliedert.

1894–1895
Chinesisch-japanischer Krieg, den China verliert.

1898–1900
Der junge Kaiser Guangxu versucht eine Modernisierung, doch Kaiserinwitwe Cixi und die Konservativen sperren ihn ein. Die »Boxer« bekämpfen das Vordringen der Ausländer und besetzen von Juni bis August 1900 das Pekinger Gesandtschaftsviertel. Alliierte Truppen sprengen die Belagerung und verwüsten Teile der Stadt.

1911
Im Süden hat sich eine Opposition gegen die Monarchie gebildet. Nach dem Tod Cixis und Guangxus (1908) bricht die Macht des Hofes zusammen, da nur der dreijährige Puyi auf dem Thron sitzt. Die Kaiserfamilie dankt ab. Der Arzt Sun Yatsen wird provisorischer Präsident, muss aber bald zurücktreten.

Das republikanische China

1912–1920
Der diktatorisch herrschende General Yuan Shikai verwaltet weite Teile Chinas. Einige Provinzen erklären sich jedoch als unabhängig. Nach Yuans Tod (1916) zerfällt das Reich in viele Machtzentren, die von despotisch herrschenden Warlords kontrolliert werden, die sich gegenseitig bekämpfen.

1919
Am 4. Mai demonstrieren nationalistische und reformerische Intellektuelle auf dem Tian'anmen-Platz gegen die Behandlung Chinas im Versailler Vertrag, in dem die ehemaligen deutschen Kolonien Japan unterstellt werden.

1921
In Shanghai wird die Kommunistische Partei (KP) Chinas gegründet.

1925
Nach dem Tod Sun Yatsens übernimmt Chiang Kaishek die Führung der nationalistischen Guomindang (GMD).

1927
Die Nationalisten greifen die Kommunisten in Shanghai an, erobern Peking aus der Kontrolle eines Warlords und errichten ihre Hauptstadt in Nanjing.

1934–1936
Wechselnde Bündnisse und Konflikte zwischen GMD und KP, die sich schließlich im »Langen Marsch« nach Yan'an zurückzieht, wo Mao Zedong zum Parteiführer gewählt wird.

1937–1945
Japanische Truppen rücken von Nordosten nach China vor und richten grausame Massaker unter der Bevölkerung an.

1945
Nach der japanischen Kapitulation bricht ein Bürgerkrieg aus, den die KP gewinnt.

Die Volksrepublik China

1949
Mao ruft am 1.10.1949 die Volksrepublik China aus. Die GMD flieht nach Taiwan.

1950–1953
Chinesische Truppen unterstützen im Korea-Krieg den Norden.

1958–1961
Im »Großen Sprung« wird die Kollektivierung forciert, 40 Mio. Menschen verhungern. 1959 Aufstand gegen die chinesische Besatzung in Tibet, der Dalai Lama flieht.

1960
Bruch zwischen China und der Sowjetunion.

1966–1969
»Kulturrevolution«. Der Fraktionskampf in der KP führt zu großen Verwüstungen von Kulturgütern und ca. 100 Mio. Toten.

1976
Mit Zhou Enlai und Mao sterben zwei dominante Figuren.

1978
Den Machtkampf in der KP gewinnen die Modernisierer um Deng Xiaoping, die Reformen in der Wirtschaft durchsetzen.

1989
Im Frühjahr demonstrieren Hunderttausende gegen die korrupte Herrschaft der KP. Am 4. Juni wird der Tian'anmen-Platz gewaltsam geräumt.

1997
Im Februar stirbt Deng Xiaoping, sein Nachfolger wird Jiang Zemin. Hongkong kehrt zu China zurück.

1999
Organisierte Demonstrationen gegen die NATO. Portugal gibt Macau zurück.

2001
Beitritt Chinas zur WTO.

2003
Erste bemannte Raumfahrt. SARS-Epidemie.

2004
Staatspräsident Hu Jintao übernimmt den Vorsitz der Militärkommission; neuer Premierminister ist Wen Jiabao.

2006
Inbetriebnahme der Eisenbahn zwischen Peking und Lhasa.

2008
Antichinesische Proteste in Tibet. Großes Erdbeben in Sichuan, bei dem über 70 000 Menschen sterben. Olympische Spiele in Peking.

2009
Weltwirtschaftskrise erreicht China. Blutige Unruhen in Xinjiang zwischen Uiguren und Chinesen.

Oben links: Opiumhöhle im späten 19. Jh. **Ganz links:** Französische Truppen im Kampf gegen Taiping-Rebellen **Links:** Der Lange Marsch **Oben:** Sun Yatsen **Ganz oben:** Revolutionäre Bildkunst **Rechts:** Pekings Schwimmstadion, auch »Wasserwürfel« genannt

Das neue China

Der schnelle wirtschaftliche Wandel hat Millionen von Chinesen bisher unbekannten Wohlstand gebracht. Umweltprobleme sowie die Kluft zwischen Arm und Reich stellen jedoch ernste Herausforderungen dar.

Im Jahr 1992 machte sich Deng Xiaoping, der sich nach Mao Zedongs Tod 1976 als Führer durchgesetzt hatte, auf eine Reise nach Südchina. Er besuchte Kanton und die beiden Sonderwirtschaftszonen Shenzhen bei Hongkong und Zhuhai bei Macau. Nachdem 1989 die Menschen wochenlang auf dem Tian'anmen-Platz und im ganzen Land gegen die KP Chinas protestiert hatten, drängte die linke Fraktion der Partei darauf, die begrenzten Reformen der 1980er-Jahre zurückzunehmen und China wieder einen strengeren sozialistischen Kurs zu verordnen. Doch Deng setzte ein bewusstes Zeichen dagegen, indem er im Süden ausrief: »Reich zu werden ist richtig.« Die Chinesen sollten »noch schneller« und »noch mutiger« Geschäfte machen und eine sozialistische Marktwirtschaft entwickeln.

Da Deng jedoch selbst für das Massaker auf dem Tian'anmen-Platz Verantwortung trug, zeigte seine Reise zunächst wenig Wirkung. Erst eine Reihe von Artikeln unter Pseudonym in einer Shanghaier Zeitung brachte immer mehr Unterstützung hervor und ließ bald den Ruf nach wirtschaftlicher Liberalisierung im ganzen Land lauter werden.

Durch die Wirtschaftssonderzonen, den Import von Kapital vor allem über Hongkong sowie durch die Übernahme von ausländischem Know-how entstand ein schnelles Wirtschaftswachstum ähnlich wie in Japan nach dem Zweiten Weltkrieg oder wie in Europa zu Zeiten der Industriellen Revolution im 18. und 19. Jahrhundert. Seit Dengs Reise in den Süden wuchs die chinesische Wirtschaft um durchschnittlich neun Prozent pro Jahr, allerdings ausgehend von einem extrem niedrigen Startpunkt. Im Jahr 1985 wurden Verträge über Direktinvestitionen in Höhe von 2 Mrd. US$ gezeichnet. Diese Zahl stieg bis 2007 auf 77 Mrd. US$, wenngleich nicht jedes Jahr die gesamte Summe auch tatsächlich floss. Viele Investitionen sind im bürokratischen

Vorhergehende Seiten: In einem Shanghaier Geschäft
Links: Aktienpreise – Kontrolle ist besser **Rechts:** Der Konsum boomt, und ein eigenes Auto ist Zeichen für Wohlstand

»

Der größte Teil der chinesischen Geschäftsleute etablierte sich in den 1980er-Jahren. Unter Mao hatten viele im Gefängnis gesessen; jetzt konnten sie dank Deng Xiaopings Reformen ihre Chance wahrnehmen.

Sumpf stecken geblieben. Im Jahr 2007 stellte China nach Angaben der Weltbank etwa sieben Prozent der weltweiten Exporte.

Der private Sektor der Wirtschaft wurde ausgeweitet; wie groß er genau ist, weiß man nicht, denn es existieren viele Mischformen im Unternehmensbesitz sowie zahllose Tarnfirmen. Da die Privatfirmen jedoch rentabler arbeiten und strenger kontrolliert werden, zahlen sie 70 Prozent der Steuereinnahmen. Im Jahr 2001 wurde China nach mehr als zehnjährigen Verhandlungen in die Welthandelsorganisation aufgenommen und hat sich damit verpflichtet, auch seine Märkte für den internationalen Handel zu öffnen. 2005 koppelte das Land den nicht frei konvertierbaren Renminbi statt an den US-Dollar an einen Korb von Währungen.

Zwanzig Jahre Reformpolitik haben der städtischen Wirtschaft im Osten einen Boom beschert, und es werden schon Wetten abgeschlossen, wann zwischen 2010 und 2030 China zur größten Volkswirtschaft der Welt wird. Doch Rückschläge zeichnen sich bereits ab.

Die Anfänge

China wandte sich erstmals in den 1970er-Jahren von der an die Sowjetunion angelehnten Wirtschaftsform ab, als es die Volkskommunen wieder abschaffte und »dörfliche Industrie« förderte. Etwas später durften dann kleine Privatfirmen gegründet werden, in denen meist Verwandte beschäftigt waren. Auf der größeren Ebene erlaubte die Regierung erste Joint Ventures, etablierte vier Sonderwirtschaftszonen und öffnete genau jene 14 Küstenstädte für den Handel mit dem Ausland, die im 19. Jahrhundert ausländische Kolonien waren.

Von den Sonderwirtschaftszonen war das an Hongkong grenzende Shenzhen, heute eine moderne Metropole, die erfolgreichste. Aber ohne das Kapital und Know-how der international geprägten Hafenstadt und damals noch britischen Kolonie Hongkong wäre das chinesische Wirtschaftswachstum wohl nie ins Laufen gekommen. Denn von 1978 bis 1997 verlegte Hongkong den größten Teil seines produzierenden Gewerbes auf die andere Seite der streng bewachten Grenze, in das Perlflussdelta. Die Investitionen aus Hongkong und später Taiwan haben China zur »Werkbank der Welt« gemacht. Erst in der Nachfolge blühten auch Städte wie Shanghai auf.

In den riesigen Fabrikhallen im Perlflussdelta wurden zu Billiglöhnen Textilien, Schuhe, Spielzeug und Uhren produziert, später auch Elektronikkomponenten zusammengebaut – ein Sortiment vom Plastikkleiderbügel bis zum vollautomatischen Cocktailmixer. So wurden auf nur 0,4 Prozent der Fläche Chinas 29 Prozent des Außenhandels abgewickelt.

Regionaler Wettbewerb

Shanghai wurde von der Partei lange mit argwöhnischen Augen betrachtet, weil es während der »Kulturrevolution« besonders extreme Auswüchse hervorbrachte. Doch als Jiang Zemin, der dort Bürgermeister gewesen war, die Parteiführung übernahm, durften Shanghai und das Yangzi-Delta einen Aufholwettbewerb starten. Weiter im Norden taten sich Peking und sein Hafen Tianjin sowie Qingdao, das einst deutsche Kolonie war, hervor.

Die Großregion Shanghai produzierte in den Jahren nach der Jahrtausendwende ein Wachstum von durchschnittlich elf Prozent und soll damit Hongkong in zehn Jahren überholen. Doch schon spürt man erste Probleme mit den Wanderarbeitern, von denen rund 200 Millionen ihre verarmten Dörfer im Westen verlassen haben, um für minimale Löhne auf den Baustellen und in den Fabriken der Boomregionen zu arbeiten.

Ab 2004 führte die Regierung strengere Bestimmungen für die Beschäftigung von Billiglohnkräften ein. Hinzu kamen die Aufwertung des chinesischen Renminbi gegenüber dem Dollar sowie große Qualitätsprobleme. Das alles führte dazu, dass, wie in einer Bankenstudie von 2008 vorhergesagt, etwa ein Drittel der Produktionsbetriebe in der Provinz Guangdong bereits wieder schließen mussten. China versucht dies durch die Herstellung höherwertiger Waren wie Autos und Elektronik zu kompensieren, doch in der derzeitigen Weltwirtschaftskrise steht der Erfolg solcher Pläne in den Sternen. Viele der Produzenten von Billigwaren sind jedenfalls in den letzten Jahren nach Vietnam und Indien weitergezogen.

Nachdem es nicht mehr zu übersehen war, dass das Wirtschaftswachstum auf die vier östlichen Provinzen Guangdong, Fujian, Zhejiang und Jiangsu beschränkt blieb, begann die Regierung 2000 ihre Politik des »Aufbruchs nach Westen«. Seitdem wurde etwa eine Milliarde Euro für Infrastrukturmaßnahmen ausgegeben, die vor allem auf die 1140 km lange Bahnstrecke von Peking nach Lhasa und den Bau von Schnellstraßen entfielen. Doch bei den Auslandsinvestitionen hat sich wenig geändert: Immer noch werden mehr als 80 Prozent in den neun Küstenprovinzen getätigt.

Für die meisten Produzenten liegt das gigantische Landesinnere Chinas mit seinen 700 Mio. Bewohnern einfach zu weit von den Häfen entfernt, die allein bei den in China produzierten Waren eine profitable Herstellung und Verbreitung ermöglichen. Diese ständig wachsende

Ganz links: Über 90 Prozent der chinesischen Haushalte besitzen ein Mobiltelefon **Links:** Aktienhändler **Oben:** Wanderarbeiter **Rechts:** Spielzeugfabrik im Perlflussdelta

Kluft zwischen den Küstenstädten und dem Hinterland ist nur einer der Gründe für die sozialen Auseinandersetzungen, die immer wieder aufbrechen und die der Zentralregierung zunehmend Sorgen bereiten.

Eine geteilte Nation

Beobachter in Hongkong schätzen, dass es 2005 etwa 85 000 größere Demonstrationen und Aufstände gab, sechs Prozent mehr als im Jahr zuvor und das Vierfache von 1995. Solche Proteste sind in den reichen Städten, die ausländische Touristen bereisen, sehr selten zu sehen, sie betreffen jedoch die Weiten des ländlichen China, wo mehr als 70 % der Bevölkerung wohnen und das Leben der kleinen Minderheit von Chinesen beobachten, die in den Zeiten des Wirtschaftsbooms reich geworden sind. Es gibt viele Ursachen für die Proteste, doch meist geht es um die Verteilung von Land und die Umwelt.

Die Landverteilung ist eine heikle Angelegenheit, denn Grund und Boden gehören weiter dem Staat, und das Land kann von den Bauern für 30 bis 70 Jahre gepachtet werden. Bei der weit verbreiteten Immobilienspekulation bietet dies korrupten Parteikadern und Beamten jede Menge Möglichkeiten, mit Investoren zusammenzuarbeiten und die einfachen Landbewohner zu verdrängen, die dann mit minimalen Kompensationen abgespeist werden. Billiges Geld lokaler Banken sorgt für Gewinne beim Bau von Wohnhäusern, Hotels und Fabriken. Im fernen Peking kann die Regierung, selbst wenn sie es wollte, dagegen wenig machen. Sie erließ einige Edikte, verurteilte einige Beamte und arbeitete 14 Jahre an einem schließlich 2007 verabschiedeten Eigentumsgesetz, das nun das Eigentum des Staates, von Kollektiven, Individuen und anderen schützen soll. Doch Kritiker bemängeln, dass die wahren Probleme nicht angefasst wurden: das staatliche Eigentum an Grund und Boden und die einfach anzuordnende Enteignung. Das Gesetz verbessert ein wenig den Schutz privater Hausbesitzer und langjähriger Pächter von Ackerland. Ob es in der Praxis irgendwelche Veränderungen bewirkt, bleibt abzuwarten.

Nachdem China über zwei Jahrzehnte bei seiner Wachstumsideologie keinerlei Rücksicht auf die Umwelt genommen hat, stellt sich dieses Problem nun mit Nachdruck. Selbst Hongkong ist davon betroffen, denn die schmutzigen Fabriken jenseits der Grenze verdunkeln an vielen Tagen den Himmel über dem Hafen. Doch in anderen Gegenden Chinas ist die Lage noch viel schlimmer. Nach Angaben der Weltbank liegen 16 der 20 am stärksten verschmutzten Städte der Welt in China; mehr als 400 000 Todesfälle pro Jahr werden auf die Luftverschmutzung zurückgeführt. In einer selten gehörten offenen

Aussage gab der Umweltminister 2007 zu, dass mehr als 50000 Demonstrationen und Proteste im Jahr zuvor durch Umweltprobleme ausgelöst worden waren. In der chinesischen Presse wird darüber praktisch gar nicht berichtet. Eine Ausnahme bildete ein Fall in der Provinz Zhejiang, bei dem Tausende von Dorfbewohnern die Schließung einer einen Fluss verseuchenden Chemiefabrik verlangten und durch die ungewohnte Publizität erfolgreich waren.

In den Jahren 2007 und 2008 sorgte auch die wachsende Inflation für neue Proteste. Im März 2008 hatte die Regierung bestätigt, dass die Inflation 8,7 Prozent erreicht hatte, und damit einen Höchststand seit zwölf Jahren. Die Verbraucher hatten dies längst auf dem Markt erfahren, denn der Preis für Schweinefleisch war um 63 %, der für Gemüse um 47 % gestiegen.

Herausforderungen der Zukunft

Es ist inzwischen ganz deutlich geworden, dass der Aufstieg des bevölkerungsreichsten Landes der Welt viel komplexer zu bewerkstelligen ist, als ausländische Beobachter und die Regierung selbst dies annahmen. Wer sich nur durch die Fünf-Sterne-Hotels von Hongkong, Shanghai und Peking bewegt, kann leicht zu dem Schluss gelangen, China sei bereits »angekommen«. Aber abseits der Boomzonen lauern noch viele Probleme, und der Boom selbst produziert ständig neue. Selbst die Weltbank schätzt, dass das Bruttoinlandsprodukt pro Kopf in China erst den Stand von Japan in den 1950er-Jahren erreicht hat, als dieses Land sich gerade von den Zerstörungen des Krieges erholte.

Eigentums- und Umweltfragen stehen ganz oben auf der Liste der Probleme, doch nicht zu vergessen sind der Mangel an sauberem Trinkwasser und das Erziehungssystem. Man geht davon aus, dass schon mehr als 300 Mio. Chinesen keinen Zugang mehr zu trinkbarem Wasser haben. Schon mehr als 200 Städte haben über eine Million Einwohner, und das unkontrollierte Wachstum von besiedelten Gebieten entzieht den ländlichen Regionen im Umland das dringend benötigte Nass. Der Staat kümmert sich auch kaum noch um Gesundheitsbelange, sodass für rund 800 Mio. Menschen nicht einmal eine grundlegende Vorsorge erreichbar ist. Auch für den Schul- und Universitätsbesuch müssen

Links: Bauarbeiter in Shanghai **Rechts:** Models bei einer Modenschau in Peking

»

Die meisten Beobachter glauben, dass China auch eine politische Reform in Angriff nehmen muss. Durch seine vom Export abhängige Entwicklungsstrategie hat sich das Land in starkem Maße von der Weltwirtschaft abhängig gemacht.

nun hohe Summen bezahlt werden. Viele arme Familien auf dem Land können sich eine formale Erziehung ihrer Kinder nicht mehr leisten.

Die meisten Probleme sind der Parteiführung durchaus bewusst, doch ob sie die Mittel und Möglichkeiten findet, diese auch zu lösen, bleibt

abzuwarten. Im März 2007 sprach Premierminister Wen Jiabao die »drei ländlichen Fragen« an, nämlich Bauern, Landwirtschaft und Entwicklung des ländlichen Raums. Er versprach, den über 800 Mio. Landbewohnern neue Infrastruktur und neue Technologien zur Verfügung zu stellen, um den Lebensstandard zu verbessern. Andere Überlegungen bezogen sich auf die Wiedereinführung einer grundlegenden Gesundheitsversorgung, die Abschaffung der Schulgebühren auf dem Land und Unterstützung für Stadtbewohner, die arbeitslos werden.

Die Herausforderung besteht darin, dass China nicht nur ein Wirtschaftsriese für isolierte Inseln wird, während der Rest des Landes in Armut und Unruhen versinkt. ■

Die Pekinger Spiele

Die Olympischen Sommerspiele 2008 richteten die Blicke der Weltgemeinschaft wie nie zuvor auf Peking.

Nachdem Peking 2001 die Ausrichtung der 29. Olympischen Sommerspiele übertragen bekommen hatte, wurde in der Stadt ein ambitioniertes Modernisierungsprogramm in Bewegung gesetzt. Die Hauptstadt sollte Fokus von nationalistischem Stolz und Vorzeigestadt einer gigantischen PR-Kampagne sein, um der Welt das »neue China« vorzustellen. Gewaltige Summen wurden in die Infrastruktur investiert, um das U-Bahn-System und den Flughafen zu erweitern, Straßen wurden gebaut und alte Wohnviertel abgerissen, was Zehntausende von Pekingern zum Umzug zwang. Auch für den Bau der großen neuen Stadien und den Ausbau der vorhandenen Anlagen wurden gigantische Summen ausgegeben. Peking, das früher oft als Ansammlung von Dörfern verspottet wurde, sollte sich als internationale Metropole mit atemberaubender Architektur, effizientem Verkehrssystem und internationalem Profil präsentieren. Mehr als 35 Mrd. Euro wurden für die teuersten Spiele aller Zeiten ausgegeben. Obwohl die Veranstaltung nur 18 Tage dauerte, soll sie über Jahrhunderte nachwirken.

China bewertet die Spiele als Erfolg. Das Land gewann 51 Goldmedaillen, und es gab eine verwunderliche Anzahl von 43 Weltrekorden. Das »Vogelnest« genannte Stadion und die neue, als »Wasserwürfel« bezeichnete Schwimmhalle beeindruckten, und bei den Feiern zur Eröffnung und zum Schluss wurde an Opulenz nicht gespart. ■

Links: Während das Olympische Feuer einmal um die Welt getragen wurde, kam es immer wieder zu Protesten gegen die Tibet-Politik und die Missachtung der Menschenrechte. **Oben und rechts:** Michael Phelps holte acht Goldmedaillen. Die zellenähnlichen »Plastikblasen« des Wasserwürfels verleihen dem Gebäude Stabilität.

Oben: Die stolze Summe von 325 Mio. Euro gab Peking aus, um ein wahrhaft symbolträchtiges Stadion für die Olympischen Spiele zu errichten. Die innovative Architektur aus scheinbar ungeordneten Stahlträgern wurde von den Schweizer Architekten Herzog und de Meuron entworfen.
Oben rechts: Zur Verschönerung Pekings wurden vor den Spielen große Flächen mit Fertigrasen ausgelegt.

Verschönerung und Protest

Als die Olympischen Spiele begannen, um 8 Uhr 8 abends am 8. Tag des 8. Monats im Jahr 2008, sollte Peking in voller Pracht der Welt präsentiert werden. Rasen wurde grün gesprüht, Industriebetriebe vorübergehend geschlossen, Regenwolken mit Raketen beschossen. Die Bewohner wurden »erzogen«, Taxifahrern fünf Worte Englisch beigebracht und verboten, im Auto zu übernachten. Daraus lässt sich erkennen, wie wichtig die Spiele für die Machthaber waren.

Andererseits sind die Spiele durch die Ereignisse desselben Jahres für immer mit der Vernichtung der tibetischen Kultur, der Behinderung der Pressefreiheit und der katastrophalen Menschenrechtslage in China verbunden. Außerdem wurden zahllose Dopingfälle vertuscht. Das Vorbereitungskomitee und das IOC machten eine schlechte Figur. Kein Wunder, dass schon beim Fackellauf Proteste aufkamen und das Feuer mehrfach erlosch.

Links: Bei der Eröffnungs- und der Schlussfeier der Sommerspiele 2008, die zu den spektakulärsten der olympischen Geschichte zählten, wurde an nichts gespart.
Rechts: Der jamaikanische Sprinter Usain Bolt stellte im 100- und 200-Meter-Lauf neue Weltrekorde auf.

Philosophien und Glaubenswelten

So vielseitig und einzigartig wie Land und Leute präsentieren sich auch die unterschiedlichen Philosophien und Religionen, die heute in China verbreitet sind.

Offiziell ist die Volksrepublik China ein atheistischer Staat. Allerdings gestattet er in der neuen Verfassung seinen Bürgern die religiöse Betätigung. Während dies in der Vergangenheit untersagt war und Gläubige sogar aktiv verfolgt wurden, wird heute eine zurückhaltende und private Religionsausübung geduldet.

Das Angebot, sich den Sinn des Lebens oder unverständliche Phänomene durch nichtmenschliche Wesen zu erklären, ist in der chinesischen Tradition breit gestreut. Der älteste Glaube resultiert in der heute noch sehr verbreiteten Ahnenverehrung, zu der sich einst animistische Praktiken gesellten. In der unruhigen Epoche im 6. Jh. vor der Zeitenwende entstanden verschiedene philosophische Schulen, von denen die bekanntesten, der Daoismus und der Konfuzianismus, sich im einfachen Volk zu einer Art Religion entwickelten. Der Buddhismus als dritte große Religion gelangte über die Seidenstraße nach China und wurde dort schnell an bestehende Traditionen angepasst und mit allerhand Heiligenfiguren versehen.

Die missionierenden Religionen Islam und Christentum spielten in China nur am Rande eine Rolle, bei den Chinesen selbst verfingen derlei auf einen Gott ausgerichtete dogmatische Systeme kaum. Denn Religion ist für Chinesen Privatsache, für die sie keine Kirche brauchen.

»

Die Chinesen haben ein eher lockeres Verhältnis zur Religion, was nicht zuletzt durch die Verschmelzung der daoistischen und buddhistischen Glaubenswelten sowie des Ahnenkults mit Aberglauben deutlich wird.

Die Bedeutung der Ahnen

Der Ahnenkult der Chinesen gründet sich auf die Annahme, dass der Mensch zwei Seelen besitzt: Die eine wird im Augenblick der Empfängnis geschaffen, lebt nach dem Tod bei dem Leichnam im Grab und ernährt sich von den dargebrachten Opfern. Mit dem Zerfall des Leichnams schwindet die Kraft dieser Seele, bis sie schließlich in der Unterwelt, bei den »Gelben Quellen«, ein Schattendasein führt. Werden aber keine Opfer dargebracht, kehrt sie als übelwollender Geist auf die Erde zurück und stiftet Unheil. Die zweite, die höhere, geistige Seele entsteht erst bei der Geburt. Auf ihrer Himmelsreise wird sie von bösen Mächten bedroht, und darum ist sie ebenfalls auf die Opfer und Gebete der lebenden Nachkommen angewiesen. Werden die Opferungen eingestellt, dann wird diese Seele ebenfalls zu einem bösen Geist. Bringen ihr aber die Hinterbliebenen weiterhin Opfer dar, können sie von der Seele des verstorbenen Ahnen Schutz und konkrete Hilfe erhoffen.

Ursprünglich blieb die Ahnenverehrung dem König vorbehalten. Erst einige Jahrhunderte vor unserer Zeitrechnung begannen auch die Bauern, ihre eigenen Ahnen zu verehren. Zunächst glaubte man, die Seele des Ahnen suche sich einen menschlichen Stellvertreter, der während des Opferrituals die Behausung für die Seele sei. Allgemein galt der Enkel des Ahnen als dieser Stellvertreter. Dann wurden vor 2000 Jahren Ahnentafeln als Wohnstätte für die Seele während der Opferhandlung eingeführt. Beim Ahnenopfer brachten König und Adel auch Menschenopfer dar. Im chinesischen Kulturkreis werden bis heute die Ahnen verehrt, und Chinesen in aller Welt bringen ihnen und den Gottheiten Speiseopfer dar.

Die ursprüngliche Volksreligion bezog sich auf die Verehrung von Naturkräften. Später übernahm das Volk aus dem Daoismus den Jadekaiser, der ab dem 14. Jh. der höchste Gott der Volksreligion wurde. Aus dem Buddhismus des Großen Fahrzeugs (Mahayana) stammt die Göttin der Barmherzigkeit, Guanyin. Zu den zahllosen Göttern der chinesischen Volksreligion gehören außerdem Erdgottheiten, Krankheitsdämonen, Hausgeister, der Herdgott, ja sogar Latrinengötter; die Gottheiten der Ströme und Flüsse gelten als besonders gefährlich.

Der Daoismus

Zentrale Begriffe des Daoismus sind das *dao*, mit der Grundbedeutung »Weg«, »Pfad«, der sekundären Bedeutung »Methode«, »Prinzip«, und das *wu wei*, manchmal als bloße Passivität definiert, aber doch eher als »mit der Strömung schwimmen« zu verstehen. Eng hiermit ist der Begriff *de* (»Tugend«) verknüpft, nicht jedoch im Sinne moralischer Rechtschaffenheit, sondern als Tugend, die sich in der Verwirklichung des *dao* im tatsächlichen Leben zeigt.

Die Geschehensabläufe der Welt werden durch die Kräfte *yang* und *yin* bestimmt. Zum *yang* rechnet man das Männliche, Starke, Helle, Aktive, den Himmel. Das Weibliche, Schwache, Dunkle, Passive und die Erde sind *yin*. Als Begründer des Daoismus gilt Laozi (was einfach nur »alter Meister« heißt). Laozi soll 604 v. Chr. in einem Dorf der Provinz Henan als Sohn einer vornehmen Familie geboren worden sein, zeitweise die Stellung eines Reichsarchivars in der damaligen Hauptstadt Luoyang innegehabt, sich aber dann in die Einsamkeit zurückgezogen haben und 517 in seiner Heimat gestorben sein. Eine Legende erzählt, er habe, als er den Verfall des Reiches kommen sah, auf einem Ochsen China verlassen wollen. Die Fachleute streiten sich über die historische Existenz des Laozi. Seit dem 2. Jh. n. Chr. ranken sich um seine Gestalt etliche Legenden, so z.B. auch, dass ein Lichtstrahl ihn gezeugt habe. Seine Mutter habe ihn 72 Jahre unter dem Herzen getragen und dann aus der linken Achselhöhle geboren; von Geburt an weißhaarig, habe er durch viele Zauberkünste sein Leben verlängert.

Der Klassiker des Daoismus ist das *Daodejing*. Heute gilt als sicher, dass dieses Werk nicht von einem einzigen Autor stammt. Die frühesten und zugleich bedeutendsten Nachfolger des Laozi waren Liezi und Zhuangzi. Bei Liezi (5. Jh. v. Chr.) dominiert besonders der Gedanke der Relativität der Erfahrungen und das Streben, mithilfe von Meditationsübungen zu einer Erfassung des *dao* zu gelangen. Zhuangzi (4. Jh. v. Chr.) ist besonders für seine poetischen

Links: Der Patkura-Spiegel soll das Böse zurückweisen
Rechts: Millionen aus der Höllenbank gehen in Rauch auf

Gleichnisse berühmt. Abstrakte Spekulationen und metaphysische Reflexionen des philosophischen Daoismus fanden jedoch beim Volk keinen großen Anklang. Bereits zu Beginn der Han-Zeit (206 v. Chr.–220 n. Chr.) lässt sich dagegen ein volkstümlicher, religiöser Daoismus ausmachen. Als auch der Buddhismus immer mehr an Popularität gewann, kam es zwischen ihm und dem Daoismus zu gegenseitigen Entlehnungen der Postulate, ja sogar zu einem Verschmelzungsprozess. Das große Paradies der Daoisten dachte man sich wie das der Buddhisten im Kunlun-Gebirge, im äußersten Westen Chinas; daher der Name »Westliches Paradies«. Es wird verwaltet und regiert von der Königin-Mutter des Westens (Xiwangmu) und ihrem Gemahl, dem königlichen Fürsten des Ostens (Dongwanggong). Auch die Vorstellung der Hölle haben die Daoisten fast unverändert aus dem Buddhismus übernommen.

Die Entwicklung des religiösen Daoismus erfolgte in diversen Schulen. Die Asketen zogen sich in die Berge zurück oder sie lebten in Klostergemeinschaften. Eine große Rolle spielten auch die daoistischen Weltpriester, die als Exorzisten, Medizinmänner und Orakeldeuter Begräbnisriten und Geisterbeschwörungen durchführten sowie Toten- und Opfermessen lasen.

GLÜCKS- UND UNGLÜCKSZAHLEN

In Hongkong hat man immer schon daran geglaubt, dass bestimmte Zahlen Glück oder Unglück verheißen, und in der Volksrepublik verbreitet sich der Zahlenaberglaube mit rasender Geschwindigkeit. Die Bestimmung der Zahlen hängt mit ihrer Aussprache zusammen, denn das Wort für eins hört sich auf Kantonesisch so ähnlich an wie »müssen«, zwei wie »leicht«, sechs wie »fließen«, neun wie »lange anhaltend« und vor allem acht wie »Wohlstand« oder »Überfluss«. Daraus ergeben sich viele Zahlenspiele, u.a. mit der Telefonnummer. So lieben Hotels und Restaurants Nummern mit vielen Achten, wobei der Wohlstand natürlich dem Besitzer des Lokals zufließen soll, nicht den Kunden. Auch Autonummern, etwa mit der Zahl 18 (»muss Wohlstand erhalten«) oder 28 (»leichter Reichtum«), sind sehr beliebt. Und obwohl die Partei den Aberglauben ablehnt, ließ sie die Olympischen Spiele am 8.8.2008 um 8.08 Uhr abends eröffnen.

Allerdings gibt es auch Unglückszahlen, z.B. hört sich die Vier im Kantonesischen wie »Tod« an. Diese Zahl muss natürlich gemieden werden, besonders in der Kombination 14. Also gibt es keinen 14. Stock im Hochhaus und keine Reihe 14 im Flugzeug. Und meistens auch keine 13. – zur Beruhigung abergläubischer westlicher Besucher.

Zum daoistischen Pantheon gehörten nach und nach auch historische und legendäre Gestalten. Die Spitze bilden die »Drei Verehrungswürdigen«. Die oberste dieser drei Gottheiten, der Himmelsgott, ist identisch mit dem vom Volk sehr verehrten Jadekaiser. In kaum einem Tempel fehlt der Gott der Langlebigkeit (Shouxinggong), ein freundlich dreinblickender alter Mann mit langem, weißem Bart und überlangem, kahlem Schädel. Dann sind da noch der Gott des Reichtums (Caishen), der Gott des Feuers (Zhurong), der Küchengott (Zaoshen), der Gott der Literatur (Wendi), der Gott der Medizin (Huatou) und andere. Volkstümlich und am bekanntesten sind die »Acht Unsterblichen«. Teils gehen sie auf historische Persönlichkeiten zurück, teils sind es fantastische Figuren. Ihnen wird zugeschrieben, sie könnten sich unsichtbar machen, Tote zum Leben erwecken und andere Wunderdinge vollbringen.

Konfuzius und seine Lehre

Während Laozi im Süden Chinas auftrat, lebte Konfuzius im Norden des Landes. *Dao* und *de* sind auch bei ihm zentrale Begriffe. Konfuzius stammte aus einem verarmten Adelsgeschlecht, das im Staat Lu (bei der heutigen Ortschaft Qufu in der Provinz Shandong) ansässig war, und bemühte sich zeit seines Lebens um Ämter bei verschiedenen Lehnsfürsten, jedoch ohne Erfolg. So zog er mit seinen Schülern umher und lehrte sie seine Ideen. Insgesamt 3000 Schüler sollen ihm gefolgt sein, darunter 72 Hochbegabte, denen man noch heute besondere Verehrung entgegenbringt. Konfuzius lehrte vor allem überlieferte Literatur, Riten und Musik. Viele seiner Schüler wurden Verwalter einer Stadt oder Domäne.

Konfuzius gilt als Gründer des Gelehrtentums in China. Das chinesische Wort *ru*, das in der Regel mit »Konfuzianer« übersetzt wird, bedeutet »Sanftmütiger«, worunter man einen kultivierten Menschen verstand. Die Gedanken des Konfuzius wurden von seinen Schülern in »Lunyu« (Gespräche) zusammengefasst.

Zu den klassischen Werken des Konfuzianismus gehören: das »Buch der Lieder« *(Shijing)*, das »Buch der Urkunden« *(Shujing)*, das »Buch der Riten« *(Liji)*, die »Frühlings- und Herbstannalen« *(Chunqiu)* und das »Buch der Wandlungen« *(Yijing)*. Der Konfuzianismus kann als eine Art Gesetzesreligion aufgefasst werden. So wie der Himmel nach dem Weltgesetz, dem *dao*, handelt und Sonne, Mond und Sterne in ihrer Bewegung Naturgesetzen folgen, so soll auch der Mensch sich im Rahmen dieses Weltgesetzes bewegen. Dem liegt die Vorstellung von der Erziehbarkeit des Menschen zugrunde. Durch den Konfuzianismus wurden die ethischen Grundsätze in den Mittelpunkt gerückt. Konfuzius war ein konservativer Reformator, entscheidend aber war, dass er den Begriff des *junzi*, des Edelmanns, uminterpretierte zu der

Vorstellung eines »edlen Mannes«, der moralischen Lebensgrundsätzen folgt und dadurch zur Herrschaft legitimiert wird. Die ideale Gesellschaftsordnung glaubte Konfuzius durch die Wiederherstellung der Kultur und der Riten der frühen Zhou-Zeit (ca. 1100 bis 770 v. Chr.) erreichen zu können. Zentraler Begriff war die Menschlichkeit *(ren)*, als deren Grundlagen die Kindesliebe und die Bruderliebe galten.

Dabei sind die gesellschaftlichen Positionen und Hierarchien genau festgelegt. Nur wenn alle die ihnen zukommende Position vollständig und verantwortlich wahrnehmen, wird die Gesellschaft als Ganzes reibungslos funktionieren. Folgende Bindungen wurden dabei als grundlegend betrachtet: Vater – Sohn (der Sohn

Ganz links: Buddhas Geburtstag im Tempel Jing'ansi in Shanghai **Links:** Daoistischer Priester **Rechts:** Buddhistische Feier in Datong

muss dem Vater bedingungslos gehorchen); Mann – Frau (die Frau hat keine individuellen Rechte); älterer Bruder – jüngerer Bruder; Herrscher – Untertan (dem Vater-Sohn-Verhältnis nachempfunden); Freund – Freund. Nur die Beziehung zwischen Freunden kann gleichberechtigt sein, ansonsten muss sich immer der tiefer stehende Partner unterordnen, darf aber auch Wohlwollen vom anderen erwarten.

Der chinesische Buddhismus

Zu Beginn des 1. Jh. gelangte der Buddhismus durch Kaufleute und Mönche über die Seidenstraße nach China. Die dort verbreitete Form ist

das Mahayana (»Großes Fahrzeug«), das im Gegensatz zum Hinayana (»Kleines Fahrzeug«) allen Lebewesen durch das Wirken der Bodhisattvas Erlösung verheißt.

Im Laufe der Zeit entstanden zehn chinesische Schulen des Buddhismus, acht davon hatten im Wesentlichen philosophische Bedeutung und keinen Einfluss auf die Volksreligion. Nur zwei Schulen sind bis heute einflussreich geblieben: die Chan-Schule (Meditationsschule oder Zen-Buddhismus) und die Schule des Reinen Landes (Amitabha-Buddhismus). Beim Mahayana-Buddhismus wurde v.a. der Bodhisattva Avalokiteshvara verehrt. Dabei entwickelte sich etwa ab dem 7. Jh. aus diesem asketischen Bodhisattva eine populäre weibliche Figur, die Guanyin, eine mütterliche Gnadengöttin, die für das einfache Volk große Bedeutung besitzt, denn Guanyin bedeutet: »diejenige, die auf Klagen hört«.

Im Laufe der Zeit traten drei Buddhas ins Zentrum der religiösen Verehrung. Sakyamuni, der Begründer des Buddhismus, wurde etwa im 6. Jh. durch Maitreya in den Hintergrund gedrängt. Maitreya ist der künftige Buddha, der Welterlöser. Es heißt, er habe sich im 10. Jh. als Mönch Qi Ci zu erkennen gegeben. In den chinesischen Klöstern begrüßt er die Gläubigen in der Eingangshalle als dickbäuchiger, lachender Milefo, umgeben von den vier Himmelskönigen. Die Amitabha-Verehrung, die mit der tangzeitlichen Schule des Reinen Landes verknüpft war, beherrschte ab dem 14. Jh. die Kultur.

Die wohl einflussreichste buddhistische Schule war jedoch die sog. Meditationsschule (chin.: Chan; jap.: Zen), die sich bereits unter den Tang entwickelt hatte. Sie predigte die Erlösung durch unmittelbare Erlangung der Buddhaschaft, die für jedes Wesen erreichbar sei. Verachtet wurden Buch- und Dogmenweisheit sowie Riten. Die Anhänger nutzten befreiende Schocks und gelenkte Meditation, um bei den Schülern das Erlebnis der Erleuchtung zu provozieren. Auch weite Wanderungen und körperliche Arbeit sollten die höchste Erkenntnis befördern. Wichtigste Methode war das Gespräch mit dem Meister, der auf allerhand spitzfindige und paradoxe Fragen nicht weniger paradoxe Antworten erwartete.

Im 7. Jh. wurde der Buddhismus in einer Sonderform des Mahayana als Lamaismus von Indien aus auch in Tibet eingeführt. Dort verdrängte er unter dem Einfluss des Mönchs Padmasambhava die einheimische Bon-Religion, übernahm jedoch gleichzeitig eine Reihe von deren Elementen. Die Klöster in Tibet entwickelten sich zu Zentren geistiger und weltlicher Macht, doch kam es immer wieder zu Auseinandersetzungen. Erst dem Reformer Tsongkhapa (1357–1419) gelang es, durch Gründung der sog. Tugendsekte (Gelugpa), in der das unbedingte Einhalten des Zölibats zur Bedingung gemacht und strenge Ordensregeln wiedereingeführt wurden, die verworrenen Zustände zu beseitigen. Da die Anhänger dieser Sekte gelbe Mützen tragen, ist dieser Orden unter dem Namen Gelbmützenorden bekannt.

Tsongkhapa sagte zwei Schülern voraus, dass sie als kirchliche Oberhäupter wiedergeboren würden. Damit begründete er die kontinuierliche Übertragung hoher kirchlicher Machtpositionen, wie etwa der des Dalai Lama und des Pantschen Lama. Der Dalai Lama stellt die Inkarnation des Bodhisattvas Avalokiteshvara dar, der auch als Schutzgott Tibets verehrt wird. Der in der Hierarchie eigentlich höher stehende Pantschen Lama ist die Verkörperung des Buddha Amitabha. Der derzeitige 14. Dalai Lama, der 1940 inthronisiert wurde, floh 1959 nach einem Aufstand und lebt seither im indischen Exil. Der 10. Pantschen Lama starb im Januar 1989 in Peking. Er hatte sich nach dem Aufstand mit den Chinesen arrangiert. Seinen Nachfolger,

ein fünfjähriges Kind, ließ die chinesische Geheimpolizei entführen und durch ein Kind eigener Wahl ersetzen.

Der Lamaismus weist ein komplexes Pantheon auf, in dem sich neben buddhistischen Gottheiten die brahmanisch-hinduistische Götterwelt und Gestalten aus der alten Bon-Religion wiederfinden. Zauber und Magie, mechanische Gebete und Gebärden, mystische Formeln wie die sogenannten Mantras, Symbole wie die Mandalas und Opferrituale sind Mittel, die zur Erlösung führen sollen.

Links: Konfuzius-Statue. **Oben:** Buddhistischer Mönch
Rechts: Die »tausendarmige« Guanyin-Skulptur des Shuanglin-Tempels nahe Pingyao, Shanxi

Der Einfluss des Islam

Zehn der als »Minderheiten« bezeichneten Völker sehen sich selbst als muslimisch an: Hui, Usbeken, Uiguren, Kasachen, Kirgisen, Tataren, schiitische Tadschiken, Dongxiang, Sala und Bao'an – insgesamt etwa 20 Mio. Menschen. Nur die Hui genießen ihren Status aufgrund ihrer Religion, denn sie sind meist ethnische Han-Chinesen muslimischen Glaubens.

Der Islam kam auf zwei Wegen nach China. Zum einen ab dem 7. Jahrhundert über die Seidenstraße aus Zentralasien, zum anderen auf dem Seeweg an die südöstliche Küste. Während der Yuan-Dynastie (1279–1368) setzte er sich

endgültig im Land fest. Die spätere Ming- und Qing-Dynastie stand dem Islam oft feindlich gegenüber. Beide führten zahllose Eroberungskriege in Zentralasien und behinderten die Religionsausübung im Innern. Im 18. Jahrhundert wurden das Schlachten von Tieren nach muslimischen Vorschriften, der Bau von Moscheen und die Pilgerreise nach Mekka verboten. Eheschließungen zwischen Chinesen und Muslimen waren ebenfalls illegal, und die Beziehungen zwischen beiden Gruppen verschärften sich beständig.

Auch in der Volksrepublik wurden Muslime verfolgt, v.a. während der Kulturrevolution. Inzwischen wird die Religionsausübung geduldet, und es gibt rund 35 000 Moscheen im Land, die sich optisch meist nicht von Tempeln unterscheiden. Etwa 10 000 Chinesen sollen 2007 nach Mekka gepilgert sein.

Seit dem Terrorangriff vom 11. Sept. 2001 sieht die chinesische Regierung jedoch mit großem Misstrauen auf Muslime, denen pauschal Sympathie für die Terroristen unterstellt wird. Wie in Tibet wurden Hunderttausende von Han-Chinesen in muslimischen Gebieten angesiedelt (oft gegen ihren Willen), um Uiguren und andere zu kleinen Minderheiten im eigenen Land zu machen. Immer wieder kommt es deswegen zu Zusammenstößen zwischen Uiguren und Han-Chinesen.

Die christliche Mission

Das Christentum kam erstmals im Jahre 635 durch die Nestorianer nach China. Wenig später gab es auch Kontakte zwischen China und der römisch-katholischen Kirche. Unter Johann von Montecorvino, einem italienischen Franziskanerpater, der 1295 in Peking eintraf, wurde die erste katholische Kirche in China erbaut.

Während der Ming-Zeit zogen weitere katholische Missionare nach China. Der führende Jesuit war der Italiener Matteo Ricci (1552–1610). Bei seinem Tod soll es in China etwa 2000 bis 3000 Christen gegeben haben. Nachfolger Riccis war der Deutsche Adam Schall von Bell (1591 bis 1666), der im Dienst der Qing-Dynastie mit der Verbesserung des Kalenders beauftragt worden war. 1650 erhielt er die Erlaubnis für den Bau einer christlichen Kirche in Peking.

Neben den Jesuiten erhielten allmählich die Franziskaner, die Dominikaner und die Augustiner das Recht, in China zu missionieren. Um 1700 waren von den insgesamt 130 Missionaren etwa die Hälfte Jesuiten. Die Zahl der chinesischen Christen zur damaligen Zeit wird auf 300 000 geschätzt. Der Qing-Kaiser Kangxi schätzte die Jesuiten als Astronomen, Mathematiker und Kartografen. Aber bereits von Kangxis Nachfolger wurde das Christentum zu einer Irrlehre erklärt, und auch in der Folgezeit kam es unter den Kaisern Qianlong (1736–1796) und Daoguang (1821–1851) wiederholt zu Christenverfolgungen.

Anfang des 19. Jh. begann die protestantische Missionstätigkeit mit Männern wie R. Morrison und W. H. Medhurst, die sich zunächst verstärkt mit Bekehrungen und Sprachstudien befassten.

WAHRSAGEREI UND FENG-SHUI

In jeder Gesellschaft ist ein gewisses Maß an Aberglauben – von schwarzen Katzen bis zum Feng-Shui – latent vorhanden. Wenn die Menschen wenige Möglichkeiten besitzen, über ihr eigenes Schicksal zu entscheiden, legen sie es in die Hand obskurer Götter oder folgen den Sprüchen von Wahrsagern. Auch im kaiserlichen China war dies verbreitet, in der Volksrepublik wurde der Aberglaube unterdrückt, doch in Hongkong florierte er weiter.

Wahrsager lesen aus der Hand oder aus Gesichtslinien und interpretieren die Sprüche, die man nach dem Werfen der Orakelstäbchen zugeteilt bekommt. Auch die zwölf Tiere des chinesischen Kalenders weisen Personen bestimmte Eigenschaften zu, variiert durch die Verbindung mit den fünf Elementen (Erde, Wasser, Metall, Holz, Feuer). So ergibt sich ein Lebenszyklus von 60 Jahren, der in manchen daoistischen Tempeln durch Figuren dargestellt wird.

Nur wenige Chinesen nehmen das Feng-Shui (wörtlich »Wind Wasser«), das sich aus der daoistischen Naturphilosophie ableitet, wirklich ernst. Man rückt ein paar Möbel schräg oder eine Rolltreppe (wie die der HSBC-Bank in Hongkong), versucht, böse Geister durch Spiegel fernzuhalten, und lädt einen Feng-Shui-Meister zum Richtfest ein wie im Westen den Zimmermann.

Sie verteilten religiöse Schriften und unterhielten Krankenhäuser. Die Bekehrungsmethoden waren allerdings nicht immer einwandfrei. Durch Hunger oder Naturkatastrophen in Not geratene Menschen fügten sich allem, was eine Überlebenschance bot. Trotzdem blieb die Zahl der Bekehrten eine verschwindend kleine Minderheit. 1864 gab es 189 protestantische Missionare in China, 1893 wurden 55 000 protestantische Christen gezählt. Für 1948 schätzt man ca. drei Millionen Katholiken und eine Million Protestanten, zusammen nicht einmal ein Prozent der damaligen Bevölkerung.

Weil der Vatikan in den 1940er- und 1950er-Jahren eine extrem antikommunistische Haltung einnahm, verordnete die chinesische Regierung 1958 die Trennung der katholischen Kirche Chinas von der organisatorischen Aufsicht durch Rom. Zudem erkennt der Vatikan bis heute die Regierung auf Taiwan als rechtmäßige Regierung ganz Chinas an. Seit Beginn der 1980er-Jahre versucht der Vatikan jedoch, mit der VR China zu einem Konsens zu gelangen.

Religion heute

Die Kommunistische Partei hat eingesehen, dass sie nicht mehr jeden Aspekt des Lebens der Bürger kontrollieren kann. Vielleicht ist es ihr auch recht, dass sich ein Teil der Bevölkerung dem »Opium für das Volk« hingibt, statt sich um die gesellschaftlichen Zustände des Landes zu kümmern. Unter der neuen reichen Elite jedenfalls verbreitet sich ein neues Interesse an spirituellen Dingen. Solange dies in privaten Sphären bleibt, wird es von der Partei toleriert, sobald die Religionsausübung aber eine organisierte Form annimmt, gibt es heftige Reaktionen bis hin zu massiver Gewaltanwendung von Seiten des Staates.

Besonders deutlich ist das in Tibet und in Xinjiang zu beobachten. Die KP Chinas versucht, mithilfe von Lamas, die sich mit ihr arrangiert haben, nicht nur die anderen Mönche und Gläubigen zu bespitzeln, sondern auch aus Ämtern und einflussreichen Positionen zu verdrängen.

Brutal war auch die Reaktion der Kommunisten auf die Meditationssekte Falun Gong, die 1992 von Li Hongzhi gegründet wurde. Der allgemeinen Geld- und Raffgier setzte die Sekte Meditationspraktiken und Charakterbildung nach den Prinzipien der Wahrheit, des Mitleids und der Geduld entgegen und gewann so (nach Schätzungen der chinesischen Regierung) 1998 rund 70 Mio. Anhänger. Als Gruppen begannen, auch an sehr öffentlichen Orten – etwa auf dem Tian'anmen-Platz in Peking – zu meditieren und Religionsfreiheit zu fordern, wurde Falun Gong 1999 von der Regierung verboten. Zahllose Anhänger wurden verhaftet und gefoltert.

Buddhistische und daoistische Tempel dagegen hat man im ganzen Land renoviert oder sogar vollkommen neu aufgebaut. Sie werden allerdings nicht von Religionsgemeinschaften als religiöse Stätten betrieben, sondern von staatlichen Einheiten als Museen oder touristische Sehenswürdigkeiten. Geschulte Führer geleiten Gruppen einheimischer Touristen durch die Anlagen, rattern eine offizielle Geschichte herunter und öffnen die Tür zum Andenkenladen. Auf Fragen neugieriger Ausländer haben sie keine Antworten.

In der Gedankenwelt der Intellektuellen und Künstler spielen Buddhismus und Daoismus wie in längst vergangenen Zeiten allerdings wieder eine Rolle. Die geistige Leere, die die Partei in ihrer alten Lehre des Maoismus und der neuen der Gewinnsucht verbreitet, kann für Schriftsteller, die keine Unterhaltungsliteratur verfassen, und für Maler, die sich nicht ständig selbst kopieren, keine Anregung sein. ■

Links: Es gibt schätzungsweise 35 000 Moscheen in China
Rechts: Katholische Hochzeit in Shanghai

Traditionelle Feste

Chinesische Feste dienten immer der Huldigung der Vergangenheit. Manche stehen in enger Verbindung mit der Ahnenverehrung.

Eine der wichtigsten Aufgaben des chinesischen Kaisers bestand früher darin, jedes Jahr – entsprechend den Mondphasen – den Kalender neu bestimmen zu lassen und diesen dann offiziell zu verkünden. Die Bedeutung des Mondkalenders lag zum einen darin, dass sich die traditionellen Feste danach richteten, zum anderen wurden nach diesem Kalender die Daten für die erste Aussaat und die erste Ernte festgelegt. Gab es eine schlechte Ernte, so konnte dies über den Kalender dem Kaiser angelastet werden, der nach traditionellem Glauben damit das »Mandat des Himmels« verloren hatte und gestürzt werden konnte. Bis heute werden deshalb Naturkatastrophen den Herrschern angelastet.

Wichtigstes Fest im chinesischen Kalender ist das Neujahrsfest (Frühlingsfest) im Januar/Februar, weil an ihm die Macht des Winters gebrochen wird. Danach folgt das Totengedenkfest Qingming am 12. Tag des dritten Monats, das in der Volksrepublik durch den offiziellen Gedenktag am 5. April abgelöst wurde.

Sehr beliebt ist auch das Mondfest im Herbst (meist im September). Man feiert den Vollmond, steigt auf Berge, um die meist klare Nacht zu genießen, und isst Mondkuchen, handtellergroße Pasteten, die mit einer süßen eihaltigen Masse gefüllt sind. Zur Zeit der Mongolenherrschaft in der Yuan-Dynastie (1279–1368) sollen in solchen Mondkuchen geheime Botschaften geschmuggelt worden sein (s. S. 9 und 119). ■

Oben: Neben den nationalen Feiertagen gibt es zahlreiche farbenfrohe lokale Feste wie das der Miao in Guizhou.
Rechts: Am Nationalfeiertag (1. Oktober) wird die Gründung der Volksrepublik China 1949 mit Paraden, Feuerwerk und Konzerten gefeiert.

Oben: Die Drachenbootrennen, die Anfang Juli in Hongkong einen spektakulären Abschluss finden, sind heute rein sportliche Veranstaltungen mit Booten aus aller Welt. Doch das Fest geht zurück auf den loyalen Beamten Qu Yuan, der sich im 3. Jh. v. Chr. ob der Korruption am Hof seines Herrschers ertränkte. Fischer wollten den beliebten Beamten retten und rasten mit ihren Booten zum Ertrinkenden. Sie kamen zu spät.

Neujahrsfest

Der Beginn des Jahres, der nach dem Mondkalender berechnet wird, ist für die Chinesen eine wichtige Zeit. Die Familie kommt zusammen, man feiert und gibt sich üppigen und lange dauernden Festbanketten hin. Doch vorher muss das Haus für das neue Jahr bereitet sein. Alles wird blitzblank geputzt, denn zum Jahresende fährt der Küchengott in den Himmel auf und berichtet dem Jadekaiser über die Familie. Damit er nur Gutes erzählt, schmieren manche seiner Figur Honig um den Mund. Das Haus wird neu geschmückt, mit Glück verheißenden Inschriften und Bildern sowie mit pünktlich Früchte tragenden Apfelsinenbäumchen. Alle Schulden müssen bezahlt, alle ungeklärten Geschäfte erledigt werden. Kindern, Älteren und Untergebenen werden am Neujahrstag rote Umschläge mit frisch gedrucktem Geld überreicht. Zum Festtagsschmaus gibt es die besten Gerichte, die eine Familie sich leisten kann.

Links: Prächtig verzierte Mondkuchen zum Mondfest im September. Die reichhaltige Füllung besteht üblicherweise aus Zucker, Eigelb und Bohnenpaste. Am besten genießt man sie zu Tee. **Rechts:** Chinesische Feste haben manchmal einen religiösen Hintergrund, z.B. zu Ehren von Guanyin, der Göttin der Barmherzigkeit. **Unten:** Tanzender Drache beim Frühlingsfest in Hongkong. Der Drache wird von Tänzern getragen und so bewegt, dass er zu fliegen scheint.

Kräuter und Akupunktur

Seit Jahrhunderten heilt man in China mithilfe der traditionellen chinesischen Medizin, und auch im Westen wird sie immer beliebter, obwohl jegliche theoretischen Grundlagen fehlen.

Wird heute der Begriff »traditionelle chinesische Medizin« erwähnt, denkt man meist an Akupunktur. Die kleinen Nadeln haben in den letzten 20 Jahren einen Siegeszug um die Welt angetreten. Zwar werden sie von der Schulmedizin nur zögernd akzeptiert, doch lässt sich inzwischen selbst im Westen kaum mehr ein auf Schmerzbehandlung spezialisiertes Krankenhaus finden, das keine Akupunktur anwendet.

Doch Medizin in China bedeutet mehr als nur traditionelle Medizin. Der Reisende erlebt seine erste Überraschung, wenn er erfährt, dass westliche Medizin auch in China in den Vordergrund getreten ist. Das Krankenhaus in jeder Stadt bietet fast nur westliche Heilmethoden *(xiyi)* an. Krankenhäuser für chinesische Medizin *(zhongyi)* sind kleiner und schlechter ausgerüstet.

Die zweite Überraschung: Traditionelle Medizin ist weit mehr als Akupunktur. Im Zentrum steht die Drogenkunde *(zhongyao)*, weiterhin bietet sie dem Patienten Formen von Massage und Chiropraxis *(tuina)* sowie Atem- und Bewegungstherapien wie das Tai chi (Schattenboxen) und das Qigong (Atemtherapie) an.

In den Straßen einer chinesischen Kleinstadt sieht man immer wieder Bauern, die bestimmte Naturalien anbieten. Oft sind diese nicht als Heilkräuter zu erkennen, wie etwa bei der *gouqize*, einer kleinen, ovalen, karminroten und

»

Die westlichen Mediziner mögen der Wirksamkeit der chinesischen Medizin skeptisch gegenüberstehen, aber zahllose Menschen, darunter auch viele aus dem Westen, sind von ihrer Heilkraft überzeugt.

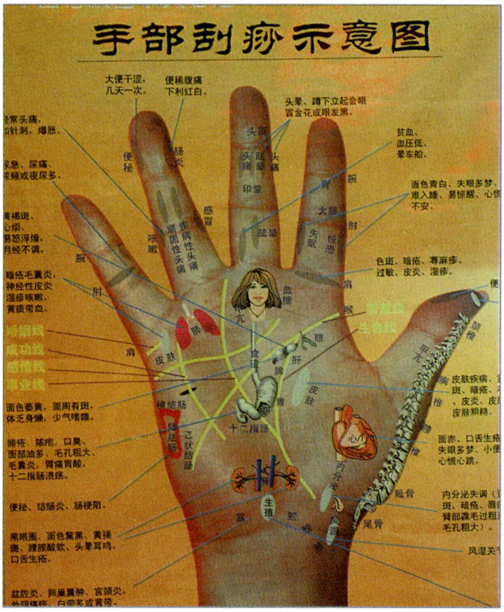

recht bitteren Frucht. Sie »löst Stauungen in der Leber und vertreibt den Ärger«, wird man vielleicht erklären und eventuell »auch gegen hohen Blutdruck« hinzufügen.

2000 Jahre Medizin

Als in den letzten Jahrhunderten vor der Zeitenwende die Grundlagen für die traditionelle chinesische Medizin gelegt wurden, war China in viele Fürstentümer zersplittert. Also sannen Menschen darauf, einen Ausweg aus den endlosen Streitereien zu finden. Es traten so viele Denker mit so vielen unterschiedlichen Ideen auf den Plan, dass man von den »Hundert Schulen« spricht. Dies war die Geburtsstunde der neuen Ideen in der Medizin. Die beiden wichtigsten Schulen waren Konfuzianismus und Daoismus. Gemeinsam war ihnen der Wunsch nach Frieden und Harmonie, unterschiedlich waren die Auffassungen, wie diese Harmonie zu erreichen sei. Harmonie wurde verstanden als das Zusammenspiel polarer Kräfte, z.B. der Anpassung des menschlichen Verhaltens an ökologische und soziale Bedingungen. Wurde diese Harmonie gestört, so resultierten daraus gesellschaftliche oder körperliche Krankheiten.

Grundprinzipien

Den größten Einfluss im weitläufigen Gebäude der traditionellen Medizin erhielten die polaren Kräfte *yin* und *yang*, die »Fünf Wandlungsphasen« und das *qi*. Sie bildeten den Rahmen, in dem sich das medizinische Denken vollzog.

Zu einer Zeit mit sehr geringen anatomischen und biologischen Kenntnissen wurde so ein Orientierungsrahmen gegeben, der es erlaubte, die Beziehung des Mikrokosmos Mensch zum Makrokosmos Umwelt und die Korrespondenz körperlicher und emotionaler Veränderungen zu beobachten. So wurde die Emotion Wut in Beziehung gesetzt zum Wind, da dieser plötzlich und mit Urgewalt auftreten kann, weiterhin zur Geschmacksrichtung sauer, zu den sich in der Aggression verkrampfenden Muskeln und Sehnen usw. In dem etwa 2000 Jahre alten »Inneren Klassiker des Gelben Kaisers« wird auch davon gesprochen, dass Menschen mit Gallenproblemen wegen ihres unbefriedigten Ehrgeizes und innerlich gestauter Wut erkrankten.

Gleichzeitig müssen aber auch die Schwächen der chinesischen Medizin gesehen werden. Sie entwickelte nie eine ernstzunehmende Chirurgie, und auf dem Gebiet der Anatomie existierten viele irrige Vorstellungen, denn anatomische Untersuchungen wurden nicht durchgeführt. Wenn Chinesen heute das Gefühl haben, ernsthaft erkrankt zu sein, dann gehen sie zu einem westlich ausgebildeten Arzt.

In der Apotheke

Die Auslage einer traditionellen Apotheke zieht Besucher häufig in ihren Bann. Da liegen Ginsengwurzeln, getrocknet oder in Alkohol, die kleinen Menschen zum Verwechseln ähnlich sehen: Im Schriftzeichen für Ginseng ist das Zeichen *ren* für Mensch enthalten. Dann sind da noch die bekannten Akupunkturnadeln und Schröpfköpfe aus Glas oder Bambus. Betritt man die Apotheke, kitzelt ein ganz eigenartiger Geruch, eine Mischung aus 1001 Düften, die Nase. Handelt es sich hier um ein Gruselkabi-

»

> Die Philosophie des *yin* und *yang* sowie die Theorie der fünf Elemente bilden die Grundlagen zum Verständnis des komplexen Beziehungsgeflechts zwischen dem menschlichen Körper und seiner Umwelt.

Links: Diagramm mit den Akupressurpunkten der Hand
Rechts: Traditionelle chinesische Apotheke im Western District in Hongkong

MEDIZINISCHE LEBENSMITTEL

Die Nahrungsaufnahme ist äußerst wichtig für die traditionelle chinesische Medizin, und so beschäftigen sich die Fachleute intensiv mit den medizinischen Qualitäten verschiedener Lebensmittel. Haifischflossen gelten beispielsweise als belebend für innere Organe wie Herz und Nieren. Gemahlene Tigerknochen helfen angeblich bei Rheumatismus. Die Abalone, eine Meeresschnecke, beruhigt die inneren Organe, reguliert die Leber und reduziert Schwindelgefühle und hohen Blutdruck. Vogelnester werden gemeinhin in Suppe genossen und sollen das Blut reinigen und eine helle Haut verleihen. Alles sehr teuer und ohne Garantie.

nett? Was haben die Eier, die Schlangen, die getrockneten Äffchen, die Kröten, Tausendfüßler, Heuschrecken, die Hirschgeweihe, die Rhinozeroshörner, die Tierhoden und -penisse in einer Apotheke zu suchen? Und die tausend Arten von Kräutern, Blüten, Blättern, Beeren, Pilzen und Früchten, allesamt getrocknet, geröstet oder andersartig konserviert und aufbereitet? Tatsächlich gibt es in China kaum eine Pflanze, ein Mineral oder eine tierische Substanz, die nicht als Arznei verwendet wird. So nennt das 2700 Seiten umfassende »Große Wörterbuch der Chinesischen Drogenkunde« von 1977 allein 5767 medizinisch wirksame Substanzen.

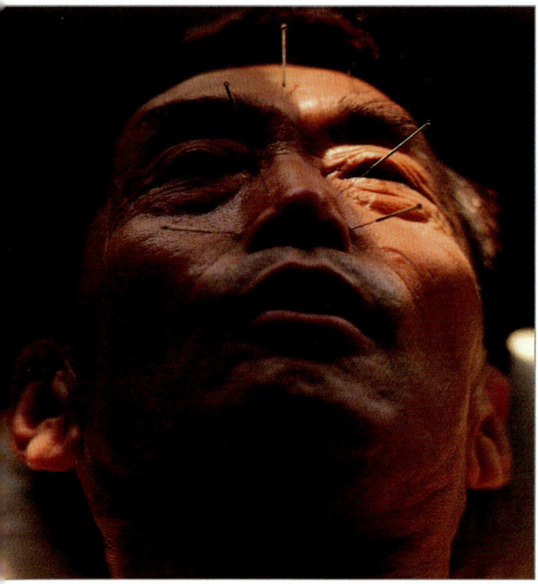

Akupunktur und Moxibustion

Akupunktur ist kein Allheilmittel und vollbringt keine Wunder, wird jedoch bei der Schmerzbefreiung sehr geschätzt. Zahlreiche Fälle akuter Rückenschmerzen können mit dem Einstich nur einer Nadel in den Punkt *renzhong* zwischen Oberlippe und Nase therapiert werden. Chronische Störungen benötigen trotz Akupunktur einen längeren Heilungsprozess.

Eine neue Form ist die Ohr-Akupunktur ohne Nadel. Kleine runde Samenkörner werden völlig schmerzfrei auf bestimmte Ohrpunkte geklebt und ab und zu vom Patienten selbst massiert. Hiermit können nicht nur Schmerzen, sondern auch allergische Leiden wie Heuschnupfen behandelt werden. Akupunktur wird auch erfolgreich bei Rauchern angewendet, die mit dem Rauchen aufhören möchten.

Wenn Sie eine chinesische Akupunktur-Ambulanz betreten, dann schläg Ihnen der charakteristische Geruch des Moxakrauts entgegen. Es handelt sich um Artemisia (Beifuß). Geschätzt wird es v.a. bei solchen Erkrankungen, die in der Terminologie der chinesischen Medizin durch »Kälte« charakterisiert sind, z.B. bei Magen- und Verdauungsbeschwerden ohne Fieber oder chronischen Rückenschmerzen. Die Anwendungsmöglichkeiten des Beifuß sind vielfältig. Er kann zu Kegeln geformt und auf Scheiben frischen Ingwers gesetzt werden, um dann langsam glühend seine Wirkung an den Akupunkturpunkt weiterzugeben. Oder er wird auf das Ende einer Akupunkturnadel gesetzt (»heiße Nadel«); auch wird er als Moxa-Zigarre über der Haut des Patienten hin und her bewegt.

Tai-chi und Qigong im Park

Auch heute noch findet man morgens früh um sechs Uhr im Park Gruppen von Menschen, die gemeinsam Bewegungsübungen durchführen. Meist handelt es sich um *Taijiquan* (Tai-chi), das sog. Schattenboxen. Weniger bekannt ist das Qigong, eine Art Atemtherapie. Durch verschiedene Übungen mit oder ohne bewusste Atmung lernt der Patient, sein *qi* zu lenken und so Einfluss auf Krankheitsabläufe zu nehmen. *Qi* kann als vitale Energie verstanden werden. Sein *qi* zu fühlen, bedeutet, den Körper an beliebigen Stellen wahrnehmen und beeinflussen zu können.

Während der Kulturrevolution war Qigong faktisch verboten. Doch 1980 entstanden überall neue Qigong-Gruppen. Manche Formen des Qigong sind sehr bewegungsarm, im Vordergrund stehen Atmung und Meditation. Andere Formen, wie das »Wilde-Gans-Qigong«, sind bewegungsreich und sehr ästhetisch: Die Veränderung der geistig-emotionalen Situation folgt einem bestimmten Bewegungsmuster. Die extremste Form ist das »Kranich-Qigong«, bei dem es bei vielen Patienten zu heftigen Gefühlsausbrüchen kommt. Die Übenden schreien, weinen oder lachen, tanzen und springen umher. Sie erleben, was auf Chinesisch *fagong* genannt wird: sich spontanen Bewegungen hinzugeben. Beim Kranich-Qigong geraten Vorurteile über die in sich gekehrten Chinesen leicht ins Wanken. ■

Links: Bei der Akupunktur werden bestimmte Punkte stimuliert. Sie ist besonders bei der Schmerzbehandlung wirksam

BEDROHTE TIERWELT

Die traditionelle chinesische Medizin, die sich immer weiter verbreitet, hat sicher bereits vielen Menschen geholfen. Zum Teil hat sie sich sogar als der westlichen überlegen erwiesen. Doch steht diesem Interesse an alternativer Medizin ein schwerwiegendes Problem gegenüber: Wild lebende Tiere, die schon durch die intensive Ausbreitung von Siedlungen und Industrie in Ost- und Südostasien bedroht sind, werden durch die verstärkte Nachfrage nach Teilen ihres Körpers für die Verwendung in traditioneller Medizin an den Rand des Aussterbens gebracht. Und nicht nur die Tiere Asiens sind bedroht, sondern auch die Amerikas und Afrikas. Seit sich Chinesen verstärkt in Afrika engagieren, sind dort die Wilderer wieder aktiver geworden.

Die Nachfrage nach Teilen von Tigern zum Beispiel hat drei der noch existierenden fünf Tigerarten gefährdet, was langfristig das Überleben dieser Tiere überhaupt in Frage stellt. So benutzt die traditionelle Medizin die Augen zur Behandlung von Epilepsie, den Schwanz für verschiedene Hautkrankheiten, die Galle, wenn Kinder von Krämpfen geplagt werden, die Barthaare bei Zahnschmerzen und das Gehirn gegen Schlaffheit und Pickel. Doch am meisten werden die Knochen geschätzt. In gemahlener Form setzt man sie gegen Rheumatismus ein, aber auch bei Schwächegefühlen, Steifheit oder Lähmungen.

Forschungsergebnisse von 1997 belegen, dass nur noch 30 bis 80 Südchinesische Tiger, 150 bis 200 Sibirische Tiger und 600 bis 650 Sumatratiger in der Wildnis leben. Überall auf der Welt sind Tiger aus weiten Gebieten verdrängt worden, sodass es heute wohl nur noch rund 5000 gibt. Ohne eine sofortige Intervention könnten die Raubkatzen innerhalb von zehn Jahren aus ihren natürlichen Lebensräumen verschwunden sein.

Aber nicht nur Tiger leiden unter dem asiatischen Medizinhandel. Auch Nashörner, Bären und selbst Haipopulationen nehmen immer mehr ab. Rhinozeroshorn besitzt einen vollkommen unberechtigten Ruf als Aphrodisiakum. In schlichtem Denken wird hier von der Form auf die Wirkung geschlossen. Und die Zahl der frei lebenden Nashörner schwindet schnell: Nur noch rund 12 500 durchziehen die Wildnis, dazu kommen etwa 1000 in Gefangenschaft. Die Hälfte davon sind weiße Rhinos, die ohne Unterstützung in ein bis zwei Dekaden ausgelöscht sein werden. Die Chinesen schätzen zudem Bärentatze als Delikatesse und gefährden damit amerikanische Bären.

Oben: Medizinische Heilmittel stammen von einer Vielzahl von Tieren **Rechts:** Auch in China sind Tiger wegen ihres angenommenen medizinischen Werts vom Aussterben bedroht

Auch Haifischflossen gelten als medizinisch wirksam und besonders schmackhaft. Gefangenen Haien werden deshalb die Rückenflossen abgeschnitten, dann wirft man die hilflosen Tiere zurück ins Meer, wo sie jämmerlich verenden.

Mit dem zunehmenden Reichtum Ost- und Südostasiens hat sich die Situation in den letzten Jahren dramatisch verschärft. Angeblich medizinisch wirksame Delikatessen werden in großen Mengen als Statussymbole bei Banketten verspeist. Auch für mit Sicherheit unwirksame Pulver wie etwa geriebenes Rhinozeroshorn wird die Nachfrage immer stärker. Doch der Handel mit vom Aussterben bedrohten Tieren – ob als Souvenir oder Medikament – muss aufhören; zu dieser Art von Alternativmedizin muss schleunigst eine Alternative gefunden werden. ■

Literatur – Ein Spiegelbild der Gesellschaft

Die chinesische Literatur kann in all ihrer Komplexität auf eine lange Tradition zurückblicken. Angefangen mit den Gedanken von Konfuzius im 5. Jh. v. Chr., ist sie bis heute eine Inspiration.

China weist eine lange Tradition des geschriebenen Wortes auf. Erzählungen entstanden zwar erst im 14. Jh. unter der Mongolenherrschaft, doch bereits in der Tang-Dynastie wurden komplizierte Gedichte verfasst. Die wohl berühmteste literarische Schöpfung aus dieser Zeit sind die Gedanken von Konfuzius (551–479 v. Chr.), die von seinen Schülern in der Sammlung »Lunyu« zusammengetragen wurden.

Dichtung

Neben den philosophischen Klassikern des Konfuzianismus und Daoismus gelten die Liedersammlungen »Shijing« aus dem Norden und »Chuzi« aus dem Süden als Dokumente der alten chinesischen Literatur. Die Lieder aus der Zeit vor der Zeitenwende besangen Liebe, Landwirtschaft, hervorragende Persönlichkeiten oder nachahmenswerte Tugenden.

Das Gedicht allerdings spielte die wohl bedeutsamste Rolle im chinesischen Schrifttum. Gedichte lesen und schreiben zu können, gehörte zur elementaren Erziehung der gehobenen Stände. Und mit der Tang-Dynastie (618–907) brach für Chinas Poesie das Goldene Zeitalter an. Keine zweite Periode hat eine so große Zahl von Dichtern sowie poetische Werke von derart hoher literarischer Qualität hervorgebracht. Die große Sammlung sämtlicher Tang-Gedichte enthält etwa 48 900 Werke von 2200 Dichtern.

»

Konfuzius' Schriften hatten einen tief greifenden Einfluss auf die chinesische Kultur. Der Konfuzianismus ist jedoch eher ein gesellschaftlicher Moralkodex denn eine religiöse Philosophie.

Einer der berühmtesten war Li Bai (oder Li Bo, 699–762), der seine besten Gedichte im Zustand der Volltrunkenheit verfasst haben soll. Mit ihm muss Du Fu (712–770) genannt werden. Für kurze Zeit hatte er einen Posten am Hof inne, musste aber wegen politischer Wirren fliehen. Schließlich ließ er sich in Chengdu nieder, wo man noch seine Strohhütte (Du Fu Caotang) besichtigen kann.

Der klassische Roman

Prosaliteratur galt im alten China als trivial und unseriös. Diese Haltung sollte sich im 20. Jh. ändern. Dennoch gibt es eine Reihe von Romanen, die als Zeugnisse der Zeit überlebt haben und heute noch gelesen werden.

Dazu gehört »Die Reise nach dem Westen« mit dem Affenkönig Sun Wukong, dem Schwein Zhu Bajie und den Mönchen Sha und Xuanzang. Beschrieben werden die Abenteuer des Affenkönigs, der mit seinen Gefährten nach Indien reist, um heilige Schriften zu holen. Der Roman vermischt indische Volkserzählungen und Legenden mit chinesischen, buddhistische mit daoistischen Elementen.

Die Urheberschaft des mingzeitlichen Romans »Die Räuber vom Liangshan-Moor« ist ungeklärt. Die Erzählung beruht z.T. auf historischen Überlieferungen über den Räuber Song Jiang und seine Kumpanen, die im 12. Jh. die heutige Provinz Shandong durchstreiften und wie Robin Hood Ungerechtigkeiten verfolgten.

Sittenromane

Als der Sittenroman schlechthin gilt das »Jinpingmei« (»Pflaumenblüte in goldener Vase«) aus der Ming-Dynastie. Im Gegensatz zu den religiös geprägten Romanen zeichnet das »Jinpingmei« seine Personen als individuelle Charaktere und schildert die zahlreichen Liebesabenteuer der Hauptfigur Ximen. Daneben gibt dieser Roman eine ausführliche Darstellung der sozialen Verhältnisse des 16. Jhs. Er schildert das Überhandnehmen der zügellosen Emporkömmlinge und Schmarotzer: gewinnsüchtige Beamte, alte Frauen, die als Kupplerinnen auftreten, Tagediebe und Faulenzer, die den häuslichen Geheimnissen anderer nachspüren, sowie Mönche, die sich an Frauen heranmachen.

Als bester Roman der Qing-Dynastie wird »Hongloumeng« (»Traum der Roten Kammer«) von Cao Xuegin gepriesen. Er schildert die Blüte und den Verfall des Hauses Jia. Mit viel Fantasie und Witz hat der Verfasser den mehr als 400 Personen individuelle Züge verliehen.

Literatur des 20. Jahrhunderts

Ab der »4.-Mai-Bewegung« von 1919, die unter anderem eine Sprachreform anstrebte, wurde die Prosaliteratur zunehmend als Vehikel für gesellschaftliche Veränderungen angesehen. Ein hervorragender Vertreter neuer Literatur war Lu Xun, der in seiner Novelle »Ah Q« mit beißender Ironie die selbstzerstörerische Haltung des den Traditionen und dem Aberglauben verhafteten Untertanen darstellte. Lu Xun führte zudem den Essay in meisterhafter Weise in die chinesische Literatur ein.

Links: Der Dichter Qu Yuan (4. Jh. v. Chr.) **Rechts:** Bibliothek in Shanghai

»

Die ältesten chinesischen Bücher bestanden aus beschriebenen Bambusstreifen, die wie ein Rouleau miteinander verbunden wurden. Deshalb verläuft die alte chinesische Schreibweise von oben nach unten und von rechts nach links.

Andere Autoren schlossen sich der sprachlichen Modernisierung an. In »Das Tagebuch der Sophi« beschreibt die Schriftstellerin Ding Ling mit skeptischer Distanz die Lebensweise ihrer Zeit- und Gesinnungsgenossen. Ba Jin schrieb sozialkritische Romane wie »Die Familie«, der in Anlehnung an das Buch »Der Traum der Roten Kammer« den Zerfall einer Beamtenfamilie Anfang des 20. Jhs. schildert.

Ebenfalls für sozialkritischen Anspruch bekannt war Mao Dun, der mit dem Roman »Shanghai im Zwielicht« die Widersprüche zwischen national gesinnten Unternehmern und solchen, die ausländischen Investoren vertrauten, in den 1930er-Jahren darstellt. Lao Shes Theaterstück »Das Teehaus« wird nach der posthumen Rehabilitierung des Autors seit den 1980er-Jahren auch im Westen aufgeführt. Der Verfasser des »Rikschakuli« hatte während der Kulturrevolution Selbstmord begangen.

Viele Schriftsteller dieser Zeit sympathisierten mit der kommunistischen Bewegung, die mit der Rede Mao Zedongs über Kunst und Literatur 1942 in Yan'an den sozialistischen Realismus als allein legitimierte Form festgelegte. Keiner der vorher berühmten Schriftsteller veröffentlichte danach noch etwas Bedeutendes.

Ein neues literarisches Zeitalter

In den frühen 1980er-Jahren wurde mit der »Narbenliteratur« die Kulturrevolution aufgearbeitet, und ab Mitte des Jahrzehnts kamen neue, teilweise vorher tabuisierte Themen zur Sprache; so etwa die Liebe in der Erzählung

»Liebe ist unvergesslich« von Zhang Jie. Mit dieser Erzählung löste sie ebenso heftige Reaktionen aus wie mit ihrem Roman »Schwere Flügel«, in dem sie die Korruption innerhalb der Verwaltung beschreibt. Ihr Werk »Die Arche« gilt als erster feministischer Roman Chinas.

Neben Zhang Jie sind andere Schriftstellerinnen hervorgetreten, die die »zornigen Frauen« genannt wurden. Zu ihnen zählen Yu Luojin mit der Erzählung »Wintermärchen« oder Dai Houying mit ihrem Roman »Die große Mauer«. Diese Werke sind, trotz ihrer kritischen Haltung, stilistisch einem strengen Realismus verpflichtet und von Patriotismus getragen.

Ganz anders reagierten die um 1950 Geborenen. Ihnen hatte die Kulturrevolution alles genommen, weshalb sie »verlorene Generation« genannt werden. Sie hatten gelernt, der Politik gründlich zu misstrauen und verließen sich auf das eigene subjektive Empfinden. Dieser neue Subjektivismus wählte die Lyrik als adäquate Ausdrucksform. Von der Kritik wurden Dichter wie Bei Dao, Yang Lian, Gu Cheng und Shu Ting verächtlich als die »Obskuren« bezeichnet.

Eine andere Art, sich von der Politik der 1980er- und 1990er-Jahre abzuwenden, war die Rückbesinnung auf unterdrückte Traditionen. »Wurzelsucher« wurden jene Autoren genannt, die sich aufs Land und zu den Wurzeln alternativer Traditionen begaben. Ma Jians Reiseberichte gehören dazu, aber auch das vielschichtige Buch »Berg der Seele« von Gao Xingjian. Gao trat mit Romanen und avantgardistischen Theaterstücken (»Die Busstation«, »Die Wilden«, »Das andere Ufer«) hervor und erhielt im Jahr 2000 den Literaturnobelpreis. Wie Gao leben viele bedeutende chinesische Autoren im Ausland. Sie verließen China nach den Ereignissen des 4. Juni 1989 oder blieben in der Ferne und berichten nun unabhängig von der Zensur aus der Außenperspektive über die alte Heimat.

In diesem Zusammenhang wäre etwa Ha Jin mit seinem Roman »Warten« zu nennen. Und Oberinspektor Chen Cao leitet nicht nur die Ermittlungen in den Shanghai-Krimis von Qiu Xiaolong, sondern informiert seine westlichen Leser unterhaltsam über den rasanten gesellschaftlichen Wandel in der Metropole.

Ein anderes Trittbrett, auf dem die chinesische Literatur Eingang in die deutsche Verlagslandschaft gefunden hat, ist »das Buch zum Film«. Durch Regisseure wie Zhang Yimou oder Chen Kaige kamen Romane von Mo Yan (»Das Rote Kornfeld«, »Die Knoblauchrevolte«) oder Su Tong (»Reis«) auf den deutschen Markt.

Unter dem Etikett »Goldgräber- und Halunkenliteratur« firmieren die Romane von Wang Shuo (»Oberchaoten«, »Herzklopfen heißt das Spiel«), die das Lebensgefühl der großstädtischen Jugend in Peking schildern. Zu diesem Thema melden sich vermehrt auch weibliche Stimmen zu Wort, die der »Hübsche-Frauen-Literatur« zugerechnet werden. Hier geht es v.a. darum, möglichst jung, hip und skandalumwittert zu sein. Wei Hui (»Shanghai Baby«) und Mian Mian (»Lalala«) bilden die Shanghaier Fraktion dieser Richtung. ■

Links: Im Lu-Xun-Museum in Peking

ELEKTRISCHE SCHATTEN

Der raue Gesang der Sänftenträger schallt über die karge Ebene. Verstohlen mustert die Braut in der Sänfte die Männer, die sie zu ihrem zukünftigen Ehemann, dem todkranken Eigentümer einer Schnapsbrennerei, bringen … So beginnt der 1988 in Berlin mit dem Goldenen Bären ausgezeichnete Film »Rotes Kornfeld« von Zhang Yimou, der die Zuschauer zu Zeugen einer abenteuerlichen Liebesgeschichte im China der 1930er-Jahre macht. Der Film lenkte weltweite Aufmerksamkeit auf das chinesische Kino.

Zhang Yimou und Chen Kaige stellten sich als die führenden Köpfe der Regisseure der »Fünften Generation« heraus, die mit Filmen wie »Gelbe Erde«, »Lebewohl, meine Konkubine«, »Rote Laterne« und »Judou« den Höhepunkt chinesischen Filmschaffens erreichten. In jüngster Zeit hat sich Zhang Yimou allerdings mit dem Propagandamachwerk »Hero« (2002) und der Gewaltorgie »House of Flying Daggers« (2004) aus den Reihen der ernsthaften Filmemacher verabschiedet.

Die »Sechste Generation« wendet sich kleineren, mehr auf den Alltag des heutigen China bezogenen Themen zu. 2008 erhielt Wang Quan'an einen Goldenen Bären für »Tuyas Hochzeit«. Seine und die Filme seiner Kollegen zeichnen sich durch lange Einstellungen aus, die das Leben der einfachen Leute in den Städten zeigen. Sie sind auf der Suche nach dem richtigen Partner, Frauen erleben erstmals die Arbeitswelt, und es geht um Fragen der Moral in Zeiten schlechter Lebensbedingungen.

Einer der Pioniere dieser Strömung, Zhang Yuan, behandelte in »East Palace, West Palace« (1996) erstmals das Tabuthema Homosexualität und hatte zehn Jahre später einen kommerziellen Erfolg mit »Little Red Flowers«. Andere Vertreter dieser Richtung, die gelegentlich mit dem italienischen Neorealismus verglichen werden, sind Wang Xiaoshuai (»Beijing Bicycle«, 2001), Li Yang (»Blind Shaft«, 2003) und Jia Zhangke mit »Die Welt« (2004) und »Still Life«, der 2006 den Goldenen Löwen in Venedig gewann, ein fast dokumentarischer Film über die Zerstörung von Städten und Natur beim Bau des Drei-Schluchten-Damms am Yangzi.

Die erfolgreichsten Filme setzen sich heute mit der Vernichtung von Menschen durch unmenschliche Machtpraktiken und Traditionen auseinander und bedeuten damit ein ständiges Ärgernis für die Machthaber in Peking. Trotz der staatlichen Zensur hat China aber mittlerweile international anerkannte Filme und mit Gong Li sogar einen Weltstar hervorgebracht.

Links: Szene aus »House of Flying Daggers« **Rechts:** »Die rote Laterne« mit Gong Li

Zwischen Schauspielern wie Leslie Cheung (bekannt aus »Lebewohl, meine Konkubine«) und dem Action-Star Jackie Chan liegt die ganze Bandbreite des Hongkong-Kinos. Neben Action- und Kampfkunst-Filmen im Stil eines Tsui Hark gibt es auch unabhängige Produktionen wie Wong Karwais »Chungking Express«, der das Leben in der asiatischen Metropole widerspiegelt.

Die zunehmende Bedeutung des chinesischen Kinos lässt sich auch an der Zusammenarbeit Hollywoods mit dem Hongkonger Regisseur John Woo und dem Taiwanesen Ang Lee (»Das Hochzeitsbankett«, »Eat Drink Man Woman«) ablesen. Man darf gespannt sein, welche Impulse in Zukunft vom chinesischen Film ausgehen. ■

Pekingoper

Konfuzianische Moralvorstellungen spielen in der Pekingoper eine wichtige Rolle. Die Stücke enden mit dem Sieg des Guten und der Bestrafung des Bösen.

Die Oper ist eine Verbindung von Musik, Tanz, Pantomime und Akrobatik zur Unterhaltung und Belehrung des Publikums. Die Schauspieler singen in hohen Falsettstimmen und einer Sprache, die heute nur noch Experten verständlich ist. Dazu spielen die seitlich auf der Bühne sitzenden Musiker auf Trommeln, Klappern und Gongs, die Melodie aber auf der chinesischen zweisaitigen Kniegeige, der *huqin*. Die Sprache ist deklamatorisch und stellt eine Brücke zwischen den weitaus bedeutenderen Arien dar. Formelle Tänze illustrieren die Handlung oder dienen der Entspannung. Die Pantomime gehört zu den größten Künsten jedes Schauspielers. Schritte, Hand- und Kopfbewegungen sowie der Gesichtsausdruck sind bis ins Detail festgelegt und mit Bedeutungen versehen, gleichzeitig aber sehr vielfältig: Es gibt allein mehr als 20 Arten zu lachen. Akrobatische Unterhaltung bieten nicht nur Diener und Clowns, die die Handlung immer wieder zur Erheiterung des Publikums unterbrechen, sondern auch die Generäle, die schwer beladen mit Fahnen auf dem Rücken, die ihre Bataillone symbolisieren, einen Kampf darstellen. Die Oper stellt Typen dar und keine Individuen. Die Handlung sowie die Charaktereigenschaften und Verhaltensweisen jeder einzelnen Figur liegen genau fest. Was zählt, ist die Präzision der Ausführung. ■

Oben: Bis in die 1930er-Jahre traten nur Männer auf der Bühne auf, auch in Frauenrollen. Schon als Kinder kamen die Akteure an die Schauspielschule eines möglichst berühmten Meisters. **Oben links:** Die Mimik ist bis ins Detail festgelegt. **Links:** Masken der Pekingoper

Ein Besuch in der Pekingoper

Eine Pekingoper anzuschauen ist eine entspannte, wenn auch oft geräuschintensive Angelegenheit. Niemand trägt formelle Kleidung, viele trinken Tee oder kauen Erdnüsse. Man erfreut sich an den bunten Kostümen, wundert sich über den Singstil und die ziemlich atonale Musik. Beim Verstehen der Handlung helfen Untertitel. Eine Oper kann sehr lang dauern, doch was heute zur Aufführung kommt, sind meist Potpourris aus den interessantesten Szenen verschiedener Stücke. (Theater, die Pekingopern aufführen, finden Sie auf S. 443.)

Oben: Auftretende Charaktere: Sheng: männliche Figuren wie der Kaiser oder Generäle; dan: weibliche Figuren wie die Kaiserin oder Konkubinen; jing: Kriegshelden, Feen oder Tiere wie der berühmte Affenkönig; chou: Diener und Spaßmacher. **Rechts:** Den prächtigen Gewändern und der in starken Farben aufgetragenen Schminke kommt besondere Bedeutung zu, denn jede Farbe hat eine eigene Symbolik: So markiert Rot einen loyalen, Schwarz einen groben, aber dennoch positiven Soldaten. Blau gilt als negativ, denn es bedeutet Arroganz. Grau steht für das Alter, Weiß für Jugend und Trauer, und es ist die Farbe der Spaßmacher.

Oben: Die Pekingoper ist heute eine v.a. bei älteren Leuten beliebte Unterhaltung. Viele versuchen sich in Hinterhöfen und Parks selbst in der Kunst. Das Publikum gibt sich ganz entspannt. Die Pekinger bringen gerne Tee und Erdnüsse mit ins Theater und schwatzen während der Vorführung ein wenig. **Unten:** Da sich die Oper aus den Jahrmarktsauftritten fahrender Schauspieler entwickelte, gibt es kaum Requisiten auf der Bühne. Ein Stuhl kann z.B. Thron und Berg sein, im Kreis zu laufen symbolisiert eine Reise, Ortsveränderungen werden durch die Sprache ausgedrückt.

Kunst und Kunsthandwerk

Malerei und Kalligrafie gelten in China als Künste. Oft kommt es auf Präzision, nicht auf Fantasie an. Seide, Jade, Porzellan und Lackwaren gehören zu den beliebten Souvenirs jeder Chinareise.

Schrift, Malerei, Dichtung und Musik gelten in China als die vornehmsten Künste, die »angewandten Künste« hingegen werden eher als ehrenwertes Handwerk betrachtet. Aber dennoch haben die kunsthandwerklichen Produkte das Abendland immer in besonderer Weise fasziniert: Denkt man an China, denkt man an Seide, Porzellan und Jade.

Malerei und Kalligrafie

Schön zu schreiben gilt in China und chinesisch beeinflussten Kulturen als eigene Kunstform, die eigentlich noch höher eingestuft wird als das Malen, wenngleich sich beide sehr nahestehen, denn sie werden mit denselben Instrumenten ausgeführt und verbinden sich häufig, etwa durch das Einfügen von kalligrafierten Gedichten in Gemälde. Nicht nur richtiges, sondern auch ausdrucksstarkes Kalligrafieren gehörte seit jeher zu den Fähigkeiten, die jeden Beamten auszeichneten, die von jedem Künstler erwartet wurden und die auch sonst als Zeichen von Bildung und Charakter galten.

Die meisten chinesischen Schriftzeichen sind seit 2000 Jahren unverändert (sieht man einmal von der Schriftreform der 1950er-Jahre ab, die aber von der Kunst nicht nachvollzogen wurde). Doch die Art zu schreiben hat sich mehrfach geändert. Heute unterscheidet man vier Stilrichtungen. Mit der Reichseinigung führte der erste Kaiser, Qin Shihuangdi, die kleine Siegelschrift als erste vereinheitlichte Schrift ein. Die Zeichen wurden zu rechteckigen Formen mit abgerundeten Ecken gedehnt, eine Schrift, die sehr schwer lesbar ist und heute nur noch auf Siegeln vorkommt. Schon am Ende der Qin-Dynastie erkannte man die Notwendigkeit, eine leichtere Schrift zu entwickeln; sie wird Kanzleischrift genannt. In der Han-Dynastie, die für die chinesische Kultur prägend war, führte man die sog. Normalschrift als verbindlich ein, die bis heute im Alltag Verwendung findet.

Dem Kalligrafen konnten solche Normierungen jedoch keine Freude bringen, sollte die Handschrift doch gerade seine Individualität beweisen. So entwickelte sich die Kursiv- oder Grasschrift, bei der die einzelnen Striche meist kontinuierlich geschrieben werden. So entstand eine hochindividuelle, ästhetische und künstlerische Schrift, die sehr schwer zu lesen ist und deshalb nur in der Kalligrafie verwendet wird.

Die Grasschrift erlaubt es, Schriftzeichen wie Figuren erscheinen zu lassen. Hier fließen z.B. die Zeichen für den Gott der Literatur, Kuei

»

Das Kalligrafieren wurde in China immer als ein Zeichen von Intelligenz und eines gehobenen sozialen Status gesehen. Die Beherrschung dieser Kunstform gehörte zu einer höheren Bildung.

Xing, ineinander. Dieser Gott steht auf dem Seeungeheuer Ao, dessen Name aus dem Zeichen für Fisch entwickelt wurde.

Das fertige Schriftzeichen muss vollständig im Kopf des Meisters vorhanden sein, bevor er den Pinsel auf das waagerecht auf dem Tisch liegende Papier setzt.

Traditionelle chinesische Malerei

Das Malen wird genauso erlernt wie das Kalligrafieren: durch Kopieren der alten Meister aus den Lehrbüchern. Klassische Malerei lässt sich in sechs Kategorien einteilen: Landschaften, Porträts, Blumen und Vögel, Bambus und Stein, Tiere sowie Paläste und andere Gebäude. Später wurden vier weitere Gruppen hinzugefügt: Religion, Barbaren (also Ausländer), Drachen und Fische sowie Obst und Gemüse.

Seit der Tang-Dynastie ist die Landschaftsmalerei am beliebtesten. Wörtlich übersetzt heißt sie »Berg-Wasser-Malerei«, denn fast immer sind meist in Nebel und Wolken steckende, hoch aufragende Berge zu sehen, die mit waagerechten Wasserflächen kontrastieren. In der üppigen Natur werden Menschen und Tiere nur als winzige Figuren dargestellt, denn nach chinesischen Philosophien ordnet sich der Mensch derart in die Natur ein.

Links: Landschaftsbild im traditionellen Stil **Oben:** Kalligrafie-Pinsel **Rechts:** Kalligraf bei der Arbeit

Die chinesische Malerei sucht nicht nach Realismus, sondern versucht, die Essenz des gemalten Objekts oder der gemalten Szene einzufangen. Dies geht nur, wenn der Maler die Techniken, insbesondere die Pinselführung, durch jahrelange Übung perfekt beherrscht und das im Kopf vollständig vorhandene Bild mit

Leichtigkeit aufs Papier bringt, da sich ein Pinselstrich nicht mehr verändern lässt. Diese Betonung von Perfektion führte häufig zu Spezialisierungen, so ist Xu Beihong (1895–1953) als Pferdemaler bekannt, während Qi Baishi (1862 bis 1957) immer wieder Garnelen abbildete.

Bemaltes Papier oder bemalte Seide musste auf stärkeres Papier aufgezogen werden, damit die Gemälde aufbewahrt oder aufgehängt werden konnten. So entstand die Rolle, die ursprünglich fast immer eine Querrolle war. Durch das Öffnen des Bildes in eine Richtung durchwanderte man eine Landschaft szenenweise, rollte das Gemälde dann wieder ein und verstaute es im Schrank oder in einer Truhe. Wertvolle Bilder hingen nie an der Wand.

Seide

Die Kultivierung der Seidenraupenzucht soll bis ins 3. Jh. v. Chr. zurückreichen. Eine Legende erzählt, dass der Anbau von Maulbeerbäumen und die Zucht von Seidenraupen auf die Frau des mythischen Gelben Kaisers (Huangdi) zurückgehen. In Peking opferte in der Qing-Dynastie die Kaiserin einmal im Jahr persönlich der Göttin der Seidenraupen (auf einem Altar im Beihai-Park; nicht zugänglich).

Seide hatte lange den Rang einer Währung: Beamte und Offiziere wie auch Gesandte anderer Länder wurden nicht selten mit Seidenballen entlohnt oder beschenkt. Über die Seidenstraße gelangte der Stoff bis in den Vorderen Orient und ins Römische Reich. Bis etwa 200 v. Chr. hatten die Chinesen das Seidenmonopol inne, dann wurde das Geheimnis der Herstellung in Korea und Japan bekannt. In den Westen, in diesem Fall ins Byzantinische Reich, gelangte dieses Wissen allerdings erst Mitte des 6. Jhs. Die Chinesen hatten die Ausfuhr von Seidenraupeneiern und die Verbreitung der Kenntnis ihrer Zucht verboten. Dennoch soll es einem Mönch gelungen sein, in seinem Pilgerstab einige Raupeneier mit in den Westen zu nehmen.

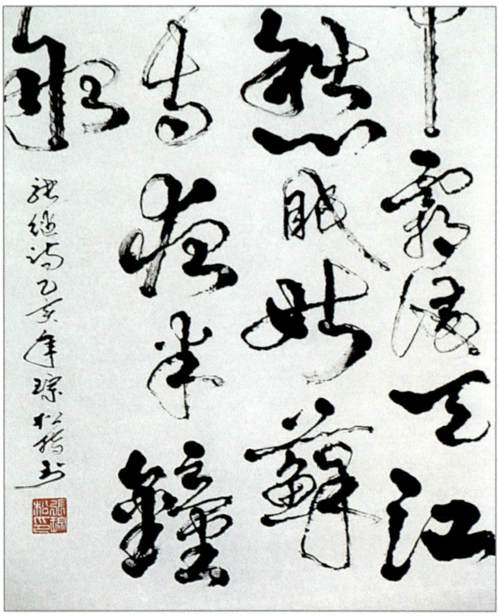

Porzellan

Ungefähr im 7. Jh., und damit tausend Jahre vor den Europäern, erfanden die Chinesen das Porzellan. Die Entwicklungsgeschichte der Keramikwaren reicht aber bis ins Neolithikum zurück. Entlang des Gelben Flusses und des Yangzi entdeckte man 7000 bis 8000 Jahre alte keramische Gefäße, rote und auch schwarze Tonwaren mit Kamm- und Schnurmuster, die sowohl kultischen als auch praktischen Zwecken dienten.

Die Yangshao-Kultur und die Longshan-Kultur im 5. bis zum frühen 2. Jahrtausend v. Chr. verlegten sich auf neue Gefäßtypen und eine Mustervielfalt in Rot, Schwarz oder Braun; auch menschenähnliche Masken und stilisierte Fische wurden damals geschaffen. Hartes, kompaktes, dünnwandiges Steinzeug entstand mit Glasuren aus Kaolin und Kalkfeldspat. Typisch für die Han-Zeit ist meist hellgraues Steinzeug mit hellgraugrünen bis dunkelgrünen Glasuren, die nach den Brennereien der Stadt Yuezhou benannte Yue-Ware.

DIE VIER KOSTBARKEITEN DES STUDIOS

Die Werkzeuge von Kalligrafen und Malern werden »Vier Kostbarkeiten des Studios« genannt: Pinsel, Tusche, Papier und Reibstein. Der Pinsel besteht für gewöhnlich aus einem dünnen Bambusrohr, in dem oben Tierhaare befestigt sind, meist von Ziegen, Rehen oder Dachsen. Manche Pinsel werden mit Klebstoff behandelt, um ihnen eine feste Spitze zu geben. Im nassen Zustand laufen die Haare in der Mitte spitz zu, sodass man ohne den Pinsel abzusetzen von einem dünnen Strich durch Erhöhung des Drucks zu einem breiteren übergehen kann. Dies wirkt kunstvoll und elegant, bedarf aber langjähriger Übung. Denn nach der Ausführung lässt sich ein Strich nicht mehr verändern. Dafür sorgt das saugfähige Reispapier, welches aus Reisstroh und Baumrinde gewonnen und in unterschiedlicher Qualität und Textur hergestellt wird.

Tusche gibt es mittlerweile natürlich in flüssiger Form, doch traditionell wird die aus Kiefernasche und Leim bestehende Tusche in fester Stabform produziert. Mit ein wenig Wasser wird der Stab auf dem Reibstein abgerieben. Durch Hinzufügen von mehr oder weniger Wasser erreicht man den gewünschten Grauton. Hochwertige Tusche ist in der Regel parfümiert. Früher verwendete man dafür gerne Moschus, heute meist Nelken.

China war in Europa und Vorderasien bereits zur Tang-Zeit als »Heimat des Porzellans« bekannt. Zur Färbung der häufigsten Porzellanart des alten China, des Seladon, mischte man der Glasur etwas Eisenoxid bei. Dies bewirkte im Reduktionsbrand die grüne Tönung des Porzellans. Weltbekannt war zudem die *Sancai*-Keramik, die vielfach unter den Grabbeigaben der Tang-Zeit zu finden ist: Kamele, Pferde, Wächter in Tier- und Menschengestalt, Hofdamen und Beamte. Auch die songzeitlichen Seladone, blassgrün bis moosgrün, blassblau oder blassgrau bis hin zu braunen Tönen hin, waren technisch absolut perfekt.

Für die Unterglasurmalerei in Kobaltblau (meist vereinfacht als Ming-Porzellan bekannt), die bereits zur Zeit der Yuan-Dynastie entstand, wurde eine Technik aus Persien angewandt. Figuren, Landschaften und Theaterszenen sind in der darauf folgenden Ming-Zeit immer wiederkehrende, beliebte Motive. Zu Beginn der Qing-Dynastie, unter dem Kangxi-Kaiser (1662–1722), erreichten die Blau-Weiß-Porzellane höchste Qualität. Seit dem 14. Jahrhundert war Jingdezhen (Provinz Jiangxi) Zentrum der Porzellanherstellung.

Links: Die Kalligrafie gehört zu den vornehmsten Künsten **Oben:** Porzellanvase aus dem 18. Jahrhundert mit türkiser Glasur **Rechts:** Jade gilt als Chinas kostbarster Stein

Jade

Mild glänzend und farblich reich nuanciert ist Chinas kostbarster Stein. Dabei ist Jade kein eindeutiger mineralogischer Begriff, vielmehr werden darunter zwei Minerale gefasst: Jadeit und Nephrit. Jadeit ist wegen seiner Transparenz, der größeren Dichte und Härte sowie seiner Seltenheit wertvoller. Die Chinesen kannten ihn bereits im Altertum, populär wurde er aber erst im 18. Jh. Die Farben variieren von Weiß bis Grün, auch Rot, Gelb und Lavendel gibt es. Am beliebtesten ist ein klares Smaragdgrün.

Nach uralten Überlieferungen stammte der *yu* genannte Schmuckstein aus den heiligen

Bergen. Tatsächlich kam Jade aus dem auf der Südroute der Seidenstraße gelegenen Khotan. Nephrit ist dem Jadeit sehr ähnlich, aber nicht ganz so hart und weniger selten. Während des 18. Jhs. wurde er am Kunlun-Gebirge in enormen Mengen abgebaut. Nephrit kommt in verschiedenen Grüntönen (nicht aber in dem leuchtenden, satten Grün des Jadeit) vor, selten in reinem Weiß, zartem bis kräftigem Gelb (beides hochgeschätzte Farben) und Schwarz.

Die ältesten bisher gefundenen Jadegegenstände entstammen der neolithischen Hemadu-Kultur (ca. 5000 v. Chr.). Dabei handelt es sich vermutlich um Ritualobjekte. Sehr häufig werden *bi* genannte Ringscheiben gefunden, die man den Toten mitgegeben hatte. Bemerkenswert sind die Funde von hochrangigen Verstorbenen, die mit einem Anzug aus mehr als 2000 durch Golddraht miteinander verbundenen Jadeplättchen bekleidet sind (z.B. König Wen in Kanton, s. S. 308). Die Ringscheibe, als Himmelssymbol gedeutet, trägt man heute zum Teil noch als Talisman; Jadearmreifen sollen vor Rheuma schützen.

In China selbst heißt es heute, in den Jadewerkstätten des Landes würden über 30 verschiedene Jadearten verarbeitet. Damit sind allerdings solch unterschiedliche Steine wie Weiße Jade (Nephrit), Jadeit, Achat und viele andere gemeint. Berühmt sind die Werkstätten in Qingtian (Provinz Zhejiang), in Shoushan (Provinz Fujian) und Liuyang (Provinz Hunan). Als Meister der Jadeverarbeitung gelten u.a. Zhou Shouhai in Shanghai und Wang Shusen in Peking. Letzterer ist auf buddhistische Figuren spezialisiert. In den staatlichen Läden ist echte Jade meist ausgewiesen, auf den freien Märkten und in vielen privaten Läden ist jedoch Vorsicht geboten. Echte Jade erkennt man daran, dass sie sich stets kühl anfühlt und sich mit einem Messer nicht anritzen lässt. Die Qualität der Jade richtet sich nach Farbe, Transparenz und Musterung. Im Zweifelsfall sollte ein Fachmann konsultiert werden.

DER KAUF VON ANTIQUITÄTEN

Beim Kauf von Antiquitäten und Kunsthandwerk sollte man auf jeden Fall handeln, außer in den staatlich geführten Läden. Bei älteren Stücken ist es wichtig, dass sie ein rotes Siegel tragen und in einem Zertifikat bestätigt wird, dass sie exportiert werden dürfen. Die Quittung muss beim Zoll vorgelegt werden. Antiquitäten, die vor 1795 hergestellt wurden, dürfen nicht außer Landes gebracht werden. Fast alle ausgestellten älteren Stücke sind Fälschungen, und es werden auch Zertifikate und Siegel gefälscht. Vorsicht ist ebenfalls bei Gegenständen aus Elfenbein geboten, denn sein Import ist weltweit mit hohen Strafen belegt.

Lackwaren

Mit Lack überzogene Gegenstände bieten nicht allein dem Auge, sondern auch dem Tastsinn einen großen Reiz. Die Rinde des in Mittel- und Südchina wachsenden Lackbaums *(Rhus verniciflua)* sondert beim Einschneiden ein milchiges Harz ab, das in feuchter Luft erstarrt, trocknet und dabei braun wird. Die Lackschicht ist gegen Feuchtigkeit und Säure sowie gegen Stöße und Kratzer unempfindlich und bietet sich daher als idealer Schutz von Holz und Bambus an. Die bisher ältesten Funde von Lackgegenständen stammen aus der Zeit um 500 v. Chr.

Zur Herstellung von Lackwaren werden Schalen, Dosen, Vasen, Möbel etc. aus verschiedenen Materialien (Holz, Bambus, Rohrgeflecht,

Leder, Metall, Ton, Textilien, Papier) mit Lackschichten überzogen. Auf den Kern wird eine Grundierung aufgetragen und darauf zahlreiche hauchdünne Lagen des feinsten Lacks. Jede Lage muss in völlig staubfreier, feuchter Luft getrocknet und danach angeschliffen und poliert werden. Gute Lackwaren haben mindestens 20 Schichten.

Beim Trockenlackverfahren bestimmt der Lack selbst die Form: Die Handwerker tränken Stoff oder Papier mit Lack und bringen das Material in eine modellierte Form aus Holz oder Ton ein. Nach dem Trocknen entfernen sie die Form und überziehen das Stück dann mit weiteren Lackschichten. Dieses Verfahren war schon zur Han-Zeit bekannt und diente der Herstellung von Gefäßen, Kästen und Tellern, wie überhaupt Lackwaren zu allen Zeiten praktische Verwendung fanden.

Werden dem Lacksaft Ruß oder in Essig getränkte Eisenspäne zugesetzt, so nimmt er beim Trocknen eine schwarze Farbe an, gibt man Zinnober hinzu, wird der Lack rot. Die Kombination von Rot und Schwarz, die vermutlich im 2. Jh. v. Chr. entstand, gilt bis heute als klassische Farbkombination für Lackwaren. Während der Song- und der Yuan-Dynastie schätzte man v.a. einfach geformte, einfarbige Lackgegenstände. In der Ming-Zeit wurde die Herstellung der Lackwaren verfeinert. Peking, Fuzhou, Kanton, Chengdu, Yangzhou und Suzhou waren für exquisite, reich verzierte Lackwaren bekannt.

Ganz links: Jadebuddha **Links:** Lackteller aus dem 18. Jh.
Oben und rechts: Straßen- und Galeriekunst in Pekings Kunstfabrik 798

Die moderne Kunstszene

Vor der Wirtschaftskrise war Chinas moderne Kunstszene zur heißesten Spekulationsblase geworden. Bis Mitte der 1990er-Jahre waren die meisten Ölmaler noch aus der Öffentlichkeit verbannt, doch dann explodierten die Preise auf internationalen Auktionen. Zhang Xiaogang verkaufte »Eine große Familie« 2006 bei Christie's für 1,5 Mio. US$ und »Tian'anmen-Platz« für 2,3 Mio. US$ in Hongkong. Nun standen auch die Kunsthändler in China nicht mehr abseits und schufen Messen in allen großen Städten. Ein gutes Beispiel ist Liu Xiaodongs »Umgesiedelte Bevölkerung« über den Drei-Schluchten-Damm, das für 2,75 Mio. Dollar an einen VR-Sammler ging.

Gleichzeitig entstanden »Kunstfabriken« wie 798 in Peking (s. S. 150) oder 50 Moganshan Lu in Shanghai (s. S. 228). Seit Kunst ein großes Geschäft ist, sieht die Pekinger Regierung auch bei der Zensur nicht mehr so genau hin. Und seit die Künstler am großen Geld gerochen haben, kopieren sie sich vor allem selbst. ■

Land der Pagoden und Paläste

Im kaiserlichen China beruhten die Grundprinzipien der Architektur auf der Kosmologie, die Himmel und Erde bestimmte. Überall wurden Tempel, Paläste und Pagoden nach diesen Prinzipien errichtet, geprägt von dem Streben nach perfekter Harmonie.

In der chinesischen Bauweise manifestieren sich die wichtigen Grundprinzipien von Ordnung und Macht. Nicht ein einzelnes Gebäude steht im Vordergrund, sondern ein Ensemble, am besten in prestigeträchtiger Lage. Und nicht nur einzelne Gebäudekomplexe wurden so angelegt, sondern ganze Städte, deren Teile – abgetrennt durch Mauern – nach hierarchischen Kriterien zueinander standen.

Grundprinzipien

Wenn in China gebaut wird, wird zunächst eine Mauer errichtet, die das Innen vom Außen trennt. Die vorherrschenden Anordnungsprinzipien sind die des rechten Winkels und der Axialität. Bei großen Anlagen reihen sich alle wichtigen Bauwerke auf einer meist in Nord-Süd-Richtung orientierten Achse auf. Weniger wichtige stehen im rechten Winkel dazu an den Seiten oder auf parallel verlaufenden Achsen.

Häufig wird in Zusammenhang mit Architektur in China das Feng-Shui erwähnt. Es bedeutet wörtlich übersetzt »Wind Wasser« und soll das harmonische Einbetten eines Gebäudes in seine natürliche Umgebung beschreiben.

Die kaiserliche Architektur

Die Grundzüge der Palastarchitektur wurden in der Qin- und der Han-Dynastie entwickelt. Dabei kannte man in China bis vor wenigen Jahren den Beruf des Architekten gar nicht. Verantwortlich für den Bau waren vielmehr erfahrene Baumeister und Handwerker, die nach wenigen Angaben ein Gebäude oder eine Ansammlung von Gebäuden erstellen konnten. Ergebnis war allerdings, und ist es bis heute, eine gewisse Gleichförmigkeit chinesischer Bauwerke, v.a. von Repräsentationsbauten. Das gilt selbst für

die Gegenwart, denn alle spektakulären Bauten, seien es Hochhäuser oder Sportstätten, wurden von Ausländern geplant.

Die frühen chinesischen Handwerker haben den Holzskelettbau perfektioniert, den man noch heute in Palästen und Tempeln bewundern kann. Säulen und Balken übernehmen die statischen Funktionen und werden oft ohne Hilfsmittel wie Leim oder Nägel zusammengesetzt. Kunstvoll und zu scheinbar unübersichtlichen Strukturen zusammengefügte Konsolen tragen die schweren Dächer. Die Wände sind offene oder zumindest durch feine Muster gebrochene Flächen, die das Äußere, die natürliche Umgebung, in den Bau integrieren. Geschwungene Dächer mit fein geschnitzten Figuren runden das Bild dieses Baustils ab, der Symbol für die Harmonie des Menschen mit der Natur ist.

Die Grundzüge und Besonderheiten der chinesischen Palastarchitektur kann man heute am besten im Kaiserpalast oder in anderen Palast- und Tempelbauten in Peking studieren, die meist aus der frühen Ming-Dynastie stammen. Große Gebäude, wie die drei großen Hallen der Harmonie im vorderen Teil des Palastes, stehen auf einer Terrasse. Sie dient als Fundament und erfüllt den praktischen Zweck, die Halle vor Wasser zu schützen. In alten Texten findet man aber auch einen deutlichen Hinweis auf die symbolische Bedeutung, wenn es heißt: »Der Himmel bedeckt und die Erde trägt.« Die Terrasse steht somit für die Erde, das Dach für den Himmel. Die Höhe einer Terrasse richtete sich nach dem Rang des Gebäudes in der Gesamtanlage, Gebäude auf der Zentralachse stehen in der Regel höher als Nebengebäude.

Bereits in frühen Zeiten bevorzugten die Chinesen Holz als Baumaterial, weil es sich einfacher transportieren, aber auch hervorragend verarbeiten ließ. Schwere Säulen sind in der Lage, Dächer zu tragen, gleichzeitig lässt sich Holz auch mit Schnitzarbeiten schmücken. Für die Säulen im Kaiserpalast verwendete man *nanmu*, ein hartes Holz aus dem Süden. In einfachen Häusern ließen sich im Sommer die Wände zwischen den Säulen leicht entfernen, im Winter beklebte man die offenen Holzgitter mit Reispapier und hielt so die Kälte fern.

Eine ganz besondere Feinarbeit stellt die Konsolenkonstruktion in den Palasthallen dar, die sich zwischen den Säulenenden und dem Dach befindet. Ein für das Auge verwirrendes Bild von Längs- und Querbalken, von ineinander verschachtelten Holzteilen, die ursprünglich nur die Dachtraufen stützen sollten, ist in der Palastarchitektur zum dekorativen Schmuckwerk geworden. Einfachen Bürgern waren diese Konsolenbauten allerdings nicht gestattet.

Die Dächer chinesischer Paläste verleihen den meist großen, massiven Gebäuden einen Hauch von Schwerelosigkeit. Die leicht nach außen geschwungenen Dachtraufen lassen das Dach über dem Gebäude schweben, als sei es an unsichtbaren Fäden aufgehängt. Eine weitere Möglichkeit, diesen Schein von Leichtigkeit zu

Links: Pagode des Kaiyuan-Tempels, Quanzhou, Fujian
Rechts: Säule und Decke in der Halle des Ernteopfers, Himmelstempel, Peking

»

Viele historische Bauten wurden während der Kulturrevolution zerstört. Die Gebäude, die heute noch übrig geblieben sind – alte Klanhäuser, antike Pagoden und traditionelle Tempel –, sind Zeugnisse klassischer chinesischer Architektur.

erzeugen, bietet das Doppeldach. Dabei besteht die Dachkonstruktion aus zwei Stufen, die schmale Wand, die beide Stufen trennt, täuscht ein flaches Stockwerk vor.

Glasierte Ziegel bedecken die Palastbauten, aber auch andere wichtige Bauten, wie etwa die

Tempel. Im Kaiserpalast in Peking sind sie gelb – die Farbe des Kaisers –, im Himmelstempel blau – die Farbe des Himmels. Halbrunde oder runde Enden, die bei kaiserlichen Palästen mit dem Drachensymbol verziert sind, schmücken die Traufen.

Pagoden und Tempel

Pagoden sind ursprünglich keine chinesischen Bauwerke, sondern kamen mit dem Buddhismus aus Indien ins Land. Die ersten chinesischen Pagoden stammen aus dem 3. bis 5. Jh. und waren überwiegend Holzbauten; erhalten ist davon keine. Später setzte sich im Norden Chinas der Massivbau mit Löss und Lössziegeln durch, im Süden hingegen wurde der Holzbau weiterentwickelt. Die älteste noch erhaltene Pagode steht im Kreis Dengfeng bei Luoyang, in der Nähe des Shaolin-Klosters. Die 40 m hohe, zwölfeckige Songyue-Pagode stammt aus dem Jahr 523. Im nahe gelegenen Kloster Shaolin ist eine weitere Besonderheit zu besichtigen: der sog. Pagodenwald (Talin), ein Friedhof mit über 200 Grabpagoden, die als letzte Ruhestätten für Mönche und Äbte dienen. Diese Pagoden sind nur einige Meter hoch und haben in Brusthöhe einen Kern mit Gedenktafeln oder kleinen Nischen für Opfergaben. In ihrer Funktion und Symbolik, nicht aber im Baustil, entsprechen sie noch den ursprünglichen indischen Stupas.

Zu den älteren Bauwerken zählen auch die bekanntesten Pagoden Chinas, die beiden Wildgans-Pagoden in Xi'an. Erbaut wurde die Große Wildgans-Pagode (Dayanta) nach den Entwürfen des Mönchs Xuanzang. Die kleinere, 13-stöckige, 43 m hohe Kleine Wildgans-Pagode (Xiaoyanta) ist etwa gleichen Alters, wirkt jedoch wesentlich graziler. Beide sind als massive Stufenpagoden aus Ziegel typisch für den Baustil der Tang-Zeit.

Chinas Hauptstadt Peking ist zwar in erster Linie für seine kaiserlichen Palastanlagen bekannt, der Blick des Besuchers erfasst jedoch oft genug zuerst ein anderes fremdländisches Bau-

CHINESISCHE GARTENKUNST

Chinesische Gärten streben eine Harmonie zwischen natürlichen und künstlichen Elementen an. Philosophische Konzepte wie das *yin* und *yang* spielen eine Rolle sowie die Umsetzung verschiedener Künste, etwa der Malerei oder Dichtung. Die Gartenkunst blühte insbesondere in der Ming- und der Qing-Dynastie auf, als große Mengen Geld und Arbeit in ausgedehnte Gartenanlagen investiert wurden.

Zwei Arten von Gärten dominieren: die kaiserlichen Parkanlagen und die privaten Gelehrtengärten. In die erste Kategorie gehören die Sommerpaläste in Peking und Chengde sowie der Alte Sommerpalast in Peking.

Die Literatengärten finden sich weiter südlich, v.a. in Suzhou und Hangzhou. Hier verbrachten verdiente Beamte ihren Lebensabend mit Malen, Kalligrafieren und Dichten. Die Gärten vereinen die Elemente Wasser, Steine und Pflanzen. Genau komponierte Wege führen zu exakt berechneten Aussichten, etwa in Pavillons, die immer wieder gemalt oder in Gedichten beschrieben wurden. Mauern grenzen einzelne Arrangements gegeneinander ab.

werk: die Weiße Dagoba (Baita), die sich im Beihai-Park majestätisch erhebt. Der in Form einer Glocke gestaltete Massivbau folgt im Stil einem Chorten und wurde 1651 zum Empfang des fünften Dalai Lama am Kaiserhof errichtet. Wer käme schon auf die Idee, zwischen diesem Bauwerk und der Pagode der Sechs Harmonien (Liuheta) bei Hangzhou einen Zusammenhang zu vermuten? Denn zunächst waren sie nur Grabstätten. Die indischen Könige wurden zu Zeiten des historischen Buddha in Grabanlagen beigesetzt, die aus einem halbkugelförmigen, massiven Kernbau bestanden, der sich über einem zylindrischen Sockel erhob.

Der diesem indischen Stupa noch am ehesten entsprechende Baustil buddhistischer Grabdenkmäler findet sich heute in Tibet. Zwar wurden in den tibetischen Chorten hohe Lamapriester sowie die Dalai Lamas und Pantschen Lamas beerdigt, dennoch ist der Bau eines Chorten in der Vorstellungswelt des tibetischen Buddhismus weit mehr als ein simpler Grabbau; er ist ein zeremonieller Akt, als dessen Ergebnis sich im Bauwerk die Wesenheit Buddhas manifestiert. Die Weiße Dagoba in Peking steht ganz in der Tradition dieser tibetischen Chorten.

Die Vielfalt der stilistischen Formen dieser Kultbauten in ganz Asien führte in China zu einer eigentümlichen vertikalen Streckung. Die chinesische Pagode ist gewissermaßen die überdimensionierte Darstellung des Schirmaufbaus entlang eines gestreckten Schaftes, der bereits in den Bauten des tantrischen Buddhismus oft sieben, manchmal dreizehn Schirme trägt. Diese Schirme symbolisieren die Anzahl möglicher Erlösungswege. Im chinesischen Pagodenbau werden der Schaft zum Turm und die Schirme zu Stockwerken (mehr zu Tempeln s. S. 110).

Wohnhäuser

Alte Wohnhäuser gruppierten sich wie Paläste um einen oder mehrere Innenhöfe; je höher der Rang des Bewohners, desto größer die Zahl der Höfe. Die wichtigsten Gebäude stehen im Norden des Anwesens und öffnen sich nach Süden, zur Sonne und zum Licht. Solche Traditionen stammen aus dem ideologisch vorherrschenden Norden, wo sie bautechnisch sinnvoll sind, und wurden im Süden nur leicht abgewandelt.

Links: Der Tianxin-Pavillon ist Teil der alten Stadtmauer von Changsha, Provinz Hunan **Unten links:** Garten in Suzhou **Rechts:** Kolonialarchitektur in Beihai, Guangxi

Die nicht-chinesischen Völker auf dem Gebiet des heutigen China haben oft ganz andere Baustile. Am Auffälligsten sind die Rundbauten der Hakka im Westen der Provinz Fujian und Osten der Provinz Guangdong. Der Innenhof ist hier rund und wird umgeben von einem drei- oder vierstöckigen ringförmigen Bauwerk aus Holz, dessen Wände mit einem Gemisch aus Lehm, Sand, Reis und Zucker verputzt sind.

Die Dong in der Provinz Guizhou sind bekannt für ihre ungewöhnlichen Trommeltürme sowie die überdachten »Wind-und-Regen-Brücken«. Das schönste Beispiel ist wohl die Chengyang-Brücke im Bezirk Sanjiang.

Koloniale Relikte

In den wenigen in der Kolonialzeit erbauten Ausländervierteln entstanden zahlreiche Bauten nach europäischem Vorbild oder in einem dem Klima in den Kolonien angepassten Mischstil. Wären sie über die Jahre gepflegt worden, so stünden davon heute noch zahllose solide Steinhäuser. So findet sich eine größere Zahl nur noch in Shanghai, in den 1920er-Jahren das »Paris des Ostens«, im ehemals deutschen Qingdao, in Xiamen, einem der Häfen, der den Kolonialmächten offenstand, und vor allem im vorbildlichen, ehemals portugiesischen Macau. Eine kleinere Zahl von Kolonialbauten ist in Hongkong, Kanton, Tianjin, Shantou und in Haikou auf der Insel Hainan erhalten. ■

Chinesische Tempel

Nicht jede Figur in einem Tempel ist sofort zu erkennen. Dies liegt an der Vielfalt der Gottheiten, die sich über die Zeit entwickelt hat.

Die meisten Tempel sind buddhistisch. Die Gebäude reihen sich entlang einer Achse auf, die man von Süden nach Norden beschreitet. In der Vorhalle fällt zunächst der lachende, füllige Milefo auf. Er verkörpert einen Mönch aus dem 10. Jh., der sich als Inkarnation des Buddhas Maitreya zu erkennen gab. In seinem Rücken schaut die Wächterfigur Weituo nach Norden. Auf dem zentralen Altar finden sich meist drei Figuren mit dem historischen Buddha Sakyamuni in der Mitte. An den Wänden reihen sich die Statuen von 18 Luohan auf, Darstellungen von Menschen, die nach ihrem Tod ins Nirwana eingehen werden.

Vom Aufbau her unterscheidet sich ein daoistischer Tempel nicht wesentlich von einem buddhistischen. Auf dem Hauptaltar sind in der Regel die Figuren der »Drei Reinen« zu sehen, welche Laozi, den Begründer des Daoismus, den Jadekaiser als höchste Gottheit und den mythischen Gelben Kaiser darstellen. Weitere beliebte Gottheiten sind die Himmelsgöttin, die Acht Unsterblichen, der Kriegsgott Guandi, oder der Gott des Reichtums.

Konfuzianische Tempel gibt es selten. Oft stehen in ihrem Innenhof Stelen mit den Namen von Schülern auf steinernen Schildkröten. Konfuzius wird in der Haupthalle als Statue oder durch seine Ahnentafel repräsentiert, meist flankiert von seinen vier wichtigsten Schülern oder von 72 bedeutenden Konfuzianern. ■

Oben: Viele Tempel werden von einer Geistermauer geschützt, die bösen Geistern den Eingang verwehren soll, da diese nur geradeaus fliegen können. Rote Laternen gelten als Symbol der Freude.
Oben links: Diese runden Kacheln findet man an Dächern.
Links: Auf den aufgeschwungenen Ecken von wichtigen Gebäuden sieht man häufig mythologische Figuren, die das Bauwerk vor bösen Geistern und Feuer bewahren sollen. Hintereinander reihen sich Löwen, Drachen, Phönixe, Pferde und Einhörner auf, ganz vorne reitet ein Mann auf einem Huhn. Der Dachfirst wird an seinem spitz auslaufenden Ende scheinbar von einem Drachenkopf getragen.

Mythologische Gestalten

Skulpturen von realen oder mythologischen Tieren finden sich in vielen Häusern und vor allem in Tempeln. Oft bewacht ein Paar von steinernen Löwen den Eingang. Das Männchen hat als Symbol der Macht eine Kugel unter seiner Tatze, das Weibchen ein Junges, Sinnbild für die Dauerhaftigkeit des Reiches. Obwohl es in China nie Löwen gab, gelten sie als Ausdruck von Macht und Prestige. Und so stand es nur dem Adel zu, sich mit den königlichen Raubkatzen zu schmücken. Noch mehr geschätzt wird der Drache, in China der König der Tiere, der in einem Berg wohnt, aber auch die Luft und das Wasser beherrscht. Der Drache steht auch für den Kaiser selbst und repräsentiert das männliche Element (yang), während der Phönix das weibliche Element (yin) vertritt und der Kaiserin zugeschrieben wird. Zusammen umspielen sie eine Perle, aus der sich das Wasser der Fruchtbarkeit ergießt – eine leicht erkennbare sexuelle Anspielung auf die Zeugungskraft des männlichen Drachens. Andere beliebte Tiere sind Schildkröten und Kraniche, die als Symbole des langen Lebens gelten. Stilisierte Fische finden sich vor allem an Tempeldächern. Sie versinnbildlichen den Überfluss, weshalb der Goldfisch durch seinen Überfluss an Gold besonderen Reichtum verspricht.

Ganz oben: Das Dach des Guandi-Tempels in Quanzhou (Provinz Fujian), der dem daoistischen Kriegsgott geweiht ist, schmücken bunte Porzellandrachen. Der Gott entwickelte sich aus dem historischen General Guan Yu aus der Zeit der Drei Reiche. **Oben rechts und unten rechts:** Der Drache ist der König der Tiere. **Links:** Auf Altären buddhistischer Tempel finden man oft die Buddhas der Vergangenheit, Gegenwart und Zukunft. In der Mitte ist der Buddha Sakyamuni dargestellt. **Rechts:** In allen Tempeln gibt es pagodenförmige Gefäße zum Abbrennen der Räucherstäbchen, deren Qualm die Botschaften und Bitten der Tempelbesucher zu den Göttern in den Himmel tragen soll.

Schneiden und Garen

Die Kantonesische Küche haben chinesische Auswanderer in der ganzen Welt bekannt gemacht. Allerdings ist sie nur eine von vielen regionalen chinesischen Küchen, die es zu entdecken gilt.

Haben Sie schon gegessen? »Chi gou le ma?« So begrüßen sich die meisten Chinesen, und das nicht nur auf dem Weg in die Kantine. Diese allgegenwärtige Formel weist schon auf die ungeheure Bedeutung des Essens in der chinesischen Kultur hin. Einem Fünftel der Weltbevölkerung stehen aber nur sieben Prozent der Ackerbaufläche zur Verfügung. Und da man bis vor Kurzem nicht genügend Devisen für den Import von Nahrungsmitteln hatte, war bis in die jüngste Zeit immer wieder der Hunger das Schicksal der einfachen Leute. Sparsamkeit und Erfindungsreichtum sind deshalb die chinesischen Küchenmeister, und nicht zuletzt daher resultiert die landläufige Meinung, die Chinesen würden alles essen, was vier Beine hat (außer Tischen), alles, was fliegt (außer Flugzeugen), und alles, was schwimmt (außer Schiffen). Dabei trifft das höchstens auf die Kantonesen zu.

Berüchtigt sind auch die tausendjährigen Eier, die von bescheideneren Menschen hundertjährige Eier genannt werden. Doch selbst das ist übertrieben, denn nur drei bis vier Wochen liegen diese Enteneier in einer Mischung aus Schlamm, Kreide und Salmiak, bis das Eigelb grün und das Eiweiß durchsichtig schwarz geworden ist. Mit Ingwer sind sie als Vorspeise eine große Köstlichkeit.

Wenn man zu Hause schon einmal »beim Chinesen« war, wird man vor Ort feststellen, dass Ähnlichkeiten mehr zufällig sind. Da die meisten Auswanderer aus Chinas Südosten stammen, ist die dominierende Küche im Ausland die kantonesische – oder was davon übrig geblieben ist. Gewöhnlich gehören China-Restaurants in Deutschland zu den schlechtesten der Welt. Welche Vielfalt hingegen in China! Vom morgendlichen Pfannkuchen am Straßenrand über die Nudelsuppe als Imbiss, vom Teestand bis zum durchschnittlichen Restaurant mit lokalen Gerichten, von der kaiserlichen Küche bis zum Spezialitätenrestaurant – überall gibt es neue Geschmackswelten zu entdecken.

»

»Ni chi fan le mei you?« Haben Sie schon Reis gegessen? – So begrüßen sich die Chinesen traditionell. Dies verdeutlicht die wichtige Rolle, die das Essen in der chinesischen Kultur spielt.

Oben: Sogar bei einfachen Speisen isst das Auge mit
Rechts: Gedämpfte Teigtaschen mit Füllung

Traditionelle Techniken

Bestimmte Zubereitungsweisen sind im ganzen Land gleich oder sehr ähnlich. Da es immer schon einen erheblichen Mangel an Brennmaterial gab, schnitt man alle Zutaten zunächst in kleine Stücke, damit diese schneller gar wurden. Dabei haben sich bestimmte Größen und Formen eingebürgert. Die meisten Gerichte werden dann mit etwas Öl und Wasser unter ständigem Rühren im Wok gegart. Diese halbkugelförmige Pfanne entwickelte sich aus alten dreifüßigen Gefäßen, die ins Feuer gestellt wurden. Die Rundung verteilt die Hitze am besten und spart so Brennstoff. Durch schnelles Garen bei großer Hitze bleiben zudem Eigengeschmack und Nährstoffe weitgehend erhalten.

Manche Gerichte werden auch frittiert oder gedünstet. Im ersten Fall gibt man eine größere Menge an Öl in den Wok, im zweiten Wasser, auf das dann ein ganzer Stapel von Bambuskörbchen getürmt werden kann. Da bis heute kaum eine Küche einen Backofen besitzt, werden gegrillte oder gebackene Gerichte nur im Restaurant gegessen. Dazu gehören beispielsweise das Spanferkel, die Peking-Ente, die in einem speziellen Ofen unter großer Hitze gegart wird, und das Bettlerhuhn, das in einem Lehmmantel schmort.

CHINESISCHE ESSKULTUR

Am liebsten essen die Chinesen in großen Gruppen. Dann kann man sich gemütlich um einen runden Tisch setzen. Das Mahl beginnt meist mit kalten Vorspeisen, die man, wie die späteren Gänge, mit den Stäbchen auf seinen Teller oder in seine Essschale legt und dann Stück für Stück in den Mund schiebt. Nach und nach folgen immer mehr Platten mit unterschiedlichen Gerichten, und jeder nimmt von allem. Selbst zu zweit würden Chinesen nicht ein Gericht nur für sich selbst bestellen. Die Suppe kommt meist ziemlich zum Schluss; bei großen Banketten – vor allem in der Umgebung von Kanton – erhält man auch den Reis erst gegen Ende des Mahls. Er dient nur zum Auffüllen des Magens, falls jemand noch Hunger verspüren sollte.

Sonst geht es meist sehr informell zu. Jeder bedient sich oder legt höflich den Nachbarn besonders schöne Stücke auf den Teller. Früher wurde sogar zwischendurch geraucht, doch das kommt langsam aus der Mode. Die Platten radikal leer zu essen, gehört nicht zum guten Ton, denn es bedeutet, dass der Gastgeber nicht genug aufgetischt hat.

Beim Bezahlen im Restaurant gibt es klare Verhältnisse: einer für alle. Niemals würden Rechnungen geteilt. Höflich ist es vielmehr, eine Gegeneinladung auszusprechen und diese auch einzuhalten.

Die beliebtesten Gewürze sind Sojasoße, Ingwer, Knoblauch, Essig, Sesamöl, Sojabohnenpaste, Chili, Pfeffer und Frühlingszwiebeln. Doch obwohl ein Koch in Peking und sein Kollege in Kanton oder Chengdu die gleichen Gewürze benutzen, wird das Ergebnis meist sehr unterschiedlich sein.

Das Kochen hat in China auch viel mit daoistischen Grundannahmen zu tun, denn die Chinesen sehen einen direkten Zusammenhang zwischen der Konstitution eines Menschen und dem Essen. Nahrungsaufnahme wirkt wie Medizin und erhält das Gleichgewicht des Körpers oder stellt es wieder her. Bestimmten Nahrungsmitteln wird die Qualität des *yin* (kalt) zugeordnet, anderen des *yang* (warm). Gesunde erhalten eine ausgewogene Mischung, Kranke je nach Krankheit mehr von dem einen oder anderen. Im Winter wird z.B. Schlangenfleisch empfohlen, das als warm gilt und daher Auskühlungen des Körpers oder Erkältungen fernhalten soll.

Was kommt auf den Tisch?

Natürlich Reis. Aber dass jeder Chinese jeden Tag Reis essen würde, stimmt nun auch nicht. Im Norden wird sehr viel Weizenmehl zu Nudeln, Brotfladen und gedämpften Brötchen verarbeitet. Sojabohnenquark (*doufu,* Tofu) versorgt in vielen Landstrichen die Menschen mit Proteinen, denn längst gibt es nicht jeden Tag in jede Schüssel auch Fleisch. Große Tiere, die große Weideflächen benötigen, sind nur im Norden anzutreffen, und dort auch nicht in allzu großer Zahl. Schaf- und Ziegenfleisch kommt deshalb nur selten auf den Tisch.

In großen Mengen werden jedoch Hühner, Enten, Tauben und anderes Geflügel gehalten, und der beste Fleischlieferant Chinas ist das Schwein, von dem sich auf dem Land die meisten Familien ein bis zwei für den Hausgebrauch mit Schlachtdatum zum Frühlingsfest halten. Süßwasser- und Meeresfische gibt es in den entsprechenden Gegenden, heute meist aus Zuchtfarmen. Garnelen, Hummer, Muscheln und anderes Meeresgetier sind wieder im Angebot, zu einem großen Teil auch importiert aus Vietnam.

Wichtigster Bestandteil aller Mahlzeiten ist aber weiterhin Gemüse, das immer gekocht wird. Salat existiert auf der chinesischen Speisekarte nicht. Die in Europa bekannten Gemüsesorten sind fast alle anzutreffen, dazu gibt es vor allem im Süden eine große Menge verschiedener grüner Blattgemüse, frischen Bambus, Wasserkastanien, Taro, Süßkartoffeln und Lotoswurzeln. Inzwischen werden solche Produkte selbst in den Norden geliefert, wie auch frisches Obst von der Tropeninsel Hainan. Überall im Land bekannt sind verschiedenste Kohl- und Rettichsorten, die eingelegt, gesalzen oder getrocknet auch über den Winter helfen.

Der Gebrauch von Monosodiumglutamat (MSG) ist weit verbreitet, aber weniger häufig als früher. Das auf Chinesisch *wei jing* genannte Pulver wurde in den 1940er-Jahren von den Japanern eingeführt und verstärkt den Geschmack der Speisen in einer Weise, die sonst nur durch langes Simmern erreicht werden konnte. Da MSG aber gesundheitsschädlich sein kann, kann man im Restaurant darum bitten, dass es nicht verwendet wird: »Bu yao fang wei jing.«

Regionale Unterschiede

China ist ungefähr so groß wie Europa und weist ähnliche klimatische Unterschiede auf. So kann man auch nicht von *der* chinesischen Küche sprechen, sondern muss mindestens vier regionale Küchen unterscheiden. Die bekannteste – und viele sagen die beste – ist die kantonesische, die in der Provinz Guangdong im Südosten entstand und v.a. an der Küste und in Hongkong zu Spitzenleistungen fähig ist. Das von Bergen eingekesselte Sichuan mit seinem heißen, feuchten Klima entwickelte eine sehr scharfe Küche, die auf Chilis und einen lokalen Pfeffer setzt. Die nördliche oder Pekinger Küche ist eigentlich ein Sammelsurium verschiedener Einflüsse, insbesondere aus der Provinz Shandong, von wo im 19. Jh. die besten Köche an den Kaiserhof kamen, aber auch aus den Kochgewohnheiten der Mongolen und anderer Reitervölker aus den Steppen. Die Shanghai-Küche ist nicht so berühmt, lebt aber von der wasserreichen Umgebung der Hafenstadt.

In den letzten Jahren wurde als fünfte Küche die für ihre scharfen Speisen bekannte Hunan Küche aus dem zentralen Südchina immer beliebter. Sie ähnelt der Sichuan-Küche, ist aber manchmal noch schärfer und wird in China gerne *xiangcai* genannt. Die hohe Beliebtheit hängt auch damit zusammen, dass dies die Küche aus Maos Heimat ist.

Kantonesische Küche

Die kantonesischen Küchenchefs sind für ihre Kreativität bekannt und für ihr zurückhaltendes, aber effektives Würzen, insbesondere mit Essig, Zucker, Ingwer und Frühlingszwiebeln, wobei sie aber auch Anregungen aus fremden Küchen aufnehmen. Alle Gerichte sind nur kurz im Wok gedünstet und schmecken daher frisch und knackig. In der Küstengegend gibt es natürlich viel Fisch, dazu aber auch Huhn und sehr viel grünes Gemüse, oft leider mit einer dicklichen Austernsoße übergossen. Zu festlichen Anlässen genehmigt man sich gerne ein knuspriges Spanferkel.

Keinesfalls aber sollten Besucher die einzigartige Spezialität der Region auslassen, die *dim sum,* die kleinen, »das Herz berührenden« Happen. Wie die Weißwurst werden auch sie nur bis zum Mittag serviert, denn sie stellen ein im Restaurant mit Tee genossenes Frühstück dar. Die meisten *dim sum* bestehen aus kleinen Teigtaschen, die mit Garnelen, Schweinefleisch, Gemüse oder süß mit Bohnenpaste oder Lotoskernmus gefüllt und gedämpft sind. Dazu gibt es aber auch Pilze und anderes Gemüse, kleine Frühlingsrollen, Fleischstücke, Hühnerfüße, gefüllte gedämpfte Brötchen und vieles mehr, sodass man mit einem kleinen Teller gebratener Nudeln zum Abschluss ein gutes Mittagessen zusammenbekommt.

In Hongkong und Kanton haben sich zahlreiche Restaurants auf *dim sum* spezialisiert. Traditionell werden die fertigen Speisen auf kleinen Wägelchen durch die Tischreihen gefahren, und jeder nimmt sich, wonach es ihn oder sie gelüstet. Man darf dabei ruhig die Deckel lüpfen, um nachzusehen, was sich darunter befindet. Die Kellnerinnen markieren die Anzahl der Gerich-

Links: Zufriedener Hongkonger Koch **Rechts:** Zutaten werden in kleine Stücke geschnitten

»

Die Chaozhou-Küche (Chiu Chow), die insbesondere in der Stadt Shantou im Osten von Guangdong anzutreffen ist, wird zur kantonesischen Küche gezählt. Sie ist bekannt für gedämpfte Krabben, Garnelenbällchen und gedämpftes Schweinefleisch.

te auf einer Karte, nach der dann abgerechnet wird. Die alte Tradition kommt jedoch langsam aus der Mode und wird durch das Bestellen der *dim sum* von der Speisekarte ersetzt. Getrunken wird auf jeden Fall Tee.

Zu den sehr bekannten, aber auch extrem teuren kantonesischen Spezialitäten gehören Haifischflossensuppe, Schwalbennester, die tatsächlich aus dem Speichel von Schwalben bestehen und in Thailand und Vietnam geerntet werden, nachdem die Brut ausgeflogen ist, sowie Abalone, eine besonders große Muschelart.

Sichuan-Küche

Die Gerichte aus dem Südwesten Chinas weisen den deutlichsten Eigencharakter auf, vor allem weil sie meist vergleichsweise stark gewürzt sind. Die Schärfe bringt dabei die Chili-Schote: direkt vom Strauch, getrocknet und zerstoßen, mit Öl zu einer Paste verrührt oder als Chiliöl, das ganz zum Schluss hinzugefügt wird. Der andere Scharfmacher ist der spezielle Sichuanpfeffer, der meist als ganzes Korn beigefügt wird.

Besonders gut lassen sich kräftige Gemüse wie etwa Bohnen, Rind- und Lammfleisch, aber auch Garnelen mit den scharfen Gewürzen zubereiten. Das bekannteste Gericht ist jedoch *mapo doufu,* Sojabohnenquark (Tofu) mit einer feurigen Soße aus Pfeffer und Gehacktem. Es wird mehreren Erfindern zugesprochen, bis zurück in die Tang-Dynastie. Angesichts der Übersetzung »Tofu der pockennarbigen alten Frau« zeichnet aber wohl eine Familie aus Chengdu dafür verantwortlich, die im 19. Jh. ein Restau-

rant mit dieser Spezialität betrieb und deren Nachfahren noch heute im Geschäft sind.

In Sichuan, besonders in Chongqing am Yangzi, isst man zudem gerne einen Feuertopf *(huoguo).* Dabei wird in der Mitte des Tisches ein Topf, der von unten mit einem Gasbrenner beheizt wird, eingelassen, der mit einer rotbraunen Brühe gefüllt ist. Dazu bestellt man hauchdünn geschnittenes Fleisch, Fisch, Gemüse, Tofu, Glasnudeln usw. Alles wird dann mit Stäbchen oder kleinen Drahtkörbchen für kurze Zeit in die Brühe getaucht und so gegart. Dann nimmt man die Stücke wieder heraus, taucht sie nach Geschmack in Sesamöl, Sojasoße oder gequirltes Ei und isst sie schnell; ein sehr gemütliches Mahl, das Stunden dauern kann. Sichuan ist die Heimat der Teehäuser, die traditionell nur von Männern aufgesucht werden. Man sitzt in Bambusstühlen, trinkt Tee aus einer großen Kanne, in die ständig heißes Wasser nachgegossen wird, und schwatzt mit Freunden.

Hunan-Küche

In der Hunan-Küche, die als die schärfste Chinas gilt, verbindet sich die Sichuan-Küche mit weiter nördlich angesiedelten Kochstilen. Es gibt sogar Einflüsse aus muslimischen Kochgewohnheiten, etwa mit Kümmel gewürztes Lamm. Kümmel findet sich auch in einem weiteren sehr beliebten Gericht, dem *pingguo rou* oder »Flachtopffleisch«. In einem flachen Topf gart Fleisch auf einem Bett von Zwiebeln und Gemüse auf niedriger Flamme. Gerne wird es heutzutage auch direkt am Tisch zubereitet.

Weitere beliebte Hunan-Gerichte sind die Lieblingsspeise Maos, rot gekochtes fettes Schweinefleisch, das heute meist *maojia* oder *maoshi hongshao rou* genannt wird, also rot gekochtes Schweinefleisch im Stil von Maos Heimat oder Maos Klan. Dazu gehören Erdnüsse und ein Fischkopf in einem Meer von Chilis.

Shanghai-Küche

Fisch und Reis bestimmen hier den Esstisch. Und wenn es einmal etwas zu feiern gibt, dann kommen Aal, Garnelen und im Herbst Krebse hinzu. Natürlich gibt es auch Huhn und Ente, und wenn überhaupt, dann werden in dieser Gegend süße Früchte zum Essen gereicht. Besser aber schmeckt das Zitronenhühnchen, das auch leicht zu essen ist, da es vor dem Frittieren entbeint wird. Meist kochen die Gerichte am unteren Yangzi länger im Wok als in Kanton. Die Soßen dazu bestehen in der Regel aus Öl und Sojasoße und dicken etwas ein. Ganz zum Schluss werden sie aufgefrischt und dann über Fleisch, Fisch oder Gemüse gegossen.

Die Küche des Nordens

Im Gegensatz zur südlichen ist die nördliche Küche eher rustikal, mit kräftigen Fleisch- und Gemüsesorten, Zwiebeln und Knoblauch. Früher gab es im Winter in Peking monatelang nur Kohl, der auch heute noch – im Oktober auf Lastwagen und Karren angeliefert – grüne Farbtupfen in Pekings graue Gassen bringt. Inzwischen hat sich das Angebot an frischem Gemüse durch Lieferungen aus dem Süden jedoch beträchtlich verbessert.

Die Krone setzte der nördlichen Küche natürlich der Kaiserhof auf, der es sich leisten konnte, die besten Köche des Reiches anzuheuern. Diese mussten dann pro Tag über hundert Gerichte zubereiten, von denen der Kaiser oft nur jeweils einen Bissen kostete. Schon bei der Aufzählung einiger Namen läuft einem das Wasser im Mund zusammen: Peking-Ente, Samthuhn, Phönix im Nest, Mandarinfisch, Lotoskrabben, Erbspüree-Schnitten, Reiskrusten-Suppe, Tausend-Schichten-Kuchen und vieles mehr. Als die Kaiserfamilie 1924 aus dem Palast verjagt wurde, mussten sich auch die Köche eine neue Beschäftigung suchen. Einige taten das Naheliegende und eröffneten Restaurants (etwa das Fangshan-Restaurant im Pekinger Beihai-Park), in denen sie weiterhin die kaiserliche Küche, nun fürs gemeine Volk, anboten.

Das berühmteste Gericht der Hauptstadt ist natürlich die Peking-Ente, für die eine bestimmte Entenart, die in der Umgebung der Stadt gezüchtet wird, Verwendung findet. Die Tiere werden täglich mit einem Gemisch aus Kichererbsen, Sorghum und Weizenhäcksel gestopft, bis sie nach etwa zwei Monaten ein Gewicht von 2,5 kg erreicht haben. Dann werden sie ge-

Ganz links: Reis, chinesisches Grundnahrungsmittel
Links: Die Zubereitung der Peking-Ente ist langwierig und kompliziert **Rechts:** Traditionelle Nudelsuppe

»

Die Chinesen lieben es besonders, wenn beim Essen eine ausgelassene Stimmung herrscht. Man prostet sich zu, macht Witze und unterhält sich angeregt. Diese besondere Atmosphäre wird mit *re nao* bezeichnet, was übersetzt so viel wie »heiß und laut« bedeutet, und zeichnet ein gutes Abendessen aus.

schlachtet, gerupft und durch ein kleines Loch unter dem Flügel ausgenommen. Mit Luft aufgeblasen, abgebrüht und mit Malzzucker oder Sirup eingerieben, trocknen die Enten 24 Stunden, bevor sie bei rund 230 °C 30 bis 40 Min. braten. Die Haut ist am Ende tiefbraun und schön knusprig. Der Koch präsentiert den Gästen das ganze zubereitete Tier, ein speziell ausgebildeter Kellner schneidet dann vom Hals weg dünne Scheiben ab. Auf dem Tisch stehen Stapel von hauchdünnen Pfannkuchen, auf die man ein Entenstück und einige Streifen Frühlingszwiebeln legt. Man rollt das Ganze zusammen und tunkt es in die leicht süßliche Bohnensoße. Danach wird in der Regel noch eine Suppe aus den ausgekochten Knochen serviert. Da ein Entenmahl fett ist, sollte man es mit einem Schnaps abschließen.

(Weitere Informationen zu regionalen Spezialitäten finden Sie am Ende jedes Reisekapitels.)

Symbole und Feste

Wie in allen Kulturen wird auch in China verschiedenen Speisen ein Symbolgehalt zugesprochen, sodass bestimmte Gerichte zu bestimmten Festen gegessen werden. Das wichtigste Fest ist Neujahr, bei dem es runde Orangen und Mandarinen als Symbole der Vollkommenheit und des süßen Lebens gibt; Enten stehen für Treue und Freude im Leben, Fische für Wohlstand. Zum Geburtstag gibt es lange Nudeln, denn sie repräsentieren ein langes Leben. Das tun auch Pfirsiche, die durch rosa gefärbte gedämpfte Brötchen ersetzt werden können. Zum Mittherbstfest isst man die mit einer süßen, eihalti-

CHINESISCHE TISCHMANIEREN

Beim Essen gilt es in China sogar in Restaurants weithin als keinesfalls unanständig, dass geschlürft und gerülpst wird. Essensreste und Knochen werden auf oder unter den Tisch gespuckt. Allerdings bedeutet dies nicht, dass sich ausländische Touristen dem anzupassen hätten. Es gibt auch eine zunehmende Zahl von meist jüngeren oder besser gebildeten Chinesen, vor allem in den Großstädten, die diese (Un-)Sitte alles andere als schön finden. Generell wird in China – trotz häufiger Verbote – nach wie vor viel gespuckt. Der ausländische Besucher sollte zumindest darauf vorbereitet sein, dass diese Angewohnheiten existieren.

gen Paste gefüllten Mondkuchen (s. S. 88). Und während des Drachenbootfestes (s. S. 9) werden in Bananenblätter gewickelte duftende Klebreisröllchen gegessen.

Essen im Alltag

Im Alltag ist das Essen eine schlichte Angelegenheit. Man isst gerne früh, mittags ab 11 Uhr und abends vor 20 Uhr (internationale Restaurants haben sich aber an die westlichen Sitten angepasst), wobei im Süden an heißen Tagen auch erst spät gegessen wird.

Zum Frühstück gibt es oft lediglich eine Schale Reis oder auch Dampfbrötchen mit Resten

des abendlichen Essens oder mit eingelegten Gemüsen. Andere bevorzugen Reissuppe, heiße Sojamilch oder frittierte Teigstangen *(youtiao)*. Zum Mittagessen reicht oft eine Nudelsuppe oder eine Platte gebratener Reis oder gebratene Nudeln mit Fleisch- und Gemüsestreifen. Ein Abendessen in der Familie ist dagegen aufwendiger. Es umfasst für gewöhnlich Reis oder Nudeln mit drei oder vier frisch zubereiteten Gerichten und eine Suppe. Desserts sind nicht sehr weit verbreitet (außer in Guangdong), meist gibt es nur ein Stück Obst.

Links: Garküche in Hohhot, Innere Mongolei **Oben:** Mondkuchen gibt es zum Mondfest an jeder Straßenecke **Rechts:** Zu jeder Mahlzeit gehört Tee

Getränke

Zum Essen gibt es fast immer Tee. Er reinigt die Organe, regt die Verdauung an und löscht den Durst. In normalen Restaurants wird dieser schon vor der Bestellung in einer Kanne auf den Tisch gestellt, in teureren Restaurants kann man unter mehreren Sorten wählen. Meist stehen unfermentierte Grüntees auf der Karte oder halbfermentierte Oolong-Tees *(wulong)*. Seltener, aber auch vorhanden, ist der kantonesische Jasmintee. Wenn die Kanne leer ist, kann noch ein- oder zweimal frisches Wasser aufgegossen werden. Man zeigt dies an, indem man den Deckel nur halb auf die Kanne legt.

In größeren Gruppen werden meist auch alkoholische Getränke gereicht, in der Regel Bier. Manchmal gehören aber auch die äußerst starken Schnäpse dazu, die in China als »Wein« bezeichnet und aus Reis oder Sorghum hergestellt werden. Verschiedene Joint-Venture-Betriebe mit europäischen Partnern produzieren ganz ordentliche, aber teure Rot- und Weißweine.

Es ist unhöflich, von alkoholischen Getränken zu trinken, ohne vorher den anderen zugeprostet zu haben. Während des ganzen Essens werden zahllose Trinksprüche ausgebracht und es wird oft *ganbei* gerufen, was »Austrinken« bedeutet. Mit Verweisen auf die Gesundheit kann man sich von solchen beginnenden Saufgelagen jedoch fernhalten. ■

Welcome To Shanghai

世纪出版集团

Reisen in China

China fasziniert mit seiner jahrtausendealten Kultur, modernen Metropolen und unterschiedlichsten Landschaften, von nebelverhangenen Bergen bis hin zu den menschenleeren Weiten der Taklamakan-Wüste.

Auf alten, aus dem Westen stammenden Karten von China ist nur die Küste präzise gezeichnet, je weiter man ins Landesinnere blickt, desto vager stellen sich die Konturen dar. Dies spiegelt das Verständnis der Europäer von China ganz gut wider. Heute ist viel mehr über »das Reich der Mitte« bekannt, doch immer noch wird man das Gefühl nicht los, recht wenig darüber zu wissen. Und gerade im heutigen China erlebt man, dass das Land umso exotischer wird, je weiter man sich von den gesichtslosen Städten des Ostens entfernt. Nur dort kann man noch ein wenig vom Erbe der Turkvölker Xinjiangs erleben, von den bunten Farben Yunnans oder wieder ein wenig von der einfachen Religiosität der Menschen in jenen Tempeln, die anderswo wie Museen behandelt werden. Doch auch die Han-Chinesen selbst weisen viele Unterschiede zwischen Norden und Süden auf, von der Physiognomie bis hin zu den Ess- und Trinkgewohnheiten.

Der Norden Chinas erstreckt sich von der Mandschurei im Nordosten über die Steppenlandschaften der Inneren Mongolei bis zum Gelben Fluss, der Wiege der chinesischen Zivilisation. Obwohl das Klima im Sommer oft heiß und trocken und im Winter kalt ist, liegen gerade hier die alten Hauptstädte: Xi'an, Luoyang und Peking.

Der mittlere Gürtel des Landes erstreckt sich zu beiden Seiten des Yangzi, der China schon immer in Norden und Süden teilte. Nahe seiner Mündung liegt Shanghai, die Gigantenstadt des 21. Jahrhunderts.

Im Süden befindet sich das Zentrum des Wirtschaftsaufschwungs in der Umgebung von Kanton und Hongkong, weiter im Binnenland wohnen die bunt gekleideten »Minderheiten«, vor allem in der Umgebung der bekannten Karstberge am Li-Fluss bei Guilin in der Provinz Guangxi. Auf einer Hochebene gelegen ist die Provinz Yunnan, die »Land des immerwährenden Frühlings« genannt wird. Ganz im Westen und schwer erreichbar sind die erst spät annektierten Regionen jener Kulturen, die mit der chinesischen kaum Gemeinsamkeiten haben: das Gebiet der Seidenstraße und Tibet. ■

Vorhergehende Seiten: Lijiang in der Provinz Yunnan – Lichtermeer von Shanghai – Eine kasachische Familie vor ihrer Jurte in Xinjiang **Links:** Rundhäuser, »tulou« genannt, in Fujian **Oben rechts:** Bizarre Kalksteinformationen in Wulingyuan, Hunan. **Oben links:** Pass-Straße im Karakorum

KASACHSTAN
Semipalatinsk
Ust'-Kamenogorsk
RUSSLAND
Kyzyl
Hövsgöl Nuur
Balkhash
Ozero Balkhash
Ozero Zaysan
ALTAI
Zhambyl
Tashkent
Bishkek
Almaty
Namangan
Junggar Pendi
MONGOL
Pik Pobedy 7439
KIRGISIEN
Bayanhongor
Ürümqi
柏孜克里千佛洞
TADSCHI-KISTAN
Kaschgar
喀什
Tian-Geb.
Tarim He
-154
Turpan
Turpan Pendi
Hami
Taxkorgan
Tarim-Becken
Pamir
Xinjiang
新疆维吾尔自治区
Gilgit
Karakorum
K2 8611
Nanga Parbat 8126
Taklimakan-Geb.
Dunhuang
Anxi
Yumen
PAKISTAN
Altun-Geb.
Zhangye
Qilian-Geb.
Gan
Qaidam Pendi
KUNLUN-GEBIRGE
Indus
HIMALAJA
Amritsar
Golmud
Qinghai Hu
Qinghai
青海省
Xin
Ludhiana
Huang He
Lanzh
Xizang
西藏自治区
Delhi
Neu Delhi
Jinshajiang (Yangzi)
Lancang (Mekong)
CHINA
Aligarh
Bareilly
Nu Jiang (Salween)
Sichua
四川省
Agra
NEPAL
Annapurna 8091
Xigaze
Lhasa
拉萨
Kathmandu
Mt Everest 8850
Chengd
成
Kanpur
Jhansi
Ganges
Ghaghara
Thimphu
BHUTAN
Allahabad
Varanasi
Dibrugarh
Brahmaputra
Xichang
Patna
Wendekreis des Krebses
INDIEN
Guwahati
Irrawaddy
BANGLADESH
Myitkyina
Dali
Nagpur
Dhaka
Kunming
昆明
Raipur
Kalkutta
Khulna
BIRMA (MYANMAR)
Lashio
Yunnan
云南省
Chittagong
Gejiu
Cuttack
Mandalay
Vishakhapatnam
Guntur
Rajahmundry
LAOS
Bucht von Bengalen
Irrawaddy
Louangphr (Luang Pra
Chiang Mai
THAILAND
Viangc (Vientia

RUSSLAND
Amur
Irkutsk
Ozero Baykal
Ulan-Ude
Chita
Mohe
Blagoveshchensk
Khabarovsk
Tongjiang
Da Hinggan Ling
Manzhouli
Bei'an
Yichun
Hegang
Songhua
Qiqihar
Heilongjiang
黑龙江省
Jiamusi
Jixi
Ulaanbaatar
Choybalsan
Harbin
哈尔滨
Suifenhe
Ussuriysk
Wladiwostok
Nakhodka
Nungnai Sum
Baicheng
Changchun
长春
Jilin
Jilin
吉林省
Liao He
Innere Mongolei
内蒙古
Gobi
alandzadgad
Shenyang
沈阳
Fushun
Liaoning
辽宁省
Ch'ŏngjin
Kimch'aek
Sea of Japan
Jinzhou
Hebei
河北省
Hohhot
呼和浩特
Baotou
包头
Zhangjiakou
Chengde
Dandong
NORD KOREA
Pjöngyang
Datong
大同
Peking
北京
Tanggu
Tianjin
天津
Dalian
大连
Bucht von Korea
Bo Hai
Seoul
(Seoul)
Gangneung
SÜD KOREA
Taiyuan
太原
Shijiazhuang
石家庄
Yantai
Honshu
Ningxia
回族自治区
Shanxi
山西省
Gelber Fluss (Huang He)
Huang He
Da Yunhe
Jinan
济南
Qingdao
青岛
Shandong
山东省
Busan
Korea Strait
Hiroshima
Gwangju
Yan'an
Jiaozuo
Kaifeng
开封
Gelbes Meer
Kitakyushu
Fukuoka
Lianyungang
Shaanxi
陕西省
Baoji
Luoyang
洛阳
Zhengzhou
郑州
Jiangsu
江苏省
Xuzhou
Cheju-do
Nagasaki
JAPAN
Kyushu
Kagoshima
Xi'an
西安
Henan
河南省
Ying He
Anhui
安徽省
Wuxi
Nanjing
南京
Shanghai
上海
Hefei
Suzhou
Ostchinesisches Meer
Hubei
湖北省
Sanxia
(Drei Schluchten)
Yichang
Wuhan
武汉
Chang Jiang (Yangzi)
Hangzhou
杭州
Ningbo
宁波
Chongqing
重庆市
Chongqing
重庆
Dongting Hu
Poyang Hu
Zhejiang
浙江省
Jingdezhen
Nansei-shoto
Changsha
长沙
Nanchang
南昌市
Wenzhou
温州
Okinawa
Zunyi
Hunan
湖南省
Jiangxi
江西省
Guizhou
Shaoyang
Hengyang
Fuzhou
福州
Guiyang
贵阳
Fujian
福建省
Keelung
Wendekreis des Krebses
Taipeh
Guilin
桂林
Yangshuo
Shaoguan
Xiamen
厦门
Guangxi
广西壮族自治区
Guangdong
广东省
Kanton
(Guangzhou)
广州
TAIWAN
Yü Shan
3952
Liuzhou
Shantou
汕头
Tainan
Kaohsiung
PAZIFISCHER OZEAN
Xun Xi
Nanning
南宁
Macau
澳门
Hongkong
香港
Batan Inseln
Hai Phong
Zhanjiang 湛江
Ha Noi
(Hanoi)
Golf von Tongkin
Xuwen
Südchinesisches Meer
Haikou
Hainan
海南省
Hainan Dao
PHILIPPINEN
China
0
500 km
N

Der Norden

In der chinesischen Kosmologie mag der Norden zwar als unheilvoll gelten, aber hier, wo sich der Gelbe Fluss (Huanghe) sein Bett durch die nördlichen Ebenen gräbt, liegt die Wiege der chinesischen Zivilisation und Kultur.

Im Lössgebiet am Gelben Fluss rief sich Qin Shihuangdi zum ersten Kaiser aus, jener prunksüchtige Herrscher, der zur Bewachung seiner Grabanlage beim heutigen Xi'an Tausende von Tonkriegern fertigen und in Schlachtordnung aufstellen ließ. Weiter am Unterlauf des Gelben Flusses liegen Hauptstädte untergegangener Reiche, wie Luoyang und Kaifeng. Außerhalb von Luoyang schufen Mönche zwischen dem 5. und 7. Jhs. eines der bedeutendsten buddhistischen Zentren auf chinesischem Boden: die Longmen-Höhlentempel mit zahllosen Figuren, Reliefs und Wandgemälden. Der Gelbe Fluss durchstößt hier das Taihang-Gebirge, in dem einige Gipfel als heilig angesehen werden. Täglich zieht eine lange Karawane von Pilgern dort hinauf, genießt die herrlichen Ausblicke und besucht die Tempel.

War Xi'an die frühe Hauptstadt, so ist Peking die späte Hauptstadt. Die Mongolen herrschten hier über das ganze Reich, nach ihnen die chinesische Ming-Dynastie und die mandschurische Qing-Dynastie. Die letzten beiden schufen jene Bauwerke, die die meisten Besucher sehen möchten: den Kaiserpalast, den Sommerpalast, die Kaisergräber der Ming und der Qing und die Große Mauer, Symbol der Abgeschlossenheit.

Im Nordosten des Reiches, der Mandschurei, vermischen sich die Einflüsse. Hier treffen sich die Kulturen Russlands, Chinas, Koreas und die Erinnerung an die Kolonialmacht Japan.

Weiter westlich erstreckt sich endlos das Grasland der Inneren Mongolei. In dieser Region, die erst nach der Eroberung durch Dschingis Khan zu China kam, lebten die Menschen als Nomaden. Mit ihren aus Pferden, Ziegen und Schafen bestehenden Herden zogen sie im Sommer zu den Weidegründen, bis sie ihre aus Filz bestehenden Jurten für das Winterlager präparierten. Längst hat eine Landflucht eingesetzt, doch die Graslandschaft hat an Reiz nichts verloren.

Die Halbinsel Shandong schließlich, auf der neben Japan auch Deutschland eine wenig ehrenhafte koloniale Rolle spielte, gehört wieder zum chinesischen Kulturgebiet. Denn hier wurde jener Philosoph geboren, nach dessen Gesellschaftssystem China bis heute tickt: Konfuzius. ■

Links: Chinesisches Neujahr im Schnee des Nordens **Oben rechts:** Krieger der Terrakottaarmee in Xi'an **Oben links:** Einkaufsstraße in Peking **Unten rechts:** Dorf Cuandixia in der Provinz Hebei

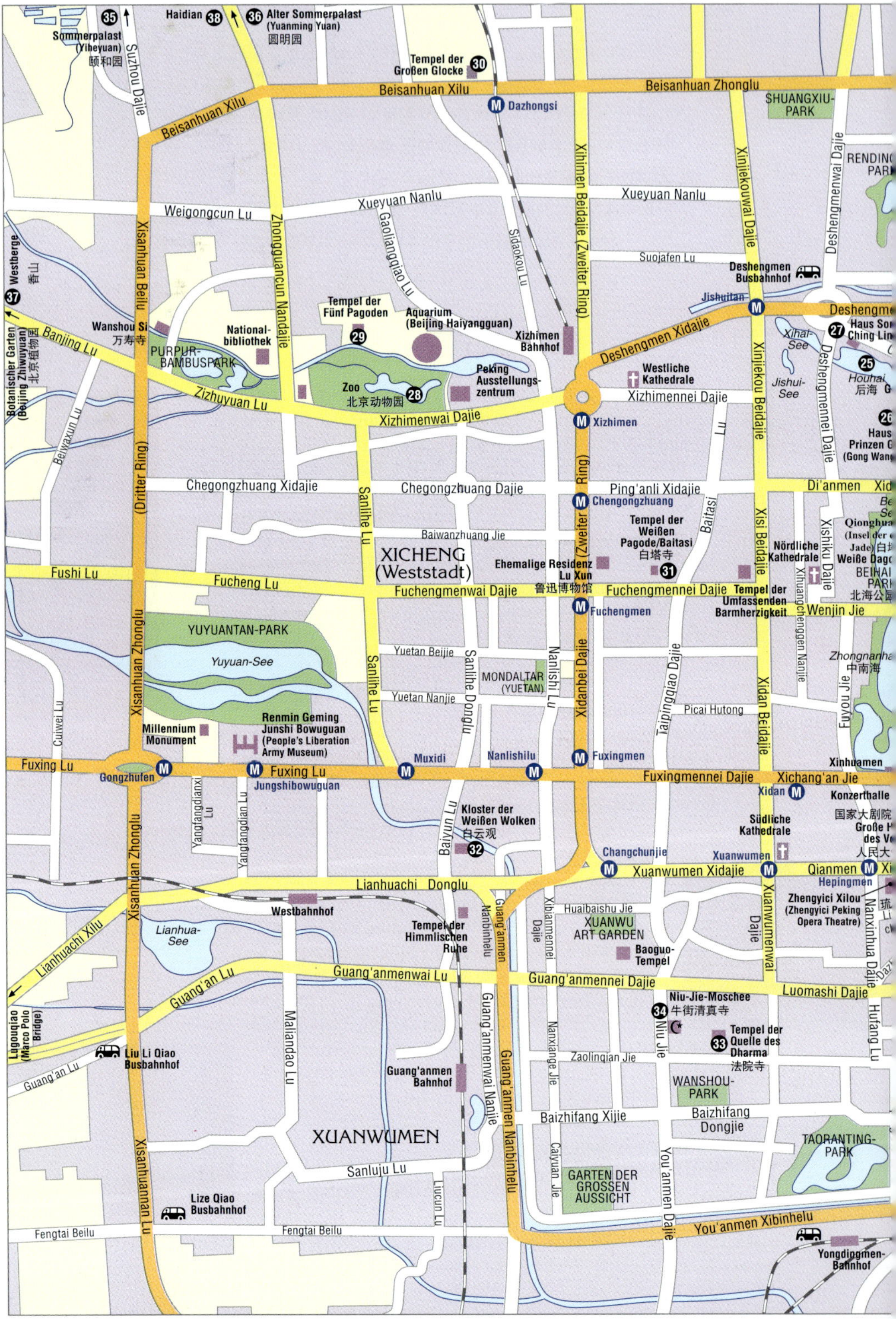

Sommerpalast (Yiheyuan) 颐和园
Haidian
Alter Sommerpalast (Yuanming Yuan) 圆明园
Tempel der Großen Glocke
Beisanhuan Xilu
Beisanhuan Zhonglu
Dazhongsi
SHUANGXIU-PARK
Xueyuan Nanlu
Weigongcun Lu
Xisanhuan Beilu
Zhongguancun Nandajie
Xizhimen Beidajie (Zweiter Ring)
Xinjiekouwai Dajie
Deshengmenwai Dajie
Suojafen Lu
Deshengmen Busbahnhof
Jishuitan
Westberge 香山
Botanischer Garten (Beijing Zhiwuyuan) 北京植物园
Wanshou Si 万寿寺
National-bibliothek
Tempel der Fünf Pagoden
Aquarium (Beijing Haiyangguan)
Xizhimen Bahnhof
Deshengmen Xidajie
Banjing Lu
PURPUR-BAMBUSPARK
Zoo 北京动物园
Peking Ausstellungs-zentrum
Westliche Kathedrale
Xihai-See
Jishui-See
Houhai 后海
Zizhuyuan Lu
Xizhimenwai Dajie
Xizhimennei Dajie
Xizhimen
Xinjiekou Beidajie
Deshengmennei Dajie
Haus Prinzen (Gong Wang)
Beiwaxun Lu
(Dritter Ring)
Chegongzhuang Xidajie
Sanlihe Lu
Chegongzhuang Dajie
Ping'anli Xidajie
Chengongzhuang
Di'anmen
Baiwanzhuang Jie
XICHENG (Weststadt)
Tempel der Weißen Pagode/Baitasi 白塔寺
Baitasi
Nördliche Kathedrale
Xishiku Dajie
Fushi Lu
Fucheng Lu
Ehemalige Residenz Lu Xun 鲁迅博物馆
Fuchengmenwai Dajie
Fuchengmennei Dajie
Tempel der Umfassenden Barmherzigkeit
Wenjin Jie
Fuchengmen
Xisi Beidajie
Xihuangchenggen Nanjie
YUYUANTAN-PARK
Yuyuan-See
Yuetan Beijie
Sanlihe Donglu
MONDALTAR (YUETAN)
Nanlishi Lu
Xidanbei Dajie
Taipingqiao Dajie
Xidan Beidajie
Zhongnanhai 中南海
Fuyou Jie
Yuetan Nanjie
Picai Hutong
Cuiwei Lu
Xisanhuan Zhonglu
Millennium Monument
Renmin Geming Junshi Bowuguan (People's Liberation Army Museum)
Fuxing Lu
Gongzhufen
Jungshibowuguan
Muxidi
Nanlishilu
Fuxingmen
Fuxingmennei Dajie
Xichang'an Jie
Xinhuamen
Xidan
Konzerthalle 国家大剧院
Yangfangdianxi Lu
Yangfangdian Lu
Baiyun Lu
Kloster der Weißen Wolken 白云观
Südliche Kathedrale
Changchunjie
Xuanwumen
Xuanwumen Xidajie
Qianmen
Hepingmen
Lianhuachi Donglu
Westbahnhof
Xisanhuan Zhonglu
Tempel der Himmlischen Ruhe
Guang'anmen
Nanbinhelu
Xibianmennei Dajie
Huaibaishu Jie
XUANWU ART GARDEN
Xuanwumenwai Dajie
Zhengyici Xilou (Zhengyici Peking Opera Theatre)
Nanxinhua Dajie
Lianhua-See
Lianhuachi Xilu
Baoguo-Tempel
Guang'anmenwai Lu
Guang'anmennei Dajie
Luomashi Dajie
Guang'an Lu
Niu-Jie-Moschee 牛街清真寺
Lugouqiao (Marco Polo Bridge)
Tempel der Quelle des Dharma 法院寺
Hufang Lu
Liu Li Qiao Busbahnhof
Malliandao Lu
Guang'anmenwai Nanjie
Guang'anmen Nanbinhelu
Nanxiange Jie
Niu Jie
Zaolinqian Jie
Guang'an Lu
Guang'anmen Bahnhof
WANSHOU-PARK
Baizhifang Xijie
Baizhifang Dongjie
XUANWUMEN
TAORANTING-PARK
Sanluju Lu
Caiyuan Jie
GARTEN DER GROSSEN AUSSICHT
You'anmen Dajie
Xisanhuannan Lu
Lize Qiao Busbahnhof
Liucun Lu
Fengtai Beilu
Fengtai Beilu
You'anmen Xibinhelu
Yongdingmen-Bahnhof

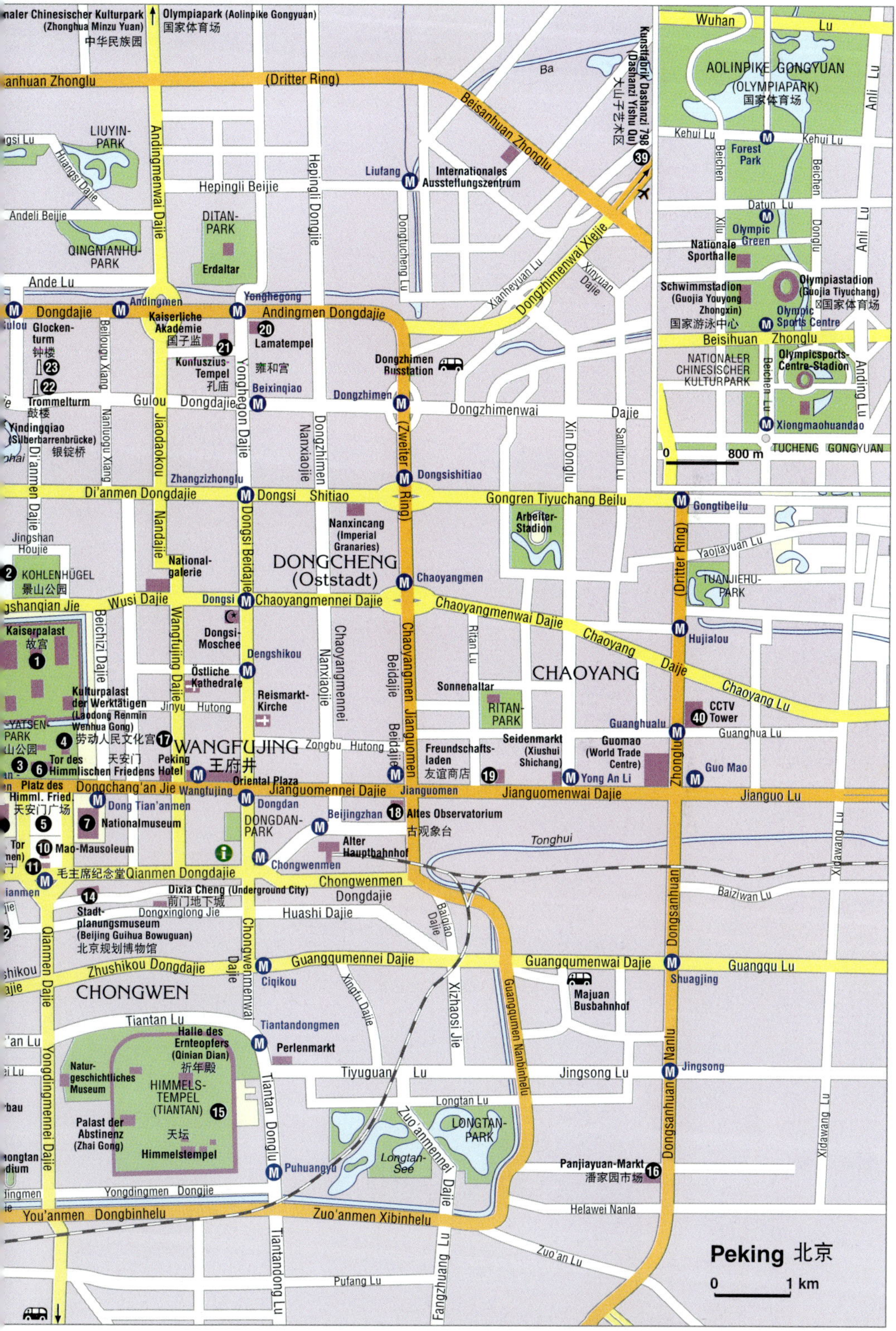
Nationaler Chinesischer Kulturpark (Zhonghua Minzu Yuan)
中华民族园
Olympiapark (Aolinpike Gongyuan)
国家体育场
Kunstfabrik Dashanzi 798 (Dashanzi Yishu Qu)
大山子艺术区
39
Wuhan Lu
AOLINPIKE GONGYUAN (OLYMPIAPARK)
国家体育场
Anli Lu
Beisanhuan Zhonglu
(Dritter Ring)
Ba
Kehui Lu
Forest Park
Beichen
LIUYIN-PARK
Huangsi Dajie
Liufang
Internationales Ausstellungszentrum
Hepingli Beijie
Hepingli Dongjie
Andingmenwai Dajie
Andeli Beijie
DITAN-PARK
Datun Lu
Olympic Green
Xiliu
Donglu
Nationale Sporthalle
QINGNIANHU-PARK
Erdaltar
Xianheyuan Lu
Dongzhimenwai Xiejie
Xinyuan Dajie
Olympiastadion (Guojia Tiyuchang)
国家体育场
Schwimmstadion (Guojia Youyong Zhongxin)
国家游泳中心
Olympic Sports Centre
Ande Lu
Yonghegong
Andingmen
Dongdajie
Andingmen Dongdajie
Beisihuan Zhonglu
Kaiserliche Akademie
国子监
20
21
Lamatempel
雍和宫
Glocken-turm
钟楼
23
22
Konfuzius-Tempel
孔庙
Dongzhimen Busstation
NATIONALER CHINESISCHER KULTURPARK
Olympicsports-Centre-Stadion
Beiluogu Xiang
Beixinqiao
Dongzhimen
Gulou Dongdajie
Dongzhimenwai Dajie
Anding Lu
Trommelturm
鼓楼
Yindingqiao (Silberbarrenbrücke)
银锭桥
Nanluogu Xiang
Jiaodaokou
Yonghegong Dajie
Nanxiaojie
Dongzhimen
(Zweiter Ring)
Xin Donglu
Sanlitun Lu
Xiongmaohuandao
TUCHENG GONGYUAN
0
800 m
Zhangzizhonglu
Dongsishitiao
Di'anmen Dajie
Di'anmen Dongdajie
Dongsi Shitiao
Gongren Tiyuchang Beilu
Gongtibeilu
Arbeiter-Stadion
Jingshan Houjie
Nanxincang (Imperial Granaries)
Nandajie
Dongsi Beidajie
National-galerie
DONGCHENG (Oststadt)
Chaoyangmen
Yaojiayuan Lu
(Dritter Ring)
KOHLENHÜGEL
景山公园
TUANJIEHU-PARK
Wusi Dajie
Dongsi
Chaoyangmennei Dajie
Chaoyangmenwai Dajie
Kaiserpalast
故宫
1
Beichizi Dajie
Wangfujing Dajie
Dongsi-Moschee
Dengshikou
Chaoyangmennei Nanxiaojie
Ritan Lu
Chaoyang
Hujialou
Östliche Kathedrale
Reismarkt-Kirche
Beidajie
Chaoyangmen Nandajie
CHAOYANG
Chaoyang Lu
Sonnenaltar
Kulturpalast der Werktätigen (Laodong Renmin Wenhua Gong)
劳动人民文化宫
17
Jinyu Hutong
RITAN-PARK
CCTV Tower
40
Guanghualu
Guanghua Lu
YATSEN-PARK
山公园
4
WANGFUJING
王府井
Zongbu Hutong
Freundschaftsladen
友谊商店
19
Seidenmarkt (Xiushui Shichang)
Guomao (World Trade Centre)
Zhonglu
3
6
Tor des Himmlischen Friedens
天安门
Peking Hotel
Oriental Plaza
Yong An Li
Guo Mao
Platz des Himml. Fried.
天安门广场
Dongchang'an Jie
Wangfujing
Jianguomennei Dajie
Jianguomen
Jianguomenwai Dajie
Jianguo Lu
Dong Tian'anmen
Dongdan
5
7
Nationalmuseum
DONGDAN-PARK
Beijingzhan
18
Altes Observatorium
古观象台
Xidawang Lu
Tonghui
Mao-Mausoleum
10
11
毛主席纪念堂
Chongwenmen
Alter Hauptbahnhof
Qianmen Dongdajie
Chongwenmen Dongdajie
Dixia Cheng (Underground City)
前门地下城
14
Baiziwan Lu
Dongxinglong Jie
Huashi Dajie
Beijiao Dajie
Dongsanhuan
Stadtplanungsmuseum (Beijing Guihua Bowuguan)
北京规划博物馆
Guangqumennei Dajie
Guangqumenwai Dajie
Guangqu Lu
Zhushikou Dongdajie
Chongwenmenwai Dajie
Ciqikou
Xingfu Dajie
Xizhaosi Jie
Shuangjing
Majuan Busbahnhof
CHONGWEN
Qianmen Dajie
Guangqumen Nanbinhelu
Tiantan Lu
Tiantandongmen
Halle des Ernteopfers (Qinian Dian)
祈年殿
Perlenmarkt
Natur-geschichtliches Museum
HIMMELS-TEMPEL (TIANTAN)
15
Tiyuguan Lu
Jingsong Lu
Jingsong
Longtan Lu
Palast der Abstinenz (Zhai Gong)
天坛
Himmelstempel
Yongdingmennei Dajie
Tiantan Donglu
Zuo'anmennei Dajie
LONGTAN-PARK
Longtan-See
Dongsanhuan Nanlu
Panjiayuan-Markt
潘家园市场
16
Puhuangyu
Yongdingmen Dongjie
Helawei Nanla
You'anmen Dongbinhelu
Zuo'anmen Xibinhelu
Tiantandong Lu
Fangzhuang Lu
Zuo'an Lu
Pufang Lu
Peking 北京
0
1 km

Die Hauptstadt Peking

Die nördliche Hauptstadt ist nicht nur Regierungssitz, sondern versucht auch, eine aufstrebende moderne Metropole mit einer Vielzahl an spektakulären Sehenswürdigkeiten zu sein.

In den letzten 800 Jahren war Peking die meiste Zeit Hauptstadt von drei großen Dynastien. Im 13. Jahrhundert war die Stadt als Khanbaliq bekannt, die Stadt des Mongolenkhans Kublai, der seinen Winterpalast fast genau dort angelegt hatte, wo man heute noch den Kaiserpalast sieht. Die chinesische Ming-Dynastie zerstörte den Mongolenpalast vollständig und errichtete eine neue Anlage, die von den nachfolgenden mandschurischen Qing nur noch unwesentlich umgebaut wurde. 1911 brach die Monarchie zusammen, 1924 musste die Kaiserfamilie den Palast verlassen, seitdem ist er ein Museum.

Die ursprüngliche Anlage der Stadt entspricht dem Schriftzeichen *zhong* (»Mitte«): ein Rechteck (repräsentiert durch die alte Stadtmauer) mit einem kräftigen Strich von oben nach unten hindurch (der Hauptachse, die vom Trommelturm und Glockenturm im Norden bis zum Himmelstempel im Süden reicht).

Stadt im Wandel

Das moderne Peking unterscheidet sich von seinen asiatischen Nachbarn und Konkurrenten kaum noch. Breite, für Autos reservierte Straßen schlagen unüberwindbare Schneisen durch die Stadt, drängen Fußgänger und die früher unüberschaubaren Massen von Radfahrern an den Rand. Tägliche stundenlange Staus und verpestete Luft sind die Folge. Verspiegelte Hochhäuser weisen den Blick des Betrachters zurück und präsentieren trotzig ihre kitschigen Türmchen als »chinesische Eigenart«. Innerhalb von zwanzig Jahren hat sich das Antlitz Pekings in sein Gegenteil verkehrt.

Dem alten Peking wurde der Status eines Museums zugeteilt. Mit Kaiserpalast, Himmelstempel, Lamatempel, Sommerpalast, Ming-Gräbern und Großer Mauer versammelt die chinesische Hauptstadt auf engstem Raum einige der bedeutendsten Kulturzeugnisse der Welt.

NICHT VERPASSEN!

- Kaiserpalast
- Tian'anmen-Platz
- Himmelstempel
- Lamatempel
- Hutongs
- Hintere Seen (Houhai)
- Sommerpalast

Links: Die Halle des Ernteopfers im Himmelstempel **Unten:** Eröffnungsfeier der Olympischen Spiele 2008

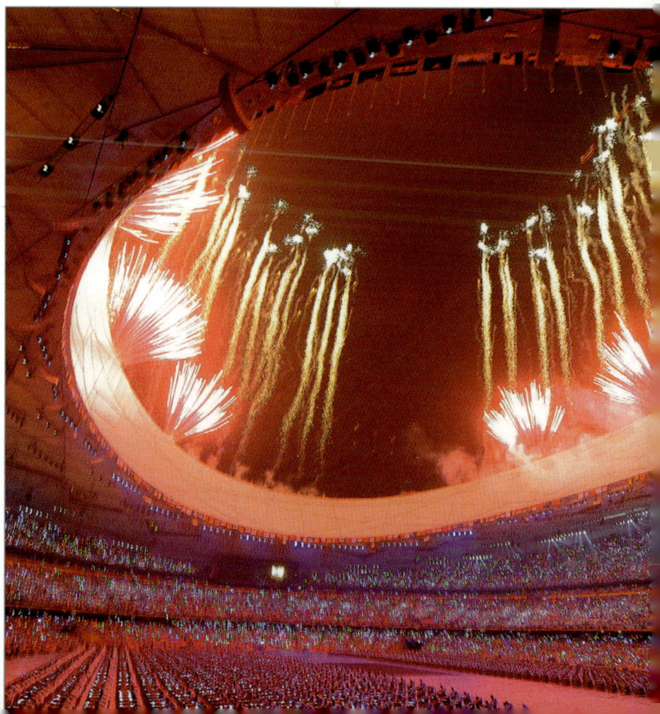

»

Peking, eine von sechs historischen Hauptstädten, erstreckt sich heute mit seinen Vororten auf 16 800 km² und ist in 13 Viertel und acht Bezirke eingeteilt. Jeden Tag werden in der Stadt im Durchschnitt 265 Babys geboren und 219 Menschen sterben. 9,2 Mio. gehören der arbeitenden Bevölkerung an, und rund 3,5 Mio. Autos drängen sich auf den Straßen.

Der Kaiserpalast

Zentrum des chinesischen Denkens ist der **Kaiserpalast** ❶ (Gugong; tgl. Sommer 8.30–16.30, Winter 8.30–15.30 Uhr; da nach den Vorschriften der Unesco nur eine begrenzte Anzahl an Besuchern eingelassen werden darf, sollte man frühzeitig anstehen). Zum Gesamtkomplex gehören als südlicher Abschluss das Tian'anmen sowie die zwischen diesem und dem Mittagstor gelegenen Tore.

Der Palast entstand, nachdem der Yongle-Kaiser, der dritte der Ming-Dynastie, sich an die Macht geputscht hatte und die Hauptstadt von Nanjing wieder zurück nach Peking verlegte. Mehr als zehn Jahre vergingen für die Planung und die Beschaffung der Baumaterialien, dann folgte eine zehnjährige Bauphase. Um 1420 wurden die meisten Hallen fertiggestellt.

Der Palast war Wohn- und Arbeitsstätte des Kaisers und seines gigantischen Hofstaates aus Ehefrauen, Konkubinen und Kindern, Beamten, Eunuchen und Soldaten, Köchen, Handwerkern und vielen anderen. Der häufig verwendete Begriff »Verbotene Stadt« traf also nur auf die normalen Untertanen zu, die nicht einfach beim despotisch regierenden Kaiser vorsprechen konnten, sondern nur durch ein kompliziertes System von Eingaben über das ausufernde Beamtenwesen.

Den engeren Palastbereich betritt man heute durch das **Mittagstor** (Wumen) Ⓐ, den südlichen und damit wichtigsten Zugang. Die U-förmige Anlage von massiven Ausmaßen schafft eine Art Innenhof, in dem zur Kaiserzeit Paraden und andere Zeremonien, etwa die Verkündung des Kalenders und der erfolgreichen Kandidaten des Beamtenexamens, abgehalten wurden. Wie praktisch bei allen kaiserlichen Gebäuden war das mittlere Holztor dem Kaiser vorbehalten, die Beamten gingen durch das rechte, die Familie des Kaisers durch das linke.

Das große Tor ist Teil der Umfassungsmauer des Palastes, der 753 m in der Breite und 961 m in der Länge misst. Die zinnenbewehrte Mauer wird an jeder Ecke von einem Wachturm überragt und besitzt vier Tore, eins auf jeder Seite. Außen herum verläuft noch ein 52 m breiter Wassergraben, der

HAUPTSTADT DES REICHS DER MITTE

Das Schriftzeichen »zhong« für »Mitte« repräsentiert eine zentrale Idee im chinesischen Denken. Die Mitte gilt als die fünfte und wichtigste Himmelsrichtung, immer wieder konzentriert sich von außen alles auf das Innen, auf die Mitte. So lautet der chinesische Name für China auch »zhong guo«, Mitte-Land. Das Zeichen »zhong« besteht aus einem Rechteck mit einem kräftigen Strich von oben nach unten genau durch dieses Rechteck. Und diese einfache Struktur bildet der ursprüngliche Grundriss der Hauptstadt nach: Der Palast im Zentrum, von einer rechteckigen Mauer umgeben und damit die Erde symbolisierend – den Himmel stellte man sich als halbkugelförmiges Gewölbe über der Erde vor –, und mitten hindurch eine Achse, die genau in Nord-Süd-Richtung verläuft, vom Trommel- und Glockenturm im Norden durch den Palast, in dem alle wichtigen Gebäude auf dieser Achse liegen, über den Platz des Himmlischen Friedens und dann eine breite Prachtstraße hinunter nach Süden, dort flankiert von zwei Altären für den Erntegott und für den Himmel. In den Haupthallen im Palast waren die höchsten Gebäude der Stadt untergebracht, niemand durfte näher zum Himmel streben als der Kaiser. Symmetrisch umgaben Altäre den Palast in jeder Himmelsrichtung, für den Himmel im Süden (Tiantan), die Erde im Norden (Ditan), die Sonne im Osten (Ritan) und den Mond im Westen (Yuetan).

Unten rechts: Stadtplan von Peking aus der Zeit der Qing-Dynastie

über Kanäle aus dem Kunming-See im Sommerpalast gespeist wird.

Auf den von fünf marmornen Brücken überspannten **Goldwasserfluss** **B** stößt man hinter dem Mittagstor. Der Bach durchzieht einen riesigen Platz, an dessen Ende das **Tor der Höchsten Harmonie** (Taihemen) **C** den nächsten großen Platz begrenzt. Diese beiden gigantischen Innenhöfe dienten nicht nur als Aufstellplatz für Tausende von Eunuchen und Beamten bei offiziellen Zeremonien, sondern sollten dem einzelnen Menschen zudem verdeutlichen, wie klein er im Vergleich zur unendlichen Macht des Kaisers war. Denn in diesem südlichen Teil des Palastes fanden die offiziellen Amtsgeschäfte statt, während im nördlichen Teil die Wohnquartiere lagen.

Der Kaiser saß dann in der **Halle der Höchsten Harmonie** (Taihedian) **D** auf einem einfachen Thronsessel. Doch welche Inszenierung rundum: Der Sessel war die einzige Sitzgelegenheit in der riesigen Halle, alle anderen mussten stehen, das Orchester draußen unter der Traufe spielen. Und die mächtige Halle steht mit den beiden dahinter liegenden auf einem 8 m hohen Podest aus Bruchstein, das doppelte Dach ist weit heruntergezogen und wird von Säulen gestützt. Neben den Aufgängen stieg feiner Rauch aus den mit Sandelholz bestückten Räuchergefäßen auf und hüllte die Halle in einen sanften Schleier. Der Sohn des Himmels war von den Augen der Normalsterblichen unten auf dem Platz nicht zu erblicken.

Hinter dieser großen Zeremonienhalle folgt die quadratische **Halle der Vollkommenen Harmonie** (Zhonghedian) **E**, in der der Kaiser seine Gewänder wechselte oder in die er sich während der Zeremonien zurückziehen konnte. In der hinteren der drei Haupthallen, der **Halle der Erhaltung der Harmonie** (Baohedian) **F**, wurden die höchsten Beamtenexamen und große Bankette abgehalten. Hinter ihr führt eine Treppe von der Plattform hinunter, auf der sich die längste Bodenreliefplatte des Palastes befindet. Sie ist 16,57 m lang, 3 m breit, 1,66 m dick und wiegt etwa 250 Tonnen. Niemand durf-

Die Neun-Drachen-Mauer besteht aus 1773 glasierten Ziegeln. Die Chinesen betrachten Drachen als wohlwollende Wesen, die die Menschen vor bösen Geistern beschützen. Drachen sind eng mit dem Osten, in dem die Leben spendende Sonne aufgeht, verbunden und repräsentieren die Kaiser.

Unten: Hof im Kaiserpalast

Die verzierten *hua-biao*-Säulen vor dem Tor des Himmlischen Friedens symbolisieren den Dialog zwischen den Kaisern und ihren Untertanen.

Unten: Tür im Kaiserpalast

te sie betreten, nur der Kaiser wurde in seiner Sänfte über sie weggetragen. Den gesamten Weg über die zentrale Achse durch den Palast schmücken besonders große oder ähnlich geschmückte Platten.

Durch das **Tor der Himmlischen Reinheit** Ⓖ gelangt man in den Wohnbereich der Ming-Kaiser, den die Qing hingegen für halboffizielle Tätigkeiten nutzten, während sie in den seitlichen Palästen wohnten. So entstand hier ein weiteres, kleineres Dreierensemble aus dem vorderen **Palast der Himmlischen Reinheit** (Qianqinggong) Ⓗ, dem hinteren **Palast der Irdischen Ruhe** (Kunninggong) Ⓘ, in denen heute interessante Einrichtungen aus der Qing-Zeit zu sehen sind, und der quadratischen **Halle der Berührung von Himmel und Erde** (Jiaotaidian) Ⓙ, in der die kaiserlichen Siegel aufbewahrt wurden. Durch das Tor der Irdischen Ruhe gelangt man in den **Kaiserlichen Garten** Ⓚ mit fein ziselierten Wegen, gestutzten Bäumen und Sträuchern sowie Pavillons. Am auffälligsten ist der auf einem Steinhaufen stehende Pavillon der Kaiserlichen Aussicht, der den Palastbewohnern einen Blick über die Mauer gönnte.

Damit ist die Hauptachse des Palasts geschafft, doch ohne sich die seitlichen Wohnpaläste angesehen zu haben, würde man einen falschen Eindruck von der Stadt der Kaiser erhalten. Den **Palast der Gesammelten Eleganz** (Chuxiugong) Ⓛ ließ zuletzt Cixi (1835–1908), die mächtige Kaiserwitwe, umbauen und mit Symbolen des langen Lebens und des Glücks schmücken. In Galerien werden Steintafeln mit kalligrafierten Gedichten sowie Geschenke der Minister zu ihrem 50. Geburtstag präsentiert. Im **Palast des Immerwährenden Frühlings** (Changchungong) Ⓜ lebte Cixi gegen Ende ihres Lebens und ließ die Gänge mit Szenen aus dem Roman »Der Traum der Roten Kammer« ausmalen.

Die meisten Ming- und Qing-Kaiser wohnten hingegen in der **Halle der Pflege des Herzens** (Yangxindian) Ⓝ, einem recht bescheidenen Hof, in dem aber bedeutende Dekorationen – Wachlöwen, eine Jadescheibe, bronzene Kraniche – zu sehen sind. Auf einem Wandgemälde zeigt Giuseppe Cas-

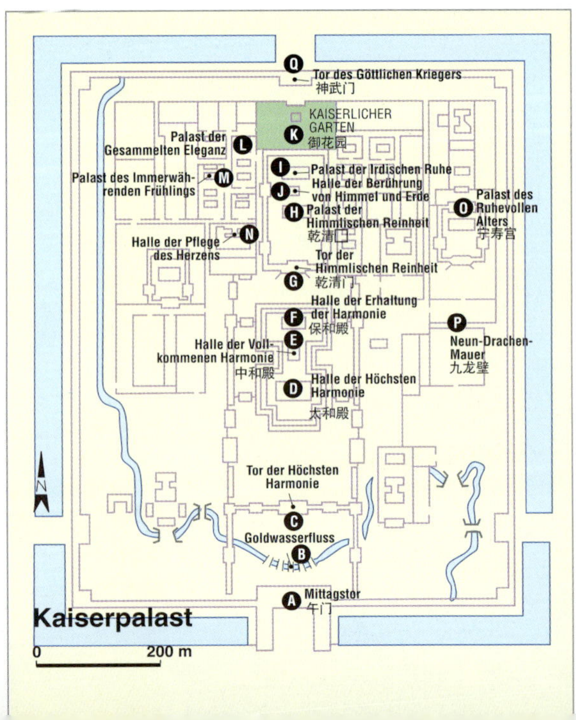

tiglione (1688–1766), welche Wirkung die in China unbekannte Zentralperspektive entfalten kann.

Auch östlich der zentralen Achse liegen Wohnhöfe für Mitglieder der Kaiserfamilie, in denen heute kleinere Ausstellungen gezeigt werden. Ganz im Nordosten ließ jedoch der Qianlong-Kaiser, der 60 Jahre regierte und sich als einziger vor seinem Tod vom Amt zurückzog, den **Palast des Ruhevollen Alters** (Ningshougong) O einrichten. Nach Süden begrenzt ihn die berühmte **Neun-Drachen-Mauer** (Jiulongbi) P, auf deren Keramikoberfläche sich neun kaiserliche Drachen in den fünf Grundfarben winden. Die einzelnen Palastgebäude bringen jetzt kaum noch neue Erkenntnisse, doch ihre Inhalte lassen den Atem stocken. Denn hier werden in wechselnden Ausstellungen Gegenstände aus dem Palast gezeigt: Gewänder und Möbel, religiöse und profane Gefäße, Waffen und Ausrüstungen, dekorative Geschenke und praktische Einrichtungen, Gemälde und Kalligrafien. Natürlich ist immer nur ein kleiner Ausschnitt der kaiserlichen Besitztümer zu sehen, und was sich noch alles in den Depots verbirgt, weiß niemand so genau. Bei Beginn des Chinesisch-Japanischen Krieges im Jahre 1937 hatten die Truppen der Guomindang große Teile der Palastschätze bereits in Kisten verpackt und nach Nanjing geschafft, wohin sie sich vor den Japanern zurückzogen. Ein Teil der Kisten soll noch dort lagern, während die meisten später nach Taiwan mitgenommen wurden, wo die wertvollsten Gegenstände in einem riesigen Museum ausgestellt werden.

Wenn man den Palast durch das nördliche **Tor des Göttlichen Kriegers** (Shenwumen) Q verlässt, sieht man sich dem **Kohlenhügel** 2 (Jingshan, tgl. 6.30–20 Uhr) gegenüber, der aus dem Aushub des Palastgrabens entstand und an dem das kaiserliche Heizmaterial gelagert wurde. Doch der Hügel verbesserte auch die geomantische Lage des Palasts, denn er schützte ihn sowohl vor den üblen Einflüssen des Nordens als auch vor den eisigen Winterwinden und Staubstürmen des Frühlings. Auf jedem der fünf Gipfel steht ein Pavillon, in dem sich früher Buddhastatuen befanden. Vom mittle-

TIPP

Der Kaiserpalast ist täglich ab 8.30 Uhr geöffnet, im Sommer bis 16.30 Uhr, im Winter bis 15.30 Uhr. An der Kasse ist ein Tonbandführer erhältlich. Wer die Besichtigung voraussichtlich nicht ohne Verpflegung zwischendurch aushält, sollte sich vorsichtshalber vorab eindecken.

MAO-PORTRÄT

Das gigantische Mao-Porträt auf dem Tor des Himmlischen Friedens misst 6 m mal 4,5 m und wiegt 1,5 Tonnen. Es wurde erstmals 1949 aufgehängt, vorher hatte ein Bild des Republikgründers Sun Yatsen den Platz geziert. Nach Maos Tod 1976 war es für kurze Zeit in Schwarz-Weiß gehalten.

Es gibt mehrere Exemplare des Gemäldes, das wegen der hohen Luftverschmutzung häufig ausgetauscht werden muss. Es wird mit Plastik und Glasfaser haltbarer gemacht. Ge Xiaoguang zeichnet nach drei Vorgängern momentan dafür verantwortlich, das Bild in Schuss zu halten. Er hat bereits viele Porträts Maos gemalt. Für jedes benötigt er etwa zwei Wochen. Erst einmal, 1989, wurde das Gemälde durch ein paar geworfene Farbbeutel »verschönert«. Ansonsten sieht der Große Vorsitzende immer gleich aus.

Unten: Mao-Bild am Tor des Himmlischen Friedens

Pekings Tian'anmen, das Tor, von dem aus Mao Zedong die Gründung der Volksrepublik China ausrief, ist das wohl berühmteste Wahrzeichen des Landes. Die 38 km lange und breite Chang'an Jie (Straße des langen Friedens) trennt es vom Platz des Himmlischen Friedens und gilt als Chinas bekannteste Straße.

ren Pavillon hat man einen herrlichen Blick über die Dächer des Palasts und weite Teile der Stadt.

Südlich des Palasts

Zwischen dem Wumen und dem Tian'anmen bieten zwei nur selten besuchte ehemalige Tempelanlagen etwas Ruhe. Im Westen befindet sich der **Sun-Yatsen-Park** ❸ (Zhongshan Gongyuan, tgl., Sommer 6–21, Winter 6.30–20 Uhr), einst der Tempel des Erdgotts, der in der Republikzeit zu Ehren des Republikgründers umbenannt wurde. Nahe dem Eingang steht ein Ehrenbogen für Graf Kettler, dessen Ermordung durch chinesische Soldaten 1900 die Belagerung des Gesandtschaftsviertels durch die Boxer auslöste. Im Osten befindet sich der **Kulturpalast der Werktätigen** ❹ (Laodong Renmin Wenhuagong, tgl., Sommer 6–20, Winter 6.30–17 Uhr), ehemals der Ahnentempel der kaiserlichen Familie aus der Ming-Dynastie.

Der Ort der Vorfälle

Er gilt als der größte Platz der Welt, der **Platz des Himmlischen Friedens** ❺ (Tian'anmen-Platz) auf dem die Partei bis zu eine Million Menschen aufmarschieren ließ, wenn sie dort ihre Paraden abhielt. Doch hier versammelten sich auch ohne Befehl Menschen, um ihren Forderungen Ausdruck zu verleihen: 1919, als Studenten gegen den Versailler Vertrag demonstrierten und Demokratie, Wissenschaftlichkeit und Verwestlichung forderten, 1976, als man des toten Zhou Enlai gedachte und damit gegen Mao demonstrierte, und nicht zuletzt 1989, als Tausende Pekinger den Platz über Wochen besetzt hielten, um ihrer Forderung nach Pressefreiheit und Demokratie, gegen Korruption und Zensur Nachdruck zu verleihen. Die Parteiführung beendete die Manifestation in der Nacht vom 3. auf den 4. Juni 1989 mit einem Massaker durch die Armee.

Schon zur Kaiserzeit umgaben die wichtigsten Ministerien den damals noch viel kleineren, T-förmigen Platz. Vom **Tor des Himmlischen Friedens** ❻ (Tian'anmen) an der Nordseite des

Karte auf Seite 132

Platzes und gleichzeitig Südbegrenzung des Kaiserpalastes wurden die kaiserlichen Edikte herabgelassen und damit dem Volk verkündet. 1949 rief Mao Zedong von hier die Volksrepublik aus. Das auf einem hohen Sockel stehende Tor mit fünf Durchgängen hat einen so starken Symbolwert auch für das heutige China, dass es sich im Staatswappen wiederfindet.

Die Längsseiten des 1999 renovierten Platzes flankieren im Osten das neue **Nationalmuseum ❼**, das im Jahr 2011 eröffnet werden soll, und im Westen die **Große Halle des Volkes ❽**, in der das Volk allerdings wenig zu sagen hat, denn hier tagen die Partei und das von ihr bestimmte Scheinparlament. Weiter westlich, hinter der Halle und in starkem Kontrast zu ihrer Stalinarchitektur, ruht in einem flachen künstlichen See die neue **Konzerthalle ❾** des französischen Architekten Paul Andreu. Mit einer kühlen Außenhaut aus Glas und Titan spiegelt sich die strenge halbrunde Form elegant im Wasser. Durch einen Tunnel unter dem Teich hindurch gelangt man zu den Konzert- und Opernhallen, die sich technisch und akustisch auf allerhöchstem Niveau befinden.

Mitten auf dem Tian'anmen-Platz ragt das 1958 fertiggestellte **Denkmal für die Helden des Volkes** auf, beschriftet mit Kalligrafien Maos und Zhou Enlais. Die zehn Reliefs am Fuße des Monuments stellen wichtige Ereignisse aus den letzten 150 Jahren dar. In ähnlich revolutionärem Duktus sind auch die Dekorationen rund um das **Mao-Mausoleum ❿** gehalten, das den Süden des Platzes einnimmt. Es entstand nach dem Tod des Vorsitzenden am 9. September 1976 und beherbergt in einem Glassarg den Leichnam Maos, der aber inzwischen doch etwas wächsern wirkt. (Öffnungszeiten je nach Erhaltungszustand des einbalsamierten Leichnams, meist tgl. 8.30–11.30 und Di, Do zusätzlich 14–16 Uhr, Zugang nur ohne Taschen und Kameras, stehen bleiben verboten)

Am Südende des Platzes, wo jetzt Autos die Qianmen Dajie entlangdonnern, befand sich einst die Mauer zwischen Tatarenstadt und Chinesenstadt.

Das moderne und etwas ungewöhnliche Gebäude der neuen Konzerthalle mag zwar umstritten sein, aber als Aufführungsort von Konzerten und Opern ist es ein Gewinn für die städtische Kulturszene und wird von den Pekingern positiv aufgenommen.

Unten: Die Große Halle des Volkes am weitläufigen Tian'anmen-Platz

PEKINGS GRAUE GASSEN – DIE HUTONGS

Das chinesische Wort für Stadt, »cheng«, ist identisch mit dem für Mauer. Das liegt wohl vor allem daran, dass nur eine Stadt das Recht besaß, sich mit einer Mauer zu schützen. Im tangzeitlichen Xi'an, der damaligen Hauptstadt, war auch jedes von Straßen abgegrenzte Karree von einer Mauer umgeben und darin wieder jedes Hofhaus. Die meist einstöckigen Häuser haben keine Fenster nach außen, nur nach innen zum Hof, der von der Straße lediglich durch einen schmalen Gang zu erreichen ist: Konzentration nach innen, Abwehr des Fremden.

Der Name Hutong stammt wohl aus dem Mongolischen. Er setzt sich aus »hot« für Brunnen und »hudu« für Stadt zusammen. Und diese alten Pekinger Gassen sind grau, weil die Mauern aus einfachen Backsteinen errichtet wurden.

Viel farbiger als die Gassen selbst sind ihre Namen. Die meisten beziehen sich auf das Gewerbe, das einst dort ausgeübt wurde, etwa bei der Hutgasse, der Tuchgasse, der Laternengasse, aber auch der Bogensehnenmachergasse. Bei der Hundeschwanzgasse hatte man wohl die Form vor Augen. Andere Gassen sind nach Familien benannt, die, vom Dorf kommend, sich dort angesiedelt haben, weil ein Mitglied in den Palastdienst eintrat oder ihr Handwerk in der Hauptstadt gebraucht wurde. Einige Gassen haben auch einen militärischen

Hintergrund, etwa das »Mongolenlager« oder das »Lager beim Weihrauchofen«, in dessen Nähe es die Pfeilfabrikgasse und die Bogenschaftgasse gibt.

Noch in den 1930er-Jahren, als Shanghai längst eine mondäne Großstadt war, bestand ganz Peking aus einem Meer von Gassen, sodass die Shanghaier Peking als Ansammlung von Dörfern verlachten. Als nach 1949 immer mehr Menschen in die Hauptstadt zogen, es aber kein Geld für einen geplanten Wohnungsbau gab, wurde es eng in den Höfen. Die Familien wurden in einem Haus zusammengepfercht, und wildfremde Leute zogen auf Anordnung der Stadtverwaltung in die Seitentrakte. Überall baute man an und um, um auch noch den kleinsten Raum zu nutzen. Die hygienischen Bedingungen wurden unzumutbar.

Die meisten Hutongs wurden inzwischen durch gesichtslose Hochhaussiedlungen ersetzt. Allerdings lässt die Stadtverwaltung in jüngster Zeit einige Gebiete renovieren. Und bei reichen Geschäftsleuten ist es schick, in einem Hofhaus an den Hinteren Seen zu wohnen.

Die letzten Hutongs

Die ganze Gegend zwischen den **Hinteren Seen** (Houhai) und dem **Trommelturm** sowie dem **Glockenturm** ist noch weitgehend erhalten. Man kann in Fahrradrikschas die Gegend erkunden, und einzelne Familien bieten sogar (gegen Eintrittsgeld) eine kurze Führung durch ihren Hof an. Ein weiteres sehenswertes Gebiet liegt an der **Xisi Nandajie,** nördlich des Einkaufsbezirks Xidan. **Zhuanta Hutong,** der von der Xisi Nandajie wegführt, gehört zu den ältesten Stadtbezirken. Auch in der Umgebung der **Weißen Pagode** (Baitasi) führt der schattige **Qingfeng Hutong** in ein verschlungenes Gassenviertel. ■

Links: In einem traditionellen Hutong **Oben:** Der Blick von oben veranschaulicht die dichte Bebauung der alten Viertel

Beide trennte und verband das **Vordere Tor** ⓫ (Qianmen), das als Hauptzugang im Süden aus zwei Torbauten bestand, die mit Quermauern verbunden waren, sodass sich ein Innenhof ergab, in dem potentielle Feinde sich umringt sahen. Das größere Nordtor diente hauptsächlich der Zierde und besteht deshalb aus Holz mit vielen Schmuckelementen, während das Südtor ganz aus Stein errichtet ist und Schießscharten aufweist. Im Nordtor werden heute Ausstellungen gezeigt.

Südlich des Tian'anmen-Platzes

Der Platz südlich des Qianmen wurde 2008 neu gestaltet, »noch originaler als jemals in der Geschichte«, wie ein Korrespondent anmerkte. Die einst von kleinen Läden beherrschte Gegend, die in die traditionelle Einkaufsstraße **Dazhalan** ⓬ übergeht, ist jetzt ein gesichtsloser Bezirk mit völlig neu gebauten Häusern »im alten Stil«, dominiert von einem massigen Ehrenbogen.

Die erste dieser historisierenden Straßen, die es inzwischen in praktisch jeder chinesischen Stadt gibt, war die durch einige verbliebene Hutongs erreichbare **Liulichang** ⓭, die auch als »Kulturstraße« bezeichnet wird, weil hier Malereibedarf, Antiquitäten (meist gefälscht), Musikinstrumente und das, was früher als »Palastbedarf« bezeichnet wurde, verkauft werden.

An der Südostecke des Tian'anmen-Platzes muss man zweimal hinschauen, um den alten Pekinger Bahnhof zu entdecken, der heute als Kaufhaus genutzt wird. Daneben steht ein modernes Glasgebäude, in dem sich das interessante **Stadtplanungsmuseum** ⓮ (Di bis So 9–17 Uhr) befindet. Die meisten Ausstellungen sind wenig spektakulär, doch im 3. Stock befindet sich ein riesiges Modell Pekings, auf dem man sowohl die ursprüngliche Anlage der Stadt als auch die Neubauten der jüngsten Zeit gut erkennen kann.

Himmelstempel

Auch der **Himmelstempel** ⓯ (Tiantan, tgl., Gebäude 8–17.30, Park 6–20 Uhr) entstand Anfang des 15. Jhs. mit dem Kaiserpalast. Hier opferte der Kaiser nach den alten Riten der Zhou-Dynastie, »damit Winde und Regen geordnet

An den Straßenecken in Peking gibt es überall Imbissverkäufer, die leckere Kleinigkeiten anbieten, z.B. mit Frühlingszwiebeln und Fleisch gefüllte Pfannkuchen, *xianbing* genannt.

Unten: Ein Musiker spielt im Park des Himmelstempels auf

PEKINGER STADTVERKEHR

Die öffentlichen Busse (www.bjbus.com, engl.) sind ohne Sprachkenntnisse schwer zu benutzen und oft stark überfüllt. Es gibt zahlreiche Taxis mit einer Grundgebühr von 10 Yuan für die ersten 2,5 Kilometer, danach 2 Yuan pro Kilometer. Einige Sehenswürdigkeiten lassen sich gut zu Fuß erkunden, doch sind die Entfernungen in Peking ziemlich groß.

Das U-Bahn-System ist in letzter Zeit wesentlich besser geworden und wird bis 2015 noch weiter ausgebaut werden. Die U-Bahn ist auf jeden Fall das geeignetere Verkehrsmittel, um große Entfernungen zu überwinden, als ständig im Stau stehende Taxis. Die Fahrkarten kosten nur 2 Yuan und werden vor Reiseantritt am Automaten gekauft. Es empfiehlt sich, Kleingeld dabeizuhaben. Die Stationen sind auch in Pinyin angegeben. (Verkehrsplan der U-Bahn s. S. 465).

Die Wangfujing im nächtlichen Glanz. Die Straße ist zum Teil Fußgängerzone und die modernste Einkaufsstraße der Stadt.

Unten: Garküchen auf dem Dong'anmen-Nachtmarkt nahe der Wangfujing

werden und Hitze und Kälte zur richtigen Zeit auftreten«. Die enge Verbindung der »Ordnung in der Natur« und der Gesellschaft, am besten durch reichhaltige Ernten sichergestellt, bildete die grundlegende Legitimation kaiserlicher Herrschaft. Zeigte sich die Natur durch Unwetter in Unordnung, so sah man dies als Zeichen an, dass der Himmel – im chinesischen Denken weder ein Ort noch eine Person, eher ein Zustand – mit der Herrschaft des Kaisers nicht einverstanden war und ihm sein Mandat entzogen hatte, was für die Untertanen die Berechtigung zur Rebellion bedeutete. Kein Wunder also, dass die Kaiser bis ins 20. Jh. die Opfer auf diesem Altar besonders ernst nahmen.

Vor einem solchen Opfertag zog der Kaiser mit großem Gefolge zum **Palast der Abstinenz** im Westen der Anlage, um zu fasten. Am Tag der Rituale schritt er dann auf dem erhöhten Ehrenweg nach Norden und betrat barfüßig das Tor des Ernteopfers. Es begrenzt einen fast quadratischen Hof, der die Erde symbolisiert, an dessen Ende die runde und damit den Himmel symbolisierende **Halle des Ernteopfers** (oft als »Himmelstempel« bezeichnet) aufragt. Sie misst 38 m in der Höhe und 30 m im Durchmesser und hat ein dreistufiges, mit 50 000 blauen Glasurziegeln gedecktes Dach, eines der schönsten und harmonischsten Bauwerke Chinas. Hier opferte der Kaiser seinen Ahnen und dem Himmel. Die Dekoration der Halle weist eine umfassende Symbolik aus: Drachen für den Kaiser und Phönixe für die Kaiserin in den Steinmetzarbeiten, innen in konzentrischer Anordnung vier Säulen für die Jahreszeiten, zwölf für die Monate und nochmals zwölf für die chinesischen Doppelstunden des Tages. Traditionell teilten die Chinesen den Tag in zwölf Doppelstunden ein, die nach den zwölf Tieren der Tierkreiszeichen benannt waren.

Von hier schritt der Kaiser den langen Ehrenweg nach Süden, vorbei am **Himmelsgewölbe**, einer kleineren run-

den Halle zur Aufbewahrung der Ahnentafeln, zum dreistufigen **Himmelsaltar**, auf dem er Tiere und Wein opferte, Zwiesprache mit dem Himmel hielt und um »Ordnung«, v.a. durch gutes Wetter für die Ernten, bat. Auch dieser Altar ist von Symbolik beherrscht: Der Süden und der Himmel verbinden sich mit dem *yang*, dem männlichen Element, das mit den ungeraden Zahlen verbunden ist. Und so liegen um die mittlere, runde Bodenplatte neun (höchste ungerade Zahl) Platten und in jedem Ring neun mehr, bis zu 243 (3 mal 9 mal 9) ganz außen.

Etwa 4 km östlich des Himmelstempels befindet sich an der 3. Ringstraße der beliebte **Panjiayuan-Markt** ⓰ (Jinsong Zhonglu, v.a. Sa/So 7–16 Uhr), ein besonders am Wochenende belebter großer Flohmarkt. Nicht alles ist echt, und man muss heftigst um die Preise feilschen (s. S. 15).

Östlich des Kaiserpalasts

Geht man vom Nordende des Tian'anmen-Platzes nach Osten, gelangt man bald zum **Peking-Hotel,** das einst das beste der Stadt war. Dahinter erstreckt sich nach Norden die **Wangfujing** ⓱, Pekings bekannteste Einkaufsstraße. Wo sich jetzt die gesichtslosen Kaufhäuser an der Fußgängerzone aneinanderreihen, standen einst die Villen der mandschurischen Prinzen, denen es im Palast zu eng geworden war.

Vom **Alten Observatorium** ⓲ (Gu Guangxiangtai, Di–So 9–11, 13–16 Uhr) aus wurden ab dem 17. Jh. die Sterne betrachtet. Jesuitische Missionare hatten die Instrumente mitgebracht und berechneten den Kalender für den chinesischen Kaiser.

Noch etwas weiter östlich befindet sich der **Freundschaftsladen** ⓳ (tgl. 9–21 Uhr), früher der einzige Laden, in dem Ausländer mit Devisen einkaufen konnten, heute nur noch ein Laden unter vielen. In einer schmalen Gasse dahinter wurden gute Geschäfte auf dem **Seidenmarkt** getätigt, der jedoch in ein schrecklich enges Kaufhaus umziehen musste und jedes Flair verloren hat.

Im Nordosten der Stadt

Die in Tibet beheimatete lamaistische Richtung des Buddhismus ist am schönsten im bedeutenden **Lamatempel** ⓴ (Yonghegong, täglich 9–16.30 Uhr) repräsentiert. Ende des 17. Jahrhunderts erbaut, diente die Anlage zunächst als Prinzenresidenz, ab 1723 dann als Tempel, in dem später 1200 Mönche lebten. In der großen Halle des Buddhistischen Rades wird eine 6 m hohe Statue Tsongkhapas (1357–1418) verehrt, des Gründers der Gelbmützensekte, die den tibetischen Buddhismus wieder straffte und die Position des Dalai Lama als eine Art Papst einführte.

Seitenhallen feiern den Besuch des 6. Dalai Lama zu Kaiser Qianlongs 70. Geburtstag, und das letzte Gebäude, die Pagode des Unendlichen Glücks, beherbergt eine 18 m hohe, aus einem Stamm geschnitzte Statue des Buddhas Maitreya, den der 7. Dalai

Der Lamatempel ist eine der am besten restaurierten Sehenswürdigkeiten Pekings. Nach 1949 war er 30 Jahre lang geschlossen und überstand so auch die Kulturrevolution unbeschadet.

Unten: Es gibt zwar weniger Fahrräder in Peking, aber Rikschas sind immer noch leicht zu finden

In der beliebten Lotus-Straße am Ufer des Qianhai (schließt sich südlich an den Houhai an) reihen sich die Bars, Clubs und Cafés aneinander.

Lama Qianlong schenkte. Mehrere Seitenräume stellen Figuren des Eingeweihten vorbehaltenen tantrischen Buddhismus aus.

Wesentlich prosaischer ging es nur 200 m entfernt im **Konfuzius-Tempel** ㉑ (Kongmiao, tgl. 8.30–17 Uhr) zu, dessen ersten Vorläufer Kublai Khan 1306 erbauen ließ. Im Vorhof stehen 198 Stelen mit den Namen erfolgreicher Kandidaten des höchsten Beamtenexamens aus dem 14. bis 20. Jh. Im Innenhof berichten große Stelen von militärischen Expeditionen der Ming- und Qing-Kaiser. Vorbei an einer Konfuzius-Statue gelangt man auf die Plattform mit der Halle der Vervollkommnung, in der des Meisters gedacht und auf alten Instrumenten gespielt wird. In einer Lagerhalle finden sich weitere 189 große Steinstelen mit den konfuzianischen Klassikern.

Den Abschluss der zentralen Achse durch Peking bilden im Norden **Trommelturm** ㉒ (Gulou) und **Glockenturm** ㉓ (Zhonglou, tgl. 9–17.30 Uhr), beide typische Bauwerke der Ming-Dynastie, die der Verkündung der Zeit dienten, der Trommelturm nachts und der Glockenturm tagsüber.

Unten: Die Weiße Dagoba im Beihai-Park

Nördlich des Kaiserpalastes

Nur wenige Meter westlich des Kohlenhügels beginnt der **Beihai-Park** ㉔ (tgl. 6–21 Uhr, Gebäude 8–17 Uhr). Über eine Brücke gelangt man zur **Insel der Erlesenen Jade** (Qionghuadao), an deren Abhang sich eine alte Tempelanlage hochzieht. Auf der Spitze des Inselhügels ragt jedoch weithin sichtbar die **Weiße Dagoba** (Baita) auf, von der Form her ein *Chorten*, ein tibetisches Mönchsgrab. Sie entstand 1651 anlässlich des Besuches des 5. Dalai Lama. Beschädigungen bei Erdbeben legten geheime Kammern mit wertvollen buddhistischen Zeremonialobjekten frei. Wenn man auf der anderen Seite den Hügel wieder hinabsteigt, gelangt man zum bekannten **Fangshan-Restaurant**, das ehemalige Palastköche 1926 eröffneten, nachdem die kaiserliche Familie aus dem Palast vertrieben worden war.

Per Fähre kann man vom Restaurant über den See zu den idyllisch am Ufer gelegenen **Fünf-Drachen-Pavillons** hinüberfahren, von denen aus der Kaiser angelte. Nördlich des Sees wurden in den letzten Jahren einige Tempel und profane Anlagen renoviert, die einen Bummel im ruhigeren Teil des Parks lohnen. Bekannt ist wiederum die **Neun-Drachen-Mauer** (Jiulongbi), die anders als jene im Palast frei steht und somit 635 große und kleine Drachen auf sich versammeln kann. Das **Studio zur Beruhigung der Sinne** (Jingxinzhai) ist ein Garten im Garten, von einer hohen Mauer umgeben und mit Pavillons, Pflanzen, Felsen und Wasser bestückt. Cixi trank hier ihren Tee, und lange war es Gästehaus staatlicher Institutionen. Der letzte Kaiser, Puyi, schrieb nach seiner Entlassung aus dem Gefängnis hier seine bekannten Memoiren.

Zu neuem Leben erwacht sind die drei **Hinteren Seen** ㉕ (Houhai). Zahlreiche Restaurants, Kneipen und Bars haben an ihren Ufern eröffnet, besonders in der Nähe der Silberbarrenbrücke, und locken an lauen Sommerabenden mit Plätzen auf der Straße oder auf dem Dach.

Die einst zum Palastbezirk gehörende Gegend war schon früher als Wohngegend beliebt, und so finden sich hier einige historische Anwesen (und einige sehr gut bewachte). Und seit einigen Jahren gilt es als schick, in einem der alten, restaurierten Hofhäuser zu wohnen. Das **Haus des Prinzen Gong** ㉖ (Gong Wangfu, 24 Liuyin Jie, tgl. 8.30 bis 16.30 Uhr) liegt in einem ausgedehnten Garten; in seinem Theater werden manchmal Pekingopern aufgeführt. Ein anderes Haus in einem europäischen Stil des frühen 20. Jhs. bewohnte von 1963 bis zu ihrem Tod 1981 die Vizepräsidentin der VR China, **Song Ching Ling** ㉗, die Ehefrau des 1925 verstorbenen Republikgründers Sun Yatsen, die aus einer an Geld und Einfluss reichen Shanghaier Unternehmerfamilie stammte. Eine Ausstellung dokumentiert das engagierte Leben der Kämpferin für Frauenrechte (46 Houhai Beiyan, tgl. 9–16 Uhr).

Weiter im Westen

Im **Zoo** ㉘ (Xizhimenwai Dajie; tgl. 7.30–17 Uhr) räkeln sich die berühmten Pandabären, und ein Aquarium präsentiert die Unterwasserwelt ansprechend. Hier beginnt das Universitätsviertel Haidian, in dem sich auch viele Hightech-Läden angesiedelt haben. Zeugnisse des alten Chinas sind der **Tempel der Fünf Pagoden** ㉙ (Wutasi, abseits der Baishiqiao Jie, tgl. 9 bis 16.30 Uhr), ein Nachbau eines indischen Tempels, von dem der Hauptstupa mit fünf Türmen und zahlreichen Reliefs erhalten blieb, sowie der **Tempel der Großen Glocke** ㉚ (Dazhongsi, 31 Beisanhua Xilu, tgl. 9–16 Uhr), eigentlich mehr ein Museum für 160 Glocken. Die größte ist 6,75 m hoch, wiegt 46 t und wurde 1406 mit 227 000 Schriftzeichen buddhistischer Texte als Dekoration gegossen.

Westlich des Kaiserpalastes ragt im **Tempel der Weißen Pagode** ㉛ (Baitasi, tgl. 9–17 Uhr) das zweite weiße Bauwerk im Himalaja-Stil in den Himmel. Kublai Khan ließ es von dem nepalesischen Baumeister Arniko (1245–1306) errichten, der dafür einen Adelstitel er-

Die Silberbarrenbrücke am Ostende des Houhai

Unten links: Changlang, der lange Wandelgang, im Sommerpalast **Unten:** Pekinger Jugendliche

Die Niu-Jie-Moschee spielt eine wichtige Rolle für die 250 000 Muslime Pekings. Rund 10 000 von ihnen, meist Hui – der Name bedeutet »dem Glauben folgende Han-Chinesen« –, leben in der unmittelbaren Nachbarschaft der Moschee.

Unten: Aussicht auf den ruhigen Kunming-See im Sommerpalast

hielt. Es wurde immer wegen seiner ausgewogenen Schönheit gelobt und zeigt heute eine Ausstellung zahlreicher Buddhas und anderer Sakralfiguren früherer Dynastien.

In der Nähe des neuen Westbahnhofs liegt das **Kloster der Weißen Wolken** ㉜ (Baiyunguan, tgl. 9–16 Uhr), die Zentrale der Daoistischen Gesellschaft und der einzige größere daoistische Tempel der Stadt. Hier werden in verschiedenen restaurierten Hallen die höchsten Heiligen des Daoismus verehrt, und an einem Seitenhof die »Beschützer der 60 Jahre« mit einer Figur für jedes Jahr des chinesischen Lebenszyklus. Dieser setzt sich aus den zwölf Tierkreiszeichen und den fünf Elementen zusammen.

Im Süden und Südwesten Pekings befinden sich noch der **Tempel der Quelle des Dharma** ㉝ (Fayuansi, tgl. 9–16 Uhr), ein buddhistisches Kloster, das auf das 7. Jh. zurückgeht und eine außergewöhnliche Vairocana-Figur auf einem Stupa aus Lotosblättern beherbergt. Andere Hallen zeigen z.T. sehr alte Buddhafiguren, Stupas aus Cloisonné und buddhistische Schriften.

Nicht weit entfernt liegt die **Niu-Jie-Moschee** ㉞ (tgl. 9–20 Uhr), nach der Rinderstraße benannt und bereits 996 gegründet. Heute zeigt die Moschee den Stil chinesischer Tempel, ist allerdings nach Mekka ausgerichtet.

Zwei Sommerpaläste

Der manchmal etwas drückenden feuchten Hitze des Pekinger Sommers versuchten die ja nicht gerade armen Qing-Kaiser zu entfliehen, indem sie sich westlich der Stadt am Fuße der mit Bäumen bewachsenen, kühlen Westberge einen Sommerpalast bauten. Nach chinesischer Auffassung ist dieser Palast jedoch ein *yuan*, ein Garten also, wenngleich er auch Empfangshallen und Wohngebäude besaß, sodass die Staatsgeschäfte weitergeführt werden konnten.

Den **Sommerpalast** ㉟ (Yiheyuan, 11 km nordwestlich des Stadtzentrums, tgl., Park 6.30–18, Gebäude 8–16.30 Uhr) betritt man durch das Osttor und durchschreitet den offiziellen Bereich hin zu den Wohnhöfen und dem **Garten der Tugend und Harmonie** Ⓐ, dem Lieblingshof Cixis, denn er umgibt eine

dreistöckige Theaterbühne, deren Aufführungen die Regentin tagelang zuschauen konnte. Die den Hof umgebenden Gebäude zeigen Gegenstände aus Cixis Besitz und stellen Szenen aus ihrem Alltagsleben nach.

Die größte Fläche der Gartenanlage nimmt der nur 2 m tiefe, künstlich aufgestaute **Kunming-See** Ⓑ ein, auf dem man sich heute in schönen Ruderbooten entspannen kann. An seinem Nordufer steht der 728 m messende **Lange Korridor** Ⓒ, eine gedeckte Promenade mit über 8000 Bildern aus Mythen, Legenden und Romanen. Auf halber Strecke beginnt der Aufstieg zur harmonischen hölzernen **Pagode des Dufts und des Buddha** Ⓓ mit einer großen Bodhisattva-Figur und einem herrlichen Blick über den See. Der Korridor führt weiter zum **Marmorboot** Ⓔ, das Cixi angeblich aus für die Marine bestimmten Geldern erbauen ließ. Doch nur die Plattform besteht aus Marmor, und die gab es schon vor Cixi, während die Aufbauten aus Holz sind. Das Schiff diente früher als Teehaus.

Abseits dieser von vielen Besuchern frequentierten Strecke bietet der Sommerpalast noch zahlreiche Kleinodien, etwa die **Suzhou-Straße** Ⓕ, eine südchinesische Einkaufsstraße für Konkubinen, die an einem Kanal entlangführt, den **Garten der Harmonischen Freude** Ⓖ, ein stiller Garten im Garten, und die **Südseeinsel** Ⓗ, die über eine 17-bogige Brücke mit dem Festland verbunden ist.

Nur wenig östlich des Sommerpalastes befindet sich der **Garten der Vollkommenen Klarheit** (Yuanmingyuan, tgl., Sommer 7–19, Winter 8–17 Uhr), heute meist **Alter Sommerpalast** ㊱ genannt. Er entstand 1709 als chinesischer Garten, doch zwischen 1747 und 1760 wurde er um einen Komplex von Rokoko-Bauten erweitert, den der Kaiser bei dem Jesuitenpater Giuseppe Castiglione bestellt hatte: ein Zeichen von Reichtum und Macht – man konnte sich auch europäische Spielereien leisten. Dem machten die alliierten Truppen am Ende des zweiten Opiumkriegs ein Ende, als sie im Jahr 1860 den Park zerstörten. Heute bilden die Rokokosäulen und Giebel einen bizarren Hintergrund für Ausflugsfotos, restauriert wurde nur ein großes Labyrinth.

TIPP

In den Sommermonaten fährt hinter dem Pekinger Messegelände (gleich östlich des Zoos) ein Schiff in Richtung Sommerpalast ab. Es folgt einem alten System aus Kanälen und braucht etwa eine Stunde. Alternativ können Sie auch mit der U-Bahn nach Xizhimen und dann mit dem Bus 375 zum Sommerpalast gelangen. Im Sommerpalast selbst verkehrt auf dem Kunming-See eine Fähre von der Anlegestelle beim Marmorboot bis zur südlichen Insel bzw. bis zum Ufer gegenüber.

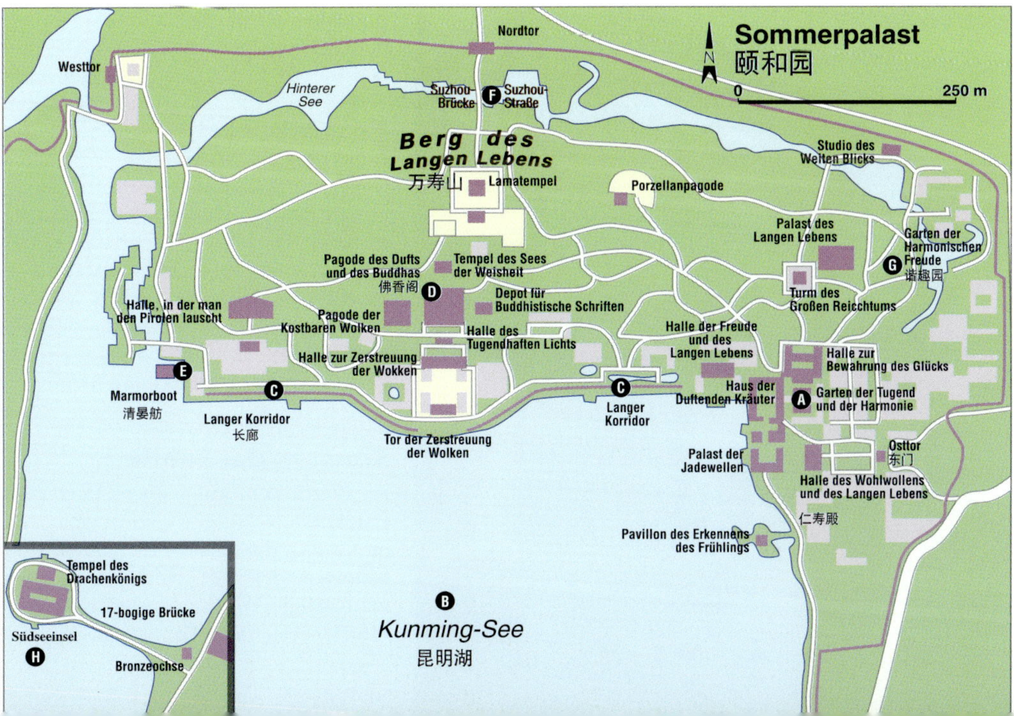

TIPP

Am besten kommt man mit öffentlichen Verkehrsmitteln zum Xiangshan-Park: Entweder fährt man mit dem Bus Nr. 112 ab Pingguoyuan (am westlichen Ende der U-Bahn-Linie 1) oder vom Zoo aus mit dem Bus Nr. 360. Zwischen dem Alten Sommerpalast und dem Xiangshan-Park verkehrt die Buslinie 696. Alle Busse halten am zehn Gehminuten vom Eingang zum Park gelegenen Parkplatz.

In den Westbergen

Die **Westberge** 37 dienten bereits seit vielen Jahrhunderten Adel und Geistlichkeit als Ort mentaler und körperlicher Entspannung in zahlreichen kleinen und großen Tempeln, die oft über schattige Wanderwege miteinander verbunden sind. Der **Tempel des Liegenden Buddhas** (Wofosi, tgl. 8 bis 18 Uhr) geht schon auf die Tang-Zeit zurück, folgt heute aber eher der traditionellen Anordnung des 18. Jhs. mit einer 5,3 m langen Kupferfigur, die den Tod des historischen Buddha und seinen Eingang ins Nirwana darstellt. Entspannung bei einem Spaziergang bietet der **Botanische Garten** unmittelbar neben dem Tempel, der typische Gewächse aus Nordchina und im Gewächshaus auch einige exotische Pflanzen bietet (tgl. 6–20 Uhr).

Das 2 km entfernte **Kloster der Azurblauen Wolken** (Biyunsi, tgl. 9 bis 16.30 Uhr) besticht v.a. durch einen großen bronzenen Milefo aus der Ming-Dynastie und die Halle der 500 Unsterblichen, in der sich 500 fast lebensgroße Holzfiguren der Buddhaschüler aufreihen. Ihren Abschluss findet die Anlage in der Diamantthron-Pagode, die einem Stupa nachgebaut ist und in die Reliefs eingemeißelt wurden. Eine Ausstellung ist Sun Yatsen gewidmet, der nach seinem Tod 1925 hier aufgebahrt wurde.

Neben dem Eingang zum Kloster steht das Nordtor des **Xiangshan-Parks**, der wegen seiner sich rot färbenden Ahornblätter vor allem im Herbst ein beliebtes Ausflugsziel ist. Man wandert durch die Pavillons und Tempelruinen, steigt auf den Gipfel oder lässt sich vom Sessellift dorthin bringen und nimmt vielleicht einen Imbiss im Xiangshan-Hotel, das der amerikanische Architekt I. M. Pei baute.

Weiter südlich liegen an einem Rundweg die **Acht Großen Tempel** (Badachu), bei denen es sich allerdings um eher kleine, bescheidene, teilweise stille und idyllische Anlagen handelt. Die Tempel stammen aus ganz unterschiedlichen Zeiten; jeder hat eine Besonderheit, eine schöne Pagode, eine Quelle, alte Ginkgo-Bäume, historische Figuren oder in Stein gemeißelte Schriftzeichen (meist 9–16.30 Uhr).

Unten: Kunstfabrik 798 an der Dashanzi

Im Univiertel

Im etwas abseits der touristischen Sehenswürdigkeiten gelegenen Stadtteil **Haidian** 38 liegen die **Pekinger Universität** und die **Tsinghua-Universität.** Zu Unrecht selten besucht wird der **Lidai Diwang Miao** (tgl. 9–16.30 Uhr). Dieser Tempel, der 1530 unter Jiajing erbaut wurde, diente der Verehrung früherer Herrscher. Innerhalb seiner Mauern verstecken sich annähernd so prachtvolle Gebäude wie die des Kaiserpalasts. Einen Kontrast dazu bildet der Hightech-Stadtteil **Zhongguancun,** Chinas Antwort auf das amerikanische Silicon Valley.

Kunst in der Fabrik

Im Nordosten, auf halbem Weg zum Flughafen, wurden früher in einer von der DDR erbauten Fabrik Waffen und Munition gefertigt. Heute ist in dem weitläufigen Werksgelände die **»Kunstfabrik« Dashanzi** 39 entstanden, die nach ihrer Hauptstraße meist »798« genannt wird. Zuerst waren zahlreiche Ateliers, Galerien und das Café Pause da, inzwischen sind auch Kunsthandwerk-, Mode- und Souvenirläden eingezogen. Auch Cafés und Restaurants haben sich in dem Szeneviertel etabliert. Das Gelände ist frei zugänglich; manche Galerien sind montags geschlossen.

Das erste private Museum für Gegenwartskunst eröffnete ein belgisches Sammler-Ehepaar mit dem **Ullens Centre for Contemporary Art** (798 Lu, Di–So 10–18 Uhr). Dort werden die umfangreiche ständige Sammlung sowie Wechselausstellungen gezeigt.

Die Fernsehmacher

An den östlichen Teil der 3. Ringstraße hat Rem Kohlhaas für 750 Mio. Dollar den **CCTV Tower** ⓴ gesetzt. Das Hochhaus sieht aus wie ein in sich verdrehter Bilderrahmen, in dessen Mitte eine große Leere herrscht. Dies ist durchaus symbolträchtig, denn hier befindet sich der chinesische Staatssender CCTV, die größte Propagandamaschine der Erde.

Der Olympiapark

Genau auf der zentralen Achse der Stadt, weit im Norden, außerhalb des vierten Rings, entstand das neue Sportgelände für die Olympischen Spiele 2008. Herausragend ist das **Olympiastadion** des Schweizer Architekturbüros Jacques Herzog & Pierre de Meuron, das wegen der unregelmäßig angeordneten silbernen Stahlbetonstützen »Vogelnest« genannt wird. Denn wie Zweige eines Nestes schützen die Betonbänder die innere Wanne; 90 000 Zuschauer finden hier Platz. Ebenfalls gelobt wurde das **Schwimmstadion,** gerne als »Wasserwürfel« bezeichnet, obwohl es keine Würfelform hat. 440 000 Leuchtdioden lassen die wabenförmige dünne Außenhaut in verschiedenen Farben erstrahlen. Wie *yin* und *yang* verhalten sich die beiden benachbarten Bauwerke zueinander, in ihrer Form und in ihrem Bezug auf das Wasser in der Schwimmhalle und die Erde im Leichtathletik und Fußballstadion. Beide Sportarenen können besichtigt werden. Dahinter liegen die Turn- und Fechthalle, die Anlagen für Hockey, Bogenschießen und Tennis. ■

Ein Besuch der interessanten Kunstfabrik 798, die in Richtung Flughafen liegt, lohnt sich immer. Weitere Informationen im Internet unter: www.798space.com

Unten: Pekings Einwohnerzahl wurde im Jahr 2008 auf 17,5 Millionen geschätzt

RESTAURANTS, CAFÉS UND BARS

Preiskategorien für eine Person mit einem Getränk

●●●●● = über 25 €
●●●● = 15–25 €
●●● = 10–15 €
●● = 5–10 €
● = unter 5 €

Restaurants

Mit seinen mehr als 50 000 Restaurants, Cafés und Snackbars bietet Peking heute für jeden etwas. Über ein spannendes Nachtleben verfügt das Botschaftsviertel Sanlitun, das sich mit einer wahren Flut von neuen »Global-Cuisine«-Esstempeln präsentiert. Traditionelle chinesische Kost findet man in den, leider immer schneller vom Bauboom erfassten, Hutongs. In der Gui Jie, einem wegen seiner grellen Neonbeleuchtung auch »Geisterstraße« genannten Boulevard, reiht sich ein In-Lokal ans nächste, und alle haben bis in die frühen Morgenstunden geöffnet. Im Universitätsviertel Haidian findet man viele kleine Restaurants mit der Küche der »Minderheiten«.

Peking-Ente

◆ **Bianyifang**
2 Chongwenmenwai Dajie, Chongwen
Tel: 6712 0505
Der Restaurantname Bianyifang lässt sich angeblich bis ins Jahr 1416 zurückverfolgen, und seit 1855 serviert man den Gästen die legendäre Peking-Ente. Dieses Lokal gilt als Erfindungsort des weltbekannten Gerichts. ●●●

◆ **Da Dong Roast Duck**
Nanxincang International Plaza, A22 Dongsishitiao, Dongcheng
Tel: 5169 0328
Hervorragende Peking-Ente, nobles Ambiente, erstklassiger Service. Liegt neben einem restaurierten kaiserlichen Kornspeicher. ●●●●

◆ **Qianmen Quanjude Roast Duck Restaurant**
32 Qianmen Dajie, Chongwen
Tel: 6701 1379
Pekings berühmtes, aber auch, wie viele meinen, überbewertetes Restaurant (s. S. 13). ●●●●

Pekinger Küche

◆ **Bai Family Mansion**
15 Suzhou Jie, Haidian
Tel: 6265 4186
Speisen und Service nach Art der Qing-Dynastie in einem versteckten, ruhigen Innenhofgarten. ●●●●

◆ **Jiumen Xiaochi**
1 Xiaoyou Hutong, Xicheng, Tel: 6402 5858
Viele traditionelle Pekinger Imbissbuden in einem weiten Hinterhof. ●

◆ **Yuebin Restaurant**
43, 31 Cuihua Hutong, Dongcheng
Tel: 6524 5322
Nach 1949 Pekings erstes Restaurant in Privatbesitz, bekannt für gutbürgerliche Küche. ●●

Sichuan-Küche

◆ **Feiteng Yuxiang**
1 Gongti Beilu (nördl. Arbeiterstadion), Chaoyang
Tel: 6417 4988
Berühmt für seine Gerichte mit in Wasser gegartem, pikantem Fisch. ●●●

◆ **Kuan Xiangzi**
306 Dongsi Beidajie, Dongcheng
Tel: 6400 3096
Sichuan-Küche in heimeligem Ambiente. ●●

◆ **LAN Club**
4/F LG Twin Towers, B12 Jianguomenwai Dajie, Chaoyang
Tel: 5109 6012
Von Philippe Starck entworfenes Interieur mit Weinkeller und Zigarrenlounge. ●●●●

◆ **South Beauty**
1/F Tower A, Raycom Info-Tech Park, 2 Kexue Nanlu, Zhongguancun, Haidian, Tel: 8286 1698
Anspruchsvolle, stilvoll präsentierte Sichuan-Speisen. ●●●●

Kantonesische Spezialitäten

◆ **Huang Ting**
B2/F The Peninsula, Wangfujing, Dongcheng
Tel: 8516 2888
Dim Sum und Kanton-Kreationen, serviert inmitten von Antiquitäten aus der Ming- und Qing-Dynastie. ●●●●

◆ **Jin Ding Xuan**
77 Heping Xijie, nördlich des Lamatempels, Dongcheng, Tel: 6429 6888
Beliebter Dim-Sum-Treffpunkt. ●

Spezialitäten aus Guangxi und Guizhou

◆ **Miao Minority Restaurant**
300 Meter nördlich des Westeingangs zur Qinghua-Universität, Haidian
Tel: 6256 9150
Zu abenteuerlichen Speisen wie gerösteten Ochsenfröschen und Hundekesselfleisch gibt es allabendliche Darbietungen des traditionellen Miao-Tanzes. ●●

◆ **Three Guizhou Men**
Westeingang des Arbeiterstadions (über Coco Banana), Chaoyang
Tel: 5869 0598
Hippes, geräumiges Restaurant, das scharf-würzige Guizhou-Gerichte anbietet. Feiner Milchtee (Tschai). ●●

Vegetarische Küche

Obwohl China ein hartes Pflaster für Vegetarier sein kann, hat Peking auch eine beachtliche Anzahl vegetarischer Restaurants zu bieten, die außergewöhnliche fleischlose Kreationen auf der Karte führen, wie z.B. vegetarische geröstete Ente, Ohrschnecken oder Schlangen.

◆ **Elaine's Vegetarian Restaurant und Bar**
Luoma-See, Shunyi
Tel: 8048 5088
Zahlreiche, fantasievolle Gerichte. ●●

◆ **Pure Lotus**
Im Zhongguo Wenlianyuan, 12 Nongzhanguan Nanlu, Chaoyang
Tel: 6592 3627

Hier servieren buddhistische Mönche kreative Speisen. ●●●

Weitere chinesische Lokale

◆ **The East is Red**
266 Baijialou, Östliche 3. Ringstraße, Chaoyang
Tel: 6574 8289
Vollgestopft mit Kitsch aus der Kulturrevolution. Abends kommunistische Gesänge und Tänze. ●●

◆ **Golden Peacock**
16 Minzu Daxue Beilu (bei der Minderheiten-Universität), Haidian
Tel: 6893 2030
Beliebtes Restaurant der Dai-Minderheit, das u.a. Ananas-Reis, Kartoffelbällchen und gebratene Rippchen serviert. ●●

◆ **Guoyao Xiaoju**
58, Bei Santiao, Jiaodaokou, Dongcheng
Tel: 6403 1940
Kleines Lokal, das sich der raffinierten Küche der Gourmet-Familie Tan verpflichtet hat. ●●

◆ **Haidilao Hot Pot**
A2 Baijiazhuang Lu, Chaoyang
Tel: 6595 0079
Bekannte Hot-Pot-Kette, berühmt für ihre direkt am Tisch hergestellten Nudeln. ●●

◆ **Huajia Yiyuan**
235 Dongzhimennei Dajie (Ghost Street), Dongcheng, Tel: 6405 1908
In einem Hinterhof gelegen, mit guter chinesischer Küche. ●●

◆ **Xinjiang Red Rose**
7 Xingfu Yicun, am Nordeingang zum Arbeiterstadion, Chaoyang
Tel: 6415 5741
Hookah-Pfeifen, nächtliche Musik, klassischer uigurischer Tanz, exzellentes Dapaiji-Huhn. ●●

Weitere asiatische Restaurants

Peking ist die Heimat vieler renommierter Küchenchefs aus Asiens Fünf-Sterne-Hotels und -Restaurants. So ist auch exzellente thailändische, indische und japanische Küche zu finden.

◆ **Hatsune**
2/F Heqiao Building C, 8 Guanghua Lu, Chaoyang, Tel: 6581 3939
Preisgekröntes japanisches Restaurant. ●●●●

◆ **Purple Haze**
Gegenüber dem Nordeingang zum Arbeiterstadion, Chaoyang
Tel: 6413 0899
Thailändische Küche zu moderaten Preisen, z.B. rotes Hühnchencurry und Tom-Yum-Suppe. ●●

◆ **Taj Pavillion**
L128 China World Trade Center, Chaoyang
Tel: 6505 5866
Exzellente, nordindische Küche, hervorragender Service. ●●●

Westliche Küche

◆ **23 SALT**
1/F 9, Jiangtai Xilu, Chaoyang
Tel: 6437 8457
Moderne, kreative Gerichte, günstige Mittagskarte. ●●●●

◆ **Annie's**
A1 Nongzhanguan Nanlu, Chaoyang
Tel: 6591 1931.
Kinderfreundlicher und billiger Italiener ●●

◆ **Blu Lobster**
Shangri-La Hotel, 29 Zizhuyuan Lu, Haidian, Tel: 6841 2211
Brian McKenna hat schon in vielen Sterne-Restaurants gearbeitet. Seine »Molekulare Gastronomie« wartet u.a. mit Schaum- und Geleekreationen, einem Salat aus 42 Zutaten und Chili-Eis auf. ●●●●●

◆ **Mare**
14 Xindong Lu, Chaoyang, Tel: 6417 1459
Umfangreiche Tapas- und Weinkarte. ●●●●

Cafés und Bars

Pekings ursprüngliche Bar-Straße befindet sich nahe dem Diplomaten-Viertel in **Sanlitun.** Das **The Tree** (43 Sanlitun Beijie) hat eine lebendige Pub-Atmosphäre, während das **Toper** (2 Sanlitun Beixiaojie) eher intim wirkt. Oder wie wäre es mit einem Cocktail im **Saddle Cantina** (Nali Studios East)? Sanlituns Bars breiten sich bis in den Bereich um das **Arbeiterstadion** aus. Hier ist z.B. das **Vics** (Nordeingang des Arbeiterstadions) ein stilvoller Club. Ebenfalls empfehlenswert ist die **Cocktail Lounge Face** (südlich des Arbeiterstadions). Einheimische treffen sich gern am heute neonerleuchteten **Houhai**, der einige nette Lokale bietet, wie das **Lotus Blue** (Lotus Lane, Houhai) oder das **Buffalo** (6 Lotus Lane, Houhai) mit exzellentem Seeblick. Das Viertel **Nanluoguxiang** ist heute eine vornehmlich von Rucksacktouristen frequentierte Gegend, in der sich die angenehme **Pass By Bar** (108 Nanluoguxiang) befindet, mit einer guten Auswahl an Reiseliteratur. **Starbucks** und sein chinesisches Pendant **SPR Coffee** sind in jedem größeren Einkaufszentrum vertreten. Pekings blühendes Kaffeehaus-Viertel ist das weitläufige, schön renovierte **Hutong Nanluoguxiang.** Eigenen Charme versprüht hier das mit Peking-Souvenirs voll beladene **Xiao Xin's Café** (103 Nanluoguxiang) mit einem reichhaltigen Kuchenangebot. Ein Besuch der **Kunstfabrik 798** wäre nicht vollständig ohne eine kurze Rast in einem der vielen Cafés. Ausgefallen sind das **Old Factory Café** (4 Jiuxianqiao Lu) oder das in einem Steinboot untergebrachte **Stone Boat Café** (im Ritan Park).

Rechts: Wie viele Metropolen verfügt auch Peking über ein Hard Rock Cafe

Umgebung Pekings

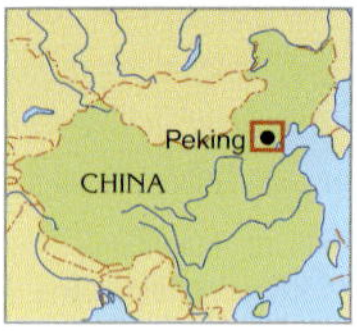

Die Große Mauer zählt zu den »neuen sieben Weltwundern« und ist natürlich ein absolutes Muss für alle Chinareisenden. Auch ein Ausflug zum kaiserlichen Sommerpalast in Chengde lohnt sich.

NICHT VERPASSEN!

- Badaling
- Mutianyu
- Simatai
- Ming-Gräber
- Chengde
- Beidaihe
- Shanhaiguan

Mit den Ming-Gräbern und der Großen Mauer sind zwei weitere weltberühmte Sehenswürdigkeiten nördlich von Peking zu finden, doch auch die Qing-Kaiser liegen unweit der Hauptstadt begraben – und sie unterhielten einen weiteren Sommerpalast in Chengde.

Die Große Mauer

Die ersten Mauern bauten die verschiedenen Fürstentümer bereits vor mehr als 2000 Jahren. Nach der Reichseinigung durch Qin Shihuangdi im Jahr 221 v. Chr. ließ dieser die Mauern zwischen den ehemaligen Gegnern abreißen, nach Norden hin zu den Reitervölkern der Steppen aber verstärken und miteinander verbinden. Diesen Ausbau führte auch die Han-Dynastie weiter, wobei es sich streckenweise um Erdwälle, Palisadenwände oder bearbeitete Felsen handelte. So, wie man den restaurierten Teil heute besichtigen kann, sah die Mauer erst in der Ming-Dynastie aus, die die Mongolen vertrieb und die Mauer als Hindernis und Nachrichtensystem weiter ausbaute.

Unten: Die Große Mauer

Karte auf Seite 157

Die Chinesen nennen die Mauer übrigens *wan li chang cheng*, also »10 000 *li* (das sind etwa 5000 km) lange Mauer«. Wie lang sie tatsächlich war, kann man heute nicht mehr feststellen, man schätzt sie zur Ming-Zeit auf etwa 6300 km. Doch dass man sie vom Mond aus sehen könnte, stimmt nicht, dafür ist sie weithin schlicht zu dünn.

Die Mauer passt sich ans Gelände an, ist zwischen 3 und 8 m hoch, an der Basis 6 bis 7 m breit, an der Krone 4 bis 6 m. Nur die Außenseiten sind gemauert, innen ist sie mit Erde aufgefüllt und mit anderem Material, das sich gerade an der Stelle fand – einschließlich der Toten, die der Bau der gewaltigen Anlage kostete. Hunderttausende von zwangsverpflichteten Bauern, Strafgefangenen und Soldaten hatten zur Errichtung des Bauwerks beigetragen.

In Sichtabständen wurden Türme gebaut, in denen die Wachsoldaten wohnten und Vorräte aufbewahrten. Denn die Mauer diente in erster Linie der Kommunikation: Von Turm zu Turm und dann zu den Festungen im Hinterland wurden durch Rauchzeichen, Signalfeuer und Flaggen Botschaften übermittelt. Soldaten konnten zu Pferd auf der Mauer schneller zu der bedrohten Stelle gelangen als der Gegner im unwegsamen Gelände (s. S. 162).

Badaling

Der am einfachsten zugängliche Teil der Mauer befindet sich in **Badaling** ❶ (tgl. 7–18 Uhr), knapp 80 km nordwestlich von Peking. Täglich kommen Tausende Besucher hierher, die schon auf dem Parkplatz von Souvenirverkäufern belästigt werden. Wenn man ein Stück die Mauer hochgestiegen ist, hat man sich von den Massen abgesetzt und kann den Ausblick über die hügelige Landschaft und auf die sich über die Grate windende Mauer genießen.

Die Fahrt nach Badaling lässt sich gut mit einem Besuch der Ming-Gräber verbinden. Oft halten Busse mit einer solchen Tour auch an der **Festung Juyongguan** ❷ (tgl. 6–16 Uhr), die zur Bewachung des 20 km langen Tals, das Richtung Peking führt, errichtet wurde. Neben Mauerresten ist die Wolkenterrasse erhalten, ein Bruchsteinbau mit zahlreichen Reliefs und Inschriften in sechs verschiedenen Sprachen.

Souvenirstand in Badaling. »Wenn Sie nicht auf der Großen Mauer gestanden sind, sind Sie kein echter Chinese«, meinte Mao einst und sorgte damit für einen wahren Besucheransturm auf das gigantische Bauwerk. Für Touristen könnte man seinen Spruch so ummünzen: »Wenn Sie die Mauer nicht gesehen haben, haben Sie China nicht gesehen.«

TIPP

Der Eintritt zum Museum an der Großen Mauer in Badaling ist kostenlos. Bis Ende 2009 hat die VR China schrittweise die Eintrittspreise für 1400 National- und Provinzmuseen abgeschafft, um mehr Menschen den Zugang zu den Kulturgütern zu ermöglichen.

Andere restaurierte Abschnitte der Mauer

Die Landschaft in der Umgebung von **Mutianyu ❸** (tgl. 7–18 Uhr) ist ebenfalls eindrucksvoll, liegt jedoch ungefähr 95 km von Peking entfernt. Ein langer Abschnitt der wiederhergestellten Mauer zieht sich über einen Bergrücken hin und bietet Blicke über bewaldete Täler. Wie in Badaling sind auch hier Seilbahnen erbaut worden, die Besucher zur Mauer hochbringen, wenn diese die rund 1000 Stufen nicht steigen wollen oder können.

Noch anstrengender ist der Aufstieg zur Mauer in **Simatai ❹** (tgl. 8–17 Uhr), rund 140 km nordöstlich von Peking. Hier gibt es einige noch unrestaurierte Stücke, und man muss gelegentlich in unbefestigtem Gelände klettern. Einige Besucher wandern hier gerne und übernachten in Zelten. Von der Ostseite des Reservoirs gibt es jedoch auch eine Seilbahn.

Zehn Kilometer weiter westlich bietet **Jinshanling** (tgl. 8 Uhr bis Sonnenuntergang) einen einfacheren Zugang zu einem ebenfalls restaurierten Mauerstück.

Eine wichtige Festung zur Bewachung der Hauptstadt war **Huanghua Cheng ❺** (tgl. 8–18 Uhr), 60 km nördlich von Peking. In den letzten Jahren wurden jede Menge Einrichtungen zur Belustigung von Touristen hergestellt. Am besten steigt man von einem kleinen Reservoir östlich der Straße auf.

Relativ wenige Touristen finden hingegen den Weg zum **Huangya-Pass** (tgl. 8.30–17 Uhr), östlich von Peking, bei den Östlichen Qing-Gräbern und nördlich der Stadt Jixian. In der Qing-Dynastie besaß dieser Abschnitt große Bedeutung.

Die Gräber der Ming-Kaiser

Nachdem mit der Ming-Dynastie ein han-chinesisches Herrscherhaus die Mongolen abgelöst hatte, versuchte es sich durch das Anknüpfen an alte Traditionen besonders zu legitimieren. Dazu gehörte vor allem der Ahnenkult, der für die Mongolen keine große Rolle gespielt hatte. Um die Ahnen der eigenen Familie zu ehren, wählte der Yongle-Kaiser, der dritte der Dynastie, der die Hauptstadt von Nanjing wieder nach Peking verlegt hatte, ein Tal

Unten links: Restauriertes Mauerstück bei Mutianyu
Unten rechts: Die Mauer bei Badaling

 Karte auf Seite 157

knapp 50 km nördlich des Palastes als Begräbnisstätte für die Kaiser aus. 13 Ming-Herrscher, dazu Kaiserinnen und zahlreiche Konkubinen, liegen hier begraben. Der 40 km² große Talkessel bot ideale geomantische Bedingungen: Eine Bergkette schützt ihn vor schlechten Einflüssen aus dem Norden, und er öffnet sich zur Wärme des Südens.

Den Eingang zum **Tal der 13 Ming-Gräber** ❻ (Shisanling, tgl. 8–17.30 Uhr) markiert ein großes **Ehrentor**, das aber erst der elfte Kaiser 1540 erbauen ließ. Die mächtigen Säulen wurden jeweils aus einem Stück gehauen und sind über und über mit Drachen und anderen mythischen Tieren verziert. Einen Kilometer weiter stößt man auf das **Große Rote Tor**, den ursprünglichen Eingang zum Tal, das damals an dieser Stelle von einer großen roten Mauer abgeriegelt war: Nur der Hof, ausgesuchte Wachen und einige Bauern, die das Tal pflegten, durften passieren. Hinter dem Tor befand sich zu dieser Zeit eine große Halle, in der der Opferzug aus der Stadt, der zwei Tage für die Strecke brauchte, sich ausruhen und umziehen konnte. Selbst der Kaiser musste von hier aus zu Fuß zu den Gräbern gehen. Nicht weit entfernt folgt der **Stelenpavillon** mit einer Kopie der größten Stele Chinas, die auf dem Grab des ersten Ming-Kaisers in Nanjing steht. In der Inschrift auf der Südseite beschreibt Yongles Sohn und Nachfolger die Anlage des Mausoleums seines Vaters; die Nordseite trägt ein Gedicht des Qing-Kaisers Qianlong mit einer Zeile über jedes der 13 Gräber. Hinter dem Pavillon beginnt die **Geisterstraße**, an der Statuen von realen und mythischen Tieren sowie zivilen und militärischen Mandarinen die Gräber vor bösen Geistern und Grabräubern schützen. Am Ende der Straße versperrt das **Drachen-und-Phönix-Tor** solchen Geistern den Weg, denn nach chinesischer Auffassung können sie nur geradeaus fliegen. Von hier sind es etwa 5 km bis zum ersten Grab.

Im **Changling**, dem Grab des Yongle-Kaisers, wurde die oberirdische Anlage restauriert und zum Museum ausgebaut. In ihrer Anlage und Symbolik verbinden die Gräber die irdische mit

Die 7 km lange Geisterstraße der Ming-Gräber wird von einer steinernen Ehrengarde flankiert, die aus jeweils zwölf paarweise vorhandenen Skulpturen – Löwen, Elefanten, Kamelen, Pferden und mythologischen Tieren – sowie aus zwölf Statuen von zivilen und militärischen Würdenträgern und Beamten besteht. Von den stehenden bzw. sitzenden Tierfiguren behauptet man, sie würden sich nachts bei der Wache ablösen.

Die Opferhalle im Changling, dem Grab des Yongle-Kaisers

der himmlischen Welt. Da die Seelen der Toten noch für mindestens drei Generationen umherschwirren, müssen sie Bekanntes vorfinden. So gleichen die Gebäude in den zwei oder drei südlichen, von hohen Mauern umgebenen, rechteckigen – und damit die Erde symbolisierenden – Innenhöfen denen im Palast. Die Haupthallen dienten jedoch den Opferzeremonien, die seitlichen Hallen den Vorbereitungen. Der Grabhügel hingegen ist rund, steht damit für den Himmel, ist ganz in Grau gehalten und war früher von Eichen und Thujen bewachsen. Auf dem Übergang zwischen den rechteckigen Höfen und dem runden Grabhügel ragt der Stelenpavillon auf, in dem eine Grabstele den Ehrennamen des Verstorbenen verkündet. Im Changling werden Kopien der Grabbeigaben ausgestellt, die im Dingling gefunden wurden.

Durch einen Zufall fand man den Eingang zur unterirdischen Grabkammer des **Dingling**, des Mausoleums des 13. Ming-Kaisers, Wanli (1572 bis 1620). Die Forscher stießen auf ein massives Marmortor, dahinter drei Hallen mit Tonnengewölben. In der dritten standen drei Marmorthrone, seitlich führten Gänge zu Nebenkammern, die aber leer waren. Hinten führte ein weiteres Tor zur quer angebauten Grabkammer, in der auf einem Podest der Sarg des Kaisers, flankiert von den Särgen zweier Kaiserinnen, ruhte. Zahlreiche Jadeobjekte sollten den Körper vor Verfall schützen, Goldmünzen, Seidentücher, Schmuck und Utensilien des Alltags wurden den Toten mitgegeben.

Tianjin

Etwa 140 km südöstlich von Peking liegt mit **Tianjin** ❼ die größte Hafenstadt des Nordens. Schon wenn man durch den historischen Teil der 10-Millionen-Stadt bummelt, erkennt man an der kolonialen Architektur die Epoche, in der die Stadt ihre Bedeutung erlangte. Im Jahr 1860 machten die westlichen Kolonialmächte Tianjin zu einer für den Handel geöffneten Hafenstadt, die den Weg nach Peking ebnete und der verschlafenen Kleinstadt internationales Flair bescherte.

Unten: Wächterfigur an der Geisterstraße, Ming-Gräber

VERKEHRSMITTEL

Wege zur Mauer

◆ **Organisierte Touren:** Sie führen zu verschiedenen Mauerabschnitten.

◆ **Mit dem Bus:** Öffentliche Busse verkehren ab dem Busbahnhof Dongzhimen, private Kleinbusse fahren südlich des Tian'anmen-Platzes ab, Touristen werden hier aber gerne übers Ohr gehauen.

Andere Ziele

◆ **Tianjin:** Schnellzüge (»D«-Züge) fahren vom Westbahnhof in Tianjin nach Peking (1 Std.), Qingdao (5 Std.) und Nanjing (7 Std.).

◆ **Chengde:** Züge und Busse brauchen etwa 5 Std., Busse gibt es häufiger. Fahrten nach Qinhuangdao (bei Shanhaiguan) per Bus dauern 5 Std.

◆ **Beidaihe:** Mit dem Zug braucht man von Peking 2,5 Std. Von hier Züge und Busse nach Shanhaiguan (1 Std.).

Allein in der Umgebung der **Diwu Dajie** stehen mehr als 200 Kolonialbauten, v.a. französischer Architektur, die allerdings unter jüngeren Renovierungen heftig gelitten haben. Gleichzeitig hat sich die Chifeng Lu zum Modebezirk der Stadt gemausert, während man in der vollständig neu errichteten **Gu Wenhua Jie** (»Alte Kulturstraße«) nach Büchern, Porzellan, Teppichen und Souvenirs suchen kann. An Essständen gibt es die *goubuli baozi*, eine lokale Spezialität gefüllter gedämpfter Brötchen. Der daoistische **Tempel der Himmelsgöttin** (Tianhougong, tgl. 8.30 bis 16.30 Uhr) ist Mazu, der Göttin der Seefahrer, geweiht.

Weiter im Norden steht das buddhistische Kloster **Dabeichan Yuan** (40 Tianwei Lu, Di–So 9–16 Uhr) mit seinen eindrucksvollen Guanyin-Statuen. Der **Zhongxin-Park** lädt zum Spazierengehen ein.

Das von den Japanern erbaute **Tianjin-Museum** (31 Youyi Lu, tgl. 8.30 bis 16.30 Uhr) zeigt wertvolle Kulturzeugnisse, darunter auch Kalligrafien, Gemälde und Keramiken aus den kaiserlichen Sammlungen in Peking und Chengde. Die Lokalgeschichte wird im obersten Stock ausgestellt. Einen guten Blick über die Stadt hat man bei einer Fahrt mit dem Riesenrad, das **Tianjin Zhi Yan** oder (nach dem Londoner Vorbild) Tianjin Eye genannt wird. Aus 110 m Höhe kann man an klaren Tagen 40 km weit sehen.

Die angenehme alte Stadt **Yangliuqing** liegt 15 km westlich von Tianjin und ist in China wegen traditioneller Holzdrucke zum Neujahr bekannt.

Die Sommerresidenz der Mandschuren: Chengde

Aus der Hitze des sommerlichen Pekings wollten die Kaiser der mandschurischen Qing-Dynastie fliehen, als der Kangxi-Kaiser 1703 veranlasste, dass in **Chengde** ❽ im Tal des Rehe ein **Sommerpalast** mit einem riesigen Parkgelände angelegt wurde. Über hundert Jahre lang verbrachte der Hofstaat hier die Sommer, vergnügte sich an den Seen der weitläufigen Parkanlage oder verbrachte die Zeit auf der Jagd. Erst 1820, nachdem der Jiaqing-Kaiser im Park vom Blitz erschlagen worden war, wurde die Sommerresi-

SHOPPING

Teppiche in modernem oder traditionellem Design sind eine der Spezialitäten Tianjins. Eine große Auswahl findet man in der Tongqingli-Straße in der Gegend um die restaurierte Alte Kulturstraße.

Unten links: Das »Tianjin Eye«. **Unten rechts:** Der Tempel Putuozongcheng in Chengde, auch Kleiner Potala genannt

»

»Schon viele Male bin ich ans Ufer des Yangzi gereist und habe die üppige Schönheit des Südens bewundert ... Im Norden habe ich die Drachenwüste durchquert und im Osten die Weißen Berge mit ihren mächtigen Gipfeln und Flüssen durchwandert ... Aber ich habe nichts davon für mich erwählt ... (Chenge) ist der einzige Ort, an dem ich leben möchte.«
(Kangxi, Qing-Kaiser)

denz aufgegeben und die Gebäude dem Verfall überlassen.

Heute ist die Palastanlage (tgl. Park 6–18, Gebäude 8–17 Uhr) weitgehend renoviert. Neun Hauptgebäude liegen auf einer Achse, vorne für offizielle Empfänge, hinten die Wohngebäude des Gefolges. In fast allen Gebäuden werden Ausstellungen mit Einrichtungen aus der Qing-Zeit gezeigt. Dann gelangt man in den großen Park mit Seen, Pagoden und kleinen Tempeln.

In einem weiten Bogen um die Nord- und Ostflanke des Palasts ließen die Qing-Herrscher die **Acht Äußeren Tempel** (tgl. 8–18 Uhr) erbauen, meist eine Kombination aus traditionellen buddhistischen und lamaistischen Tempeln, teilweise auch Kopien tibetischer Sakralbauten. Die Kaiser, die das Reich zur Sicherung ihrer Macht weit nach Westen und Südwesten ausgedehnt hatten, wollten so ihren Verbündeten ihre Ehrerbietung erweisen.

Der größte und beeindruckendste dieser Tempel ist der **Kleine Potala-Tempel** (Putuozongcheng), der 1767 dem Sitz des Dalai Lama, dem Potala-Palast in Lhasa, nachgebaut wurde. Die einzelnen Hallen stehen an einem zickzackförmig den Hügel hinanführenden Weg und beherbergen Figuren des lamaistischen und des tantrischen Buddhismus. Von oben hat man einen herrlichen Blick über das Rehe-Tal.

Nur 500 m östlich steht der **Tempel der Glückseligkeit und des Langen Lebens** (Xumifushoumiao), 1780 anlässlich eines Besuchs des 6. Pantschen Lama errichtet. Hier wird das Kloster Tashi Lunpo aus Xigaze, das Sitz des Pantschen Lamas ist, nachempfunden. Statuen Tsongkhapas (1357 bis 1419), des großen Reformers des Lamaismus, sind in den Hallen zu sehen.

Weiter nördlich steht der **Tempel des Weltweiten Friedens** (Puningsi), der 1755 nach der Niederschlagung einer Rebellion von ostmongolischen Stämmen erbaut wurde. Die westliche Seitenhalle beherbergt drei außergewöhnlich ausdrucksvolle Buddhastatuen auf einem weißen Elefanten, einem roten Tiger und einem mythischen *hao*. Eine hintere Halle sieht von vorne aus, als habe sie sechs Stockwerke, hinten zählt man vier und an den Seiten fünf. Tatsächlich handelt es sich um einen einzi-

Unten: Cuandixia, ein altes Dorf 90 km westlich von Peking, im winterlichen Sonnenlicht

gen Raum, der nachträglich um eine 22,28 m hohe Holzstatue eines Bodhisattvas herumgebaut wurde. Man nennt ihn »Tausend-Augen-Bodhisattva« : Dabei hat er zwei natürliche Arme vor seiner Brust verschränkt und 40 weitere an seinem Rücken; in jeder Handfläche befindet sich ein Auge, das nach buddhistischer Lehre 25 Funktionen hat, wodurch die Zahl von 1000 Augen erreicht wird. Jede Hand zeigt eine andere Fingerhaltung und überall finden sich buddhistische Glückssymbole. Die kleinen Buddhas an seinem Kopf weisen ihn als besonders hochstehenden Bodhisattva aus.

Auch die anderen Tempel sind einen Besuch wert, weil sie oft vom Standardrepertoire buddhistischer Tempel abweichen. In den umliegenden Hügeln kann man schön wandern.

An der Küste östlich von Peking

Das beliebteste Sommerbad der Parteikader war immer schon **Beidaihe** ❾, wo bereits Mao und Deng, streng abgeschirmt vom Volk, in den Wellen planschten. Wenn die Mächtigen nicht tagen, können auch normale Besucher die weiten Sandstrände, einige alte westliche Villen, Meeresfrüchte-Restaurants und Fahrradausflüge an der Promenade genießen.

Östlich von Beidaihe markiert die befestigte Stadt **Shanhaiguan** das östliche Ende der Großen Mauer, die hier bis ins Meer reicht. Die alte Garnisonsstadt besteht aus einem Gewirr von engen Gassen. Wichtigste Sehenswürdigkeit ist der **Erste Pass unter dem Himmel** (Tianxia Diyiguan, tgl. 7 bis 18 Uhr), ein Stück der Festungsmauer, das ständig mit lauter Musik beschallt wird. Wesentlich einsamer und eindrucksvoller ist das 3 km nördlich der Stadt gelegene Mauerstück bei **Jiaoshan**, wo die Mauer zu den ersten Hügeln aufsteigt. Auch wenn es anstrengend ist: Ein Spaziergang entlang der Mauer oder in den umliegenden Hügeln lohnt sich immer. Das potentiell einmalige **Laolongtou** (Alter Drachenkopf), der Ort 4 km südlich der Stadt, an dem die Mauer ins Meer reicht, ist völlig überteuert. Am besten genießt man den Ausblick von einem der nahen Strände aus. ■

Bis vor Kurzem noch waren die Sandstrände in Beidaihe strikt aufgeteilt: Die schönsten Stellen waren für Parteimitglieder reserviert, und ein anderer Abschnitt war nur Ausländern zugänglich. Jetzt, da diese Restriktionen nicht mehr gelten, ist das Seebad in der Hochsaison, wenn das Wasser angenehm warm ist, heillos überfüllt.

RESTAURANTS

Preiskategorien (für eine Person mit einem Getränk)
●●●● = über 15 €
●●● = 10–15 €
●● = 5–10 €
● = unter 5 €

Beidaihe

◆ **Haitian Yise Jiudian**
56 Shandong Jie
Das Restaurant hat sich auf Fisch und Meeresfrüchte spezialisiert. ●●●

Chengde

◆ **Xin Qianlong**
Dijingyuan-Haus, Xinhua Lu
Gerade mal 1 km vom Königspalast entfernt serviert dieses Luxus-Restaurant u.a. lokale Spezialitäten, z.B. Wild. ●●●●

◆ **Shangke Tang**
Westlich des Puning-Tempels
Ursprünglich erbaut als Halle für buddhistische Mönche, die Chengde besuchen, und dementsprechend imposant. Hotelrestaurant, das auch vegetarische Küche anbietet. ●●

Große Mauer

◆ **Commune by the Great Wall**
An der Autobahn nach Badaling, Große Mauer, Ausfahrt 16
www.commune.com.cn
Diese außergewöhnlichen Zeugnisse asiatischer Baukunst nahe Badaling sind an sich schon einen Besuch wert, ganz zu schweigen von den beiden erlesenen – und teuren – Restaurants. ●●●●

Tianjin

◆ **Goubuli**
77 Shandong Lu
Tianjins berühmtestes Restaurant serviert saftige, in Dampf gegarte und gefüllte Brötchen, hergestellt nach alter Rezeptur. ●

◆ **Laozhiqing Shaomai**
Beim Binjiang-Kaufhaus gelegen, Seitenstraße der Shandong Lu
Dieses winzige, leicht zu verfehlende Lokal hat viele ausgefallene Snacks auf seiner Karte, z.B. Shaomai-Brötchen oder Reisbrei. ●

◆ **Tianjinwei 1928**
1F Nuren Jie
Einheimisch das Flair, traditionell das Essen und die künstlerischen Darbietungen (wie die »Cross-talk«-Comedy). ●●

◆ **Huayun Bowuguan**
283 Hebei Lu
Sogenanntes Museum-Restaurant, ausgestattet mit Hunderten von Antiquitäten und historischen Kuriositäten. Regionale Küche in unterschiedlichen Preiskategorien. ●●–●●●

Der Bau der Mauer

Für dieses gigantische Bauprojekt, das als unbezwingbare Wehranlage gedacht war, brauchte man Millionen von Zwangsarbeitern.

Vor etwa 2200 Jahren wurden erstmals alte, kürzere Mauerstücke zu einem System von Mauern verbunden, die das Reich des ersten Kaisers der Qin-Dynastie vor den Nomadenvölkern im Norden schützen sollten. Doch erst die Ming-Dynastie baute ein neues, größeres und besser befestigtes Mauersystem, so wie man es heute besichtigen kann.

Die Mauer aus der Ming-Dynastie ist ca. 8 m hoch und etwa 7 m breit. Auf einigen Abschnitten konnten vier oder mehr Soldaten zu Pferd nebeneinander reiten. Das komplizierte Mauersystem windet sich über die Berggrate und besteht aus Türmen, in denen Waffen gelagert wurden, Soldaten schliefen und von denen aus Signale weitergegeben wurden. Die Mauer war v.a. ein Transport- und Kommunikationssystem, über das sich Soldaten und Boten schneller bewegen konnten als die Feinde im Gelände.

Zum Bau wurden Granitblöcke verwendet, von denen einige mehr als eine Tonne wogen. Hölzerne Hilfskonstruktionen, Flaschenzüge und zahllose Zwangsarbeiter machten die Konstruktion erst möglich. Und wer dabei ums Leben kam, wurde gleich mit eingemauert. ■

Ganz oben: Um die Mauer möglichst undurchdringlich zu machen, wurde oft ein ungewöhnlicher Verlauf auf dem Rücken steil abfallender Berghänge gewählt.
Oben rechts: Blick von einem der vielen Wachtürme
Oben links: Mit Fahnen wurden Signale weitergegeben.
Rechts: Die sieben Meter dicke Mauer setzte sich folgendermaßen zusammen: Die äußere Schicht bestand aus Ziegeln und Steinplatten, die Innenschicht aus Erde, Geröll und aus den Knochen von verstorbenen Zwangsarbeitern.
Ganz rechts: In der Zeit der Ming-Dynastie wurden besonders schwere Ziegel verwendet. Man benutzte Flaschenzüge, spezielle Tragevorrichtungen, Handwagen, Mulis und Ziegen, um sie zu transportieren und zu platzieren.
Unten links: Der Weg oben auf der Mauer ist so konzipiert, dass mehrere Reiter nebeneinander Platz hatten.
Unten rechts: Wenn Angreifer gesichtet wurden, zündeten die Wächter auf den Türmen Wolfsdung an, um benachbarte Posten mit Rauchzeichen zu warnen.

Ganz rechts: In unmittelbarer Nähe der Mauer wurden Ziegelbrennöfen errichtet, um die Transportkosten niedrig zu halten. Bis heute wurden ungefähr 50 Brennöfen ausgegraben.

Das Leben der Wachsoldaten

Von den Holzhütten, die die Wachsoldaten auf den Aussichts- und Signaltürmen errichtet hatten, sahen sie monatelang keinen einzigen Feind. Und wenn es einen Angriff gab, bestand ihre Hauptaufgabe nicht darin, die Mauer zu verteidigen, sondern durch ein genau festgelegtes System von Fahnen oder Fackeln die nächste Garnison zu alarmieren.
In abgelegenen Gegenden wohnten die Wachsoldaten in den Türmen, die sie meist mit elf anderen Soldaten teilten. Wenn sie keinen Dienst hatten, bauten sie Gemüse auf einem kleinen Stück Land innerhalb der Mauer an, sammelten Feuerholz, Dung oder gingen auf die Jagd. Türen und Fenster der Türme waren durch Holzbretter verschlossen, um die Kälte des Winters und den Regen des Sommers draußen zu halten. Die Temperatur konnte auf – 20 °C sinken, sodass die Soldaten sich auf ihrem heizbaren Ziegelbett, dem *kang*, zusammendrängten.

Karte auf Seite 167

Der Nordosten

Der raue Nordosten des Landes, der im Westen Mandschurei, von den Chinesen schlicht Dongbei genannt wird, wurde durch die Kriege zwischen China und den Nachbarstaaten Japan, Korea und Russland geprägt.

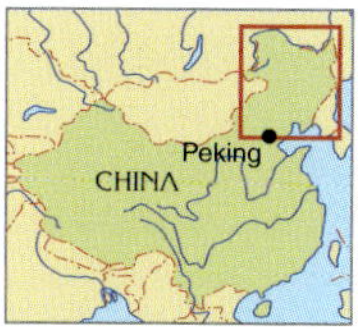

Nördlich von Peking erstreckt sich die fruchtbare nordostchinesische Tiefebene. Hier liegen die drei Provinzen Liaoning, Jilin und Heilongjiang. Letztere ist nach dem Grenzfluss zwischen China und Russland benannt, der im Russischen Amur heißt. Die Chinesen nennen dieses Gebiet *dongbei*, was wörtlich »Ost-Nord« heißt. Im Westen grenzen die nordostchinesischen Provinzen an die mongolischen Steppengebiete, im Osten an die koreanische Halbinsel.

Die Bezeichnung Mandschurei, die außerhalb Chinas gebräuchlich ist, geht darauf zurück, dass hier das Siedlungsgebiet der Mandschuren lag. Die verschiedenen Stämme einigten sich Anfang des 17. Jhs. auf den Anführer Nurhaci und gründeten eine Monarchie nach chinesischem Vorbild. Als die Ming-Dynastie in Misswirtschaft und Aufständen versank, nutzten sie ihre Chance, eroberten Peking und setzten die chinesische Herrschaftsfolge mit der Qing-Dynastie fort. Lange untersagten sie die Ansiedlung von Han-Chinesen in ihrer alten Heimat, erst unter dem wachsenden Bevölkerungsdruck Mitte des 19. Jhs. wurde das Verbot aufgegeben. Während des Zweiten Weltkriegs versuchten die Japaner, mithilfe des Marionettenstaates Mandschuguo, an dessen Spitze formal der letzte chinesische Kaiser Puyi stand, dieses Gebiet von China abzutrennen, doch letztlich ohne Erfolg. Mandschuguo war ein 1932 von den Japanern auf dem von ihnen eroberten Gebiet in der Mandschurei gegründeter Scheinstaat. Heute leben ca. 100 Millionen Menschen in dieser Region. Außer Chinesen gibt es auch eine bedeutende Minderheit von Koreanern und Russen, was zu kulturellen Vermischungen, aber auch zu Streitigkeiten führte.

Von Peking aus kann man mit der Transsibirischen Eisenbahn Nordostchina durchqueren: Über Shenyang, Changchun, Jilin und Harbin geht es nach Qiqihar und Hailar in den Grenzort Manzhouli und nach Russland.

NICHT VERPASSEN!

- Palast in Shenyang
- Strände von Dalian
- Changbai Shan
- Harbin
- Eisfestival in Harbin
- Der tiefe Norden

Links: Winterwunderland Harbin: beleuchtete Eisskulpturen beim Eisfest **Unten:** So hält man sich im eisigen Norden fit

Shenyang

Die Hauptstadt der Provinz Liaoning, **Shenyang ❶**, ist mit rund acht Millionen Einwohnern eine der bedeutendsten (und schmutzigsten) Industriestädte Chinas. Obwohl ihre Spuren weit in die Geschichte zurückreichen, hat die Stadt erst in der Song-Dynastie als Handelszentrum für nomadische Viehzüchter an Bedeutung gewonnen. Ihren Aufstieg erlebte sie, als die Mandschuren die Macht in Peking übernahmen. Galten die Mandschuren bis Ende der 1970er-Jahre als weitgehend assimiliert, so werden in den letzten Jahren ihre Sitten und Gebräuche wieder betont. Im autonomen Kreis Xiuyan wurde erst vor wenigen Jahren ein Museum für die Kunst und Kultur der Mandschuren eingerichtet.

Das größte Bauwerk der Qing-Zeit in der einst als Mukden bekannten Stadt ist der **Kaiserpalast** (Shenyang Gugong, 171 Shenyang Lu, tgl. 8–17 Uhr), der nach dem Kaiserpalast in Peking als die vollständigste und besterhaltene Palastanlage gilt. Sie entstand 1625, nachdem die Mandschuren Shenyang zu ihrer Hauptstadt erklärt hatten, und umfasst auf einer Fläche von über 60 000 m2 mehr als 300 Bauten. In diesem Kaiserpalast, der auch nach der Übersiedlung der Qing-Kaiser in die Hauptstadt Peking beibehalten wurde, residierten Nurhaci, der Gründer der Qing-Dynastie, und sein Nachfolger Abahai (auf Chinesisch Huang Taji genannt). Die Hauptgebäude, bei denen chinesische, mandschurische und mongolische Architektur miteinander verschmelzen, sind die Chongzheng-Halle, der Qingning-Palast, die Dazheng-Halle und der Wensu-Pavillon. Der Palast gehört zum Unesco-Welterbe und wird seit 2008 umfassend renoviert.

Von den drei kaiserlichen Qing-Gräbern in Liaoning liegen zwei in Shenyang. Das **Nördliche Kaisergrab** (Beiling, 12 Taishan Lu, tgl. 8–17 Uhr) wurde für Nurhacis Sohn Abahai 1643 in einem Park im Norden der Stadt angelegt. Das **Östliche Kaisergrab** (Dongling, 210 Dongling Jie, tgl. 8–17 Uhr), 8 km außerhalb der Stadt, ist die Begräbnisstätte Nurhacis. Das dritte Grab (Yongling), das Nurhaci für seine Vorfahren bauen ließ, befindet sich im

Unten: Sommerlich überlaufener Strand bei Dalian

Kreis Xinbin. Sehenswert ist in Shenyang noch der im Westteil der Stadt liegende **Lamatempel** (Shishensi) aus dem 17. Jh. Das **Geschichtsmuseum 9.18** (Qinhua Rijun Di, 46 Wanghua Nanjie, tgl. 8.30–16 Uhr), das seinen Namen vom Tag der Eroberung Shenyangs durch die Japaner am 18. September 1931 erhielt, zeigt in vielen Details die Grausamkeit des Kolonialkrieges, den Japan bis heute nicht bewältigt hat.

Boomtown des Nordostens

Von Shenyang nach Süden führt die Bahn zunächst in die Millionenstadt **Anshan**, 80 km von Shenyang entfernt. Dort produziert eines der größten Eisen- und Stahlkombinate des Landes. Von Anshan aus bietet sich ein Besuch des reizvollen **Qian-Berges** (Qianshan) mit alten Kiefern, Pavillons, Tempel- und Klosteranlagen aus der Ming- und Qing-Zeit an.

Von Anshan geht die Fahrt weiter nach Süden, vorbei an ausgedehnten Hirse- und Sojabohnenfeldern, bis an die Spitze der Halbinsel, wo die Hafenstadt **Dalian** ❷ liegt. Der eisfreie Hafen ist einer der wichtigsten der Volksrepublik und wird auch als »Hongkong des Nordens« bezeichnet. Schon unter japanischer und russischer Besetzung spielte Dalian als Hafen- und Industriestadt eine bedeutende Rolle für den Nordosten, heute dient es als äußerst geschäftiger Hafen für die Automobil- und Elektronikindustrie.

Nicht zuletzt wegen der kilometerlangen Strände ist die im Sommer in Grün eingebettete Stadt mit ihrem maritimen Klima ein beliebter Kur- und Ausflugsort. Reizvoll liegt der **Naturpark Laohutan** am Meer. 5 km südöstlich befindet sich der Sandstrand **Bangchuidao Jingqu,** lohnend ist vielleicht auch noch der Kieselstrand in **Fujiazhuang.** Das Bild der von einer Bucht gesäumten Stadt wird von dem geschäftigen Hafen, den breiten Straßen und den großen, begrünten Plätzen geprägt. Hier sollte man unbedingt eines der zahlreichen Fischrestaurants besuchen. Die Besatzer, vor allem die Sowjets, haben architektonisch ihre Spuren hinterlassen, und so sieht man in der Innenstadt etliche europäisch geprägte Gebäude. Die schönsten da-

TIPP

Wenn Sie einen Blick auf nordkoreanisches Gebiet werfen möchten, können Sie eines der täglich verkehrenden Schiffe nehmen. Sie fahren von Dandong aus den Yalu-Fluss entlang, den Grenzfluss zwischen China und Nordkorea, und kommen bis auf 20 Meter an die koreanische Grenze heran.

Der Nordosten eignet sich ideal zur Vogelbeobachtung. Verschiedene Arten von Kranichen kommen hier vor, besonders der sibirische bzw. japanische Kranich mit seiner typischen roten Krone.

Unten: Der Himmelssee an der Grenze zwischen China und Nordkorea

von liegen am Zhongshan-Platz, z.B. das Dalian-Hotel und das alte Haus der Bank of China.

Von Dalian lässt sich mit dem Bus oder dem Taxi die Ortschaft **Ganjizi** nördlich der Bucht erreichen. Dort gibt es ein Ziegelsteingrab aus der Han-Dynastie mit interessanten Wandmalereien zu besichtigen. Boote bringen interessierte Besucher auf dem Yalu-Fluss bis auf wenige Meter an die nordkoreanische Grenze heran. 60 km von Dalian entfernt liegt das früher unter dem Namen Port Arthur bekannte **Lüshun**, dessen Hafen allerdings an Bedeutung verloren hat.

Koreanisches Grenzland

Von Shenyang aus nach Südwesten gelangt man über Benxi nach **Dandong** ❸ in der Nähe der koreanischen Grenze, wo das landschaftlich reizvolle **Gebirge Dagushan** liegt. Von Dandong aus geht die Bahnlinie weiter nach Nordkorea bis zur Hauptstadt Pjöngyang.

Von Chenyang nach Osten gelangt man in die Industriestadt **Fushun,** in der der letzte Kaiser Puyi von 1950 bis 1959 gefangen gehalten wurde. Weiter östlich liegt die Weinstadt **Tonghua** mit dem sehenswerten Himmelskloster, dem Mausoleum von Yangjingyu und einer Weinkellerei.

Ji'an ❹ liegt am Oberlauf des Yalu und war einst die Hauptstadt des koreanischen Königreiches Koguryo. In der Umgebung gibt es zahlreiche Grabanlagen, die aber nur teilweise zugänglich sind. Ji'an liegt inmitten eines autonomen Gebietes der Koreaner. Ungefähr zwei Millionen Koreaner gibt es in China, von denen über 60 Prozent in der Provinz Jilin leben.

Die Hauptstadt dieses autonomen Gebietes ist **Yanji** ❺, wo die Koreaner auch über eine eigene Hochschule verfügen. Nahe dem Ort Ji'an ist der Grenzfluss Yalu nur 30 m breit, und hier geht es sehr idyllisch zu. Im Sommer unterhalten sich die Frauen über die Grenze hinweg beim Wäschewaschen, und die Kinder baden gemeinsam im Fluss, auch wenn es offiziell nicht erlaubt ist, ans gegenüberliegende Ufer zu schwimmen. Übrigens fühlt man sich auch in einigen Vierteln von Shenyang, Changchun, Jilin und Mudanjiang nach Korea versetzt: Die Men-

schen tragen teilweise koreanische Kleidung, Schilder weisen koreanische Beschriftungen auf, und auf dem Markt wird vorwiegend Koreanisch gesprochen. In Shenyang erinnert ein Märtyrerfriedhof an die chinesischen Gefallenen im Koreakrieg.

Zwischen Tonghua und Yanji folgt das **Naturreservat Changbai Shan** dem Bergzug entlang der Grenze. Den Koreanern und Mandschuren gilt der **Weißkopfberg** (Baitoushan) als heilig. Im Reservat leben noch Zobel, Schneeleoparden, Tiger, Bären und Haselhühner, und natürlich wächst hier hervorragender Ginseng. Für Touristen wurde ein **Ausflugsgebiet** (Changbai Shan Fengjing Qu, tgl. 7–16.30 Uhr) geschaffen, mit einem unterirdischen Wald, einem Wasserfall und dem schönen **Himmelssee** (Tianchi), einem tiefblauen Kratersee, der von Wiesen und schneebedeckten Bergen gesäumt wird. Er hat einen Umfang von 15 km, und man kann von Juni bis September an ihm entlangwandern, sonst ist er zugefroren. Allerdings kann man ihn nicht umrunden, weil er an die koreanische Grenze stößt. Angeblich soll in ihm ein Seeungeheuer ähnlich dem von Loch Ness leben, zum letzten Mal sei es 1981 gesichtet worden. In der Nähe stürzt ein Wasserfall herab, der einer der Quellflüsse des Sungari ist.

Von schöner Landschaft umgeben ist die Stadt **Mudanjiang ❻**. In noch ursprünglichem Wald liegt ein Resort am idyllischen **Jingpo-See.**

In den Norden

Die Stadt **Jilin** ist von Yanji aus erreichbar und bekannt für ihre im Winter befrorenen Bäume am Ufer des Flusses Songhua. Ansonsten kann man noch die **katholische Kirche** (3 Songjiang Lu, Mo–Fr ab 5, Sa/So ab 8 Uhr) und den **Konfuzius-Tempel** (Wen Miao, tgl. 9–16 Uhr) besuchen.

Die große Provinzhauptstadt **Changchun ❼** (»Ewiger Frühling«) am Fluss Yitong gewann erst Ende des 19. Jhs. als Endpunkt der von den Russen gebauten mandschurischen Eisenbahn an Bedeutung. 1932 wurde die Stadt als Xinjing Sitz der Regierung des japanischen Marionettenstaats Mandschuguo. Noch heute weist sie mit ihren schnurgerade verlaufenden Boulevards

»

In dem hervorragenden Skigebiet bei Changchun wird jährlich das Changchun Vasaloppet International Skiing Festival, ein Skilanglauf-Wettbewerb, ausgerichtet.

VERKEHRSMITTEL

Reisen in die Mandschurei

- **Flugzeug:** Shenyang, Harbin und Dalian sind gut in das innerchinesische Flugnetz eingebunden.
- **Zug:** Shenyang ist ein Eisenbahnknoten mit guten Zugverbindungen.
- **Schiff:** Vom Passagierterminal in Dalian erreicht man Inchon (Südkorea), Shanghai (37 Std.), Tianjin (13 Std.) und Yantai (5–7 Std.).

Reisen in der Mandschurei

- **Shenyang:** Schnellzüge nach Dandong (4 Std.), Dalian (4 Std.) und Jilin (5 Std.).
- **Changchun:** Zahlreiche Züge nach Harbin (2 Std.) und Shenyang (2 Std.). Per Bus dauert es z.B. nach Jilin 1,5 Std.
- **Changbai Shan:** Wenige Flüge zwischen Dalian und Peking zum Yanji International Airport.

Unten: Schon Kinder werden militärisch gedrillt

Anfang der 1930er-Jahre ernannten die Japaner Puyi zum Kaiser ihres Marionettenstaats Mandschuguo. 1945 wurde er von den Russen gefangen genommen und verbrachte auch unter Mao lange Jahre im Gefängnis, bis zu seiner Rehabilitierung durch die Kommunistische Partei. Puyi starb 1964 in Peking.

Unten: Kunstvolle Eisskulpturen in Harbins Taiyang Dao

Elemente japanischer Stadtplanung auf. Heute ist Changchun Zentrum der chinesischen Automobilindustrie und vermutlich die Stadt mit der höchsten Umweltbelastung der Welt.

Der **Palast des Kaisers Puyi** (Weihuanggong, 5 Guangfu Lu, tgl. 8.30 bis 16.30 Uhr) ist restauriert und heute Provinzmuseum. Man kann Gegenstände aus dem Besitz des mit den Japanern paktierenden abgesetzten Kaisers sehen.

Zwischen China und Russland

Von Changchun aus geht die Fahrt mit der Transsibirischen Eisenbahn nach **Harbin ❽**, der 5 Millionen Einwohner zählenden Hauptstadt der Provinz Heilongjiang. Peking ist jetzt fast 1400 km entfernt, 13 Std. mit dem Zug, Wladiwostock dagegen nur 500 km. Harbin erstreckt sich am Fluss Songhua, der weiter im Norden in den Amur mündet. In der Stadt gibt es viele Industriegebiete und Siedlungen von Plattenbauten, die in starkem Kontrast zum europäisch geprägten Stadtzentrum stehen.

Vor allem nach der Oktoberrevolution 1917 flohen viele Weißrussen hierher, die zusammen mit den bereits ansässigen russischen Siedlern die Mehrzahl der Einwohner bildeten. Nach dem Zweiten Weltkrieg kehrten die meisten in die Sowjetunion zurück. Vor allem der zentrale Stadtteil **Daoli** erinnert noch heute an russische Städte, nicht zuletzt wegen der alten Kirchen mit ihren unverkennbaren Zwiebeltürmen und der neuen russischen Restaurants. In der großen Einkaufsstraße **Zhongyang Dajie** befinden sich einige teure Geschäfte, Pelzläden und Kaufhäuser. Mehr als ein Dutzend orthodoxe Gotteshäuser stehen in Harbin, die meisten neogotisch. Eins der schönsten ist die restaurierte **Sophien-Kathedrale** (Ecke Zhaolin und Toulong Jie, tgl. 9.30–17.30 Uhr), einst die russisch-orthodoxe Hauptkirche von Harbin, die ein interessantes Architekturmuseum beherbergt, das historische Fotos der Stadt präsentiert.

Im Dorf Pingfang, 30 km südlich von Harbin, befand sich die Einheit 731 des japanischen Forschungszentrums für biologische Kriegsführung, in dem in

den 1930er-Jahren zahlreiche »medizinische« Experimente an mehr als 4000 Kriegsgefangenen vorgenommen wurden. Diese grauenhafte Quälerei wird in einem **Museum** (Xinjiang Dajie, tgl. 8.30–11.30, 13–16 Uhr) dokumentiert.

Die Winter im fast schon sibirischen Harbin sind sehr kalt, auf bis zu –38 °C können die Temperaturen fallen. Auf dem zugefrorenen Sungari können zuweilen sogar Lastwagen und Busse fahren. Deswegen findet jedes Jahr ab dem 5. Januar das berühmte **Eisskulpturenfest** (s. S. 9) statt. Mindestens einen Monat lang bleiben Dutzende großer, bunt beleuchteter Eisfiguren im **Zhaolin-Park** (Zhaolin Gongyuan, tgl. 5–18.30 Uhr) erhalten. Am nördlichen Flussufer versammeln sich in der **Eis- und Schneewelt** (Bingxue Da Shijie, tgl. 9–22 Uhr) die größten Ausstellungsstücke. Im **Sonneninselpark** (Taiyang Dao, tgl. 8–17 Uhr), der auch per Seilbahn zu erreichen ist, sind große, aus Schnee geschnitzte Bauwerke und Skulpturen zu sehen, die durch ihre detaillierte Bearbeitung erstaunen.

Von Harbin aus sind mehrere Skiresorts erreichbar, darunter mit dem 200 km entfernten **Yabuli** (Xiangzhi, Nov.–April) das größte und am besten ausgestattete Skigebiet in China.

Eine wichtige Bahnstrecke führt von Harbin nach Nordwesten in Richtung Innere Mongolei. Nach 3 Std. ist **Daqing** ❾, einst Chinas größtes Ölfeld, erreicht. Es ist ein Musterbeispiel für die grandios gescheiterte maoistische Industrialisierungspolitik.

Etwa 30 km bevor die ausgedehnte Industriestadt Qiqihar erreicht wird, fährt der Zug am **Naturreservat Zhalong-See** (tgl. 7–17 Uhr) vorbei. In sumpfigem Gelände sind hier verschiedene Kranicharten zu Hause. Von Qiqihar aus kann man mit einer organisierten Bustour das Reservat besuchen. Weiter nördlich, bei Bei'an, liegt das Vulkangebiet **Wudalian** mit zahlreichen heißen Quellen und therapeutischen Schlammbädern.

In den Sommermonaten kann man weiter ins »chinesische Sibirien« vordringen, eine endlose Gegend von Birken- und Nadelwäldern bis zum Grenzfluss Heilongjiang/Amur. Ein lebhafter Grenzverkehr hat sich bei dem Städtchen **Heihe** entwickelt. ■

Die russischen Einflüsse sind im Stadtbild von Harbin noch deutlich zu erkennen

RESTAURANTS

Preiskategorien (für eine Person mit einem Getränk)
●●●● = über 15 €
●●● = 10–15 €
●● = 5–10 €
● = unter 5 €

Changchun

◆ **Chufang Zhizao**
Gegenüber von Eingang 2 des Nanhu-Parks
Dieses angenehm ruhig im Nanhu-Park gelegene Restaurant ist bestens geeignet, um in schönem Ambiente kleine Snacks zu genießen, beispielsweise Kuchen mit der exotischen Durian-Frucht oder duftenden Grünen Tee. ●●

Dalian

◆ **Wanbao Seafood Restaurant**
108 Jiefang Lu
Dalian ist bekannt für seine exzellenten Fischrestaurants. Das elegante Wanbao Seafood Restaurant ist eines davon. Auf den Tisch kommen köstliche Fischspezialitäten wie Hummer und Seeigel. ●●●●

◆ **Xiandai Shishang**
59 Changjiang Lu
Das Dongbei-Lokal liegt zentral auf dem Zhongshan-Platz und besticht mit trendiger Inneneinrichtung und Gerichten von hoher Qualität. ●●

Dandong

◆ **Donghai Yucan**
42, Block E. Development Zone
Das Donghai Yucan ist ein bei den Einheimischen sehr beliebtes Süßwasserfisch-Restaurant. ●

Harbin

◆ **Huamei Xi Canting**
112 Zhongyang Dajie
Schon 1925 wurde dieses bekannte russische Restaurant gegründet und rühmt sich damit, das älteste Lokal zu sein, das ausländische Küche in China serviert. Hier dürfen natürlich russische Klassiker wie Borschtsch usw. nicht fehlen. ●●

◆ **Xiangcun Dayuan**
13 Dashun Jie
Das Xiangcun Dayuan serviert hervorragende Dongbei-Küche, abends gibt es laut-dröhnende Gesangsdarbietungen von Rote-Armee-Liedgut. ●●

◆ **Portman (Boteman Xicanting)**
63 Xiqi Daojie
Großes vierstöckiges Restaurant mit offenem Kamin. Auf der Karte stehen an die russische Küche angelehnte Speisen und selbst gebrautes Bier. Abends ab 18 Uhr gibt es Livemusik. ●●●●

Innere Mongolei

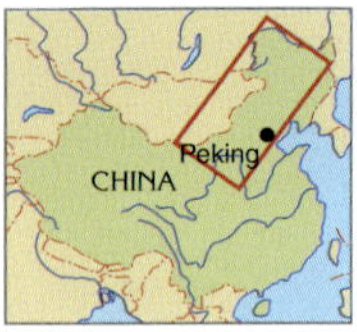

Das offene Grasland der Inneren Mongolei vermittelt ein Gefühl von Abgelegenheit und Leere, das sonst in China kaum anzutreffen ist. Der Süden ist dichter besiedelt und bietet einige überraschende Sehenswürdigkeiten.

NICHT VERPASSEN!

Wutasi, Hohhot
Wudangzhao
Tour durchs Grasland
Mausoleum Dschingis Khans
Xiangshawan

Unten: Mongolische Kinder in Nationaltracht beim Mausoleum Dschingis Khans

Die Innere Mongolei (chin.: Nei Monggol), die sich in einem weiten Bogen von Sibirien bis zur Wüste Gobi hinzieht, gehört zu den am dünnsten besiedelten und am wenigsten bekannten Gebieten Chinas. Sie schließt sich südlich an die eigentliche Mongolei an, die seit dem Zusammenbruch der Sowjetunion eine unabhängige Republik ist.

Schon allein beim Namen Mongolei erscheinen sofort im Geiste Bilder von Dschingis Khan und seinen Reiterheeren, die im 13. Jh. China unterwarfen und bis an die Grenzen Europas vordrangen. Die Innere Mongolei ist nur ein kleiner Teil des Siedlungsgebietes der Mongolen, und seit sie zur Volksrepublik China gehört, ist ihr Charakter durch erzwungene Ansiedlung von Han-Chinesen beträchtlich beeinträchtigt worden: Nur noch etwa 15 Prozent der Bevölkerung sind Mongolen und nur wenige leben noch als Nomaden, seit die Pekinger Regierung ihre Ansiedlung in sterilen Plattenbauten erzwingt. Nur noch im Hintergrund findet man in den Industriestädten

VERKEHRSMITTEL

Reisen in die Innere Mongolei

◆ **Flüge:** Der Flughafen Baita, 14 km östlich von Hohhot, ist mit 28 chinesischen Städten verbunden. Tgl. Flüge nach Peking, Xi'an, Xilinhot und Hailaer, häufig nach Shanghai und Kanton.

◆ **Zug und Bus:** Von Hohhot und Baotou täglich Züge nach Peking, Datong, Taiyuan, Yinchuan und Lanzhou, zudem Zugverbindung nach Russland und in die Mongolei. Von Hohhot tgl. Busse nach Peking und Datong, von Baotou tgl. nach Yulin und Yan'an.

Reisen in der Inneren Mongolei

◆ **Hohhot:** Täglich Schnellzüge (2 Std.) nach Baotou. Busse alle 30 Min. nach Baotou (2 Std.) und Dongcheng (3 Std.).

◆ **Baotou:** Täglich Schnellzüge (2 Std.) nach Hohhot, Busse alle 30 Min. nach Hohhot (2 Std.) und Dongcheng (1 Std.).

mongolischen Einfluss, manchmal in der Kleidung oder in entsprechenden Restaurants.

Kaum verändert hat sich hingegen die überwältigende Landschaft weiter im Norden: Steppen und Grasland soweit das Auge reicht. Und im Südwesten sogar hohe Sanddünen.

Hohhot

Die am einfachsten zu erreichenden Gebiete der Inneren Mongolei liegen in der Umgebung der Städte Baotou und Hohhot, dort, wo der Gelbe Fluss die Landschaft durchschneidet. Die meisten Besucher nutzen **Hohhot** ⑩, die Hauptstadt der autonomen Inneren Mongolei, als Ausgangspunkt für organisierte Ausflüge in das etwa 80 km entfernte Grasland. Die Stadt ist stark chinesisch geprägt, auch wenn einige mongolische Reminiszenzen anklingen und es in der Altstadt im Südwesten mehrere buddhistische Tempel gibt.

Die offizielle chinesische Version der Geschichte und gesellschaftlichen Entwicklung der Inneren Mongolei ist im völlig überdimensionierten **Innermongolischen Museum** (Nei Menggu Bowuguan, Di–So, Okt.–April 9.30–17, Mai–Sept. 9–17.30 Uhr) zu sehen. Das gigantische Bauwerk wird von einem runden Dach gekrönt, das einer Jurte nachempfunden sein soll und so aussieht, als wäre es mit Gras bewachsen. 14 Hallen auf vier Stockwerken erklären hier die Mongolei aus kommunistischer Sicht; es gibt kaum englische Beschriftungen. Es gibt eine volkskundliche Abteilung, in der u.a. traditionelle mongolische Kleidung, Jagdutensilien und Alltagsgegenstände ausgestellt werden, eine paläontologische Abteilung, deren Hauptattraktion ein Dinosaurierskelett bildet, sowie im Obergeschoss die historische Abteilung.

Buddhistische Lamaklöster

In der alten, noch mongolisch geprägten Südwestecke von Hohhot wurden einige buddhistisch-lamaistische Tempel restauriert, die auf die frühere Bedeutung des Lamaismus für die Mongolei verweisen. Heute kann man wieder einzelne Lamas antreffen, die in leicht holprigem Tibetisch Sutren rezitieren.

Hammelfleisch liegt aufgetürmt auf dem Altar des 50 km südlich von Dongsheng gelegenen Mausoleums von Dschingis Khan. Mit Opfergaben wird der Großkhan viermal im Jahr geehrt.

Unten: Das endlose mongolische Grasland

Hohhots Wutasi erinnert an indische Tempel. An den Wänden befinden sich 1563 Buddha-Reliefs, Schriftzüge und eine rätselhafte, altmongolische Fixsternkarte.

Unten: Die mongolischen Nomaden leben noch in den traditionellen Jurten *(ger)*

Der größte und lebhafteste Tempel dieser Gegend ist der mingzeitliche **Dazhao-Tempel** (tgl. 8 bis 18 Uhr), der etwas versteckt an der Danan Jie liegt. Er wurde 1579 gegründet und galt als Symbol der Übernahme des Lamaismus durch die Mongolen, nachdem Altan Khan dem späteren dritten Dalai Lama Sonam Gyatso in Qinghai einen offiziellen Besuch abgestattet hatte und anschließend zum Buddhismus übergetreten war. Der Tempel wurde später vergrößert und dem Qing-Kaiser Kangxi gewidmet; seitdem wurde er mehrfach restauriert.

Nur wenige Gehminuten entfernt liegt der **Xilituzhao-Tempel** (tgl. 8 bis 18 Uhr), 1586 zum Gegenbesuch des Dalai Lama in Hohhot erbaut. Außergewöhnlichstes Merkmal ist die große Dagoba im tibetischen Stil, die an den Seiten eine ungewöhnliche Kombination von Inschriften aus Sanskrit, Chinesisch und Tibetisch aufweist.

Nach 15 Min. Fußweg Richtung Südosten hat man Hohhots am besten erhaltenen historischen Tempel erreicht, den **Wutasi** (tgl. 8–17.30 Uhr). Er entstand ursprünglich 1727 in indischem Stil mit fünf aufragenden Türmen, die den Weltenberg Meru symbolisieren. Die zahlreichen Buddhareliefs sowie die Sutreninschriften auf Sanskrit, Chinesisch und Mongolisch sind gut erhalten. Im Inneren und auf der Rückseite des Tempels sind interessante kosmologische Pläne, darunter die einzig existierende altmongolische Fixsternkarte, in die Steinwände geritzt.

Von der Danan Jie ungefähr einen Kilometer nach Norden belegt die gegen Ende des 17. Jahrhunderts erbaute **Große Moschee** (Daqingzhensi) mit ihrem chinesischen Baustil wieder einmal, dass sich fremde Religionen der chinesischen Kultur anzupassen hatten. Dies ist die wichtigste Moschee der muslimischen Hui der Stadt, und in ihrer Umgebung haben sich zahlreiche muslimische Nudel- und Kebabrestaurants niedergelassen.

Baotou und Wudangzhao

Die meist in schmutzige Abgase gehüllte Industriestadt **Baotou** (11) liegt zwei Zugstunden westlich von Hohhot. In der Stadt selbst gibt es kaum Sehenswürdigkeiten, doch von hier kann man einige Ziele in der Umgebung erreichen. Wichtigste Sehenswürdigkeit ist das 70 km nordöstlich der Stadt gelegene buddhistische Kloster **Wudangzhao** (tgl. 8–17.30 Uhr). Der 1749 in der Qing-Dynastie gegründete Tempel besaß einst 2500 Hallen und Kammern und war damit das größte tibetische Kloster der Inneren Mongolei. Heute finden sich wieder einige Mönche in diesem Komplex aus weißen Gebäuden, die sich einen kleinen Hügel hinaufziehen.

Mausoleum Dschingis Khans

Neuerdings wird das **Mausoleum des Dschingis Khan** (Chengjisihan Lingyuan, tgl. 8–18 Uhr) von Mongolen wieder häufiger besucht, obwohl es äußerst unwahrscheinlich ist, dass der Großkhan hier tatsächlich beerdigt wurde. Der Symbolbau befindet sich außerhalb der kohlenverrußten Stadt Dongsheng, etwa 110 km südlich von Baotou.

Die drei Betonbauwerke, die von den Chinesen in den 1950er-Jahren errichtet wurden und mongolische Jurten darstellen sollen, beherbergen angeblich Relikte aus dem 13. Jahrhundert. Eine Statue des Khans, dessen tatsächliches Aussehen auch nicht bekannt ist, ragt in der Hauptkammer auf. Dschingis starb auf einem Feldzug, wo er begraben ist, weiß niemand. Dennoch übt dieses Mausoleum für Mongolen aus beiden Staaten eine große Anziehungskraft aus, weil sie darin ihre kulturelle Identität repräsentiert sehen, die früher von den Russen und heute noch von den Chinesen unterdrückt wird. Deshalb kommen ganze Familien in ihrer besten traditionellen Sonntagstracht hierher.

Rollende Dünen

Etwa 45 km südlich von Baotou tut sich im spektakulären **Xiangshawan** am nördlichen Rand der Kubuqi-Wüste ein gigantisches Meer von Wanderdünen auf. Der chinesische Name bedeutet so viel wie »widerhallende Sandbucht«, was wohl auf das durch den sich bewegenden Sand erzeugte Geräusch zurückzuführen sein dürfte. Die höchste der goldenen Sanddünen erreicht eine Höhe von 110 Metern und überrollt das umliegende spärliche Grasland. Hier zeigt sich ein weiteres der zahlreichen Umweltprobleme Chinas, denn die Wüste Gobi breitet sich beständig nach Süden aus.

In einer windigen Ecke der Dünen wurde ein Freizeitpark (tgl. 8–18 Uhr) eingerichtet, der bequem per Seilbahn erreichbar ist und Kamelritte sowie Sandrutschen anbietet. Der Eingang befindet sich 3 km entfernt von einer Abzweigung an der Hauptstraße 210, etwa auf halbem Weg zwischen Baotou und Dongcheng. Busse zwischen den Städten halten an der Abzweigung, aber dann muss man bis zu den Dünen ein Stück zu Fuß gehen. Alternativ kann man sich einer organisierten Tour anschließen.

Eine kurze Wanderung weg von dieser absurden touristischen Einrichtung führt jedoch in die unberührte Welt der Sandwüsten. ■

TIPP

In Hohhot findet man ein regelmäßiges Angebot von drei bis vier Tage dauernden Ausflügen in die Umgebung. Die meisten Besucher entscheiden sich für das Grasland von Xilamuren, das etwa 80 km nördlich der Stadt liegt.

Unten links: Feierlichkeiten am Mausoleum des Dschingis Khan

RESTAURANTS

Preiskategorien (für eine Person mit einem Getränk)
●●●● = über 15 €
●●● = 10–15 €
●● = 5–10 €
● = unter 5 €

Die mongolische Küche ist durch Fleisch und Milch der Tiere geprägt, die auf den Steppen der Mongolei grasen – Schafe, Rinder, Kamele, Yaks und Pferde. Fleisch wird als *hongshi* oder »rotes Essen« bezeichnet, Milchprodukte als *baishi* oder »weißes Essen«. Schafe liefern das Grundnahrungsmittel, Hammelfleisch *(yangrou)*, das meistens gekocht oder gegrillt verzehrt wird. Draußen in der Steppe gilt *shouzhua yangrou* als besondere Delikatesse: im Kessel mit etwas Salz gegarte Hammelbeine.
In Hohhot und Baotou, wo der chinesische Einfluss ausgeprägter ist, isst man gern *shuan yangrou huoguo,* Hammel-Hotpot mit Kohl, Tofu und Glasnudeln, getunkt in eine Sesamsauce.

Hohhot

◆ **Malaqin Fandian**
34 Xinhua Dajie
Bekanntes, lebhaftes Hammel-Hotpot-Lokal. ●
Die Gegend um die **Daxue Xijie** ist voller Restaurants, in denen »weißes Essen« serviert wird: *nailao* (Hartkäse) und *naipi* (Haut der gekochten Milch). Dazu trinkt man heißen *naicha* (Milchtee).

 Karte auf Seite 178

Am Unterlauf des Gelben Flusses

Als eines der Kerngebiete der chinesischen Zivilisation wird der Unterlauf des Huanghe bezeichnet. Die historischen Stätten der Region sind Zeugnisse der 2500 Jahre alten Geschichte.

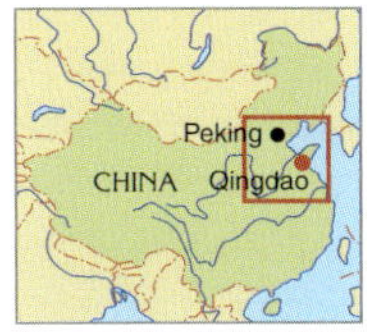

Der Unterlauf des Gelben Flusses (Huanghe) umfasst die Provinzen Shanxi, Henan und Shandong sowie das südliche Hebei. Seit rund 2500 Jahren wird das Land bebaut, und der Fluss brachte sowohl Wohlstand als auch Katastrophen durch Überschwemmungen und Änderungen seines Verlaufes. Erst seit 1933 fließt er durch sein jetziges Bett.

Kein Wunder, dass dieses Land auch bedeutende Stätten der kulturellen Vergangenheit aufweist und dass drei der bekanntesten Philosophen des alten China aus dieser Region stammen: Konfuzius, Menzius und Laozi.

Die **Provinz Shanxi** liegt östlich der langen Südschleife des Gelben Flusses und weist mit heiligen Bergen wie dem Hengshan und dem Wutaishan sowie zahlreichen Tempeln wie dem Xuankongsi eine große Zahl von historischen Stätten auf. Aus jüngerer Zeit stammt die Stadt Pingyao, in der man ein wenig über das kommerzielle Leben in der Ming- und Qing-Dynastie in Erfahrung bringen kann.

Die **Provinz Hebei** reicht bis an Peking heran, aber auch in ihrem Süden blieben einige architektonisch interessante Bauwerke erhalten, vor allem in der alten Stadt Zhengding mit ihren eindrucksvollen Tempelbauten.

Die **Provinz Shandong** ist vor allem durch ihren kulturellen Einfluss bekannt, den die bis zu einer Staatsphilosophie ausgebauten Lehren des hier geborenen Konfuzius auf das gesamte Geistesleben Chinas hatten. Allerdings finden sich in dieser Gegend auch Zeugnisse einer nicht gerade ruhmreichen deutschen Geschichte, als das wilhelminische Kaiserreich die Halbinsel als Kolonie annektierte. Immerhin hinterließ man ein schmackhaftes Bier.

Provinz Shanxi

Datong

Nach sieben Stunden Zugfahrt von Peking Richtung Westen ist die stark verrußte Kohle- und Eisenbahnstadt **Datong** ❶ erreicht, Ausgangspunkt für

NICHT VERPASSEN!

Yungang-Grotten
Xuangkong-Tempel
Wutaishan
Pingyao
Taishan
Qingdao

Links: Tempel auf dem Pusa-Hügel am Wutaishan
Unten: Bei Dreharbeiten in Pingyao

»

In den vergangenen 2000 Jahren hat der Gelbe Fluss 26-mal seinen Lauf geändert. Mindestens 1500-mal ist er über die Ufer getreten und hat Millionen von Todesopfern gefordert. Unregelmäßige und starke Niederschläge am Oberlauf sorgen immer wieder für drastische Schwankungen der Wassermenge. In Kombination mit Sedimentablagerungen an der großen östlichen Flussschleife wird der Huanghe so zu einem äußerst unberechenbaren Gewässer.

Unten: Großer und kleiner Buddha in den Yungang-Grotten

religiöse Bauwerke aus der Zeit vor den Han-Chinesen. Im Jahr 386 verlegte das Turkvolk der Toba die Hauptstadt seiner Nördlichen Wei-Dynastie hierher und begann mit der Ausgestaltung von 16 km westlich gelegenen buddhistischen Grotten.

Die 53 Höhlen der von Menschen aus dem Felsen geschlagenen **Yungang-Grotten** (tgl. 8–18 Uhr) ziehen sich über eine Strecke von einem Kilometer. Sie gehören heute zum Unesco-Welterbe, denn sie belegen die Ausbreitung des Buddhismus im 5. Jahrhundert und zeigen eine eindrucksvolle Vermischung von süd- und zentralasiatischer buddhistischer Kunst mit traditionellen chinesischen Einsprengseln. Zehntausende von Arbeitern schufen die Höhlen zwischen 453 und 525 auf Anweisung von Meistern, von denen einige gerade von Pilgerfahrten in buddhistische Regionen, z.B. im heutigen Afghanistan, zurückgekehrt waren. So gelangten indische und zentralasiatische Stilelemente in die 51 000 Reliefs und Skulpturen, was vor allem in den Gesichtern der großen Buddhas in den westlichen Höhlen (16–20) zu erkennen ist. Im Gegensatz zu den Mogao-Grotten bei Dunhuang (s. S. 409), wo die Skulpturen aus Lehm geformt und Malereien an den Felswänden angebracht wurden, wurden hier zum ersten Mal alle Bildnisse direkt aus dem Fels herausgehauen. Die Bemalung stammt erst aus dem 19. Jahrhundert. Der 14 m hohe Buddha in Höhle 20 ist heute den Elementen ausgesetzt und wurde, da er leicht zu fotografieren ist, zur Symbolfigur der Höhlen. Von Bedeutung sind noch ein 17 m großer gemalter Buddha in Höhle 5 und eine mit geschnitzten Buddhas und Bodhisattvas verzierte Sandsteinsäule in Höhle 6.

In Datong selbst gehört der **Huayan-Tempel** (tgl. 8.30–17 Uhr) zu den ältesten Erinnerungsstücken der Liao-Dynastie der mongolischen Khitan, die die Stadt 907 zu ihrer Hauptstadt machten. Der obere Tempel wurde 1062 gegründet und beeindruckt vor allem durch das gewaltige Dach auf der Haupthalle. Die Firstenden schmücken 4,5 m hohe Chiwen-Tiere. Auch im unteren Tempel steht die Haupthalle im Blickfeld, denn mit der Gründung im Jahr 1038 gilt sie als ältestes und bestes

Beispiel der Liao-Architektur. Die Wände sind von 38 Holzschränken bedeckt, in denen einst buddhistische Schriften aufbewahrt wurden.

Nach nur wenigen Minuten zu Fuß Richtung Osten taucht die **Neun-Drachen-Mauer** (Jiulongbi, tgl. 8–18 Uhr) auf, eine 45 m lange und 8 m hohe, von Glasurkacheln bedeckte Wand, auf der neun umeinanderwirbelnde Drachen gezeigt werden, die ursprünglich einen Prinzenpalast vor bösen Geistern beschützen sollten.

Hengshan

Der nördlichste von Chinas fünf heiligen daoistischen Bergen ist der 2017 m hohe **Hengshan** ❷, 70 km südlich von Datong (nicht zu verwechseln mit einem gleichnamigen Berg in der Provinz Hunan, s. S. 328). Seine hügelige Umgebung ist mit Tempeln durchsetzt, was auf ihre Bedeutung vor rund 1500 Jahren verweist. Anhänger des Daoismus kommen noch hierher, um den Berg zu besteigen, doch Ziel der meisten Besucher ist der **Xuankong-Tempel** (auch »Hängender Tempel« genannt, tgl. 8–18 Uhr), ein Kloster außerhalb der Stadt Hunyuan, das direkt an eine steile Felswand montiert wurde. Seinen Ursprung hat das Kloster in der Nördlichen Wei-Dynastie, doch es wurde schon mehrfach durch Hochwasser weggerissen und musste an höherer Stelle neu aufgebaut werden. Wem die Höhe der hölzernen Planken nichts ausmacht, kann die Tempel für Konfuzius, Buddha und Laozi besuchen.

Die elegante, 67 m hohe **Muta** (Holzpagode, tgl. 8–17.30 Uhr) beherrscht die Stadt **Yingxian,** 30 km westlich des Hengshan, und erinnert an die Baukunst der mongolischen Liao. Die ursprünglich 1056 erbaute Pagode ist die größte und älteste reine Holzpagode im heutigen China. Zu dieser Zeit wurden keine Metallteile verwendet, sondern allein die geschickte Holzkonstruktion ließ das Bauwerk auch mehrere Erdbeben überstehen.

Wutaishan

Der **Wutaishan** ❸ südlich des Hengshan wird vor allem von Buddhisten besucht, die ihn Manjusri (chin. Wenshu) zuschreiben, dem Bodhisattva der Weisheit, der gerne mit einem Manu-

Die Hukou-Wasserfälle am Gelben Fluss sind im Frühling und Sommer besonders beeindruckend, denn dann ist der Wasserstand am höchsten. Allerdings gelangt man nicht so leicht dorthin: Von Linfen aus fahren Minibusse oder Busse, die für die 150 km lange Strecke bis zu sechs Stunden benötigen. Linfen liegt drei Zugstunden von Pingyao entfernt. Übrigens sind die Hukou-Wasserfälle auf dem 50-Yuan-Schein abgebildet.

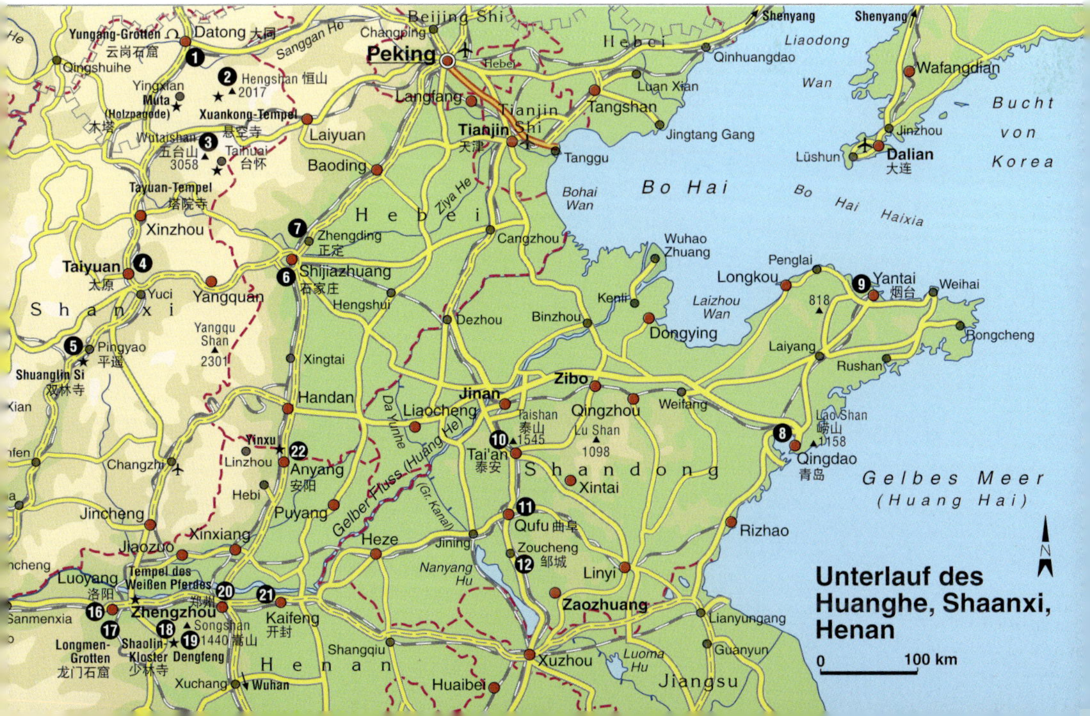

Der Xuankong-Tempel klebt wie eine Bienenwabe an den Felsen des Hengshan und zieht im Sommer wahre Besuchermassen an. Wenn Sie an Klaustrophobie oder Höhenangst leiden, sollten Sie ihn lieber meiden.

skript in der Hand auf einem Löwen reitend dargestellt wird. Während der Tang-Dynastie gab es hier über 200 Tempel, von denen nur wenige überlebt haben. Heute sind etwa 30 wieder zugänglich.

Einige der besten findet man in der Umgebung des Touristendorfes **Taihuai**. Es liegt in einem von Hügeln umgebenen Tal, weist einige kleine Hotels und Restaurants auf und hat zahlreiche gute Verkehrsverbindungen. Bemerkenswert ist der **Tayuan-Tempel** mit seiner tibetischen Dagoba, die über dem Haupthof aufragt. Von hier klettert man über mehrere Treppen zum Tempel auf dem **Pusa Ding** (Bodhisattva-Hügel), von wo aus man herrliche Blicke über das Tal und auf die umliegenden Berge genießen kann.

Wenn man von Taihuai etwa eine Stunde durch die Hügel nach Süden wandert, erreicht man den **Tempel des südlichen Berges** (Nanshansi), eine große Anlage, die in der Yuan-Dynastie begründet wurde. Auch von hier hat man eine hervorragende Aussicht.

Taiyuan

Die Provinzhauptstadt **Taiyuan** ❹ ist ebenfalls eine schmutzige Industriestadt, wird jedoch als Ausgangspunkt für Ausflüge zum Wutaishan und nach Pingyao besucht. In der ursprünglich im 5. Jahrhundert gegründeten Stadt ist aber der aus der Ming-Dynastie stammende buddhistische **Chongshan-Tempel** (tgl. 8–17 Uhr) sehenswert. Hier werden zahlreiche Sutrenbände aus den Dynastien Song, Jin, Yuan, Ming und Qing aufbewahrt, von denen einige in der Haupthalle ausgestellt sind. Außerdem sind drei monumentale Bodhisattvas, Guanyin, Manjushri und Samantabhadra, zu sehen.

Die Doppelpagode des **Shuangta-Tempels** (tgl. 8.30–17 Uhr) wurde im frühen 17. Jahrhundert erbaut und bleibt gerade unter 55 m Höhe. Auf den mit 13 Stockwerken etwas höheren **Xuanwen-Turm** kann man über eine enge Wendeltreppe klettern und von oben schöne Ausblicke über die Stadt genießen.

Etwa 40 km südlich von Taiyuan, an der Straße nach Pingyao, erstreckt sich das **Haus der Familie Qiao** (Qiao Jia

Unten: Die Weiße Dagoba des Taiyuan-Tempels am Wutaishan ist weithin sichtbar

Karte auf Seite 178

Dayuan, tgl. 9–17 Uhr), ein großes Hofhaus aus der Qing-Dynastie, in dem der Filmregisseur Zhang Yimou sein tragisches Meisterwerk »Rote Laterne« (s. S. 97) drehte. Es gibt sechs große Höfe und mehr als 300 Räume.

Pingyao

An der Eisenbahnstrecke zwischen Peking und Xi'an liegt etwa 100 km südlich von Taiyuan die von der Unesco zum Welterbe erklärte Kleinstadt **Pingyao** ❺. Sie wurde vor 1200 Jahren gegründet, doch die heutigen Bauten stammen noch aus der späten Ming- oder Qing-Dynastie. Der Ort war damals als Bankenzentrum bekannt, und sein späterer Niedergang bewahrte ihn vor der Modernisierung. Pingyao wird von einer 6 km langen, mit Zinnen versehenen begehbaren Mauer aus dem Jahr 1370 umgeben und hat einen schachbrettförmigen Grundriss.

Die meisten alten Häuser liegen an der **Mingqing Jie** und der **Nan Dajie,** an der sich heute Souvenirläden, Hotels und Restaurants aufreihen. Viele der alten Häuser wurden in Gästehäuser mit schönen Innenhöfen und alten Möbeln verwandelt, in denen sich der Aufenthalt lohnt. Mit einem Sammelticket *(tao piao)* kann man an zwei Tagen verschiedene Tempel und die Stadtmauer besichtigen.

Der 6 km südwestlich der Stadt gelegene **Shuanglinsi** (tgl. 8–18 Uhr) beherbergt eine große Sammlung alter buddhistischer Holz- und Tonstatuen, die vor großen, fein ziselierten Holzreliefs aufgestellt sind, die ihrereits Grotten, Straßen oder Gebäude darstellen. Leider bröckeln bereits viele der Statuen, ihre lebhafte Bemalung haben sie aber erhalten. Einige datieren sogar zurück in die Song-Dynastie.

Shijiazhuang und Zhengding

Die Hauptstadt von Hebei, **Shijiazhuang** ❻, gelangte erst im frühen 20. Jahrhundert als Eisenbahnknotenpunkt auf die Landkarte. Wichtigste Sehenswürdigkeit ist das **Museum der Provinz Hebei** (Hebei Sheng Bowuguan, Di–So 8.30–11.30, 14–17.30 Uhr), das einige schöne Stücke zeigt, vor allem die aus Jadeplättchen bestehenden Totengewänder des Prinzen Liu Sheng und seiner Frau Douwan aus der Han-

Frittierte Teigstangen *(youtiao)* und Pfannkuchen *(youbing)* sowie andere Leckereien werden in Pingyao zum Verkauf angeboten

Unten: Meditationsübung am Wutaishan

VERKEHRSMITTEL

Reisen nach Shanxi

◆ **Flüge:** Von Taiyuan nach Peking, Chongqing, Shanghai und Xi'an.

◆ **Zug und Bus:** Von Taiyuan Züge nach Peking, Chengdu, Luoyang, Shanghai, Xi'an und Zhengzhou. Tgl. Busse nach Peking, Luoyang, Xi'an und Zhengzhou.

Reisen in Shanxi

◆ **Taiyuan:** Busse von Taiyuan nach Pingyao (1,5 Std.), Datong (4 Std.), Taihuai/Wutaishan (5 Std.). Tgl. Züge nach Datong (5,5 Std.) und Pingyao (2 Std.).

◆ **Datong:** Busse nach Taiyuan (4 Std.), Wutaishan (5 Std.); Züge nach Taiyuan (5,5 Std.) und nach Pingyao (9 Std.).

◆ **Pingyao:** Tgl. mehrere Busse (1,5 Std.) und Züge (2 Std.) nach Taiyuan. Tgl. Züge nach Linfen (3 Std.) an den Hukou-Fällen. **Wutaishan (Taihuai):** Tgl. Busse nach Datong (5 Std.) und Taiyuan (5 Std.).

In Pingyaos krummen Gässchen lässt sich herrlich flanieren. Man kann auch viele der Tempel und traditionellen Familienhäuser besichtigen.

Unten: In Pingyao spürt man noch einen Hauch des alten China

Dynastie. Weiter finden sich die Reproduktion eines Wagens aus der Han-Dynastie und eine große Sammlung von Grabbeigaben aus der Region.

Etwa 16 km nordöstlich der Hauptstadt liegt die ummauerte historische Stadt **Zhengding** ❼ mit zahlreichen religiösen Stätten. Die wichtigste davon ist der **Tempel des Großen Buddhas** (Dafosi, tgl. 9 bis 17 Uhr). In einer Nebenhalle, dem Dabei Ge (Pavillon der Barmherzigkeit) befindet sich eine 21 m hohe Bronzestatue der Guanyin.

Die Provinz Shandong

Qingdao

Der Geograf und Abenteurer Ferdinand Freiherr von Richthofen hielt auf seinen Forschungsreisen durch China Ausschau nach einem geeigneten Ort, an dem das Deutsche Reich seine kolonialen Ambitionen auch auf chinesischer Erde verwirklichen konnte. Der östliche Teil der Halbinsel Shandong schien für diesen Zweck wie geschaffen. Als dann 1897 zwei Patres der katholischen Steyler-Mission von »Boxern« (s. S. 53) umgebracht wurden, bot dies Kaiser Wilhelm einen willkommenen Vorwand, sich als Kolonialherr auch im Fernen Osten zu betätigen. Als die ersten Kanonenboote im Hafen anlegten, war **Qingdao** ❽ noch ein Fischerdorf. Die militärisch überlegenen »fremden Teufel« trotzten den Chinesen einen Pachtvertrag über die Bucht von Kiaoutschou (Pinyin: Jiaozhou) ab – mit 550 km³ war dies die kleinste deutsche Kolonie.

Schon bald flanierten Offiziere, Matrosen und Kaufleute das Kaiser-Wilhelm-Ufer entlang, lasen den hausgemachten »Ostasiatischen Lloyd« und speisten im Strandhotel Prinz Heinrich. Dazu trank man Bier aus der Germania-Brauerei, das heute von der **Brauerei Tsingtao** Ⓐ (alte Umschrift für Qingdao, 56 Dengzhou Lu, tgl. 8.30 bis 16.30 Uhr) in alle Welt exportiert wird. Seinen guten Geschmack verdankt es aber nicht allein den Kolonialherren, sondern auch dem ausgezeichneten Wasser des Laoshan. Das deutsche Bier war ein chinesischer Exportschlager.

VERKEHRSMITTEL

Reisen nach Shandong

◆ **Flüge:** Von Qingdao Flüge zu vielen Provinzstädten und ins Ausland.

◆ **Schiff:** Fähren von Qingdao nach Japan und Südkorea, nach Dalian und zeitweise nach Shanghai. Von Yantai Fähren nach Südkorea und Dalian.

◆ **Zug und Bus:** Jinan ist ein Bahnknotenpunkt, gute Busverbindungen.

Reisen in Shandong

◆ **Qingdao:** Schnellzüge nach Peking (6 Std.) und Shanghai (10 Std.). Busse nach Yantai (3,5 Std.), Qufu (5 Std.) und Jinan (4,5 Std.).

◆ **Yantai:** Nur wenige Züge nach Qingdao (4 Std.) und Jinan (8 Std.). Busse zu allen größeren Städten.

◆ **Jinan:** Schnellzüge u.a. nach Qingdao (3 Std.). Busse nach Qufu (2,5 Std.), Yantai (5 Std.) und Qingdao (4,5 Std.).

Karte auf Seite 178/184

Ein Hauch kolonialer Vergangenheit schwebt noch über den Dächern von Qingdao, deren wilhelminische, neugotische Bauweise Erinnerungen an ein deutsches Kleinstadtidyll wachruft. Hellrote Ziegeldächer, Fachwerkfassaden, abgeschrägte Giebel, dreieckige Fenster in Dachstühlen, die hochragenden Türme der katholischen und der evangelischen Kirche und der alte Gouverneurspalast mit dem Flair eines preußischen Jagdschlosses prägen die Atmosphäre der Stadt. Erst in den letzten Jahren wurde die Silhouette durch hässliche Hochhäuser nachhaltig zerstört. Die deutsche Präsenz in Ostasien war allerdings nur von kurzer Dauer: Schon 1914, zu Beginn des Ersten Weltkrieges, eroberten die Japaner die Kolonie.

Sehenswert sind die 1931–1934 errichtete neoromanische katholische Kirche **St. Michael** B (Zhongshan Lu, tgl. 8–17 Uhr), die **protestantische Christuskirche** C (15 Jiangsu Lu, tgl. 8.30–17 Uhr), die 1908–1910 in einem historisierenden Jugendstil erbaut wurde, sowie die **Residenz des Gouverneurs** D (26 Longshan Lu, tgl. 8.30 bis 17 Uhr). Sie wirkt mit ihrem Gebäudeschmuck sowie den zahlreichen Kaminen, Erkern und Loggien schon fast verspielt. Nach der Gründung der Volksrepublik China diente sie als staatliches Gästehaus, auch Mao soll hier geschlafen haben.

In der Stadt locken einige Parks, wie der **Platz des 4. Mai** E (Donghai Xilu), der nach den Protesten aus dem Jahr 1919 benannt ist, als die Chinesen gegen die Übergabe der einst deutschen Provinz an Japan protestierten. Der **Zhongshan-Park** F (tgl. 6–18 Uhr) ist eine ausgedehnte Grünanlage, die auch den Zoo einschließt. Im nordöstlichen Bereich, dem Taiping-Shan-Park, führen Wege den Hügel mit dem Fernsehturm hinauf, wo man die gute Aussicht genießen kann.

Viele Besucher kommen wegen der **weißen Sandstrände** nach Qingdao, das die Segelwettbewerbe der Olympischen Spiele 2008 ausrichtete. Der Badestrand Nr. 6 hat einen Pier mit Pavillon, der 350 m ins Meer ragt. Der beste Strand in Stadtnähe ist der Shi Laoren (»alter Steinmann«), der seinen Namen von einigen Felsen an der langen Sandfläche erhielt. Beim Strand Nr. 2 erstreckt sich das wohlhabende und grüne Villenviertel Badaguan.

Etwa 40 km östlich liegt nahe der Küste das Berggebiet **Laoshan,** das für seine Quellen und aus daoistischen Erzählungen berühmt ist. Zahlreiche Wege führen durch die Berge, aber auch eine Seilbahn. Zu sehen gibt es den **Palast der Großen Reinheit,** der aus drei Pavillons besteht, und den **Sanqing-Pavillon** mit einer schönen Laozi-Figur.

Yantai

An der Nordküste von Shandong lockt **Yantai** 9 mit Stränden und lieblicher Landschaft sowie einigen schönen Beispielen deutscher Kolonialarchitektur. Sein **Museum** (257 Nan Dajie, tgl. 8 bis 17 Uhr) ist in der größten der ehemaligen Gildehallen untergebracht.

Etwa 70 km westlich der Stadt ragt auf einem hohen Felsen der **Penglai-**

TIPP

In der Tsingtao-Brauerei kann man die Produktionshalle besichtigen, wo jede Sekunde sechs gefüllte Bierflaschen vom Band laufen und Freibier ausgegeben wird. Zudem gibt es eine gute Bar, und in der Straße gleich gegenüber sind zahlreiche Restaurants zu finden.

Unten: Sonnenuntergang über der Kirche St. Michael in Qingdao und der Bucht von Jiaozhou

Alljährlich im August findet in Qingdao das Bierfest statt, bei dem die Tradition des Bierbrauens mit Paraden, Veranstaltungen und Freibier gefeiert wird. Das örtliche Tsingtao-Bier geht übrigens auf deutsche Investitionen zurück.

Pavillon (tgl. 7–18.30 Uhr) übers Meer, der legendäre Wohnsitz der »Acht Unsterblichen« aus der daoistischen Mythologie.

Taishan

In der Tradition der chinesischen Volksreligion werden Berge wie Lebewesen betrachtet. Mit ihrer stabilisierenden Kraft bewahren sie die kosmische Ordnung, erzeugen Wolken und Regen. Der **Taishan** ⑩, der »Erhabene Berg«, ist der östliche der fünf heiligen Berge des Daoismus. Und da vom Osten das Leben kommt, ist er der heiligste unter ihnen. Entstanden, so heißt es, sei er aus dem Kopf des Pangu, des Weltschöpfers in der Mythologie. Er liegt 300 km westlich von Qingdao und 80 km südlich von Jinan.

Am Fuß des Berges befindet sich die stille Touristenstadt **Tai'an**. In ihrem Zentrum liegt der **Daimiao** (tgl. 7.30 bis 18.30 Uhr), der Tempel des Taishan-Gottes, eine mehr als 600 Gebäude umfassende, prächtige Anlage mit der Halle der Himmlischen Gaben (Tiankuangdian), einer der mächtigsten klassischen Tempelhallen Chinas. Sie enthält ein 60 m langes, monumentales Fresko und Gemächer, in denen sich der Kaiser vor der Besteigung des heiligen Berges aufhielt.

Etwa 500 m nördlich des Tempels beginnt am **Tor des Taishan-Gottes** (Daizong Fang) der endlos erscheinende Aufstieg zum 1545 m hohen Gipfel. Kaiser und Mandarine wurden früher die 6293 Stufen in Sänften emporgetragen. Man braucht zu Fuß einen ganzen Tag, kann aber auch per Minibus und Seilbahn hochfahren. Doch dann verpasst man diese Landschaft mit ihrer Vielfalt von Tempeln, Pavillons, Schreinen, Steinstelen, Inschriften und Wasserfällen. Es lohnt sich daher, zwei Tage für die Besteigung einzuplanen und auf dem Gipfel zu übernachten, um den berühmten Sonnenaufgang (siehe rechts) zu erleben.

Etwas abseits vom Hauptpfad ist im Steinsutra-Tal der Text des Diamantsutra in einen großen Felsbrocken eingemeißelt. Die 1050 etwa 50 cm hohen Schriftzeichen gelten als kalligrafisches Meisterwerk. Nach dem **Mittleren Himmelstor** (Zhongtianmen) wird der Anstieg steiler. Vorbei an den »Kiefern

des fünften Beamtenranges« (Wudaifu Song), die ihren Titel der Legende nach vom ersten Kaiser verliehen bekamen, nachdem sie ihm bei einem Gewitter Schutz geboten hatten, gelangt man über die Himmelsstiege zum **Südlichen Himmelstor** (Nantianmen), dem Eingang zum Reich der Unsterblichen auf dem Kamm des Berges.

Oben – im Sommer ist es angenehm kühl, im Winter empfindlich kalt – führt der Paradiesweg zum Hauptheiligtum des Berges, dem **Tempel der Prinzessin der Azurblauen Wolke** (Bixiagong). Als Tochter des Taishan-Gottes ist die Prinzessin heute wieder Anziehungspunkt v.a. für die weibliche Landbevölkerung, die hier für ihre Nachkommen opfert. Dem Jadekaiser als höchstem daoistischen Gott gebührt die Patronage über einen kleinen Tempel auf dem eigentlichen Berggipfel.

Bei guter Sicht ist der Ausblick überwältigend, doch allzu oft hängen Wolken unterhalb des Bergkamms, und auch die Hauptattraktion des Taishan, der viel gerühmte Sonnenaufgang, kann nur an weniger als 100 Tagen im Jahr in seiner vollen Farbenpracht genossen werden.

Die Heimat Konfuzius: Qufu

Am 8. November 1919, während eines Besuchs in Peking, starb der 76-jährige Herzog Kong Linyu, ein Nachkomme des Philosophen und Sittenlehrers Konfuzius. Zuvor hatte er zwei Mädchen gezeugt, die nach traditioneller Auffassung für den Fortbestand der Sippe nicht sorgen konnten. Doch seine Konkubine Wang war im fünften Monat schwanger. Erwartungsvoll harrten die rivalisierenden Fraktionen des Kong-Klans der Geburt. Zur Sicherheit waren Wachen postiert, und alle Türen des Hauses wurden geöffnet, um dem »weisen Urahn« zu einer Wiedergeburt zu verhelfen. Am 23. Feb. 1920 wurde dann Kong Decheng, Repräsentant der 77. Generation nach Konfuzius, geboren. Damit war die Frage der Nachfolge entschieden, die »erste Familie unter dem Himmel« atmete auf.

Seit der Han-Zeit ging die wachsende Verehrung des Philosophen Konfuzius Hand in Hand mit einem stetigen und unaufhaltsamen Prestige- und Machtzuwachs seiner Nachkommen. Der staatstragenden Bedeutung des konfuzianischen Gedankenguts trug das Kaiserhaus Rechnung, indem der Familie immer höhere Titel, immer mehr Privilegien und Ländereien zugesprochen wurden.

Von außen wirkt die aus dem 16. Jahrhundert stammende **Residenz der Familie Kong** (tgl. 8–17 Uhr) in **Qufu** ⓫ eher schmucklos, bildet aber mit ihren über 600 Gemächern eine kleine Stadt in der Stadt. Mehrere hundert Bedienstete waren hier im vorderen Teil der Anlage, dem aus Verwaltungsgebäuden und Audienzhallen bestehenden Yamen, angestellt. Im hinteren Teil, der nur von wenigen ausgewählten Dienern und Zofen betreten werden durfte, befanden sich die Wohnräume der Familie. Das Inventar der Residenz besteht aus kostbaren Kunstgegenständen, Kalligrafien, Kleidungsstücken und umfangreichem Archivmaterial.

»

Man sagt, dass Konfuzius (Kong Fuzi) in einer Höhle nahe Qufu geboren sein soll. Viele Jahre lang lehrte er in dieser Region und reiste in angrenzende Staaten, um die Machthaber dort von seiner Philosophie und seinen Moralvorstellungen zu überzeugen. Heute noch heißen 130 000 der 600 000 Einwohner rund um Qufu wie Konfuzius Kong mit Nachnamen.

Unten: Sonnenaufgang auf dem Taishan

Grab auf dem Friedhof der Familie Kong im Konfuzius-Wald (Konglin) außerhalb von Qufu

Das **Grab** des Philosophen befindet sich im Wald der Familie Kong (Konglin, täglich 7.30 Uhr bis Sonnenuntergang), nördlich der Stadt, unter einem einfachen, mit Gras überwachsenen Erdhügel. Der Weg zu dem Grab ist von Menschen- und Tierfiguren aus Stein flankiert, was sonst eigentlich nur Kaisern zusteht. Der verwildert wirkende Friedhof wird heute noch von den Nachfahren Konfuzius genutzt.

Qufu war über Jahrhunderte Pilgerstätte der Verehrer des Meisters. Davon zeugen noch heute die riesigen Ausmaße des **Konfuzius-Tempels** (Kong Miao, tgl. 7.50–16.30 Uhr). Er ist nach dem Pekinger Kaiserpalast das wohl größte klassisch-chinesische Baudenkmal. Bereits 478 v. Chr., ein Jahr nach dem Tod des Konfuzius, soll hier ein Tempel gestanden haben. Zunächst stößt man auf den dreistöckigen, 23 m hohen Kuiwen-Pavillon, der ursprünglich aus dem 11. Jahrhundert stammt. Hier sind Steinabreibungen mit Szenen aus dem Leben Konfuzius zu besichtigen. Vorbei an 13 Pavillons, in denen Stelen mit kaiserlichen Inschriften aufbewahrt werden, geht es zur Haupthalle, der »Halle der Großen Vollendung«, in der einst die Opferriten abgehalten wurden. Kunsthistorisch bemerkenswert sind die 28 Steinsäulen, auf die angeblich 1296 Drachen geschnitzt wurden. Die sonst ausschließlich dem Kaiser vorbehaltene gelbe Farbe des Daches betont die einzigartige Stellung des Philosophen in der chinesischen Tradition.

Unten: Eingang zum Konfuzius-Tempel von Qufu

»Es ist eine Freude, wenn Freunde aus der Ferne zu Besuch kommen«, gehört zu den am häufigsten zitierten Sprüchen des Konfuzius. Nachdem er über Jahrzehnte verfemt war, kommen seine Anhänger heute wieder in Scharen und wollen etwas geboten bekommen. Die Stadt trägt dem mit einem breiten Angebot Rechnung, von dem die **Stadt der Sechs Künste des Konfuzius** (Kongzi Liuyicheng, 15 Chunqiu Lu, tgl. 9–16.30 Uhr) am bekanntesten ist. Dies ist ein kleiner Themenpark, der die sechs »Edlen Fähigkeiten« des Meisters vorstellt: Riten, Kalligrafie, Musik, Bogenschießen, Streitwagen fahren und Mathematik.

Die Umgebung von Qufu ist übersät mit historischen Stätten. Zu den bekannteren gehört die Stadt **Zoucheng** ⓬, 25 km südlich, weil aus ihr der berühmteste Schüler des Konfuzius stammt, Menzius (chin. Mengzi, 372 bis 289 v. Chr.). Er hat vermutlich mehr zu den Schriften und dem Gedankengut der Philosophie beigetragen als sein berühmter Meister. In der Stadt findet man noch das Haus der Familie (Meng Fu), einen Menzius-Wald (Meng Lin) sowie einen Menzius-Tempel (Meng Miao).

Ein ungewöhnliches, 6 m hohes Grabmal aus grauem Stein in Pyramidenform ist das **Shao Hao Ling** 4 km östlich von Qufu. Man sagt, es sei das Grab des nur in der Legende existierenden Kaisers Shao Hao, der China vor 4000 Jahren regiert haben soll. ■

RESTAURANTS

Preiskategorien (für eine Person mit einem Getränk)
●●●● = über 15 €
●●● = 10–15 €
●● = 50–10 €
● = unter 5 €

Provinz Shanxi

Die Provinz Shanxi ist in ganz China für ihre Nudeln *(miantiao)* bekannt. Nudelverkäufer sind allgegenwärtig: ihr Anblick bei der Nudelherstellung von Hand, bei der sie Teigstreifen gekonnt durch die Luft schleudern oder kleine Teigbänder mit Messern für sog. »mit dem Messer geschnittene Nudeln« abschaben, fasziniert. Ebenso beliebt sind die leckeren *youtiao* (frittierte Teigstäbchen), *youbing* (frittierte Pfannkuchen, gefüllt mit gehackten Lauchzwiebeln) oder *jiaozi* (frittierte Teigtäschchen).

Datong

Datong hat eine Reihe von **Straßenmärkten** zu bieten. Empehlenswert ist der nördlich des oberen Huayan-Tempels, in einer kleinen Straße südlich der **Da Xijie**. Fragen Sie hier nach *shaomai*, gedämpfte Schweinefleischbällchen.

◆ **Tonghe Dafandian**
11 Zhanqian Jie
Am nördlichen Bahnhofsplatz neben dem Hongqi Dafandian gelegen, ist das Tonghe ein ausländerfreundliches Lokal mit einer bebilderten Speisekarte, auf der eine große Auswahl an Gerichten der südchinesischen Küche stehen. ●

◆ **Yonghe Shifu**
Xiao Nanjie, beim Shanhua-Tempel
Das Restaurant bietet unzählige Gerichte der nord- und südchinesischen Küche (einschließlich vieler Kanton-Gerichte) an. ●●

Pingyao

Fast jedes der zahlreichen traditionellen Gasthäuser Pingyaos ist zugleich auch ein Café-Bar-Restaurant, und die Speisekarte ist meist auf Englisch vorhanden. Zu den örtlichen Spezialitäten gehört z.B. *tudou shao niurou* (gebratenes Rind mit Kartoffeln).

◆ **Pingyao International Financier Club**
64 Nan Dajie
Dieses vornehme Restaurant befindet sich auf dem Gelände des ehemaligen internationalen Finanzclubs. ●●

◆ **Sakura Café**
2 Dong Dajie
Wie seine Schwesterlokale in Dali, Lijiang, Kunming und Peking, bemüht sich auch dieses Sakura, als ultimatives Paradies für Rucksacktouristen zu gelten: Es hält eine reichhaltige, auf Englisch verfasste Karte mit vielen westlichen Gerichte bereit und lockt mit kaltem Bier, Cocktails, kostenlosem Internetzugang und musikalischer Dauerberieselung. ●

Taiyuan

In der Provinzhauptstadt wimmelt es nur so vor Lokalen, aber die größte Auswahl findet man eindeutig in der **Shipin Jie,** einer nur für Fußgänger zugänglichen Fressmeile nördlich der **Yingze Dajie.** Hier reihen sich zahllose Imbissbuden und kleine Restaurants aneinander.

◆ **Taiyuan Mianshi Dian**
5 Jiefang Lu
Wohl der beste Ort für einen Crashkurs in Shanxi-Nudelkunde (Arten, Herstellung, Vielfalt der Gerichte). ●

Provinz Shandong

Die Küche von Shandong, eine der acht großen traditionellen Regionalküchen, ist bekannt für die besondere Art, wie sie Getreide und Meerestiere verarbeitet. Sie hat auf andere Küchen des nördlichen Chinas, v.a. auf die Pekings, einen starken Einfluss.

Jinan

◆ **Taisheng Fanzhuang**
13 Xiadongxiang Beishou
Probieren Sie die nahrhaften Suppen, Fisch- und Gemüsegerichte in dieser preisgünstigen Gaststätte. ●

Qingdao

Die Straßen **Yunxiao Lu** und **Minjiang Lu** sind zwei Gastronomiemeilen mit exzellentem chinesischem, koreanischem und japanischem Essen. Großer Wert wird in Qingdao auf Fisch und Meeresfrüchte gelegt. Daher findet man zahlreiche darauf spezialisierte Restaurants, insbesondere rund um die Kirche St. Michael an der **Zhongshan Lu** oder in Strandnähe an der **Nanhai Lu.**

◆ **Haixian Chufang**
55 Yunxiao Lu
Alles hier ist groß: eine riesige, bebilderte Speisekarte (auf einer eigenen Wand) und tonnenweise lebendiger Fisch und Meeresfrüchte. Bei bei der Auswahl hilft das freundliche Personal. ●●

◆ **Lao Zhuan Cun**
112 Minjiang Lu
Beliebtes Restaurant mit köstlicher Shandong-Küche. Eine der Spezialitäten sind Würste aus der Region. ●●

Qufu

◆ **Queli Hotel Restaurant**
1 Queli Jie
Dieses zentral gelegene Restaurant hat den Konfuzianismus zum Thema. Konfuzius war als notorisch wählerischer Esser berühmt-berüchtigt; aber beurteilen Sie doch selbst, ob die Küche hier ihrem Ruf gerecht wird. ●●●

Karte auf Seite 178

Xi'an, Shaanxi und Henan

Hier lassen sich die Ahnen noch bis auf die Gründungsjahre des chinesischen Staates verfolgen. Die Hauptattraktionen sind die Terrakottaarmee in Xi'an, die bei Luoyang gelegenen buddhistischen Longmen-Grotten und das Kloster Shaolin.

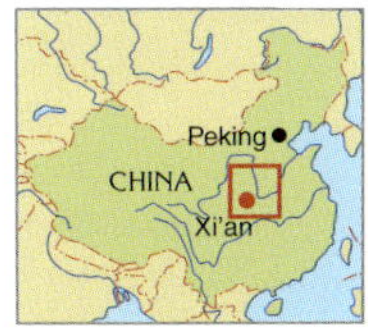

NICHT VERPASSEN!

- Wildgans-Pagoden
- Terrakottaarmee
- Huashan
- Yan'an
- Longmen-Grotten
- Shaolin-Kloster
- Songshan
- Kaifeng

Xi'an, der südliche Teil der heutigen Provinz Shaanxi und das benachbarte Henan bilden das Kernland der chinesischen Zivilisation, die hier, in der Umgebung des Gelben Flusses vor 2500 Jahren entstand. Natürlich ist eine solche Region gespickt mit historischen Stätten, von denen viele noch gar nicht ausgegraben sind.

Hier wurde nach einem zehnjährigen Krieg, in dem der Fürst von Zhou seine Nachbarn unterwarf, der Grundstein für das chinesische Kaiserreich gelegt. Die Seidenstraße, die China mit Zentralasien, Persien und Europa verband, endete hier und brachte nicht nur Waren, sondern auch neue Ideen und Religionen mit sich. Doch das Leben war nicht einfach: Vor allem der Gelbe Fluss brachte Wasser für gute Ernten, aber auch Gefahr durch Überschwemmungen und Änderungen in seinem Lauf.

Xi'an oder Vorläuferstädte in fast der gleichen geografischen Lage dienten elf Dynastien über 1080 Jahre als Hauptstadt. Kein Wunder, dass hier zahlreiche Kaiser und andere Adlige in üppig ausgestatteten Mausoleen begraben liegen. Viele wurden ausgeraubt, doch unzählige Grabbeigaben aus verschiedenen Jahrhunderten sind in Museen noch zu bestaunen. Auch jenseits des Flusses Wei wurden Grabtunnel in die Hügel gebohrt oder ragen ganz besondere Tempel wie der Famensi auf. Einen bitteren Beigeschmack verströmen die Höhlen von Yan'an, in denen die Kommunisten nach dem Langen Marsch die Entwicklung des Neuen China planten, die so viele Katastrophen nach sich zog.

Die Provinz Henan ist nicht so bekannt, doch auch sie weist beträchtliche historische Schätze auf. Heute ist sie eher ein bäuerliches Randgebiet, doch früher befanden sich in dieser fruchtbaren Region mehrfach die Hauptstädte verschiedener Dynastien. Religionen blühten hier; insbesondere für die Ausbreitung des Buddhismus spielte Henan eine bedeutende Rolle.

Links: Nur die Gesichter der Krieger sind leicht individualisiert
Unten: Alte Straße in Xi'an

Die große Glocke der Kleinen Wildgans-Pagode. Woher der Name der beiden berühmten Pagoden Xi'ans kommt, ist noch nicht geklärt. Möglicherweise geht er auf eine Episode aus dem Roman »Die Reise nach dem Westen« zurück.

Unten: In Xi'an leben viele Muslime vom Volk der Hui

Der Shaolin-Tempel war Zentrum des Chan-Buddhismus (Zen), und der Tempel des Weißen Pferdes bei Luoyang gilt als ältester buddhistischer Tempel Chinas. In künstlerischer Hinsicht bestechen natürlich die buddhistischen Höhlentempel von Luoyang.

Das kaiserliche Xi'an

Allen Modernisierungen zum Trotz prägt der Grundriss aus der Tang-Dynastie im Prinzip noch die Innenstadt von **Xi'an** ⓭, der Hauptstadt der Provinz Shaanxi. Die Stadt liegt im geschützten Tal des Flusses Wei, etwa 160 km von seiner Mündung in den Gelben Fluss entfernt. Eine große Stadtmauer umgab die Metropole einst, die sich in Ost-West-Richtung neun Kilometer, in Nord-Süd-Richtung sieben Kilometer ausdehnte. Alle Straßen verliefen streng in ostwestlicher oder nordsüdlicher Richtung und stießen in rechten Winkeln aufeinander. Noch heute lässt sich dies deutlich in der Innenstadt erkennen.

Allerdings ist die Lage der damaligen Stadt nicht ganz identisch mit der heutigen, die Große Wildgans-Pagode lag früher noch innerhalb der Mauer. Die Mauern aus der Tang-Dynastie sind nicht erhalten, aber eine Rekonstruktion der aus der Ming-Dynastie stammenden Stadtmauer von 14 km Länge umschließt heute die Innenstadt: Ende der 1980er-Jahre renovierte und erneuerte man den zwölf Meter hohen und ebenso breiten ummauerten Erdwall, der in den 1950er-Jahren zum Hausbau weitgehend abgetragen worden war. Heute kann man auf der Krone Spaziergänge unternehmen und den Leuten in die Gärten sehen.

Genau im Stadtzentrum liegt der **Glockenturm** Ⓐ (Zhonglou, tgl., Okt. bis März 8.30–17.30, Apr.–Okt. 8.30 bis 21.30 Uhr), an dem sich die beiden großen Straßen Xi'ans kreuzen. Der 36 m hohe Turm, der ganz aus Holz besteht, wurde renoviert und für Ausstellungen geöffnet. Er stammt von 1582 und steht auf einem ummauerten Podest aus Stampferde.

Vom Glockenturm aus in nordwestlicher Richtung erreicht man in nur wenigen Minuten zu Fuß den ursprünglich aus dem 14. Jh. stammenden, aber danach mehrfach restaurierten **Trom-**

melturm **B** (Gulou, wie Glockenturm), der in seiner Konstruktion dem Glockenturm ähnelt, aber drei Meter kleiner ist. Hier beginnen die Altstadtgassen, in denen man immer wieder Antiquitäten und Flohmarktware angeboten bekommt.

Viele Bewohner sind Muslime vom Volk der Hui, von denen es etwa 60 000 in Xi'an gibt. Sie besuchen die **Große Moschee** **C** (Qingzhen Dasi, tgl. 8 bis 19 Uhr). Diese wurde im Jahr 742 begründet, doch die jetzigen Gebäude stammen aus der Ming-Zeit und ähneln stark einem chinesischen Tempel. Die Toleranz der Tang-Zeit gegenüber Fremden war unter den Ming längst nicht mehr gefragt. Die Anlage besteht aus fünf Innenhöfen mit einem Minarett in Form eines Pavillons sowie einer großen, flachen Gebetshalle.

Weiter die Straße in Richtung Xi Dajie entlang, gelangt man zum **Westtor** (Ximen), in dem man sich Ausstellungen ansehen kann. Von hier kann man über die Mauer bis zum **Südtor** (Nanmen) wandern, in dessen Nähe sich das in einem ehemaligen Konfuzius-Tempel gelegene **Museum der Provinz Shaanxi** **D** (Shaanxi Bowuguan, tgl. 8–17.30 Uhr) befindet. Herzstück seiner Ausstellung ist der Stelenwald, eine Sammlung von rund 1100 Steintafeln, auf denen alte Texte eingraviert sind. Da früher die meisten Bauwerke aus Holz bestanden, konnte man so die klassischen Texte am besten vor den häufigen Feuern bewahren. Wollte man einen Text lesen, so ließ man sich eine Steinabreibung anfertigen, bei der ein dünnes Papier auf die Stele geklebt wird und die erhabenen Flächen mit Tusche geschwärzt werden. Die eingeritzten Schriftzeichen bleiben weiß. Solche Abreibungen werden bis heute angefertigt, was man gelegentlich im Museum beobachten kann. Eine weitere Abteilung des Museums beherbergt steinerne Tierskulpturen, Steinfriese aus der Tang-Zeit, Bronzen und Juwelen, buddhistische Plastiken und Keramikziegel aus der Han-Dynastie.

Knapp 2 km vom Südtor Richtung Süden ragt die 43 m hohe **Kleine Wildgans-Pagode** **E** (Xiaoyanta, tgl. 8 bis 17.30 Uhr) auf. Sie entstand im 8. Jh. in einem schon bestehenden Tempel und wirkt eleganter als ihre größere Schwes-

Löwenstatue außerhalb der Kleinen Wildgans-Pagode. Im 16. Jh. fiel die Spitze der Pagode einem Erdbeben zum Opfer.

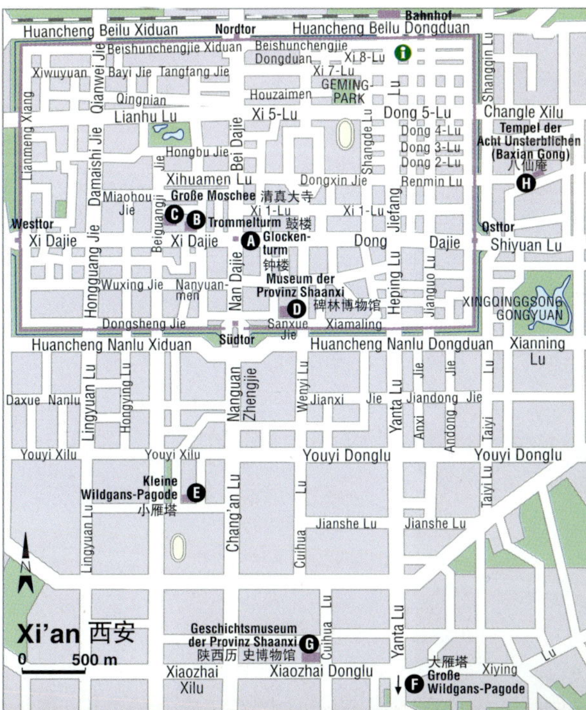

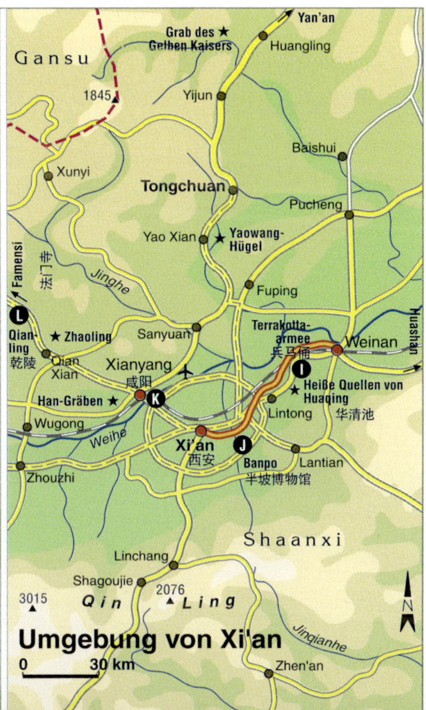

Die 64 m hohe Große Wildgans-Pagode ist Xi'ans berühmtestes Gebäude. Sie stammt aus dem 7. Jh.

Unten: Blick vom Glockenturm auf das nächtliche Xi'an

ter. Sie wurde mehrfach restauriert und kann jetzt wieder bestiegen werden. In der Tempelanlage befindet sich auch das neue mehrstöckige **Xi'an-Museum** (Xi'an Bowuguan, tgl. 8–17.30 Uhr) mit einer großen Sammlung historischer und kultureller Funde von neolithischen Faustkeilen bis zu buddhistischen Statuen. Darüber hinaus gibt es zahlreiche Kalligrafien und Rollen klassischer chinesischer Landschaftsmalerei.

Ganz im Süden erhebt sich schließlich die 64 m hohe, siebenstöckige **Große Wildgans-Pagode** **F** (Dayanta, tgl. 8–18.30 Uhr). 647 war hier ein Tempel entstanden, in den der Kaiser 652 eine Lehmpagode einfügen ließ, die die wertvollen buddhistischen Schriften aufnehmen sollte, die der Mönch Xuanzang (602–664) von seiner Indienreise mitgebracht hatte und hier übersetzte. Die Pagode brach bald ein und wurde im 8. Jahrhundert durch eine größere ersetzt und später mehrfach renoviert. Vom obersten Stockwerk hat man einen schönen Blick auf die Stadt.

Etwas nordwestlich der Pagode werden im **Geschichtsmuseum der Provinz Shaanxi** **G** (Di–So, Okt.–März 9–17.30, Apr.–Okt. 8.30–18 Uhr), einem riesigen Bau im Stil der Tang-Dynastie, etwa 3000 Originalfunde aus der Zeit des Neolithikums bis zur Qing-Dynastie ausgestellt. Die Spanne reicht von frühen Bronzen über Münzen und Bauelemente der Qin-Zeit bis zu Fresken aus der Tang-Dynastie, Porzellan der Song und Möbel der Ming. Auch eine schöne Sammlung von Terrakottakriegern und -pferden ist zu sehen. Die Funde sind anschaulich präsentiert und vergleichsweise gut beschriftet, englischsprachiges Personal steht in jedem Raum zur Verfügung. Kurz gesagt: eines der besten Museen Chinas.

Wer überlegt, den Huashan (s. S. 195) zu besuchen, kann sich mit einem Besuch des **Tempels der Acht Unsterblichen** **H** (Baxian'an, tgl. 8–17 Uhr) darauf vorbereiten. In Xi'ans größtem daoistischen Tempel leben ca. 100 Mönche und Nonnen. In der Haupthalle finden sich Statuen eines grünen Drachens und eines weißen Tigers sowie daoistische Wandmalereien.

VERKEHRSMITTEL

Reisen nach Shaanxi

◆ **Flug:** Der Flughafen von Xi'an liegt 40 km nordwestl. der Stadt. Flüge in alle Provinzstädte und nach Peking (2 Std.).

◆ **Zug und Bus:** Xi'an ist gut an das Eisenbahnnetz angebunden, es bestehen Direktverbindungen nach Peking (16 Std.) und Shanghai. Die Fahrkarten sollte man rechtzeitig vorher kaufen. Es gibt Busverbindungen in die Nachbarprovinzen.

Reisen in Shaanxi

◆ **Xi'an:** Die Sehenswürdigkeiten in der Umgebung erreicht man am besten mit einem Mietwagen mit Fahrer. Es gibt mehrere Busse pro Tag nach Yan'an (6 Std.) und zwei Nachtzüge (8–10 Std.).

◆ **Huashan:** Tägl. Zug- und Busverbindungen nach Xi'an, nach Pingyao, Taiyuan, Luoyang und Zhengzhou.

Ausflug nach Osten

Sofort nach der Reichseinigung ließ der erste Kaiser, Qin Shihuangdi, etwa 35 km östlich von Xi'an am Fuß des Li-Bergs eine gigantische Grabanlage errichten, die 1974 zufällig entdeckt wurde. Die Archäologen stießen auf die **Terrakottaarmee** ❶ (Bingmayong, tgl. 8.30–17.30 Uhr), ein riesiges Feld von über 8000 lebensgroßen Pferde- und Kriegerfiguren, die in Schlachtordnung in elf Korridoren aufgereiht waren (Halle 1). Die gesamte Anlage war einst von Balken und einer drei Meter dicken Erdschicht bedeckt. Als nächstes entdeckte man eine kleinere Anlage mit wenigen Figuren, die als Darstellung des Kommandozentrums interpretiert wird (Halle 3).

Ein weiteres großes Feld war noch nicht mit Figuren bestückt, sodass angenommen wird, dass das Grab beim Tod des Herrschers noch nicht fertig war (Halle 2). Die Figuren wurden in Fließbandfertigung aus verschiedenen Teilen zusammengesetzt. Ganz zum Schluss wurden nur die Gesichter individualisiert. Sie waren ursprünglich bunt bemalt und trugen hölzerne Waffen. In einer weiteren Halle (rechts neben dem Eingang) sind zwei vergoldete Bronzewagen ausgestellt, die in der Nähe gefunden wurden. Maßstabgetreu bilden die aus 3000 Einzelteilen bestehenden Gefährte einen Reise- und einen Begleitwagen des Qin-Kaisers nach.

Das eigentliche Mausoleum Qin Shihuangdis befindet sich jedoch wahrscheinlich unter einem Hügel, 1,5 km westlich vom Figurenfeld gelegen. Der Tumulus war einst 120 m hoch, heute ragt er noch 47 m auf. Historischen Aufzeichnungen zufolge soll sich unter ihm eine prächtige Anlage verbergen, die vermutlich ganz China en miniature darstellt. Das Firmament sei mit Edelsteinen nachgebildet, und mechanische Vorrichtungen hielten flüssiges Quecksilber in den nachgebildeten Flüssen ständig in Bewegung, heißt es in den Berichten. Und tatsächlich hat man bei Probebohrungen erhöhte Werte von Quecksilber gefunden. Daher bleibt es weiterhin offen, ob und wann es jemals zu Ausgrabungen kommen wird. (Mehr Informationen zur Terrakottaarmee s. S. 204.)

»
Als man die Terrakottakrieger entdeckte, waren ihre Wangen noch rosig und sie trugen aufgemalte Uniformen. Durch den Kontakt mit der Luft verfärbten sich die Figuren jedoch schwarz.

Unten: Das Befehlszentrum der Terrakottaarmee

Die großen und imposanten Steinstatuen in der Grabanlage Qianling stellen Würdenträger der Tang-Dynastie dar

Unten: Der Gipfel des heiligen Bergs Huashan

Auf dem Weg zurück nach Xi'an kann man die **Heißen Quellen von Huaqing** (Huaqingchi, tgl. 7–19 Uhr) am Fuße des Lishan, des Bergs des Schwarzen Pferdes, besuchen. Hier soll seit 2800 Jahren mineralhaltiges und etwa 43°C heißes Wasser aus dem Boden sprudeln. In der Parkanlage gibt es Badehäuser und Pavillons, ein Palast im Stil der Tang-Dynastie wurde nachgebaut. Hier badete zur Tang-Zeit die berühmteste Konkubine Chinas, Yang Guifei. Das Bad, das sie benutzt haben soll, ist in einer Nachbildung zu sehen. In der angenehmen, aber oft überlaufenen Parkanlage wurden mehrere Pavillons und sogar ein ganzer Palast im Tang-Stil rekonstruiert. Wenn Sie genug Zeit mitbringen, können Sie auch auf den Lishan steigen, dessen Hänge seit mehreren Jahrhunderten mit Pavillons und Tempeln gespickt sind.

Am Stadtrand von Xi'an liegt die **Steinzeitsiedlung Banpo** **J** (Banpo Bowuguan, tgl. 8–18.30 Uhr). Durch Zufall fanden Bauarbeiter Anfang der 1950er-Jahre hier Keramiken aus der Zeit der Yangshao-Kultur, die über 3000 Jahre alt waren. Die neolithische Siedlung bestand aus etwa 45 meist runden Hütten. Die Archäologen entdeckten zudem eine große Halle in der Dorfmitte und fast 200 Vorratsgruben mit Getreide, Tontöpfen, Werkzeugen und Tierknochen. Östlich des Dorfes lagen Brennöfen und der Friedhof, der bestattete Kinder in Tonurnen und Erwachsene in Rückenlage zutage förderte. Die Skelette gehören zu den interessantesten Ausstellungsstücken der überdachten Halle, in der sonst noch die Hüttenfundamente zu sehen sind. Im Museum befinden sich Originale der schwarz-roten Yangshao-Keramik mit stilisierten Fisch-, Menschen- und Wilddarstellungen.

Im Westen von Xi'an

Tausend Jahre Geschichte als Hauptstadt haben doch einige Zeugnisse hinterlassen, auch wenn die alten Dynastien längst untergegangen sind. 40 km nördlich von Xi'an liegt die Kreisstadt **Xianyang** **K**, die unter Qin Shihuangdi Reichshauptstadt war. Von den zahllosen legendären Palästen aus jener Zeit finden sich kaum Spuren. In Xianyang selbst gibt es in einem ehemaligen Kon-

Karte auf Seite 191/178

fuzius-Tempel ein **Museum** (Xianyang Bowuguan, tgl. 8–17.30 Uhr) mit über 3000 Gegenständen aus der Zeit der Streitenden Reiche und der Dynastien Han und Qin. Beeindruckend ist vor allem die Sammlung von ungefähr 50 cm hohen Pferde- und Reiterfiguren aus der Han-Dynastie, die in einem Grab entdeckt wurden.

In den Hügeln nördlich des Flusses Wei liegen mehrere Grabanlagen von Kaisern aus der Han- und der Tang-Dynastie. In der Grabanlage **Qianling** ⓬ (tgl. 8–17 Uhr) sind der Tang-Kaiser Gaozong und seine Gemahlin Wu Zetian, die später der Thron usurpierte, bestattet. Das Grab selbst ist noch nicht geöffnet. Sehenswert ist der Aufgang zum Grab wegen seiner Geisterallee, der aus Stein gehauenen Tiere und Würdenträger. Einer Gruppe von 61 Steinfiguren, die ausländische Würdenträger darstellen, fehlen die Köpfe. Nach Berichten haben Bauern sie abgeschlagen, als eine Hungersnot herrschte und sie die Anwesenheit dieser Ausländer dafür verantwortlich machten.

Etwa 115 km nordwestlich von Xi'an gibt es in der Stadt Famen einen bedeutenden Tempel, den **Famensi** (tgl. 8 bis 18 Uhr), der im 2. Jh. für vier Reliquien des Buddha (ein Fingerknochen, ein Haar, ein Stück Fleisch sowie Knochenmark) gegründet wurde. Die Krypta für die Reliquien und der dazugehörige Stupa wurden über die Jahrhunderte mehrfach erneuert, und als 1987 der Turm ein weiteres Mal einstürzte, wurden angeblich die Reliquien sowie zahlreiche wertvolle Geschenke an den Tempel wiederentdeckt. Sie werden heute in einem Museum neben dem Tempel ansprechend präsentiert. Zu den gefundenen Objekten gehören rund 27000 Münzen, 700 weitgehend zerfallene Textilien, Keramik aus der Tang-Zeit mit einer »geheimen« Glasur, Silberwaren aus Westasien, mehrere Aufbewahrungstruhen aus Sandelholz sowie buddhistische Ritualobjekte.

Heiliger Berg Huashan

Fährt man von Xi'an nach Osten, so erblickt man nach 120 km den **Huashan** ⓮, den westlichsten der heiligen Berge Chinas. Der »blühende Berg« wird als Ort daoistischer Kontemplation verehrt. Viele Tempel liegen verteilt

In die terrassierten Hügel rund um Yan'an wurden Höhlenwohnungen gebaut

Unten: Der junge Mao in Yan'an

VERKEHRSMITTEL

Reisen nach Henan

◆ **Flug:** Von Zhengzhou Flüge nach Peking, Guilin, Shanghai und Hongkong.

◆ **Zug und Bus:** Tgl. Züge nach Peking, Shanghai, Taiyuan, Wuhan und Xi'an.

Reisen in Henan

◆ **Zhengzhou:** Züge nach Anyang (2,5 Std.), Kaifeng (1 Std.), Luoyang (2 Std.). Busse u.a. nach Kaifeng (1 Std.) und zum Shaolin-Kloster (2 Std.).

◆ **Kaifeng:** Züge nach Zhengzhou (1 Std.) und Luoyang (3 Std.). Busse nach Anyang (3,5 Std.), Luoyang (3 Std.) und Zhengzhou (1 Std.).

◆ **Dengfeng:** Busse nach Luoyang (1,5 Std.) und Zhengzhou (2 Std.).

◆ **Luoyang:** Züge nach Kaifeng (3 Std.) und Zhengzhou (2 Std.), Busse nach Dengfeng (1,5 Std.), Zhengzhou (2 Std.), Kaifeng (3 Std.) sowie Anyang (4,5 Std.).

Zwischen Zhengzhou und Luoyang gibt es viele Höhlenwohnungen, die in den weichen, gelblichen Lössboden gebaut wurden. In den Wohnungen selbst ist es zwar dunkler, aber im Winter wärmer und im Sommer kühler als in frei stehenden Häusern.

Unten: Buddhistische Höhlentempel bei Luoyang: die Longmen-Grotten

bis hinauf zum Gipfel. Der Aufstieg über den Nordgipfel zum 2100 m hohen Südgipfel beginnt vom Garten der Jadequelle (Yuquanyuan) östlich von Huayin und dauert mindestens einen halben Tag. Hinter dem Wolkentor (Yunmen), von dem man einen herrlichen Blick hat, steigt der Weg steil an.

Der Weg ist äußerst anstrengend und steil, an einzelnen Stellen kann man sich nur an einer Kette festhalten. Wer das Risiko nicht eingehen will, kann mit der Seilbahn zum Nordgipfel fahren. Die Wanderung von dort zu den anderen Gipfeln dauert etwa 6 Std. und ist ebenfalls sehr steil. Hotels findet man am Fuß des Berges, sehr einfache Gästehäuser auch auf dem Berg.

Yan'an

Die Stadt **Yan'an** ⓯ liegt 270 km nördlich von Xi'an, dort, wo der Yan-Fluss die trockenen Lössberge durchfließt. In der Gegend um Yan'an sind noch die für die Lössgegend so typischen Höhlenwohnungen zu sehen, die nach dem Langen Marsch ab Oktober 1935 den Führern der Roten Armee als Unterkunft und Tagungsstätte dienten. Hier wurde nach dem Vorbild der stalinistischen Sowjetunion die Zukunft Chinas geplant, und die Parteiführer, die sich in Yan'an in den Vordergrund spielen konnten, hielten über lange Zeit die Macht in Händen, nicht zuletzt Mao selbst.

Wieviel hier echt ist, lässt sich schwer sagen. Klar ist, dass die jeweils gültige der sich häufig ändernden Versionen der Geschichtsschreibung der KP Chinas in einer großen Propagandashow präsentiert wird. Zu den fein arrangierten Orten gehören das ungefähr 3 km nordwestlich der Stadt gelegene **Revolutionäre Hauptquartier**, das **Wangjiaping** und das **Fenghuangshan**. Hier steht, angeblich unberührt, Maos Holzbett. Dokumente und kleinere Objekte aus den Höhlen werden ähnlich im **Revolutionsmuseum** vorgeführt (alle tgl. 8–17.30 Uhr).

Die noch heute die Stadt überragende **Pagode Baota** (tgl. 8–17.30 Uhr) war bis in die 1970er-Jahre genauso bekannt wie der Kaiserpalast und der Himmelstempel in Peking. Von oben genießt man einen herrlichen Ausblick in die Umgebung.

Die Provinz Henan

Östliche Kaiserstadt: Luoyang

Während Xi'an Hauptstadt der Westlichen Han-Dynastie (206 v. Chr. bis 9 n. Chr.) war, residierten die Kaiser der folgenden Östlichen Han-Dynastie (25–220 n. Chr.) in **Luoyang** ⓰, das daher auch »Östliche Kaiserstadt« genannt wird. Auch spätere Herrscher regierten von Luoyang aus, das seine Blütezeit während der Dynastien Tang und Song sah, um dann allmählich im Vergleich zu den prosperierenden Küstenstädten an Bedeutung zu verlieren. 1949 lebten nicht einmal 100 000 Einwohner hier, die Stadt selbst machte einen verlassenen Eindruck. Doch danach wurde Luoyang zur Industriestadt ausgebaut; so entstand hier Chinas erste Traktorenfabrik. Es kamen danach zahlreiche, gleichförmig aussehende Arbeiterwohnviertel hinzu, sodass Luoyang heute eher trist erscheint, allerdings etwas begrünt wurde. Außerdem ist Luoyang als Stadt der Päonien (Pfingstrosen) bekannt. Zur Zeit der Blüte im späten Frühjahr erstrahlt die ganze Stadt in einem rosaroten Blumenmeer.

Die Yan'an Lu und ihre Verlängerung, die Zhongzhou Lu, bilden die Hauptachse von Luoyang. Ziemlich im Zentrum liegt das **Luoyang-Museum** (Luoyang Bowuguan, tgl. 8–17 Uhr), das einen guten Überblick über die historische Entwicklung der Stadt und ihrer Umgebung bis zur Song-Dynastie bietet. Dort befinden sich auch die Reste zweier Gräber aus der Han-Dynastie, die in den 1950er-Jahren ausgegraben worden waren.

Rund 13 km östlich der Stadt liegt der **Tempel des Weißen Pferdes** (Baimasi, tgl. 8.30–17 Uhr). Das im Jahr 68 gegründete Kloster soll die älteste buddhistische Tempelanlage Chinas sein. Sein Name geht auf eine Legende zurück, nach der zwei Mönche, auf einem Schimmel reitend, buddhistische Sutren von Indien nach Luoyang brachten. Statuen der beiden Mönche und ihre Grabstätten sind noch zu sehen. Vom alten Kloster sind nur noch ein paar Steinreste des rückwärtigen Gebäudeteils vorhanden. In der neuen Anlage, die wieder von Gläubigen besucht wird, leben heute jedoch Mönche einer zen-buddhistischen Sekte.

Die Longmen-Grotten bestehen aus großen Höhlensälen und unzähligen kleinen Grotten und Nischen, die in den Stein gehauen wurden

Unten links: Die Figuren in den Longmen-Grotten stellen Wächter und Charaktere aus der buddhistischen Ikonografie dar

DIE KUNST DER LONGMEN-GROTTEN

Die heute von den Chinesen reklamierten Longmen-Grotten (s. S. 199) wurden, wie auch die Yungang-Grotten in der Provinz Shanxi, von den buddhistischen, aber nicht-chinesischen Toba geschaffen, die während der Nördlichen Wei-Dynastie (386–534) im Norden Chinas herrschten. Als diese ihre Hauptstadt von Datong nach Luoyang verlegten, zogen auch die Steinmetze mit. Nachfolgende Dynastien, wie etwa die der Sui und Tang, fügten später weitere Höhlen hinzu, sodass die meisten Kunstwerke zwischen dem 5. und dem 8. Jh. geschaffen wurden.

Über die Jahrhunderte hinweg gab es immer wieder Zerstörungen, beispielsweise im Zuge der Buddhistenverfolgungen im 9. Jh., und so steht manch eine Figur kopflos da. Einige Werke waren früher bunt bemalt; die Farben sind aber inzwischen verblichen.

Die rund 100 000 Figuren stellen mächtige Wächter und alle möglichen Charaktere aus der buddhistischen Ikonografie dar. Besonders beliebt waren der Bodhisattva Avalokiteshvara, meist in Form der weiblichen Guanyin, und die Buddhas Maitreya und Amitabha, während Reliefs Geschichten aus dem Leben des historischen Buddhas, Sakyamuni, erzählen. Über die Jahrhunderte änderte sich auch der Stil der Darstellungen, von den außerweltlichen Bodhisattvas der Nördlichen Wei zu den lebhafteren Buddhas der Tang-Dynastie.

DIE SÖHNE DES SHAOLIN

Das Shaolin-Kloster bei Luoyang, das durch unzählige Kung-Fu-Filme bekannt wurde und zu dem jährlich Anhänger der »martial arts« in Massen strömen, soll der Ursprung aller Kampfkünste sein, die im Chinesischen »wushu« genannt werden. Der berühmte indische Mönch Bodhidharma (480–528), der den Chan-Buddhismus, in Japan Zen genannt, nach China brachte, soll in diesem Kloster festgestellt haben, dass viele Mönche den Meditationsübungen körperlich nicht gewachsen waren, und deshalb nach Übungen zur Körperertüchtigung gesucht haben. Nach langem Beobachten von Tieren probierte er Bewegungsübungen, die Ausgewogenheit, Konzentration und Gleichgewichtssinn förderten. Doch schnell entwickelten einige Mönche diese Übungen weiter zu einem harten Kampfsport. Während der Tang-Dynastie waren Mönche des Shaolin-Klosters als Leibwächter am Kaiserhof tätig, und viele von ihnen pflegten einen wenig enthaltsamen Lebenswandel. Nicht zuletzt diese Tatsache führte zu Buddhistenverfolgungen, was wiederum kleinere Klöstern und deren Reduzierung auf ihre spirituellen Aufgaben zur Folge hatte. Heute scheint wieder eine Zeit der Abweichung vom Pfad der Tugend gekommen zu sein, da das Shaolin-Kloster ohne Rücksicht auf Kampfkunsttraditionen nur am schnellen Geld interessiert ist und den Buddhismus erneut in Verruf bringt.

Die Prinzipien aller Kampfkünste stehen in engem Zusammenhang mit der daoistischen Philosophie der Verbindung von Gegensätzen. Alle Übungen bestehen aus einer Kombination von Angriff und Verteidigung, von vorwärts und zurück, von Bewegung und Ruhe, von Beschleunigung und Verlangsamung, von Härte und Eleganz. Die Wirkung liegt in der richtigen Verbindung der Gegensätze, die zu einer Synthese führen soll. Die chinesische Bezeichnung *gong fu* (Kung-Fu) bedeutet soviel wie »Können«. Und wie auch in der chinesischen Medizin gibt es dabei wenig Theorie, und wie in der Malerei und Kalligrafie wird die Perfektion in der Kunstfertigkeit durch stete Wiederholung althergebrachter Übungen erreicht. Grundlegend lässt sich das »wushu« in zwei Bereiche teilen, die äußeren oder schnellen Kampfsportarten sowie die inneren oder langsamen. Die bekannteste Form des inneren »wushu« ist das Tai Chi, das aus der Beobachtung eines Kampfes zwischen einer Schlange und einem Kranich entstanden sein soll. Die Schlange wich den harten, schnellen Stößen des Kranichschnabels immer wieder geschickt aus, bis der Kranich schließlich erschöpft verschwand. So sind die langsam kreisenden Bewegungen des Tai Chi darauf ausgerichtet, den Angriffen des Gegners durch Ausweichen den Schwung zu nehmen und ihn ins Leere laufen zu lassen. Letztendlich siegt damit das Runde, Bewegliche und Weiche über das Spitze, Starre und Harte, das *yin* über das *yang*, das Weibliche über das Männliche. Im Kung-Fu wird auch mit Waffen gekämpft, z.B. mit dem Schwert, dem Säbel, dem Dreistock und der Peitsche.

Entscheidende Kraft im Innern eines jeden ist dabei das »qi«, die Lebensenergie, die der Einzelne durch Konzentration und Atemtechnik zu lenken lernen muss. Das Ergebnis: »wu wei« – das Nicht-Eingreifen. ■

Oben und links: Die chinesischen Kampfkünste sind heute wieder sehr beliebt und ein großes Geschäft

Die Longmen-Grotten

Die überragende kultur- und kunstgeschichtliche Sehenswürdigkeit Luoyangs sind aber die buddhistischen **Longmen-Grotten** ⓱ (tgl. 7–19 Uhr), die 13 km südlich der Stadt an beiden Ufern des Yi-Flusses liegen. Die gemauerten Grotten und gemeißelten Figuren wurden zwischen dem 5. und 7. Jh. meist durch Stiftungen von Adligen geschaffen. Über 1300 Grotten und 700 Nischen enthalten 40 Pagoden, 2780 Inschriften und mehr als 100 000 Statuen und Abbildungen. Viele der schönsten Skulpturen wurden um die Jahrhundertwende gestohlen und sind heute in westlichen Museen zu sehen oder befinden sich in Privatbesitz. Trotzdem sind die Longmen-Grotten auch heute noch, neben den Höhlen in Dunhuang (s. S. 409), ein einzigartiges Dokument buddhistischer Kunstfertigkeit. Hier lassen sich auch sehr gut die verschiedenen Stile studieren, von der Nördlichen Wei-Dynastie bis zu den Tang. Die größte Statue ist über 17 m hoch, die kleinste nur zwei Zentimeter.

Der imposanteste Teil der Anlage ist der **Fengxian-Tempel,** in welchem die 17,4 m hohe Hauptstatue, umgeben von Bodhisattvas und göttlichen Wächtern, steht. Allein die Ohren des Buddhas haben eine Länge von 1,9 m. Diese Statue wurde 676 in der Regierungszeit des Tang-Kaisers Gaozong vollendet und soll der Kaiserin Wu Zetian nachempfunden sein.

Die Kraft des »qi« und des Geldes

Rund 80 km südöstlich von Luoyang liegt im Kreis Dengfeng das berühmte **Shaolin-Kloster** ⓲ (tgl. 8–18.30 Uhr). Es ist über Chinas Grenzen hinaus bekannt für die Kampfkunst seiner Mönche und als Heimat der chinesischen Kampfsportarten. In den letzten Jahren entwickelte es sich zu einer wahren Pilgerstätte, sicherlich nicht zuletzt wegen des 1982 gedrehten Erfolgsfilms »Das Shaolin-Kloster«, der schildert, wie Mönche einem Tang-Kaiser beistanden. Flugs baute man – hauptsächlich für devisenkräftige Ausländer – neben dem Kloster eine neue Ausbildungshalle für Shaolin-Boxer, die das harmonische Bild der Landschaft, in die sich das Kloster fügte, leider zerstört hat. Scharen von in- und ausländischen Touristen tummeln sich hier, während Showtruppen, die mit der ursprünglichen Idee des Kampfsports als Meditation nichts mehr zu tun haben, durch die Welt touren.

Der Mönch Bodhidharma ließ sich im Jahre 527, aus Indien kommend, hier nieder und gründete das Kloster sowie den Chan-Buddhismus (Zen). Zehn Jahre soll er insgesamt vor einer Felswand gesessen und meditiert haben. Dabei soll sich sein Abbild in den Stein eingeprägt haben.

Das in der Kulturrevolution stark zerstörte Kloster ist inzwischen restauriert und beherbergt wieder Mönche. In der Haupthalle des Tempels, der **Tausend-Buddha-Halle** (Qianfodian), sind Wandmalereien mit 500 Luohan aus der Ming-Ära zu sehen. Vertiefungen im Steinboden zeugen von den harten Sprung- und Kampfübungen. Außerhalb der Klostermauern liegt der

Das stark kommerzialisierte Shaolin-Kloster ist bei Reisegruppen sehr beliebt. Gegen einen Obolus lesen Mönche den Besuchern aus der Hand und sagen ihnen die Zukunft voraus.

Unten: Der Pagodenwald (talin) des Shaolin-Klosters

Das Guanxing-Tai-Observatorium bei Dengfeng stammt aus dem 13. Jahrhundert. Man berechnete dort die genauen Zeitpunkte der Sonnenwenden und anderer astronomischer Phänomene.

Unten: Bitte recht freundlich! **Unten rechts:** Konfuziusstatue im Konfuzius-Tempel von Zhengzhou

beindruckende **Pagodenwald** (Talin), ein Friedhof mit 220 Grabstupas von berühmten Shaolin-Mönchen. Die ältesten Stupas stammen wohl noch aus der Tang-Dynastie.

Songshan und Umgebung

Zahlreiche Berge befinden sich östlich des Shaolin-Klosters und formen die Bergkette **Songshan** ⓳ als zentrale Achse der fünf heiligen Berge des Daoismus. Die Stadt **Dengfeng** liegt etwa 13 km östlich von Shaolin in den Bergen; in ihrer Umgebung gibt es einige interessante historische Stätten.

Die **Songyang-Akademie** (tgl. 7.30 bis 18 Uhr), 3 km nördlich von Dengfeng, gehörte zu den einflussreichsten Akademien des alten China. Sie wurde 484 von der Nördlichen Wei-Dynastie gegründet, aber 1035 vollständig neu errichtet. Besonders sehenswert sind ein im Jahr 744 geschnitztes Relief aus der Tang-Dynastie und zwei riesige Zypressen, die angeblich über 2000 Jahre alt sind.

3 km nordwestlich der Akademie befindet sich die zwölfeckige, 40 m hohe **Pagode des Songyue-Tempels** (tgl. 8 bis 18 Uhr), die mit ihrem Baujahr 509 die älteste Ziegelpagode Chinas sein soll. In der Nähe liegt das Landschaftsgebiet **Taishi Shan** (tgl. 8–18 Uhr).

Nahe der Stadt Gaocheng, südöstlich von Dengfeng, blieb eine **Plattform zur Sternbeobachtung** (Guanxingtai, tgl. 8 bis 17.30 Uhr) erhalten. Sie wurde 1276 in der Yuan-Dynastie neben 26 anderen Stenwarten erbaut und soll die älteste erhaltene sein. Der wohl bekannteste Wissenschaftler und Baumeister seiner Epoche, Guo Shoujing, errichtete das Guanxing-Tai-Observatorium, um das Sonnenjahr zu messen.

Zu den eindrucksvollsten Attraktionen der Gegend um Dengfeng gehört der **Tempel des Mittleren Berges** (Zhongyuemiao, tgl. 6.30–18.30 Uhr), ein großes daoistisches Kloster 2 km östlich der Stadt. Der ummauerte Komplex soll bereits 220 v. Chr. gegründet worden sein, die jetzige Struktur entstand aber in der Ming-Dynastie. Die Innenhöfe sind mit alten Zypressen und geschnitzten Stelen übersät und werden von den hier lebenden Mönchen gepflegt und gelegentlich vom Moos befreit.

Zhengzhou

Die Stadt **Zhengzhou ⑳**, etwa 80 km östlich von Dengfeng und 20 km südlich des Gelben Flusses, ist die Hauptstadt der Provinz Henan und ein geschäftiger Verkehrsknotenpunkt. Schon in der Shang-Dynastie soll es hier eine Siedlung gegeben haben, doch das Alter von Mauerfragmenten aus gestampfter Erde im Südosten der Stadt lässt sich nicht exakt bestimmen.

Lebhaft gestalten sich auch die Aktivitäten im **Konfuzius-Tempel** (Kongmiao, 24 Dong Dajie, tgl. 8–17 Uhr), der nach Schulende als Gemeindezentrum für Nachhilfe und für das Tai-Chi-Training dient.

Etwas weiter nördlich befindet sich der **Tempel des Stadtgottes** (Chenghuang Miao, 2 Shangcheng Lu, tgl. 9 bis 17 Uhr), heute das am besten erhaltene antike Bauwerk der Stadt. Er wurde in der Ming-Dynastie gegründet, später aber mehrfach umgebaut und jüngst mit frischen Wandmalereien von Stadtgottheiten versehen.

Die Funde der Umgebung werden im sehenswerten **Museum der Provinz Henan** (8 Nongye Lu, Di–So 8–17 Uhr) gesammelt und ausgestellt.

Historische Handelsstadt: Kaifeng

An der Bahnlinie zwischen Peking und Shanghai liegt südlich des Gelben Flusses die Stadt **Kaifeng ㉑**. Sie diente ab 364 v. Chr. in der Zeit der Streitenden Reiche (476–221 v. Chr.) sieben Dynastien als vorübergehende Hauptstadt und erlebte ihre Blütezeit unter den Song. Aus dieser Zeit stammt auch die zwölf Meter lange Bildrolle »Flussaufwärts zum Qingming-Fest«, die im Kaiserpalast in Peking aufbewahrt wird und das Leben in der Handelsstadt beschreibt.

Danach erlebte die Stadt jedoch einen kontinuierlichen Niedergang: 1644 wurden die Deiche des Gelben Flusses geöffnet, um die Mandschu-Soldaten aufzuhalten, was über 300 000 Menschen das Leben kostete. Kaifeng wurde jedenfalls auch bis zum heutigen Tag kein Industriezentrum, daher wirkt es immer noch wie eine wirklich alte Stadt. Traditionell sind hier Seidenproduktion und Stickerei beheimatet.

Sehenswürdigkeiten gibt es in Kaifeng nicht mehr viele. Im Nordwesten steht die **Eiserne Pagode** (Tieta, tgl. 7.30–18.30 Uhr) aus der Song-Dynastie. Mit 13 Stockwerken ist die 1049 erstmals erbaute achteckige Pagode 56 m hoch. Der Name leitet sich von der rostbraunen Farbe der Ziegel ab, die von Weitem wie Gusseisen aussehen. Im Innern kann man eine enge Treppe hochklettern.

Das älteste noch erhaltene Gebäude ist die **Fan-Pagode,** die auch Pota genannt wird (tgl. 8.30–17.30 Uhr). Sie liegt im Südosten und hat heute drei Stockwerke. Sie enthält in ihren Nischen zahlreiche Buddha-Figuren.

Im Stadtzentrum befindet sich das **Xiangguo-Kloster** (Ziyou Lu, tgl. 8 bis 18.30 Uhr). Das bereits im Jahr 555 erbaute Kloster galt viele Jahrhunderte als ein Zentrum des Buddhismus. Nach der Zerstörung durch die Überflutung im Jahr 1644 wurde es 1766 wiederaufgebaut. Sehenswert sind ein achtecki-

TIPP

Eine der Hauptattraktionen Kaifengs und ein kulinarischer Höhepunkt dazu ist der riesige **Nachtmarkt,** der sich von der Gulou- bis zur Madao-Straße erstreckt. Vor allem muslimische Hui verkaufen hier ihre Gerichte: Fleischspießchen und Nudeln. Probieren sollten Sie auf jeden Fall *xingren cha*, eine puddingähnliche Nachspeise mit Beeren und geriebenen Mandeln.

Unten: Kanal in der Provinz Anhui

Yanqing Guan, ein farbenfroher daoistischer Tempel im Herzen von Kaifeng

ger Pavillon mit einer bemerkenswerten Holzkassettendecke sowie eine vergoldete Guanyin-Statue aus Ginkgo-Holz.

Der bescheidene daoistische **Yanqing-Tempel** (53 Guanqian Jie, tgl. 8 bis 18 Uhr) weist nur zwei Hallen auf, von denen die erste dem Jadekaiser geweiht ist. Ebenfalls sehenswert ist die **Gildenhalle Shanshangan** (85 Xufu Jie, tgl. 8–17.30 Uhr), ein extravagant dekoriertes Hofhaus aus der Qing-Dynastie, in dem sich einst die Kaufleute aus drei Provinzen trafen.

Etwas mehr über die Geschichte von Kaifeng, einschließlich der früheren jüdischen Gemeinde (s. unten), erfährt man im **Kaifeng-Museum** (Kaifeng Bowuguan, 26 Yingbin Lu, tgl. 8.30 bis 11.30, 14.30–17.30 Uhr).

Anyang

Etwa 200 km nördlich von Zhengzhou, nahe der Grenze zu Hebei, liegt die Stadt **Anyang** ㉒. In dieser Gegend soll sich angeblich die Hauptstadt Yin der Shang-Dynastie befunden haben, von der in den Annalen berichtet wird, für die es aber keine wirklichen archäologischen Beweise gibt. Frühe Funde der Region werden jetzt im **Museum der Yin-Ruinen** (tgl. 8–17.30 Uhr) gezeigt, vor allem Orakelknochen. Auf diesen Knochen, meist Bauchpanzer von Schildkröten oder Schulterblätter von Ochsen, finden sich frühe Inschriften. In einem Anbau werden sechs Reisewagen mit den zugehörigen Pferdeskeletten, die aus Mausoleen der Umgebung stammen, ausgestellt. Darüber hinaus sind Keramiken und Bronzekessel zu sehen.

In Anyangs Altstadt steht die ungewöhnliche, im 10. Jh. errichtete und in der Ming-Zeit restaurierte **Wenfeng-Pagode** (tgl. 8 bis 17 Uhr), die an der Basis schmaler ist als an der Spitze. Über eine sehr enge Treppe gelangt man nach oben und kann den Ausblick über die Stadt genießen.

Ein Bauwerk jüngerer Zeit bringt Besucher nach **Linzhou,** 70 km westlich von Anyang bei den Taihuang-Bergen: der **Rote-Fahne-Kanal.** Nach dem Vorbild des älteren Kaiserkanals wurde der Kanal in riesigen Massenarbeitseinsätzen während der Kulturrevolution von Hand ausgehoben. ■

Unten: In Kaifeng lebten viele Juden

KAIFENGS JUDEN

Bereits in der Han-Dynastie soll es im damaligen Siedlungsgebiet der Chinesen jüdische Enklaven gegeben haben. Während der Nördlichen Song-Dynastie (960 bis 1127) wanderte auch eine Gruppe von Juden aus Zentralasien über die Seidenstraße nach Kaifeng ein. Die jüdische Gemeinde lebte dort bis ins späte 19. Jh. hinein, als die Synagoge, die im Stadtzentrum von Kaifeng stand, durch eine Überschwemmung zerstört und danach abgerissen wurde.

Heute berufen sich nur noch wenige Familien auf ihre jüdische Herkunft, und die Forschung wird durch die Tatsache erschwert, dass die chinesischen Namen patrilinear, die jüdischen hingegen matrilinear weitergegeben werden. Auf drei Stelen ist die offizielle Geschichtsversion festgehalten. Sie stehen heute im ersten Stock des Kaifeng-Museums.

RESTAURANTS

Preiskategorien (für eine Person mit einem Getränk)
●●●● = über 15 €
●●● = 10–15 €
●● = 5–10 €
● = unter 5 €

Provinz Shaanxi

Shaanxi ist für seine reichhaltige Küche bekannt, die seine Geschichte als Handelsknotenpunkt widerspiegelt. Auf dem Land und im äußersten Norden erwarten den Reisenden Nudelgerichte, zu denen große Mengen roher Knoblauch serviert werden – hier isst man mehrere Knollen zu jeder Mahlzeit. In den Städten findet man eine kulinarische Vielfalt, wobei der Schwerpunkt auf muslimischen Speisen liegt.

Xi'an

Shaanxis Hauptstadt blickt auf ein reiches kulinarisches Erbe zurück, das sich aus ihrer Rolle als historische Hauptstadt ableitet. Die Lokale reichen von einfachen Straßenständen bis hin zu luxuriösen Restaurants, die aufwendige mehrgängige Festessen ausrichten. Im Stadtzentrum findet man v.a. an der **Dong Dajie** östlich des Glockenturms eine gute Auswahl.
Entlang der Alleen nördlich der **Großen Moschee** reiht sich ein muslimischer Straßenstand an den anderen; sie verkaufen preisgünstige Hammel- und Rindfleischgerichte oder diverse Nachspeisen und süßen Haferbrei. Achten Sie auf *roujiamo*, gebratenes Lamm oder Rind in Pittabrot, Lamm- oder Rinderkebab am Spieß oder aber das allseits beliebte *rouchuan* – über Holzkohle gegrilltes, mit Kreuzkümmel und Chilis gewürztes Fleisch.

◆ **Beijing Zhengyamen**
68 Youyi Xilu
Schickes Pekingenten-Restaurant östlich vom Eingang zur Kleinen Wildgans-Pagode. ●●●

◆ **Lao Sun Jia**
364 Dong Dajie
Das Restaurants ist berühmt für *yangrou paomo*, Lammeintopf mit münzgroßen Stücken Fladenbrot. Dabei müssen die Gäste das Brot in kleine Stücke brechen und in den Eintopfschalen aufstapeln, bevor eine Brühe mit Fleisch und Nudeleinlage darüber gegossen wird. ●

◆ **Shuyuan International Youth Hostel Restaurant**
2 Shuncheng Xixiang Nan Jie
Lieblingstreff der Rucksacktouristen, mit ordentlichem, wenn auch leicht überteuertem westlichem Essen. ●●

◆ **Wuyi Fandian**
351 Dong Dajie
Das Lokal befindet sich im Erdgeschoss des May First Hotel. Serviert werden nordchinesische Speisen wie Nudeln, gefüllte Teigtaschen und gedämpfte Brötchen. Die Stände zur Straße hin verkaufen Spieße mit gegrilltem Fleisch, Tofu und Meersfrüchten. ●

◆ **Xi'an Roast Duck Restaurant**
369 Dong Dajie
Zweistöckiges, schlichtes Restaurant, das großzügige Portionen gerösteter Ente mit Pflaumensauce serviert. Alles zusammen wird dann in dünne Pfannkuchen eingerollt. Zur Mittagszeit gut besucht. ●●

◆ **Xiangzimen Youth Hostel Restaurant**
16 Xiangzimiao Jie
Das beste Jugendherbergen-Lokal in ganz Xi'an. Umfangreiche, englischsprachige Speisekarte mit chinesischen und westlichen Gerichten (von früh bis spät geöffnet). ●●

Provinz Henan

Henan beruft sich in Sachen Küche auf seine nördlichen Wurzeln und hat einige hervorragende Nudelgerichte zu bieten. In der antiken Stadt Kaifeng findet man zudem noch einen belebten Nachtmarkt.

Zhengzhou

In Henans Hauptstadt gibt es viele Garküchen und **Nachtmärkte** rund um den zentral gelegenen Erqi-Ta-Platz. Zwei Häuserblocks weiter liegt der **Guangcai-Markt**.

◆ **Jingya Seafood Restaurant**
112 Chengdong Lu
Gegenüber dem Sofitel in der Chengdong Lu gelegen, ist dieses Restaurant auf Fischgerichte spezialisiert und bringt Delikatessen der Shandong- und Kanton-Küche auf den Tisch. ●●●●

Kaifeng

(s. Randspalte S. 201)

◆ **Xinsheng Restaurant**
66 Gulou Jie
Großes Lokal mit bezahlbarem Essen, bebilderter Karte und einer großen Auswahl an chinesischen Standardgerichten. Da es mittags schnell voll wird, sollte man frühzeitig kommen. ●

Luoyang

Rund um den Bahnhof liegen Lokale, die günstige Teigtaschen und Nudelgerichte servieren. Abends sollte man den **Nan-Dajie-Nachtmarkt** 3km südlich des Bahnhofs aufsuchen, wo es z.B. Spieße von gegrilltem Lamm, Rind und Tintenfisch gibt. Zum Nachtisch isst man süße, mit roten Bohnen und Datteln gefüllte Pasteten.

◆ **Tianxiang Restaurant**
56 Jingyuyuan Lu
Das moderne Restaurant serviert scharf-würzige Sichuan-Speisen. Reservierung empfohlen. ●

Tönerne Krieger

Die Terrakottaarmee aus Tausenden von Kriegerfiguren zählt zu den berühmtesten Sehenswürdigkeiten Chinas.

Etwa 30 km östlich von Xi'an ließ der erste Kaiser vor mehr als 2000 Jahren schon zu seinen Lebzeiten sein Mausoleum errichten, das von großen Armeen aus Tonfiguren bewacht wird. Insgesamt wurden mehr als 8000 Figuren freigelegt; wie viele es insgesamt gibt, ist noch unbekannt. In der Haupthalle befinden sich über tausend Figuren, die im vorderen Bereich restauriert und wieder in Schlachtordnung aufgestellt wurden, während die hinteren original belassen wurden.

Im Jahr 1980 wurde zudem das Modell eines bronzenen Reisewagens gefunden, wie er in der Qin-Dynastie verwendet wurde. In den Seitenteilen befinden sich Löcher, sodass der Kaiser aus dem Wagen schauen konnte, ohne selbst gesehen zu werden, wenn er auf Inspektionsreise im Land unterwegs war.

Man erfährt mehr über die Anlage, wenn man sich einer der zahlreichen Führungen anschließt oder einen Audioguide mietet (beides auch auf Englisch). Darüber hinaus gibt es einen interessanten einführenden Film. ■

Rechts und oben links: Jede Figur ist ungefähr 1,80 m groß und trägt individuelle Gesichtszüge.
Ganz oben: In Schacht 1 sind die Figuren in elf Reihen in Schlachtordnung aufgestellt. Die Offiziere und Soldaten hielten einst Speere und Schwerter (z.T. waren es echte Waffen), andere Figuren steuern Streitwagen. Alle Soldaten tragen Uniformen, die ursprünglich in Grün-, Gelb- und Rottönen bemalt waren.
Oben: Bronzener Streitwagen in halber Größe mit Pferdegespann.

Die große Nekropole

Der erste Kaiser, Qin Shihuangdi, der 221 bis 210 v. Chr. regierte, war vom Größenwahn besessen. Er umgab sein Mausoleum mit Tausenden lebensgroßer Tonsoldaten, die von mehreren Hundert Arbeitern in jahrelanger Tätigkeit geschaffen wurden. Zudem rühmte er sich, Tausende konfuzianischer Gelehrter ermordet zu haben. Es gibt aber auch Gerüchte, dass der Kaiser sehr abergläubisch und ängstlich war, das Mausoleum nur zur Tarnung bauen ließ und selbst an einer anderen Stelle begraben liegt. Seit der zufälligen Entdeckung der Anlage im Jahr 1974 wird hier gegraben. Und dabei entdecken die Archäologen immer neue Schätze. So soll sich unter dem 1,5 km entfernten Grabhügel des Kaisers ein Modell des damaligen China befinden. Der Himmel soll mit Perlen als Sterne verziert sein, und die Flüsse sollen aus Quecksilber nachgebildet worden sein (tatsächlich hat man hohe Quecksilberkonzentrationen im Boden gefunden). Die Gesamtanlage des Mausoleums könnte bis zu 56 km² groß sein, und man müsste zwölf Dörfer und ein halbes Dutzend Fabriken umsiedeln, um alles auszugraben.

Oben: Qin Shihuangdi einte das Reich 221 v. Chr.
Unten: Die Entdeckung der Terrakottaarmee bewirkte für die Wirtschaft der Region wahre Wunder. Unzählige Touristen besuchen die Ausgrabungsstätte seither jedes Jahr, und die Souvenirindustrie konnte sich zu einem wichtigen regionalen Arbeitgeber entwickeln.

Oben: Rund um die Ausgrabungsstätte drängen sich die Souvenirstände, wobei diejenigen, die sich in der Anlage selbst befinden, z.T. Souvenirs von recht guter Qualität anbieten.

Antike Schätze

Die antiken Königs- und Fürstengräber geben faszinierende Einblicke in das Leben, den Wohlstand und den Glauben der frühen Herrscher Chinas.

Den größten Teil unseres heutigen Wissens über das alte China verdanken wir den meist opulenten und mit zahllosen Grabbeigaben ausgestatteten Fürsten- und Königsgräbern. Schon vor rund 5000 Jahren wurden Begräbnishöhlen angelegt, geschmückt und mit Grabbeigaben versehen. Beeindruckende Zeugnisse der Vergangenheit stammen aus der Zeit vor etwa 3000 Jahren, denn damals entwickelte sich die Bronzebearbeitung zu einem vorläufigen Höhepunkt.

Grabbeigaben erfüllen den Zweck, dem Verstorbenen das Leben im Jenseits zu erleichtern. Sie umfassen also meist Gegenstände des täglichen Lebens wie Gefäße, Kleidung, Schmuck, Musikinstrumente, Waffen, bei Herrschern aber eben auch Menschen wie Bedienstete und Wachen. Es gibt viele Hinweise darauf, dass Diener und Soldaten lebendig mit ihrem Fürsten im Grab eingeschlossen wurden, und dass zudem jene, die den Eingang des Grabes kannten, getötet wurden.

Später besaßen die Grabbeigaben mehr eine symbolische Funktion. Statt lebender Soldaten wurden Tonfiguren aufgestellt, wie etwa beim Grab des ersten Kaisers bei Xi'an, in dessen Umgebung schon um die 8000 Terrakottakrieger in Schlachtordnung gefunden wurden. In Gräbern der Tang-Dynastie sind Hofdamen als Fresken auf den Wänden abgebildet, und die Figuren werden kleiner, was weiter von der Illusion menschlicher Begleiter im Jenseits zugunsten der Symbolik abrückt. Insbesondere in Hongkong werden bis zum heutigen Tag bei Beerdigungen Papiermodelle von Alltagsgegenständen auf den Gräbern verbrannt.

Als wesentlich beständiger erwiesen sich aber die Bronzegefäße der Shang, die einen hohen technischen Stand der Bearbeitung der Metalllegierung sowie eine bedeutende künstlerische Entwicklung innerhalb der durch Rituale vorgegebenen Grenzen belegen. Ebenfalls sehr dauerhaft ist Jade, Chinas beliebtestes Schmuckmineral, dem bewahrende und abwehrende Kräfte zugeschrieben werden. Es soll den Körper des Toten vor dem Verfall schützen. Deshalb findet man in praktisch allen Gräbern Objekte aus Jade. In der Han-Dynastie wurden die Körper von Herrschern in ein Gewand aus Jadeplättchen eingenäht, von denen inzwischen etwa 40 gefunden wurden. ■

Oben links: In Sanxindui wurden u.a. solche von Gold überzogenen Bronzeköpfe gefunden. Die Gesichtszüge sind stark betont und wirken überhaupt nicht chinesisch.

Links: Das Gefäß zum Darbringen von Speiseopfern stammt aus dem Grab von Fu Hao, einer Königin, die etwa 1200 v. Chr. lebte. In ihrem Grab bei Anyang befanden sich ungefähr 250 bronzene Ritualgefäße.

Links: Der phantasievolle Bronzedrache aus dem 5. oder 6. Jh. v. Chr. streckt dem Betrachter die Zunge heraus. Man vermutet, dass er einmal als Ständer für ein Musikinstrument gedient hat.
Unten: Etwa 2200 Jahre alt ist dieser lustige Musiker und Geschichtenerzähler, der damit die lange Tradition der Unterhaltung in Teehäusern und bei Festen belegt. In Gräbern wurden auch viele Trommeln, Klangsteine und Flöten gefunden.

Neue Quellen

Merkwürdige und so gar nicht chinesische, lebensgroße Figuren wurden ab 1986 in alten Gräbern bei Sanxindui in der südwestlichen Provinz Sichuan gefunden. Sind es Könige, Götter oder Priester, die dort barfüßig und in lange Gewänder gekleidet stehen? Auffällig sind die großen Augen und Ohren, die übergroßen Arme und Hände. Bisher weiß man wenig über die Kultur in Sanxindui. Die Funde sollen aus dem 12. Jh. v. Chr. stammen und bringen die chinesischen Historiker in Erklärungsnot. Denn diese behaupteten bisher, die chinesische Zivilisation wäre allein aus der Umgebung des heutigen Xi'an entstanden.

Links: Das Jadegewand von Liu Sheng, einem Prinzen von Zhongshan. Die 2498 Jadeplättchen werden durch Goldfäden zusammengehalten, die zusammen 1,1 kg wiegen. Die Form des Anzugs berücksichtigt den beträchtlichen Bauch des Prinzen.

Rechts: Aus einer geschnitzten und polierten Wurzel besteht diese Wächterfigur, die in einem Grab bei Mashan im Bezirk Jiangling gefunden wurde. Sie ähnelt einem auf Stelzen laufenden Tiger. Diese älteste Wurzelschnitzerei Chinas stammt aus dem 4. oder 3. Jh. v. Chr. Der Tiger hat gefährliche orangerote Augen, und zahlreiche kleine Kreaturen laufen auf seinen aus Bambus bestehenden langen Beinen auf und ab.

Das Reich des Yangzi

Am Yangzi, der Nord- und Südchina gleichzeitig trennt und verbindet, erstrecken sich grüne, dicht bevölkerte Landschaften und interessante Städte wie die Seidenstadt Suzhou, Hangzhou am Westsee oder Shanghai.

Die Chinesen sehen in China vor allem eine Zweiteilung: jene zwischen Norden und Süden. Als Grenze, die bis zu mehreren Brückenbauten Mitte des 20. Jhs. kaum überwindbar war, gilt Chinas längster und mächtigster Fluss, der Changjiang, dessen Unterlauf die Leute lieber Yangzi nennen. In einer Breite von mehr als 13 km strömt er nördlich von Shanghai ins Ostchinesische Meer.

Doch obwohl er als Grenze gilt, war er gleichzeitig Verbindungsweg. Auf ihm wurden Güter und Menschen ins Landesinnere transportiert, in der wohlhabenden Region seines Deltas, aber auch mehr als 1000 km bis in das von Bergen umgebene Becken von Sichuan. Der Strom war ein gefährlicher Transportweg mit tödlichen Strudeln, die nur erfahrene Steuerleute kannten. Flussaufwärts mussten bis ins 20. Jh. die Kähne getreidelt, das heißt von vielen, manchmal Hunderten von Menschen, an Seilen gezogen werden.

Davon ahnen die Touristen nichts mehr, wenn sie auf Ausflugsdampfern den Yangzi befahren. Heute ist der Wasserpegel in den Schluchten durch den Staudamm gestiegen und der Fluss gleicht einem weiten See, in dem zahlreiche historische Bauwerke versunken sind.

Das Leben auf dem Lande ist keineswegs so idyllisch wie es auf den ersten Blick scheint. Die Menschen sind arm, für die meisten gibt es keine Arbeit. Einst ansehnliche Städte wachsen zu gesichtslosen Betonansammlungen heran. So ist Chongqing, mit 32 Millionen Einwohnern die größte Stadt der Welt, ein vergifteter, unwirtlicher Moloch.

Shanghai hingegen glänzt. Die 16-Millionen-Stadt ist Chinas einzige wahre Metropole, eine Riesenstadt mit Flair, offen nicht nur zum Meer, sondern auch für Einflüsse von außen, auf der Suche nach einer eigenen Moderne, weit weg vom bürokratischen Peking und in Konkurrenz zu anderen Metropolen Ost- und Südostasiens. Die Stadt knüpft an ihre Zeit als »Paris des Ostens« in den 1930er-Jahren an, mit der gleichen Lebenslust und den gleichen Opfern, die dafür gebracht werden müssen. ■

Vorhergehende Seiten: Sehr frühzeitig beginnt die Suche nach Leistungssportlern **Links:** Nebel zwischen den Gipfeln des Huangshan **Oben rechts:** Der idyllische Westsee in Hangzhou **Unten:** Die Skyline der modernen Metropole Shanghai

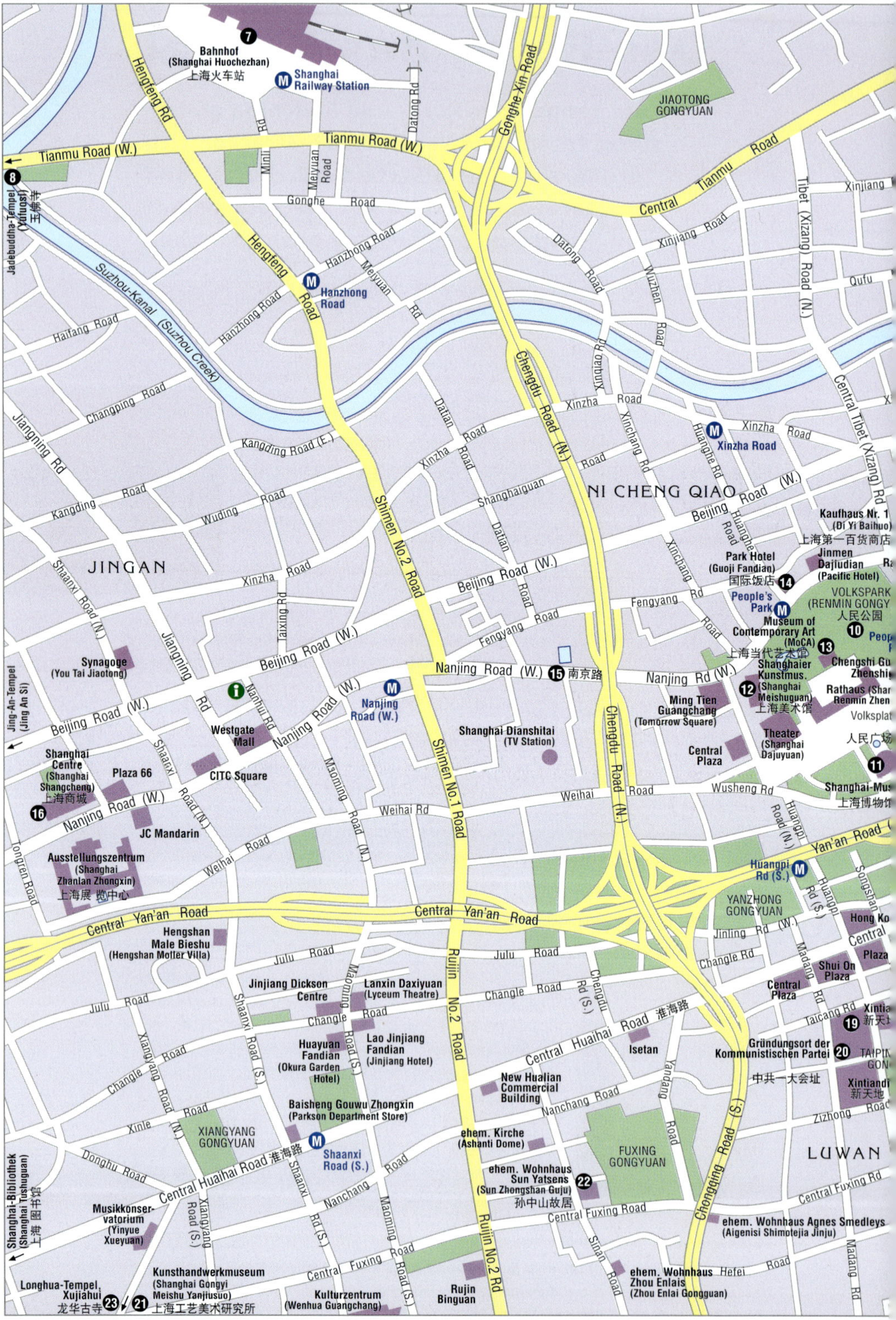
Bahnhof
(Shanghai Huochezhan)
上海火车站
Shanghai Railway Station
Hengfeng Rd
Tianmu Road (W.)
Datong Rd
Gonghe Xin Road
JIAOTONG GONGYUAN
Central Tianmu Road
Jadebuddha-Tempel (Yufusi) 玉佛寺
Minli
Meiyuan Road
Gonghe Road
Xinjiang Road
Tibet (Xizang) Road (N.)
Qufu
Hanzhong Road
Hengfeng Road
Hanzhong Road
Meiyuan Rd
Datong Road
Wuzhen Road
Suzhou-Kanal (Suzhou Creek)
Haifang Road
Chengdu Road (N.)
Xinzha Road
Xinchang Rd
Huanghe Rd
Xinzha Road
Central Tibet (Xizang) Rd
Changping Road
Jiangning Rd
Kangding Road (E.)
Datian Road
Xinzha Road
Shanghaiguan
NI CHENG QIAO
Beijing Road (W.)
Kaufhaus Nr. 1
(Di Yi Baihuo)
上海第一百货商店
Kangding Road
Wuding Road
Shimen No.2 Road
Jinmen Dajiudian
(Pacific Hotel)
Park Hotel
(Guoji Fandian)
国际饭店
JINGAN
Shaanxi Road (N.)
Xinzha Road
Taixing Rd
Beijing Road (W.)
Fengyang Rd
People's Park
VOLKSPARK
(RENMIN GONGYUAN)
人民公园
Museum of Contemporary Art (MoCA)
上海当代艺术馆
Synagoge
(You Tai Jiaotong)
Jiangning Rd
Beijing Road (W.)
Fengyang Road
Nanjing Road (W.)
南京路
Nanjing Rd (W.)
Shanghaier Kunstmus.
(Shanghai Meishuguan)
上海美术馆
Chengshi Gu... Zhenshi...
Rathaus (Shanghai Renmin Zhen...)
Jing-An-Tempel (Jing An Si)
Nanhui Rd
Nanjing Road (W.)
Nanjing Road (W.)
Ming Tien Guangchang
(Tomorrow Square)
Volksplatz
人民广场
Beijing Road (W.)
Westgate Mall
Shaanxi
Shanghai Dianshitai
(TV Station)
Theater
(Shanghai Dajuyuan)
Shanghai Centre
(Shanghai Shangcheng)
上海商城
Plaza 66
CITC Square
Maoming Road (N.)
Shimen No.1 Road
Central Plaza
Shanghai-Mus...
上海博物馆
Nanjing Road (W.)
Shaanxi Road (N.)
Weihai Rd
Weihai Road
Wusheng Rd
Huangpi Road (N.)
JC Mandarin
Yan'an Road
Tongren Road
Ausstellungszentrum
(Shanghai Zhanlan Zhongxin)
上海展览中心
Weihai Road
Huangpi Rd (S.)
Songshan
YANZHONG GONGYUAN
Central Yan'an Road
Central Yan'an Road
Hengshan Male Bieshu
(Hengshan Moller Villa)
Jinling Rd (W.)
Hong Ko...
Central Plaza
Julu Road
Julu Road
Changle Rd
Shui On Plaza
Jinjiang Dickson Centre
Lanxin Daxiyuan
(Lyceum Theatre)
Changle Road
Chengdu Rd (S.)
Central Plaza
Madang Rd
Julu Road
Changle Road
Taicang Rd
Xintian...
新天...
Shaanxi Road (S.)
Maoming Road (S.)
Ruijin No.2 Road
Central Huaihai Road 淮海路
Gründungsort der Kommunistischen Partei
TAIPIN... GON...
Huayuan Fandian
(Okura Garden Hotel)
Lao Jinjiang Fandian
(Jinjiang Hotel)
Isetan
中共一大会址
Xiangyang Road (N.)
Changle Road
New Hualian Commercial Building
Yandang Road
Xintiandi
新天地
Baisheng Gouwu Zhongxin
(Parkson Department Store)
Nanchang Road
Zizhong Road
Xinle Road
XIANGYANG GONGYUAN
ehem. Kirche
(Ashanti Dome)
FUXING GONGYUAN
Chongqing Road (S.)
LUWAN
Central Huaihai Road 淮海路
Shaanxi Road (S.)
Donghu Road
ehem. Wohnhaus Sun Yatsens
(Sun Zhongshan Guju)
孙中山故居
Central Fuxing Rd
Shanghai-Bibliothek
(Shanghai Tushuguan)
上海图书馆
Musikkonservatorium
(Yinyue Xueyuan)
Xiangyang Road (S.)
Nanchang Road
Shaanxi Rd (S.)
Maoming Road (S.)
Ruijin No.2 Rd
Central Fuxing Road
Sinan Road
ehem. Wohnhaus Agnes Smedleys
(Aigenisi Shimotejia Jinju)
Central Fuxing Road
Kunsthandwerkmuseum
(Shanghai Gongyi Meishu Yanjiusuo)
上海工艺美术研究所
Rujin Binguan
ehem. Wohnhaus Zhou Enlais
(Zhou Enlai Gongguan)
Hefei Road
Madang Rd
Longhua-Tempel, Xujiahui
龙华古寺
Kulturzentrum
(Wenhua Guangchang)
Hanzhong Road
Xinzha Road
Shaanxi Road (S.)

Shanghai 上海
0
500 m
N
Duolun Xiandai Meishuguan (Duolun Museum of Modern Art) 上海多伦现代美术馆
6 Hongkou-Park 虹口公园
Shanghai Mansions Hotel (Shanghai Da Sha)
Pujiang Hotel (Pujiang Fandian) 浦江饭店
5 Waibaidu-Brücke
Monument des Volkshelden (Renmin Yingxiong Jinianbei)
Geschichtsmuseum (Waitan Lishi Bowuguan) 外滩历史博物馆
Nr. 33-53 (einst brit. Konsulat)
Nr.27 (einst Jardine & Matheson Co.)
HUANGPU-PARK 黄浦公园
4
No.24 (einst Yokohama Specie Bank)
No.23 Zhongguo Yinhang (Bank of China)
Peace Hotel (Heping Fandian) 和平饭店
2
Chen Yi
ehem. Palace Hotel (Heping Hui Zhang Fandian)
Bund 18 (einst Chartered Bank Building)
3 Zollgebäude (Lao Hai Guan)
No.12 Pudong Fazhan Yinhang (ehem. Hong Kong & Shanghai Bank)
1
No.5 Huaxia Bank/ M on the Bund
No.3 Three on the Bund
No.2 (einst Shanghai Club)
Meteorolog. Signalturm (Tien Wen Tai)
Jinling Dong Lu Ma Tou (Jinling Pier)
Fußgängertunnel
Huangpu
Fernsehturm (Dongfang Mingzhu) 东方明珠电视塔
24
Shanghai Internationales Konferenzzentrum
PUDONG 浦东新区
Zhen Da Guangchang (Super Brand Mall)
Jinmao Tower
UFERPARK (BINJIANG GONGYUAN)
Binjiang Dadao (Riverside Promenade)
Yan'an Road (E.) Tunnel
Suzhou - Kanal (Wusong)
Nanjing Rd (E.) M
Nanjing Road (E.) 南京路
Hualian Dept Store
Roter Tempel (Hong Miao)
HUANGPU
Bund Centre
Naturwissenschaftliches Museum (Shanghai Ziran Bowuguan)
Yan'an Road (E.)
Yong An Lu Shichang
Ruose Tang (St Joseph's)
Antiquitäten-Sonntagsmarkt (Fuyou Lugu Wanshi Chang) 福佑路古玩市场
18
Nonnenkloster (Chen Xiangge An)
Fuyou Lu Qingzhensi (Fuyou Rd Mosque)
Garten der Freude (Yuyuan Shangchang)
17 YU- GARTEN 豫园
Teehaus (Huxinting Chashe) 湖心亭茶室
Tempel des Stadtgottes (Chenghuang Miao)
Shanghai Old Street
Flohmarkt (Cang Bao Lou)
Markt (Dajing Lu Shichang)
Turm (Dajingge)
Baiyun-Tempel (daoistisch)
Da Shijie (Great World)
Konzerthalle (Shanghai Yinyue Ting)
Antiquitätenmarkt (Dongtai Lu Shichang) 东台路
Pfirsichgarten-Moschee (Xiaofaoyuan Qingzhensi)
NANSHI 南市
Konfuzius-Tempel (Wen Miao)
LAO XI MEN
Hunan-Stadion
Haining Road
Anqing Road
Tangqu Road
Wuchang Road
Tiantong Road
Tiangtong Road
Sichuan Road (N.)
Henan Road (N.)
Jiangxi Road (N.)
Zhapu Rd
Wusong Road
Changzhi Rd
Minhang
Changzhi Rd
Daming Road
Nanxun Rd
Fujian Road
Zhejiang Road (N.)
Central Sichuan Rd
Zhongshan No.1 Rd (E.)
Waitan Bund 外滩
Beijing Rd (E.)
Beijing Road (E.)
Ningbo Rd
Ningbo Road
Tianjin Road
Shanxi Road (S.)
Central Fujian Rd
Henan
Jiujiang Road
Hankou Road
Central Jiangxi Rd
Fuzhou Road
Shandong Road
Guangdong Rd
Guangdong Road
Central Yunnan Rd
Central Tibet Rd
Guangxi Rd (N.)
Zhejiang Rd
Jinling Road (E.)
Jiangxi Road (S.)
Shandong Rd (S.)
Henan Road (S.)
Fujian Road (S.)
Zhejiang Rd (S.)
Guangxi Road (S.)
Jinling Rd (E.)
Yunnan Road (S.)
Renmin Road
Zhongshan No.1 Road (E.)
Fuyou Road
Dongmen Rd
Huaihai Rd (E.)
Road 淮海路
Dajing Road
Tibet (Xizang) Road (S.)
Renmin Road
Xiaobou Rd
Central Fangbang Rd
Fuxing Road (E.)
Zhonghua Road
Guangqi Road (S.)
Henan Road (S.)
Mizhu Road
Zizhong Road
Jinan Road
Central Fuxing Road
Zhaozhou Road
Tibet (Xizang) Road (S.)
Zhonghua Road
Daxing Street
Yingxun Rd
Dongjiadu Rd
Sangyuan Rd
Nanacang Rd
Lujiabang Road
Daji Road
Shunchang Road

Nestle

Stadt über dem Meer: Shanghai

Eine Stadt der Superlative: Mit rund 18 Millionen Einwohnern ist das aufstrebende, protzige Shanghai die zweitgrößte Stadt Chinas und eine der größten der Welt. Weltoffen und modern präsentiert sich die boomende Hafenstadt.

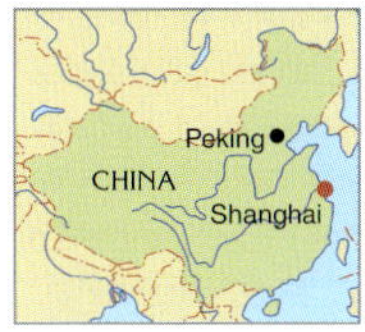

Sie ist Chinas einzige Metropole, eine Stadt mit internationalem Flair, zu dem der Hafen, die Vielfalt der kolonialen, chinesischen und modernen Bebauung, die aufstrebende Wirtschaft und die Offenheit der Menschen beitragen. Vor allem die Menschen, möchte man sagen, denn die Shanghaier sind seit hundert Jahren echte Großstädter, haben schon die westliche Moderne der 1920er- und 1930er-Jahre genossen, als man die Stadt »Paris des Ostens« nannte und Marlene Dietrich bekannte, »dass es mehr als eines Mannes bedurfte, um meinen Namen in Shanghai-Lily zu verwandeln«. Auch heute lebt Shanghai schnell, stürzt sich mit besonderer Lust auf die Modernisierung und will sich mit einer gewaltigen Kraftanstrengung zu einem glitzernden Wirtschafts- und Finanzzentrum Ostasiens aufschwingen. Das Shanghai Financial Centre, eines der höchsten Gebäude der Welt, symbolisiert diese Bau- und Aufbauwut. Die Shanghaier aber gehen gerne einkaufen, tragen die eleganteste Mode Chinas und verstehen es, sich in Szene zu setzen, auch durch ihren markanten Dialekt, den sonst niemand im Lande versteht.

Shanghai steht häufig in direkter Konkurrenz zu Peking. Schon lange betrachtet man sich als ökonomische Hauptstadt und Motor der Wirtschaftsreform, Peking hingegen als den großen Bremser. Doch Shanghai hat auch seine radikale Tradition. 1921 wurde hier die Kommunistische Partei gegründet, und im Manchester-Kapitalismus der 1920er- und 1930er-Jahre, den Egon Erwin Kisch, der rasende Reporter, in seinem Buch »China geheim« (Aufbau Verlag, Berlin, nur antiquarisch) so eindrucksvoll beschreibt, gehörten auch Demonstrationen und Streiks zum Alltag. In der Kulturrevolution war die radikale Mao-Fraktion in Shanghai besonders stark, zumal Maos vierte Frau, die Schauspielschülerin und Revuetänzerin Jiang Qing, aus dieser Stadt stammte und ihre Kul-

NICHT VERPASSEN!

- Der Bund
- Aussicht auf Pudong
- Nanjing Road
- Volkspark
- Shanghai-Museum
- Yu-Garten und Markt
- Französisches Viertel

Links: Der moderne Fernsehturm in Pudong **Unten:** Die Nanjing Road ist die belebteste Einkaufsstraße Chinas

TIPP

Shanghai möchte sich selbst als moderne, internationale Stadt sehen. Deshalb hat man 2003 das Pinyin-Wort für Straße, »Lu«, kurzerhand in das englische »Road« umgewandelt. So heißt die frühere Nanjing Donglu beispielsweise jetzt Nanjing Road (East). Die chinesischen Schriftzeichen blieben unverändert.

turbeflissenheit durch ihre Modellopern unter Beweis stellte.

Heute ist Shanghai wieder die Stadt des Glanzes, doch die Bürotürme in Pudong stehen zur Hälfte leer, des Geldes, doch die Börse verlor 2008 mehr als 60 % des Wertes, und des Entertainments, doch was bleibt von den Tanzmädchen und eitlen Selbstbespieglern?

Schöne neue Welt

Die Stadt am Huangpu, der nur 80 km langen Lebensader von Shanghai, die knapp 30 km flussaufwärts in den Yangzi mündet und so einen Zugang zum Meer gewährleistet, hat vor allem ein Problem: *ren tai duo* – es gibt zu viele Menschen. Und deshalb wachsen nicht nur im Bezirk Pudong südlich und östlich des Huangpu die Bürotürme in den Himmel, sondern auch im alten Zentrum auf der anderen Flussseite werden schnurgerade Breschen durch die alten Wohnviertel geschlagen, damit noch mehr Autos die Stadt verstopfen und damit Hochhäuser die typischen Shanghaier Wohnhäuser aus der Kolonialzeit ersetzen können. Das alte Shanghai ist bereits mehr als 3000 Wolkenkratzern gewichen. Sicher, die hygienischen Bedingungen in den zweistöckigen Bauten, die teilweise aus Holz bestanden, keine Heizung besaßen und jedem Bewohner nur rund 3 m² Wohnraum ließen, waren alles andere als gut und zwangen die Menschen, einen großen Teil des Tagwerks auf der Straße zu verrichten. Aber es gab so etwas wie Nachbarschaft und Atmosphäre, die in den Neubauten nicht mehr aufkommen.

Die meisten internationalen Flüge kommen heute am **Flughafen Pudong** an, von dem aus die sehr teure **Magnetschwebebahn** die Passagiere bis an den Stadtrand bringt. Eine Strecke bis in die Innenstadt war selbst Shanghai zu teuer und dort angesichts der Baumaßnahmen nicht durchzusetzen. Da auch immer mehr Kreuzfahrtschiffe nach Shanghai kommen, wird nördlich des Bund ein riesiges Terminal mit Einkaufszentrum gebaut. Das alles soll vor der Expo 2010 fertig sein.

Dafür wurde auch eine 5 km² große Fläche südlich des Bund von Fabriken und Häusern gereinigt, um dort ein gigantisches Messezentrum entstehen zu

Unten: Skyline und Verkehrswahn in Shanghai

 Karte auf Seite 212

lassen. Neue Bauwerke, Ausbau von Flughafen und U-Bahn, alles richtet sich derzeit auf die Expo 2010 aus, eine Idee der Wirtschaftsförderung, die in Europa im 19. Jh. sehr populär war. Die Konkurrenz zwischen Peking mit seiner Olympiade und Shanghai mit seiner Expo ist ganz typisch. Wird auch die Nüchternheit anschließend gleich sein? Kann man die Kosten mitten in der Wirtschaftskrise rechtfertigen?

Shanghais Vergangenheit

Es überrascht vielleicht, dass man auch noch ein stilles, fast koloniales Shanghai findet, wenn man sich von den Einkaufsstraßen Nanjing Rd und Huaihai Rd sowie der ewigen Baustelle Pudong fortbewegt. In den Straßen der alten Konzessionsgebiete (s. S. 227) finden sich durchaus friedliche Oasen mit historischen Häusern, großen Gärten und Schatten werfenden Platanen. Denn eigentlich hatte Shanghai seine beste Zeit in den 1920er- und 1930er-Jahren, als nicht nur solide, sondern auch elegant im Jugendstil oder Art déco gebaut wurde. Hunderte von Bauwerken entstanden in diesen Stilen, von der privaten Villa bis zu Apartmenthäusern, vom Hotel bis zur Brauerei. Heute ist das meiste davon zerstört, doch einiges wurde liebevoll renoviert.

Denn auch die Mächtigen und Reichen der Stadt haben sich eines Besseren besonnen. Während früher aus ideologischen Gründen alles Historische schlicht platt gemacht wurde, haben inzwischen einige mächtige Kader das Wohnen in ehemals französischen Villen schätzen gelernt und eingesehen, dass man mit der Vermietung solcher Häuser an westliche Firmen viel Geld verdienen kann. Dies wurde in den politischen Entscheidungsprozess der Partei integriert, und so wurden in den alten europäischen Konzessionen Zonen ausgewiesen, in denen keine Hochhäuser errichtet werden dürfen.

Das Herz der Kolonialarchitektur: der Bund

Einen ersten Eindruck von Shanghai sollte man am berühmten **Bund** ❶ gewinnen. Etwas erhöht hat man Anfang der 1990er-Jahre eine 1 km lange, breite, aber etwas kahle Promenade gebaut, die die Einheimischen zum Flanieren

Überall in Shanghai verkaufen Straßenhändler *xiao long bao*, kleine gedämpfte Teigtaschen, ähnlich den *jiaozi*, die mit Schweinefleisch, Fisch, Meeresfrüchten oder Gemüse gefüllt sind und in Suppe serviert werden. Für gewöhnlich taucht man sie vor dem Verzehr in Essig. Allerdings ist Vorsicht geboten, denn die Füllung kann zuweilen ziemlich scharf sein.

DIE STADT ÜBER DEM MEER

Vor noch gar nicht allzu langer Zeit, nämlich vor weniger als zwei Jahrhunderten, war Shanghai nicht mehr als ein Fischerdorf auf einem Sandhügel im Yangzi-Delta. Die großen Städte der alten Dynastien hießen in dieser Region Suzhou, Hangzhou und Nanjing – von Shanghai noch nichts zu sehen.

Doch Shanghai war ein Ort im Wartestand, denn mit jeder Welle des Handels, mit jedem neuen Produkt, das den Fluss Huangpu hinauf transportiert wurde, entstanden auch neue Straßen und neue Häuser. Die erste Welle war bescheiden. Einige Bauern und Fischer sowie eine Handvoll von Händlern siedelten am Ufer des Huangpu. Alle paar Jahre wurde das kleine Dorf von japanischen Piraten angegriffen. Als Antwort bauten die Bewohner eine Stadtmauer, die bis 1912 die Altstadt umgab. Auf dem Stadtplan kann man den ovalen Verlauf entlang der heutigen Renmin- und Zhonghua-Straße noch gut erkennen.

Die nächste Welle war schon größer. Im Opiumkrieg der 1840er-Jahre wollten die Briten eigentlich eine Insel vor Shanghai als Kolonie erwerben, mussten dann aber mit Hongkong vorlieb nehmen. Nach dem Zweiten Opiumkrieg konnten sie ein exterritoriales Konzessionsgebiet einrichten, wie auch die Franzosen, Amerikaner und Japaner. Und so kam die Moderne nach Shanghai: Gesetze, Zollstationen, Postämter, Gerichte,

Elektrizität, Arbeit, Handel – beste Voraussetzung für wirtschaftlichen Erfolg im nächsten Jahrhundert.

Ab dem Ende des 19. Jhs. fühlten sich auch immer mehr Chinesen von der erfolgreichen Stadt angezogen. Shanghai war Chinas einzige moderne Stadt, eine schnell wachsende Metropole mit einer lebhaften Kulturszene, opulenten Tanzpalästen, großen Bauwerken. Die Ausländer kümmerten sich mehr um ihre Geschäfte als um die Moral, und so blühte auch das »Nebengewerbe« auf: Opiumhöhlen, Prostitution, Spielhöllen. Zahlreiche Gangsterbanden trieben hier ihr Unwesen.

Mit Entstehung der chinesischen Republik 1912 kamen neue Ideen nach Shanghai, auch radikale. So wurde hier 1921 die Kommunistische Partei gegründet. Gleichzeitig galten die 1920er- und 1930er-Jahre als Shanghais goldenes Zeitalter, in dem man sich etwas leisten konnte und zum Beispiel die Prachtbauten am Bund errichtete. Shanghai war eine produktive und gleichzeitig eine kriminelle Stadt, blendend verkörpert durch Marlene Dietrichs »Shanghai Lily«.

Die japanische Besetzung ab 1937 brachte einen Rückschlag, wenn auch die Japaner nur über den chinesischen Teil der Stadt herrschten und die ausländischen Konzessionen in Ruhe ließen. Nach dem kommunistischen Sieg im Bürgerkrieg 1949 wurde Shanghai eine scharf kontrollierte Stadt. Das Leben begann erst wieder in den 1980er-Jahren und als Shanghai die Erlaubnis aus Peking erhielt, Hongkong in wirtschaftlicher Hinsicht Konkurrenz zu machen. Eine neue Stadt entstand, ohne Rücksicht auf die Menschen. Breite Straßenschneisen, gigantische Hochhäuser, Büros und Läden, wo früher Familien gewohnt hatten. Die wurden an den Rand des Molochs gedrängt, als gehörten die Menschen nicht mehr zur »Stadt über dem Meer«. ■

Oben: Zigarettenwerbung aus den 1930er-Jahren **Links:** Die Altstadt Nanshi im Kontrast zu den modernen Hochhäusern

nutzen. Von hier blickt man auf den Fluss und hinüber ins Geschäftsviertel Pudong. Am frühen Morgen wird hier auch fleißig Tai Chi geübt, am Abend bevorzugt man klassischen Tanz.

Nach dem Tai Chi kann man sich in der »Frühstücksgasse«, der Shashi Road, für den Tag stärken. Sie liegt parallel zur Nanjing Road, der bekanntesten Einkaufsstraße, und ist leicht zu erreichen, wenn man die Nanjing Road ein kleines Stück westwärts geht, den Bund also hinter sich lässt, und beim Donghai Café, berühmt für seine Eiskaffees, Richtung Süden in die Sichuan Lu abbiegt. Dort gibt es alle möglichen Nudelgerichte, dazu *baozi*, gedämpfte Brötchen, und *youtiao*, in Fett ausgebackene, gedrehte Teigstangen.

Die bekannteste Straßenecke Shanghais – von Nanjing Rd und Bund – besetzt das **Peace Hotel** ❷. Der 12-stöckige Nordflügel entstand 1929 als Cathay Hotel im Stil des Hochhausbaus aus dem Chicago der 1920er-Jahre. Erhalten blieben originale Jugendstildekors an Fenstern, Lampen und Säulen. Das Restaurant im achten Stock ist nicht nur wegen seiner guten Küche empfehlenswert, sondern auch wegen des hervorragenden Blicks auf den Fluss und das Panorama von Pudong. Den Blick kann man auch von der Terrasse im 11. Stock genießen. Älter als der Nordflügel ist aber der wenig spektakuläre Südflügel, der 1906 als Palace Hotel Gäste empfing. Derzeit ist das Hotel wegen Streitigkeiten zwischen den chinesischen Eignern geschlossen.

Einen guten Eindruck von dem von kolonialen Bankgebäuden, Clubs und dem ehemaligen Rathaus besetzten Bund erhält man auch durch eine einstündige Hafenrundfahrt. Sie macht den internationalen Charakter des Hafens deutlich, der heute erneut zu einem der wichtigsten Asiens zählt. Besonders nachts, wenn die Gebäude angeleuchtet im warmen Beige des Sandsteins erstrahlen, ist der Bund ein unvergesslicher Anblick.

Das historische **Zollgebäude** ❸ von 1927 mit dem markanten Uhrenturm sowie die kuppelgekrönte ehemalige Zentrale der Hong Kong & Shanghai Bank beherbergen wieder die Büros internationaler Unternehmen, die unter den Maoisten verpönt waren.

TIPP

Alle wichtigen Gebäude in Shanghai werden von Sicherheitsdiensten bewacht. Manchmal wird man zunächst nicht eingelassen. Lächeln Sie freundlich, verstecken Sie Ihren Fotoapparat und sagen Sie, Sie möchten sich nur umsehen *(kan yi kan)*.

Unten: Ein alter Revolutionär besucht das Wohnhaus Sun Yatsens

TIPP

Für viele Besucher Shanghais zählt eine Bootsfahrt zu den absoluten Highlights. Es werden verschiedene Rundfahrten angeboten, von der einstündigen Yangpu-Brückentour bis zu einem 3,5-stündigen Ausflug zum Mündungsdelta des Yangzi. Abends gibt es auch Dinner Cruises. Die meisten Schiffe fahren von der Anlegestelle Shiliupu am Bund ab.

Ein anderes bemerkenswertes Bauwerk ist die **Yokohama Specie Bank,** direkt nördlich der Bank of China. Ihre dunklen Türen öffnen sich zu einer großen, mit vergoldeten Dekorationen gezierten Lobby. Weiter nördlich folgt das **Yangtze Insurance Building,** das sich wie ein Angetrunkener an das Yokohama-Gebäude anlehnt. Dies weist auf ein generelles Problem hin, denn die ganze Stadt ist auf Sand gebaut.

Im Norden begrenzt der **Huangpu-Park** ❹ den Bund. Er ist berüchtigt wegen der früher dort angeblich angebrachten Warnung »Für Hunde und Chinesen verboten«. In dem Park zeigt das **Geschichtsmuseum** (Waitan Lishi Bowuguan, tgl. 9–16 Uhr) historische Impressionen der Promenade.

In den Norden nach Hongkou

Die Sichuan Road führt Richtung Norden über den **Suzhou Creek** (Suzhou-Kanal) in den Stadtteil **Hongkou,** der seinen eigenen, fast südländischen Charme hat. Da er jedoch sehr schnell altert, scheint er als nächstes auf der Liste der »Stadtplaner« zu stehen.

Die **Waibaidu-Brücke** ❺, auf deren Bürgersteig ein einzigartiges Gedränge und Geschiebe der Fußgänger und Radfahrer herrscht, führt direkt zum Seaman's Club und zum Shanghai Mansions Hotel. Als Garden Bridge verband sie früher den amerikanischen mit dem britischen Stadtteil, bis beide im Jahr 1863 zur internationalen Niederlassung verschmolzen. Ab 1937 markierte sie das Südende der japanisch besetzten Zone.

Das moderne Gesicht von Hongkou zeigt sich bereits mit dem neuen Hotel Hyatt on the Bund, das weitere nach sich ziehen wird, dem Kreuzfahrt-Terminal und weiteren Projekten, die bis 2011 fertig sein sollen.

Der alte Teil blieb bisher noch recht gemütlich. Immer noch hängt die Wäsche an Bambusstäben vom Balkon, und die Alten sitzen draußen auf der Straße auf niedrigen Höckerchen, plaudern mit den Nachbarn und putzen dabei das Gemüse. Andere spielen Schach oder Karten oder kümmern sich um das Auslüften des Bettzeugs.

Am Ende des nördlichen Abschnitts der Sichuan Road liegt der **Hongkou-**

Unten: In den oberen Stockwerken der am Bund gelegenen Gebäude aus den 1930er-Jahren haben sich schicke Bars und Restaurants einquartiert, um vom Panoramablick zu profitieren

VERKEHRSMITTEL

Vom Flughafen: Die Magnetschwebebahn Maglev fährt vom Flughafen Pudong zu einem östlichen Vorort, wo man per Taxi oder U-Bahn nach Pudong oder ins Zentrum gelangt.

Bus: Sie sind meist stark überfüllt und bewegen sich nur langsam fort.

U-Bahn: Derzeit gibt es acht Strecken, weitere fünf sind geplant. Wertkarten, die in U-Bahn-Stationen wieder aufgeladen werden können und auch für Taxis, Busse und Fähren gültig sind, gibt es am Kiosk und in Läden (U-Bahn-Plan s. S. 465).

Taxi: In der Rushhour sowie bei Regen sind sie schwer zu finden und generell sehr stauanfällig. Bestellung: Johnson, Tel. 6258 0000, Da Zhong, Tel. 96822, Jin Jiang, Tel. 96961.

Fähre: Billige Fußgängerfähren pendeln von den Docks südlich des Bund zwischen Puxi und Pudong über den Huangpu.

Park ❻, eine der schönsten Grünanlagen in Shanghai. Bekannt ist der Park wegen des hierher verlegten Grabes Lu Xuns, dem auch ein **Museum** (Lu Xun Guju, tgl. 9–16 Uhr) gewidmet ist. Der Modernisierer der chinesischen Literatursprache lebte von 1933 bis zu seinem Tod im Jahr 1936 in Shanghai. Seine einstmalige Wohnung in der Xincun Road Nr. 9, einer Seitengasse der Shangyin Road, liegt nur wenige Minuten östlich des Parks.

Hongkou war bereits vor der Besetzung 1937 fest in japanischer Hand und trug den Spitznamen »Klein-Tokyo«, da hier ein Großteil der 30 000 Japaner Shanghais lebten. Innerhalb von »Klein-Tokyo« entstand »Klein-Wien«, als sich hier zahlreiche deutsche und österreichische Juden niederließen, denen die Flucht vor dem Nazi-Terror in ihrer Heimat gelungen war. China war bis 1941 eines der letzten Emigrationsländer, da weder ein Einreisevisum noch ein Vermögensnachweis erforderlich waren. Bis 1939 erreichten 14 000 Flüchtlinge Shanghai. In dem Ghetto, das die Japaner 1943 auf Geheiß der Nationalsozialisten, die in Shanghai ebenfalls einen Ortsverband hatten, in Hongkou errichteten, lebten 1944 etwa 15 000 jüdische Flüchtlinge.

Schön herausgemacht hat sich die **Duolun Street,** in der sich mehrere Häuser aus der Kolonialzeit aufreihen. Dort haben jetzt Cafés, Buchläden und Boutiquen eröffnet, die bei Touristen sehr beliebt sind. Zahlreiche Statuen von literarischen Figuren der Vergangenheit zieren die Straße, und auch hier sticht Lu Xun mit seinem markanten Profil wieder aus der Menge.

Wichtigste Sehenswürdigkeit ist das **Duolun Museum of Modern Art** (Di bis So 10–18 Uhr), wo die ganze Bandbreite moderner asiatischer Kunst ausgestellt wird, die auch im Westen immer mehr Anerkennung findet. Nicht weit entfernt ist das **Old Film Café** (tgl. 10–1 Uhr), in dem alte chinesische und russische Filme der 1920er- und 1930er-Jahre gezeigt werden. Die auf alt getrimmte Umgebung kontrastiert erfolgreich mit so modernen Dingen wie Espresso und Schokoladenkuchen.

Tibetische Frauen posieren vor der Kamera an der Promenade am Bund. Die berühmte Skyline zieht auch Touristen aus China an.

Unten: Blick auf den Bund vom südlichen Ende der Flusspromenade aus

Shanghai hat das interessanteste Nachtleben aller chinesischen Städte. Die meisten In-Lokale liegen westlich der Innenstadt (s. S. 231).

Weiter westlich befindet sich der **Bahnhof** ❼ im Bezirk Zhabei. Hier beginnt der Tag noch früher als in den Parks, denn immer warten Tausende von Wanderarbeitern auf ihre Züge, ein ständiges Kommen und Gehen.

Westlich des Bahnhofs und südlich des Suzhou Creek, in der Anyuan Rd, liegt hinter einer hohen Mauer und einem riesigen Tor verborgen das bedeutendste sakrale Bauwerk von Shanghai, der **Jadebuddha-Tempel** ❽ (Yufosi, tgl. 8.30–16.30 Uhr). Berühmt ist dieser Tempel wegen zweier Buddha-Statuen aus weißer Jade, die der Mönch Huigen 1881 als Geschenk aus Burma nach China brachte und dem Kloster Jiangwan stiftete. Für die wertvollen Statuen sollte ein gesonderter Tempel gebaut werden, was jedoch immer wieder aufgeschoben wurde. Erst 1921 konnten die beiden Buddhas in die aus drei hintereinander liegenden Hallen und mehreren Seitengebäuden bestehende Anlage einziehen.

Ein Seitenraum der dritten Halle beherbergt den kleinen Schatz des Tempels: einen 96 cm langen liegenden Buddha, der den Eintritt des historischen Buddha ins Nirwana versinnbildlicht. Die Figur besteht aus Jade und ist wunderbar fein gearbeitet.

Der große Schatz des Tempels befindet sich im Obergeschoss: Die 1,90 m hohe Statue eines meditierenden Buddhas besteht ebenfalls aus weißer Jade, ist mit Edelsteinen besetzt und soll 1000 kg wiegen. Neben diesen beiden Prunkstücken besitzt der Tempel weitere Schätze, wie Ikonen, Schriftrollen aus der Tang-Zeit und eine vollständige Ausgabe des buddhistischen Kanons »Tripitaka« aus dem Jahre 1890.

Nanjing Road und Volksplatz

Ein zweiter Spaziergang kann wieder vom Peace Hotel ausgehen und zunächst in die **Nanjing Road** führen, die – teilweise Fußgängerzone – in ganz China wegen ihrer zahlreichen Geschäfte bekannt ist und Shanghais Renommee als Einkaufsparadies begründete. Schon in den 1950er-Jahren baute

Unten: Teil der alten Stadtmauer in der Altstadt Nanshi

man die nummerierten sozialistischen Kaufhäuser, die heute jedoch Konkurrenz durch die internationalen Boutiquen bekommen haben. Nicht nur jede Menge Bekleidungsgeschäfte oder spezielle Seidenläden ermöglichen den chinesischen Kaufrausch, sondern auch gut sortierte Geschäfte mit Theaterrequisiten und chinesischen Musikinstrumenten (114 Nanjing Road) sowie ein Briefmarkengeschäft mit alten Marken aus den 1950er-Jahren im ersten, für Ausländer reservierten Stock (gegenüber dem Xinhua-Buchladen). Kunst- und Antiquitätengeschäfte bestätigen das Bild von Shanghai als einer Hauptstadt des Konsums. Die interessantesten Buchläden, meist mit Antiquariat, konzentrieren sich in der Fuzhou Road, die südlich der Nanjing Road liegt und über die Henan Road erreicht werden kann. Das berühmte **Kaufhaus Nr. 1** ❾ liegt an der Ecke mit der Xizang Rd.

Den **Volkspark** ❿ (Renmin Gongyuan) legten Briten und Amerikaner 1860 als Pferderennbahn an. Die neuen Machthaber hatten für diesen Sport jedoch wenig Verständnis; sie beschlagnahmten 1951 das Gelände, richteten im Clubhaus die Stadtbibliothek ein und übergaben den Park der Öffentlichkeit. Der Volksplatz teilt den Park in einer südliche und eine nördliche Hälfte und wird generell als das Herz der Stadt angesehen.

In seinem südlichen Bereich entstanden mehrere Neubauten, etwa ein unterirdisches Einkaufszentrum, das stalinistische Rathaus sowie die Oper.

Am eindrucksvollsten ist der spektakuläre Neubau des **Shanghai-Museums** ⓫ (Mo–Fr 9–17, Sa 9–20 Uhr). Außen mit spanischem Marmor verkleidet, präsentiert der Zweckbau wertvolle Funde der letzten zwei Jahrtausende mit modernster Museumstechnik bei Beleuchtung und Audioführern. Das Spektrum der elf Galerien reicht von archaischen Bronzen, Münzen und Siegeln, den berühmten Keramiken und wertvollen Jadeschnitzereien über Kalligrafie, Malerei und Skulpturen bis hin zu Kunsthandwerk der »nationalen Minderheiten«.

Mitten auf dem Platz steht das **Planungszentrum** (Shanghai Chengshi Guihua Zhongxin, Mo–Do 9–17, Fr–So

TIPP

Taschendiebe sind in Shanghai ein Problem. Sie schlagen besonders gern in Bussen, der U-Bahn und in belebten Gegenden wie dem Bund zu. Ebenso muss man sich vor Fahrraddieben hüten und Leihräder immer gut abschließen.

Unten: Die Zubereitung der *xiao long bao*, gedämpfter Teigtaschen, ist langwierig

Das Shanghai-Museum ist eine der Hauptattraktionen der Stadt. Seit 2007 ist der Eintritt zudem kostenlos.

9–16 Uhr), in dem man anhand eines Modells einen Überblick über die Stadt gewinnen kann.

Auf der anderen Seite des Parks stellt das **Shanghaier Kunstmuseum** ⓬ (Shanghai Meishuguan, tgl. 9–17 Uhr) im einstigen Clubhaus der Pferderennbahn die beste Sammlung chinesischer Gegenwartskunst aus. Ein Restaurant auf dem Dach bietet hervorragende Ausblicke über den Platz. Ansonsten befinden sich am Volksplatz noch das **Museum of Contemporary Art** ⓭ (MoCA), die Barbarossa Lounge und das Shanghaier **Opernhaus.**

Einige beachtenswerte Gebäude säumen den Platz. An der Ecke Xizang Rd, Hankou Rd befindet sich die kleine, aus Ziegelsteinen errichtete ehemalige **Moore Memorial Church** (Mu'en Tang), die belegt, wie viel bescheidener man früher gebaut hat. Nördlich des Parks, an der Nanjing Rd. liegt das **Park Hotel** ⓮, das von dem legendären tschechischen Architekten Ladislaus Hudec entworfen wurde. Die mit glasierten Ziegeln bedeckte Fassade blieb intakt, und die klaren Linien des Art-déco-Designs scheinen das Dach gegen den Himmel zu heben. In jeder anderen Stadt wäre das Park Hotel ein architektonischer Star, doch in dieser, der Vergangenheit gleichgültig gegenüberstehenden Stadt nimmt man es kaum zur Kenntnis.

Nanjing Road West und Jing An

Nur wenig weiter westlich wird aus der Nanjing Rd East die **Nanjing Rd West** ⓯, eine moderne Einkaufsmeile mit Einkaufszentren und Boutiquen. Alle gängigen Marken sind hier zu finden, doch die Preise sind wegen der Besteuerung sehr hoch. So wird mehr geschaut als gekauft. Dieser teuerste Einkaufsbezirk der Stadt wird **Jing An** genannt. Die bekanntesten Einkaufszentren sind Plaza 66 und CITIC.

Noch weiter westlich liegt das **Shanghai Centre** ⓰, das neben dem Portman Ritz-Carlton Hotel auch zahlreiche Läden und Büros ausländischer Firmen enthält, darunter diverse Fluggesellschaften sowie andere touristische Einrichtungen. Ein Teil der ständig wachsenden Gruppe ausländischer

Unten: Federball als Frühsport auf der Nanjing Road
Unten rechts: Shanghaier Opernhaus

Manager trifft sich nach der Arbeit gerne in der Long Bar im 2. Stock des Shanghai Centre.

In interessantem Kontrast liegt auf der anderen Straßenseite das noch in schönstem Stalin-Stil erbaute **Ausstellungszentrum**, das sich seit 1955 an der Stelle eines vormaligen privaten Parks mit rotem Stern in die Lüfte streckt. Weiter westlich befindet sich der buddhistisch-daoistische **Jing-An-Tempel.**

Das alte Shanghai: Nanshi

Südlich des Zentrums, umkreist von Renmin Road und Zhonghua Road, liegt das alte Shanghai, **Nanshi** genannt, das bis 1912 von einer Stadtmauer umgeben war. In der ersten Republik wurde sie niedergerissen, die Gräben wurden zugeschüttet und die beiden Straßen angelegt.

Das Herz der Altstadt war der **Tempel des Stadtgottes** (Chenghuang Miao), der ein wenig kitschig renoviert wurde und jetzt als Basar dient, auf dem man unzählige kitschige Kleinigkeiten aller Art finden kann. Man sollte sich übrigens nicht durch das schlichte Äußere der verschiedenen Restaurants davon abhalten lassen, sie auszuprobieren – die angebotenen Speisen sind in der Regel vorzüglich.

Der Tempel lag direkt am Yu-Garten. Vor dessen Eingang erreicht man über eine Zickzackbrücke das **Huxinting-Teehaus**, das, wie der Name bereits sagt, im Herzen eines kleinen Sees liegt. Es soll etwa 400 Jahre alt sein und ist jetzt wieder in alter Schönheit renoviert. Auf zwei Stockwerken wird ein Stück traditionelles China gelebt, zunehmend auch jüngere Leute kommen zum Schwatzen oder Zeitunglesen hierher. An einem Nachmittag in der Woche treffen sich Musiker, um traditionelle chinesische Musik zu spielen. Die Zickzackbrücke wurde übrigens angelegt, um böse Geister vom Teehaus fernzuhalten, denn diese können bekanntlich ja nur geradeaus fliegen.

Der **Garten der Freude** oder **Yu-Garten** ⓱ (Yuyuan, tgl. 8.30–16.30 Uhr) wurde im frühen 16. Jh. im Auftrag des Gouverneurs Pan Yunduan vom, so sagt die Legende, exzentrisch-genialen Gartenbaumeister Zhang Nanyang gebaut. Er umfasst ein knapp fünf Hektar großes Areal mit künstlichen Bergen, Seen und Pavillons, die mit Zickzackbrücken verbunden wurden. Angesichts seiner verwinkelten Wege kann man sich auch recht gut vorstellen, wie dieser Park der sogenannten »Kleine-Schwerter-Gesellschaft« den Aufständischen während der Taiping-Revolution als Unterschlupf gedient hat. Im früheren Hauptquartier der Aufständischen, der Frühlingshalle, befindet sich heute eine Ausstellung über diese Geheimgesellschaft.

Die Gassen und traditionellen Häuser um den Yuyuan wurden in den letzten Jahren kräftig renoviert und beherbergen jetzt zahlreiche Läden und Restaurants. Berühmt ist die **Apotheke Tong Han Chun Dang** (20 Yuyuan Xin Road), die Heilkräuter und Stärkungsmittel sowie westliche Medizin anbietet. Ansonsten findet man vor allem die bekannte chinesische Billigware, von den überall angebotenen Kunsthand-

In der Nähe des Yuyuan-Markts wimmelt es nur so von Geschäften. Viele Gebäude sind dem mingzeitlichen Baustil nachempfunden.

Unten: Feilschen um den Preis gehört bei Einkäufen auf dem Markt immer dazu

Ein Paar übt im Zhongshan-Park Standardtänze

werksouvenirs wie Ess-Stäbchen und Fächern über Perlen, Seidennachthemden, Terrakottakrieger bis hin zu Mao-Memorabilien. In manchen, etwas versteckter liegenden Läden gibt es skurrile Waren wie Einkaufstaschen in allen Größen und Formen, Perücken, Garn, Geldbörsen, Modeschmuck, Kleidung und was man sich immer vorstellen mag. Das meiste ist gefälscht und von äußerst schlechter Qualität, doch es macht auch Spaß, darin zu stöbern. Vor allem abends, wenn die roten Lampions leuchten, breitet sich eine nette Atmosphäre aus.

Westlich des Yu-Gartens, in der Henan Rd, befindet sich in einer alten Fabrik der **Fuyou Rd Antiquitäten-Sonntagsmarkt ⓲** (Fuyou Lugu Wanshi Chang). Bereits um vier Uhr morgens bauen die Händler ihre Stände auf, und am Vormittag brummt in der engen Gasse das Geschäft. Auch in der Dongtai Lu weiter westlich, jenseits der Tibet Rd, gibt es einen bunten Flohmarkt von Krempel wie Kisten und Körben, alten Stadtplänen, Uhren, Lampen und Elektrogeräten sowie Porzellan und anderem Kunsthandwerk. Auch ganz neue alte Mao-Memorabilien sind zu sehen.

Xintiandi

Wendet man sich vom Shanghai Centre nach Süden, so ragt einen guten Kilometer entfernt eine 33 Stockwerke hohe Scheibe auf, der moderne Anbau des **Garden Hotels**. Hinter dieser Scheibe verbirgt sich mit einem kleinen Garten ein Juwel der Kolonialarchitektur, von dem japanisch gemanagten Hotel als Lobby genutzt: der ehemalige französische Club. Flure, Säulen und Fenster erstrahlen im schönsten Art déco der 1920er-Jahre, vor allem der riesige Ballsaal im ersten Stock prangt mit überwältigender Opulenz.

Auch in der Umgebung des Hotels wird fleißig gebaut, gleichzeitig hat sich in diesem **Xintiandi ⓳** genannten Bezirk eine lebhafte Szene aus Kneipen, Restaurants, Fastfood-Läden, Discos und Karaoke-Bars entwickelt, durch die ein abendlicher Bummel lohnt. Dabei verschwindet allerdings

Unten: Im Herzen von Xintiandi, Shanghais schickem Bar- und Restaurantviertel

die streckenweise großbürgerlich anmutende Atmosphäre des französischen Viertels und seiner Villen. Alles ist nachgemacht und wirkt irgendwie unecht, was aber am späteren Abend vielleicht gar nicht mehr auffällt.

Einige Straßen weiter trafen sich am 1. Juli 1921 in einem unscheinbaren Hofhaus 21 entschlossene Männer, um in China die Revolution zu begründen. Heute werden sie als Wachsfiguren dargestellt. Am **Gründungsort der Kommunistischen Partei** ⓴ (Zhonggong Yidahuizhi, tgl. 9–17 Uhr) war damals auch Mao Zedong anwesend.

Huaihai Road und Xuhui

Westlich von Xintiandi zieht sich die lange **Huaihai Road** hin, die zweitbekannteste Einkaufsstraße, die aber bei den Einheimischen die beliebtere ist. Sie führt in den Bezirk **Xuhui,** der weitgehend mit der alten französischen Konzession übereinstimmt.

Hier sind einige Straßen noch Alleen, und hinter hohen Mauern finden sich Häuser und Villen verschiedenster Stilrichtungen und Größe. Schon die großen Eisentore lassen erkennen, ob die enteigneten Erbauer dem südfranzösischen Landhausstil oder dem damals modernen Art déco anhingen. Nicht alles wurde renoviert und an ausländische Firmen vermietet – oder von reichen oder politisch einflussreichen Chinesen in Besitz genommen –, sondern manches ist aufgrund von Überbelegung ziemlich heruntergekommen.

Einige der alten Häuser verbinden östliche und westliche Stile miteinander, haben englische und chinesische Elemente miteinbezogen. Haben sie große Gärten, so gibt es gelegentlich ein separates kleines Haus für die Angestellten, sonst eher einen kleinen Anbau. Dort findet man oft noch Ahnenaltäre, die ein wenig des alten China ins koloniale Haus brachten. Die meisten Häuser öffnen sich nach Süden, zur Sonne und Wärme, vor allem die Gärten und großen Wohnzimmer lagen in dieser Richtung. An manchen Stellen

Baumbestandene Straßen wie die Fuxing Rd oder die Wukang Rd im alten französischen Viertel laden zu schönen Spaziergängen ein. Viele Häuser sehen aus, als seien sie aus dem Europa der 1930er-Jahre hierher verfrachtet worden.

Unten: Moderne Stadtplanung

SHANGHAIS SATELLITENSTÄDTE

Weit entfernt von den Augen der Touristen und vom Zentrum Shanghais werden gerade neun architektonische Experimente realisiert. Es entstehen Satellitenstädte, die in der lyrischen chinesischen Sprache »Eine Großstadt, neun Städte« genannt werden. Vollkommen abgekoppelt vom Leben in der Stadt werden am Stadtrand neun gigantische Siedlungen gebaut, meist von bekannten ausländischen Architekten auf der Grundlage von europäischen Plänen.

Erste Besichtigungen enthüllten außergewöhnliche Entwicklungen eklektischer Häuser und Wohnblocks. Die vom deutschen Architekten Albert Speer für 50 000 Bewohner entworfene Stadt Anting hat gewundene Straßen, kleine Höfe, mittelalterliche Plätze und Dorfplätze mit Brunnen. Ganz in der britischen Tradition steht Thames Town mit seinen Pubs, dem Dorfplatz, der Dorfkirche und den altenglisch anmutenden Läden.

Noch am nächsten an Shanghai liegt das »italienische« Pujiang, das europäische Konzepte des öffentlichen Raums mit Shanghaier Vorstellungen von Reihenhäusern und Villen verbindet. Das nur für 20 000 Menschen geplante Pujiang ist damit ein echter Hybrid.

Riesig groß ist hingegen die Neue Stadt Linggang, die je nach Verkaufserfolg bis zu 800 000 Bewohner bekommen soll. Linggang hat keinen besonderen Stil, sondern soll einfach »modern« sein.

Im Angebot sind noch eine nordeuropäische Stadt, holländische, spanische und traditionell chinesische Dörfer. Ob diese auf dem Reißbrett geplanten Siedlungen jemals erfolgreich werden oder zu Geisterstädten mutieren, ist vollkommen offen. Bisher wohnt jedenfalls kaum jemand dort, und die Käufer haben nur aus Spekulationsgründen ihr Geld angelegt.

TIPP

Überqueren Sie mit einer der alten Fähren den Huangpu (Abfahrt südlich vom Bund) und fahren Sie dann mit dem Shuttle-Zug durch den bizarr anmutenden Bund-Sightseeing-Tunnel (tgl. 8–23 Uhr) zurück. Die Fahrt durch den Tunnel wird von einer skurrilen Licht- und Videoshow begleitet, die musikalisch untermalt wird.

kann man beobachten, dass ganze Häuserreihen in merkwürdigem Winkel zur Straße stehen, um für die kühlere Jahreszeit die Sonne einzufangen.

Ein leicht zu besuchendes Beispiel für diese Kolonialarchitektur ist das **Shanghaier Kunsthandwerkmuseum** ㉑ (Shanghai Gongyi Meishu Yanjiusuo, tgl. 9–17 Uhr). In diesem ehrwürdigen alten französischen Haus kann man Kunsthandwerkern bei der Arbeit zuschauen und fertige Stücke im Laden erwerben.

Nicht weit entfernt liegt in der Huaihai Rd die **Shanghaier Bibliothek** (Shanghai Tushuguan, tgl. 9–17 Uhr). Sie wurde 1996 eingerichtet, hat inzwischen zwölf Millionen Bände gesammelt und ist mit modernen Informationsmedien ausgestattet. In der Umgebung befinden sich viele ausländische Konsulate, und man kann die Gegend angenehm bei einem Spaziergang erkunden.

Im französischen Viertel liegt auch das ehemalige **Wohnhaus Sun Yatsens** ㉒ (Sun Zhongshan Guju, tgl. 9–16.30 Uhr), in dem dieser ab 1920 lebte und das mit einer kleinen Ausstellung an sein Wirken als Gründer der Republik erinnert. Auch Mao Zedong und Zhou Enlai haben vorübergehend in dieser Gegend gewohnt.

Longhua und Xujiahui

Ganz im Süden der Stadt, schon außerhalb des Autobahnrings, liegt an der gleichnamigen Straße der **Longhua-Tempel** ㉓ (Longhua Gusi), der im Jahre 242 gegründet, mehrfach zerstört und erneut aufgebaut wurde. Die Tempelanlage besteht aus sieben Hallen, die seit dem Ende der Kulturrevolution wieder zunehmend religiösen Zwecken dienen. Neben dem Tempel befindet sich das Longhua Hotel, das speziell für buddhistische Pilger gebaut wurde und ein vegetarisches Restaurant unterhält.

Weiter nordwestlich steht mit der katholischen **Kathedrale Xujiahui** ein eindrucksvolles Kirchengebäude der französischen Gotik aus dem Jahr 1846. Der Stadtbezirk hat sich zu einer belebten Einkaufsgegend entwickelt, mit vielen Einkaufszentren, allerdings der schlichteren Art, die bei Jugendlichen und Einheimischen beliebt ist.

Unten: Besucher im Shanghaier Kunstmuseum **Unten rechts:** Bodypainting als Kunstperformance

KÜNSTLERVIERTEL

In mehreren innerstädtischen Gegenden haben zahlreiche Kunstgalerien eröffnet, die die große Masse der chinesischen Gegenwartkunst anbieten. Im Viertel um die 50 Moganshan Rd, abseits des Suzhou Creeks im Norden der Stadt (westlich des Bahnhofs), findet man jedoch in einem umgebauten Lagerhaus eine große Zahl von Galerien, die einige der bekanntesten Künstler der Stadt vertreten.

Im modernen Shanghai haben sich zwei Kunstrichtungen etabliert: Die traditionelle Kunst zeigt typischerweise Frauen mit Fächern, Männer auf Fahrrädern, Mädchen mit Vogelkäfigen und üppige Landschaften. Die andere Richtung ist politische Pop-Art, für die sich jüngere Chinesen und Ausländer interessieren. Sie kritisiert meist ziemlich schlicht Mao und das Militär, und vor allem kopiert sie sich immer selbst.

Pudong

Auf der dem Bund gegenüberliegenden Flussseite entsteht das neue Geschäftszentrum Shanghais im Bezirk **Pudong**. Übersetzt bedeutet Pudong einfach »östlich des Huangpu«, und vor 20 Jahren gab es hier nur einige Lagerhäuser, Bauernhöfe und Hütten. 1992 wurde dann der Plan enthüllt, hier eine Büro- und Finanzstadt zu errichten, die Hongkong in den Schatten stellen sollte. Auf 522 km² sollten eine Außenhandelszone, eine Hitech-Zone, eine Exportzone, eine Biotechnikzone, eine Touristenzone und eine Finanzzone entstehen. Gebaut wurde seitdem sehr viel, doch wie viel Geld bereits in den sandigen Untergrund gesetzt wurde, lässt sich nicht genau sagen, das bleibt ein Staatsgeheimnis. Hongkong ist jedenfalls weiterhin Asiens Finanzzentrum Nummer zwei (nach Tokyo), und die Shanghaier Börse hat nur lokale Bedeutung. Die Belegungsquote der Büros liegt konstant unter 50 Prozent, in vielen wird einfach abends das Licht eingeschaltet, um Belegung vorzutäuschen. Und wenn die Pudong-Blase erst einmal platzt …

Als erstes ragte der **Fernsehturm** ㉔ mit seinen Kugeln in all seiner Hässlichkeit und missratenen Proportionen auf, doch inzwischen wachsen auch schon hypermoderne Hochhäuser in den Himmel, die untereinander um Höhenrekorde konkurrieren. Außer abweisenden Hochhäusern gibt es eigentlich nichts hier, das einen Besuch lohnen würde, wenn es nicht den traumhaften Blick aus dem 88. Stock des **Jinmao Tower** gäbe, der natürlich vor allem auf das andere Ufer und damit das tatsächliche Shanghai geht (88 Shiji Dadao, tgl. 8.30 bis 21 Uhr, abends oft lange Wartezeiten). Neue, autobahnähnliche Straßen, Brücken und Tunnel erschließen das moderne Büroviertel, das in Zukunft vor allem Finanzmetropole sein möchte. Und wenn allabendlich die Gebäude an beiden Seiten des Flusses in ein schier endloses Lichtermeer eintauchen, scheinen alle Probleme wie weggewischt zu sein. ■

Akrobaten vor dem Jinmao Tower, der 2008 vom World Financial Centre als höchstes Gebäude der Stadt abgelöst wurde

Unten: Pudongs Jahrhundertpark

RESTAURANTS UND BARS

Preiskategorien (für eine Person mit einem Getränk)

●●●●● = über 25 €
●●●● = 15–25 €
●●● = 10–15 €
●● = 5–15 €
● = unter 5 €

Restaurants

Xintiandi hat die größte Ansammlung von Restaurants in der Stadt. Der **Bund** verfügt ebenfalls über mehrere Gourmettempel. Generell ist die Küche Shanghais ölig, süß und von dunklen Farben geprägt (dank des sog. »Rotkochens«, d.h. Einlegen in einen Fond aus Sojasauce und Reiswein). Diese Eigenschaften kommen in Gerichten wie *hong shao* (Rippchen) und Löwenkopf-Fleischbällchen zum Tragen. *Xiao long bao* (Teigtäschchen) sind eine berühmte Spezialität.

Chinesische Küche (allgemein)

◆ **Chang An Dumpling Restaurant**
1588 Pudong Da Dao
Tel: 5885 8416
Das bekannteste *Xiao-long-bao*-Restaurant der Stadt führt über 100 verschiedene Varianten der gefüllten Teigtäschchen (tgl. 6–20.30 Uhr). ●

◆ **Charmant**
1418 Huaihai Rd (Mitte)
Tel: 6431 8107 oder 6431 8027
Taiwanesisches Essen in angenehmer Atmosphäre, z.B. Austern in Bohnensauce oder Kuchen von der Wasserbrotwurzel. ●●

◆ **Crystal Jade**
Xin Ye St, Lane 123, Xintiandi, Tel: 6385 8752.
Crystal Jade gehört zu einer Restaurantkette und serviert in gehobenem Ambiente eine Mischung aus Shanghai- und Kanton-Küche. Köstlich schmecken die *xiao long bao, dan dan mian* (würzige Nudeln in Erdnussbutter-Sauce) oder *jie lan* (gedämpftes Gemüse). ●●●

◆ **Lost Heaven**
38 Gao You Rd (nahe Fuxing W Rd)
Tel: 6433 5126
Eines der beliebtesten Lokale Shanghais, das bodenständige Yunnan-Gerichte bietet. ●●●

◆ **Meilongzhen**
1081 Nanjing Rd (W)
Tel: 6253 5353
Das vielleicht berühmteste Restaurant Shanghais existiert seit 1938. Serviert werden Shanghai- und Sichuan-Spezialitäten (s. S. 13). ●●

Peking-Ente

◆ **Quan Ju De**
786 Huaihai Rd (Mitte)
Tel: 5404 5799
Üppige, knusprige Peking-Ente, (Filiale: 547 Tianmu Xi Lu, Tel: 6353 8558). ●●

Kantonesische Küche

◆ **Fu Lin Xuan**
300 Huaihai Rd
Tel: 6358 3699
Meersfrüchte und Schalentiere nach Kanton-Art. Am Wochenende Dim-Sum-Brunch. ●●

◆ **Wan Chai**
858 Ju Lu Rd (nahe Changshu Rd)
Tel: 6248 5992
Wohlschmeckende, echt kantonesische Gerichte, wie z.B. gedämpfter Fisch und in der Pfanne gebratene Shrimps. ●●

◆ **Xian Yue Hien**
Ding Xiang Garden, 849 Huashan Rd
Tel: 6251 1166
Hier gibt es exzellente Kanton- und Shanghai-Küche inmitten eines hübschen Gartens. ●●

Shanghai-Küche

◆ **1221**
1221 Yan'an Rd (W)
Tel: 6213 2441
Das erfahrene Mutter-Tochter-Team aus Hongkong serviert typische Shanghai-Gerichte. ●●

◆ **The Big Fan**
1440 Hongqiao Rd
Tel: 6219 7514
Klassische Shanghai-Küche. Das Lokal erinnert an Alt-Shanghai. ●●

◆ **The Grape**
55 Xinle Rd
Tel: 5404 0486
Ein Eckpfeiler der Shanghai-Küche. Die zwei Restaurants sind stets voll besetzt, auch wegen der unschlagbaren Preise. ●

◆ **Lubolang Restaurant**
115 Yuyuan Rd
Tel: 6328 0602
Alteingesessenes, beliebtes Restaurant, das Spezialitäten des Hauses serviert, z.B. kleine Dampfnudeln, geschmorte Rippchen und Löwenkopf-Fleischbällchen. ●●

◆ **Lulu**
3/F 161 Liujiazui Rd (E)
Tel: 5882 6679
Dieses kleine Lokal bietet delikate Fisch- und Meeresfrüchte-Kreationen. Nachts trifft sich hier Shanghais »Schickeria«. ●●

◆ **Xin Ji Shi**
9 Xintiandi Complex
Tel: 6336 4746
Das Xin Ji Shi hat fünf Niederlassungen, von denen dieses Lokal als das Beste gilt. Es werden traditionelle Shanghaier Gerichte serviert, wie Schweinerippchen, Krabben-Eier-Tofu oder *lion's head* (Fleischklöße) ●●

Sichuan-Küche

◆ **Di Shui Dong**
56 Maoming Rd, nahe Ecke Chang Le
Tel: 6253 2689
Mit Kreuzkümmel gewürzte Rippchen sind der Renner dieses rustikal eingerichteten und lauten Lokals. Rechtzeitige Reservierung ist empfehlenswert. ●●

◆ **Guyi Hunan**
No. 87 Fumin Rd
Tel: 6249 5628
Das Restaurant zählt mit seinem extrem würzigen und scharfen Essen zu den besten der Stadt. Vorher reservieren. ●●

◆ **Sichuan Court**
250 Huashan Rd, Floor 39, Hilton Hotel
Tel: 6248 0000

Im obersten Stock des Hilton mit herrlichem Ausblick über die Stadt genießt man typische Sichuan-Küche. ●●●

◆ **South Beauty 881**
881 Central Yan'an Rd
Tel: 6247 6682
Scharfe Sichuan-Küche, serviert in einem alten Herrenhaus mit Garten. Auf dem Dach befindet sich eine Bar. ●●

Yunnan-Küche

◆ **Southern Barbarian**
Area E, 2/F Ju'Roshine Life Art Space, 56 Maoming South Rd, nahe Chang Le Rd
Tel: 5157 5510
Nicht leicht zu finden, aber die exzellente Yunnan-Küche, wie gebratener Ziegenkäse und Wildpilze, lohnt sich. ●●

Vegetarisch

◆ **Gongdelin**
445 Nanjing Rd (W)
Tel: 6327 0218
Das Gongdelin gibt es schon mehr als 50 Jahre. Die Gerichte sehen z.T. wie mit echtem Fleisch zubereitet aus, sind aber aus Tofu. ●

Westliche Küche

◆ **A Future Perfect »AFP«**
16, Lane 351 Hua Shan Rd, Tel: 6248 8020
Kleines Restaurant mit herrlichem Innenhof neben einer Villa im Kolonialstil. Das Essen ist kontinental. ●●

◆ **Cucina**
56/F Grand Hyatt Hotel, 88 Century Boulevard, Pudong, Tel: 5049 1234
Restaurant im Toskana-Stil mit tollem Ausblick auf Shanghai. ●●●

◆ **Gourmet Café**
455 Shanxi Rd (N)
Tel: 5213 6885
Hier gibt es sehr gute Hamburger. ●●

◆ **Le Bouchon**
1455 Wuding Rd (W)
Tel: 6225 7088
Bistro/Weinbar mit guter französischer Küche. ●●–●●●

◆ **Leonardo's**
250 Huashan Rd, Hilton Hotel
Tel: 6248 0000-1850
Erstklassige italienische Küche. ●●●

◆ **m on the Bund**
7/F 5 Zhongshan East 1 Rd, Tel: 6350 9988
Internationale Küche auf hohem Niveau, spektakuläre Aussicht auf den Bund, den Fluss und Pudong. ●●●●

◆ **Mesa Restaurant & Manifesto Lounge**
748 Ju Lu Rd
Tel: 6289 9108
Das Restaurant ist der Inbegriff des modernen Shanghai, angefangen bei der zentralen Lage mit sonniger Terrasse bis hin zum ganz in Schwarz gekleideten Personal. Probieren Sie die Lammkoteletts oder den Sonntagsbrunch. ●●●

◆ **Moca Art Lab**
Gate 7, Volkspark, 231 Nanjing Rd (W)
Tel: 6327 0856
Mediterranes Restaurant im obersten Stockwerk des Museums für Zeitgenössische Kunst, in einem früheren Gewächshaus untergebracht, das nun für Kunstausstellungen genutzt wird. Vom Patio toller Ausblick. ●●

◆ **New Heights Restaurant**
7/F 3 The Bund
Tel: 6321 0909
Beeindruckende Vielfalt internationaler Gerichte zu vernünftigen Preisen, z.B. roter Thai-Curry oder mit fünf Gewürzen marinierte Entenbrust. ●●

Indisch

◆ **Jade on 36**
36/F Pudong Shangri-La Hotel, 33 Fucheng Rd, Pudong, Tel: 6882 8888
Das extravagante Restaurant serviert raffinierte Fusion-Küche. Probieren Sie unbedingt den Zitronen-Vanillepudding. ●●●●●

◆ **The Tandoor**
Jinjiang Hotel, 59 Maoming Rd (S)
Tel: 6472 5494
Eines der besten Restaurants der Stadt. Essen und Service sind ausgezeichnet, die Ausstattung ungewöhnlich. ●●●

Japanisch

◆ **Meshi**
37 Lane 248, Taikang St
Tel: 5465 2450
In stilvollem Ambiente genießt man das exquisite japanische Essen. Günstigere Mittagskarte. ●●●●

Koreanisch

◆ **Gao Li**
181 Wuyuan Rd
Tel: 6431 5236
Leckeres koreanisches Essen; hat bis spät abends geöffnet. ●●

Bars and Pubs

Einer der wichtigsten Nightlife-Bezirke liegt rund um die **Tongren Road,** zwischen der Yan'an und Nanjing West. Hier gibt es zahllose Bars und Clubs mit Live-Musik, aber auch Etablissements mit Prostituierten.
Ein weiterer belebter Bar-Bezirk ist rund um die Maoming (South) Rd und Fuxing (Central) Rd zu finden. Hier stechen v.a. das **Big Bamboo** heraus oder die **Face Bar** im Ruijin Hotel, Ecke Ruijing Road. Weitere Bars liegen südlich der Yan'an Road, rund um Julu und Fumin Road, z.B. das **Manifesto** (748 Julu Rd) mit coolem Ambiente.
Auch am östlichen Ende der Hengshan Rd und Dongping Rd nahe dem Puschkin-Denkmal finden sich viele Bars: **Oscar's Pub** an der Ecke Fuxing und Bao Qing Rd ist ein lebhaftes Lokal im englischen Stil.
Bars der gehobenen Klasse mit schöner Aussicht gibt es am Bund. Die **Attica Shanghai Bar,** Ecke Jinling Road, ist nur ein Beispiel für die Bars »über den Wolken«. **Tipp:** Auch viele Restaurants servieren leckere Drinks auf ihren Terrassen, z.B. das **m on the Bund** oder das **New Heights.**
Xintiandi ist eine weitere Bar-Gegend, in deren nördlichem Teil das **Paulaner Bräuhaus** liegt.

 Karte auf Seite 245

Nanjing, Suzhou und der Kaiserkanal

Die alte südliche Hauptstadt Nanjing, Stadt der Seen, zählt zu den attraktivsten Großstädten Chinas. Auch die Orte am Kaiserkanal, allen voran die Seidenstadt Suzhou, besitzen viel Charme.

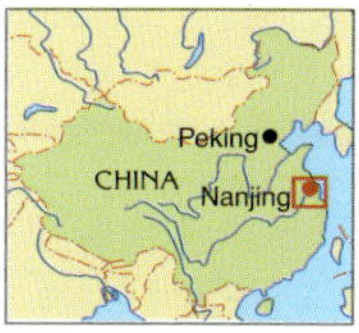

Die von Flüssen und Kanälen durchzogene Landschaft zwischen den alten Kulturstädten Nanjing und Suzhou, nordwestlich von Shanghai, gilt als »Land von Fisch und Reis«, in dem die Menschen gut lebten und in das sich Literaten und Beamte im Pensionsalter zurückzogen, um Natur und Kultur gleichermaßen zu genießen.

Und so verwundert es nicht, dass schon der Dichter Yang Chaoying, der zur Zeit der Yuan-Dynastie lebte, die Schönheit dieser Region mit folgenden Worten lobte: »Oben ist das Paradies, unten liegen Hangzhou und Suzhou.« Auch Marco Polo soll sich 1276 bei seiner Reise durch Jiangnan, das fruchtbare Delta südlich der Yangzi-Mündung, ähnlich begeistert geäußert haben. Die Städte der Jiangnan-Region »sind die schönsten und prächtigsten der Welt«, schrieb er voll Überschwang.

Heute noch heben sich Hangzhou und Suzhou mit ihren Brücken, Kanälen und kunstvollen Gärten, die einst Marco Polo derart beeindruckten, von den übrigen chinesischen Städten ab, wo graue, triste Fabriken und einfallslose Architektur das Bild bestimmen.

Suzhou, die geschichtsträchtige Seidenstadt, gehört wegen ihrer traumhaften Lage an unzähligen Kanälen und ihrer berühmten klassischen Gartenanlagen zu den wichtigsten Sehenswürdigkeiten des Landes. Aber auch die anderen Städte entlang des Kaiserkanals, Wuxi, Tongli, Yangzhou und Hangzhou am legendenumwobenen Westsee, verzaubern die Besucher mit herrlicher alter Architektur.

Die über 6 Mio. Einwohner zählende Hauptstadt der reichen südchinesischen Provinz Jiangsu, Nanjing, galt als eine der schöneren Städte Chinas. Doch auch hier wird inzwischen an vielen Stellen gebaut, und traditionelle Straßen sowie die weiten Platanenalleen müssen glatten Hochhausfassaden weichen. Nanjing gehört, zusammen mit Wuhan und Chongqing, zu den «drei Öfen Chinas», denn im Sommer

NICHT VERPASSEN!

Nanjing-Museum
Purpurberge, Nanjing
Ming-Gräber, Nanjing
Suzhous Gärten
Wolkenfelsen-Tempel
Wasserstädte

Links: Der Garten des Bescheidenen Beamten in Suzhou **Unten:** Studenten in Nanjing

»

Nanjing ist die Stadt der Verträge. Nach den Opiumkriegen wurden hier per Vertrag verschiedene Küstenstädte für den Handel mit dem Ausland geöffnet. Hongkong war danach britische Kolonie.

steigen die Temperaturen hier auf über 40 Grad. Im Winter kann in Nanjing durchaus auch einmal Schnee fallen, allerdings dauern die Winter, wie in ganz Südchina, nur sehr kurz.

Nanjing

Nähert man sich **Nanjing** ❶ mit der Bahn von Norden, muss man Chinas längsten Fluss, den Yangzi, auf der 1968 in Betrieb genommenen großen **Yangzi-Brücke** Ⓐ überqueren. Vor dem Bau dieser Brücke dauerte das Übersetzen der Züge mit der Fähre mehrere Stunden. Die im Nordwesten der Stadt stehende Brücke ist für China eine Art Symbol der Unabhängigkeit und des nationalen Selbstbewusstseins geworden, denn als 1960 die Beziehungen zwischen China und der Sowjetunion abgebrochen wurden, bauten die Chinesen diese Brücke aus eigener Kraft zu Ende.

Zwischen den Türmen zu beiden Seiten misst die Brücke 1577 m, mit den Auffahrten oben 4500 m und unten 6722 m. Auf der oberen Brücke wird der Autoverkehr über den Yangzi geführt, darunter liegen die Gleise für den Eisenbahnverkehr. Die Brücke hat mit dazu beigetragen, Nanjings wirtschaftliche Entwicklung zu beschleunigen; heute gilt es als Zentrum von Schiffs- und Maschinenbau sowie der chemischen und petrochemischen Industrie. Nanjing ist auch eine Stadt der Hochschulen, ihre Universität gehört zu den renommiertesten im Land. Zum Symbol der neuen Modernisierung wurde inzwischen die 21 km lange Brücke, die den Yangzi 11 km flussabwärts überspannt. Ein Spaziergang im **Park der Großen Brücke** (Daqiao Gongyuan, tgl. 7–18.30 Uhr) bietet hervorragende Ausblicke auf die Brücke und den Fluss.

Eine lange Geschichte

Die Geschichte Nanjings datiert zurück bis in die Zeit der Streitenden Reiche (403–221 v. Chr.), als der Bevölkerungsdruck im Norden erstmals Chinesen hierher brachte. Zwischen dem 3. und 6. Jh. war die Stadt dann Hauptstadt der südlichen Reiche, denn im Norden hatten die Reitervölker aus den mongolischen Steppen die Macht übernommen. Nach verschiedenen Naturkatas-

Unten: Spaziergang beim Xuanwu-Tor auf der restaurierten Stadtmauer von Nanjing

trophen und einem Bauernaufstand verlegte die Sui-Dynastie 589 die Hauptstadt wieder nach Xi'an und zerstörte Nanjing mit all seinen Kulturzeugnissen.

Erst zu Beginn der Ming-Dynastie gewann Nanjing wieder größere Bedeutung, denn der Hongwu-Kaiser, der erste der Dynastie, errichtete hier seine »Südliche Hauptstadt«, wie Nanjing zu übersetzen ist. Er wollte sich von den Mongolen der Yuan-Dynastie absetzen, die von Peking aus regiert hatten. Der dritte Ming-Kaiser riss den Thron gewaltsam an sich und zog nun wieder nach Norden, wo er um 1421 den riesigen Kaiserpalast in Peking erbauen ließ. Aus der frühen Ming-Zeit stammen neben den geringen Resten des Palasts und des Kaisergrabs noch Teile der **Stadtmauer,** die eine Länge von über 30 km und eine Höhe von 12 m erreichte. Auch von den Stadttoren blieb einiges erhalten, etwa das **Zhonghuamen** B im Süden der Stadt – das ehemalige Haupttor ist auch ein guter Orientierungspunkt – oder das **Zhongshanmen** C im östlichen Bereich der Mauer.

Das moderne Stadtzentrum

Ein **Xinjiekou** D genannter Kreisverkehr markiert das moderne Stadtzentrum, an dem sich Menschen und Fahrzeuge aller Art um die Läden, Büros, Banken und Hotels drängeln. Wie ein einsamer Zahn ragt das aus den 1970er-Jahren stammende 36-stöckige **Jingling-Hotel** heraus. Man kann mit dem Fahrstuhl nach oben fahren und einen Blick über den Verkehr und die Stadt werfen, was vor allem im Drehrestaurant am Abend ganz nett sein kann.

Etwas südwestlich verbindet sich mit dem **Mochou-See** E, benannt nach der »Dame Sorgenfrei« (Mochou), die im 5. Jahrhundert hier gelebt haben soll, eine traurige Legende: Die Dame musste gegen ihren Willen ihrem Ehemann aus Luoyang hierher folgen und soll den See mit ihren Kummertränen gefüllt haben. Verschiedene Pavillons aus der Qing-Zeit verteilen sich über die einladende Anlage.

Südlich des Zentrums liegt der **Chaotian-Palast** F (tgl. 8–17 Uhr), auch »Himmelspalast« genannt, aus der Ming-Dynastie, der jedoch in den letzten 2500 Jahren zahllose Vorgänger

Der Raubbau an der Natur führt im Yangzi-Becken jedes Jahr zu gewaltigen Überschwemmungen, bei denen Tausende von Menschen ums Leben kommen

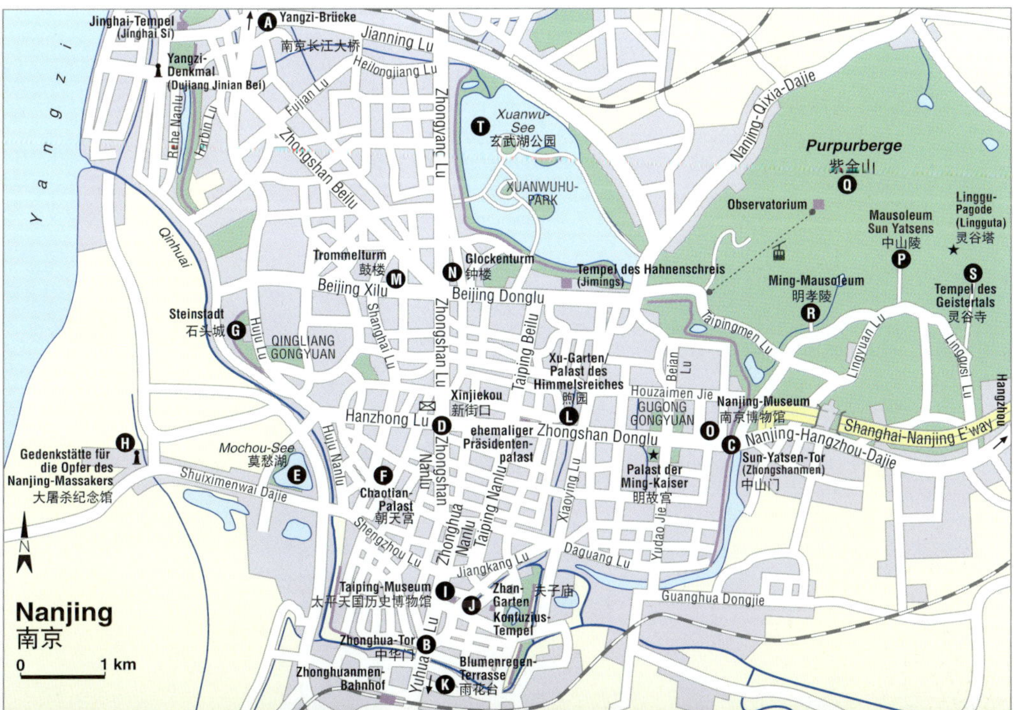

Der Trommelturm stammt aus dem 14. Jh., als Nanjing noch eine Großstadt war. Damals hatte sie schätzungsweise 450 000 Einwohner.

besaß. In der Qing-Dynastie befanden sich in der Anlage eine Ausbildungsstätte für Beamte und ein dazugehöriger Konfuzius-Tempel. Die eng beieinander liegenden Gebäude mit ihren hoch geschwungenen Dachecken sind bis heute sehenswert.

Nördlich des Mochou-Sees weist eine teilweise erhaltene Mauer noch heute auf die **Steinstadt** Ⓖ (Shitoucheng) und Nanjings bewegte Geschichte hin. Ein grüner, schattiger Weg führt an der historischen Mauer vorbei, die zumindest in Abschnitten noch original sein soll.

Etwas weiter stadtauswärts trifft man auf die **Gedenkstätte für die Opfer des Nanjing-Massakers** Ⓗ (Datusha Jinianguan, tgl. 8.30–17 Uhr). Nach der Besetzung der Stadt durch die japanische Armee im Dezember 1937 haben die Soldaten innerhalb von sechs Wochen etwa 300 000 Chinesen in Gruppen erschossen, nach Vergewaltigungen hingerichtet oder auf andere Art massakriert. Unverständlicherweise hat die japanische Regierung diese gut belegte Gewaltorgie bis heute nicht zugegeben und bedauert. Neben der Ausstellung mit Fotos blickt man auf eines der Massengräber, die die Japaner hinterlassen haben.

Südlich des Zentrums

Im südlichen Teil der Stadt, nahe dem Zhonghuamen, befindet sich in einem Haus im Stil der Ming-Dynastie das **Taiping-Museum** Ⓘ (Taiping Tianguo Bowuguan, tgl. 8–17 Uhr). Hier wird die unruhige Zeit der Taiping-Rebellion (s. unten), deren Anführer von einem christlichen Wahn besessen waren und ein »Himmelsreich« schaffen wollten, auf Chinesisch und Englisch erläutert. Die Rebellen nahmen Nanjing 1853 ein, wurden aber 1864 von den Qing-Truppen wieder vertrieben, die auch den »Himmelstempel« zerstörten. Uniformen, Münzen, Kanonen, Gewehre, Schwerter und weitere Waffen werden neben Fotos und Gemälden gezeigt. In der offiziellen Darstellung werden die christlichen Wahnvorstellungen des Anführers Hong Xiuquan, der sich für einen jüngeren Bruder von Jesus hielt, verschweigen, denn die

DIE TAIPING-REBELLION

Die Taiping-Rebellion (1850–1864) ist ein weiteres Stück Geschichte, das in Blut geschrieben wurde, denn mehr als 20 Millionen Menschen sollen innerhalb von wenig mehr als zehn Jahren ums Leben gekommen sein. Die Rebellion wurde angeführt von dem Hakka Hong Xiuquan, der davon überzeugt war, dass er der Sohn des christlichen Gottes war. In kurzer Zeit sammelte er in Südchina eine Armee von Unzufriedenen um sich und zog nach Norden, um die Mandschus und ihre Qing-Dynastie zu stürzen.

Angefeuert durch religiöse Wahnvorstellungen kamen die Rebellen durch die Provinzen Guangxi, Hunan, Anhui und Jiangsu schnell voran, eroberten 1853 Nanjing und machten es zur Hauptstadt ihres »Himmelsreiches«. Weitere Märsche nach Norden und Westen brachten keine Erfolge mehr, sondern sorgten für Streit unter den Anführern. Die Qing-Truppen hatten sich inzwischen auch konzentriert und konnten 1864, kurz nach Hongs Tod, Nanjing zurückerobern. Die Armee richtete dabei ein wahres Blutbad an, denn alle Rebellen, derer sie habhaft werden konnte, wurden hingerichtet.

Wegen ihrer egalitären Ideen und ethischen Vorstellungen – sie waren z.B. gegen das Binden der Füße und den Genuss von Opium – wurden die fanatischen Taiping-Führer von der Kommunistischen Partei als visionäre Revolutionäre gefeiert.

Unten: Von der Fantasie beflügelte Darstellung der Taiping-Rebellion im Museum

Kommunisten verteidigen die Rebellion als einen Angriff auf die marode Qing-Dynastie.

Etwas westlich des Museums trifft man auf eine lebhafte Marktgegend, die nach einem alten **Konfuzius-Tempel** ❶ benannt ist. Der Tempel stammt ursprünglich aus dem 4. Jahrhundert wurde aber mehrfach umgebaut; die jetzigen Gebäude sind aus der Qing-Dynastie. Die umliegenden Straßen quellen über von Souvenirläden, angeblichen Antiquitätenläden und Straßenimbissen. Andere Läden bieten Steinschnitzereien, Kleidung oder Teekannen an. In unmittelbarer Nähe des Konfuzius-Tempels liegt der Zhan Yuan, ein typisch südchinesischer Literatengarten.

Außerhalb des Südtores gelangt man zur **Blumenregen-Terrasse** Ⓚ (Yuhuatai, tgl. 6–19 Uhr), wo einer Legende zufolge im 4. Jh. der Buddha Blumen vom Himmel herabregnen ließ, die heute von kleinen bunten Steinchen vertreten werden. In dieser Parkanlage befindet sich eine Gedenkstätte für die Opfer Chiang Kaisheks aus der Zeit der Kommunistenverfolgung ab 1927.

Nördlich und östlich des Zentrums

Am östlichen Rand der Innenstadt wurde mit dem **Xu-Garten** Ⓛ (Xuyuan) eine Gartenanlage aus der Ming-Dynastie wiedererschaffen, in der sich der **Palast des Himmelsreiches** (Tianshao Gong, tgl. 8–17.30 Uhr) befand, der vom Anführer des Taiping-Aufstandes, Hong Xiuquan, bewohnt wurde. Nach dem Fall der Qing-Dynastie diente der Palast als Sitz der republikanischen Regierung unter Sun Yatsen und Chiang Kaishek. Die Ausstellung in den Palasträumen hat die Taiping-Rebellion und den Republikgründer Sun Yatsen zum Gegenstand.

Ganz in der Nähe stehen der **Trommelturm** Ⓜ (Gulou) und der **Glockenturm** Ⓝ (Zhonglou, beide tgl. 8 bis 24 Uhr). Ersterer stammt aus dem Jahr 1382 und markierte als Zeitgeber die Mitte der Stadt. Heute beherbergt der zweistöckige Holzbau Ausstellungen und ein Café. Der Glockenturm stürzte 1662 ein und wurde nicht wieder aufgebaut. Die Glocken hängen jetzt in einem Pavillon an der Stelle, an der sich dieser Zeitgeber einst befand. In der

TIPP

Ein beliebtes Mitbringsel aus Nanjing sind sog. »Regenblütensteine«, bunt gemaserte Steine, die im Wasser ihre ganze Farbigkeit entfalten. Sie gehen auf eine Legende zurück, nach der ein Mönch im Park der Blumenregen-Terrasse so lange betete, bis Buddha Blumen vom Himmel herabfallen ließ.

Unten: Xinjiekou, das moderne Zentrum Nanjings

Die Ming-Gräber erinnern daran, dass Nanjing in der frühen Ming-Zeit (1368 bis 1417) die Hauptstadt Chinas war

Unten: Die Geisterallee weist den Weg zu den Ming-Gräbern

Umgebung lohnt auch ein Marktgebiet einen Bummel, um die Alltagsgeschäftigkeit der Bewohner zu beobachten.

Am Ende des 14. Jhs. wohnten in Nanjing um die 500 000 Menschen, und es existierten große Manufakturen. Stücke aus dieser Zeit und die Geschichte der chinesischen Kultur präsentiert das **Nanjing-Museum** **O** (Nanjing Bowuguan, 312 Zhongshan Donglu, tgl. 9–17.30 Uhr), das in neuen Gebäuden um einen Innenhof Keramiken, Bronzen und Porzellan aus Nanjing und der Provinz Jiangsu präsentiert und gut beschrieben ausstellt. Das bedeutendste Exponat ist ein 2000 Jahre altes Totengewand aus der Östlichen Han-Dynastie, das aus 2600 grünen, von Golddrähten zusammengehaltenen Jadeplättchen angefertigt wurde.

In der Nähe befindet sich die Universität, sodass es hier zahlreiche Cafés und Buchläden gibt, in denen man etwas stöbern kann.

Von den Palastanlagen aus der Ming-Zeit ist wenig erhalten. An den **Palast der Ming-Kaiser** im Wuchaomen-Park erinnern heute nur noch die Ruinen des Mittagstors, des südlichen Eingangstors, der Fünf-Drachen-Brücken und einer der Haupthallen. Errichtet wurde der Palast im 14. Jh. für den ersten Ming-Kaiser Hongwu, der Nanjing zur Hauptstadt seines Reiches machte.

Das Mausoleum Sun Yatsens

Für die meisten Chinesen ist das **Sun-Yatsen-Mausoleum** **P** (Zhongshanling, tgl. 6.30–18.30 Uhr) die wichtigste Sehenswürdigkeit in Nanjing. Es wurde nach dem Tod des Gründers der Republik 1925 in Peking hier errichtet. Der Komplex ist über 80 000 m² groß. 1929 wurde Sun Yatsens Leichnam hierher überführt, denn der Kantonese wollte inmitten der herrlichen **Purpurberge** **Q** (Zijinshan) seine letzte Ruhe finden. Eine von großen Platanen gesäumte Allee mit 392 Granitstufen führt hinauf zu der mit blauen Keramikziegeln gedeckten weißen Gedenkhalle. Die Grabkammer liegt ein wenig unterhalb der Gedächtnishalle. Verschiedene Inschriften vermitteln das politische Vermächtnis Sun Yatsens, und auf dem Ehrenbogen ist in Suns Handschrift sein wichtigstes Motto festgehalten: »Die Welt gehört allen.«

Weitere Sehenswürdigkeiten in der Umgebung von Nanjing

Außerhalb der Stadt liegen die Purpurberge. In ihren Ausläufern legte der erste Ming-Kaiser sein **Mausoleum** Ⓡ (Mingxiaoling, tgl. 8–17 Uhr) an. Es wurde leider während des Taiping-Aufstands geplündert. Der Tumulus ist bis heute nicht geöffnet worden; sehenswert ist die noch gut erhaltene Geisterallee, die ähnlich wie bei den Ming-Gräbern in Peking den Weg zum Grab weist, allerdings schmaler und gekrümmt ist. Sie ist gesäumt von steinernen Tieren, Fabelwesen, Offizieren und Beamten.

Östlich des Mausoleums erstreckt sich an einem Abhang der **Tempel des Geistertals** Ⓢ (Linggusi, tgl. 8–17 Uhr), der gegen Ende des 14. Jahrhunderts von dem Ort, an dem sich nun das Ming-Grab befindet, hierher verlegt wurde. Erhalten blieb allerdings nur noch die mehrfach wiederaufgebaute Tempelhalle Wuliangdian. Sie ist ein seltenes Beispiel dafür, dass die Chinesen auch die Steinbauweise beherrschten, denn ganz ohne Holzbalken wurde hier aus Ziegeln ein imposantes Tonnengewölbe konstruiert. Wegen der schattigen Kiefernwälder ist diese Gartenanlage ein beliebtes Ausflugsziel für die Bürger Nanjings, die auch gerne auf die hinter der Wuliang-Halle stehende, 61 m hohe **Linggu-Pagode** steigen, die 1931 zum Gedenken an die Opfer des Nordfeldzuges errichtet wurde. Vom obersten Stockwerk aus bietet sich ein wunderschöner Blick auf die Landschaft ringsum.

Auf dem Purpurberg selbst steht das weithin sichtbare **Observatorium**, das, 1934 erbaut, nach 1949 erweitert wurde. Im angeschlossenen Museum ist eine Sammlung mit alten und neuen astronomischen Messinstrumenten sehenswert. Wenn man mit der Seilbahn zum Observatorium fährt, hat man einen herrlichen Blick auf Nanjing und die grünen Berge.

Unter den Song, deren Hauptstadt Kaifeng war, entwickelte sich Nanjing zu einem Zentrum der Textilindustrie und der Münzprägung. 70 Millionen Münzen wurden hier jedes Jahr produziert. Auf jene Zeit geht der Park am **Xuanwu-See** Ⓣ im Norden Nanjings zurück. Der See diente einst als wichti-

Seidenfabrik in Suzhou (s. S. 242): Seidenbrokatjacke im Mao-Stil

Unten: Suzhous achteckige Pagode des Nordtempels ragt hinter einer Buddhastatue empor

VERKEHRSMITTEL

Reisen nach Nanjing/Jiangsu

◆ **Flug:** Der Nanjinger Flughafen Lukou liegt etwa 30 km außerhalb und ist über eine Schnellstraße zu erreichen. Er hat einige internationale und zahlreiche innerchinesische Verbindungen. Der Flughafen zwischen Wuxi und Suzhou ist hingegen nur von regionaler Bedeutung.

◆ **Zug und Bus:** Gute Verbindungen nach Shanghai und Peking.

Reisen in der Provinz Jiangsu

◆ **Nanjing:** Von Shanghai kommt man am besten in den bequemen und sauberen Schnellzügen nach Nanjing (2 Std.).

◆ **Suzhou und Wuxi:** Am besten erreicht man beide Städte mit dem Schnellzug, der von Shanghai nach Suzhou etwas mehr als 30 Min. braucht. Von Hangzhou nach Nanjing geht es schneller per Auto oder Bus.

Aufgrund seiner vielen Kanäle wird Suzhou gerne mit Venedig verglichen

ges Wasserreservoir für die Stadt und den Kaisern zur Entspannung. 1911 wurde der Park dann der Öffentlichkeit zugänglich gemacht. Diese große Parkanlage lädt heute mit ihren Pavillons und nach den Kontinenten benannten kleinen Inseln, die über Dämme und Bogenbrücken mit dem Ufer verbunden sind, mit den von Lotos bewachsenen Wasserflächen und den Trauerweiden zu Spaziergängen ein. Um den See zieht sich eine 15 km lange Uferpromenade. Am Westufer des Sees ist auch die alte Stadtmauer noch sehr schön erhalten. Der Park enthält außerdem Teehäuser, einen kleinen Zoo, ein Freilichttheater und ein Aquarium.

TIPP

Die meisten Gärten, Tempel und Pagoden in und um Suzhou sind von 8–17 Uhr bzw. 17.30 Uhr geöffnet, und für den Eintritt wird nur eine geringe Gebühr verlangt.

Stadt der Gärten: Suzhou

Vergleicht man Shanghai mit Paris, so muss für **Suzhou** ❷ Venedig herhalten, denn die Stadt wird von mehreren Flussläufen und Kanälen durchzogen. Geschichtlich erwähnt wird die Stadt bereits 484 v. Chr., da sie für wenige Jahre Hauptstadt des Staates Wu war. Auch Suzhou erstarkte als Handels- und Seidenzentrum, als es im frühen 6. Jahrhundert durch den Kaiserkanal mit der Hauptstadt verbunden wurde. Seine Blütezeit erlebte es jedoch in der Ming- und Qing-Zeit, da sich zahlreiche Beamte, Gelehrte und Künstler hier niederließen und die Kaufleute reich wurden. Dieser Reichtum wurde zum Teil in 150 Gärten investiert. Gelehrte, Kaufleute und Landbesitzer schufen sich so ihr friedvolles Refugium, in dem sie zwischen Teichen und Felsen, zwischen Bambus und Weiden in Pavillons sitzend über den Lauf der Welt nachdenken konnten. Ein Gestaltungsprinzip chinesischer Gärten lässt sich erkennen: Wasser zwischen bizarren, felsigen Ufern, verbunden durch Kanäle und Zickzackbrücken, verschlungene Pfade und zerklüftete Felsgebilde.

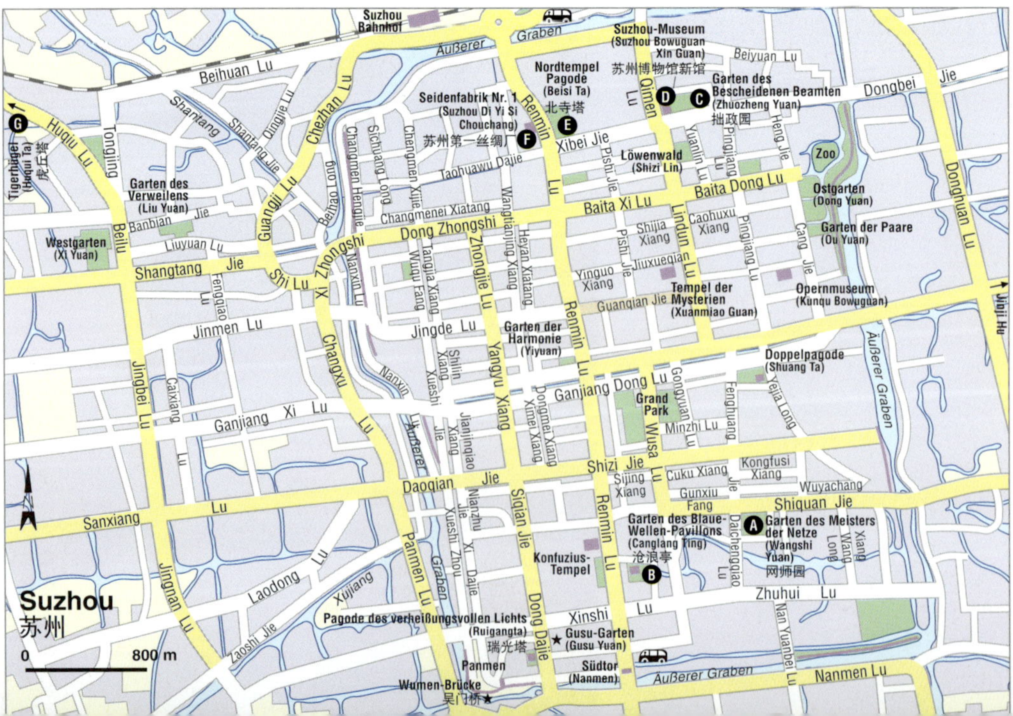

Suzhous Gärten

Der **Garten des Meisters der Netze** Ⓐ (Wangshi Yuan) gehörte nicht etwa einem Fischer, sondern einem Beamten, der mithilfe des Gartens seine gebildeten Zeitgenossen zum Disput verlocken wollte. Der Garten, der ursprünglich in der Song-Dynastie angelegt wurde, ist freundlich und kompakt und wohl der kleinste der Stadt. Er ist berühmt für seine Pfingstrosen, die früh im Jahr blühen, und seinen zentralen See, um den herum sich Pavillons und Stege anordnen.

Nicht weit entfernt an einem Kanal liegt der **Garten des Blaue-Wellen-Pavillons** Ⓑ (Canglangting), der älteste Garten der Stadt. Er wurde 1041 von dem Dichter Su Shenqing angelegt. Im Mittelpunkt steht der Pavillon mit geschwungenen Dächern auf einem Hügel. Dieser Garten ist nicht so fein ziseliert wie die anderen, sondern hat auch einige wilde Ecken.

Die Gegend um das Stadttor **Panmen** (1351) im Südwesten der Stadt lohnt die Erkundung, denn hier blieb ein Stück der alten Stadtmauer erhalten und man kann die **Wumen-Brücke**, die restaurierte **Pagode des Verheißungsvollen Lichts** (Ruiguangta) entdecken. Angeblich sollen bei ihrem Bau im Jahr 937 fünf farbige Lichtstrahlen über der Pagode zu sehen gewesen sein. In der Renmin Lu befindet sich der **Konfuzius-Tempel** (Kongmiao) aus der Song-Zeit. Er wurde 1864 originalgetreu wiederaufgebaut, nachdem er während der Taiping-Rebellion zerstört worden war. Weiter stadteinwärts liegt der **Garten der Harmonie** (Yiyuan), der 1876 entstand, als ein Beamter das ehemalige Anwesen des Ministers Wu Kuan (1435–1504) erwarb und umbauen ließ. Zentrales Gestaltungselement ist ein von einer Zickzackbrücke überspannter Teich.

Im Nordosten der Stadt, an der Qimen Lu, liegt der **Garten des Bescheidenen Beamten** Ⓒ (Zhouzhengyuan), der mit seiner Gesamtfläche von 4 ha der größte ist. Der pensionierte Beamte Wang Xiancheng ließ ihn 1513 an der Stelle anlegen, wo in der Tang-Zeit der Dichter Lu Guimeng gewohnt hatte. Während der Taiping-Rebellion, bei der Suzhou erheblich zerstört wurde, wohnten die Anführer von 1860–1864

TIPP

In der Umgebung des Suzhou-Museums kann man gut eine **Bootsfahrt** arrangieren. Es gibt verschiedene Piers, aber die Preise für privat gemietete Boote sind hoch. Man kann aber auch warten, bis sich ein Touristenboot gefüllt hat. Die meisten Ausflüge dauern etwa eine Stunde.

Unten: Der Garten des Bescheidenen Beamten in Suzhou gilt als der Inbegriff chinesischer Gartenbaukunst

Das schicke neue Suzhou-Museum wurde vom Architekten I.M. Pei entworfen, dessen Familie aus Suzhou stammt

hier. Der größte Teil der Anlage besteht aus Teichen, an denen – verbunden durch Brücken – Pavillons liegen. Die Teiche sind voller Lotosblumen, und das bekannteste Gebäude ist die Halle der 36 Mandarinenten, die als Symbol ehelicher Treue gelten. Zwischen den Pavillons verlaufen Brücken und Wandelgänge, die immer neue Ausblicke bieten.

Neues Suzhou-Museum

Unweit des Gartens eröffnete Ende 2006 das von dem bekannten amerikanischen Architekten I.M. Pei entworfene **Suzhou-Museum** Ⓓ (tgl. 9–17 Uhr). Der Bau zitiert die bekannten architektonischen Elemente Peis, wie Quadrate, Rechtecke und Pyramiden, und nutzt intensiv das Tageslicht. Hinzu kommen Gartenelemente wie Pflanzen, Brücken, Mondtore, eine Felswand sowie gekachelte Mauern, die im alten Suzhou sehr beliebt waren. Das Gebäude lohnt mehr als die Ausstellung, denn die Museen in Shanghai und Nanjing sind viel besser bestückt.

Unten: Folkloristische Darbietung vor der Pagode des Wolkenfelsen-Tempels

Weitere Sehenswürdigkeiten

Etwas weiter westlich ragt die **Nordtempel-Pagode** Ⓔ (Beisita, tgl. 8.30–17 Uhr) auf, die bereits im 5. Jahrhundert gegründet wurde. Der Ursprung der jetzigen Pagode geht in die Song-Zeit zurück, allerdings wurden im 17. Jahrhundert Restaurationsarbeiten durchgeführt. Mit ihren ausladenden, weit nach oben gezogenen hölzernen Zwischendächern, den Balkonen und der sich leicht verjüngenden Form entspricht sie dem typischen Stil der Südlichen Song-Dynastie. Von dem 76 m hohen, achtkantigen und neunstöckigen Turm hat man einen wunderbaren Blick auf das nun als Freizeitpark genutzte Gelände und das große Eingangstor aus der Ming-Dynastie.

Nicht weit entfernt, jenseits der Renmin Lu, befindet sich die **Seidenfabrik Nr. 1** Ⓕ (tgl. 9–17.30 Uhr), in der der Herstellungsprozess und die Stoffarten erklärt werden. Dies ist kein Museum, sondern hier werden tatsächlich die Raupen mit Maulbeerblättern gefüttert, die Fäden gezogen, das Material gefärbt und die Seide gewebt (s. S. 246).

Am westlichen Stadtrand liegt der **Garten des Verweilens** (Liuyuan). Er wurde im 16. Jahrhundert angelegt, doch um 1800 vom damaligen Besitzer neu gestaltet. Dieser Garten gilt als Paradebeispiel für südchinesische Gärten der Qing-Ära und gehört zu den staatlichen Kulturdenkmälern. Mittelpunkt ist ein See, der von zahlreichen Wandelgängen, Hallen und Pavillons gesäumt wird. Interessant sind ausgestellte Möbel und Kunstgegenstände sowie der Taihu-Stein namens »Der wolkenhohe Fels« in einem nordöstlichen Hof. Der Name ist symbolisch gemeint, aber eine Höhe von 6,5 m erreicht er schon – und 5 t Gewicht.

Nur einige Schritte entfernt beginnt der **Westgarten** (Xiyuan); mit dem Garten des Verweilens bildete er ursprünglich eine große Anlage, die dem Beamten Xu Shitai gehörte. Dessen Sohn ließ einen Tempel bauen, der nach der Zerstörung durch die Taiping wiederaufgebaut wurde. Westlich der Kostbaren

Halle des Großen Helden (Daxiongbaodian), an deren Rückseite die Göttin der Barmherzigkeit (Guanyin) dargestellt ist, kommt man zur Halle der Luohan, in der 500 vergoldete Luohan-Darstellungen zu sehen sind.

Am nordwestlichen Stadtrand erhebt sich der historisch bedeutsame **Tigerhügel** G (Huqiu), auf dem 496 v. Chr. das Grab eines Fürsten des Staates Wu angelegt wurde. Der Legende nach soll das Grab drei Tage lang von einem Tiger bewacht worden sein. Imposante Tore, Wandelgänge, Pavillons und Tempel säumen die Abhänge. Der **Schwertteich** außerhalb der oberen Tempelanlage wurde ebenfalls nach einer Legende benannt. Demnach soll der Wu-Fürst mit 3000 Schwertern begraben worden sein. Als ein späterer König die Schwerter wieder ausgraben wollte, lief das Loch immer wieder mit Wasser voll, woraus der Teich entstand. Oben auf dem Hügel thront die **Pagode des Wolkenfelsen-Tempels** (Yunyansita) aus dem Jahr 961. Die 47,5 m hohe, achtkantige und siebenstöckige Ziegelpagode weist außen zahlreiche Verzierungen auf. Inzwischen neigt sie sich jedoch, trotz Betonverstärkungen des Fundaments, bedenklich zur Seite und darf nur aus sicherer Entfernung betrachtet werden.

Die Wasserstädte

In dieser von Flüssen und Kanälen durchzogenen Region gibt es zahllose Dörfer und Kleinstädte, die sich ganz am Wasser orientieren. Sie handelten mit Seide, Tee, Keramik und Reis, Produkten aus dem Binnenland, und sorgten für deren Verschiffung. Sechs von ihnen sind von der Unesco als Welterbestätten anerkannt: Luzhi, Nanxun, Tongli, Wuzhen, Xitang und Zhouzhuang. Über den Kaiserkanal (s. unten) waren sie mit Peking verbunden.

Die einzelnen Orte sehen unterschiedlich aus, doch sie haben einiges gemein. Sie blühten vor allem in der Ming- und der Qing-Dynastie auf und sind im Straßenbild gekennzeichnet von gepflasterten Straßen, Bogenbrücken, labyrinthartigen Seitenkanälen und niedrigen Häusern mit glasierten Ziegeldächern. Am einfachsten gelangt man von Shanghai oder Suzhou zu den Wasserstädten.

TIPP

In **Wuxi** (s. S. 244) kann man gut Fahrräder mieten und einen Tag lang oder länger die Dörfer der Umgebung erkunden, denn viele bieten Übernachtungsmöglichkeiten bei Familien an.

Unten: Der Kaiserkanal bei Wuzhen

DER GROSSE KANAL

Die Wasserwirtschaft war für China immer von entscheidender Bedeutung. Und so griffen die Herrscher, sei es in der Vergangenheit oder in der Gegenwart, häufig in massiver Weise in die Natur ein, um Bewässerungssysteme oder Transportwege zu schaffen. Der Große Kanal (Da Yunhe), wie der Kaiserkanal heute offiziell genannt wird, ist das umfangreichste und bekannteste Beispiel der Vergangenheit dafür.

Wie bei der Großen Mauer entstanden zunächst kleine Teilstücke, die je nach Erfordernis zu unterschiedlichen Zeiten miteinander verbunden wurden oder wieder verfielen. So gab es Ende des 5. Jhs. im Staate Wu einen 85 km langen Kanal zwischen Suzhou und dem Yangzi. Später wurde er bis Yangzhou ausgebaut, und der Yangzi wurde mit dem weiter nördlich gelegenen Huaihe verbunden.

In der mongolischen Yuan-Dynastie (1279–1368), als Peking Hauptstadt wurde, baute man auch das Kanalsystem bis weit in den Norden aus, um Baumaterial, vor allem Baumstämme, und Handelswaren transportieren zu können. Es entstand eine direkte Verbindung zwischen Peking und Hangzhou von 1800 km Länge. Auch in der Ming-Dynastie blieben die Wasserwege von herausragender Bedeutung. Erst im 20. Jh. übernahm die Eisenbahn einen großen Teil des Fernverkehrs, wenngleich Mao Zedong, der sich ja in der Nachfolge der Kaiser sah, in seiner Kampagnenwirtschaft den Kanal in Handarbeit ausbauen und in Rote-Fahne-Kanal umbenennen ließ.

Inzwischen wird der Kanal kaum noch für wirtschaftliche Zwecke genutzt, weite Strecken sind verfallen und können von Booten nicht mehr befahren werden. Auf der Strecke zwischen Hangzhou, Suzhou und Wuxi können Touristen aber Tagesausflüge auf Kanalbarken unternehmen, die Häuschen direkt am Wasser bestaunen und unter den hübschen Bogenbrücken langsam hindurchgleiten.

In den sogenannten Wasserstädten am Kaiserkanal kann man noch nachvollziehen, wie das Leben im alten China war

Unten: Die idyllischen Kanäle von Suzhou

Zhouzhuang ❸, nur anderthalb Autostunden vom Stadtrand Shanghais entfernt, ist klein, packt aber eine Menge Geschichte in wenige Straßen. Das Herrenhaus der Familie Zhang wurde im 14. Jh. errichtet. Inzwischen gibt es sechs Innenhöfe und 70 Räume, und ein Kanal führt mitten durch das Anwesen. Ganz hinten kann man in einem sonnigen Patio an einem Steintisch Schach spielen.

Von Zhouzhuang sind es per Auto 20 Min. bis nach **Tongli** ❹ – oder zwei Stunden per Boot. Die Stadt ist größer, hat breitere Kanäle und Gehwege und mehr Bäume. Das Leben ist gemütlich, und hier ist mehr Alltag zu sehen. Man bummelt durch den klassischen **Garten der Meditation** (Tuisi Yuan) und lässt sich in einem Teehaus am Kanal nieder, um aromatischen Kräutertee oder den lokalen Drachenbrunnentee *(longjingcha)* zu genießen. Abends werden rote Laternen aufgehängt, die sich idyllisch im Kanal spiegeln.

Wuzhen ❺ (s. S. 254) ist eine der reichsten der Wasserstädte und 2 Stunden von Tongli entfernt. Ein breiter Kanal teilt sich in der Mitte der Stadt und fließt dann in den Kaiserkanal, von dem ein Seitenkanal mitten durch die Stadt fließt. Bekannt sind auch Wuzhens Handwerker. In einigen Läden werden Holzfässer gemacht, in anderen wird Baumwolle gesponnen, Reiswein vergoren oder werden Stoffschuhe und Gürtelschnallen hergestellt. Überall in dieser Gegend hält man noch an den alten Traditionen fest.

Wuxi und Taihu

Vor 2000 Jahren hieß der Ort noch Youxi: »Es gibt Zinn.« Die Vorkommen müssen jedoch in der Han-Dynastie bereits erschöpft gewesen sein, denn in dieser Zeit änderte man den Namen in Wuxi: »Es gibt kein Zinn.« Die Fertigstellung des Kaiserkanals brachte der Stadt jedoch wieder bescheidenen Reichtum durch Getreideanbau und Seidenherstellung. Heute ist **Wuxi** ❻

eine Millionenstadt. Mildes Klima, guter Boden und ausreichend Wasser machen die Gegend fruchtbar. Die Stadt selbst bietet nur wenige Sehenswürdigkeiten, doch locken die reizvolle Landschaft und besonders die Nähe zum Taihu Ausflügler an. Der Kaiserkanal durchzieht die gesamte Stadt und wird von zahlreichen Bogenbrücken überspannt, von denen die **Qingming-Brücke** im Südosten architektonisch beispielhaft ist.

Im Südwesten der Stadt liegt der hübsche **Winterpflaumengarten** (Meiyuan) aus dem 19. Jh. Im Zentrum befindet sich ein Steingarten, um den sich Tausende von Winterpflaumenbäumen gruppieren, was ihn im Vorfrühling zum Blüten- und Besuchermeer macht. Der **Muschelschalen-Garten** (Liyuan) liegt am Fünf-Li-See (Wulihu), einem Ausläufer des Taihu. Westlich dieses Gartens führt die Baojie-Brücke zur **Schildkrötenkopf-Insel** (Yuantouzhu), deren Form mit vielen Hügeln an einen Schildkrötenkopf erinnert.

Westlich von Suzhou und Wuxi erstreckt sich Chinas drittgrößter See, der **Taihu** ❼. Er ist durchschnittlich nur 2,5 m tief, weist aber 2420 km² Wasserfläche auf, über der oft ein feiner Dunst liegt. 48 Inseln schauen heraus, die mit dazu beigetragen haben, dass Maler und Dichter die Landschaft seit alters her als besonders idyllisch porträtieren. Doch natürlich versorgt der See die Anwohner auch mit Fischen, Enten, Lotos und Wasserkastanien. Allerdings wurde er in den letzten Jahren sehr stark verschmutzt.

Bekannt ist der See vor allem durch die porösen, skurril geformten Steine, die gerne in Gärten aufgestellt werden. Sie wurden traditionell rund zehn Jahre im See versenkt, der alle weicheren Teile aus den Brocken herauslöste.

Die beliebtesten Ausflugsziele rund um den See sind der **Pflaumengarten** (Meiyuan) in der Nähe von Wuxi, der im Frühling herrlich blüht, sowie die **Schildkrötenkopf-Halbinsel** (Yuantouzhu), die sich weit in den See hinein erstreckt und Wanderwege und Vergnügungsparks aufweist. Auf der Insel Sanshan versteckten sich früher Banditen. Zu sehen gibt es noch einige Tempel und Buddhastatuen. In der Nähe von Suzhou ragt eine weitere Halbinsel

Am schönsten erlebt man die Kanäle bei einer Bootsfahrt. Wenn Sie ein Boot mieten, gehört das Feilschen um den Preis jedoch unbedingt dazu.

TIPP

Yangzhou ist bekannt für seine hervorragenden kunsthandwerklichen Arbeiten, darunter Lackgefäße, Jadeschnitzereien, Scherenschnitte und Stickereien.

Unten: Seidenraupenkokons **Unten rechts:** Seide wird auf einem Webstuhl gewebt

in den See, auf der der **Ostberg** (Dongshan) zum Aufstieg lädt. An ihm liegt das Nonnenkloster Zijin'an mit einer guten Sammlung alter Figuren.

Der Kreis **Yixing** am Westufer des Taihu ist für seine Keramik bekannt. Vor allem feine Teekannen werden aus dem rötlichen, unglasierten Ton geformt und gebrannt. Er soll das Aroma des Tees besonders gut aufnehmen, sodass man nach langer Benutzung einfach nur noch heißes Wasser in die Kanne gießen müsse. Wichtigste Stadt des Keramikgebietes ist **Dingshan** ❽, wo diverse Läden ein breites Angebot schönster Teekannen und Tassen zum Verkauf anbieten.

Yangzhou

70 km nordwestlich von Nanjing liegt nördlich des Yangzi **Yangzhou** ❾, das seine Blütezeit zwischen dem 10. und 14. Jh. erlebte. Von Nanjing, aber auch von Zhenjiang ist es mit dem Bus zu erreichen. Marco Polo verbrachte hier mehrere Jahre. Die Stadt Yangzhou zog in den damaligen Zeiten viele Dichter und Künstler an. Bekannt und bedeutend ist die Malerschule der »Acht Exzentriker«, von denen im **Yangzhou-Museum** Bilder zu sehen sind. Zu den Ausstellungsstücken gehören darüber hinaus ein Grabgewand aus Jade sowie ein altes Boot, das aus dem Kaiserkanal geborgen wurde.

Für japanische Buddhisten spielt Yangzhou eine wichtige Rolle, denn von hier aus startete der Mönch Jian Zhen im 8. Jh. mehrere Expeditionen nach Japan. In dem aus der Song-Dynastie stammenden **Fajing-Tempel** haben vor einigen Jahren japanische Buddhisten durch Spenden eine Gedenkhalle für diesen Mönch errichten lassen. In Yangzhou selbst gibt es mehrere schöne Parks und Pavillons, dazu islamische Gräber aus der Song-Zeit am Ostufer des Kanals. Besonders sehenswert ist der **Shouxihu-Park** mit seiner bekannten Fünf-Pavillon-Brücke aus dem Jahr 1757. Yangzhous berühmtester Garten ist jedoch der **Ge Yuan,** der im 19. Jh. angelegt wurde. Der Name kommt von den Blättern der den Garten bestimmenden Bambuspflanze. Setzt man das Schriftzeichen *ge* zweimal aneinander, so ergibt sich das Zeichen für Bambus. ■

SEIDE

In der Umgebung des Taihu und des Kaiserkanals wird seit fast 1500 Jahren Seide produziert. Die jungen Raupen des Seidenspinners, eines Schmetterlings, werden mit Maulbeerblättern gefüttert und auf Reisstrohbündeln ausgesetzt, wo sie sich innerhalb von fünf Tagen in einen Kokon einspinnen. In Seidenspinnereien werden die Puppen dann mit heißem Wasserdampf abgetötet, die Kokons in heißem Wasser gewaschen und maschinell gebürstet, bis sich die Fäden entwirren. Entsprechend der gewünschten Fadenstärke werden drei bis acht Kokons zusammengehaspelt. Bis zu 3000 m Faden können sie ergeben, doch nur 300 bis 800 m sind für Seide guter Qualität zu verwenden. So entstehen harte Rohseidefäden, die zunächst noch mattgelb sind und kaum Glanz besitzen. Geschmeidig wird die Rohseide erst durch Kochen in einer Seifenlösung, die den Siedenleim herauslöst. Danach kommt das Garn zum Färben und Weben. Diese Technik gelangte über die Seidenstraße nach Europa.

RESTAURANTS UND BARS

Preiskategorien (für eine Person mit einem Getränk)
●●●● = über 15 €
●●● = 10–15 €
●● = 5–10 €
● = unter 5 €

Restaurants

In diesem Teil Chinas servieren die meisten Restaurants die örtliche Huaiyang-Küche, welche sich durch besondere Leichtigkeit und Milde der Speisen auszeichnet und für ihre Suppen, gedämpften Brötchen und frischen Meeresfrüchte berühmt ist.

Nanjing

In der überschaubaren Lion's-Bridge-Gegend gibt es eine große Auswahl an exzellenten Lokalen, von einfachen Imbissbuden bis zu teureren, gehobenen Restaurants.

◆ **Blue Marlin Bar and Restaurant**
8 Changjiang Lu, 1912-Viertel
Lebhafte Atmosphäre und gute Lage machen diesen Pub zu einem beliebten Treffpunkt im 1912-Stadtteil. ●●

◆ **Hongxing Restaurant**
150 Fenghuang Lu (Ost)
In diesem Restaurant kommen üppige Portionen von scharfen Sichuan-Spezialitäten auf den Tisch. ●●

◆ **Jinling Fast Food**
Ecke Guanjia Qiao und Hanzhong Lu
Köstliche gedämpfte Brötchen zu unschlagbaren Preisen. ●

◆ **Jinying Dajuilou**
9 Wangfu Dajie
Klassisches Seafood, wie man es südlich des Yangzi findet, in gehobenem Ambiente. ●●–●●●

◆ **10 000 Buddhas Vegetarian Restaurant**
4 Han Fu Lu
Verwirrende Vielfalt an Gerichten, die wie Fleisch schmecken und aussehen – jedoch nicht aus Fleisch sind. ●●

◆ **Xiao Fei Yang**
48 Yunan Lu (Nord)
Geselliges Hot-Pot-Essen in einer beliebten Restaurant-Kette. ●●

Suzhou

Die wichtigsten Restaurant-Gegenden sind in Ligongdi, am Jinji-See, sowie rund um die Einkaufsstraße Guanqian Jie zu finden.

◆ **Old Farm House**
51 Ligongdi Lu
Deutsch-skandinavisches Pub-Restaurant, das gutes Brot, Käse, Bier und weitere nordische Speisen bereithält. ●●●

◆ **Hofbrau Suzhou**
50 Ligongdi Lu
Gelungene Mischung aus asiatischer und westlicher Küche. Zudem gibt es eine philippinische Band, vor Ort gebrautes Bier, knackige Würste und eine schöne Lage am See. ●●●

◆ **In Restaurant**
Hotel One, 379 Chang Jiang Lu
Schön ausgestattetes asiatisches Restaurant, das scharfe Currys serviert. ●●

◆ **Tian Fu Zhi Le**
Wenhua Square, Shiquan Lu
Mapo doufu, gong-bao-Hühnchen und viele andere leckere Klassiker der Sichuan-Küche. ●●

◆ **Tomato Kitchen Café**
56 Ligongdi Lu
Am See gelegenes, sehr beliebtes italienisches Restaurant. Reservierung empfohlen. ●●●

◆ **Xinjiang Pamir Muslim Restaurant**
25 Shenxian Lu
Lamm, Brotfladen und andere bezahlbare uigurische Spezialitäten. ●

Wuxi

◆ **Wuxi Kaoya Guan**
222 Zhongshan Lu
Saftige Peking-Ente schmeckt hier ebenso wie Gerichte aus Fisch und Meeresfrüchten der Region. ●–●●

Bars

Nanjing

◆ **Castle Bar**
9 Zhongyang Lu
Gute, beliebte Wochenendkneipe.

◆ **Danny's Irish Pub**
4/F Sheraton Hotel, 169 Hanzhong Lu
Bewährtes Konzept, das immer noch die Massen anzieht.

Rechts: Die *xiao long bao,* gedämpfte und gefüllte Teigtaschen, werden vor dem Verzehr in Essig getunkt

 Karte auf Seite 245

Hangzhou und die Provinz Zhejiang

Schon Marco Polo bezeichnete Hangzhou als die schönste Stadt der Welt. Die gesamte Region ist durchzogen von Flüssen, Kanälen und Seen, und hier ist auch die Heimat von Chinas Seide und Tee.

Die Hauptstadt der Provinz Zhejiang, Hangzhou, ist im ganzen Land bekannt wegen des Westsees (Xihu), einer idyllischen künstlichen Landschaft inmitten einer idyllischen Natur. Der See, kunstvoll angelegte Gärten sowie Berge mit Quellen und Bächen locken seit Jahrhunderten Gelehrte und Künstler an, die die herrliche Umgebung in Worten und Gemälden festhalten.

Die Stadt markiert das südliche Ende des Großen Kanals und war deshalb als Handelsstadt schon immer mit den meisten Teilen des Reichs verbunden. Seide, Tee und Stoffe fanden von hier ihren Weg in die Welt. Doch auch wegen ihres Wasserreichtums konnte die Provinz Zhejiang einen gewissen Wohlstand erreichen. An der Küste liegt mit Ningbo ein Hafen, der in der Kolonialzeit große Bedeutung erlangte, die jetzt zu Zeiten der Wirtschaftsreform zurückkehrt. Heute kommen Besucher aus ganz China und aus aller Welt wegen der fotogenen Kanalstädte, der vor der Küste gelegenen Insel des buddhistischen Bergs Putuoshan, wegen des Reisweins oder der gebirgigen, zu Ausflügen einladenden Natur hierher.

Am Westsee: Hangzhou

Das liebliche **Hangzhou** ❿ wurde vielfach in Gedichten und Gemälden beschrieben und war schon berühmt, bevor es 1138 Hauptstadt der Südlichen Song-Dynastie wurde, deren Herrscher vor den Nüzhen nach Süden geflohen waren. Mit einer Million Einwohnern gehörte Hangzhou damals zu den größten Städten der Welt. Die Idylle wurde jedoch um 1860 im Taiping-Aufstand weitgehend zerstört, sodass die heutige Altstadt aus der Zeit um die Jahrhundertwende stammt. Stadtmauern und Tore wurden allerdings nicht mehr gebaut, und die meisten Kanäle zugeschüttet. Heute ist Hangzhou Hauptstadt der Provinz Zhejiang und Heimat von Seide und Tee. Aber auch die pharmazeutische Industrie und die Kunstakademie sind bekannt.

NICHT VERPASSEN!

Westsee, Hangzhou
Lingyinsi, Hangzhou
Moganshan
Putuoshan

Links: Zierliche Brücken mit Pavillons verbinden die Dämme im Westsee **Unten:** Besucheransturm am Westsee

TIPP

Eine Fahrradtour um den Westsee ist die schönste Art, die berühmte Landschaft zu erkunden. Fahrräder kann man an vielen Stellen ausleihen. Aber auch hierbei dürfen Sie das Handeln nicht vergessen.

Schon in alten Zeiten wurde Hangzhou ob seiner Schönheit gerühmt, etwa im Werk des Tang-Dichters Bai Juyi (772–846), der später Gouverneur der Stadt wurde und einen Damm in den See bauen ließ, der bis heute seinen Namen trägt. Die Poeten lobten Hangzhou aber nicht nur wegen seiner Lage, sondern v.a. wegen eines Produktes, das für ihre Arbeit unverzichtbar war: Tee. Der Drachenbrunnentee (*longjingcha*) ist berühmt und profitiert von dem hervorragenden Wasser, das in dieser Quelle zutage tritt.

Der **Westsee** (Xihu) wird seit der Tang-Dynastie beständig als flacher, künstlicher See ausgebaut und hat nun eine Fläche von 5,6 km² erreicht. Vor allem die Kaiser ließen durch Eingriffe in die Natur die Idylle aus See, nebelverhangenen Bergen und Wäldern noch steigern, etwa 1607 durch die **Insel im Kleinen Ozean** (Xiaoyingzhou), die aus einem ringförmigen und zwei sich kreuzenden Dämmen besteht und somit vier kleine Seen erzeugt, deren Ufer von Pavillons, Wandelgängen und Toren geziert werden. Bambus, Lotos und Sträucher schufen eine wahre Idylle. Seit 1621 ragen vor der Insel drei Steinpagoden 2 m aus dem Wasser, die bei Vollmond ausdrucksstarke Spiegelungen im See erzeugen.

Am Nordufer führt der von Trauerweiden gesäumte Bai-Damm (Baidi), benannt nach dem Dichter Bai Juyi (772–846), auf die **Gushan-Insel**. Die beiden Dämme, Sudi und Baidi, wur-

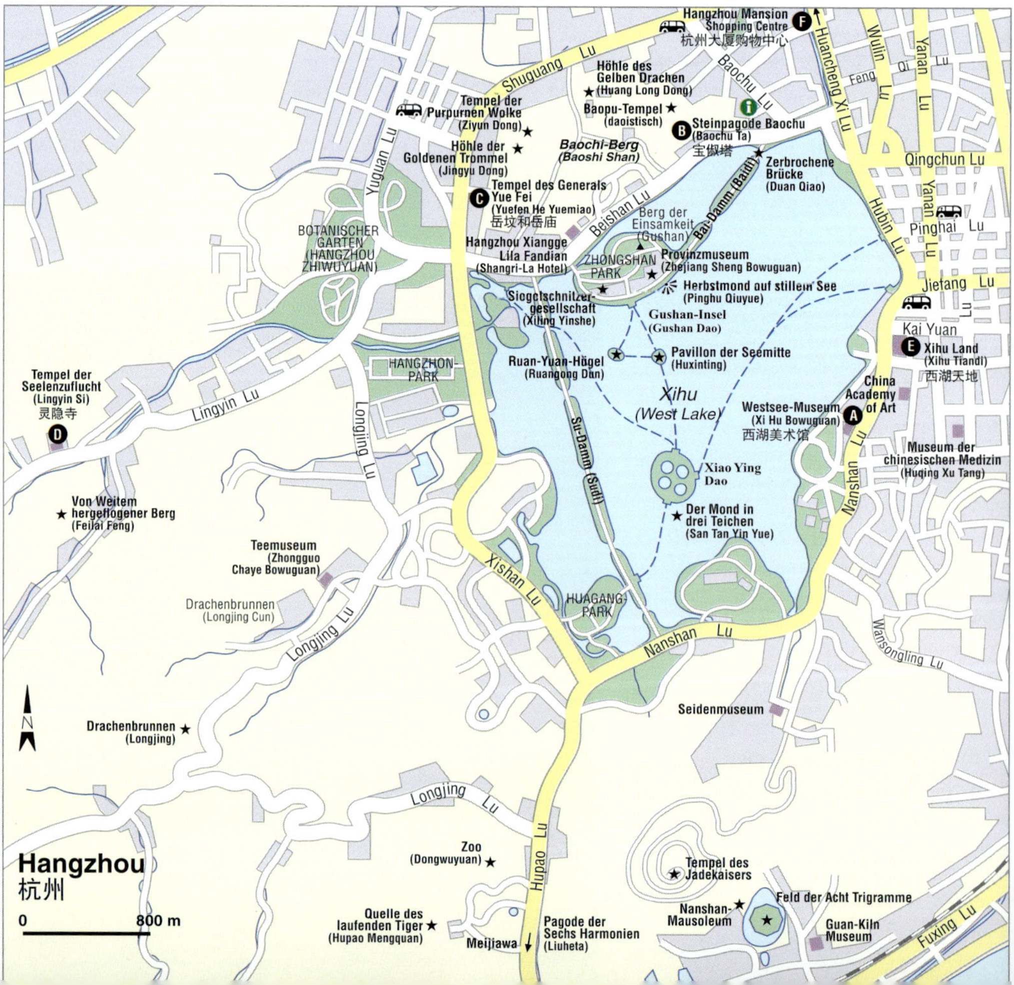

 Karte auf Seite 250

den errichtet, um den See vor einer weiteren Versandung zu schützen. Trotz seiner geringen Höhe von 38 m bietet der Gushan, der Berg der Einsamkeit, einen guten Ausblick auf den See und die umliegenden Berge. Der Qianlong-Kaiser ließ auf der Insel einen Garten (heute Sun-Yatsen-Park) mit Pavillons anlegen, vor allem um von hier aus die romantischen Mondnächte zu genießen. In der Taiping-Rebellion wurde das meiste zerstört, und hier befindet sich nun das **Provinzmuseum,** zu dem eine Bibliothek aus dem 18. Jh. gehört. 1904 wurde die Gesellschaft der Siegelschneider gegründet, in deren Gebäuden etwas weiter westlich bis heute Siegel, Kalligrafien und Tuschbilder ausgestellt werden.

Seit 2006 befindet sich am Seeufer das **Westsee-Museum** Ⓐ, das kulturelle Zeugnisse und Dokumente zeigt, die mit dem See in Verbindung stehen.

An der Beishan Lu, der nördlichen Uferstraße, ragt die **Steinpagode Baochu** Ⓑ 45 Meter auf. Die ursprünglich aus dem 10. Jh. stammende Pagode wurde mehrfach rekonstruiert, zuletzt 1933. Früher besaß der siebenstöckige Bau noch umlaufende Holzbalkone. Weiter nördlich sprudelt eine Quelle in der **Höhle des Gelben Drachen** (Huanglongtucun) aus dem Maul eines steinernen Drachen.

Ebenfalls in der Parkanlage am Nordufer liegt der **Tempel des Generals Yue Fei** Ⓒ (Yuemiao). Diese Symbolfigur des chinesischen Patriotismus wurde 1142 aufgrund von Intrigen hingerichtet, wenig später rehabilitiert und durch diese Grabanlage geehrt. In der Ehrenhalle des Tempels aus dem 13. Jahrhundert zeigen Gemälde das Leben des Generals, der selbst durch eine Statue verewigt ist.

Über die Yuquan Lu gelangt man zum **Botanischen Garten** mit einer umfangreichen Sammlung von Bambus und Kräutern und weiter zum **Tempel der Seelenzuflucht** Ⓓ (Lingyinsi, tgl. 8–17 Uhr), den ein indischer Mönch Anfang des 4. Jahrhunderts gegründet haben soll, als er einen »hierhin geflogenen Berg« aus seiner Heimat erkannte. Auf dem Weg zum Tempel wurden zahlreiche große Figuren in den Fels gemeißelt, darunter ein üppiger Milefo aus der Song-Dynastie.

Besonders schön sieht der Westsee im Sommer aus, wenn die Wasserlilien blühen

Unten: Brücke und Pavillon auf dem idyllischen Westsee

Der Tempel der Seelenzuflucht in Hangzhou ist eines der berühmtesten und sehenswertesten buddhistischen Klöster Chinas. Die Säulen sind, anders als sonst für buddhistische Tempel üblich, mit schwarzer statt roter Farbe bemalt.

Unten: Straßenszene in Hangzhou **Unten rechts:** Pagode am Westsee

Er ist vielleicht die meistfotografierte und -berührte Statue des Landes, denn er soll Glück bringen. Der Tempel folgt der traditionellen Anordnung, beherbergt jedoch zahlreiche historische Stücke, unter anderem einen fast 20 m hohen Sakyamuni in der großen Haupthalle, der **Halle der Himmelskönige** (Tianwangdian). Auf der Rückseite der imposanten Figur reitet Guanyin, die Göttin der Barmherzigkeit, auf einem Delfin. In jüngster Zeit wurde eine Halle mit 500 Luohan dem Tempel hinzugefügt.

Das moderne Hangzhou

Wie in allen chinesischen Städten lebt Hangzhou mit dem Alten und dem Neuen Seite an Seite. In Hangzhou ist dies vor allem der Vergnügungspark **Xihu Land** Ⓔ, das die Landschaft des Westsees drinnen in Ziegeln und Kacheln nachbilden soll. Dazwischen befinden sich teure Bars und Restaurants verschiedener Stilrichtungen.

Und da es nirgendwo ohne Einkaufzentrum geht, hat Hangzhou jetzt das **Mansion Shopping Centre** Ⓕ mit den üblichen Luxusgeschäften. An der Nanshan Lu reihen sich Biergärten und Nachtclubs mit lauter Musik aneinander. Hier ist auch tagsüber einiges los.

Außerhalb von Hangzhou

Etwa 6 km südwestlich des Sees liegt das Dorf **Longjing** (Drachenbrunnen), das im ganzen Land wegen seines guten Tees bekannt ist, der auf den umliegenden Hügeln geerntet wird. Im **Teemuseum** kann man sich über Anbau und Weiterverarbeitung, Teekultur und Teegefäße informieren.

Wenn man weiter den See umrundet, gelangt man am Ende des Su-Dammes, benannt nach Su Dongpo, einem Dichter und Beamten der Song-Dynastie, der 1071 bis 1089 als Gouverneur in Hangzhou wirkte, zum **Huagang-Park**. Dieser »Blumenhafen« entstand bereits in der Song-Dynastie mit kunstvollen Steinlandschaften, Goldfischteichen und Pfingstrosengärten.

Die Hupao Lu führt weg vom See zum **Zoo** und zur **Quelle der laufenden Tiger** (Hupao Menquan), die nach einer Legende benannt ist, nach der sich an dieser Stelle zwei Tiger trafen.

Karte auf Seite 250/245

Gutes Wasser ist absolut essentiell für guten Tee, und das Wasser hier eignet sich ideal für die Zubereitung des Longjing-Tees. Gerne verblüfft man Besucher, indem man Münzen auf wassergefüllten Essschalen schwimmen lässt: Das Wasser hat eine besonders hohe Oberflächenspannung.

Am Ufer des Flusses Qiantang ragt die massige **Pagode der Sechs Harmonien** (Liuheta) auf. Sie entstand erstmals im Jahr 970 zur Beschwörung des Hochwassers und als Leuchtturm für die Schifffahrt. Nachdem sie 1121 zerstört wurde, baute man sie mit sieben Stockwerken neu auf. Man kann sie über eine Holztreppe erklimmen. Von oben bietet sich ein schöner Rundblick.

Lohnend ist ein Ausflug in eines der umliegenden Dörfer, wie z.B. in das etwa 20 Autominuten südlich von Hangzhou liegende **Meijiawu**. Wer fit genug ist, kann für diesen Ausflug durch eine schöne Landschaft mit Bambushain auch in der Stadt ein Fahrrad ausleihen. In diesem Dorf wird ebenfalls Tee angebaut, und die Bauern erklären und zeigen gern alles, was es über die Teeproduktion zu wissen gibt.

Flussaufwärts liegt **Tonglu** mit seinem faszinierenden **Jiangnan-Tempel**, welcher, durch Stützen gehalten, abenteuerlich an einer Felswand klebt. Auch einige Wohnungen und Wege sind auf diese Weise am Felsen befestigt.

Im Teemuseum von Longjing erfährt man alles Wissenswerte über den Tee

In der Provinz Zhejiang

Wer in China an Reiswein denkt, dem fällt zuerst die ansehnliche Kanalstadt **Shaoxing** ⓫ 60 km südöstlich von Hangzhou ein. Sie ist Geburtsstadt des Modernisierers der chinesischen Literatur, Lu Xun. Zhou Enlai besaß einen Familienwohnsitz hier, und selbst der legendäre Große Yu, der die Fluten des Yangzi bändigte, soll aus der Gegend stammen. Von Lu Xun kann man immerhin sein ehemaliges **Wohnhaus** und die **Lu-Xun-Gedenkhalle** (tgl. 8 bis 17 Uhr) im Süden der Stadt besichtigen. Bei einem Spaziergang entlang der Kanäle stößt man auf die **Zeichen-Acht-Brücke** (Bazi Qiao) aus dem

Unten: Teeplantage in den Hügeln südlich von Hangzhou

VERKEHRSMITTEL

Reisen nach Hangzhou/Zhejiang

◆ **Flug:** Der Flughafen Xiaoshan liegt 30 km vom Stadtzentrum entfernt. Gute Busverbindung (alle 15 Min.).

◆ **Zug und Bus:** Gute Verbindung nach Shanghai und in viele andere Städte.

Reisen in Zhejiang

◆ **Hangzhou:** Vier Züge verbinden Hangzhou mit Shanghai (75 Min. und länger).

◆ **Moganshan:** Den Moganshan erreicht man am besten mit einem Mietwagen; alternativ kann man mit dem Bus nach Wukang fahren und von dort 30 Min. mit dem Taxi. Oder man fährt mit dem Zug nach Hangzhou, danach mit dem Bus nach Wukang und dann mit dem Taxi.

◆ **Ningbo:** Die 2008 vollendete Brücke über die Bucht von Hangzhou verkürzt die Reisezeit von Shanghai nach Ningbo und in andere Städte um zwei Stunden.

Chinesischer Reiswein ist besonders gut, wenn er aus Shaoxing kommt. Es gibt ihn zum Trinken oder Kochen. Für Speisen wird auch gesalzener Reiswein verwendet.

Unten: Kühlender Bambushain am Fuß des Moganshan

13. Jh., die ihren Namen wegen ihrer Ähnlichkeit mit dem entsprechenden Schriftzeichen erhielt. Sie liegt in einer hübschen Gegend mit alten Gässchen.

Moganshan

Zwischen Hangzhou und Shanghai liegt **Wuzhen** (s. S. 244), eine tausend Jahre alte, restaurierte Stadt am Kaiserkanal. Die Rekonstruktion der Stadt wirkt sehr künstlich, doch das stört die am Wochenende anreisenden Großstädter kaum, wenn sie durch die »romantischen« Straßen ziehen. Die Gegend ist zudem für die indigoblauen Stoffe berühmt, die bis heute in Fabriken gefertigt werden. Bekanntester Bewohner der Stadt war der Schriftsteller Mao Dun, dessen ehemaliges Wohnhaus aus der Qing-Dynastie zur Besichtigung offensteht.

Viele Familien aus Shanghai, die dem heißen Sommer entfliehen wollten, bauten sich Villen an den Hängen des **Moganshan** ⓬, der 60 km nördlich von Hangzhou liegt. Vor allem Missionare und andere Europäer zog es hierher, aber auch den bekannten Gangster Du Yuesheng und später die Führer der Guomindang und der Kommunistischen Partei bis hinauf zu Mao Zedong. In den 1930er-Jahren standen mehr als 150 Häuser, Kirchen und andere Bauwerke im Kolonialstil in der Umgebung des Berges. Viele sind erhalten, einige als Hotels, wie etwa das Wuling Hotel, das einst Chiang Kaishek gehörte.

Viele der älteren Gebäude sind verfallen, doch die Ruinen machen viel von der Atmosphäre der Berglandschaft aus. Bis heute suchen Reisende am Moganshan drei Dinge: alte Villen, weiße Wolken und grünen Bambus. Zahlreiche Pfade und Treppen führen den Berg hinauf und zu versteckten Häusern und Pagoden. Nicht verpassen sollte man den **Schwertsee-Wasserfall** (Jianchi Pubu), der in eine tiefe Schlucht stürzt.

Ningbo und Putuoshan

Am Zusammenfluss des Yuyao und des Yong liegt **Ningbo** ⓭, zur Tang- und Ming-Zeit ein bedeutender Handelshafen, der auch die Portugiesen und Briten anzog, die ihn 1843 zu exterritorialem Gebiet erklärten. Lange stand die Stadt im Schatten Shanghais, doch mit der Wirtschaftsreform gewann der Hafen wieder höchste Bedeutung. Für Touristen bietet Ningbo allerdings wenig: **Tianyige**, die angeblich älteste private Bibliothek aus der Ming-Dynastie, deren Buchsammlung man zwar nicht sehen kann, aber zumindest den Garten und die Nebengebäude. Südlich des Fährpiers steht noch eine gut erhaltene **portugiesische Kirche** aus dem 17. Jahrhundert als Erinnerung an die Kolonialzeit.

Der östlichste buddhistische heilige Berg, der **Putuoshan** ⓮, ist mehr eine Insel als ein Berg, doch seine vom Land abgeschnittene Lage verlieh ihm zusätzliche Bedeutung. Alles wird hier von der Göttin Guanyin beherrscht, zu deren Ehren mehrere Tempel errichtet wurden. Der **Puyi Chansi** (tgl. 6 bis 21 Uhr) ist der bekannteste von ihnen. Im **Fayu-Tempel** (tgl. 7–17 Uhr), einer großen Anlage vor dem Panorama des

Fodingshan, befindet sich eine Statue der tausendarmigen Guanyin, Symbol der Mildtätigkeit. Eine gigantische, 33 m hohe Bronzefigur der Göttin ragt zudem an der südlichen Spitze der Insel auf und bewacht eine Sammlung von 400 kleineren Statuen.

Am Putuoshan gibt es zahlreiche Hotels. Die Insel kann per Fähre von Ningbo in zwei Stunden, außerdem direkt von Shanghai und Hangzhou erreicht werden.

Im Süden von Zhejiang

An der zerklüfteten südlichen Küste der Provinz Zhejiang liegt die Hafenstadt **Wenzhou** ⓯, die seit Jahrhunderten das Tor zur Welt für Hunderttausende von Chinesen ist. Ihre Nachfahren findet man in Ländern wie den Philippinen oder Vietnam, aber auch in den Chinatowns der westlichen Welt – und heute auf den Schmuggelschiffen. Wer Geld hat und zurückkehrt, wirft sich in den Tumult der Geschäftemacherei. In der Stadt gibt es wenig zu sehen, außer einem schönen Park auf der **Insel Jiangxin** und zwei Kirchen aus dem 18. und 19. Jh. im Stadtzentrum.

Etwa 80 km nordöstlich von Wenzhou liegt die von steilen Klippen geprägte Bergregion des **Yandang Shan** ⓰. Beliebteste Sehenswürdigkeit ist der rund 190 m hohe **Drachen-Wasserfall** (Dalongqiu Pubu), einer der höchsten Chinas. Es gibt mehrere Wanderrouten, die an Höhlen und bizarren Felsformationen vorbeiführen. ■

Erinnerungsfoto auf dem Putuoshan. An buddhistischen Feiertagen ist die der Göttin Guanyin geweihte Insel Ziel vieler Pilger.

RESTAURANTS

Preiskategorien (für eine Person mit einem Getränk)
●●●● = über 15 €
●●● = 10–15 €
●● = 5–10 €
● = unter 5 €

Hangzhou

Sowohl die Xihu-Gegend am Westsee als auch die Gegend um die Nanshan Lu bieten eine beträchtliche Anzahl von Restaurants. Charakteristisch für die Küche der Region (s. S. 117) sind Gerichte aus frischen Meeresfrüchten und Gemüse. Zu den typischen Spezialitäten zählen Süßwasser-Shrimps mit Longjing-Tee, Krabbenkaviar-Tofu und in Dampf gegarter gelber Adlerlachs.

◆ **Butterfly Laguna**
9A Xihu Tiandi,
147 Nanshan Lu
Dies ist eines der vielen In-Lokale in Xihu Tiandi, einer Gegend die dem Xintiandi-Viertel in Shanghai nachgebildet wurde. Inmitten der künstlichen Seelandschaft bietet dieses Restaurant viele hübsche Ausblicke und eignet sich für einen entspannten Nachmittagstreff. ●●

◆ **Elm Garden**
1 Si Yan Jing, Man Jue Long Lu (nahe Hu Pao Lu)
Elm Garden liegt in einer Touristengegend, die für ihre süß duftenden Lorbeerbäume bekannt ist. Als typisches ländliches Gasthaus mit Holztischen und -stühlen ausgestattet, wird es vor allem am Abend gern besucht. Serviert wird schlichte, schmackhafte Hangzhou-Küche mit den Hauptkomponenten Huhn, Fisch, und Meeresfrüchte. ●

◆ **Gold Chino**
149–2 Qingchun Lu (Ecke Zhong He Lu)
Das Lokal mit typisch südasiatischer Einrichtung und hochwertigem Essen liegt mitten im Zenrum von Hangzhou. ●●●

◆ **Jiang Nan Ah Er**
31 Mao Jia Bu
Liegt im Dorf Mao Jia Bu, wo man zahlreiche kleine Restaurants und Teehäuser findet. Auf den Tisch kommt authentische, rustikale Küche. ●●

◆ **Kui Yuan Guan**
154 Jiefang Lu (nahe Zhongshan Zhong Lu)
Traditionelles Hangzhou-Nudel-Restaurant mit vielen verschiedenen Nudelvarianten. Gleichermaßen beliebt bei Gästen und Einheimischen. ●

◆ **Lin Yu Garden Restaurant**
6 Lin Yin Lu
(Ecke Yu Quan Lu)
Ruhiger, inmitten von Bäumen versteckter Garten, gutes Essen – exzellente »Zutaten« für einen rundum gelungenen Abend. ●●●

◆ **Lou Wai Lou**
30 Gushan Lu, Baidi
Dieses herrlich nahe dem Westsee gelegene Restaurant ist bei Einheimischen schon seit vielen Jahren bekannt und beliebt wegen seiner echten, schnörkellosen Hangzhou-Küche. Es erfreut sich auch bei Touristen wachsender Popularität. ●●●

◆ **Tsing-Teng Tea House**
2/F Yuan Hua Plaza, 278 Nanshan Lu
Dieses ortstypische Teehaus ist ein beliebter Treffpunkt der Einheimischen. Auf der Speisekarte stehen viele verschiedene Teesorten, leckere Snacks, Dim Sum und andere Kleinigkeiten, die in traditionell chinesischem Ambiente serviert werden. Selbstverständlich gibt es auch viele Varianten des Hangzhouer Tees. ●

◆ **Wei Zhuang**
10–12 Yang Gong Di
Das Lokal liegt schön am Westsee und ist in einem Pavillon untergebraucht. Die traumhafte Ausstattung ist einem alten Königspalast nachempfunden. ●●

An den Ufern des Yangzi

Der Chang Jiang ist eher unter dem Namen Yangzi bekannt. Er schlängelt sich auf einer Länge von 6300 km durch Zentralchina. Vor allem die Drei Schluchten sind ein Besuchermagnet.

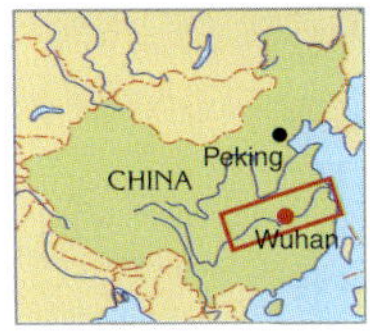

Chinas längster Fluss wird **Chang Jiang** genannt: »langer Fluss«, nur der Unterlauf heißt **Yangzi**. Über 6300 km windet er sich von den Hängen des Geladandong in der abgelegenen Provinz Qinghai bis zum Ostchinesischen Meer, in das er nördlich von Shanghai in einem 13 km breiten Delta mündet. Er bewässert 2 Mio. km^2 Land und ist die natürliche Grenze zwischen dem Norden und dem Süden Chinas.

Früher war der Yangzi die einzige Verbindung von der Küste in das entfernte Hinterland, vor allem in das Becken des von Bergen umgebenen Sichuan. Hunderte von meist nackten Treidlern mussten die schwer beladenen Frachtkähne gegen die reißende Strömung über Kilometer an langen Seilen stromaufwärts ziehen. Stromabwärts bedurfte es der ganzen Erfahrung der Schiffer, um die zahllosen Stromschnellen zu umfahren und das Boot sicher zum Ziel zu bringen.

Davon ahnen die Ausflügler fast nichts, die heute auf luxuriösen Hotelbooten vor allem aus einem Grund den Yangzi bereisen: um die spektakulären Drei Schluchten zu erleben – oder das, was davon noch zu sehen ist. Im Jahr 2009 erreichte der aufgestaute See seine geplante Höhe von mehr als 175 m und eine Länge von 660 km. Viele Ausflugsdampfer befahren mittlerweile auch die »Drei kleinen Schluchten«, die früher nur bei hohem Wasserstand zu navigieren waren.

Zahllose archäologische Stätten und Sehenswürdigkeiten verschwanden in den Fluten. Zwar können die Schiffe jetzt früher zu flache Seitenarme erreichen, aber auch dort bleibt eine weniger interessante Landschaft zurück, wenn Tempel und Pagoden, historische Häfen und Treidelwege vom Wasser überspült werden.

Den Höhenunterschied am Damm überwinden die Schiffe durch eine Vielzahl von Schleusen. Schon bevor der Damm richtig fertig war, zeigten sich jedoch erste ernste technische Proble-

NICHT VERPASSEN!

- Yangzi-Flussfahrt
- Steinschatzfestung
- Yueyang
- Provinzmuseum, Wuhan
- Wudang Shan
- Shennongjia-Reservat
- Huangshan

Links: So sahen die Schluchten des Yangzi 2007 aus **Unten:** Schwimmer in der Qutang-Schlucht

Zwei Seilbahnen und immer mehr Brücken lösen langsam aber sicher die Fähren ab, die früher die Einwohner von Chongqing von einem Ufer ans andere brachten

me mit der Versandung, denn viele Schleusen funktionieren nicht richtig. Nur die Hälfte der geplanten Schiffe können die Schleusen passieren, und es bilden sich lange Schlangen. Viele Flusskreuzfahrtschiffe laden deshalb ihre Passagiere bereits vor dem Damm aus. Flussabwärts dauert die Fahrt drei bis vier Tage, flussaufwärts sechs.

Größte Stadt der Welt: Chongqing

In der Tang-Zeit wurde **Chongqing** ❶ Yuzhou genannt, weshalb es auch heute noch in Abkürzung als Yu bezeichnet wird. Der Kaiser Zhao Dun der Song-Dynastie benannte die Stadt aus Anlass zweier glücklicher Begebenheiten – er war zunächst Prinz der Präfektur und später Kaiser geworden – in »Doppelglück«, d.h. Chongqing, um. Seit jeher wegen ihrer Lage am Zusammenfluss von Yangzi und Jialing ein bekannter Handelsplatz und heute ebenfalls Industriestadt, hat sie an Sehenswürdigkeiten wenig zu bieten. Nach einer Gebietsreform hat das direkt der chinesischen Zentralregierung unterstellte Chongqing mehr als 32 Mio. Einwohner und ist damit die größte Stadt der Welt. Der auch »Bergstadt« genannte Moloch liegt als einzige der chinesischen Riesenstädte nicht im Flachland und wurde auch nicht schachbrettartig gebaut, sondern an den Hügeln um den Yangzi und den Jialing angelegt. Charakteristisch für die Bauweise dieser Gegend waren v.a. im alten Stadtkern die Häuser, die Schwalbennestern gleich an den Hängen klebten, das oberste Stockwerk mit einem Eingang zur Straße hin. Durch die Modernisierung der letzten Jahre ist die Altstadt fast vollständig verschwunden, heute stehen mehr oder weniger hohe Wohnblocks an den Hügelketten.

Fahrräder, einst beliebtestes Verkehrsmittel der Chinesen, sind in Chongqing wegen der steilen Straßen nahezu unbekannt. Täglich steht ein gigantischer Stau in der Stadt, die durch ihre eingezwängte Lage weltweit zu den Städten gehört, die am meisten mit der Luftverschmutzung zu kämpfen haben. Fast das ganze Jahr über liegt eine dunkle Wolke aus Smog und Nebel von den Flusstälern über der Stadt und auf den Lungen der Bewohner.

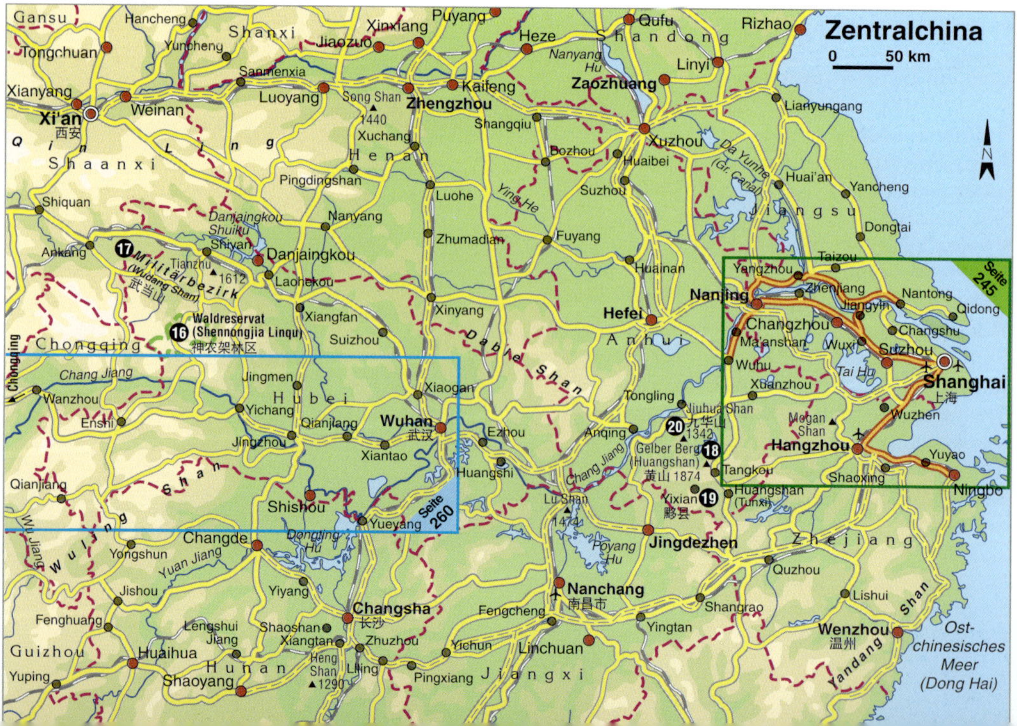

Sehenswürdigkeiten in Chongqing

Die Gegend um den **Jiefang-Platz** ist der Stadtkern, der in eine Fußgänger-Einkaufszone verwandelt wurde, sodass nur noch wenige alte Straßen zu entdecken sind. Von hier gehen Stufen hinunter zum Fluss, an dem sich zahllose Schiffsanlegestellen befinden. An der Spitze der Halbinsel steht ein kleiner, **Chaotianmen** (»Tor zum Himmel«) genannter Pavillon, an dem die Wasserstände der Fluten markiert sind.

Wieder zurück auf dem Hügel steht in einer kleinen Seitenstraße der buddhistische **Tempel der Luohan** (Luohansi) mit seinen 500 aus Terrakotta geformten und bemalten Luohan-Statuen und einem vegetarischen Restaurant. Die **Große Halle des Volkes** stammt aus den 1950er-Jahren und liegt am **Volksplatz,** auf dessen Bühne Veranstaltungen stattfinden und der von den Einheimischen zu Tanzübungen benutzt wird.

Nur wenig südlich des Hilton Hotels befindet sich die **ehemalige Residenz Song Qinglings.** Die drei Schwestern des mächtigen und reichen Song-Klans wurden alle mit politisch bedeutenden Männern verheiratet, Qingling mit Sun Yatsen, dem ersten Präsidenten der Republik und Führer der Guomindang (GMD), die ihr Hauptquartier im Krieg gegen Japan hierher verlegte. Song Qingling lebte damals in diesem Haus im deutschen Kolonialstil. Ebenfalls mit dem Krieg beschäftigt sich das **Stilwell-Museum,** in dem der ehemalige Kommandeur der US-Truppen für China und Burma während des Krieges residierte.

Falls die Sicht jemals klar wäre (was praktisch nie der Fall ist), könnte man vom **Pipa-Hügel,** 2 km westlich des Jiefang-Platzes, einen Blick über die Stadt haben. Noch weiter westlich liegt Hongyan, wo Mao und Chiang Kaishek über eine Zusammenarbeit gegen die Japaner verhandelten.

Ausflüge von Chongqing

An zahlreichen Fabriken vorbei, die mit ihren Abwässern den Jialing verseuchen, führt die Uferstraße zu den **Nördlichen Quellen** (Beiquan). Als Kontrastprogramm zu der quirligen Stadt bietet der am Flussufer gelegene

»

»Wenn die Sonne im Winter in Sichuan scheint, bellen die Hunde.« Dieses Sprichwort trifft insbesondere auf Chongqing zu, denn die Stadt ist an den meisten Tagen des kalten, feuchten Winters in dichten Nebel gehüllt, der aus den Flüssen aufsteigt.

Unten: Die Wolkenkratzer-Skyline des modernen Chongqing

TIPP

Von März bis November bietet die chinesisch-amerikanische Gesellschaft **Victoria Cruises** mehrtägige Fahrten auf dem Yangzi an. Das neueste Schiff der Flotte ist die MS Victoria Anna. Infos unter: www.victoriacruises.de

Park etwas Erholung. Man kann im Wasser der 35 °C warmen Quelle baden, ebenso wie in den 25 km entfernten **Südlichen Quellen** (Nanquan).

Zu empfehlen ist ein Ausflug nach **Dazu ❷**. Die 100 km westlich von Chongqing gelegene Stadt gehört jetzt zum Unesco-Welterbe. Schon die Fahrt dorthin ist wegen der reizvollen Landschaft ein Erlebnis. Bei Dazu sind in rund 40 Hügeln Tausende von buddhistischen Skulpturen und Reliefs in den Fels geschlagen. Sie entstanden ab dem 9. Jh., als viele Buddhisten vor Verfolgungen nach Sichuan fliehen mussten und hier Mäzene fanden, die ihnen den Bau dieser Kultstätte ermöglichten. Zu Fuß vom Ort aus erreichbar, breitet sich auf dem **Nordberg** (Beishan, tgl. 8–17 Uhr) eine mehr als 600 Figuren umfassende Szene mit dem Namen »Amitayus-Dhyana-Sutra« aus, die Darstellung der Lehre über den Buddha Amitabha, der als Herr des Westlichen Paradieses verehrt wird.

Etwa 15 km nordöstlich von Dazu liegt der eindrucksvolle **Schatzkammerberg** (Baodingshan). Die hier in die Felswand gemeißelten Skulpturen sind größer und farbenprächtiger und zeigen Lehrbilder des Buddhismus. In einer Halle steht eine Guanyin-Figur mit exakt 1007 Armen, unweit davon der 31 m lange Liegende Buddha, der den Eintritt ins Nirwana symbolisiert. Die Felswände zeigen das Paradies und die Hölle. In den Darstellungen verweben sich buddhistische und konfuzianische ethische Prinzipien miteinander, denn die damaligen Buddhisten mussten ihre Lehre als vereinbar mit der konfuzianischen Staatsdoktrin darstellen.

Auf Yangzi-Fahrt

Wenn man von Chongqing aus flussabwärts fährt, passiert man nach knapp 70 km die am Nordufer gelegene Stadt **Fengdu ❸**. Sie ist fast vollständig in den Fluten versunken und soll jetzt Ort eines »See-Resorts« werden.

Etwa 80 km weiter ist die **Steinschatzfestung ❹** (Shibaozhai) erreicht. Während der Regierung des Kaisers Qianlong hatte man auf einem 30 m hoch aufragenden Felsen am Nordufer einen Tempel errichtet. Der Legende nach soll in der Tempelmauer ein kleines Loch gewesen sein, aus dem immer

 Karte auf Seite 260

gerade soviel Reis herausrieselte, wie die Mönche zum Leben benötigten, daher der Name »Steinschatz«. Als die Mönche jedoch unersättlich wurden und glaubten, sie erhielten mehr Reis, wenn sie das Loch vergrößerten, versiegte der Schatz. Da der Aufstieg zu diesem Tempel sehr mühsam war, hat man Anfang des 19. Jhs. einen Pavillon an den Felsen gebaut, der mit seinen elf Stockwerken bis zum Tempel reicht. Eine Schutzmauer gegen das Wasser soll einen Teil der Anlage erhalten, ein anderer ist jedoch untergegangen.

Die nächste größere Stadt, seit jeher Handelsplatz und Umschlaghafen für die Transportschiffe durch die Schluchten, hieß früher Wanxian, heute **Wanzhou** ❺. Die alte Stadt ist zerstört, eine neue wurde auf dem Berg gebaut.

Der Ort **Baidicheng** ❻ taucht auf, die »Stadt des Weißen Kaisers«. Der Legende nach sah hier ein Herrscher zur Zeit der Östlichen Han-Dynastie vor seinem Palast einen weißen Drachen aus einem Brunnen aufsteigen. Er hielt dies für ein gutes Omen und nannte sich fortan »Weißer Kaiser«. Sein Tempel zeigt in der Haupthalle die Figuren der Heerführer des Staates Shu zur Zeit der Drei Reiche (221–263): Liu Bei und Zhuge Liang. Liu Bei musste nach der Niederlage nach Baidicheng fliehen und bestellte, bereits auf dem Totenbett, Zhuge Liang zu seinem Nachfolger. Den Ort hat seine hohe Lage vor dem Untergang bewahrt.

Kreuzfahrtschiff in einer Schleuse am Yangzi-Staudamm

Drei Schluchten

Insgesamt sind die Drei Schluchten (Sanxia), die durch den Staudamm viel von ihrer Dramatik verloren haben, ungefähr 190 km lang; stromabwärts gesehen folgen aufeinander die Blasebalgschlucht (Qutangxia), die Hexenschlucht (Wuxia) und die Xiling-Schlucht (Xilingxia).

Es nahm einem früher schier den Atem, wenn das Schiff in die **Blasebalgschlucht** ❼ einfuhr. Sie war zwar nur 8 km lang, aber wohl am faszinierendsten. Stellenweise drückten die fast senkrecht aufragenden Felswände den Fluss auf 100 m Breite zusammen. Man glaubte, die glatten Felswände greifen zu können, und bekam größte

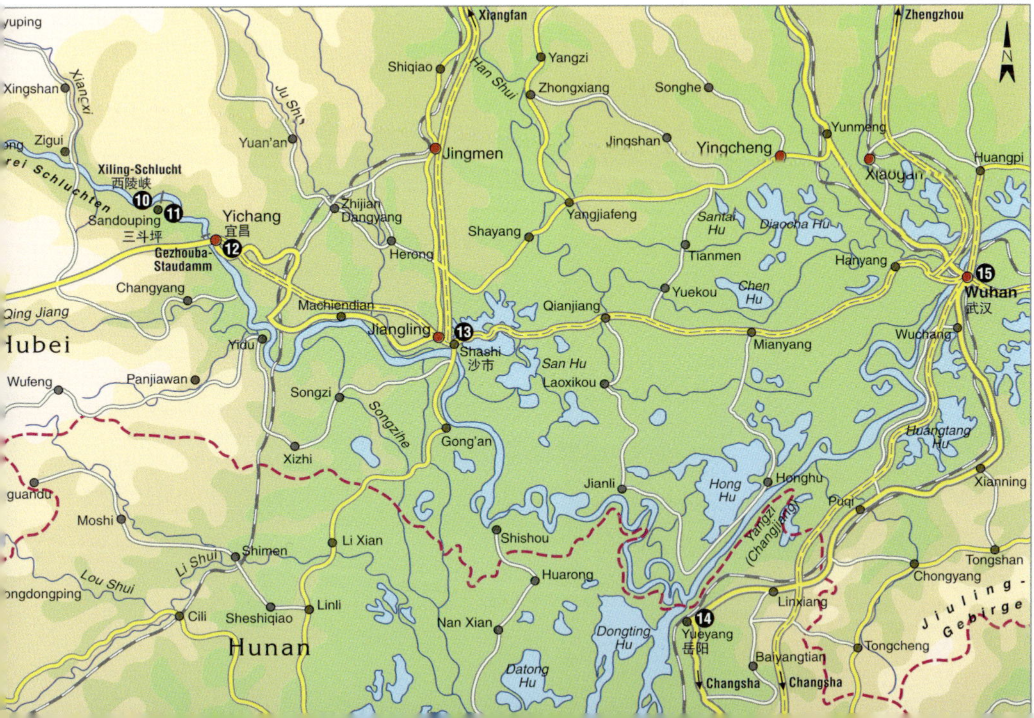

DER GROSSE STAUDAMM

Gigantische Projekte haben in China eine lange Tradition. Wie der erste Kaiser vor 2000 Jahren sein Reich durch den Einsatz von Hunderttausenden von Zwangsarbeitern und fast aller seiner Ressourcen zum Bau der Großen Mauer sowie riesiger Repräsentationsgebäude ruinierte, so befahlen die heutigen Machthaber den Bau des Yangzi-Staudamms. Am 1. Juni 2003 wurden 19 der 22 Schleusen erstmals geschlossen, und das Wasser stieg auf 135 m Höhe. Seit dem Jahr 2009 sind die drei Schluchten um 175 m weniger eindrucksvoll.

Pläne zum Bau von Dämmen am Yangzi zur Stromgewinnung gibt es bereits seit Anfang des 20. Jhs., doch angesichts mangelnder Finanzmittel und der katastrophalen Wirtschaftsentwicklung unter Mao blieben sie in den Schubladen. Erst der in Moskau ausgebildete Premierminister Li Peng verfügte 1992, kurz nach dem Massaker in Peking, ihre Umsetzung. Er war einer der zahllosen chinesischen Politiker, die in den frühen 1950er-Jahren, in der Hochzeit des Stalinismus, in Moskau studierten. Die beiden Gesellschaften verband damals ein mehr als religiöser Glaube an die Erschaffung eines »neuen Menschen« sowie der Machbarkeit aller technischen Projekte, wenn man nur genügend Ressourcen einsetzt. Obwohl die Folgen dieses Wahns vielfach zu besichtigen sind, hat die Führung der KPCh davon nicht abgelassen.

Der Damm soll die Yangzi-Fluten eindämmen, die Schifffahrt verbessern und Elektrizität erzeugen. Es wurde jedoch von Anfang an kritisiert, dass die großen Sedimentmengen, die der Fluss mit sich führt und die nicht mehr abfließen können, die Überschwemmungsgefahr eher erhöhen und die Schifffahrt behindern.

Außerdem wurden fast 2 Mio. Menschen aus ihren Häusern vertrieben, und etwa 1300 archäologisch bedeutsame Stätten sowie Landschaftsschutzgebiete versanken in den Fluten. Flora und Fauna wurden stark geschädigt, Tierarten sind vom Aussterben bedroht.

Die Gefahr der Verschlammung des Dammes hat dazu geführt, dass weiter stromaufwärts, wie etwa in Xiangjiaba und Xiluodu, zusätzliche Dämme gebaut werden sollen. Nicht nur Umweltfachleute befürchten, dass das Ökosystem der mittleren Yangzi-Region dadurch unwiederbringlich zerstört wird.

Der Damm sah sich auch innerhalb Chinas immer scharfer Kritik ausgesetzt – die nur nicht veröffentlicht werden durfte. Auch jetzt reißen die Beschwerden nicht ab. An zahlreichen Stellen sind große Schlamm- und Geröllmengen von den Ufern abgebrochen und in den See gerutscht; nun sollen durch weitere Baumaßnahmen noch einmal fast eine Million Menschen umgesiedelt werden. Außerdem ist das Wasser viel stärker verschmutzt, da Fabriken ihre vergifteten Abwässer einleiten, die aber wegen des Damms nicht mehr abfließen.

Es ist heute schon bekannt, dass beim Bau des Dammes durch die in China alles beherrschende Korruption minderwertige Baumaterialien verwendet wurden; außerdem ist die Region anfällig für Erdbeben. Und wenn der Damm, in dem bereits Risse entdeckt wurden, jemals brechen sollte, wird die 16-Millionen-Stadt Shanghai eins werden mit dem Meer, über dem sie liegt. ■

Oben: Der Damm hat eine Länge von 2335 Metern
Links: Schleusen und Brücke in Sandouping

 Karte auf Seite 260

Hochachtung vor dem Können des Steuermannes. Reiseberichte aus den 1920er-Jahren schildern die dramatische Fahrt durch die Schluchten mit Lastkähnen und Dschunken. Die Boote mussten stromaufwärts getreidelt werden, und die Kulis in den Schlepptauen verrichteten Knochenarbeit, die tödlich endete, wenn einer von den in den Felsen gehauenen Pfaden abstürzte und seine mit ihm verbundenen Kameraden mit in die Tiefe riss. Für die Durchfahrt dieser Schlucht benötigte man über hundert Treidler. Je nach Wasserstand brauchte man für die vergleichsweise kurze Strecke mehrere Tage.

Hinter der Schlucht liegt die Stadt **Wushan**, bei der der Fluss Daning in den Yangzi mündet. Auf kleineren Schiffen, die gegen die starke Strömung zu kämpfen haben, sind nach einigen Kilometern die **Drei Kleinen Schluchten ❽** (Xiao Sanxia) erreicht. Auf dem Ausflug kommt man durch eine wunderbare Landschaft und kann unterwegs noch an einer Stelle in die Felsen eingeklemmte hölzerne Särge betrachten. Das bronzezeitliche Volk der Ba bestattete seine Toten in dieser Weise; es wurde jedoch von den Han-Chinesen ausgelöscht, deren Fluten auch die meisten Särge zerstörten.

Trotz ihres Namens ist die 40 km lange **Hexenschlucht ❾** (Wuxia) vergleichsweise ruhig. Wie so häufig in China, ranken sich auch um ihre zwölf Berggipfel zahlreiche Legenden: die Geschichte von der jüngsten Tochter der Westlichen Himmelsmutter (Xiwangmu) z.B., die dem sagenhaften Kaiser Yu half, das Wasser zu bezwingen, nun auf dem Feengipfel (Shennüfeng) steht und zusammen mit ihren elf Schwestern über den Fluss wacht.

Am Nordufer zeigt die Mündung des Duftenden Flusses (Xiangxi) mit seinem grünen Wasser die Einfahrt in die Xiling-Schlucht an. Mit **Zigui** passiert man den Heimatort des berühmten Dichters Qu Yuan. Die 1400 Jahre alte Stadt war die erste, die evakuiert werden musste, weil sie in den Fluten versank. In höheren Lagen entstand sie als gesichtslose Betonsiedlung neu.

Die **Xiling-Schlucht ❿** (Xilingxia) ist mit 78 km die längste und galt immer als die gefährlichste. Sie besteht eigentlich aus mehreren kleineren

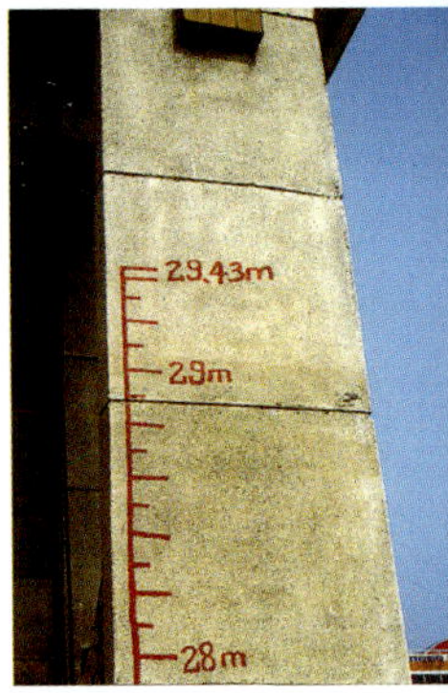

Seit 2007 ist der Wasserstand am Yangzi noch um mehrere Meter gestiegen

Unten: Im Sommer, während der Regenzeit, ist das Wasser des Yangzi gelb

»

Wuhan ist nicht nur der finanzielle und industrielle Mittelpunkt Zentralchinas, sondern mit über 9 Millionen Einwohnern auch die siebtgrößte Stadt des Landes.

Schluchten, die ihre illustren Namen meist ihrer Form verdanken. So gibt es die »Schlucht des Schwerts und des Buchs der Waffenkunst« (Bingshu Baojian Xia) – hier steckt ein Felsen wie ein Schwert in der Erde –, doch man erinnert auch an eine Legende: Zhuge Liang, ein berühmter Heerführer aus dem 3. Jh. , soll hier ein militärisches Lehrbuch verfasst haben, das er aber in den Felsen einschloss, da er niemanden finden konnte, der würdig gewesen wäre, seine Nachfolge anzutreten. Seitdem wartet man auf einen Heerführer, der den Felsen dazu bewegen kann, das Buch wieder freizugeben.

Bei einem anderen Durchbruch führte die Form zum Namen »Schlucht der Ochsenleber und Pferdelunge«, hinter der sich die 120 m langen Untiefen der Blauen Klippe (Qingtan) verbergen. Vom Ufer her überblickt den Fluss der **Tempel des Gelben Hügels** (Huanglingmiao). Die Haupthalle des angeblich aus der Han-Zeit stammenden Tempels ist dem legendären Wasserregulierer, dem Herrscher Yu, geweiht.

Der Drei-Schluchten-Damm soll Symbol für Chinas Modernisierung sein, doch gleichzeitig steht er für den Größenwahn der neuen »Kaiser« und ihre Verachtung für Menschen, Tiere und Umwelt. Mitten in einem 10 km langen Stück der Xiling-Schlucht, bei **Sandouping** ⓫, ragt die 2309 m lange und 187 m hohe Sperrmauer auf, die größte der Welt. Wenn sie funktionieren, erzeugen 26 Turbinen Strom.

Es wurden knapp zwei Millionen Menschen, meist gegen ihren Willen, umgesiedelt, weite Flächen an fruchtbarem Ackerland gingen verloren, 1300 archäologisch wichtige Stätten versanken. Der Yangzi-Delfin und das Yangzi-Krokodil sind ausgerottet, Störe und Kraniche gefährdet. Fragen der Wasserqualität, der Verschlammung von See und Staumauer und der mangelnden Bausubstanz der Mauer gehen in einem Netzwerk von Korruption, Unfähigkeit und Propaganda unter. Die Kosten beliefen sich nach offiziellen Angaben auf etwa 20 Mrd. Euro, tatsächlich liegen sie weit höher. Da auch die Stromgewinnungskosten sehr hoch sind, wird sich das Projekt niemals rechnen. Es bleibt, was es ist: eine Demonstration diktatorischer Macht.

Unten: In den Drei Kleinen Schluchten

VERKEHRSMITTEL

Reisen nach Chongqing

◆ **Flug:** Es gibt zahlreiche Flüge in alle größeren Städte Chinas.

◆ **Zug und Bus:** Es gibt täglich Züge in viele Städte, z.B. nach Wuhan (13 Std.), Guiyang (12 Std.) und Xi'an (16 Std.). Mit dem Bus geht es unter anderem nach Chengdu und Yichang.

◆ **Flussfahrten (Chongqing–Yichang):** Eine ganze Flotte komfortabler Kreuzfahrtschiffe, Schnellboote und normaler Passagierfähren fährt flussabwärts ab Chongqing. Die Schiffe legen in der Regel von den Chaotianmen-Docks ab. Die meisten fahren bis Yichang (Schnellboot 13 Std., Fähre 48 Std.), einige aber auch bis Wuhan.

Tickets erhält man im Büro am Ende der Shaanxi Lu nahe den Docks sowie in Reisebüros. Erkundigen Sie sich nach dem häufig wechselnden Schiffsfahrplan.

Gut 30 km weiter ragt eine weitere Betonwand auf, der 2,5 km breite und 47 m hohe **Gezhouba-Staudamm**.1980 fertiggestellt, beliefert er die umliegenden Provinzen mit Strom. Am Ufer entstand eine neue Stadt. Schon diese Anlage war umstritten, denn der Damm hob den Wasserspiegel und vergrößerte damit die Hochwassergefahr.

Zwischen dem Gezhouba-Damm und dem Drei-Schluchten-Damm waren auf der Südseite, Schattenrissen gleich, vier Felsköpfe zu sehen. Mit etwas Fantasie erkennt man die vier Helden aus dem Roman »Die Reise nach dem Westen«: den Affenkönig Sun Wukong, den buddhistischen Meister Xuanzang, das Schwein Zhu Bajie und den Mönch Sha.

Von Yichang nach Wuhan

Die Industriestadt **Yichang ⓬** ist die erste Station nach den Schluchten. Seit der Fertigstellung des Gezhouba-Dammes erhielt sie für die Wirtschaft eine wachsende Bedeutung, die sich durch den neuen Damm weiter verstärken wird. Will man hier seine Fahrt unterbrechen, empfiehlt sich eine kurze Busfahrt, um den Fluss vom 6 km entfernten Nanjing-Pass zu betrachten. Die meisten Flussfahrten enden hier.

In Yiling, wie Yichang in alter Zeit genannt wurde, fand die berühmte Schlacht zwischen den Armeen der Staaten Shu und Wu statt (221 n. Chr.), die der Heerführer und König von Shu, Liu Bei, verlor. Diese Schlacht ging in die Geschichte ein, da hier eine schwache Armee durch taktisches Geschick eine zahlenmäßig überlegene Truppe besiegte. Liu Bei war nach der Niederlage gezwungen, durch die Schluchten des Yangzi bis Baidicheng zu fliehen.

Jetzt verlässt der Yangzi das gebirgige Gebiet und windet sich über Hunderte von Kilometern durch eine weite Ebene. In ihr liegt **Shashi ⓭**, der Hafen von Jingzhou. Zu sehen gibt es die eindrucksvolle Stadtmauer aus der Ming-Dynastie sowie ein Museum mit einem mehr als 2000 Jahre alten, gut erhaltenen männlichen Leichnam. Zu nennen wären noch **Zhanghuasi,** ein 535 gegründeter Tempel, dessen heutige Form aus der Ming-Zeit stammt und in dem sich zwei kunstvoll gearbeitete Jadebuddhas finden, sowie die siebengeschossige, 40 m hohe Pagode des Ewigen Lebens (Wanshoubaota).

Der letzte Halt vor Wuhan ist die Stadt **Yueyang ⓮** am Ostufer des Dongting-Sees. Bekannteste Sehenswürdigkeit ist der **Yueyang-Turm** (Yueyanglou), einer der berühmten Pavillontürme südlich des Yangzi. Seit der Tang-Zeit in vielen Versen besungen, stammt das restaurierte Gebäude allerdings aus dem 19. Jh. Rechts und links neben diesem Turm stehen der **Pavillon der Pflaumenblüte des Unsterblichen** (Xianmeiting) und der **Pavillon der Drei Betrunkenen** (Sanzuiting).

Industriestadt Wuhan

Aus drei unabhängigen Städten wurde die heute von 9 Mio. Einwohnern besiedelte, wenig ansehnliche Industriestadt **Wuhan ⓯** gebildet: aus Wuchang, Hanyang und Hankou. Nachdem im Vertrag von Tianjin (1860) Hankou zum Freihandelshafen erklärt worden war,

Daoistische Feierlichkeiten im Changchun-Tempel von Wuhan

Unten: Ein beliebtes Freizeitvergnügen: Am Ufer von Yichang lassen Einheimische Drachen steigen

Eine Straßenverkäuferin mit kleinen Bambuskäfigen für Grillen. Die Tradition der Grillenkämpfe, die es überall in China gibt, lässt sich bis in die Zeit der Song-Dynastie zurückverfolgen. Bevor die Zocker ihre Wetten abschließen, beäugen sie kritisch die Körperform und andere Merkmale des Insekts.

siedelten sich hier innerhalb kurzer Zeit Briten, Franzosen, Deutsche, Russen und Japaner an, teilten das damalige Dorf in Hoheitsgebiete auf und versuchten von hier aus, die inneren Provinzen zu kolonisieren.

Der Bezirk **Hankou** Ⓐ ist für Touristen am interessantesten, denn noch heute ist er von Architektur der Kolonialzeit geprägt. Diese Altstadt zieht sich vom Ufer nach Nordwesten, wobei sich der am besten erhaltene Teil entlang der Fußgängerzone der **Jianghan Lu** erstreckt. In den Erdgeschossen der Kolonialbauten wurden jetzt moderne Läden eröffnet. In diesem Stadtteil befinden sich auch viele Hotels, Restaurants und Orte des Nachtlebens.

Beliebtes Ausflugsziel in **Wuchang** an der Südostseite des Yangzi ist der mit großem Aufwand renovierte, 50 m hohe **Turm des Gelben Kranichs** Ⓑ (Huanghelou, tgl., Apr.–Okt. 7–18.30, Nov.–März 7.30–17.30 Uhr) auf dem **Schlangenberg** Ⓒ (Sheshan). Er geht auf einen Turm im 3. Jh. zurück, der häufig zerstört und immer wieder aufgebaut wurde. Heute finden sich innerhalb des pagodenähnlichen Gebäudes Kalligrafie- und Malereiausstellungen, und man kann von den Aussichtsgalerien auf die **Yangzi-Brücke** schauen. Sie besitzt dieselbe Konstruktion wie die Brücke in Nanjing und entstand 1957 als Nord-Süd-Verbindung.

Weiter östlich liegt der **Changchun-Tempel** Ⓓ (tgl. 7.30–17 Uhr), ein daoistischer Tempel mit vegetarischem Restaurant. Lebhaft schwingen Besucher ihre Räucherstäbchen, und Mönche führen verschiedene Rituale aus.

Einen weiteren Kilometer südöstlich befindet sich das **Rote Haus** Ⓔ (Hongge, tgl. 8.30–17.30 Uhr), im Kolonialstil aus roten Ziegeln erbaut. Es war Hauptquartier der Militärregierung Hubeis, die zum Aufstand von 1911 führte. Im heutigen Museum wird darüber berichtet, und es gibt Möbel und Einrichtungen aus jener Zeit.

Am Ostrand der Stadt liegt der weitläufige **Ostsee** Ⓕ (Donghu) inmitten eines riesigen Parks, den man vom Pavillon der Seelandschaft (Huguangge) gut überschauen kann. Besonders in heißen Sommermonaten mit Temperaturen um die 40 °C wird der Park wegen seiner Weitläufigkeit, Ruhe und

Kühle geschätzt. Unweit des Ostsee-Parks stellt das **Provinzmuseum** Ⓖ Funde aus dem Grab des Fürsten Yi aus. Es ist v.a. wegen eines gut erhaltenen Bronzeglockenspiels aus dem Jahre 433 v. Chr. einen Besuch wert.

Auf der anderen Seite des Flusses, im Bezirk **Hanyang,** steht der **Gui-yang-Tempel** Ⓗ (tgl., Apr.–Okt. 7.30 bis 17.30, Nov.–März 8–17 Uhr) mit seinen in einer 1850 erbauten Halle aufgestellten 500 Luohan aus Ton. Außerdem wird hier ein vollständiger Satz der buddhistischen Sutren in 7000 Bänden aufbewahrt. In der Haupthalle erhebt sich eine vergoldete Guanyin-Statue über einen geschmückten Altar.

Abseits des Flusses

Der Yangzi war auch deshalb immer die Hauptverkehrsader Zentralchinas, weil seine Umgebung von hohen Bergen geprägt ist, die zum Teil gar nicht oder nur sehr schwer zu überwinden sind. Einzelne dieser Berge gehören zu den heiligen Bergen des Daoismus oder Buddhismus und werden heute von Tausenden von Pilgern und Ausflüglern besucht.

Im Reich des mythischen Kaisers

Von Yichang am Yangzi (200 km) zu erreichen ist das vom 3053 m hohen Shennong dominierte Naturschutzgebiet **Shennongjia** ⑯. Der Name für diese raue Gegend entstand aus der Legende um den Xia-Kaiser Shennong, der hier Kräuter für seine Medizin gesucht haben soll. Außerdem erzählt man sich, dass es in den Bergen einen chinesischen Yeti geben soll, es war aber wohl eher einer der hier lebenden Goldaffen. Die kann man auf dem Weg zur **Xiaolong Tan** im Herzen des Reservats gelegentlich entdecken.

In das Reservat gelangt man über **Muyu Zhen,** ein Touristendorf 16 km südlich des Eingangs mit Hotels und Restaurants. Einige Gebiete des Reservats dürfen Ausländer nicht betreten.

Der Berg der Kampfkunst

Die Anhänger der Kampfsportarten steigen gerne auf die verschiedenen Gipfel des **Wudang Shan** ⑰ im Nordwesten der Provinz Hubei. Sie ehren damit den Mönch Zhang Sanfeng, der als Begründer des Tai Chi gilt. Das Ge-

Die Gedenkstätte in Shennongjia erinnert an den mythischen Xia-Kaiser Shennong (angeblich 3000 v. Chr.), der auch Yan-Kaiser genannt wird. Er soll die Landwirtschaft in China begründet und Heilkräuter katalogisiert haben.

Unten: Blick auf Wuhan vom Turm des Gelben Kranichs aus

TIPP

Zum Huangshan gelangt man am besten mit dem Bus. Von Hefei, Nanjing, Shanghai und Hangzhou fahren Busse nach Tangkou am Fuß des Berges. Der nächste Bahnhof liegt im 70 km südöstlich gelegenen Tunxi, von wo ebenfalls Busverbindung besteht. In Tangkou gibt es viele Hotels. Man kann aber auch in den Hütten am Wanderweg zum Gipfel und auf dem Gipfel selbst übernachten. Für den Aufstieg sollte man warme und wasserdichte Kleidung sowie genug Verpflegung mitnehmen.

Unten: Die karg bewachsenen Hänge des Huang Shan

birge ist nicht eine der wirklich heiligen Stätten, verbindet sich jedoch mit daoistischen Mythen und ist deshalb übersät mit kleineren Tempeln. Für den Besucher ist es am interessantesten, den mit 1612 m höchsten Berg der Region, den Tianzhu, zu besteigen. Man kommt an zahlreichen Tempelchen vorbei, u.a. am **Tempel des goldenen Palastes** (Jindiangong, tgl. 9–17 Uhr) ist, von dem es schöne Ausblicke gibt.

In der Provinz Anhui

Die Provinz Anhui gilt als die ärmste des Ostens, doch gibt es hier den wohl berühmtesten Berg Chinas, den **Huangshan** ⓲, der in enger Verbindung mit dem benachbarten heiligen Berg der Buddhisten, dem Jiuhua Shan, gesehen wird. In zahllosen Gedichten besungen, in Gemälden dargestellt: Der meist in Nebel und Dunst gehüllte Huangshan ist, vielleicht zusammen mit dem Taishan in der Provinz Shandong, jener Berg, den jeder Chinese mindestens einmal in seinem Leben besteigen will. Der Weg zum Gipfel ist hart, gerade heutzutage, da sich täglich Tausende von Besuchern drängeln, doch die herausragend schöne Berglandschaft entschädigt für manche Anstrengung.

Viele Besucher teilen den Aufstieg so ein, dass sie zum Sonnenaufgang am Gipfel sind. Es gibt eine östliche Route, die mit 7,5 km kürzer ist als die westliche mit 15 km. Beliebt ist der Aufstieg über die östlichen Stufen und der Abstieg über die westlichen. Weniger anstrengend ist die Fahrt auf den Gipfel per Seilbahn.

In der Umgebung von **Yixian** ⓳, 60 km nordwestlich von Tunxi, sind eine Reihe von kleinen Dörfern mit traditioneller Architektur erhalten geblieben. Am bekanntesten sind Xidi, Hongcun und Nanping, wo Zhang Yimou seinen Klassiker »Judou« verfilmte.

Wem der Aufstieg auf den Huang Shan zu schwer ist, kann sich am nur 1342 m hohen, 50 km nordwestlich gelegenen heiligen Berg **Jiuhua Shan** ⓴ versuchen. Die Landschaft ist nicht so attraktiv, weshalb aber auch weniger Besucher die Wege verstopfen. Hotels und Restaurants gibt es im Bergdorf Jiuhua Shan, und wer selbst hier nicht zu Fuß aufsteigen will, kann die Seilbahn nehmen. ■

VERKEHRSMITTEL

Reisen nach Hubei

◆ **Flug:** Von Wuhan Verbindungen nach Hongkong, Macau, Bangkok, Fukuoka, Seoul und zu vielen Städten Chinas.

◆ **Zug und Bus:** Züge von Wuhan tgl. nach Peking, Kanton, Kunming, Lanzhou, Shanghai, Shenzhen, Xi'an. Busse nach Jiujiang, Nanchang, Nanjing, Shanghai.

Reisen in Hubei

◆ **Wuhan:** Tgl. Züge nach Wudang Shan (7 Std.). Viele Busse nach Yichang (4 Std.).

◆ **Yichang:** Viele Busse nach Wuhan (4 Std.) und nach Xiangfan (3 Std.), von dort weiter zum Wudang Shan (6 Std.).

◆ **Shennongjia:** Anreise von Yichang.

◆ **Wudang Shan:** Züge nach Wuhan (7 Std.) und Yichang (6 Std.) via Xiangfan (2 Std.). Tgl. auch Busse nach Wuhan (6,5 Std.) via Xiangfan.

RESTAURANTS

Preiskategorien (für eine Person mit einem Getränk)
●●●● = über 15 €
●●● = 10–15 €
●● = 5–10 €
● = unter 5 €

Restaurants

Hubeis Lage im Landesinneren, entlang der am stärksten befahrenen Wasserstraße Chinas, spiegelt sich in der abwechslungsreichen Küche wider, die Einflüsse der südlichen und Küstenprovinzen zeigt, jedoch hauptsächlich von den feurig-scharfen Speisen der benachbarten Regionen Hunan und Sichuan geprägt ist. Fisch und andere Flusstiere wie Aal und Schildkröten sind die Hauptbestandteile der lokalen Küche; aus den Bergen des Nordens kommt noch eine riesige Auswahl wilder Gemüsearten und Kräuter dazu, die in Suppen und gedämpften Gerichten köstliche Verwendung finden.

Chongqing

Chongqing, einst Teil Sichuans, ist für seinen scharfen Feuertopf *(huoguo)* berühmt. Restaurants finden Sie rund um die Nanbin Lu am Südufer des Yangzi (fahren Sie mit der Straßenbahn) und im Zentrum, in der Nähe des Freiheitsdenkmals (v.a. in der Bayi Lu und Minzu Lu).

◆ **De Zhuang Hot Pot**
Qi Xing Gang
Angeblich Chongqings erstes und ältestes Feuertopf-Restaurant, und – der Meinung vieler Einheimischen nach – auch das beste. ●

◆ **Little Swan Hot Pot**
Befreiungsmonument (nahe Luohan Si)
Little Swan ist v.a. bei den ausländischen Bewohnern Chonqings beliebt. ●●

◆ **Tao Ran Ju**
15 Nanbin Lu, Nan'an
Tao Ran Ju ist wohl das belebteste Lokal in der Nanbin Lu, der quirligen und stark frequentierten Fressmeile. Es bietet in traditioneller Einrichtung Sichuan-Küche, sehr scharf gewürzt (falls man nicht extra darauf verzichtet). Aufgrund der hohen Beliebtheit kann es sehr laut sein. ●●

◆ **Waipo Qiao Fengwei Lou**
7/F Metropolitan Plaza, 68 Zourong Lu
Mit seiner klassisch chinesischen Einrichtung ist dieses Speiselokal ein nettes Plätzchen, um eine breite Palette von Gerichten der chinesischen Küche zu probieren. Interessant sind die Speisen aus der Zeit der Qing-Dynastie. ●●–●●●

Wuhan

Die größte Auswahl an Restaurants findet man im Stadtteil Hankou, besonders entlang der Zhongshan Dadao und ihrer vielen Seitenstraßen. In der Fußgängerzone Jianghan Yi Lu gibt es auch einige Nachtmarkt-Stände. Die uferseitige Yanjiang Dadao erwacht abends mit ihren zahlreichen Hot-Pot-Lokalen, zum Fluss hin offenen Terrassen und glitzernden Bars und Cafés zum Leben. Auf der anderen Flussseite, im Stadtteil Wuchang, wartet die Shouyi Garden Snack Street mit einer riesigen Auswahl an Garküchen auf. Viele Restaurants servieren Hunan- und Sichuan-Gerichte.

◆ **Changchun Sucai Guan**
145 Wulou Lu
Bezauberndes vegetarisches Restaurant (Teil des Changchun-Tempelkomplexes), das wahrlich meisterliche Qualitäten in der Zubereitung «falscher» Fleischgerichte entwickelt hat. ●●

◆ **Man Qi Lou**
136 Yanjiang Dadao
Dieses Restaurant liegt in einer Straße direkt am Ufer und hat daher eine sehr charmante Atmosphäre. Den Gast erwartet traditioneller Feuertopf mit einem Schwerpunkt auf Fisch und Meeresfrüchten. Bei schönem Wetter kann man auch draußen auf der Terrasse sitzen. ●●

◆ **Maojiawan**
29 Shouyi Yuan
Überladen mit kommunistischem Kitsch aus der Zeit der Kulturrevolution huldigt das Lokal Mao Zedong, der an der würzigen Hunan-Hausmannskost sicherlich ebenso seine Freude hätte wie an den jungen, mit Rote-Armee-Uniformen bekleideten Bedienungen. Das Restaurant liegt versteckt im nördlichen Teil der Shouyi Garden Snack Street. ●

◆ **Yuan Ming Yuan**
6 Jianghan Lu
Teigtäschchen mit diversen Füllungen sind die Spezialität dieses beliebten Lokals; die Einheimischen bestellen gleich Dutzende davon und schlürfen noch eine Suppe ihrer Wahl hinterher (tgl. 8.30–14 und 19.30 bis 22 Uhr). ●

Yichang

Die größte Konzentration guter Restaurants liegt nur einen kleinen Spaziergang von der Uferpromenade entfernt, nahe der Kreuzung von Erma Lu und Fusui Lu, wo sich auch zahlreiche Bars und Cafés befinden.

◆ **Fuji Caiguan**
48 Fusui Lu
Gut gelegenes, sauberes Gasthaus mit echter Hunan-Küche und freundlichem Service. ●

◆ **Wu Yue Wu Caifang**
5 Erma Lu
Heimeliges Restaurant, das vorwiegend chinesische Standardgerichte auf den Tisch bringt, von Reis und Nudeln bis hin zu im Wok gebratenen Speisen. ●

Chinas heilige Berge

Auch in China gelten Berge als Sitz der Götter. Bei einer Besteigung der heiligen Berge kann man die herrliche Landschaft und interessante Tempel genießen.

Insgesamt gibt es neun heilige Berge, fünf daoistische und vier buddhistische. Zu den daoistischen Bergen gehört der Taishan in der Provinz Shandong, der vielleicht der am häufigsten bestiegene Berg der Welt ist. Der eindrucksvollste hingegen ist wohl der Huashan in der Provinz Shaanxi. Die weiteren daoistischen Berge sind der Songshan (Provinz Henan), der die Volksmassen anzieht, weil an seinem Hang das Shaolin-Kloster liegt, sowie der Hengshan.

Auch die bis heute vom Volksbuddhismus verehrten Berge haben daoistische Ursprünge. Am bekanntesten ist wahrscheinlich der Emeishan in der Provinz Sichuan, der zahllose Pilger anlockt. Diese besuchen auch gerne den Putuoshan. Der Jiuhua Shan in der Provinz Anhui wird überschattet von dem berühmteren Huangshan, der aber nicht zu den heiligen Bergen gehört. Der wegen seiner dramatischen Felsformationen und schönen Tempel geschätzte Wutaishan (Provinz Shanxi) steht unter dem Schutz Wenshus, des Bodhisattvas der Weisheit. ■

Oben links: Der Bodhisattva Dizang gilt als Bewahrer der verdammten Seelen und Beschützer des buddhistischen Jiuhua Shan. Der im 8. Jh. gestorbene koreanische Mönch Jin Qiaojue soll sich als Reinkarnation Dizangs zu erkennen gegeben haben.
Links: Baumaterialien und alle anderen Waren mussten die steilen Hänge mühsam hinaufgetragen werden.

Geheimnisvolle Berge

Schon immer verbanden sich Berge mit kosmischer Energie, galten als Sitz von Göttern und Geistern. Dichter, wie etwa Qu Yuan, beschrieben die zwielichtige Welt von Geistern und Erscheinungen, die die Berghänge bevölkert haben sollen. Lange bevor Daoisten Berge als Fluchtorte für die Meditation entdeckten, verehrten Animisten etwa den Taishan als Sitz ihrer Götter.

Im *Yijing*, dem Buch der Wandlungen, wird ein Berg durch das Trigramm *ken* charakterisiert, das »stillhalten« bedeutet. An diesem Ort treffen sich Leben und Tod, er ist ein Ort der Stille, der Meditation, der Konzentration auf das Innere.

Die Konfuzianer hingegen kümmerten sich um das öffentliche, nach außen gewandte Leben und kennen keine heiligen Berge. Heute ist leider viel von der würdevollen Atmosphäre der Berge verschwunden, da sie v.a. als beliebte Ausflugsziele angesehen werden. Seilbahnen führen auf die Gipfel, überall liegt Müll herum und Lärm stört das Erlebnis von Geist und Natur.

Ganz oben: Rote Bänder und Vorhängeschlösser schmücken die steilen Pfade an den Hängen des heiligen Bergs Huashan. Junge Liebespaare hängen die Schlösser an das Geländer, um dann den Schlüssel in die Nebelschwaden zu werfen. Dies soll ihnen eine glückliche Ehe garantieren.

Links: Der daoistische Zhurong-Tempel auf dem eisigen Gipfel (1290 m) des Hengshan in Hunan

Links unten: Gläubige Daoisten ziehen langsam den Wudang Shan (Provinz Hubei) hinauf. Zhang Sanfeng, der Begründer des Tai Chi, soll hier neun Jahre verbracht haben. Daoisten und Anhänger der Kampfkunst pilgern deshalb in Scharen hierher.

Oben: Weil sie unter Naturschutz stehen, sind die heiligen Berge noch von Wald bedeckt, der vielen gefährdeten Tieren Schutz bietet. Den seltenen Goldaffen *(jinsi hou)* bekommt man nur mit viel Glück zu Gesicht, etwa am Wudang Shan.

Rechts: Mönche suchen entlegene Gebiete. Von Holzstämmen abgestützte Treppen und Holzvorbauten machen im Xuankong-Tempel am Hengshan die mehr als 40 Höhlen mit ihren wertvollen religiösen Gegenständen zugänglich.

Land der Lebenslust: der Süden

Historisch gesehen waren die südlichen Provinzen schon immer die innovativsten und unternehmerischsten Regionen des Landes. Heute schlägt hier das Herz des chinesischen Wirtschaftswunders.

Am 1. Juli 1997 endete Hongkongs »geborgte Zeit«. Die britische Kolonie fiel wieder unter die Souveränität Chinas und behielt nur eine wirtschaftliche und politische Selbstverwaltung. Am 20. Dezember 1999 folgte Macau, die erste europäische Siedlung auf chinesischem Territorium, die nun als letzte in den Schoß der übermächtigen Mutter zurückkehrte.

Für Besucher ändert sich in den beiden Städten wenig. Beide sind weiter ohne Visum zugänglich, in beiden ist die Verständigung mit Fremdsprachen einfacher als in China. Gleichzeitig wird die Verbindung zur Volksrepublik enger. Das Perlflussdelta, an dessen Nordende Hongkong und an dessen Südende Macau liegt, wächst zusammen. Die dritte Ecke des Dreiecks bildet Kanton, das von den beiden anderen Städten aus in weniger als drei Stunden zu erreichen ist.

Hongkong ist eine laute, moderne, schnelle Stadt, die fast niemals schläft, in der West und Ost mit Vehemenz und Inbrunst aufeinanderprallen. Für viele ist Hongkong vor allem das Einkaufsparadies. Hongkong ist auch ein Gourmet-Paradies, weil sich hier die besten Küchen Asiens einen anregenden Konkurrenzkampf liefern. Die chinesischen Küchen sind zahlreich vertreten, an ihrer Spitze das mittägliche *dim sum*, ebenso findet man japanische, thailändische und vietnamesische Restaurants.

Auch auf kulinarischem Gebiet holt Kanton auf. Einige Restaurants sind schon so gut wie in Hongkong, aber nur halb so teuer. Die Dinge sind im Fluss in der Stadt, was starke Bautätigkeit bedeutet, doch es gibt ja noch die Kolonialarchitektur auf der Insel Shamian und den überwältigenden Ahnentempel der Familie Chen. Dass auch diese Region in vorchinesischer Zeit besiedelt war, belegt das Grab des Königs von Wen mit opulenten Grabbeigaben.

Das Perlflussdelta ist das Tor zum Süden Chinas, dessen Ziele man inzwischen bequem per Direktflug von Hongkong aus erreichen kann. Und für den Badeurlaub warten auf der Insel Hainan weiße Traumstrände und grüne Palmen unter strahlend blauem Himmel. ■

Vorhergehende Seiten: Fenghuang in der Provinz Hunan **Links:** Gut besuchter Strand östlich von Shenzhen **Oben rechts:** Wulingyuan, Hunan. **Unten links:** Rundhaus in Fujian **Unten rechts:** Moderne Hochhäuser in Kanton

Shenzhen
Honey Lake Resort
Shanbu
China Folk Culture Village
Baishizhou
Window of the World
Splendid China
G u a n g d o n g
Shatou
Jiushixia
Zucun
Ma Tso Lung
Lok Ma Chau
Kwu Tung
S h e n z h e n B a y
D e e p B a y
Hong Kong - Shenzhen Western Corridor
Nam Sha Po
Mai Po Marshes
Mai Po
San Tin
Shek Wu Wai
Lin Tong Mei
Ngau Tam Mei
Fairview Park
Fisch-teiche
Lau Fau Shan
Mong Tseng Wai
Kei Kung Leng 572
Sha Kong Tsuen
Wang Chau
Yuen Long
Sha Po
Ngau Hom Sha
Kat Hing Wai
Pat Heung
Kam Tin Walled Village
Shek Kong
Ha Pak Nai
Hung Shui Kiu
Fui Sha Wai
Shui Tsiu San Tsuen
Yuen Long
Lin Fa Tei
Tai Shui Hang
Pak Sha Tsuen
Tai Wo
Miu-Fat Monastery
Nim Wan
Kai Lun Wai
Ma On Kong
Route Twisk
Ching Chung Koon Temple
Lam Tei
Chung Wong Toi
Pei-Tu-Tempel
Tuen Mun
Tai Lam Chung Reservoir
Tin Fu Tsai
Chuen Lung
583 Castle Peak
Lung Kwu Tan
Lung Kwu Chau
So Kwun Wat
Chuk-Lam-Sim-Yeun-Kloster
Shek Kok Tsui
Castle Peak Bay
Sham Tseng
Siu Lam
Tai Lam Chung
Siu Lang Shui
Pillar Point
Gordon Hard
Ting Kau
Pearl Island
So Kwun Tan
Tuen Mun Rd
Tsing Lung Tau
Tsing Ma Bridge
Tsing Yi Town
Brothers Point
Ma Wan
Sha Chau
Kap Shui Mun
Shek Wan
Tsing Yi
Mo To Chau (The Brothers)
Siu Mo To
Tsing Chau Tsai
Tang Lung Chau
Tai Mo To
Mong Tung Hong
Chek Lap Kok
Asia World Expo
Hong Kong Disneyland
Chek Lap Kok International Airport
Sam Pak
Penny's Bay
Pak Mong
Yi Pak
Discovery Bay
Discovery Bay
Peng Chau
Siu Kau Yi Chau
Kau Yi Chau
San Tau
Ngau Kwu Long
Nim Shue Wan Tsuen
Macau
Sha Lo Wan
Ngong Ping 360 Skyrail
Tung Chung Wan
Ma Wan Chung
Trappisten-Kloster
Tin-Hau-Tempel
Hung Fa Ngan
Sham Shek Tsuen
Tung Chung
Tung Chung Fort
Pak Ngan Heung
Mui Wo
Tai Shui Hang
Chau Kung To (Sunshine Island)
Tai O
Kloster Po Lin
Lantau North Country Park
Luk Tei Tong
Silvermine Bay
Yin-Hing-Kloster
Ngong Ping
Tung Chung Rd
Sunset Peak 869
Lantau Peak 933
Hei Ling Chau
South Lantau Rd
Keung Shan
Rui O
Chi Ma Wan
Nga Ying Kok
Lantau South Country Park
Cheung Sha
Chung Hau
Sai Pok Liu Hoi Hap (West Lamma Channel)
Shek Pik Reservoir
Tong Fuk
Man Cheung Po
Lantau Island
Chi Ma Wan Peninsula
Shek Pik
Tong Fuk Miu Wan
Tai Long Wan
Shuihau
Ha Keng
Pak-Tai-Tempel
Tung Wan Beach
Cha Kwo Chau
Cheung Chau
Cheung Chau
Fan Lau
Fan Lau Fort
Kau Ling Chung
Shek Kwu Chau
Tin-Hau-Tempel
Siu A Chau
Soko Islands
Tai A Chau
Ha Mei

Hongkong
0
3 km
N
SÜD-
CHINESISCHES
MEER
Sha Tau Kok
Heung Yuen Wai
Yung Shue Au
Ma Tseuk Leng
Sha Tau Kok Hoi (Starling Inlet)
Kuk Po
Ta Kwu Ling
Ping Che
Fung Hang
Lai Chi Wo
Tsing Chau Lek
Kat O Chau (Crooked Island)
Tin Hau Temple
Ngo Mei Chau (Crescent Island)
Wong Wan Chau (Double Island)
Tai Pang Wan (Mirs Bay)
Siu Hang Tsuen
Kan Tau Tsuen
Sha Tau Kok Rd
Luk Keng
Ting Kok Rd
Tiu Tang Lung 416
Nam Chung
Pat Sin Leng Country Park
Wu Kau Tang
Wong Chuk Kok Hoi
Bluff Head
Kwan Tei
Fanling
Bride's Pool
Miu Tin
Fung Ying Sin Koon (Temple of Paradise)
Wong Leng 639
Plover Cove Country Park
Tai Chek Mun (North Channel)
Chek Chau (Port Island)
Pat Sin Leng 511
Cheung Uk
Chung Pui
Plover Cove Reservoir
Chek Mun Hoi Hap (Tolo Channel)
Flat Island
Ocean Point
Tap Mun Chau (Grass Island)
Tin-Hau-Tempel
Cloudy Hill 439
Ting Kok
Tai Mei Tuk
Jone's Cove
Pak Sha O
Tai Hang
Shuen Wan
Ting Kok Rd
Hong Lok Yuen
Tai Po Tau
Tai Po
Lam Tsuen Valley
Yim Tin Tsai
Ma Shi Chau
Pak Sha Tau Chau (Harbour Island)
Hoi Ha
Tai Tan Hoi Hap (Long Harbour)
Ko Lau Wan
Eisenbahn-museum
Pan Chung
Tolo Harbour
Centre Island
Lai Chi Chong
Pak Sha O
Tai Tan
Sham Chung
Kadoorie Farm Botanic Garden
Tai Po Kau
Sha Tin Hoi (Tide Cove)
Wu Kai Sha
Shap Heung
Shek Uk Shan 481
Wong Shek
Sharp Peak 468
Tai Po Kau Natur-reservat
Ma Liu Shui
Sai O
Ma On Shan
Chek Keng
Tai Mo Shan Country Park
Chinese University Art Gallery
Pak Tam Au
Grassy Hill 645
Ma On Shan 702
Wong Mo Ying
Tsak Yue Wu
Tai Long
Tai Long Wan
Territories
Tai Shui Hang
Ma On Shan Tsuen
Sai Kung West Country Park
Sai Kung East Country Park
Tai Chau
Shatin Racecourse
Fo Tan
Wong Chuk Wan
Pak Tam Chung
Sai Wan
Tempel der Zehntausend Buddhas
Ma On Shan Country Park
Sha Ha
High Island Reservoir
Shatin
Sha Kok Mei
Pak Tin
Siu Lek Yuen
Yim Tin Tsai
Long Ke
Pak Kong
Wo Yi Hop
HK Heritage Museum
Sha Tin Tau
Sai Kung
Kiu Tsui
Tai Tau Chau
Sai Kung Hoi
Pak Sha Wan
Kiu Tsui Chau
Kam Shan Country Park
Lion Rock Country Park
Ho Chung
Kau Sai Chau
Leung Shuen Wan Chau (High Island)
Beacon Hill 457
Wong Tai Sin Temple
Diamond Hill
Ma Nam Wat
Tin-Hau-Tempel
Chi Lin Monastery
Kowloon Peak 602
Razor Hill 432
Ngau Mei Hoi (Port Shelter)
Fu Tau Fan Chau (Town Island)
Cheung Sha Wan
San Po Kong
Tiu Chung Chau
Wang Chau
Li Cheng Uk
Tseng Lan Shue
Tai Po Tsai
Shelter Island
Sham Shui Po
Seite 286
Mong Kok
Hang Hau
Yau Ma Tei
Tseung Kwan O
Lung Ha Wan
Ung Kong (Bluff Island)
Fo Shek Chau (Basalt Island)
Kowloon
Hung Hom
Kwun Tong
Mang Kung Uk
Tsim Sha Tsui
Tiu Keng Leng
Clear Water Bay Country Park
Tai Au Mun
Trio Island
Yau Tong
North Point
Victoria Harbour
Lei Yue Mun
Tseung Kwan O (Junk Bay)
Tai Wan Tau
Seite 280
Chung Wan (Central District)
Causeway Bay
Tsak Yue Chung (Quarry Bay)
Clear Water Bay
Ching Chau (Steep Island)
Kwo Chau Kwan To (Ninepin Group)
Victoria Peak 552
Wan Chai
Tai Hang
Shau Kei Wan
Siu Sai Wan
Tin-Hau-Tempel
Pak Kwo Chau
Hong Kong Island
Chai Wan
Cape Collinson
Joss House Bay
Fat Tong Mun
Tei Tong Tsui
Pok Fu Lam Country Park
Aberdeen Country Park
Tai Tam Country Park
Shek O
Lam Tong Hoi Hap (Tathong Channel)
Tung Lung Fort
Nam Kwo Chau
Aberdeen
Wong Chuk Hang
Tai Tam Reservoir
Shek O Country Park
Tung Lung Chau
Ap Lei Chau
Ocean Park
Tathong Point
Shek O
Tai Tau Chau
Middle Island
Repulse Bay Beach
Ng Fan Chau
Round Island
Stanley
Tai Tam Wan
D'Aguilar Peninsula
HK Maritime Museum
Cape d'Aguilar
Chek Chue Wan (Stanley Bay)
Stanley Peninsula
Sheung Mun
Bluff Head
Po Toi Islands
Beaufort Island
Waglan Island
Sung Kong
Po Toi
Sok Kwu Wan
Tung O Wan
Tung O
Yuen Kok
Tai Kok

Karte auf Seite 276

Manhattan am Perlfluss: Hongkong

Die Metropole Hongkong lebt von ihrer Internationalität und bietet eine faszinierende Mischung aus westlichem Lebensgefühl und chinesischer Tradition.

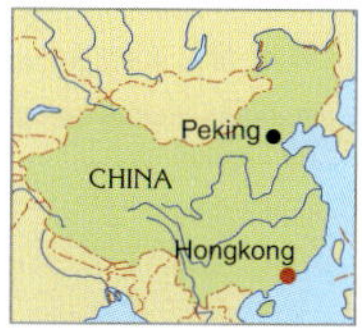

Die Namensgebung ist etwas verwirrend, denn Hongkong heißt sowohl das gesamte Territorium, das seit dem 1. 7. 1997 als Sonderverwaltungszone zur VR China gehört, als auch die Insel, die sich schützend vor die Halbinsel Kowloon legt und so einen natürlichen Tiefseehafen schafft. Die gepachteten Gebiete, die die Übergabe erst nötig machten, wurden dann einfach New Territories genannt, zu denen von der Verwaltung her auch die 234 anderen Inseln zählen, von denen allerdings die meisten unbewohnt sind.

»Die bedeutendste Mitgift seit Kleopatra« nannte Chris Patten, der letzte britische Gouverneur, die Stadt schwärmerisch, bevor sie an China zurückgegeben wurde. Welch eine Entwicklung seit 1841, als der britische Außenminister Lord Palmerston noch meinte, das sei doch »eine kahle Insel mit kaum einem Haus darauf«.

Das ökonomische Herz Hongkongs schlägt im Central District an der Nordküste der Insel Hongkong, in dem die großen Bankentürme aufragen und viele Konzerne ihren Sitz haben, die durch ihr Know-how, ihr Management und nicht zuletzt durch ihre Investitionen die schnelle wirtschaftliche Entwicklung in China erst möglich gemacht haben. Auch die Einkaufszentren der gehobenen Kategorie befinden sich hier, es gibt herausragende Restaurants und viel Entspannung an den Stränden und in den Buchten der Südküste.

Die Halbinsel Kowloon, nur 8 Min. mit der historischen Star Ferry entfernt, versammelt an ihrer Spitze die Kultur in Museen und Konzerthallen und gibt sich dann in den Schluchten der Nathan Rd und ihrer Seitenstraßen dem schnellen Konsum hin. Von Kowloon geht es hinaus in die Wohnstädte der New Territories, die Britannien 1898 für 99 Jahre pachtete. Hier, wie auch auf den kleinen, abgelegenen Inseln, ist Hongkong viel grüner, als man dies vermutet, und es lohnen sich Ausflüge in die stillen Hügel.

NICHT VERPASSEN!

- Star Ferry/Hafenblick
- Central District
- Der Peak
- Tsim Sha Tsui
- Wong Tai Sin Temple
- Sai Kung Country Park
- Shopping und Märkte

Links: Das Gebäude des Legislative Council
Unten: Tai-Chi-Übungen vor dem Uhrenturm in Kowloon

Die weiß-grüne Star Ferry ist zwar etwas in die Jahre gekommen, erfüllt aber immer noch zuverlässig ihren Dienst. Auf der Fahrt von Central nach Tsim Sha Tsui kann man die herrliche Aussicht auf den Hafen und die berühmte Skyline von Hongkong genießen. Die Überfahrt dauert ungefähr sieben Minuten (tgl. 6.30 bis 23.30 Uhr).

Die Insel Hongkong

Ein Rundgang durch Central, das unter den Briten nach der Königin »Victoria« hieß und von den Kantonesen »Chung Wan« (»mittlere Bucht«) genannt wird, kann zunächst vom **Star Ferry Pier** ❶ durch die Welt der Finanzen führen. Gegenüber vom Pier steht die **City Hall,** das Rathaus der Stadt aus den 1960er-Jahren mit Konzerthalle. Das auffälligste Gebäude am Hafen ist jetzt das gigantische, aus zwei Bauwerken bestehende **International Finance Centre (IFC)** ❷, das mit 420 m derzeit das höchste Bauwerk der Stadt ist. Es stellt die drei wesentlich kleineren Türme des **Exchange Square** ❸ in den Schatten, in denen vorher viele Finanzfirmen ihren Sitz hatten. Auf der Plaza zwischen den Gebäuden kann man ein wenig ausruhen und die Skulpturen der Wasserbüffel und Tai-Chi-Kämpfer von Ju Ming bewundern.

Neben dem Hauptpostamt ragt das **Jardine House** ❹ auf, ein 50 Stockwerke hohes Bürohaus mit 1748 runden Fenstern, das aus der Verfilmung des Romans »Noble House Hongkong« von James Clavell bekannt ist. Tatsächlich gehört die Firma Jardine zu den alteingesessenen Handelshäusern und begründete während der Kolonialzeit mit Opium ihren Reichtum.

Über einen Hochweg erreicht man bequem die Chater Road, in der man zunächst am noblen **Mandarin Oriental Hotel** vorbeikommt, zum Wohnen, für Drinks in einer der Bars und für einen Kaffee eine gute Adresse. Umgeben ist das Hotel von Gebäuden, in deren unteren Etagen sich die edelsten Boutiquen der Stadt versammelt haben, vor allem im Alexandra House und Prince's Building.

Dahinter beginnt **Statue Square** ❺, den eindrucksvolle Gebäude säumen. Im Osten fällt zunächst der Hong Kong Club mit seinen Sehschlitzen auf. Hier treffen sich die wirklich einflussreichen Leute dieser Stadt. Etwas versetzt davor steht ein flacher klassizistischer Bau mit einer auffallenden Kuppel. Er entstand zwischen 1903 und 1912 als Oberster Gerichtshof, war aber bald zu klein und beherbergt jetzt das **Legisla-**

tive Council, eine Art Parlament, das die Verwaltung Hongkongs berät. Ungeheuer modern und technisch wirkt das Hauptquartier der **Hong Kong and Shanghai Bank ❻**, der größten und einflussreichsten Bank der Stadt. 1985 schuf der britische Stararchitekt Lord Norman Foster die der Brückenbauweise folgende Konstruktion, die alle Versorgungseinrichtungen in massige Säulen verbannte und die lichten Stockwerke in den Rahmen einhängte wie Kleiderbügel in einen Schrank.

Im Hintergrund ragt wie ein drohender Finger der 1990 entstandene Neubau der **Bank of China ❼** auf, der von dem Architekten I.M. Pei entworfen wurde. Hongkongs Geomanten waren mit dem 70-stöckigen Turm nicht zufrieden, denn er scheint aus lauter Dreiecken zu bestehen, die sich nicht harmonisch in die Umgebung einfügen (gute Aussicht vom 43. Stock, tgl. 9 bis 18 Uhr). Etwas bescheidener war das alte Gebäude der Bank of China ausgefallen, ein mit Steinquadern verkleidetes Hochhaus im Stil des Shanghai der 1930er-Jahre mit dem exklusiven China Club im obersten Stock.

Einkaufsstraßen

Die **Des Voeux Road** ist eine der langen Einkaufsstraßen parallel zur Nordküste. Auch die Straßenbahn verkehrt auf ihr, und die Ecke mit der Pedder Street ist wohl die am meisten von Menschen frequentierte der Stadt. Mit **The Landmark ❽** lockt hier ein edles Kaufhaus. Eine weitere der verkehrsreichen Straßen ist die **Queen's Rd Central,** die einst das Ufer markierte, bevor man durch Aufschüttungen neues Land gewann. Zwischen ihr und der Des Voeux Rd liegen zwei enge Gassen, Li Yuen Street East und West, auch als **The Lanes ❾** bekannt, in denen Läden und Stände ihre Waren anbieten.

Die Unterhaltungszone

Südlich der Queen's Rd Central steigt das Gelände steiler an. Hier führt die D'Aguilar Street hoch in das alte Nightlife-Gebiet **Lan Kwai Fong ❿**, zwei Straßen, in denen sich Kneipen, Pubs, Restaurants, Imbisse und ähnliche Etablissements aneinanderreihen und jeden Abend Stimmung verbreiten; am Wochenende haben sie bis in die frühen Morgenstunden geöffnet.

Die meisten Taxifahrer in Hongkong sprechen nur wenig Englisch, aber für gewöhnlich reicht es aus, um zu verstehen, wohin die Touristen gern fahren möchten. Andernfalls wird über Funk Hilfe angefordert, und ein Mitarbeiter der Taxizentrale übersetzt für die Fahrgäste.

Unten: Straßenhändler auf der Hollywood Road

TIPP

Um die geschäftige Atmosphäre im Central District mitzuerleben, empfiehlt es sich, die Besichtigung an einem Werktag während der Arbeitszeit anzusetzen. Nach der Arbeit gehen die Hongkonger lieber in Lan Kwai Fong und SoHo aus. Viele Geschäfte im Central District – anders als in Tsim Sha Tsui und Causeway Bay – schließen schon um 19 Uhr, haben aber samstags geöffnet. Sonntags ist es eher ruhig, da die Geschäfte geschlossen sind. Nur die philippinischen Hausangestellten kommen dann zu ihren wöchentlichen Treffen zusammen.

Oberhalb von Lan Kwai Fong beginnt die Wyndham St, die dann in die **Hollywood Rd** ⓫ übergeht. Diese gewundene Straße folgt dem Profil des Berges und ist vor allem für ihre Galerien und Kunstläden bekannt. Noch weiter den Berg hinauf wird **SoHo** erreicht, was hier »South of Hollywood Road« bedeutet und ein neueres, nicht ganz so glitzerndes Kneipen- und Restaurantgebiet bezeichnet.

Koloniale Relikte

Sehr unruhig im Stil ist auch das etwas höher am Hang, in der Upper Albert Road, gelegene **Government House** ⓬, in dem bis Mitte 1997 der Gouverneur residierte. Es entstand 1855, wurde jedoch mehrfach erweitert und umgebaut, auch von den Japanern, die den merkwürdigen Turm errichteten. Das Haus soll nun zum Museum werden. Noch eine Stufe höher am Hang liegen die **Zoological and Botanical Gardens** ⓭. Wie in allen Kolonien begannen die Briten auch hier sehr früh einen botanischen Garten anzulegen, der zur Erforschung der heimischen Flora diente. Später kamen dann auch Tiere hinzu, insbesondere Affen und Vögel. Heute ist der Park eine Oase in der Hektik der Stadt (tgl. 6–19, Fountain Terrace 6–22 Uhr).

Etwas bergab gelangt man zur **St. John's Cathedral** ⓮, die 1849 als wohl erste anglikanische Kathedrale in Ostasien geweiht wurde. Man folgte dem britisch-normannischen Stil, wenngleich bei den Dekorationen und vor allem den Fenstern auch lokale Elemente zu finden sind.

Eine ähnliche Oase liegt nur ein wenig den Berg hinab auf der anderen Straßenseite, der **Hong Kong Park** ⓯. Das Gelände wurde 1991 von einer Kaserne in einen Landschaftspark verwandelt, mit einem großen Aviarium, Gewächshäusern, Kinderspielplätzen und einem Hof für Tai Chi beim Aussichtsturm. Aus der Militärzeit übrig blieb das Flagstaff House, die 1846 in einem neogriechischen Stil erbaute Villa des Kommandeurs, die heute als **Museum of Teaware** dient. Die Kultur des Teetrinkens wird durch Schautafeln und eine Ausstellung von Krügen, Tassen, Kannen und Zubehör verdeutlicht (Mi–Mo 10–17 Uhr).

Im Zentrum stellt das private **Tsui Museum of Art** (4/F, Henley Building, 5 Queen's Rd Central, Mo–Fr 10–18, Sa 10–14 Uhr) Keramiken, Bronzen, Jadeschnitzereien, Elfenbein und Schnitzwerke aus Holz aus.

Der Peak

An der Garden Road liegt nahe dem Parkeingang auch die Talstation der **Peak Tram**, jener auf Schienen rollenden, von einem Stahlseil gezogenen Bahn, die seit 1888 Bewohner und Besucher auf Hongkongs Hausberg bringt. Auf der 1,4 km langen Strecke überwindet die Bahn 367 Höhenmeter und kommt dann im 1997 eingeweihten **Peak Tower** ⑯ mit seiner avantgardistischen Schalenform an. Im Turm befindet sich auch eine Außenstelle von **Madame Tussaud's** Wachsfiguren (tgl. 10–22 Uhr). Von den Aussichtsterrassen hat man jenen weltberühmten Blick auf die Stadt und den Hafen, den sich kein Reisender entgehen lassen darf. Ein großes Einkaufszentrum neben der Bergstation war schon einige Jahre vorher entstanden, von dessen Restaurant man ebenfalls einen guten Blick hat. Sehr luxuriös geht es im ehemaligen Unterstand für Kulis zu, der jetzt zu einem Restaurant namens **Peak Lookout** umfunktioniert wurde. Keinesfalls versäumen sollte man jedoch einen Spaziergang rund um den Peak. Er dauert eine knappe Stunde, beginnt direkt neben dem Peak Tower in der Lugard Road, bietet fantastische Ausblicke in die Stadt und übers Meer und endet in der Harlech Road.

Western District

Um sich ein wenig in die Vergangenheit zurückzuversetzen, beginnt man seinen Bummel am besten in der **Hollywood Road**, die man vom **Central Market** ⑰ mit seiner Art-déco-Markthalle aus bequem mit dem **Escalator** erreicht, jener langen Rolltreppe, die bis in die Wohngebiete der Midlevels reicht. Die Hollywood Road ist nämlich Hongkongs Antiquitätenstraße.

An der Hollywood Road liegt auch einer der ältesten Tempel Hongkongs, der **Man-Mo-Tempel** ⑱ (tgl. 8–18 Uhr). Neben den zehn Himmelskönigen findet man schön geschnitzte Sänften, auf denen die Heiligenfiguren an Festtagen

Solange die Peak Road nicht fertiggestellt war, war die Peak Tram das einzige öffentliche Verkehrsmittel, mit dem man auf den Peak gelangen konnte. Auf der steilen Fahrt (7 bis 24 Uhr) geht es in nur 7 Min. bis auf 396 m über dem Meeresspiegel nach oben. Neben 3 Mio. Touristen pro Jahr befördert sie täglich auch viele Pendler.

Unten: Die Skyline von Hongkong Island von der Star Ferry aus gesehen

In der Hollywood Road gibt es viele Antiquitätengeschäfte.

durch die Stadt getragen wurden, dann folgen die Götter: von links Bao Gong, der Gott der Gerechtigkeit mit schwarzem Gesicht, Man, der Gott der Literatur mit Pinsel und grüner Robe, Mo, der Kriegsgott mit Schwert und roter Robe, und Shing Wong, einer der Stadtgötter. Die großen Räucherspiralen an der Decke transportieren die Botschaften der Gläubigen zu den Göttern.

Wanchai, Happy Valley und Causeway Bay

Das alte **Wanchai** zieht sich beidseits der Queen's Road East hin. Auch hier werden die Straßenfassaden fast ausschließlich von Läden eingenommen, früher waren es meistens Handwerker, heute sind es zahlreiche Möbelgeschäfte. Das moderne Wanchai liegt am Hafen und besteht v.a. aus der **Hong Kong Academy for Performing Arts ⓳**, in der Studenten in den Fächern Tanz, Theater, Musik und Theatertechnik ausgebildet werden. Gegenüber befindet sich das **Arts Centre ⓴**, in dem Kulturinstitutionen ihre Büros haben. Direkt am Hafen liegt das gerade noch so vor der Übergabe 1997 fertig gewordene große **Convention & Exhibition Centre ㉑**, die Messehallen, die sich mittlerweile bis auf eine künstliche Insel vorgearbeitet haben.

Das nachts die Farbe seiner Fassadenbeleuchtung wechselnde Hochhaus ist **Central Plaza**. Über hochgelegte Fußwege gelangt man leicht in die **Lockhart Road,** die mit ihren vielen Restaurants, Kneipen und Läden das Herzstück von Wanchai ist. Etwas den Berg hoch liegt versteckt der **Pak Tai Temple ㉒**.

In **Happy Valley** dominiert die **Pferderennbahn ㉓**. Der Jockey Club als Betreiber und einflussreiche Institution der Stadt muss außer der Wettsteuer auch einen beträchtlichen Anteil an Abgaben für Sozialprojekte abführen. In der Zuschauertribüne erläutert ein kleines **Museum** (Di–So 10–17 Uhr) die Geschichte des Rennsports in Hongkong. Gegenüber der Tribüne liegen **Friedhöfe** verschiedener Glaubensgemeinschaften, auf denen die Grabsteine interessante Geschichten erzählen.

Causeway Bay hat sich weitgehend dem Kommerz hingegeben. Hier öffnen die großen japanischen und chine-

Unten: Blick vom Drachenberg auf das Dorf Shek O im Süden von Hongkong Island
Unten rechts: Aberdeens schwimmende Restaurants

sischen Warenhäuser ihre Pforten, in den kleineren Läden kann man bis spät abends einkaufen. Berühmt wurde die **Noon Day Gun**, eine kleine Kanone, die täglich um Punkt 12 Uhr mittags abgefeuert wird. Sie geht wohl zurück auf Salutschüsse für die Chefs des Handelshauses Jardine Matheson, die der Marine nicht passten. Seitdem muss die Firma täglich ihr Pulver verschießen. In ihrer Reichweite liegt der nicht zugängliche **Royal Hong Kong Yacht Club** ㉔.

Der Süden

Während ein Bummel durch die Stadt sehr anstrengend sein kann, ist eine Tour entlang der Südküste der Insel Hongkong, die man gut mit dem Bus absolvieren kann, ganz erholsam. Man beginnt vielleicht in **Aberdeen**, das gerne Klein-Hongkong genannt wird, weil sich auch hier eine Insel, Ap Lei Chau, mit der größten Siedlung des Südens schützend vor den Hafen legt. Hier ankern die großen Fischtrawler, die Zeit der Hausboote hingegen ist längst vorbei. Fest auf Betonsäulen verankert sind auch die bekannten, bunt dekorierten **Floating Restaurants,** in denen man bis zum Nachmittag köstliche *dim sum* mit Aussicht auf millionenteure Jachten genießen kann.

Das Zentrum von Aberdeen ist durch eine lebhafte alltägliche Geschäftigkeit gekennzeichnet. Ruhe bietet da der **Tin-Hau-Tempel** von 1851, eine kleine Anlage mit mehreren Innenhöfen.

Eines der wichtigsten Freizeitziele Hongkongs liegt außerhalb des Ortes, der **Ocean Park**. Vor allem Kinder fühlen sich angezogen von den Karussells, Gewächshäusern und Turmspringern im unteren Teil, von der 1,5 km langen Gondelfahrt zum oberen Teil, vom Haiaquarium dort, dem großen Delfinarium und der Achterbahn. Über ein langes System von Rolltreppen kommt man wieder herunter vom Berg zum Flamingoteich, dem Aviarium und ins **Middle Kingdom**, ein Freiluftmuseum, in dem berühmte Bauwerke Chinas in verkleinertem Maßstab nachgebildet sind (tgl. 10–18 Uhr).

Pferdewetten machen allein etwa 12 % der jährlichen Steuereinnahmen Hongkongs aus. Rennen finden jeden Mittwochabend in Happy Valley statt, in Shatin in den New Territories dagegen am Wochenende. Entsprechend groß ist der Besucherandrang.

Unten links: Nathan Road im Neonlicht
Unten: Hongkongs Bevölkerungsdichte zählt zu den höchsten der Welt

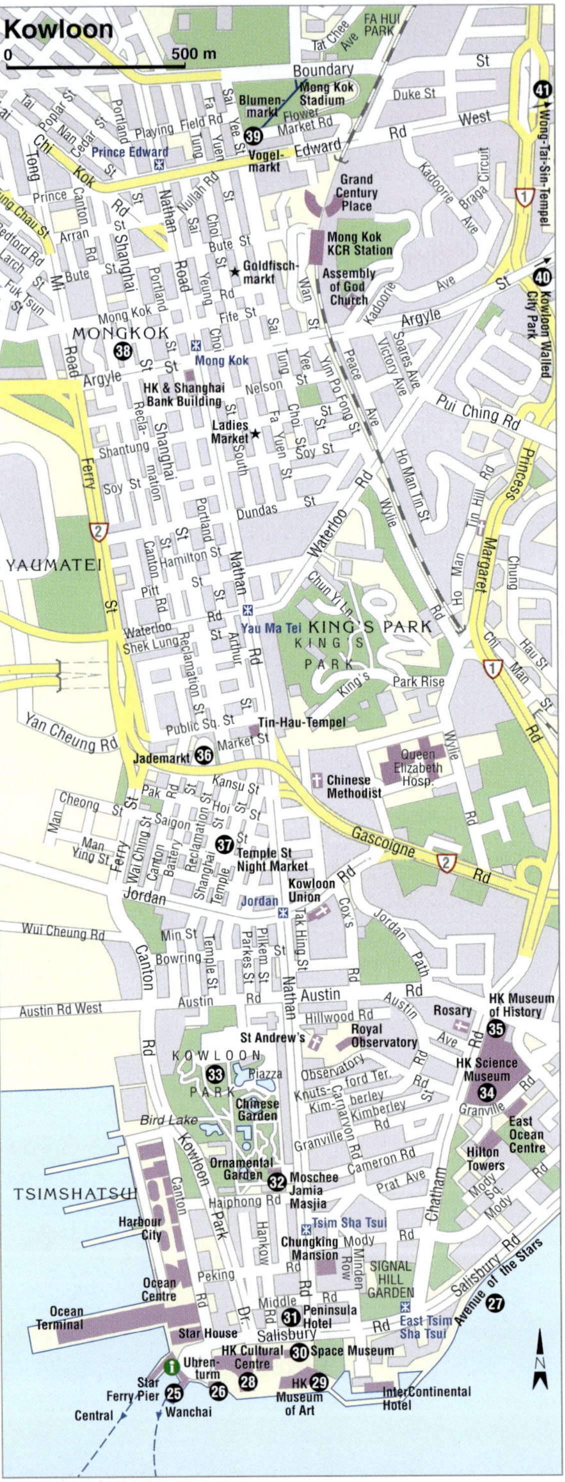

Die Straße führt an der Küste vorbei und bietet einige Ausblicke auf kleine Buchten, einsame Villen und den Golfplatz von Deep Water Bay, bevor sie den großen Felsen umrundet, der den Blick freigibt auf die **Repulse Bay**. Sie gehört sicher zu den schönsten Buchten Hongkongs, aber auch zu den überlaufensten, denn hier pflegt man das Strandleben bereits seit 1918, als das inzwischen abgerissene Repulse Bay Hotel gebaut wurde. Der Strand ist mit Umkleidekabinen und Erfrischungsständen gut versorgt.

Nächstes Ziel auf der Küstentour ist **Stanley** auf der gleichnamigen Halbinsel. Der Ort ist vor allem wegen seines Markts bekannt, auf dem man Kleidung, Sportartikel, Haushaltswaren und Kunsthandwerk, meist billige Ware aus China, erstehen kann (tgl. 10 bis 19 Uhr). Im **Tin-Hau-Tempel** sitzen zahlreiche Figuren zu beiden Seiten der Schutzgöttin der Fischer. Das Fell an der Wand gehörte einst einem der letzten Tiger, der 1942 von einem indischen Polizisten in Stanley erschossen wurde. Rund 500 Exponate, die an die bewegte Seefahrtsgeschichte Hongkongs erin-

VERKEHRSMITTEL

In Hongkong unterwegs

Hongkong hat ein vielfältiges und gut funktionierendes System öffentlicher Verkehrsmittel. Die U-Bahn **MTR** verkehrt an der Nordküste der Insel Hongkong, in Kowloon, in die New Territories und zum Flughafen. Mit den **Straßenbahnen** entlang der Nordküste kann man kürzere Distanzen zurücklegen oder auf eine gemütliche Fahrt durch die Straßenschluchten gehen. Auch die **Busse** funktionieren gut und sind v.a. praktisch zum Erreichen der Orte an der Südküste der Insel Hongkong. **Taxis** sind (außer bei Regen) leicht anzuhalten und recht preiswert. Von Central und Kowloon verkehren **Fähren** zu den Inseln. Für fast alle Verkehrsmittel kann die **Octopus Card** genutzt werden, die mit Geldbeträgen in den MTR-Stationen aufgeladen wird. Man kann sie bereits am Flughafen kaufen.

nern, sind im **Hongkong Maritime Museum** (Di–So 10–18 Uhr) im Erdgeschoss des Murray House zu sehen.

Im Südosten Hongkongs ragt die Halbinsel D'Aguilar ins Meer, ein 300 m hoher Bergrücken, auf dem man schöne Wanderungen unternehmen kann. Einziger größerer Ort ist das Dorf **Shek O** mit zwei Stränden und einem hübschen Dorfkern.

Kowloon

Kowloon ist nicht so glitzernd und manchmal vornehm wie die Siedlung auf der Insel, oft leuchten die Reklamen grell und die Läden sind einfach. Bei einem Besuch der vielen Märkte taucht man in den Alltag ein. Tsim Tsa Shui, die Spitze der Halbinsel, lockt mit dem Cultural Centre und dem Museum of Art die Kulturbeflissenen an. In Kowloon liegen die meisten Touristenhotels, und manche Besucher finden aus dem Gewirr der Straßen gar nicht mehr heraus. Da die Halbinsel flach und sandig ist, lässt sie sich leichter zu Fuß erkunden. Seit der Flughafen nach Lantau verlegt wurde, wird hier viel und immer höher gebaut.

Tsim Sha Tsui

Die wichtigsten Sehenswürdigkeiten Kowloons liegen ganz an der Spitze der Halbinsel, die Tsim Sha Tsui heißt und von wo man einen tollen Blick auf die Skyline der Insel Hongkong hat. Direkt neben dem **Star Ferry Pier ㉕** steht der alte **Uhrenturm ㉖** des ehemaligen Bahnhofs, in dem zu Kolonialzeiten die Züge aus London ankamen.

Nach Osten kann man über die lange Promenade spazieren und abends die »Symphony of Lights« (s. rechts), eine Licht-Ton-Show, genießen. Die Promenade wird manchmal großspurig **Avenue of the Stars ㉗** genannt, weil hier in Hollywoodmanier ein paar Sterne mit den Namen weniger bekannter Filmstarlets eingelassen wurden.

Neben dem Uhrenturm ragt das 1989 eröffnete **Cultural Centre ㉘** auf, ein umstrittener, total verkachelter Bau, der mangels Fenstern die großartige Aussicht nicht nutzt, aber hervorragende Konzerthallen beherbergt. Daneben steht im selben Stil das **Hong Kong Museum of Art ㉙**, das jetzt endlich die große städtische Sammlung der Hongkonger Moderne, traditionelle

TIPP

Allabendlich um 20 Uhr findet die große Licht- und Ton-Show »A Symphony of Lights« im Victoria Harbour statt, die auch im Guinnessbuch der Rekorde steht. 44 Gebäude werden multimedial illuminiert, an Feiertagen kommt noch Feuerwerk dazu. Am besten genießt man die Show bei einer Hafenrundfahrt. Info: www.tourism.gov.hk/symphony

Unten: Menschenmassen beim Einkauf in Mong Kok

chinesische Bilder und in großen Galerien internationale Ausstellungen zeigen kann (Fr–Mi 10–18 Uhr). Integriert in diesen Komplex wurde das schon vorher bestehende **Space Museum** ㉚, das sich der Raumfahrt widmet.

Wer nach dem Museumsbesuch und vor dem Shopping eine Erfrischung braucht, kann sich in die edel gestaltete Lobby im **Peninsula Hotel** ㉛ (s. S. 431) auf der anderen Straßenseite zurückziehen. Bei seiner Eröffnung 1928 war es das erste Hotel Kowloons, direkt gegenüber dem Bahnhof. Die Gäste, die mit dem Zug aus London anreisten, brauchten nur den Bahnhofsvorplatz zu überqueren, um im größten Luxus unterzukommen.

Direkt nebenan geht die **Nathan Road** ab, das Rückgrat Kowloons und die Schlagader des Einkaufsbezirks. Doch nach kurzer Zeit taucht die **Moschee Jamia Masjia** ㉜ für die rund 50 000 lokalen Moslems auf, und hinter ihr liegt mit dem **Kowloon Park** ㉝ eine weitere Erholungsstätte im Pflastergewirr der Stadt. Er enthält einen Skulpturenpark, Flamingoteiche, Spielplätze und ein Labyrinth.

Weiter im Osten ist mit **Tsim Sha Tsui East** ein etwas ruhigerer, nicht so sehr vom Einkaufen dominierter Stadtteil mit einigen guten Hotels und zwei Museen entstanden. Das **Hong Kong Science Museum** ㉞ (Mo–Mi, Fr 13–21, Sa, So 10–21 Uhr) stellt vielfach interaktiv die grundlegenden Zusammenhänge der Naturwissenschaften dar und ist besonders für Kinder interessant. Direkt gegenüber liegt das **Hong Kong Museum of History** ㉟ (Mo, Mi bis Sa 10–18, So, Fei 10–19 Uhr), das die Entwicklung Hongkongs von neolithischer Zeit bis heute zeigt.

Yau Ma Tei und Mong Kok

In der Kansu Street, unter einer Hochstraße, werden auf dem **Jademarkt** ㊱ (tgl. 9–18 Uhr) Schmuckstücke und Amulette in dem Material angeboten, das die Chinesen am meisten schätzen (s. S. 14). Aber nicht alles ist echt.

Weiter nach Süden geht es durch enge Einkaufsstraßen zur **Temple Street** ㊲, in der ab 18 Uhr ein Nachtmarkt, vor allem für Kleidung, abgehalten wird. Am Nordende des Markts gelangt man zur Market Street, an der

Unten: Gläubige im Wong Tai Sin Temple

der **Tin-Hau-Tempel** des Bezirks liegt. Fünf kleine Tempelräume reihen sich aneinander, in jedem werden andere Heilige verehrt.

Weiter im Norden liegt der sehr dicht besiedelte Bezirk **Mong Kok** ❸❽. Hier werden auf Straßenmärkten die Dinge des Alltags verkauft, die Chinesen so lieben. Auf dem **Ladies Market** (tgl. 12–22.30 Uhr) gibt es Kleidung und Souvenirs, während der **Goldfischmarkt** (Fa Yuen St, tgl. 10–18 Uhr) in Geschäften nicht nur Fische, sondern alles Zubehör für den Aquarianer anbietet. In der Flower Market Road gibt es – wenig überraschend – einen **Blumenmarkt** (tgl. 10–18 Uhr), und an ihrem Westende liegt der **Vogelmarkt** ❸❾ (tgl. 7–20 Uhr), zu dem es besonders ältere Männer zieht, denn hier können die Experten plaudern, ihre Sänger spazieren führen und neben kunstvollen Käfigen auch Vögel und Grillen, die den Chinesen ebenfalls als Hausmusikanten gelten, kaufen.

Jenseits der Boundary Street

Die Boundary Street markierte einst die Grenze zwischen Kowloon, das zur Kolonie gehörte, und den New Territories, die nur gepachtet waren. Weit im Osten, beim alten Flughafen, befindet sich der **Kowloon Walled City Park** ❹⓿. Hier stand ein dicht bebautes Wohngebiet, wo Chinaflüchtlinge Unterschlupf fanden und das von Triaden und Drogenkartellen beherrscht wurde. Die Hongkonger Polizei traute sich hier nicht hinein. 1987 wurde alles abgerissen und in einen Park verwandelt.

Einer der größten und lebhaftesten Tempel Hongkongs ist der **Wong Tai Sin Temple** ❹❶, einem Hirtenjungen geweiht, dem ein Unsterblicher die Kunst beibrachte, Zinnober in eine alle Krankheiten heilende Medizin zu verwandeln. Zu jeder Tageszeit findet man Gläubige, die vor den Hallen Opfer darbringen, Wahrsager befragen oder sich im Garten hinter dem Tempel ergehen, der Elemente des Sommerpalasts in Peking nachbildet (MTR Wong Tai Sin; tgl. 7–17.30, Garten 9–16 Uhr).

Die New Territories

Einst war das 1898 auf 99 Jahre gepachtete Hinterland von der Landwirtschaft, kleinen Dörfern und einzelnen Gehöften bestimmt, doch seit 1982 werden hier immer mehr sog. Neue Städte gebaut, in die dann jeweils zwischen 200 000 und 800 000 Menschen einziehen. Weder von der Landwirtschaft, noch vom traditionellen Leben blieb viel erhalten, wenn es auch immer noch große grüne Gebiete gibt – allerdings meist hügeliges, nur von Gestrüpp bewachsenes Land.

Mit der bis zur chinesischen Grenze verkehrenden Kowloon-Canton Railway (KCR) kann man zunächst einer östlichen Route folgen und so in **Shatin** ❹❷ den **Tempel der Zehntausend Buddhas** ❹❸ erreichen. Er wurde 1957 von dem Mönch Yuet Kai gegründet, der geweissagt haben soll, dass sein Körper nach dem Tod nicht verwesen würde. Tatsächlich fanden sich nach einem halben Jahr im Grab kaum Verfallserscheinungen, sodass die Gläubigen beschlossen, den Leichnam mit Gold zu überziehen und in einer der oberen Hallen auszustellen (heute oft

Wahrsage-Stäbchen im Wong Tai Sin Temple. Der Behälter wird so lange geschüttelt, bis eines der nummerierten Stäbchen herausfällt. Wahrsager interpretieren die Zahl dann gegen ein entsprechendes Entgelt.

Unten: Bauern bei der Arbeit, New Territories

Mit der Eintrittskarte zum Disneyland darf man einen ganzen Tag lang alle vier Themenbereiche besuchen. Tickets erhalten Sie im Internet unter http://park.hongkong.disneyland.com oder beim HK Disneyland Ticket Express an der MTR-Station Hong Kong.

Unten: Im Sai Kung Country Park gibt es schöne Wanderwege

verschlossen). Draußen stehen einige Gipsfiguren aus buddhistischen Mythen, und die große Pagode gibt der ganzen Anlage ein besonders gutes *feng shui* (tgl. 9–17 Uhr).

In Tai Wai zeigt das **Hong Kong Heritage Museum** (tgl. außer Di 10 bis 18 Uhr) eine wenig interessante Ausstellung lokaler Folklore.

Östlich von Shatin liegt die landschaftlich attraktivste Gegend der New Territories. Am Wochenende ankern zahlreiche Boote in der **Clear Water Bay** ㊹ und die Strände sind bevölkert. Beliebtester Ort ist **Sai Kung** ㊺ mit seinen zahlreichen Fischlokalen und kleinen Tempeln, von wo aus man zum Wandern in den **Sai Kung Country Park** starten kann.

Im Kern des alten Ortes **Tai Po** ㊻ wird noch ein lebhafter Markt abgehalten, an dessen Rand sich der 1892 entstandene Man-Mo-Tempel großer Beliebtheit erfreut. Einen Besuch wert ist auch das kleine **Eisenbahnmuseum** (Mi–Mo 9 bis 17 Uhr).

Der Westen der New Territories wurde durch zahlreiche große Baumaßnahmen stark verändert. Große Städte wuchsen hier aus dem Nichts, und die Verkehrswege zum Flughafen verschlangen wertvolles Land. Eine dieser Städte ist **Tsuen Wan** ㊼. Mit **Sam Tung Uk** (Kwu Uk Lane, Mi–Mo 9–17 Uhr) blieb eine aus dem 18. Jh. stammende ummauerte Hakka-Siedlung erhalten, die nach der Restauration wieder sehr schön die ursprüngliche Struktur mit dem Ahnenaltar in der Mitte und den streng angeordneten Reihenhäusern demonstriert. Etwas außerhalb liegt das **Yuen Yuen Institute,** eine Nachbildung des Pekinger Himmelstempels.

In **Tuen Mun** ist der Tempel der grünen Pinien, **Ching Chung Koon**, Lü Dong Bin, einem der acht Unsterblichen des Daoismus, geweiht. Er weist einen traditionellen Aufbau auf und betätigt sich als sozial, indem er ein Altersheim und ein Restaurant unterhält.

Das Hauptgebäude des **Miu Fat Monastery,** das nördlich von Tuen Mun liegt, fällt schon von weitem auf, weil sich dort riesige Drachen an den vorgebauten Säulen der dreistöckigen Haupthalle emporwinden. Drei vergoldete Buddhastatuen werden flankiert durch mehr als 10 000 kleine Buddhas und Gemälde im chinesischen und thailändischen Stil.

Außerhalb von **Yuen Long** ㊽ liegen die ummauerten Dörfer der Hakka. Die meisten Besucher fahren mit einer organisierten Tour nach Kat Hing Wai. Fürs Fotografieren muss man hier allerdings bezahlen.

Die Inseln

Lantau

Die Insel Lantau ist etwa doppelt so groß wie die Insel Hongkong und von den Bergen Lantau Peak (934 m) und Sunset Peak (869 m) geprägt. Früher wohnten nur etwa 20 000 Menschen hier, doch nach der Fertigstellung des vor der Nordküste gelegenen neuen Flughafens **Chek Lap Kok** ㊾ ist mit **Tung Chung** ㊿ eine neue Satellitenstadt für 200 000 Menschen entstanden.

Das **Kloster Po Lin** (51) auf dem Bergrücken wurde 1927 von Mönchen gegründet, die 1912 nach dem Fall der

Monarchie in China hierher geflohen waren. Die weitläufige Anlage weist eine traditionelle Form auf. In der ersten der imposanten Gebetshallen begrüßt der lachende Dickbauchbuddha Milefo, umgeben von den vier Himmelskönigen, die Besucher; der Götterbote Weito weist, hinter dem Rücken des Milefo stehend, auf die Haupthalle. Diese ragt auf einer hohen Plattform auf und birgt drei vergoldete Buddhastatuen: Sakyamuni (Buddha der Gegenwart), den Heilenden Buddha und den Buddha der Vergangenheit. Lange Betschals hängen von der Decke, und schön geschnitzte Holzgestelle tragen eine Glocke und eine Trommel.

In den Nebengebäuden wird u.a. vegetarisches Essen auch an Besucher verkauft, mit computergesteuerter Hockerzuweisung. Neueste Errungenschaft des Klosters ist eine 23 m hohe bronzene Buddhastatue auf einem 10 m hohen Steinsockel, angeblich der größte freistehende Bronzebuddha Südostasiens. 260 Stufen führen zur Plattform hinauf, und innerhalb des Buddhas kann man weiter emporsteigen. Im Innern des Altars kann man eine wertvolle Holzstatue des Bodhisattvas Khsitigarbha aus dem sehr harten Nanmu-Holz bewundern. Gemälde zeigen das Leben Buddhas. Eine sechs Tonnen schwere Glocke, die buddhistische Inschriften trägt, wird jeden Morgen 108-mal geläutet – ein Computer kontrolliert die buddhistische Glückszahl. Neuerdings kann man von Tung Chung aus in 25 Minuten mit einer Gondelbahn einschweben, der gerade fertiggestellten **Ngong Ping 360** (Mo bis Fr 10–18 Uhr, Sa/So 9–18.30 Uhr). Sie führt über wunderbar grüne Berglandschaften der Insel und endet in unmittelbarer Nähe des Klosters. In der Nähe der Bergstation der Seilbahn wurde 2006 ein **Themenpark zum Buddhismus** eröffnet. Es gibt ein Theater und ein Teehaus.

Westlich von Po Lin liegt das **Kloster Yin Hing** 52 mit traditionellen buddhistischen Gemälden und Statuen.

Sehenswert ist auch der Fischerort **Tai O** 53, denn er erhielt sich mit seinen kleinen Häusern und den winzigen Läden einen gewissen Charme. Er hatte früher beträchtliche wirtschaftliche und strategische Bedeutung, da er eine

Um nach Lantau zu gelangen, kann man auch die Seilbahn Ngong Ping 360 Skyrail (www.np360.com.hk) benutzen. Sie fährt ab Tung Chung. Oben angekommen lohnt ein Spaziergang durch die Gärten von Ngong Ping zum Großen Buddha im Kloster Po Lin.

Unten links: Der Große Buddha im Kloster Po Lin
Unten: Mönch des Po-Lin-Klosters

große Fischfangflotte besaß und die Einfahrt in das Delta des Perlflusses kontrollierte. Heute bauen die Leute ein wenig Reis an, züchten Enten, trocknen und verarbeiten den wenigen Fisch, der hier noch angelandet wird, und produzieren eine stark riechende Garnelenpaste. Am Dorfplatz liegt der düstere **Kwan Ti Temple,** der dem Gott des Krieges und der Rechtschaffenheit gewidmet ist. Doch in der dreiflügeligen Anlage werden auch einige andere Gottheiten verehrt, selbst aus dem Animismus, repräsentiert durch einfache Steine. Einige einfache Restaurants, in denen man schnell ein typisch kantonesisches Gericht zubereitet bekommt, befinden sich am Marktplatz.

Ein paar Strände locken in Lantau mutige Schwimmer, denn die Wasserqualität in Hongkong ist schlecht. Besonders beliebt ist der lange Cheung Sha Beach; ein anderer befindet sich außerhalb des Hauptortes Mui Wo (dort legen die Fähren von Central an), der **Silvermine Bay Beach** ❺❹. Wer gut zu Fuß ist und die richtige Ausrüstung mitbringt, kann den 70 km langen **Lantau Trail** in Angriff nehmen.

TIPP

Vom Central District verkehren Fähren zur Silvermine Bay auf Lantau (alle 30–50 Min. wochentags, Sa/So alle 40–60 Min.) und nach Cheung Chau (tgl. alle 30 Min.). Die Fähren nach Lamma werden von der Reederei Hong Kong and Kowloon Ferry Ltd (HKKF) unterhalten und fahren im 20- bis 60-Minuten-Takt nach Yung Shue Wan, weniger häufig nach Sok Kwu Wan.

Hong Kong Disneyland

Die Anfangsschwierigkeiten von **Hong Kong Disneyland** ❺❺ (tgl. 10–19 Uhr oder später, hoher Eintritt), dem ersten Disneyland im chinesischen Raum, das im September 2005 seine Tore auf der Insel Lantau öffnete, sind Geschichte. Fünf bis sechs Millionen Besucher – fast alle aus Asien – werden jedes Jahr erwartet. In dem 126 ha großen Vergnügungspark zählen zwei Pandabären zu den Hauptattraktionen. Während das »Adventureland« u.a. mit Abenteuerfahrten auf einem Holzfloß zur Tarzan-Insel lockt, kann man im »Fantasyland« Dornröschen in ihrem Schloss einen Besuch abstatten. »Main Street USA« lädt in eine amerikanische Kleinstadt des 19. Jhs. ein, und in »Tomorrowland« startet eine Rakete ihre Reise in den Weltraum. Selbstverständlich sorgen auch Mickey Mouse, Goofy, Pluto, Donald Duck und seine Freunde für Unterhaltung. Paraden und ein Feuerwerk stehen täglich auf dem Programm. Neben Geschäften und Restaurants gibt es zwei Hotels, das Disneyland im viktorianischen Stil und Disney's Hollywood im Art-déco-Stil.

Unten: Der feinsandige Strand Hung Shing Ye auf Lamma

Lamma

Die ruhige Insel **Lamma,** drittgrößte Hongkongs und weniger bekannt, ist als nicht ganz so vornehmer und deshalb preiswerter Wohnraum beliebt. Ihre beiden Häfen, **Yung Shue Wan** 56 im Norden und **So Kwu Wan** 57 im Südosten, sind durch einen etwa anderthalbstündigen Spazierweg verbunden, der auch an der **Sandbucht Hung Shing Ye** vorbeiführt. Beide Orte weisen zahlreiche Fischrestaurants auf, in denen man draußen gemütlich tafeln kann, und beide sind durch Fähren mit Hongkong verbunden.

Cheung Chau

Das kleine **Cheung Chau** 58 ließe sich in einem halben Tag durchwandern, doch kann man auch seine Aufmerksamkeit auf die Siedlung am Hafen konzentrieren, die sich an der schmalsten Stelle der Insel befindet. Gute Fischgerichte servieren die Restaurants in der Pak She Praya Road.

Bekanntestes Gebäude der Insel ist der **Pak-Tai-Tempel**, der dem Herrscher des Nordens geweiht ist. Nach der Legende übergab ihm der Jadekaiser, die höchste daoistische Gottheit, das Kommando über zwölf Himmelsheere, mit denen er den König der Dämonen, der eine Schildkröte und eine Riesenschlange in Dienst gestellt hatte, besiegte. Die Statue zeigt ihn sitzend mit den Füßen auf den besiegten Gegnern. Sie gelangte 1777 nach Cheung Chau, als dort die Pest ausgebrochen war, die nach Ankunft der Figur wieder verschwand.

Jedes Jahr im Mai wird vor dem Pak-Tai-Tempel in Cheung Chau das **Brötchenfest** (s. S. 17) abgehalten, das auch »Fest der hungrigen Geister« heißt. Es geht nämlich auf einen Skelettfund von Bauarbeitern zurück, die befürchteten, die Totengeister geweckt zu haben. Deshalb besänftigt man diese nun mit drei über 20 m hohen spitzen Kegeln, die mit 20 000 gedämpften Brötchen bestückt sind. Alle Tempelfiguren werden zum Pak-Tai-Tempel gebracht und am letzten Tag des Fests in einer feierlichen Prozession, in der auch »schwebende« Kinder auf Gestellen mitgeführt werden, zu ihren Tempeln zurückgeleitet. Auf dem Tempelplatz finden Tänze und Konzerte statt. ■

Beim Brötchenfest auf Cheung Chau waren die Opfergaben, darunter auch Brötchen, ursprünglich für die ruhelosen Seelen derer gedacht, die Piratenangriffen zum Opfer gefallen waren

Unten: Pak-Tai-Tempel auf Cheung Chau

RESTAURANTS UND BARS

Preiskategorien (für ein Drei-Gänge-Menü mit einem Bier bzw. einem Glas Hauswein)
●●●● = über 45 €
●●● = 30–45 €
●● = 15–30 €
● = unter 15 €

Wer auf Hongkong Island zum Essen ausgehen oder das Nachtleben genießen will, muss nach Lan Kwai Fong und SoHo im Zentrum oder in die Lockhart Road in Wanchai. Viele Restaurants und Bars findet man auch in Causeway Bay. In Tsim Sha Tsui (Kowloon) konzentrieren sich Gastronomie und Klubleben auf das Straßenkonglomerat südlich des Kowloon Parks und etwas weiter östlich rund um die Mody Road. Eine lebhafte Meile ist auch entlang der Knutsford Terrace zu finden.

Insel Hongkong

Kanton-Küche

◆ Dynasty
3/F Renaissance Harbour View Hotel, 1 Harbour Road, Wanchai
Tel: 2802 8888
Der palastähnliche Speisesaal im Dynasty mit seinem außergwöhnlichen Interieur aus ausgewählten Antiquitäten verspricht ein exquisites kulinarisches Erlebnis. Achten Sie besonders auf saisonale Köstlichkeiten wie Schlangensuppe. ●●●

◆ Luk Yu Teahouse
24–26 Stanley St, Central, Tel: 2523 1970
In diesem traditionellen Teehaus nehmen die Stammgäste *dim sum* oder *yum cha* (diverse kleine Delikatessen) zum Tee zu sich. ●●

◆ Mak's Noodles
77 Wellington St, Central
Tel: 2854 3810
Hier ist die beliebte Wan-Tan-Suppe ein Gedicht: mit Garnelen gefüllte Teigkissen und ein filigranes Nudelnest schwimmen in einer kräftigen Brühe, die ihre Farbe von fermentierter Krabbenpaste erhält (abends bis 20 Uhr). ●

◆ Victoria City
2/F Sun Hung Kai Centre, 30 Harbour Rd, Wan Chai, Tel: 2827 9938
Victoria City ist *das* Paradies für Seafood-Liebhaber. Zudem täglich wechselnde *dim sum* (nur abends). ●●

◆ Yung Kee
32–40 Wellington St, Central, Tel: 2522 1624
Eine Institution in Hongkong und zu Recht berühmt für seine geröstete Gans und die 100-jährigen Eier. Auch gut für *dim sum.* ●●

Weitere chinesische Restaurants

◆ Chuen Cheung Kui
108–120 Percival St, Causeway Bay
Tel: 2577 3833
Dieses Lokal mit Hakka-Küche gibt es schon viele Jahre. Berühmt ist es für Spezialitäten wie in Salz gebackenes Huhn an beißend scharfer Knoblauch-Frühlingszwiebel-Sauce. ●●

◆ Red Pepper
G/F 7 Lan Fong Rd, Causeway Bay
Tel: 2577 3811
Alteingesessenes Sichuan-Restaurant mit schnörkellosen, authentischen und feurig-scharfen Gerichten. ●●●

◆ Yellow Door
6/F 37 Cochrane St, Central, Tel: 2858 6555
Gehört einem der bekanntesten Künstler Hongkongs, was sich auch in der sehr kreativen Ausstattung widerspiegelt. Mittags und abends werden gepflegte Speisen nach Sichuan- und Shanghai-Art gereicht (Mo–Fr mittags und abends, Sa nur abends). ●●

Französische Küche

◆ Le Tire-Bouchon
45a Graham St, Central
Tel: 2526 5965
Dieses traditionsreiche französische Restaurant verzaubert mit einem schönen Gewölbe, der erlesenen Karte und dem mit Qualitätsweinen bestückten Keller. ●●●

Indische Küche

◆ Tandoor
1/F Lyndhurst Tower, 1 Lyndhurst Terrace, Central, Tel: 2845 2262
Stilvolles indisches Restaurant mit erstklassigem Mittagsbuffet. ●●

Indonesische Küche

◆ Indonesia 1968
G/F 28 Leighton Rd, Causeway Bay
Tel: 2577 9981
Seit 1968 gibt es hier bewährte Klassiker wie *gado gado, sambal* und *nasi goreng*, dennoch humane Preise. ●

Internationale Küche

◆ Harlan's
Shop 2075 IFC-2, Central
Tel: 2805 0566
Das Harlan's wirkt arrogant und «geldig» und ist bemüht, die Reichen und Erfolgreichen Hongkongs anzuziehen. Gehobene moderne westliche Küche. ●●●●

◆ m at the Fringe
1/F 2 Lower Albert Rd, Central, Tel: 2877 4000
Das Lokal erfreut sich dank seiner einzigartigen Atmosphäre wachsender Beliebtheit. Das leckere Menü zeigt deutliche Einflüsse aus der Küche Frankreichs und Zentralasiens. Tipp: In die Bar über dem Lokal auf einen Drink gehen (Mo bis Fr mittags und abends, Sa/So nur abends)! ●●●

◆ Peak Lookout
121 Peak Rd
Tel: 2849 1000
Dieses historische Gebäude auf dem Peak mutet wie eine Alpenhütte an, die man in die Tropen verpflanzt hat. Das Lokal ist gut besucht, nicht zuletzt wegen der großartigen Aussicht auf Hongkong. ●●

Italienisch

◆ **Di Vino**
73 Wyndham St, Central
Tel: 2167 8883
Lauschige, schicke Weinbar kombiniert mit gutem Restaurant unter der Führung dreier charmanter Italiener. Kostenlose Vorspeisenhäppchen im Tapas-Stil (Mo–Fr mittags und abends, Sa nur abends). ●●

Bars

◆ **Carnegie's**
53–55 Lockhart Rd, Wanchai, Tel: 2866 6289
Rustikale Bar, am Wochenende laut und voll.

◆ **Club 97**
9 Lan Kwai Fong, Central
Tel: 2810 9333
Gibt's schon ewig, zählt aber immer noch zu den hippsten Bars der Stadt.

◆ **Club Feather Boa**
38 Staunton St, SoHo, Central, Tel: 2857 7156
Wie ein Atelier im Regency-Stil; fantastisch, ausgefallen und sehr SoHo.

◆ **Dublin Jack**
1/F 40 D'Aguilar St, Central, Tel: 2543 0081
Lebhafte irische Bar in Lan Kwai Fong. Reichhaltige Speisekarte mit bodenständigem irischem Essen, Guiness-Bier und großen Bildschirmen für Sportübertragungen.

◆ **Fringe Club**
2 Lower Albert Rd, Central, Tel: 2521 7485
Live-Bands und entspannter Biergarten auf dem Dach.

◆ **Mes Amis**
83 Lockhart Rd, Wan Chai, Tel: 2527 6680
Zur Straße hin offene Bar, Ecke Luard und Lockhart Road.

◆ **Staunton's**
10 Staunton St, SoHo, Central, Tel: 2973 6611
Schon lange existierende, gut gehende Bar.

◆ **Vodka Bar**
13 Old Bailey St, SoHo, Central, Tel: 2525 1513
Hippe Bar und Galerie.

Kowloon

Kantonesische Küche

◆ **Hoi King Heen**
B2 Grand Stanford InterContinental Hotel, 70 Mody Rd, Tsim Sha Tsui East
Tel: 2731 2883
Unendlich kreative Küche, die neuartige Zutaten für die Zubereitung klassischer Kanton-Gerichte verwendet (Mo–Sa mittags, tgl. abends). ●●●

◆ **Tang Court**
1/F Langham Hotel
8 Peking Rd, Tsim Sha Tsui
Tel: 2375 1333
Das Tang Court zählt zu den schicksten Kanton-Restaurants der Stadt. Innen opulent dekoriert, bietet es ausgefallene Speisen wie Haifischflossen, Vogelnester und Abalone. ●●●

Weitere chinesische Restaurants

◆ **City Chiu Chow**
East Ocean Centre, 98 Granville Rd, Tsim Sha Tsui East
Tel: 2723 6226
Spezialitäten des Hauses sind z.B. kaltes Krabbenfleisch, *e-fu*-Nudeln oder Hühnchen in *chin-jiu*-Sauce. ●●

◆ **Hutong**
28/F 1 Peking Rd, Tsim Sha Tsui
Tel: 3428 8342
Asien-Chic in Perfektion, basierend auf einer gelungenen Mischung aus Antikem und Modernem. Geboten wird klassische nordchinesische Küche mit zeitgenössischem Touch. ●●●

◆ **Peking Restaurant**
1/F 227 Nathan Rd, Jordan
Tel: 2730 1315
Im Peking Restaurant fühlt man sich in vergangenen Zeiten zurückversetzt, wenn einem die weißbehandschuhten Kellner formvollendet den Tisch zuweisen. Empfehlenswert ist hier die Peking-Ente. ●

◆ **Spring Deer**
1/F 42 Mody Rd, Tsim Sha Tsui
Tel: 2366 4012
Immer voll, daher ist rechtzeitiges Reservieren notwendig. Die kulinarischen Highlights sind Peking-Ente mit hauchdünnen Pfannkuchen und Geschnetzeltes vom Rind. ●●

Französisch

◆ **Gaddi's**
The Peninsula, Salisbury Rd, Tsim Sha Tsui
Tel: 2315 3171
Das historische Peninsula-Hotel hat sich mit seiner klassischen, schon legendären französischen Gourmetküche zu einem Magneten der High Society entwickelt. Der mit Lüstern geschmückte Speisesaal schwelgt in Opulenz, die Kleiderordnung sieht Anzug und Krawatte vor. ●●●●

Japanisch

◆ **Aqua**
29/F 1 Peking Rd, Tsim Sha Tsui
Tel: 3427 2288
Panoramaaussicht und glamouröses Design bei der Innenausstattung, Essen vom Feinsten: Japanisch (im Aqua Tokyo) und Italienisch (im Aqua Roma). ●●●

◆ **Hibiki**
15 Knutsford Terrace, Tsim Sha Tsui
Tel: 2316 2884
Neo-japanischer Tempel, in dem *tempura, sushi, sashimi* und Kobe-Rind serviert werden. Dunkle Holzmöbel und gedämpftes Licht prägen das behagliche Restaurant. ●●

Bars

◆ **Aqua Spirit**
1 Peking Rd
Tel: 3427 2288
Trendige, teure Bar mit herrlicher Aussicht auf die Skyline.

◆ **Chillax Bar & Club**
G/F The Pinnacle, 8 Minden Ave
Tel: 2722 4338
Quirlige Bar – eine von vielen entlang der Minden Avenue.

◆ **Rick's Café**
53–59 Kimberley Rd
Tel: 2311 2255
Laute, meist sehr volle Keller-Bar.

Ein Rest europäischer Wehmut: Macau

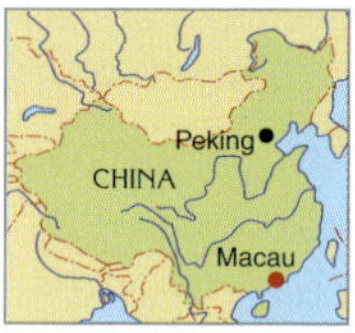

Wie auch Hongkong ist Macau heute ein Sonderverwaltungsgebiet Chinas. Lange Zeit aber war es eine portugiesische Kolonie, und das macht immer noch seine besondere Atmosphäre aus.

NICHT VERPASSEN!

- Kirche des hl. Paulus
- Monte-Fort
- Macau-Museum
- Halbinsel Barra
- Guia-Fort
- Venetian Casino
- Dorf Coloane

Unten: Fassade der Kirche des hl. Paulus

Als Macau 1557 gegründet wurde, war es die erste europäische Siedlung auf chinesischem Boden. Zuerst sehr erfolgreich und wohlhabend, wurde es später von Hongkong überflügelt, das einen größeren und tieferen Hafen nutzen konnte. Vielleicht war das sein Glück, denn so konnte es sich lange einen mediterranen Charme bewahren.

Heute wird Macau zum Spielerparadies Asiens nach dem Vorbild von Las Vegas ausgebaut. Das Glücksspiel, das in Hongkong verboten ist, bildet schon lange eine stete Einnahmequelle für die Stadt am Südufer des Perlflussdeltas, doch jetzt fallen alle Barrieren. In Zusammenarbeit der Kommunistischen Partei (die in der Volksrepublik das Glücksspiel verboten hat), der Triaden und amerikanischer Investoren wurden gigantische Hotels mit riesigen Spielsälen gebaut, die vor allem Tagesausflügler aus der VR China anlocken. Das interessante, ansprechende, mediterrane Macau ist nur noch in der Altstadt vorhanden, wo es im kolonialen Ambiente mediterran gelassen zugeht.

VERKEHRSMITTEL

Reisen nach Macau
Vom Flughafen auf der 2 km südlich gelegenen Taipa-Insel gibt es Direktflüge in mehrere asiatische Städten und in viele chinesische Provinzstädte. Ungefähr alle 15 Min. (nachts seltener) legen Jetfoils vom Macau Ferry Terminal in Hongkong ab, die das Perlflussdelta in einer Stunde überqueren. Wer es sehr eilig hat, kann in 20 Min. für viel Geld mit dem Hubschrauber aus Hongkong anreisen.

Reisen in Macau
Durch das wachsende Verkehrsaufkommen kommt es täglich zu Staus. Aber Taxis sind preiswert. Es gibt schwarze Taxis, die man an der Straße heranwinkt, und gelbe Taxis, die man telefonisch anfordern muss. Auch Busse sind günstig und sehr zuverlässig. Andere öffentliche Verkehrsmittel stehen nicht zur Verfügung.

Das historische Zentrum

Der dreieckige **Largo do Senado** ❶ bildet das Herz der Stadt. Er ist mit farbigen Pflastersteinen in Wellenform ausgelegt. An seiner Kopfseite liegt der **Leal Senado** ❷ (tgl. 9–18 Uhr), das 1585 errichtete Rathaus der Bürger mit einem von *azulejos* verkleideten Gang zum Hinterhof, dem opulent gestalteten Ratssaal und der eindrucksvollen Bibliothek.

Am Nordende des Platzes steht die **Kirche des hl. Dominikus** ❸ mit zahlreichen Barockelementen aus dem 17. Jh. Gegenüber befindet sich **Santa Casa de Misericórdia** ❹, das einst von der portugiesischen Krone für die Armen gebaut wurde.

Vom Platz folgt man am besten der wellenförmigen schwarz-cremefarbigen Pflasterung, um entlang zahlloser Läden zum Wahrzeichen Macaus zu gelangen, der **Fassade der Kirche des hl. Paulus** ❺. Die Jesuiten errichteten hier im 16. Jh. eine Kirche mit Priesterseminar, die jedoch 1602 durch eine prächtig verzierte Holzkirche mit später angebauter Granitfassade voller christlicher und chinesischer Symbole ersetzt wurde. Nach der Ausweisung der Jesuiten 1762 nutzte das Militär die Kirche. Im Jahr 1835 brach ein Feuer aus, das nur die Fassade stehen ließ. Hinter ihr wurden jetzt die Fundamente freigelegt, ein kleines Museum zeigt die Funde, sakrale Kunst sowie die Gebeine christlicher Märtyrer.

Erhöht liegt nebenan das um 1622 als Verteigigungsanlage gegen die Holländer erbaute **Monte-Fort** ❻ (Di–So 7 bis 19 Uhr), von dessen Mauern man einen schönen Blick hat. Das Innere der Festung wurde zum **Stadtmuseum** (Di–So 10–18 Uhr) umgebaut und veranschaulicht durch ausgestellte Objekte, nachgebaute Häuser, Fotos, Videos und Tonbänder die abwechslungsreiche Geschichte Macaus.

Hält man sich hinter dem Fort links, so gelangt man zum **Camões-Garten** ❼, der einst zum Anwesen der britischen East India Company gehörte und heute mit großen Bäumen und schattigen Wegen ein Refugium in der Stadt ist. Benannt ist er nach dem portugiesischen Dichter Luís de Camões, der 1553 wegen Verstoßes gegen das Duellverbot nach Goa verbannt wurde

Mit dem Aufzug geht es hinauf auf den Macau Tower. Von oben hat man einen sagenhaften Blick und kann auch das Ausmaß der hektischen Bau- und Landgewinnungsmaßnahmen erkennen.

Unten links: Ruhiges Sträßchen im alten Kern von Macau
Unten: Auf dem Monte-Fort

Macau
0 500 m
MACAU
0 1000 m
Shenzhen
Hongkong
Friendship Bridge
Macau-Taipa Bridge
Sai Von Bridge
Macau International Airport
TAIPA
Taipa Houses Museum
Venetian Casino
COTAI STRIP
Lotus Bridge
Macau Port Kao Ho
A-Ma Cultural Village
Macau Golf & Country Club
SEAC PAI VAN PARK
COLOANE
Hác Sá Beach
Tam Kung Temple
Baía Cheoc Van
Portas do Cerco
Av. da Ponte da Amizade
Av. A. Tamagnini Barbosa
Estrada dos Cavaleiros
Istmo Ferreira do Amaral
Rua Um
Rua Dois
Av. da Longevidade
R. Direita do Hipodromo
Es. Mar. do Hipodromo
Av. Leste do Hipodromo
R. Central da Areia Preta
Canal Novo
Av. do Nordeste
Rua 1° de Maio
Rua do Avenida 1° de Maio
Rua Novo da Areia Preta
Estrada Marginal da Areia Preta
Lin-Fong-Tempel
Canidrome
Festung Mong-Ha
COLINA DE MONG-HA
Av. de Venceslau de Morais
Rua dos Pescadores
Macau-Seac Tin Hau Tempel
Wasser-reservoir
Taipa
Rampa dos Cavaleiros
Pereira
Kun-Iam-Tempel
Av. do Almirante Lacerda
Avenida do Coronel Mesquita
Avenida do Ouvidor Arriaga
Avenida de Horta e Costa
Xavier
Francisco
Costa Cabral
Almeida
Rua de S. Mendes
Guia Seilbahn
Flora Gardens
COLINA DA GUIA
Avenida da Amizade
Fähr-anleger
Baía Sul do Patane
R. da Ribeira do Patane
Estrada
Rua da Barca
GARTEN LOU LIM IOC
Ferreira de Almeida
Haus von Sun-Yatsen
Camões-Garten
Alter Protest. Friedhof
R. Entre Campos
R. Coelho do Amaral
Repouso
Rua do Almirante
Rua de
Friedhof St Michael
Estr. d. Cemitério
Av. do Conselheiro
Rua Ferreira do Amaral
Estrada da Vitoria
Guia-Fort & Leuchtturm
Estrada do Engenheiro Trigo
Cacilhas
Rodrigues
Jai-Alai-Kasino
Casino de Macau (Floating Casino)
Rua T. Vieira
Carneiro
Rua de B.
Stadtmuseum
Monte-Fort
Fasade d. Kirche des Hl. Paulus
Rua das Lorchas
Rua d. Estalgens
Sta Casa da Misericórdia
Kirche des Hl. Dominikus
Largo do Senado
Kathedrale
Rua do Campo
Est. do Visc. de S. Jan.
Estrada S. Francisco
Forum mit Grand-Prix- und Wein-Museum
Estrada
Dr. Rodrigo
Gomes
Fisherman's Wharf
Golden Sands Macau Casino
Gonzaga
Luis
Avenida do
Rua de
Star World Casino
Rua de Berlim
Avenida Xian Xing Hai
Gov. J. Silver Marques
Av. do
Roma
Macau Museum of Art
Kulturzentrum
Al. Dr. Carlos D'Assumpção
Av. Dr. Carlos D'Assumpção
R. de
Av. Almeida Ribeiro
Innerer Hafen
Leal Senado
Kirche des Hl. Augustinus
Av. Infante D. Henrique
Av. d. João IV
Central
Hotel Lisboa
Rua Cidade de Sintra
Av. Sir A. Ljungsted
St Joseph's Seminar
Theater Dom Pedro V.
R.
Sitz des Gouverneurs
Avenida Dr Sun Yatsen
Kun-Iam-Statue
Wynn Macau Casino
Rua Cidade de Coimbra
NAPE
MGM Grand
NAPE Waterfront
Sérgio
Rua do Dr. L. Pereira Marques
Kirche des Hl. Laurentius
R. P. Antonio
Av. da Praia Grande
Fonte Cibemética (Cybernetic Fountain)
Macau-Taipa-Brücke
Rua do Almirante
Bischofs-palast
Calçada da Barra
Portuguese Consulate
Bahia da Praia Grande (Lago de Nam Van)
PENHA-HÜGEL
A-Ma-Tempel
Schiffahrts-museum
Rua Praia do Bom Patro
Lago Sai Van
Barra Hill
R. da Barra
Pousada de São Tiago
Festung von Barra
Av. de Republica
Freundschafts-monument
Avenida Dr. Sun Yatsen
Macau Tower Convention and Entertainment Centre
Taipa, Coloane

Karte auf Seite 298

und dann nach Macao kam. Er soll hier einige Verse seines Epos »Os Lusíadas« geschrieben haben. Neben dem Park liegt der **Alte Protestantische Friedhof**, der interessante Grabsteine aufweist, etwa den des Malers George Chinnery (1774–1852), der zahlreiche Skizzen aus dem Alltagsleben Macaus festhielt, oder des ersten protestantischen Missionars, Robert Morrison.

Die Halbinsel im Süden

Vom Largo do Senado aus kann man auf dem Rücken des Hügels, der die südliche Halbinsel formt, einige der alten Kirchen der Stadt entdecken. An einem kleinen Platz liegt die **Kirche des hl. Augustinus** ❽, die ursprünglich aus dem 16. Jh. stammt, aber im 19. Jh. umgebaut wurde. Bekannt ist ihr Hochaltar mit einer großen Christusfigur vor einem Golgatha-Panorama. An Ostern wird die Jesusstatue in einer Prozession durch die Stadt getragen. Gegenüber befindet sich das **Teatro Dom Pedro V.**, ein klassizistisches Haus, das nur zu den abendlichen Vorstellungen geöffnet ist. Etwas höher als die Straße ragt die **Kirche des hl. Laurentius** ❾ auf, die in einem Garten liegt. Sie gehört zu den ältesten der Stadt.

Wer genug Puste hat, steigt zum **Penha-Hügel** ❿ mit einer Kapelle auf, denn von hier oben genießt man einen herrlichen Blick. An den Abhängen des Hügels liegen der **Bischofspalast** und das ehemalige **Hotel Bela Vista** mit einer bewegten Geschichte, das heute Residenz des portugiesischen Konsuls ist.

Fast an der Spitze der Halbinsel erhebt sich der **A-Ma-Tempel** ⓫ (tgl. 7 bis 18 Uhr) aus dem späten 16. Jh. Er ist der Fischergöttin Tin Hau geweiht, die an dieser Stelle nach einem überstandenen Sturm an Land gekommen sein soll. Direkt gegenüber steht das sehenswerte **Schifffahrtsmuseum** ⓬ (tgl. außer Di 10–17.30 Uhr) mit zahlreichen Schiffsmodellen, nachgestellten Szenen, Karten und technischem Gerät. In Aquarien tummeln sich exotische Fische und kleine Haie.

Die Kirche des hl. Laurentius wurde ursprünglich um 1560 errichtet und dann Mitte des 19. Jhs. wiederaufgebaut. Sie ist eine der schönsten portugiesischen Kirchen Macaus.

Unten und unten links: Das glamouröse Venetian Casino

MACAUS KASINOS

Seit vielen Jahren verdient Macau gut an der Spielsucht der Asiaten. Zuerst waren es die Hongkonger, die am Wochenende den Perlfluss überquerten, um ihr Geld loszuwerden. Doch nach der Rückgabe der einstigen Kolonie an China flossen riesige Investitionen in gigantische Kasinos, und schon bald rollten die Busse aus der Volksrepublik an, um die Massen von Wanderarbeitern, die dort in ihren Fabriken kaum Unterhaltung hatten, in die Spielhallen zu karren. Schon mehr als 30 Kasinos haben in Macau ihre Pforten geöffnet. Immerhin bestreitet allein die Spielsteuer mehr als 40 % des Stadthaushalts.

Früher war Stanley Ho als Chef des größten Tourismuskonzerns Macaus Eigentümer fast aller Kasinos. Seit die Kommunistische Partei 2002 Investitionen aus dem Ausland in die Spielindustrie erlaubte, haben die Tycoone aus Las Vegas die Macht übernommen. Macau möchte die Spielstadt Nr. 1 der Welt werden, und von 2005 bis 2007 stiegen die Umsätze tatsächlich um 30 %. Doch seit Beginn der Wirtschaftskrise sind bereits mehr als 30 Mio. Arbeiter aus dem Perlflussdelta arbeitslos in ihre Heimat zurückgekehrt. Geld zum Spielen bleibt da nicht mehr.

Der Guia-Leuchtturm (17. Jh.) ist Chinas ältester Leuchtturm

Das neue Macau

Durch aufgeschüttetes Gelände wurde die herrliche Bucht mit ihrer baumbestandenen Promenade weitgehend zerstört. Dafür ragt hier jetzt der 338 m hohe **Macau Tower** ⓭ (tgl. 10 bis 21 Uhr) auf. Fastfood und laute Unterhaltungseinrichtungen dominieren, einen richtigen Thrill bietet aber nur der **Skywalk,** bei dem man angeseilt den Turm außen umrunden kann. Zur Aussichtsplattform und zum Drehrestaurant in 223 m Höhe fährt ein schneller Aufzug.

Noch mehr aufgeschüttetes Land befindet sich weiter im Norden. Neben dem **Hotel Lisboa,** das einst das größte und bunteste der Stadt war und schon lange ein Kasino beheimatet, ragen das kupferfarbene **Wynn,** das gold- und silberfarbene **MGM,** das **Star World** und das **Golden Sands** auf.

In der Gegend machen auch immer mehr Cafés und Restaurants auf, und man kann neben der stark befahrenen **NAPE Waterfront** ⓮ promenieren und einen Blick auf die kitschige Kun-Iam-Statue im Wasser werfen. Am Ende der Straße hat das **Kulturzentrum** einen imposanten Auftritt, und daneben präsentiert das **Macau Museum of Art** ⓯ (Mi–Mo 10–17 Uhr) in fünf großen Galerien über 3000 Werke von der Keramik über Kalligrafie bis zur Malerei.

Weiter östlich liegt der **Fährterminal,** und ein künstlicher Vulkan markiert den Eingang zum Unterhaltungspark **Fisherman's Wharf** ⓰.

Unten: Mittags bei Fernando's

Nach Norden zur Grenze

Auf einem weiteren Hügel der Stadt steht das **Guia-Fort** ⓱ (tgl. 9–17 Uhr). Es entstand als letzte Festung im Jahr 1638 und diente ab 1865 gleichzeitig als Leuchtturm. Einige der Signalgeräte werden ausgestellt. Am Abhang laden die **Flora Gardens** zum Spaziergang. Östlich der Festung kann man sich im **Forum** ⓲ das **Weinmuseum** (mit Weinverkostung) und das **Grand-Prix-Museum** ansehen (beide tgl. 10 bis 17 Uhr). Große Attraktion des letzteren ist ein Simulator, in dem sich jeder selbst als Rennfahrer testen kann.

Die Grenze zu China markierten die **Portas do Cerco** von 1870.

Auf den Inseln

Die beiden zu Macau gehörenden ehemaligen Inseln wurden durch Aufschüttung des **Cotai Strip** ⓳ verbunden. Auch diese Gegend wird vollständig mit Hotels und Kasinos bebaut. Blickfang ist das riesige **Venetian Casino.** Von **Taipa Village** ⓴ blieben nur einzelne Häuser erhalten. Im **Taipa House Museum** (Di–So 9.30–17 Uhr) wird die Einrichtung eines solchen Bürgerhauses gezeigt und im **Museum of Taipa and Coloane History** (Di–So 10–18 Uhr) einiges über die Vergangenheit der Insel erklärt.

Im Dorf **Coloane** ㉑ gedenkt eine kleine Kirche des hl. Francis Xavier. Nicht weit entfernt liegt der schlichte Tam-Kong-Tempel mit einer aus einem 2 m langen Walknochen geschnitzten Szene. Beliebt ist Coloane auch wegen seiner Strände im Süden, von denen der beste der **Hac Sa Beach** ist. ■

RESTAURANTS UND BARS

Restaurants

Preiskategorien (Drei-Gänge-Menü pro Person, inklusive ein Getränk)
●●●● = über 44 €
●●● = 26–44 €
●● = 13–26 €
● = unter 13 €
In Macau kann man gut und günstig essen gehen. Zudem ist die lokale Küche sehr interessant, da sich in ihr auch Elemente der ehemaligen portugiesischen Kolonien wiederfinden lassen. Die Einflüsse Afrikas, Brasiliens, Goas und Chinas mischen sich auf gelungene Art mit jenen der einstigen europäischen Kolonialmacht.

Portugiesisch/ Macanesisch

◆ **A Lorcha**
289 Rua Almirante Sérgio
Tel: 2831 3193
Eines der besten portugiesischen Restaurants in Macau. Es serviert z.B. Schwein mit Muscheln, *feijoda* (Eintopf von Schwein und Bohnen) und Reis mit Meeresfrüchten (Di geschl.). ●●

◆ **A Petisqueira**
15A & B Rua São João, Taipa, Tel: 2882 5354
Fisch und Meeresfrüchte sind hier ein Muss. Besonders zu empfehlen sind Hummer, verschiedene Meeresfrüchtesalate, Seebarsch- und Kabeljau-Gerichte nach portugiesischer Art (Mo geschl). ●●

◆ **Clube Militar de Macau**
975 Avenida de Praia Grande, Tel: 2871 4009
Ehemaliges Offizierskasino von 1870, das immer noch die High Society anzieht. Echt portugiesische Küche und exzellente Weinkarte. ●●●

◆ **Fernando's**
9 Praia Hac Sa, Coloane
Tel: 28 88 25 31
Oft sieht man hier die Menschen Schlange stehen, um einen Tisch zu ergattern. Lecker sind knuspriges afrikanisches Huhn, Garnelen in Muschelsauce oder geschmorte Krabben. ●●

◆ **Nga Tim Café**
8 Rua Caetano, Coloane Village, Coloane
Tel: 2888 2086
Hier kann man auf dem Dorfplatz im Freien essen. Viele Stammkunden besuchen das Café, um die schlichten portugiesischen und macanesischen Klassiker zu genießen, z.B. afrikanisches Huhn und Knoblauch-Garnelen. ●●

◆ **O Manuel**
90 Rua Fernão Mendes Pinto, Taipa
Tel: 2882 7571
Bescheidenes, aber beliebtes Restaurant, das portugiesische Köstlichkeiten wie Kabeljau-Küchlein, gegrillte Sardinen und *calde verde* (Gemüsesuppe) anbietet. (Mi geschl.). ●●●

◆ **O Porto Interior**
259 Rua Almirante Sérgio, Tel: 2896 7770
Feine macanesische Küche in einem mit Drucken und Artefakten hübsch dekorierten Restaurant. ●●–●●●

Kantonesische Küche

◆ **Tung Yee Heen**
1/F Mandarin Oriental Hotel, Avenida da Amizade, Tel: 2879 3821
Täglich wechselnde *dim sum* und andere Leckereien wie gebackene Garnelen mit Knoblauch-Chili-Sauce. ●●–●●●

Französische Küche

◆ **La Bonne Heure**
12A & B Travessa de São Domingos
Tel: 2833 1209
Französische Küche der Extraklasse, vom Chef persönlich zubereitet (er hat unter Robuchon gelernt, s. unten). Häufig gibt es Kunstausstellungen und freitags Drinks und Musik bis 1 Uhr nachts (Mi geschl.). ●●

◆ **La Comédie Chez Vous**
Avenida Xian Xing Hai, Edificio Zhu Kuan (gegenüber Kulturzentrum)
Tel: 2875 2021
Das Café serviert gute Crêpes und ist wegen seines Frühstücks bekannt (8–12 Uhr). Restaurant im 1. Stock. ●–●●

◆ **Robuchon A Galera**
3/F Hotel Lisboa, 2 Avenida de Lisboa
Tel: 2857 7666
Joel Robuchon, der in Frankreich hochgelobte »Jahrhundertkoch«, hat sich das Hotel Lisboa für sein erstes Restaurant fern der Heimat ausgesucht. Übertrieben hohe Preise am Abend, humanere zu Mittag. ●●●●

Italienische Küche

◆ **Antica Trattoria**
40–42 & 46 Avenida Sir Anders Ljungstedt, NAPE
Tel: 2875 5103
Antica Trattoria bietet leckere Pasta, Pizza und typisch italienische Snacks (2. Di im Monat geschl.). ●●

◆ **Pizzeria Toscana**
Calcada da Barra, 2A Edificio Cheong Seng
Tel: 2872 6637
Eine Institution in der Barra-Gegend. Hier sind die Linguine mit Muscheln und Profiteroles zu empfehlen. ●●

Bars

Macau hat ein lebhaftes Nachtleben zu bieten. Viele gute Bars findet man im NAPE, z.B. das **Bex**, eine trendige Lounge Bar auf der Av. Xian Xing Hai, dann **Casablanca, Oparium** und das laute **MP3**, alle auf der Av. Sun Yatsen. **Al's Diner** in Fisherman's Wharf ist eine sehr bekannte Hongkong-Bar. Es gibt auch ein Reihe von vornehmen Hotelbars, z.B. das **Vasco** im Mandarin Hotel oder die **Whisky Bar** im Star World Hotel. Eher traditionell ist die **Old Taipa Tavern** im Dorf Taipa.

振成樓
咸鳳祥麟
振綱立紀
成德達材

Guangdong, Fujian und die Insel Hainan

Viele bedeutende historische Begegnungen zwischen China und dem Westen fanden im Süden des Landes statt. Auch heute noch gibt sich die Region, weit weg vom Einflussbereich Pekings, dynamisch und weltoffen.

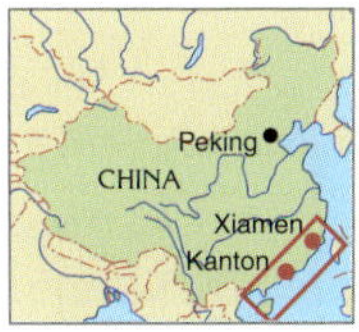

NICHT VERPASSEN!

- Shamian, Kanton
- Zhaoqing
- Chaozhou
- Strände auf Hainan
- Gulangyu, Xiamen
- Seefahrtsmuseum
- Hakka-Rundhäuser
- Wuyi Shan

Die südöstliche Ecke Chinas hat sich immer schon – weit von der Hauptstadt entfernt – nach außen gewandt, jetzt stampft sie seit drei Jahrzehnten als Lokomotive im Prozess der Wirtschaftsentwicklung voran. Dem wird vieles untergeordnet, doch einige interessante historische Zeugnisse und attraktive Landschaften sind noch vorhanden.

Nach Fujian, mehr aber noch nach Guangdong schoben die Kaiser früher ungeliebte Intellektuelle und andere Störenfriede ab, denn damit waren sie weit weg vom Zentrum der Macht. Die beiden Provinzen schauten immer aufs Meer, nach außen; sie verkörperten das »blaue« China im Gegensatz zum »gelben«, dem nach innen schauenden Norden mit dem Kaiser an der Spitze. Die Menschen im Südosten unterscheiden sich in vielerlei Hinsicht von denen im Norden. Nicht nur sind sie meist kleiner und weniger massig, sondern sie sprechen auch eine andere Sprache. Fujian ist ein sehr schwieriger Dialekt, und Kantonesisch ist für die meisten anderen Chinesen überhaupt nicht zu verstehen. Aber heute spricht man die Regionalsprachen – was früher verboten war – wieder mit großem Stolz, nicht zuletzt, um sich von den Bürokraten im Norden abzusetzen.

Vor allem Guangdong mit der Hauptstadt Kanton (offizielle Umschrift Guangzhou) stand seit 1978 an der Spitze der Wirtschaftsreformen. Mit den Sonderzonen Shenzhen, nördlich von Hongkong, und Zhuhai, nördlich von Macau, sollte Kapital und Know-how aus den Nachbarstädten gezogen werden, was Mitte der 1980er-Jahre gelang. Aus Fischerdörfern wurden streng vom Rest des Landes abgeschirmte Großstädte, die Werkhallen einfacher Industrieprodukte mit den Schlafzellen ihrer Produzenten. Inzwischen sind die Produkte anspruchsvoller geworden und die Menschen auch.

Der Boom hat sich über das gesamte Delta ausgebreitet, malerische Dörfer wie Foshan, Shunde, Zhongshan und

Links: Rundhaus der Hakka, Fujian **Unten:** Blick vom Tempel der Sechs Banyanbäume

Jogger im Yuexiu-Park im Zentrum von Kanton. Der Park ist die größte unbebaute Fläche der Stadt.

Dongguan sind zu Industriestädten geworden. Nur vereinzelt finden sich noch historische Stätten oder schöne Landschaften.

Auch die Insel Hainan, die wie ein Tropfen unter dem Festland hängt, war einst ein idyllischer Ort mit vollkommen unberührten Traumstränden wie im Bilderbuch: weißer Sand und grüne Palmen. Heute sind viele Buchten zugebaut und man fühlt sich an die Bausünden des Mittelmeers erinnert – nur hier ist alles noch viel sündhafter.

Die Ziegenstadt: Kanton

Fünf Ziegenböcke schwebten vom Himmel herab, jeder eine Garbe mit fünf Weizenähren im Maul, damit die Bewohner der »weiten Ebene«, wie man den chinesischen Namen Guangzhou übersetzen könnte, nie mehr an Hunger zu leiden hätten – so lautet die Legende. Und tatsächlich scheint sich diese Prophezeiung erfüllt zu haben, denn die Stadt und ihre Umgebung lebten fast immer in Wohlstand.

Kanton ❶ besitzt bereits eine rund 2000-jährige Tradition des Handels mit Südostasien, und spätestens seit dem 8. Jahrhundert, als Tausende von Händlern selbst aus arabischen Ländern hier ansässig waren, kann man von einer »Seidenstraße über das Meer« sprechen. 1517 tauchten dann erstmals Europäer vor dem Hafen auf, gerade zu einer Zeit, als der Ming-Kaiserhof in Peking sich nach innen wandte und den Handel behinderte. Schließlich blieb Kanton als einziger Handelsort für Ausländer bestehen. Diese durften die Hälfte des Jahres in ihren »Faktoreien« genannten Lagerhäusern und Büros bleiben, um Tee, Porzellan und Seide gegen Silber zu tauschen. Doch leichter zu beschaffen war zumindest für die Briten das indische Opium, um das Mitte des 19. Jahrhunderts zwei Kriege ausbrachen.

Zu Beginn des 20. Jahrhunderts entstand hier die republikanische Bewegung um den Arzt Sun Yatsen, die schließlich die Monarchie stürzte, doch keinen einheitlichen Staat gründen konnte. Die fortschrittlichen Kräfte sammelten sich in Kanton. Guomin-

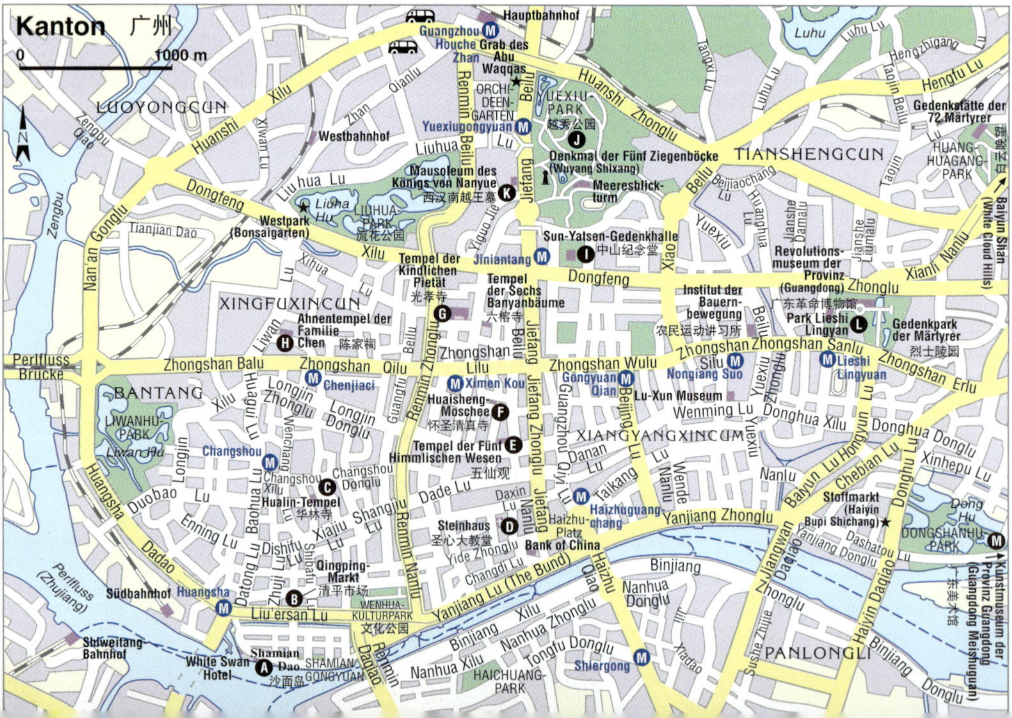

dang und Kommunistische Partei bauten mit sowjetischer Unterstützung die Kadettenschule von Huangpu (Whampoa) außerhalb von Kanton auf, von wo sie das Reich zurückerobern wollten. Folge waren zahlreiche Gefechte in der Stadt, an die mehrere Denkmäler und Parks erinnern. Nach 1949 entwickelte sich die Umgebung Kantons zu einem Industriezentrum, und auch der Handel nahm einen Aufschwung. Auch unter kommunistischer Herrschaft blieb Kanton eine winzige Öffnung zur Welt, nicht zuletzt durch die Messen, durch die der Westen die Gelegenheit bekam, chinesische Produkte einmal aus der Nähe zu betrachten.

Koloniales Erbe

Ganz im Süden der Innenstadt liegt im Perlfluss die **Insel Shamian** Ⓐ, übersetzt »Sandbank«, und eine solche befand sich hier bis Mitte des 19. Jahrhunderts Dann wurde sie befestigt, mit zwei schwer bewachten Brücken ans Ufer angebunden, und die Europäer errichteten auf ihr Büro- und Wohngebäude. Vorher hatten sie ihre Faktoreien nur einen Steinwurf entfernt am Flussufer gehabt, dort wo sich heute die Leute abends bei Karussells, Freiluftaufführungen und Snacks im **Wenhua-Kulturpark** amüsieren. Mauer an Mauer lagen hier die Niederlassungen von Briten, Franzosen, Holländern, Amerikanern, Dänen, Schweden und Spaniern, doch zu Beginn des 2. Opiumkriegs (1856–1860) wurden sie niedergebrannt. Nachdem die europäischen Mächte den Krieg gewonnen hatten, bauten sie die Insel zu einem sichereren Standort aus. Chinesen benötigten eine Genehmigung, um Shamian tagsüber zu betreten.

Europäisches Flair sowie zahlreiche Gebäude aus der Kolonialzeit sind auf der Insel erhalten und an chinesische oder ausländische Firmen vermietet. Auch die ersten Tennisplätze wurden schon 1877 angelegt. Die Briten bauten 1865 zuerst die Christuskirche, die Franzosen zogen 1889 mit der katholischen Kirche der Jungfrau von Lourdes nach. Alte und neu gepflanzte Bäume machen die Insel zu einem stillen Plätzchen der Entspannung.

An die Insel angebaut wurde 1983 das **White Swan Hotel** (s. S. 429), das erste mit ausländischen Partnern betriebene Luxushotel außerhalb Pekings. Damals war schon die glamouröse Lobby mit ihrem künstlichen Wasserfall eine sensationelle Sehenswürdigkeit, später kam dann die weiße »Taxiflotte« vor der Tür dazu.

Direkt nördlich der Halbinsel Shamian beginnt der **Qingping-Markt** Ⓑ, der 1978 als einer der ersten »freien Märkte« wieder geöffnet wurde. Der aufgrund seines sensationellen Angebots – von Schlangen über Schildkröten bis zu Affen – recht bekannte Markt wurde in den letzten Jahren zu einem großen Umschlagplatz für Heilkräuter für die traditionelle Medizin.

Die Xiajiu Lu führt zum berühmten dreistöckigen Restaurant »Guangzhou« (s. S. 321), das 1935 gegründet wurde. Dahinter blieb in einer eng bebauten, noch recht traditionellen Gegend der im 6. Jahrhundert gegründete **Hualin-Tempel** Ⓒ (Hualinsi, tgl. 8 bis

TIPP

Jeden Monat strömen Tausende Wanderarbeiter auf Arbeitssuche nach Kanton, meist vergeblich. Die Folge davon ist eine hohe Kriminalitätsrate. Taschendiebstahl kommt beispielsweise häufiger vor als in anderen Gegenden Chinas. Besonders aufpassen sollte man in der Nähe des Bahnhofs und in der U-Bahn.

Unten: Auf der Insel Shamian sieht man noch viele Bauten aus der Zeit der europäischen Kolonialmächte

17 Uhr). erhalten. Die heutige Anlage stammt jedoch aus der Qing-Dynastie. Bekannt ist der einfache Bau wegen seiner sehr lebhaft ausgeführten 500 Luohan-Figuren. Eine der Figuren rechts vom Altar mit breitkrempigem Hut soll den Chinareisenden Marco Polo darstellen.

Das Ufer entlang

Am östlichen Ende von Shamian überquert die **Renmin Daqiao** den Perlfluss, die älteste Eisenbrücke über den Fluss, 1933 errichtet. Weiter östlich steht ein Erinnerungsstein für Aufständische, die in den 1920er-Jahren von Wachsoldaten Shamians erschossen wurden. Die manchmal in Anlehnung an Shanghai »Bund« genannte Uferstraße versammelt historische Gebäude aus dem 19. Jahrhundert.

Etwas nördlich von ihr ragen die Türme der größten katholischen Kirche Chinas auf. Sie heißt eigentlich Kirche des Heiligen Herzens Jesu, ist lokal aber eher als **Steinhaus** Ⓓ (Shishi) bekannt, weil der französische Architekt Guillemin sie 1888 ganz aus grauem Granit bauen ließ.

Richtung Zhongshan Lu

Einige Querstraßen weiter sollen die fünf Ziegenböcke, die Kanton Wohlstand brachten, gelandet sein. Ihnen weihte man den **Tempel der Fünf Himmlischen Wesen** Ⓔ (Wuxianguan, Huifu Xilu; tgl. 9–12, 14–17 Uhr). Steinstelen erinnern an das legendäre Ereignis. Durch ein Tor gelangt man dann zu einem erstaunlichen Glockenturm aus der Ming-Zeit, zu dessen 5 t schwerer Glocke man hochsteigen kann. Im Hinterhof stehen ungewöhnliche Steinfiguren von Tieren.

Weiter nördlich ragt das 36 m hohe Minarett der **Huaisheng-Moschee** Ⓕ über die Mauer. Abu Waqqas soll sie 627 gegründet haben, womit sie die älteste Chinas wäre. Wie seit einigen Jahrhunderten üblich sind mehrere Gebäude im chinesischen Stil gehalten.

Drei Tempel

Nur einige Straßen weiter erhebt sich aus dem Häusermeer die 57 m hohe, achteckige Blumenpagode mit neun Stockwerken. Sie stammt ursprünglich aus dem 11. Jahrhundert und gehört zum **Tempel der Sechs Banyanbäume**

Unten: Der Perlfluss durchzieht Kanton

(Liurongsi, Liurong Lu; tgl. 8.30 bis 17 Uhr), der im 6. Jahrhundert gegründet wurde. Erst im 11. Jahrhundert erhielt er seinen Namen, als der Dichter Sung Po die sechs Banyanbäume in einer Kalligrafie verewigte. Eine Kopie davon ist über dem Tempelportal zu sehen. Heute jedoch hat diese Bezeichnung keine Berechtigung mehr, denn die schönen Bäume sind verschwunden. In klassischer Anordnung birgt die Haupthalle drei Buddhas und Gemälde der 18 Luohan, in Seitenhallen werden weitere Heilige verehrt.

In einem noch relativ unberührten Viertel liegt der **Tempel der Kindlichen Pietät** Ⓖ (Guangxiaosi, Hongshu Beilu; tgl. 8–17 Uhr), der im 3. Jahrhundert entstand, aber im 7. Jahrhundert bekannt wurde, als der Mönch Huineng hier lebte. Als 6. Patriarch des Chan-Buddhismus wird er in der Haupthalle verehrt. Der Respekt vor dem Meister war so groß, dass man später seine Haare unter einem Bodhibaum begrub, an dessen Stelle jetzt die Pagode des Begrabenen Haars (Yifata) steht. Eindrucksvoll sind auch die Mahavira-Halle mit einer tausendarmigen Guanyin sowie die beiden Eisenpagoden in einem Seitenhof des Tempels. Die kleinen Pagoden weisen je über 900 Nischen mit Buddhafiguren auf.

Kantons bedeutendster Tempel ist hingegen der **Ahnentempel der Familie Chen** Ⓗ (Chenjiasi, Enlongli, tgl. 8–17 Uhr), eine zwischen 1890 und 1894 entstandene riesige Anlage, in der nicht nur die Ahnentafeln der Großfamilie aufbewahrt wurden, sondern auch die Söhne der Familie Unterricht bekamen. Die äußere Mauer bildet ein Quadrat von 80 m Seitenlänge, darin ordnen sich drei Reihen mit jeweils drei Gebäuden, dazwischen luftige Innenhöfe. Überdachte Wandelgänge verbinden die Gebäude. Am auffallendsten sind jedoch die Dekorationen. Die Dachfirste sind mit bis zu 2 m hohen Reliefs von Porzellanfiguren geschmückt, die Szenen aus Mythen und der Literatur darstellen. Steinmetzarbeiten dekorieren jede Säule, verbinden durch Rankwerk Balustraden und Wände, in die zudem gusseiserne Platten eingelassen wurden,

Die Sun-Yatsen-Gedenkhalle mit ihrem auffälligen blauen Ziegeldach kann man nicht übersehen

Unten: Der Tempel der Sechs Banyanbäume von der Blumenpagode aus gesehen

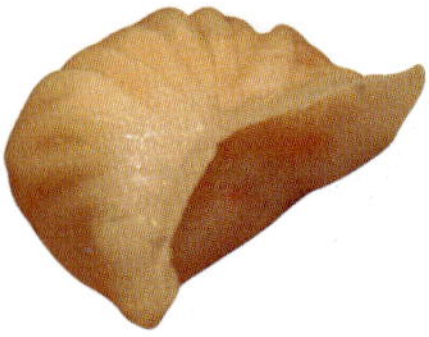

Es gibt ein berühmtes chinesisches Sprichwort: »Man diskutiert in Peking, man kauft in Shanghai ein und man isst in Kanton.« Zweifellos ist Kanton berühmt für seine hervorragende Küche – von Insektenomeletts bis zu *dim sum.* Am Vormittag genießt man beim *yum cha* (»Tee essen«) diese köstlichen Teigtaschen (im Bild *har gow*), dazu Gebäck und Nudelgerichte.

natürlich ebenfalls durch Rankwerk, Früchte, Tiere und Schriftzeichen verziert. Stuckverzierungen in einer Gesamtlänge von 1800 m finden sich vor allem unter den Dachtraufen, hinzu kommen großflächige Ziegelschnitzereien – ein wahrhaft überwältigendes Beispiel großbürgerlichen Reichtums zum Ende des 19. Jahrhunderts. 1949 wurde die ganze Anlage enteignet und als Lager genutzt; heute ist sie hervorragend renoviert und dient gleichzeitig als Museum für Kunsthandwerk. In einem Seitenflügel befindet sich ein Teegeschäft.

Nördlich der Dongfeng Lu

Direkt an der großen Ost-West-Verbindung steht die 1931 erbaute **Sun-Yatsen-Gedenkhalle** ❶ (Zhongshan Jiniantang, tgl. 8–18 Uhr), eine riesige, mit blauen Glasurziegeln gedeckte achteckige Halle, in der sich bis zu 4700 Zuschauer zu Kulturveranstaltungen versammeln können.

Im Norden der Stadt, unweit des Hauptbahnhofs, liegt der hügelige **Yuexiu-Park** ❶ mit Sportstadion, Schwimmbad, Seen, Blumengärten und Pavillons, vor allem aber dem **Meeresblickturm** (Zhenhailou) aus dem Jahr 1380. Vom fünften Stock des wie ein frühes Hochhaus wirkenden Turms, der inzwischen als historisches Museum (Di–So 9.30–16 Uhr) der Region genutzt wird, hat man zwar keinen Blick aufs Meer, aber über den Park und die Stadt. Etwas südlich des Turms steht eine große Steinskulptur aus dem Jahr 1959 als **Denkmal der Fünf Himmlischen Ziegenböcke**, die Wohlstand verheißen, der Stadt aber auch den Spitznamen Yangcheng – frei übersetzt »Ziegenhausen« – einbrachten.

Keinesfalls verpassen sollte man das westlich des Parks gelegene **Mausoleum des Königs von Nanyue** Ⓚ (Xihan Nanyue Wangmu, tgl. 9.30–17.30 Uhr). Das Volk der »südlichen Yue« wanderte vermutlich im 4. Jh. v. Chr. in diese Region. Die Dynastie, zu der der hier begrabene König Wen gehörte, der im 2. Jh. v. Chr. regierte, erlosch jedoch noch vor der Zeitenwende. Das unterirdische Grab war ausgestattet wie ein Palast, mit Musikinstrumenten, Waffen, Stoffen, Werkzeugen und zahlreichen dekorativen Objekten – alles aus wertvollsten Materialien. In der Hauptgrabkammer stand ein doppelter, schon zerfallener Sarg, in dem sich Jadescheiben, Schwerter und das goldene Königssiegel befanden. Das Museum zeigt etwa tausend wertvolle Grabbeigaben, darunter auch das größte gefundene Goldsiegel dieser Zeit, das aus Jadeplättchen bestehende Totengewand des Königs sowie Sonderausstellungen.

Weiter nördlich kann man sich im 8 ha großen **Orchideengarten** im Lanpu-Park entspannen. Inmitten von Felsen und künstlichen Wasserfällen werden mehr als 100 verschiedene Orchideenarten in Töpfen gezogen. In einem Teehaus direkt am Teich kann man etwas essen. An der Westseite des Gartens liegt der islamische Friedhof mit dem Grab des muslimischen Missionars Abu Waqqas. 20 km außerhalb der Stadt lohnt eine Fahrt zum **Botanischen Garten,** einem der größten und interessantesten in ganz China.

Unten: Das Tianhe Centre im Osten von Kanton

Ausflug nach Osten

Beliebte Naherholungsgebiete der Kantonesen sind die Parks im Osten der Stadt, wo auch die wieder eröffnete Pferderennbahn liegt. Der Konfuzius-Tempel wurde schon in der Revolution gegen die Monarchie außer Funktion gesetzt. Irgendwie fand er wohl einen Nachfolger im 1924 gegründeten **Institut der Bauernbewegung** (Nongmin Yundong Jiangxisuo), an dem die Elite der Kommunistischen Partei unterrichtete und in dem das Zimmer Mao Zedongs besichtigt werden kann. Die Schule wurde 1927 nach dem Guangdong-Aufstand, der 5000 Menschenleben gefordert hatte, geschlossen.

Weiter östlich erinnert ein Denkmal an die kommunistischen Opfer des Aufstands von 1927 im Park **Lieshi Lingyuan** Ⓛ. Im Südosten liegen die zur Besichtigung freigegebene Militärakademie **Whampoa** (Huangpu) und der **Nanhai-Tempel** aus dem 6. Jh. für den Gott des Südmeeres. In der Kreisstadt Humen soll 1839 das Opium der Kolonialhändler vernichtet worden sein. Ein Museum stellt die Geschichte aus chinesischer Sicht dar.

Auf der Insel Ersha befindet sich das moderne **Kunstmuseum der Provinz Guangdong** Ⓜ (Guangdong Meishuguan, 38 Yanyu Lu, Di–So 9–17 Uhr), in dem Gegenwartskunst und Skulpturen ausgestellt werden.

Im Perlflussdelta

Die ehemalige Wirtschaftssonderzone **Shenzhen** ❷ war Anfang der 1980er-Jahre noch ein Fischerdorf, heute ist sie ein glitzernder Hochhausdschungel mit umliegenden Fertigungsstätten für typische Chinaware vom Christbaumschmuck bis zur Digitalkamera. Als Freizeitbeschäftigung stehen Shoppen, z.B. im Einkaufszentrum **Lo Wu Commercial City,** und ein eher abstoßendes Nachtleben auf dem Programm, oder ein Ausflug zu einem der für Europäer weniger interessanten Themenparks. Der meistbesuchte davon ist **Window of the World** (tgl. 9–22 Uhr), in dem man die Sehenswürdigkeiten der Welt im Miniaturformat bestaunen kann. Die größte Nachbildung ist mit 108 m der Pariser Eiffelturm. Das nahe **Splendid China** (tgl. 9–18 Uhr) lädt hingegen zu einer Reise durch ein Mini-China

TIPP

Wer frische Luft und Ruhe sucht, dem sei ein Halbtagsausflug zum 8 km nördlich der Stadt gelegenen »Berg der Weißen Wolke« (Baiyunshan) empfohlen, der an seinem höchsten Punkt eine Höhe von fast 400 m erreicht. Am besten fahren Sie mit dem Taxi oder mit dem Bus Nr. 24 vom Südende des Renmin-Parks nahe der U-Bahn-Station Gongyuan Qian dorthin (Fahrzeit ca. 30 Min.).

Unten: Moderne Accessoires in Kanton

Im Themenpark »Window of the World« können sich Besucher die berühmtesten Bauwerke der Welt im Kleinformat ansehen

ein. Im **China Folk Culture Village** wurden die Häuser der chinesischen Minderheiten nachgebaut. Und das 2007 eröffnete **OCT East** bildet die Landschaft der Schweiz inklusive Skihütten sowie chinesischer »Fräuleins« nach. Südlich von den Themenparks sind Shenzhens schönste Strände, **Dameisha** und **Xiaomeisha,** zu finden.

Als Haupthandelsplatz war das Perlflussdelta im 19. Jahrhundert auch Ort der Auseinandersetzungen zwischen Kolonialmächten und chinesischen Truppen. In einer nachgebauten Museumsstadt in **Humen,** nördlich des Flughafens von Shenzhen, wird die Geschichte der Opiumkriege im **Opiumkriegmuseum** (tgl. 8–17.30 Uhr) sehr einseitig und propagandistisch präsentiert, denn hier ließ der von Peking abgesandte Mandarin Lin Zexu 1839 eine große Menge an Opium beschlagnahmen und verbrennen. Dass die Regierung gleichzeitig den Schmuggel förderte und daran verdiente, denn das Opium wurde, nachdem es an Land gebracht worden war, nur noch von Chinesen gehandelt, vergaß man zu erwähnen. Weniger aufbereitete Stätten finden sich 5 km südlich von Humen in der **Festung Shajio** (tgl. 8–17 Uhr).

Etwa 25 km südwestlich von Kanton liegt **Foshan**, in der Region bekannt wegen seines **Ahnentempels** (Zumiao, tgl. 8.30–19 Uhr). Er stammt ursprünglich aus der Song-Dynastie, wurde aber 1372 nach einem Brand im neuen Stil wieder aufgebaut. Zahlreiche Holzschnitzereien, teilweise mit Gold belegt, und große Figuren schmücken die Haupthalle, die dem Nordgott geweiht ist. Er wird durch eine 2 m hohe Statue als sitzender Mann mit Glatze und schwarzen Bartsträhnen dargestellt. Die vergoldete Bronzefigur entstand um 1450 und wiegt 2,5 t. Nach der daoistischen Ikonografie untersteht der Nordgott direkt dem Jadekaiser und gilt als Hüter des Wassers, was ihm in der Deltalandschaft eine besondere Bedeutung zuweist. Eine Theaterbühne, Trommel- und Glockenturm sowie Seitengebäude runden die Anlage ab.

Die Theaterbühne ganz im Süden ist ungewöhnlich, wurde aber selbst von Kaiserinwitwe Cixi im fernen Peking gelobt. Foshan gilt als Geburtsort der

VERKEHRSMITTEL

Reisen nach Kanton
Hongkong–Kanton

◆ **Zug:** 7 Züge tgl. zwischen Kowloon und Ostbahnhof Kanton (105 Min.).
◆ **Fähre:** Luftkissenboote fahren zweimal tgl. (2,5 Std.) bis zum Hafen Nanhai, 20 km südlich der Stadt.
◆ **Bus:** Zahlreiche Verbindungen, Fahrtzeit 2,5 Std.

Reisen in die Umgebung von Kanton

◆ **Zug:** Häufige Züge nach Shaoguan (2,5 Std.), dreimal täglich nach Meizhou (6 Std.), zweimal pro Tag nach Chaozhou/Shantou (7 Std.), zehnmal täglich nach Zhaoqing (2 Std.).
◆ **Bus:** Häufige Busse nach Zhuhai (2,5 Std.), zudem nach Qingyuan (1,5 Std.), Kaiping (2 Std.), Zhaoqing (2 Std.), Meizhou (8 Std.) und Chaozhou/Shantou (5–6 Std.).
◆ **Chaozhou/Shantou:** Züge aus Kanton brauchen 6–7 Std. Es gibt einen Nachtzug nach Shenzhen (10 Std.). Mit dem Bus dauert die Fahrt 5,5 Std. nach Kanton und 4 Std. nach Shenzhen.
◆ **Kaiping:** Nach Kanton (2 Std.) verkehren alle 20 Min. Busse, außerdem nach Shenzhen, Zhuhai und Zhaoqing.
◆ **Shaoguan:** Die Stadt liegt an einer wichtigen Nord-Süd-Verbindung. Deshalb gibt es zahlreiche Zugverbindungen nach Kanton (1,5 Std.). Der Bus braucht für die Strecke ungefähr 4 Std.

Reisen nach Shenzhen
Hongkong–Shenzhen

◆ **Zug:** Mehrere Züge pro Tag ab Kowloon nach Shenzen oder man fährt mit dem Kowloon Canton Railway (KCR) nach Lowu und überquert dort zu Fuß die Grenze.
◆ **Fähre:** Vom China Terminal in Kowloon und vom Flughafen setzen Fähren nach Shekou (50 Min.) über.
◆ **Bus:** Zahlreiche Busse verkehren täglich aus der Innenstadt und vom Flughafen.

Shenzhen–Kanton

◆ **Zug:** Zahlreiche Schnellzüge (55–70 Min.) und Lokalzüge (90–120 Min.) verbinden Shenzhen mit Kanton.
◆ **Bus:** Gute Busverbindungen bestehen ab Kanton.
◆ **Fähre:** Es verkehren Fähren im Delta.

Karte auf Seite 312

Kantonoper, denn hier gründete sich die erste Operngilde, die auf dieser Bühne ihre Stücke uraufführte. Dann fuhren die Schauspieler auf roten Booten durch das Deltagebiet und spielten in Dörfern und auf Märkten. Der Innenhof des Theaters wird von zweistöckigen Gebäuden flankiert, in denen die reicheren Leute Platz nahmen, um die Vorführungen zu sehen.

Im Ortsteil **Shiwan** lebt die Keramiktradition von Foshan weiter. Man kann Kunsthandwerkern bei ihrer Arbeit zuschauen oder in den vielen kleinen Geschäften Souvenirs einkaufen. Der **historische Brennofen von Nanfeng** (tgl. 8–18 Uhr) soll seit der Ming-Dynastie ununterbrochen in Betrieb gewesen sein.

Fährt man weiter nach Süden, in Richtung der nördlich von Macau gelegenen ehemaligen Sonderzone **Zhuhai**, die sich ähnlich wie Shenzhen darstellt, aber etwas kleiner und gemütlicher geblieben ist, erreicht man im Ort **Shunde** den **Qinghui-Garten** (tgl. 8 bis 17.30 Uhr) mit den typischen Fischteichen, grünen Bambushainen und schönen Inschriftensteinen.

In ihrem historischen Teil ist die Stadt **Zhongshan** ❸ attraktiv geblieben. Der Name entspricht dem in der Volksrepublik üblichen Ehrennamen für den Staatsgründer Sun Yatsen und setzt sich aus *zhong* für »Mitte« und *shan* für »Berg« zusammen, was auf Beständigkeit und Standfestigkeit hinweisen soll. Sun Yatsen wurde 1866 im Dorf Cuiheng geboren, das sich die heutige Millionenstadt längst einverleibt hat. Zu sehen ist das **Haus Sun Yatsens** (tgl. 9–17 Uhr), das meist als sein Geburtshaus bezeichnet wird. Das ist jedoch nicht ganz korrekt, da es erst im Jahr 1892 das ursprünglich kleinere Haus der Familie ersetzte. Sun Yatsen selbst soll es geplant haben, was durchaus möglich ist, denn es spiegelt die Mischung von chinesischen und westlichen Elementen wider, die auch Suns Leben bestimmte. Insbesondere die auffälligen Arkaden im Erdgeschoss und die Einfassung des Balkons im ersten Stock entsprechen kaum chinesischen Vorstellungen, mehr schon die üppigen Schnitzereien und die Möbel. Ein Museum berichtet über das Leben des Republikgründers.

Die Wachtürme *(diaolou)* in Kaiping dienten ursprünglich dem Schutz der umliegenden Dörfer. Rückwanderer, die im Ausland zu Reichtum gelangt waren, richteten sie wieder her. In den architektonischen Details sind europäische, griechische und sogar arabische Einflüsse zu erkennen.

Unten: Einer der Sieben-Sterne-Hügel von Zhaoqing

DAS PERLFLUSSDELTA

Da das Perlflussdelta eine lange Tradition als Handelsregion aufzuweisen hatte, kam es als erstes Gebiet in den Genuss der Wirtschaftsreformen der 1980er-Jahre. Inzwischen breiten sich überall riesige Industriezonen aus, wo früher Reis wuchs oder Fische in Teichen lebten.

Die Region erreicht ein Wirtschaftsprodukt von mehr als 110 Mrd. US$, wies bis 2008 Wachstumsraten von rund 10 % auf. Fast die Hälfte der Auslandsinvestitionen nach China floss in dieses Gebiet. Produziert werden hier einfache Geräte, von Kleidung, Schuhen und Spielzeug bis zu Elektronik.

Shenzhen gilt als zweitreichste Stadt Chinas. Die Zahl der Bewohner wuchs in 25 Jahren von 700 000 auf 11 Mio. Seit die Wirtschaftskrise begann, sind viele Fabriken jedoch in andere Regionen Chinas oder ins Ausland abgewandert.

Tür des Kaiyuan-Tempels in Chaozhou. Das darauf abgebildete Zeichen soll Glück und ein langes Leben verheißen.

Naturreservate und Parks

Rund 110 km westlich von Kanton liegt eine der angenehmsten Städte der Provinz am Fluss Xi: **Zhaoqing ❹**. Bekannt wurde der Ort durch die **Sieben-Sterne-Hügel** (Qixingyan), eine Reihe von Kalksteinhügeln am Rande eines Sees im Norden der Stadt. Der Name rührt daher, dass die sieben Gipfel dem Sternbild des Großen Bären ähneln. Es heißt, sie seien vom Himmel gefallene Sterne. Der gerne zitierte Vergleich mit Guilin mag etwas übertrieben sein, doch im friedlichen Nachmittagslicht verweilt man hier gerne ein wenig. Die **Chongxi-Pagode** aus der Ming-Dynastie bietet weite Ausblicke über den Fluss nach Süden und auf zwei weitere Pagoden am anderen Ufer.

Diverse Wanderungen lassen sich auch im waldigen Reservat des **Dinghu Shan** unternehmen, 20 km nordöstlich, denn man kommt an Wasserfällen, Bächen und Seen sowie kleinen Tempeln vorbei. Das Reservat ist die Heimat zahlreicher Tiere und Pflanzen. Die **Nationalparks Nanling** und **Chebaling** sind von der Stadt Shaoguan im Norden von Guangdong zugänglich.

Südlich von Zhaoqing befinden sich in der Umgebung von **Kaiping ❺** rund 1800 Verteidigungstürme (*diaolou*). Die frühesten Türme wurden im 17. Jh. gebaut, die letzten im frühen 20. Jh., und sie verbinden westliche mit chinesischen Strukturen. 20 der am besten erhaltenen Türme wurden 2007 unter den Schutz der UNESCO gestellt.

Im östlichen Guangdong

Diese Ecke von Guangdong ist ein Zentrum der Auswanderung. Die bekanntesten Orte sind Shantou, Chaozhou und Meizhou, und hier leben viele Hakka und Chiu Chow.

Nicht weit von der Grenze zur Provinz Fujian liegt die Hafenstadt **Shantou ❻**, die nach dem Vertrag von Tianjin (1860), der den zweiten Opiumkrieg beendete, als Vertragshafen für die Kolonialmächte geöffnet wurde. Auf einer in den Hafen ragenden Halbinsel blieb noch ein wenig von der Kolonialarchitektur erhalten, doch nagt der Zahn der Zeit bereits kräftig an den Gebäuden. Hervorragend renoviert wurde hingegen der **Tianhou-Tempel**, der der Himmelsgöttin geweiht ist.

Die **Steinfestung Shipaotai** (tgl. 7.30–18 Uhr) wurde 1879 zur Küstenverteidigung errichtet. Ihre 5 m dicke Außenmauer besteht aus Granitblöcken, die mit einer Mischung aus Klebreis, Zucker und Muschelkalk befestigt wurden. Gewölbte Tunnel mit beidseitigen Kammern führen an der Basis entlang. Aus dem runden Innenhof kann man sehr gut die wellenförmigen Rampen sehen, über die die Kanonenkugeln früher nach oben gerollt wurden. 18 Kanonen sind auf den Hafen ausgerichtet.

Ganz gut erhalten blieb der historische Stadtkern der alten Handelsstadt **Chaozhou ❼**, 40 km nördlich von Shantou gelegen. Durch das Zentrum von Chaozhou winden sich enge Gassen und Straßen. Der **Kaiyuan-Tempel** (tgl. 6–18 Uhr), erstmals in der Tang-Dynastie erbaut, weist einen eigenen Pavillon für Guanyin auf, in dem verschiedene Statuen die unterschiedlichen Darstellungsweisen der Göttin repräsentieren. Östlich des Platzes vor dem Tempel, am Fluss Han, findet sich ein Rest der **Stadtmauer** aus der Ming-Zeit. Am **Guangji-Tor** kann man zu einem dreistöckigen Wachturm hochklettern. Die **Guangji-Brücke** gegenüber ist Teil einer mittelalterlichen Handelsroute zwischen Guangdong und Fujian.

Weiter im Landesinnern, an einer Schleife des Flusses Mei, liegt die Kleinstadt **Meizhou ❽**, die als Hauptstadt der Hakka gilt. Doch diese stammen eigentlich aus dem heutigen Nordchi-

Die roten Sandsteinfelsen am Danxiashan. Ganz in der Nähe liegt der Nationalpark Chebaling, in dem seltene Vögel in den gut geschützten Wäldern einen Lebensraum finden.

Unten: Hakka-Frauen

Hainan eignet sich ideal für einen entspannenden Badeurlaub. Bis Ende der 1990er-Jahre war die Insel außerhalb Chinas kaum bekannt, aber seit mit einer gigantischen Kampagne für das »Hawaii Chinas« geworben wurde, kommen jährlich über eine halbe Million ausländische Besucher hierher, die meisten aus Südkorea und Russland.

Unten: Tropischer Strand auf Hainan

na und sind über die Jahrhunderte immer weiter in den Süden gewandert. Sie sprechen eine eigene Sprache, die sich sowohl vom Hochchinesischen als auch vom Kantonesischen unterscheidet. Viele von ihnen sind in alle Welt ausgewandert (s. S. 322).

Das nördliche Guangdong

Die Hügelkette im Norden von Guangdong wird noch relativ selten besucht. Die landschaftlich schöne Gegend von **Feixia** verbindet Fluss, Hügel und Tempel und ist in einer Stunde mit dem Bus von Qingyuan aus erreichbar.

Etwa 3 Stunden mit dem Bus von Kanton aus nach Norden liegt die Stadt **Conghua ❾**, die wegen ihrer heißen Quellen, den saftigen Litschis und der sauberen Luft bekannt ist.

Die Stadt Shaoguan ist der Ausgangspunkt zum **Nationalpark Nanling** und dem **Naturreservat Chebaling,** in dem angeblich die letzten südchinesischen Tiger leben. Ungefähr 50 km nordöstlich von Shaoguan liegt der **Danxiashan,** eine Region mit stark erodierten Felsen aus rotem Sandstein, die skurrile Formen aufweisen, die über die Jahrhunderte durch Wind und Wasser entstanden sind.

Tropeninsel Hainan

Die **Insel Hainan** war früher nur gefürchtet: Taifunen ausgesetzt, zwar üppig bewachsen, aber ohne attraktives Leben, kurz ein Ort, zu dem man Staatsfeinde und Verbrecher verbannte. Das ging bis zum Ende des 20. Jahrhunderts so, dann wollte man auch in Peking Zitrusfrüchte verspeisen und begann in Hainan mit der Plantagenwirtschaft. Heute hat die Insel den Tourismus als zweites Standbein hinzugewonnen, und der boomt schon massenhaft und auf unangenehme Weise. 1988 wurde Hainan dann von Guangdong abgetrennt und als eigenständige Provinz anerkannt.

Die Hauptstadt **Haikou ❿** im Norden ist mit ihrem gemächlichen Lebensrhythmus ganz angenehm. In der Altstadt nördlich des Stadtzentrums blieben einige Häuser im Kolonialstil erhalten, und man kann auf der Chang-

di Lu entspannt am Ufer des Flusses Haidian entlang bummeln. Es gibt nur wenige Sehenswürdigkeiten, wie den **Tempel der Fünf Würdenträger** (Wugong Ci, tgl. 8.30–17 Uhr) oder das **Grab von Hai Rui,** einem Beamten der Ming-Dynastie, der wegen einer Kritik am Kaiser ins Gefängnis gesteckt wurde. Interessant ist auch ein Gang über die Märkte.

Natürlich kommt man aber hauptsächlich zum Baden nach Hainan, und die meisten Besucher fliegen direkt nach Sanya im Süden. Doch wenn man die Küste entlangfährt, kann man auch einige nette Strände und Dörfer entdecken. Etwa das Dorf **Qinglan,** Hainans Surfzentrum an der Bucht **Shimei** nahe der Stadt Xinglong, in der der tropische **Botanische Garten** sehenswert ist.

Sanya und die Strände

Das Leben spielt sich an der Südküste ab. Hier, im Umkreis der Stadt **Sanya ⓫**, liegen die einzigen Strände in ganz China, für die es sich lohnt, ein Handtuch einzupacken. Aus dem einstigen Fischerdorf ist eine veritable Touristenstadt geworden, die sich an beiden Seiten des Sanya-Flusses ausdehnt. Man findet Restaurants und einige gute Teehäuser.

Die felsige **Halbinsel Luhuitou** liegt unmittelbar südlich der Stadt. In einem Hügelpark, von dem man einen schönen Blick über die Stadt, die Bucht und die Strände hat, befindet sich die große Skulptur eines Jägers und eines Rehs aus einer Legende.

Südöstlich der Stadt, 5 Min. per Auto oder 45 Min. zu Fuß, liegt der lange Sandstrand **Dadonghai,** an dem sich Hotels und Villen-Resorts ausbreiten. In den Seitenstraßen findet man Restaurants und die üblichen Strand-Ramschläden. Hier kann man Boote mieten, um in abgelegenere Buchten zu gelangen. Am Strand gibt es wenig Schatten, es werden aber Liegestühle und Sonnenschirme vermietet. Das Wasser weist einige gefährliche Strömungen auf, sodass Kinder und schwächere Schwimmer sich nicht zu weit hinauswagen sollten.

In der **Yalong-Bucht,** 20 km östlich der Stadt, breiten sich über eine Länge von 7 km weißer, pulvriger Sand und Palmen aus. Aber natürlich auch die

TIPP

Reisen nach Fujian
Flughäfen gibt es in Fuzhou und Xiamen. Ansonsten empfiehlt sich der Bus, da die Züge sehr langsam sind (Kanton–Xiamen 14 Std.).

Reisen in Fujian
Von Xiamen Züge nach Yongding, Wuyi Shan und Nanchang; Busse nach Fuzhou, Quanzhou und Yongding. Von Fuzhou Züge nach Wuyi Shan und Nanchang; Busse nach Xiamen, Quanzhou und Wuyi Shan.

VERKEHRSMITTEL

Reisen nach Hainan
Die Flughäfen von Haikou und Sanya sind gut mit Städten am Festland verbunden. Auch mit dem Zug kann man die Insel erreichen, denn dieser setzt auf einer Fähre über. Es gibt tgl. drei Direktverbindungen zwischen Sanya und Kanton (13 Std.). Busse mit Schlafsitzen brauchen 12 Std. von Haikou nach Kanton. Zudem Fähren von Shenzhen (tgl. außer Sa, 18 Std.).

Reisen in Hainan
◆ **Haikou:** Züge via Dongfang nach Sanya brauchen 3 Std. und fahren sechsmal täglich. Busse brauchen ebenfalls 3 Std.
◆ **Sanya:** Züge und die häufiger fahrenden Busse brauchen 3 Std., Wenchang ist 3,5 Std. entfernt. Zwischen den Resorts an der Südküste verkehren Minibusse.
◆ **Tongzhi:** Es gibt zahlreiche Busse nach Haikou (3 Std.) und Sanya (2 Std.).

Unten: Der Schauspieler Jackie Chan bei Miss-World-Wahlen in Sanya

Die Insel Gulangyu hat wunderschöne Kolonialarchitektur zu bieten

zahlreichen Urlauber, die v.a. während der angenehmen Wintermonate in großen Scharen anreisen. Sportlich kann man sich beim Tauchen, Angeln und Paragliding betätigen. Hier, an diesem besten Strand Chinas, haben sich inzwischen auch die großen Hotelketten mit luxuriösen Resorts breitgemacht.

Viele der ursprünglichen Bewohner der Insel gehören zu den Völkern der Li und der Miao. Verschiedene ihrer Dörfer können von der Stadt **Tongshi**, die auch Tongsa genannt wird, weiter im Landesinnern aus erreicht werden. In der Stadt selbst widmet sich das **Minderheitenmuseum** (Di–So 8 bis 17 Uhr) dem Leben und der Kultur der Li und der Miao. Das **Waldreservat Jianfeng**, 110 km nordwestlich von Sanya, mit seiner interessanten, erfolgreich aufgeforsteten Berglandschaft, ist bereit, Besucher aufzunehmen.

Die Provinz Fujian

Traditionell hat Fujian gute Verbindungen zum 160 km vor der Küste gelegenen Taiwan, sah wie auch Guangdong und Zhejiang zahlreiche Auswanderungswellen und in jüngster Zeit eine Bevorzugung bei der Wirtschaftsentwicklung. Dank der Investitionen von Taiwanesen gehört Fujian zu den reichsten Provinzen des Landes. Es zählt nicht zu den großen Touristenzielen, allerdings verfügt es über einige sehenswerte Orte. Wegen der Nähe Taiwans ist die ganze Provinz mit Militärstützpunkten übersät, von denen man am besten reichlich Abstand hält.

Xiamen

Auch Xiamen gehörte zu den Häfen, die ab 1860 den Kolonialmächten offenstanden. Es war immer schon ein Zentrum der Auswanderung gewesen und profitierte dann von seiner herausgehobenen Stellung im Handel. Dies ist auch heute wieder der Fall. Zwar zeigte die 1982 eingerichtete Wirtschaftssonderzone wenig Erfolg, weil ein direkter Kontakt zu Taiwan verboten blieb, inzwischen sind aber die Umwege einfacher zu gehen und die Vorschriften gelockert.

Die Hafenstadt **Xiamen** ⓬ war zu Kolonialzeiten als Amoy bekannt und gilt heute als »Garten am Meer«. Zur Zeit der Song-Dynastie wuchs die Be-

Unten: Die Insel Gulangyu aus der Vogelperspektive

deutung des Hafens erstmals, in der Ming-Dynastie blühte er dann auf. Die Händler hier blieben loyal zur chinesischen Dynastie und setzten den mandschurischen Eroberern Widerstand entgegen. Doch der Rebell Koxinga (Zheng Chenggong) führte einen vergeblichen Kampf gegen einen übermächtigen Gegner. Mitte des 19. Jahrhunderts ließen sich die europäischen Kolonialherren auf der Insel Gulangyu nieder und schufen eine idyllische Siedlung. Im Zweiten Weltkrieg war die Stadt von Japanern besetzt, nach dem Bürgerkrieg wurde sie Sprungbrett für die Flucht der Nationalisten nach Taiwan. Bis heute gehören die nur wenige Kilometer vor der Küste gelegenen Inseln Jinmen und Matsu zu Taiwan.

Die **Altstadt** Ⓐ befindet sich unweit der Küste am unteren Ende der Zhongshan Lu und bietet sich für einen Spaziergang an, auch wenn es nichts Besonderes zu sehen gibt. Weiter südlich, an der Siming Nanlu, liegt das **Museum der Überseechinesen** Ⓑ (Huaqiao Bowuguan, Di–So 9.30 bis 16 Uhr). Seine herausragende Sammlung an Keramiken und Bronzen wurde durch Spenden von Überseechinesen möglich, über die in einem Raum ebenfalls mit Fotos, Bildern und Erinnerungsstücken berichtet wird.

Der bekannteste Tempel Xiamens ist der **Nanputuo-Tempel** Ⓒ (tgl. 8 bis 17 Uhr), nördlich der Universität. Wie üblich birgt die Halle der Himmelskönige den dickbäuchigen Milefo, den Boten Weituo sowie große Statuen der vier Himmelskönige. Der Name des Tempels bezieht sich auf den heiligen Berg Putuoshan (s. S. 254), sodass es nicht verwundert, dass die Haupthalle Guanyin, der Göttin der Barmherzigkeit, geweiht ist. Die tausend Arme der Hauptfigur symbolisieren ihre Mildtätigkeit. Im Tempel gibt es auch ein vegetarisches Restaurant.

Nicht weit entfernt, am Ufer, befindet sich die **Festung Hulishan** Ⓓ, eine Feuerstelle für Kanonen, von der aus man an klaren Tagen die taiwanesische Insel Jinmen sehen kann. Die von einem deutschen Hersteller für die Qing-Dynastie gebauten Kanonen wurden ursprünglich zur Piratenabwehr installiert, versenkten später aber auch ein japanisches Kriegsschiff.

TIPP

Am Hafen nördlich der Zhongshan Lu legen die Fähren ab, die den engen Kanal zwischen Xiamen und Gulangyu in nur 5–7 Min. überqueren (5.30–21 Uhr alle 10–15 Min., 21.30–0.20 Uhr alle 20–30 Min.). Es gibt auch 30-minütige Schiffsrundfahrten um die Insel Gulangyu. Man steigt nach der Tour einfach auf der Insel aus.

Da es auf Gulangyu keinen Autoverkehr gibt, lässt es sich hier herrlich entspannen

Unten: Im Innern eines Hakka-Rundhauses

Insel Gulangyu

In europäischen Augen ist die Insel **Gulangyu** Ⓔ Xiamens Hauptattraktion. In fünf Minuten ist man mit der Fähre von Xiamen aus dort, kann durch die verkehrsfreien, hügeligen Straßen wandeln und die wunderschöne Kolonialarchitektur bestaunen. Da die ganze Insel nur 2 km² umfasst, kann man sich einfach treiben lassen. Die schönsten Bauwerke sind das frühere deutsche und das britische Konsulat, das Gulangyu-Gästehaus sowie die katholische Kirche.

In der Nähe des Piers befindet sich das gut ausgestattete **Aquarium** Ⓕ (Haidi Shijie, tgl. 9.30–16.30 Uhr) der Stadt, wo man Haie, Robben, Delfine und tropische Fische zu sehen bekommt. Vom Pier aus geht man nach links und erreicht am östlichsten Punkt der Insel eine große **Koxinga-Statue.** Der Pirat und Heerführer wird heute von allen politischen Gruppen vereinnahmt. Er focht einen aussichtslosen Kampf zur Verteidigung der zerbrochenen Ming-Dynastie gegen die Mandschuren, die in Peking bereits ihre Qing-Dynastie etabliert hatten, und gilt so als patriotischer Kämpfer. Dann floh er nach Taiwan und kämpfte dort gegen die holländischen Kolonialherren, was den Nationalisten ebenfalls sympathisch ist. Doch schließlich errichtete er auf Taiwan sein eigenes Königreich in Opposition zum Hof in Peking, was nun wieder den Taiwanesen gefällt.

Geht man weiter am Ufer entlang, erreicht man den **Shuzhuang-Garten** Ⓖ (tgl. 6.30–20 Uhr), auf dessen Zickzackbrücke man bei Flut das Gefühl hat, dass man über das Wasser wandelt. Hier gibt es auch einen netten Sandstrand. Dieser Garten war das Lieblingsprojekt von Lin Erjia, der angeblich das erste Klavier auf die Insel brachte und ihre Musiktradition startete. Manchmal spielt sogar das philharmonische Orchester Xiamens in der eigenen Konzerthalle der Insel. Das **Pianomuseum** (Gangqin Bowuguan, tgl. 8.15–17.15 Uhr) stellt antike Klaviere und Flügel aus aller Welt aus.

Höchster Punkt der Insel ist mit 93 m der **Sonnenfelsen** Ⓗ (Riguangyan, tgl. 6.30–20 Uhr), von dem man einen guten Rundumblick hat und der jetzt auch per Seilbahn zu erreichen ist. Die

DIE RUNDHÄUSER DER HAKKA

Die Hakka (auf Mandarin *kejia*, was wörtlich »Gastmenschen« bedeutet) wanderten im 17. Jahrhundert aus Nord- und Zentralchina an die fruchtbaren Küsten von Fujian und Guangdong. Dort bauten sie ihre großen Gemeinschaftshäuser, die *tulou*, um sich vor umherziehenden Banditen zu schützen. Die Grundstruktur besteht aus gestampftem Lehm, die Anbauten sind aus Bambus, Holz und Stein. Auf mehreren Stockwerken reiht sich Raum an Raum, sodass die Familien eng beieinander leben. Die Form dieser Gemeinschaftsdörfer in einem Gebäude kann sehr unterschiedlich sein, z.B. rund, dreieckig, quadratisch oder achteckig. Die besonders interessanten Rundhäuser weisen unterschiedliche Größen auf, von zwölf Zimmern bis zu 72. Die meisten haben drei Stockwerke, einige aber auch fünf. Einige *tulou* stehen frei, während andere sich zu kleinen Gruppen zusammenfügen. Zu den *tulou* in Hukeng bei Yongding im Südwesten von Fujian gehört ein palastähnliches Fünf-Phönix-Haus, das einem Dorfvorsteher gehörte.

Erinnerungshalle an Koxinga im Park versammelt einige Fundstücke aus dem 17. Jh. und eine volle Ladung antitaiwanesischer Propaganda.

Quanzhou und der Südwesten

Einst war **Quanzhou** ⓭ ein blühender Hafen der »Seidenstraße auf dem Meer«. Marco Polo, im Dienste des Großen Khans der Yuan-Dynastie, besuchte die damals Zaytoun genannte Stadt, in der Tausende arabischer Händler lebten. Doch seit in der Ming-Dynastie der Außenhandel praktisch verboten wurde, befindet sich die Stadt im Niedergang und lebt heute von ihrer früheren Pracht.

Der **Kaiyuan-Tempel** (tgl. 8–17 Uhr) ist der größte buddhistische Tempel am Ort. Er stammt ursprünglich aus dem späten 7. Jahrhundert, doch seine beiden Pagoden wurden erst im 13. Jahrhundert angefügt. Da sie weitgehend aus Stein und nicht aus Holz, wie sonst üblich, bestehen, blieben sie gut erhalten. In einer Ausstellungshalle im Tempel ist der Rumpf eines Handelsschiffes aus dem 13. Jahrhundert zu sehen, dazu andere Erinnerungen an die Seefahrergeschichte der Stadt. Genauere Auskunft darüber bekommt man im **Seefahrtsmuseum** im Osten der Stadt (tgl. 8–18 Uhr). Nestorianische Kreuze, Fragmente von Hindutempeln, Steine mit dem Davidstern, arabische Inschriften und sogar ein Manistein aus dem 7. Jahrhundert belegen, dass es in der Vergangenheit eine Gesellschaft in China gab, die wesentlich weniger fremdenfeindlich war als die heutige. Im Obergeschoss wird die Geschichte der Exkursionen des Admirals Zheng He zu Beginn der Ming-Dynastie erläutert. In der Art der Darstellung und mit der durchgehenden englischen Beschriftung ist dies eines der besten Museen in China.

Auch die **Qingjing-Moschee** an der Tumen Jie, 1009 gegründet und damit eine der ältesten Moscheen des Landes, erinnert an liberalere Zeiten. Sie ist eine der wenigen Moscheen in China, die nicht nach chinesischen Stilvorschriften gebaut wurde, sondern arabisch wirkt. Angeblich soll sie nach dem Vorbild einer Moschee in Damaskus errichtet worden sein. Nicht weit entfernt liegt der daoistische **Guandi-Tempel**.

Die Qingjing-Moschee in Quanzhou ist mit ihrer islamischen Architektur ungewöhnlich für China, denn die meisten Moscheen ähneln chinesischen Tempeln

Unten: Hakka-Rundhaus im Bezirk Yongding, Provinz Fujian

Die Küste der Provinz Fujian, insbesondere die nördlich von Quanzhou gelegene Insel Meizhou, ist der Ursprungsort der Legende von Tin Hau (Matsu), der Schutzpatronin der Fischer. Man erzählt sich, dass ein junges Mädchen träumte, einen ihrer schiffbrüchigen Brüder retten zu können. Am Geburtstag von Tin Hau finden in ganz China Feierlichkeiten statt (s. S. 9).

Unten: Der Berg Wuyi Shan

Der Ort **Yongding** ⓮ als solcher wäre kaum bemerkenswert, gäbe es da nicht nordöstlich der Stadt ein ungewöhnliches Gebäude. Das große runde Lehmhaus der Hakka heißt **Zhenchenglou** und liegt im Norden des Dorfes Hukeng. Zu dem großen Rundbau gehören noch einige kleinere sowie ein Fünf-Phönix-Haus (Wufenglou). Diese waren meist Eigentum der Familien der Dorfvorsteher und luxuriöser ausgestattet als die normalen Lehmbauten. Die Hakka stammen ursprünglich aus dem Norden Chinas, wanderten dann im 17. Jahrhundert nach Süden und leben heute noch in großer Zahl in Fujian, Guangdong und Hongkong.

Wuyi Shan

In der einsamen nordwestlichen Ecke der Provinz Fujian liegt das auf der UNESCO-Welterbeliste geführte **Reservat Wuyi Shan** ⓯ mit seinen steilen Gipfeln und dichten Wäldern. In diesem anspruchsvollen Wandergebiet führen eine Reihe von Wegen auf die Berge, die vor allem von einheimischen Besuchern gerne bestiegen werden. Dazu wurde eine unattraktive neue Stadt aus dem Boden gestampft, in der hohe Preise üblich sind und man zudem noch überall von Händlern belästigt wird. Abgesehen davon ist die Landschaft aber sehr schön. Ansonsten ist die Gegend noch bekannt für ihren hervorragenden Oolong-Tee.

Während es im Winter zu kalt und zu feucht ist, gelten Frühjahr und Herbst als ideale Wanderzeiten. Der Eingang zum Reservat liegt 10 km von der Stadt entfernt; es gibt zahlreiche Minibusse, die zur Mündung des Baches Chongyang in den Fluss Jiuqu fahren. Von hier klettern die Besucher zu berühmten Aussichtspunkten und Felsformationen. Zu sehen sind auch noch einige der aus Baumstämmen geschnitzten »hängenden Särge«, die nach einer Karbondatierung über 3000 Jahre alt sind, von denen aber nicht bekannt ist, wie und warum sie an diesen schwer zugänglichen Orten angebracht wurden. Der höchste Gipfel im Wuyi-Shan-Gebirge ist mit 718 m der Sanyang Feng.

Bei jedem Wetter bieten die etwa 80 Min. dauernden **Rafting-Touren** auf dem Neun-Schleifen-Fluss (Jiuquxi) immer beste, wenn auch nasse Unterhaltung.

Fuzhou

Die Provinzhauptstadt **Fuzhou** ⓰ war bereits vor einem Jahrtausend ein bedeutender Hafen. Die Stadt bietet allerdings kaum Sehenswürdigkeiten. Direkt hinter der Mao-Statue ragt der flache **Jade-Hügel** (Yushan) auf, an dessen Westseite die **Weiße Pagode** (Baita) einen guten Blick über Fuzhou bietet. Weiter westlich liegt der **Schwarze Hügel** (Wushan) mit der korrespondierenden **Schwarzen Pagode** (Wuta), die aus dem 8. Jahrhundert stammen soll. Der größte und älteste Tempel der Stadt, der **Xichang-Tempel,** wurde in der Tang-Dynastie gegründet, jedoch mehrfach restauriert. Im Osten ragt der bewaldete Gu-Berg (Gushan) auf, der am Wochenende zwar sehr überlaufen, doch sonst ein guter Ausflugsort mit schönen Wanderwegen ist. ■

RESTAURANTS

Preiskategorien (für eine Person mit einem Getränk)

●●●● = über 15 €
●●● = 10–15 €
●● = 5–10 €
● = unter 5 €

Kanton

Kanton ist die Heimat der weltbekannten kantonesischen Küche. Gute Restaurants gibt es auf Shamian und in den Straßen nördlich des Qingping-Markts.

Kantonesische und südchinesische Küche

◆ Guangzhou
2 Wenchang Nanlu (nahe Xiajiu Lu)
Das berühmte Restaurant (s. S. 14) serviert Außergewöhnliches, z.B. Wenchang-Hühnchen und doppelt gekochte Haifischflossensuppe mit schwarzem Huhn. ●●

Fisch und Meeresfrüchte (chinesisch)

◆ Hongxing Seafood Restaurant
276 Huanshi Zhonglu, Tianhe
Exzellentes Fischrestaurant. Besonders zu empfehlen sind die gefüllten Riesengarnelen. ●●

Nordchinesische Küche

◆ Dong Bei Ren
36 Tianhe Nanerlu
Dong Bei Ren ist bekannt für *jiaozi* (gefüllte Teigtaschen) und den süßen Rotwein. ●●

Muslimische Küche

◆ Nur Bostan
43 Guangta Lu
Halal-Essen nach uigurischer Art, vorzugsweise Lamm oder Hammel. Sehr preiswert. ●

Thailändische und vietnamesische Küche

◆ Cow and Bridge
2/F Xianglong Huayuan, 175–181 Tianhe Beilu
Das auf der Insel Shamian gelegene Lokal serviert erstklassige Thai-Gerichte. ●●

◆ Lemon House
Ground Floor, 11 Jianshe Liu Ma Lu/507 Huifu Donglu
Vietnamesische Küche mit beeindruckender Auswahl an *pho* (Nudelsuppen). ●●

Internationale Küche

◆ 1920
183 Yanjiang Zhonglu
Bezauberndes Café am Flussufer. ●●●

Shenzhen

Chinesische Restaurants sind im Zentrum, rund um die Jianshe Lu, Shennan Zhonglu und Heping Lu gut vertreten. Futians Einkaufszentren beherbergen weitere Restaurants und Bars.

Kanton-Küche

◆ Phoenix House
2/F The Pavilion Hotel, 4002 Huaqiang Beilu, Futian
Lecker sind hier die *dim sum*. ●●

Indische Küche

◆ Spice Circle
Tianjun Mansion, Dongmen Nanlu Xnr Jiabin Lu
Das erste Restaurant der aus Bombay stammenden Kette in China. Da die Küchenchefs alle Inder sind, kann man sicher sein, dass nach Originalrezepten gekocht wird. ●●●

Internationale Küche

◆ 360 at the Shangri-La
Shangri-La Hotel, 1002 Jianshe Lu, Luohu
Alles hier ist gut: die Aussicht, das Essen und die Weinkarte. ●●●●

Rund um Guangdong

Chiu-Chow-Restaurants gibt es in sämtlichen Chinatowns der Welt. Sie servieren hauptsächlich Fisch und Meeresfrüchte. Die Hakka-Küche arbeitet viel mit getrockneten und haltbar gemachten Zutaten wie fermentiertem Tofu, gebackenem Schweinefleisch und konserviertem Gemüse.

Shantou

◆ Chaozhou
2 Changping Lu
Einer der besten Orte für Chiu-Chow-Küche. ●

Hainan

Haikou

Lokale, die Nudelgerichte und Reisbrei zu vernünftigen Preisen führen, gibt es hier reichlich, v.a. in der Jinlong Lu.

◆ Lu Zhi Hai Xien Mai
Tze Chen, 38 Hai Xiu Donglu
Fisch und Meeresgetier in einem zentral gelegenen, netten Lokal. ●

Rund um Sanya

Gut sind die zahlreichen Lokale mit Lebendfisch-Aquarien. An der Yalong-Bucht kann man nur in den Resorts essen.

Provinz Fujian

Die Fujian-Küche basiert auf intensiv gewürzten Gerichten mit viel Fisch und Meeresfrüchten.

Quanzhou

◆ Ho An Por (Rou Zong Dian)
4, Block 19, Liu Guan Lu
Für seine in Blätter gewickelten gedämpften Reisklößchen bekannt. ●

Wuyishan

◆ Lao Zi Hao
Wuyi Shan National Tourist Resort
In dem Lokal – eigentlich eine Bambushütte – kocht man mit Produkten der Region. ●

Xiamen

◆ Lujiang Restaurant
Lujiang Hotel, 54 Lujiang Dao
Dachrestaurant mit großartigem Blick. Tgl. durchgehend *dim-sum*- und kantonesisches Büffet oder Fujian-Spezialitäten. ●●

DIE ÜBERSEE-CHINESEN

Schon seit vielen Jahrhunderten wandern Chinesen aus ihrem Land aus, um irgendwo anders in der Welt ihr Glück zu versuchen. Überall leben sie, in Peru genauso wie in Italien oder Mauritius. Viele schon seit unzähligen Generationen.

Es soll insgesamt etwa 34 Millionen Menschen chinesischen Ursprungs geben, die außerhalb von China, Taiwan und Hongkong leben und sich auf 130 Länder verteilen. Die meisten von ihnen stammen ursprünglich aus den beiden südlichen Küstenprovinzen Guangdong und Fujian, und selbst da sind bestimmte Gegenden mehr als andere betroffen.

Die meisten Chinesen verzeichnen durchaus wirtschaftliche Erfolge in ihren neuen Gastländern. Doch auch wenn sie viele Jahre im Ausland leben, fühlen sie sich in erster Linie weiter als Chinesen und lassen die Verbindungen in die alte Heimat nicht abreißen.

Frühe Migranten

Drei große Auswanderungswellen vor politischem oder wirtschaftlichem Hintergrund lassen sich ausmachen. Die erste kam in der frühen Ming-Dynastie, zwischen 1405 und 1433, als der Navigator und Admiral Zheng He mit einer gewaltigen Flotte von 300 Schiffen und 28 000 Männern Südostasien und den Indischen Ozean erkundete, um Handelsgelegenheiten zu finden.

Nach diesen Pionierreisen strebte eine kleine Zahl von Bauern und Dorfbewohnern aus den ärmsten Ecken von Fujian und Guangdong die Auswanderung an, um der Not im ländlichen China zu entgehen. Mit neu erworbenem Reichtum wollten sie in die Heimat zurückkehren. Sie siedelten als erste Chinesen in Nachbarländern wie Siam, Malaysia, den Philippinen, Sumatra und Java. Obwohl die Ming-Kaiser immer wieder Edikte erließen, die das Reisen ins Ausland verboten, und vorübergehend sogar einen 50 km breiten Streifen entlang der Küste entvölkern ließen, machten sich die von Armut getriebenen Menschen weiterhin auf den Weg. Die Machthaber in Peking fürchteten hingegen, Informationen von Auswanderern könnten Invasionen begünstigen. So blieben die Edikte bis ins 19. Jahrhundert hinein bestehen.

Die zweite Welle

Eine weitere und wesentlich größere Welle schwappte im 19. Jh. aus China heraus, als die Kolonialmächte Niederlassungen in China hatten und ihre Schiffe Millionen von Chinesen in alle Welt beförderten. Sie wurden als Wirtschaftsmigranten angesehen, die vor Armut und Krankheit im heruntergekommenen China der Qing-Dynastie flohen. Die Qing-Herrscher wurden nun von den Europäern und Amerikanern gedrängt, die Auswanderung zu gestatten, und waren wohl auch froh, viele hungrige Mäuler davonfahren zu sehen. Aber das Schicksal der Auswanderer war oft hart. Als »Kuli-Arbeiter« schufteten sie in Bergwerken und Fabriken und bauten die Eisenbahn in Amerika. Nach offiziellen Zahlen haben mehr als zwei Millionen Chinesen ihr Land zwischen 1848 und 1888 verlassen. Wiederum kamen die meisten aus Guangdong und Fujian.

Links: Vancouvers Chinatown **Oben:** Chinesische Arbeiter bei ihrer Ankunft in Singapur (19. Jh.)

Wer die langen Reisen und harten Arbeitsbedingungen überlebte, konnte sich trotzdem meist keine Rückfahrt nach China erlauben. Also blieben viele Chinesen in der Ferne und passten sich an ihre neue Heimat an. Obwohl sie vielerorts diskriminiert wurden, eroberten sie sich durch harte Arbeit und einen Sinn fürs Geschäftemachen eine Position und etablierten sich vielerorts als anerkannte Mitglieder der Gesellschaft. Vor allem in Südostasien entstammen viele der heute reichen Tycoone und Politiker einfachen Einwandererfamilien.

Die meisten Auslandschinesen leben heute in Südostasien, es sollen in etwa 23 Millionen sein, was rund 80 Prozent aller Auslandschinesen ausmachen würde. Mit der Ausnahme von Singapur sind sie Minderheiten in ihren neuen Ländern, aber oft halten sie die ökonomische Macht in Händen.

Jüngere Auswanderung

Im 20. Jahrhundert flohen etwa 2 Millionen Chinesen mit der Guomindang nach Taiwan, im Laufe der 1950er- und 1960er-Jahre etwa 3 Millionen nach Hongkong – aus politischen Gründen. Seit der ökonomischen Öffnung Chinas bleiben insbesondere gut ausgebildete Wissenschaftler und Geschäftleute in Amerika oder Europa. Nach dem Massaker auf dem Tian'anmen-Platz 1989 verließen wieder Zehntausende aus politischen Gründen das Land. Seitdem gibt es einen stetigen dünnen, aber auch nicht zu übersehenden Strom von Flüchtlingen in alle Welt. Neben Amerika und Europa erfreuen sich heute auch Australien und Neuseeland größerer Beliebtheit.

Wo immer sie hinkommen, suchen die Auswanderer Anker in bereits vorhandenen chinesischen Gemeinschaften der ersten oder zweiten Welle. Zu den bekanntesten »Chinatowns« gehören San Francisco und New York, Vancouver und Toronto, London, Manchester und Liverpool. Die Älteren sprechen noch Kantonesisch oder ihren Heimatdialekt, während die jüngsten Ankömmlinge Hochchinesisch sprechen und oft schon im Ausland studiert haben.

Verbindungen zum Mutterland

Wo auch immer Chinesen seit Generationen leben, halten sie den Kontakt zu ihrer Heimat aufrecht. Seit China sich ein wenig geöffnet hat und viele Auslandschinesen reich geworden sind, beglücken einige ihre alte Heimat mit dem Bau von Schulen oder Universitäten, Brücken und Straßen, Tempeln oder Ahnenhallen. Und natürlich wird der Klan, zusammengehalten durch denselben Nachnamen und eine kluge Heiratspolitik, durch eine Tafel oder Statue geehrt.

Die Verbindungen innerhalb der Familie spielen oft eine entscheidende Rolle, vor allem bei den Geschäftsbeziehungen. Man vertraut in erster Linie den eigenen Verwandten, in zweiter Linie Landsleuten, die aus dem eigenen Dorf stammen. Und dann meistens niemandem mehr. In Handelsunternehmen gibt es sogar zahlreiche Fälle, in denen Verwandte gezielt in bestimmte Länder auswandern, um ein weltweites Netz von Kontakten und Firmen zu etablieren. Gerne werden das konfuzianische Gedankengut, das hohe Ansehen der Ahnen, Pflichtbewusstsein und derartige Tugenden zitiert, wenn es um die Bande zur Heimat geht, doch das schlichte pragmatische Verhalten wird dabei oft ausgeblendet oder verdeckt.

Eine neue Welle der Auswanderung scheint jetzt in Richtung Afrika unterwegs zu sein – bisher nicht gerade ein bevorzugtes Ziel von Chinesen, die sich den Afrikanern in besonderer Weise überlegen fühlen. Doch angesichts dort vorhandener Rohstoffe betreibt die Regierung einen neuen Kolonialismus im Handel, in den politischen Beziehungen und, so besagen es Gerüchte, auch in der Ansiedlung armer Bauern aus China in dünn besiedelten Regionen Afrikas. Wieder einmal eine große Wende in China seit der Ming-Dynastie. ■

Rechts: Die meisten Auslandschinesen pflegen noch enge Beziehungen zu ihren Dörfern in der alten Heimat

Die Provinzen Jiangxi und Hunan

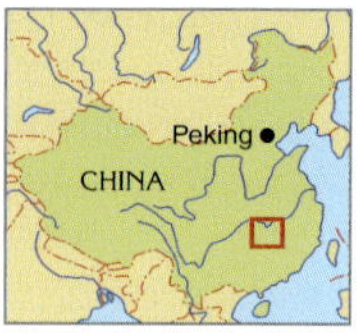

Diese beiden relativ armen Provinzen sind für ihre revolutionäre Vergangenheit und die feurig-scharfe Küche bekannt. Darüber hinaus haben Jiangxi und Hunan faszinierende Landschaften und interessante alte Städte zu bieten.

NICHT VERPASSEN!

Lushan
Maos Wohnhaus
Heng Shan
Wulingyuan
Fenghuang

Die beiden subtropischen Provinzen Jiangxi und Hunan stehen nur bei wenigen Reisenden auf dem Plan. Die Verbindungen zu Mao Zedong und der frühen Entwicklung der Kommunisten sorgen jedoch für einen steten Zulauf von regimetreuen chinesischen Touristen, v.a. nach Shaoshan, wo Maos Wohnhaus zu besichtigen ist, und nach Jinggangshan, wo das ehemalige Revolutionäre Hauptquartier steht. Für andere gibt es schöne Landschaften mit einigen attraktiven Dörfern und Städten zu sehen.

Abgelegenes Jiangxi

Die südlich des Yangzi gelegene Provinz Jiangxi war, obwohl sie einige bekannte Dichter hervorbrachte, immer eine wenig beachtete Region. Mehr Zulauf erhielt sie durch den Bau des Kaiserkanals, der sie sowohl mit dem wohlhabenden Guangdong als auch mit Nordchina verband. Da der Kanal jedoch bald zugunsten der Küstenschifffahrt an Bedeutung verlor, fiel die Provinz schnell wieder hinter die wohlhabenderen Provinzen im Süden und Osten zurück. Im 20. Jahrhundert wur-

Unten: Kalksteinformationen im Naturreservat Wulingyuan

VERKEHRSMITTEL

Reisen nach Jiangxi

Zug und Bus: Nanchang hat Eisenbahnverbindungen mit Fujian und Hunan, Richtung Norden nach Wuhan, Nanjing und Shanghai. Busse fahren nach Changsha, Wuhan, Shanghai, Xiamen, Kanton und in andere Städte.

Reisen in Jiangxi

◆ **Nanchang:** Die schnellsten Züge nach Jiujiang (11-mal tgl.) brauchen 2,5 Std., Busse 2 Std. Züge und Busse nach Jingdezhen fahren 4 Std. Es gibt zahlreiche Busse nach Lushan (1,5 Std.) und dreimal tgl. nach Jingganshan (5–8 Std.).

◆ **Jiujiang:** Viele Busse tgl. nach Nanchang (2,5 Std.), Lushan (1 Std.) und Jingdezhen (2 Std.).

◆ **Lushan:** Alle 40 Min. kommt ein Bus aus Nanchang an (1,5 Std.), ähnlich häufig jene aus Jiujiang (1 Std.).

de Jiangxi zum Schlachtfeld zwischen Kommunisten und Nationalisten. Von den jüngsten Entwicklungen hat sie kaum profitiert.

Nanchang

Die Hauptstadt der Provinz Jiangxi ist **Nanchang ⓱**, das bis vor ein paar Jahren nur wegen seiner Rolle in der kommunistischen Revolution bekannt war. In der Wirtschaftsentwicklung steht die Stadt in der zweiten Reihe.

Die bedeutendste historische Sehenswürdigkeit stellt der eindrucksvolle neunstöckige **Tengwang-Pavillon** (7 Yanjiang Beilu, tgl., im Sommer 7.30 bis 19, im Winter 8–16.30 Uhr) dar, der majestätisch über dem Fluss Gan aufragt. Er stammt aus dem Jahr 653 und wurde im Stil der südlichen Song-Dynastie errichtet. Der Dichter Tang Bo hat ihn in seinem Werk verewigt. Der Pavillon steht in einem Garten mit anderen eleganten Pavillons und Trauerweiden. Nachts wird er neuerdings von bunten Lichtern angestrahlt.

Etwa 2 km östlich der Minde Lu, der wichtigsten Einkaufsstraße, befindet sich die ehemalige **Residenz des Generals Zhu De** (Zhu De Jiuju, 2 Huayuanjiao, tgl. 8–17.30 Uhr). Mit Mao und Zhou Enlai führte Zhu De den grandios fehlgeschlagenen Aufstand gegen die nationalistische Regierung vom 1. August 1927 an. Dieser Konflikt wird als Ausgangspunkt für den Bürgerkrieg der beiden Gruppen gesehen und gilt damit auch als Gründungstag der Volksbefreiungsarmee. Ein **Museum** (380 Zhongshan Lu, tgl. 8 bis 17.30 Uhr) stellt die Ereignisse aus kommunistischer Sicht dar, und auch der angeblich nach dem Tian'anmen-Platz in Peking größte Platz des Landes, der **Platz des 1. August,** erinnert mit einem **Monument für die Märtyrer** sowie einer **Gedenkhalle für die Märtyrer** an den Aufstand.

Andere Sehenswürdigkeiten in Jiangxi

Zwischen dem Südufer des Yangzi und dem Nordufer des Poyang-Sees liegt die lebhafte Stadt **Jiujiang ⓲** mit Spazierwegen entlang dem Yangzi. In der Ming-Zeit wurden von hier aus Tee, Reis und kostbares Porzellan aus Jingdezhen in alle Welt verschifft.

»

Porzellan aus Jingdezhen war einst der Exportschlager Chinas. Porzellan wurde im Reich der Mitte bereits 100 v. Chr. hergestellt und war später in Europa und im Mittleren Osten äußerst beliebt. Die Produktionsmethoden blieben jedoch bis ins 18. Jh. hinein ein streng gehütetes Geheimnis.

Unten links: Aus Nüssen gefertigte Souvenirs

Unten: Auf diesem Gemälde im Stil des sozialistischen Realismus belehrt Mao die Bauern

»Kunstwerke« im Stil des sozialistischen Realismus werden in Fenghuang zum Verkauf angeboten

Unten: Das »kleine rote Buch« mit Zitaten des »Großen Steuermanns«

Der **Poyang-See** ist ein wichtiges Überflussbassin bei Überschwemmungen des Yangzi und bietet Wasservögeln ein Refugium. Das **Naturreservat Poyang-See** breitet sich in der Umgebung des Dorfes **Wucheng** aus und gilt als einer der attraktivsten Orte für Vogelbeobachter in Asien, da im Winter sechs Kranicharten zu sehen sind.

Westlich vom Poyang-See erhebt sich der **Lushan ⓳**. Hier schufen sich Missionare und ausländische Kaufleute im späten 19. Jahrhundert einen Erholungsort vor der brütenden Hitze des Sommers. Die politischen Führer des 20. Jahrhunderts übernahmen die im europäischen Stil errichteten Bauten, und bis heute sind einige als Hotels zugänglich. Während Chinesen mit dem Lushan vor allem Maos endlose Konferenzen verbinden, suchen die heutigen europäischen Besucher eher Wandermöglichkeiten, schöne Landschaft und historische Architektur.

Im Nordosten der Provinz liegt **Jingdezhen ⓴**, die berühmteste Porzellanstadt Chinas, die früher den Kaiserhof und die Exporteure mit dünnwandigen, mit blauer Unterglasur versehenen Kostbarkeiten aus »weißem Gold« belieferte. In verschiedenen Museen kann man die Geschichte des Porzellans verfolgen, Fabriken und Studios stehen zur Besichtigung offen.

Die zerklüftete Bergregion des **Jingganshan** an Jiangxis Südwestgrenze zu Hunan bot sich der kommunistischen Armee bei den Kämpfen mit den Nationalisten in den 1920er- und 1930er-Jahren als Rückzugsort an und gilt deshalb als Wiege der Revolution. Das Dorf **Ciping ㉑** diente Mao und Zhu De als Basis, nachdem sie ihre Truppen 1927 zur »4. Roten Armee« zusammengeführt hatten. Das einstige **Revolutionäre Hauptquartier** (tgl., Sommer 7.30 bis 18, Winter 8–17.30 Uhr) besteht aus nachgebauten Lehmhäusern, in denen die Legenden der Vergangenheit gepflegt werden.

Weiter nördlich, auf dem Nordberg (Beishan), erinnert ein gigantisches, den gesamten Hügel überziehendes **Monument der revolutionären Märtyrer** (tgl. 8–17 Uhr) im sowjetischen Stil an die Vergangenheit. Darüber hinaus ist das Jingganshan-Gebirge aber auch ein Paradies für Wanderer. Zu den Naturschönheiten gehören die 100 m hohen Shuikou-Wasserfälle und die glasklaren Seen von Wulong Tan.

DER MAO-KULT

Der unglaubliche Kult, der um Mao Zedong aufgebaut wurde, sollte den Führer unangreifbar als eine Art Gott im Bewusstsein der einfachen Chinesen verankern. In den 1960er-Jahren waren seine gestellten Propagandabilder überall zu sehen. 1966, zu Beginn der Kulturrevolution, wurde das »kleine rote Buch« mit völlig aus dem Zusammenhang gerissenen Zitaten des »Großen Vorsitzenden« herausgegeben und musste von jedem, der in der Partei reüssieren wollte, auswendig gelernt werden. Dabei benutzte Mao die Volksmassen, die er Buch schwenkend auftreten und auf das Land verbannen ließ, lediglich als blinde Truppen in seinen parteiinternen Kämpfen.

Nach seinem Tod im September 1976 verblasste der Kult schnell wieder, die großen Porträts wurden abgehängt, die Statuen recycelt. Aber trotzdem starrt der »Große Steuermann« den Schülern noch von Plakaten in der Schule und jedermann auf den Geldscheinen entgegen. Und am wichtigsten Ort der Volksrepublik, am Tor des Himmlischen Friedens in Peking, hängt sein stets aufgefrischtes Porträt.

Hunan

Allgemein gilt die Provinz Sichuan als Heimat der schärfsten chinesischen Speisen, doch die große Provinz Hunan kann es gut mit ihr aufnehmen. Scharfe Chilis und andere Gewürze bestimmen den Geschmack, den auch Hunans bekanntester Heißsporn, Mao Zedong, schätzte. Die Landschaft wird von Reisfeldern beherrscht, und es gibt einige schöne Berggegenden.

Changsha

Die Provinzhauptstadt **Changsha ㉒** liegt an der Eisenbahnstrecke zwischen Peking und Kanton und ist mit 6 Millionen Einwohnern bei Weitem die größte Stadt der Region. Nur bei genauem Hinsehen wird man dort einige angenehme Ecken finden. So bleibt das **Mu-**

seum der Provinz Hunan (50 Dongfeng Lu, tgl. 8-18 Uhr) die wichtigste Sehenswürdigkeit der Stadt. Die älteste Besiedlung der Region, weit vor der Ankunft der Han-Chinesen, fand vor 5000 Jahren statt. Die interessantesten Funde stammen aus drei Han-Gräbern bei Mawangdui östlich von Changsha. Im überdimensionierten Betonmuseum ist eine Vielzahl von Objekten zu sehen, von Bronzen bis zu Särgen und sogar in kostbare Seidengewänder gehüllte Mumien.

Für Mao-Anhänger ist der **Teich des Klaren Wassers** (Qingshui Tang, tgl. 8.30–17 Uhr) ein wichtiger Ort, denn hier befand sich das erste Provinzquartier der Kommunistischen Partei, das 1921 von Mao Zedong eingerichtet wurde. Der zukünftige Führer wohnte dort zwei Jahre.

Maos Heimat

Noch schlimmer kommt es im 90 km südwestlich gelegenen **Shaoshan** ㉓, wo Mao geboren wurde und sein neu errichtetes Elternhaus zu sehen ist. Jeder Laden fließt natürlich über mit kitschigen Souvenirs. Es ist unglaublich, wie der Personenkult um Mao in dieser vor der Welt verschlossenen Gegend noch aufrechterhalten wird, und es wird deutlich, dass die Wahrheit über diesen skrupellosen Revolutionsführer, der ja schon damit kokettierte, dass »die Revolution kein Deckchensticken ist«, in China noch längst keine Verbreitung gefunden hat.

Mao wurde am 26. Dezember 1893 als Sohn eines Großbauern geboren. Schon diese Tatsache, die ihn nach der Machtübernahme eigentlich zum »bourgeoisen Element« hätte machen müssen, wird den Besuchern verschwiegen. Sein **Elternhaus** (tgl. 8 bis 17.30 Uhr) wurde aus Lehm nachgebaut, und überall werden auf Chinesisch und Englisch die Legenden der Vergangenheit gebetsmühlenartig wiederholt.

Mitten im Dorf steht eine Bronzestatue, vor der sich chinesische Gruppen verneigen. Auch das **Mao-Museum** (tgl. 8–17 Uhr) verbreitet reine Propaganda, und in **Maos Ahnentempel** (tgl. 8–17.30 Uhr) nebenan wird das Ganze auf die Spitze getrieben, indem seine Familie zu einem angeblichen Patrio-

TIPP

An den Hauptwanderwegen auf dem Hengshan stehen überall Verkaufs- und Imbissstände bereit. Sie brauchen also nicht unbedingt ihre eigene Verpflegung mitzunehmen. Wasser sollten Sie aber immer in ausreichender Menge dabeihaben. Wenn Sie den Berg im Winter besteigen möchten, sollten Sie die Wanderung sorgfältig planen und über die nötige Erfahrung verfügen, denn dies ist einer der wenigen Orte in Chinas Süden, wo es schneien kann.

Unten: Auf dem heiligen Berg Heng Shan

VERKEHRSMITTEL

Reisen nach Hunan
Zug und Bus: Verbindungen mit Peking, Kanton, Wuhan, Nanjing und Shanghai Busse u.a. nach Kanton und Wuhan.

Reisen in Hunan
- **Changsha:** Tgl. Busse nach Shaoshan (2 Std.) sowie Züge nach Zhangjiajie (mind. 6 Std.) und Shaoshan (3 Std.).
- **Yueyang:** Häufige Züge und Busse nach Changsha (2 Std.) und tgl. ein Bus nach Zhangjiajie (7 Std.).
- **Shaoshan:** Busse nach Changsha (2–3 Std.); ein Zug jeden Tag nach Changsha (3 Std.).
- **Zhangjiajie:** Busse nach Fenghuang (4 Std.), Züge nach Changsha (6 Std.).
- **Fenghuang:** Busse nach Jishou (1 Std.) und Haihua (2 Std.). Von dort kommt man gut per Zug nach Changsha (8–9 Std.).

Im Wulingyuan leben noch viele Rhesusaffen. Sie zählen zu den in China am häufigsten vorkommenden Affenarten.

Unten: Fenghuang

ten aus der Ming-Dynastie zurückverfolgt wird, der gegen die Mongolen gekämpft haben soll. Geschichtsklitterung allererster Klasse.

Hengshan

Auch in Hunan gibt es einen heiligen Berg, es ist der 120 km südlich von Changsha gelegene **Hengshan** ㉔. Der Berg ist Teil einer Kette, die sich von Hengyang nach Norden bis nach Changsha erstreckt. Man besteigt den 1290 m hohen Gipfel von der hübschen Stadt **Nanyue** aus und braucht etwa fünf Stunden bis zum Gipfel der Harmonie (Zhurong Feng) und drei Stunden für den Abstieg. Wer sich die Mühe nicht machen will, kann auch einen Teil der Strecke per Minibus oder Seilbahn zurücklegen.

Auf dem oft in Nebel getauchten Weg kommt man an mehreren Tempeln vorbei. Im unteren Bereich liegen der Nanyue Damiao, der im 19. Jh. neu aufgebaut wurde, und der buddhistischen Zhusheng-Tempel, dessen heutige Gebäude aus dem 18. Jh. stammen. Auf dem Gipfel erwartet die Pilger dann die steinerene Zhurong-Halle.

Im äußersten Nordwesten

Die wohlhabende Stadt **Zhangjiajie** ㉕ ist Ausgangsort für den Nordwesten Hunans und liegt 33 km südlich des landschaftlich schönen Gebiets Wulingyuan. Etwas südlich der Stadt beginnt die angeblich längste **Seilbahn** der Welt (tgl. 8–17.30 Uhr), die zum spektakulären, steil abfallenden Tianmen Shan hinaufführt. Die Länge der Seilbahn beträgt 7,5 km, der Höhenunterschied 1300 m.

Etwa eine Stunde braucht der Bus von der Stadt Zhangjiajie zum **Dorf Zhangjiajie**, das der beliebteste Startpunkt für die Erkundung des in die UNESCO-Welterbeliste aufgenommene **Naturreservats Wulingyuan** ㉖ mit seinen überwucherten riesigen Kalksteinnadeln ist. Vom Eingang verläuft ein 5,7 km langer Wanderweg über den Talboden, von dem aus mehrere Wege die Abhänge hinaufführen. Eine andere Kletteroption ist natürlich wieder mit einem Weltrekord verbunden, denn der **Bailong-Lift** ist angeblich der längste Aufzug in freier Natur. In weniger als zwei Minuten befördert er Besucher um 326 m in die Höhe.

Das Reservat soll eine großartige Landschaft schützen: alte Wälder, kristallklare Seen, rauschende Bäche und darüber thronend die skurrilen Karstberge. Etwa 3100 Sandsteingipfel gibt es hier, darunter auch die Felsnadeln der auf chinesischen Briefmarken verewigten »Kaiser-Pinsel«. Sie heißen so, da sie Kalligrafiepinseln ähneln. Außerdem wurden im Reservat mehr als 3000 Spezies von Pflanzen gefunden, darunter mehr als 500 verschiedene Baumspezies. Auch das chinesische Rotholz, das als ausgestorben galt, ist hier noch zu finden. Darüber hinaus bietet das Naturreservat Wulingyuan seltenen Tieren eine Heimat, z.B. Leoparden, Affen sowie einen Meter lange Salamander.

Der Fluss Suoxi windet sich durch den Park. Seine Wasserfälle und Seen, dazu Höhlen und unterirdische Flussarme machen die Landschaft abwechslungsreich. In dieser Region leben mehrere nicht-chinesische Völker wie Miao, Tujia, Hui und Bai. Allerdings schwärmen zahllose Tourgruppen hier aus, lärmen herum und lassen meist Berge von Müll zurück.

Fenghuang

Tief im Westen von Hunan, an der Grenze nach Guizhou, liegt die im 3. Jh. v. Chr. gegründete Flussstadt **Fenghuang** ㉗, in der viele Bewohner aus den Völkern der Miao und der Tujia wohnen. Der Fluss Tuo durchzieht die Altstadt, die von einer Mauer aus rotem Sandstein umgeben ist. Große Tore führen hindurch und auf die Kopfsteinpflasterstraßen, die von Häusern aus der Ming- und Qing-Dynastie gesäumt werden. Dies ist einer der attraktivsten Orte in China, der gerade erst sein touristisches Potential entdeckt. Schon kommen viele Reisegruppen hierher.

Die beliebteste Straße ist die Fußgängern vorbehaltene **Dongzheng Jie**, die von der **Hongqiao** genannten überdachten Brücke am **Turm des Osttors** (Dongmenlou) vorbei in das Gewirr von kleinen Häusern südwestlich des Flusses führt. Der Fluss Tuo wird von mehreren Brücken überspannt, doch er ist so flach, dass man ihn an zwei Stellen sogar über eingelassene Steine überqueren kann, beispielsweise an der Stelle, an der die Wenxing Jie auf die Mauer am Fluss trifft. ■

Fenghuang hat sich in den letzten Jahren besser auf den Tourismus eingestellt. Trotzdem sind die Übernachtungsmöglichkeiten qualitativ noch relativ bescheiden. Billige Gästehäuser und Restaurants gibt es dagegen zur Genüge.

RESTAURANTS

Preiskategorien (für eine Person mit einem Getränk)
●●●● = über 15 €
●●● = 10–15 €
●● = 5–10 €
● = unter 5 €

Provinz Jiangxi

Jiangxi ist Teil von Chinas »Gewürzgürtel« – dementsprechend oft stehen Chilis auf dem Speiseplan. In der Yangzi-Region im Norden dominieren Fischgerichte.

Nanchang

◆ **Hongni Shaguo**
Tengwang-Pavillon, südlicher Eingang
Tel: 07 91/670 4888
Dieses nette Lokal gleich neben dem Tengwang-Pavillon serviert einige Delikatessen aus Jiangxi, die man probiert haben muss, z.B. die schmackhafte *hongshao ruyu*, in Soja geschmorte Meeräsche. ●

◆ **Hunan Wang Caiguan**
99 Supu Lu
Tel: 07 91/623 8433
Direkt zum Bayi-Park hin gelegenes, äußerst beliebtes Restaurant mit authentischer Hunan-Küche. ●

Provinz Hunan

Hunan ist berühmt für sein scharfes Essen – und die Gaststätten vor Ort für ihre großzügige Verwendung von Chili in so ziemlich jedem Gericht. Der Sichuan-Küche sehr ähnlich, übertrifft die Hunan-Kost deren Schärfe um einiges – daher ist sie in ganz China sehr beliebt. Hunan-Restaurants findet man in allen Großstädten des Landes.

Changsha

◆ **Huogongdian**
93 Wuyi Donglu
Tel: 07 31/412 0580
Das Huogongdian ist ein tolles Lokal, um eine breite Palette von Spezialitäten der Region zu probieren. Appetitliche Häppchen werden auf *dim-sum*-Wagen herumgefahren, und man kann bequem auswählen. Unbedingt probieren sollten Sie das gepökelte, mit Chili gewürzte Rindfleisch. Mao selbst soll den geruchsintensiven Tofu des Restaurants gelobt haben, als er 1959 hier Rast machte. ●

Fenghuang

Die zum Fluss führenden Straßen zu beiden Seiten des Tuo sind voller kleiner Restaurants, Bars und Cafés, sodass man sicher fündig wird. Außerdem gibt es zahlreiche Straßenstände und Garküchen entlang der Hong-Brücke.

Die chinesische Tierwelt

China, das drittgrößte Land der Welt, bietet mit seinen unterschiedlichen Landschaften unzähligen Tieren einen Lebensraum.

China hat praktisch jedes Klima und Habitat aufzuweisen, das auf der Erde bekannt ist. In Zentral- und Südchina leben auch sehr viele endemische Spezies: 17 % der Säugetiere und 36 % der Reptilien gibt es nirgendwo anders auf der Erde. Doch der Mensch hat viele Habitate zerstört.

Allein in den Bergregionen können noch Wildtiere überleben. Das westliche Sichuan ist die Heimat des Großen Pandas und des Roten Pandas. Schneeleoparden sollen noch im Himalaja anzutreffen sein. Auch weiter südlich, in den wilderen Regionen Yunnans, gibt es Leoparden, Schwarzbären und goldene Takin (Gnuziegen). In den Tropen sollen noch wilde Elefanten leben. Eine Handvoll südchinesischer Tiger wird in den Wäldern des nördlichen Guangdong vermutet, während der größere Mandschurische Tiger im äußersten Nordosten zu Hause ist. Im weiten Westen leben tibetische Antilopen und wilde Kamele. Zahlreiche Affenarten sind im Süden und Südwesten zu finden.

Sonstige auffällige Spezies sind der große Salamander und der chinesische Alligator, während der Yangzi-Delfin durch den Bau des Staudamms ausgerottet wurde. Vogelbeobachter können an Gewässern verschiedene Kranicharten sehen. Und bunte Tragopane sind in den Wäldern des Südwestens anzutreffen. ■

Schutzmaßnahmen

Der Raubbau an der Natur begann in China schon vor vielen Jahrhunderten und hat sich in den letzten 20 Jahren weiter intensiviert. Immerhin gibt es erste Ansätze, die Biodiversität des Landes zu bewahren. Die chinesische Naturschutzbehörde arbeitet jetzt mit internationalen Organisationen wie dem WWF, der Wildlife Conservation Society, Wetland International und der National Geographic Society zusammen, um seltene Tierarten wie den Großen Panda, den großen Salamander oder den Stumpfnasenaffen zu schützen. Einige Naturreservate stehen zudem auf der Unesco-Welterbeliste. Seit im Jahr 1956 das Naturreservat Dinghushan in Guangdong ernannt wurde, hat die Regierung 700 Naturreservate ausgewiesen, die 8 Prozent der Landesfläche ausmachen. Zudem ist China einigen internationalen Organisationen beigetreten, wie etwa der Konvention für Biodiversität, dem Washingtoner Artenschutzabkommen (CITES) und internationalen Konventionen zum Umweltschutz. Doch geändert hat dies bisher nicht viel, denn noch immer herrschen Korruption, inkompetentes Personal, mangelnde Investitionen und fehlende wissenschaftliche Forschung vor.

Oben links: Der Rote Panda lebt in den Wäldern von Yunnan und Sichuan. **Oben rechts:** Der Große Panda ist vom Aussterben bedroht, auch wegen des Pfeilbambus, der in periodischen Abständen abstirbt. Aus Mangel an Alternativen verhungern viele schwächere Tiere. **Unten links:** Riesensalamander können bis zu 1,80 m lang werden. **Unten rechts:** Tibetische Makaken sieht man auf dem Emeishan in Sichuan.

Oben: Ein paar Tausend Schneeleoparden leben noch auf 3000 bis 6000 m Höhe in den felsigen Berggegenden des Himalajas und des Tianshan.

Links: Blutfasane sind in den Wäldern des nordwestlichen Yunnan heimisch. Sie zählen zusammen mit ihren nahen Verwandten, den bunten Tragopanen, zu den schönsten Vogelarten des Landes.

Unten: Die tibetische Antilope (*chiru* auf Tibetisch) wird oft von Wilderern gejagt, die mit ihrer feinen Wolle Profit machen möchten. Allerdings geht man noch von einem Bestand von über 70 000 Tieren aus, sodass die Antilope bislang nicht zu den gefährdeten Arten zählt.

Der Südwesten

In der südwestlichen Ecke Chinas gibt es viel zu entdecken: von den Karstformationen in Guilin über die Brokatstadt Chengdu und das tropische Xishuangbanna bis hin zu den verschneiten Gipfeln des Himalaja.

Für viele Reisende ist der Südwesten das beliebteste Reiseziel. Wenn man sich die Landschaften und die kulturelle Vielfalt ansieht, ist dies nicht schwer zu verstehen. Wer diese Gegend erkundet, verspürt ein größeres Maß an Abenteuer, ein umfassenderes Reiseerlebnis. Zudem liegt diese Region außerhalb des eigentlichen chinesischen Kulturbereichs und weist deshalb mehr Freundlichkeit und Buntheit auf als der Rest Chinas.

Guangxi ist weniger für seine kulturellen Schätze als für seine fantastische Natur bekannt, die schon zahlreiche chinesische Künstler inspirierte. Der Fluss Li windet sich träge durch eine skurrile Bergszenerie außerhalb der Stadt Guilin, die jedem bekannt ist, der sich einmal mit chinesischer Landschaftsmalerei befasst hat. Richtung Norden führt eine sehenswerte Strecke durch die Reisterrassen von Longsheng nach Guizhou, das zu den ärmsten Regionen Chinas gehört. Die Minderheitenvölker dort haben ihre außergewöhnliche Architektur und ihre bunten Feste beibehalten. Das Reisen ist hier beschwerlich, kann aber sehr lohnend sein.

Die große Provinz Sichuan, die vor allem durch ihr scharf gewürztes Essen bekannt geworden ist, teilt sich auf in dicht besiedelte Gebiete im Osten und Süden, in der Umgebung von Chengdu, und die wilden Berg- und Waldgebiete im Westen und Norden, die Lebensraum für Pandas und andere Tiere sind. Weitere Attraktionen sind der heilige Berg Emeishan und der Große Buddha von Leshan.

In Yunnan sind die kulturellen Ähnlichkeiten mit Laos oder Thailand viel größer als mit Nordchina. Man erkennt dies an den Menschen und Tempeln. Jenseits der Hauptstadt Kunming, wo die bizarren Felsformationen des Steinwalds die Fantasie anregen, steigen die Berge hinauf Richtung Himalaja. Hier liegen inmitten einer dramatischen Bergszenerie die magischen Orte Dali und Lijiang und laden zu ausgedehnten Wanderungen ein. Die Nordwestecke der Provinz rund um Zhongdian gehört kulturell zu Tibet und bietet abenteuerlustigen Touristen ein »Shangri-la«. ■

Vorhergehende Seiten: Karsthügellandschaft am Li-Fluss **Links:** Der Jadedrachenberg überragt das Tal des Li **Oben rechts:** Tänzerinnen beim Miao-Festival in der Provinz Guizhou **Oben links:** Der Große Buddha von Leshan **Unten rechts:** Der Steinwald in Ost-Yunnan

Karte auf Seite 340

Karstberge und Kostüme: Von Guilin zu den Minderheiten

In den Provinzen Guangxi und Guizhou verzaubern bizarre Karsthügellandschaften und grüne Reisterrassenfelder. Im Norden und Westen der Region siedeln noch viele Minderheitenvölker.

Der Gelehrte Han Yu (768–834) beschrieb die Karstige Hügellandschaft von Guilin mit folgenden Worten: »Der Fluss gleicht einem seidenen grünen Band, und die Hügel sind wie türkisfarbene Haarnadeln aus Jade.« Und zweifellos ist die Szenerie des Lijiang eine der schönsten Landschaften Chinas.

In zahlreichen Gedichten und Gemälden versuchten chinesische Künstler, ihre Impressionen beim Anblick dieser bizarren Landschaft mit den kegelförmigen Karstbergen wiederzugeben. Und heute sehen viele Besucher die Fahrt auf dem romantischen Li-Fluss als Höhepunkt ihrer Chinareise an. So verwundert es nicht, dass jeden Morgen eine ganze Flotte von Schiffen ablegt, um dem »grünen Seidenband« zu folgen.

Die Region gehört zum subtropischen Teil Chinas, die Sommer sind lang, heiß und feucht; die besten Reisezeiten sind im Frühling und Herbst. Guilin liegt im Nordosten der Autonomen Region **Guangxi** der Zhuang. Das Volk der Zhuang ist mit 16 Mio. Angehörigen die größte nationale Minderheit Chinas, doch in Guangxi, das im Süden an Vietnam grenzt, leben insgesamt über 46 Mio. Menschen, 34 % davon sind Zhuang, weitere 5 % gehören zu verschiedenen kleineren Völkern, u.a. zu den Yao, Miao, Yi und Dong. Diese Minderheiten siedeln vor allem in den rückständigen Gebieten im Westen und Norden der Region.

Mit den präzise geformten Reisterrassen bei Longsheng und der berühmten überdachten Wind-und-Regen-Brücke von Sanjiang haben diese bäuerlichen Gemeinschaften der Region aber ihren Stempel aufgedrückt.

Nördlich von Guangxi leben weitere Bergvölker in der Provinz **Guizhou.** Am häufigsten sind hier Wasserfälle und Karsthöhlen auf den Karten verzeichnet, doch es gibt auch andere lohnenswerte Ziele. Die Gegend um Kaili hat einiges von der nicht-chinesischen Kultur wieder zum Leben erweckt, was

NICHT VERPASSEN!

- Jinjiang-Prinzenpalast
- Yuzi-Paradies
- Li-Fluss
- Yangshuo
- Reisfelder, Longsheng
- Miao- u. Dong-Dörfer
- Zhenyuan
- Huangguoshu-Fälle

Links: Die Karsthügellandschaft am Li-Fluss
Unten: In Xingping

Guilin ist bei Reisegruppen äußerst beliebt und verfügt daher über gute Verkehrsverbindungen zu anderen chinesischen Städten

sich bei Wanderungen durch die Dörfer schnell erfahren lässt. Im Naturschutzgebiet Fanjing Shan, welches für seine abwechslungsreiche und vielfältige Fauna und Flora bekannt ist, trifft man vielleicht auch einmal auf einen Goldaffen. Wer sich heute tatsächlich noch für die immer wieder umgeschriebene Revolutionsgeschichte interessiert, darf natürlich Zunyi nicht verpassen, wo Mao auf dem Langen Marsch an die Spitze der Partei aufrückte. Viel friedlichere Vögel wie den Schwarzhalskranich gibt es an den Ufern des Caohai-Sees und den donnernden Wasserfällen zu sehen.

Die Stadt des Dufts: Guilin

Ihre Schönheit hat die Gegend um Guilin einem eher nüchternen geologisch-historischen Prozess zu verdanken: Vor mehr als 300 Millionen Jahren wurde aus dem Kalksteinboden eines Meeres ein Karstgebirge nach oben gedrückt. Die Erosion formte dann im Lauf der Jahrmillionen die sagenumwobenen Turmkarsthügel und kegelförmigen Berge dieser Gegend und hinterließ neben den gespenstisch und zugleich phantastisch anmutenden Gesteinsformationen auch noch eine große Anzahl von Tropfsteinhöhlen.

Die heute gut zwei Millionen Einwohner zählende Stadt **Guilin** ❶ erhielt ihren Namen von den Kassia-Bäumen, die im Herbst den süßlichen Duft

ihrer Blüten über die ganze Stadt verbreiten. Guilin heißt wörtlich übersetzt »Kassiabaum-Wald«. Historischen Aufzeichnungen zufolge soll die Stadt bereits im Jahr 214 v. Chr. gegründet worden sein. Damals wurde unter der Regentschaft des ersten chinesischen Kaisers, Qin Shihuangdi, der Lingqu-Kanal gebaut, der heute noch über den Yangzi, den Lijiang und den Perlfluss die chinesische Zentralebene mit Südchina und Südostasien verbindet.

1550 kamen die ersten Europäer – gefangen genommene portugiesische Seeleute – hierher. 1647 errichteten die Ming auf ihrer Flucht vor den Mandschuren in Guilin vorübergehend einen Stützpunkt. Im Zweiten Weltkrieg suchten Hunderttausende von Nordchinesen hier Zuflucht vor den japanischen Soldaten. Und Guilin war eine der letzten Städte, die die Kommunisten im Jahr 1949 einnahmen.

Guilin und seine Umgebung sind noch immer landwirtschaftlich geprägt, sofern die zahllosen Berge überhaupt derartige Nutzung ermöglichen. Reisfelder, Wasserbüffel und Bambushaine, Bauern mit aufgekrempelten Hosen und nach oben spitz zulaufenden Strohhüten sowie Kormoranfischer auf dem Li-Fluss machen die Idylle perfekt. Jujube, eine Dattelfrucht, wird hier geerntet, und Guilin ist bekannt für seine scharfe Guilinjiang, eine Art Pfeffersauce.

Die Stadt war früher keineswegs attraktiv. In den letzten Jahren wurde jedoch ein umfassendes Renovierungs- und Begrünungsvorhaben umgesetzt. Selbst eine Fußgängerzone gibt es, und auch am Flussufer kann man flanieren. Gleichzeitig entstanden mehrere Hochhäuser und moderne Hotels. Besonders beeindruckend sind allabendlich die bunten Lichter an den beiden Seen im Stadtzentrum.

In den Straßen der Innenstadt rund um die Zhongshan Lu drängen sich große und kleine Souvenirläden, Cafés, Kleidungsgeschäfte und Hotels. Dazwischen bieten unzählige Imbissstuben und kleine Restaurants auch Spezialitäten wie Schlange, Froschschenkel oder Gürteltier an. Besonders am Wochenende herrscht in Guilin reger Betrieb, und Straßenkünstler konkurrieren um die Gunst des Publikums.

Auf einem Bambusfloß lässt sich der Elefantenrüsselberg am besten besichtigen

Unten: Die Sonnenpagode und die Mondpagode in Guilin

VERKEHRSMITTEL

Reisen nach Guangxi

◆ **Flug:** Gute Verbindungen aus allen Teilen Chinas nach Guilin und Nanning.

◆ **Zug und Bus:** Guangxi liegt an der Strecke von Peking nach Hanoi (Vietnam). Guilin ist ein Eisenbahnknotenpunkt. Reisebusse fahren von Guilin und Yangshuo u.a. nach Kanton, Changsha.

Reisen in Guangxi

◆ **Guilin:** Es gibt tgl. Busse nach Yangshuo (1–1,5 Std.), Longsheng (1,5 Std.) und Nanning (4–4,5 Std.). Täglich fahren 10 Züge in 4–6 Std. nach Nanning.

◆ **Yangshuo:** Viele Minibusse nach Guilin (1,5 Std.).

◆ **Longsheng:** Busse fahren alle 15 Min. nach Guilin (1,5 Std.).

◆ **Pingxian (vietnamesische Grenze):**

◆ Busverbindungen zu regionalen Städten und nach Nanning (3,5 Std.).

TIPP

Crown Cave

Fragen Sie bei der Buchung Ihrer Bootsfahrt auf dem Li-Fluss nach einem Stopp bei der Crown Cave nahe Caoping. In der Tropfsteinhöhle werden den Besuchern neben bunt beleuchteten Hallen mit Stalagmiten und Stalagtitenformationen auch rauschende Wasserfälle, eine Fahrt mit einem Bähnchen durch finstere Stollen oder eine Bootsfahrt auf einem unterirdischen Fluss geboten – trotz der vielen Touristen ein faszinierendes Erlebnis.

Unten rechts: Souvenirs von der Pekinger Olympiade 2008

In der Stadt

Einen Rundgang durch die Stadt kann man am südlichen Stadtrand beginnen, am **Elefantenrüsselberg** Ⓐ (Xiangbishan), der den Namen von seiner Form erhielt, denn er sieht aus, als tunke ein Elefant gerade seinen Rüssel ins Wasser. Wer genug Puste hat, kann den Hügel erklimmen und von der Pagode oben den Ausblick genießen. Nachts werden die beiden **Pagoden Sonne und Mond** Ⓑ (Riyue Shuangta, tgl.) von bunten Lichtern angestrahlt und spiegeln sich im Wasser des Kiefernsees (Shanhu).

Weiter nördlich, in der Nähe eines 800 Jahre alten Banyanbaums am Banyansee (Ronghu), blieb das **Südtor** Ⓒ aus der alten Stadtmauer erhalten. Die Mauer wurde erstmals in der Tang-Dynastie errichtet und in der Ming-Dynastie stark ausgebaut, als Guilin Provinzhauptstadt wurde. Es wurde ein neues Gebäude im Stil der Ming-Dynastie auf das Tor gesetzt. Die Seen, die sich hier nach Norden wenden und parallel zum Li-Fluss verlaufen, waren einst der Wassergraben außerhalb der alten Stadtmauer.

Zwischen Tor und Fluss erstreckt sich jetzt der 1999 angelegte **Hauptplatz** Ⓓ (Zhongxin Guangcheng). Er ist von Läden und Einkaufszentren, Restaurants und Ständen umgeben, und hier ist bis spät abends etwas los. Auf die nahe Fußgängerzone, die **Zhengyang Lu** Ⓔ, ist vor allem auf (einheimische) Touristen ausgerichtet, die hier allerhand kitschige Souvenirs kaufen oder sich in Restaurants und Bars vergnügen können.

Im **Lijiang-Theater** Ⓕ am Flussufer werden häufig Folkloreshows veranstaltet, in denen die »Minderheiten« in bunten Trachten auftreten. Interessanter scheint es da zu sein, eine abendliche Flussfahrt zu unternehmen, die von zahlreichen Reisebüros an der Uferstraße angeboten werden.

Das einzige historische Bauwerk in Guilin ist der **Palast der Jinjiang-Prinzen** Ⓖ (tgl. 8.30–17 Uhr), und auch der wurde, entgegen den Behauptungen der Stadtführer, in den letzten Jahren vollständig rekonstruiert. Erbaut wurde er ursprünglich 1372 von Zhu Shouqian und war dann bis zum Ende der Ming-Dynastie Wohnstätte von 12

Generationen von Jinjiang-Prinzen. Als der Ming-Hof 1644 vor den Mandschuren nach Süden floh, versuchte man hier eine »Südliche Ming-Dynastie« zu errichten, doch bereits 1650 standen die Mandschuren vor den Toren der Stadt und zerstörten sie.

Nur Einzelstücke aus der Mauer und von Steinmetzarbeiten blieben erhalten und wurden in das neue Bauwerk wieder eingesetzt. In der wichtigsten Halle des Palastes, der **Chengyun-Halle,** wird eine Ausstellung über 14 der Prinzen gezeigt, die hier gelebt haben.

Innerhalb der Anlage ragt auch Guilins eigener Karsthügel auf, der 152 m hohe **Berg der Einzigartigen Schönheit** **H** (Duxiufeng), zu dem über 300 Stufen hinaufführen. Von oben genießt man einen schönen Blick, der früher den Prinzen vorbehalten war. Ebenfalls zur Erheiterung der Prinzen diente am Fuß des Hügels das jetzt **Friedensgrotte** (Pingshiku) genannte System von Höhlen und Gängen, in denen früher den Ahnen geopfert wurde.

Weiter östlich erhebt sich am Lijiang der **Wellenbrecher-Berg** **I** (Fuboshan, tgl. 7–19 Uhr), der seinen Namen erhielt, weil er weit in den Fluss hineinragt. Der Legende nach ist er mit einem General aus der Han-Zeit verbunden, der die Stadt gegen Eindringlinge verteidigt hatte. Er soll sein Schwert mit solcher Kraft am Felsen geschliffen haben, dass die Gegner vor Schreck flohen! Auf dem Weg zum Gipfel kommt man an einer 2,5 t schweren Glocke und einem riesigen Kochtopf vorbei, aus dem man angeblich über 1000 Menschen speisen könnte. Beide stammen aus der einstigen Tempelanlage, von der nur noch Ruinen übrig sind.

Am Südhang liegt die **Grotte der Zurückgegebenen Perle.** Hier soll ein Drache gehaust haben, dessen Perle die Grotte erleuchtete. Ein Fischer stahl sie eines Tages. Als er aber erfuhr, wem sie gehörte, brachte er sie schleunigst zurück. An der Ostseite des Berges liegt der **Tausend-Buddha-Felsen** (Qianfoyan) mit etwa 300 buddhistischen Skulpturen aus der Tang- und Song-Zeit. Vom Gipfel hat man einen herrlichen Rundblick über die Stadt und die ganze Umgebung.

Das Kormoranfischen hat eine lange Tradition in dieser Gegend, auch wenn es heute nur noch der Touristen wegen betrieben wird

Unten: Der Qixia-Tempel im Sieben-Sterne-Park

Ein sommerlicher Regenschauer in Yangshuo. Der Norden der Provinz Guangxi ist eine der regenreichsten Gegenden in China.

Eine ähnlich gute Aussicht bietet weiter im Norden der 223 m hohe **Berg der Farbigen Schichten** (Diecaishan). In seinen Höhlen finden sich buddhistische Skulpturen und chinesische Kalligrafien. Am Fuß des Berges können sich die Touristen mit abgerichteten Kormoranen fotografieren lassen.

Auf der Ostseite des Lijiang – man gelangt dorthin über die Brücke der Befreiung – liegt der **Sieben-Sterne-Park** ❶ (Qixing Gongyuan, tgl. 7 bis 19 Uhr): Seine sieben Hügel ähneln in der Konstellation den Sternen des Großen Wagens. Die Hügel beherbergen mehrere bunt ausgeleuchtete Höhlen, von denen die bekannteste die Sieben-Sterne-Höhle mit ihren Inschriften und Gedichten ist. Eigenartig geformt ist der **Kamelberg** (Luotuoshan), der einem sitzenden Dromedar ähnelt. Im Park gibt es eine Bonsai-Ausstellung und einen kleinen Zoo, in dem sogar ein einsamer Pandabär zu bestaunen ist. Über mehrere Wege gelangt man zu Aussichtspavillons hinauf, von denen man das Panorama genießen kann.

Etwa 7 km nordwestlich des Stadtzentrums zieht sich die **Schilfrohrflöten-Höhle** Ⓚ (Ludiyan, tgl. 8.30 bis 16.30 Uhr) 240 m tief in den Berg hinein. Den Namen hat sie von dem Schilfrohr erhalten, das am Eingang wächst und das man früher zum Herstellen von Flöten benutzte. Auf dem Weg durch diese bunt ausgeleuchtete Tropfsteinhöhle kann man viele bizarre Stalaktiten und Stalagmiten sehen, die Pagoden, Menschen, Löwen, Pilzen usw. ähneln – der Fantasie sind keine Grenzen gesetzt. Die schönsten Punkte des Rundgangs sind der Kristallpalast des Drachenkönigs und eine unterirdische Wasserlandschaft, die der Gegend um Guilin mit dem Lijiang ähnelt.

Südlich von Guilin

Die Bootsfahrt auf dem sich schlängelnden Li-Fluss führt vorbei an den bizarren Bergen, deren Formen die Chinesen zu fantasievollen Namen wie Elefantenrüsselberg, Alter-Mann-Berg,

Unten: Bambusfloßfahrten sind eine beliebte Art, den Fluss zu erkunden

Pagodenberg oder Lochberg beflügelt haben. Kormoranfischer auf schmalen Bambusflößen sind bei der Arbeit, es gibt badende Kinder, Wasserbüffel, Dörfer und Waschfrauen zu sehen.

Auch auf der Straße zwischen Guilin und Yangshuo, das 30 km südlich von Guilin liegt, bilden die Berge eine interessante Umgebung. Dem **Skulpturenpark Yuzi-Paradies** Ⓛ (tgl. 8.30 bis 18 Uhr) war dies noch nicht genug, sodass er seine Steinmetze daran ließ, große Skulpturen auf einer Fläche von 60 ha aufzustellen.

Wer nur eine kurze Flussfahrt unternehmen will, kann auch in **Xingping** Ⓜ an Bord gehen. Von Yangshuo fährt alle 20 Min. ein Bus nach Xingping (1 Std.), das vor 400 Jahren die wichtigste Stadt der Region war. In seiner Altstadt sind noch eine Reihe von traditionellen Häusern an gewundenen unbefestigten Fußwegen zu sehen. Etwa 3 km außerhalb von Xingping befinden sich die **Lotoshöhlen** Ⓝ (Lianhuayan, tgl.), die bunt beleuchtet werden und zahlreiche schwer auszumachende Tierformen präsentieren.

Yangshuo

Yangshuo Ⓞ, der Endpunkt der Bootsreise, ist heute eine Kleinstadt, die hauptsächlich vom Tourismus lebt und in erster Linie aus Souvenirläden und Fastfood-Kaschemmen zu bestehen scheint. Die **Weststraße** (Xi Jie) mit Restaurants, Cafés und Andenkenläden ist die Hauptmeile der Touristen, die am Yangshuo-Pier am unteren Ende der Straße oder am Busbahnhof Ecke Diecui Lu und Pantao Lu ankommen. Wenn die Touristen weg sind, wird es ruhig in den engen Dorfgassen.

Es lohnt sich durchaus, ein bis zwei Tage hier zu verbringen, um ausreichend Zeit für Ausflüge per Fahrrad in die wunderbare Karsthügellandschaft zu haben. Besonders schön ist die 10 km lange Strecke zum **Mondhügel** Ⓟ (Yueliang Shan). Vom mit einiger Mühe zu erklimmenden Gipfel hat man einen herrlichen Blick auf den Fluss, die Felder und die Karstkegel.

Nicht weit entfernt sind zwei Höhlen, die sich weniger im bunten Licht aalen und mehr auf die Entdeckerfreude der Besucher setzen. Die erste davon ist die **Höhle des Schwarzen Buddhas** Ⓠ (Heifo Xinshui Dong). Sie wurde 1991 entdeckt. Wenn man sie erkunden will, muss man darauf gefasst sein, über Leitern zu klettern und durch Schlamm zu waten. 3 km entfernt liegt die zweite, die **Höhle des Schwarzen Drachen** Ⓡ, die per Boot oder Kajak besichtigt werden kann, wenn man dies vorher in Yangshuo arrangiert.

Überhaupt entwickelt sich Yangshuo zu einem wichtigen Ort für Abenteuersportarten. Klettern, Bootsausflüge und Ballonfahrten können hier gebucht werden. Sie alle bieten neue Ausblicke auf die spektakuläre Landschaft. Höhepunkt ist das Rafting bei der **Jadedrachenbrücke** (Yulong Qiao).

Wer über Nacht bleibt, kann sich abends die Liu-Sanjie-Show ansehen, ein spektakulär choreografiertes Musical, das etwas außerhalb von Yangshuo auf einer offenen Bühne am Li-Fluss vor dem Hintergrund der Karstberge aufgeführt wird.

SHOPPING

In Yangshuo braucht man zum Einkaufen viel Zeit, denn in den Geschäften wird eine große Auswahl an Souvenirs, Kunsthandwerk der Nationalen Minderheiten, Stickereien, Textilien, Kunst und Schmuck angeboten. Auch asiatisch-inspirierte Einrichtungsgegenstände, CDs und DVDs findet man hier. In den Kleidergeschäften gibt es alles, von T-Shirts über Batikarbeiten und nagelneue Sportschuhe bis hin zu Designerware.

Unten: Bootsfahrt auf dem Li-Fluss

BOOTSFAHRT AUF DEM LI-FLUSS

Eine Fahrt mit dem Boot auf dem Fluss Li gehört zu den Höhepunkten einer Chinareise. Am beliebtesten ist dabei die 80 km lange Strecke zwischen Guilin und Yangshuo durch das Herz der einzigartigen Karstlandschaft, die die Gegend berühmt gemacht hat. Die meiste Zeit des Jahres legen die Boote vom Zhujiang-Pier, 20 km südlich von Guilin ab; der Transfer von der Stadt zum Pier ist im Preis eingeschlossen. Je nach Wasserstand können die Fahrten auch kürzer sein, und es gibt Touren, die in Yangshuo oder Xingping beginnen.

Unterwegs sieht man endlose Karstnadeln, die aus der Flussebene aufragen. Die Führer benennen viele der Hügel mit ihren fantasievollen Namen: Warten auf die Rückkehr des Ehemanns, Der Löwe klettert auf den Fünf-Finger-Hügel, Hühnerkäfig-Hügel, Acht Unsterbliche überqueren den Fluss ... Wenn das Schiff sich Xingping nähert, ziehen Passagiere 20-Yuan-Noten aus der Tasche, um die Realität mit der Abbildung auf der Rückseite der Banknote zu vergleichen. Je nach Wasserstand dauert der Ausflug zwischen drei und fünf Stunden. Im Preis der meist teuren Tickets sind auch das Mittagessen und die Fahrt zurück nach Guilin enthalten.

TIPP

Die meist weiblichen Fahrradführer in Yangshuo warten bei den Radverleihern oder in den umliegenden Cafés an der Xi Jie auf Kunden. Zu erkennen sind sie an Poloshirts und Hosen. Fast alle sprechen gut Englisch und verlangen ca. 20–30 Yuan pro Stunde bzw. 100–150 Yuan pro Tag für eine geführte Radtour. Wenn Sie weiter als bis zum Yulong-Fluss fahren und sich dabei nicht verirren möchten, ist ein Führer empfehlenswert.

Unten: Die bewässerten Reisterrassen in Longsheng sehen aus wie der gewundene Rücken eines Drachen

Von Guilin nach Norden

Verlässt man Guilin nach Nordwesten, so gelangt man in die Bezirke **Longsheng** und **Sanjiang,** wo man an der traditionellen Architektur, den Terrassenfeldern und der gelegentlich getragenen Tracht erkennen kann, dass hier nicht-chinesische Völker siedeln. Einige der Miao und Yao zeigen heute wieder ihre Stickereikünste, während bis in die 1980er-Jahre noch die völlige Anpassung an den Lebensstil der sich als überlegen betrachtenden Han-Chinesen erzwungen wurde. Der Ort **Longsheng** ❷ selbst ist nicht sehr aufregend, doch die Hügel in der Umgebung, die vollständig mit terrassenförmig angelegten Reisfeldern bedeckt sind, entzücken das Auge des Betrachters und des Fotografen. Die Hügel werden Longji Titian, **»Drachenrückenterrassen«** genannt. Einfache Unterkünfte sind in Ping'an, einem kleinen Dorf der Zhuang, zu finden, von wo aus man die anderen Dörfer gut erreichen kann.

In **Sanjiang** ❸, 165 km nordwestlich von Guilin, siedeln Angehörige der Dong-Nationalität. Ein architektonisch einmaliges Denkmal ist die **Chengyang-Brücke,** 18 km nördlich der Stadt. Fünf Pavillons ragen auf ihr empor und sind durch überdachte Korridore verbunden. Es gibt mehr als hundert solcher Wind-und-Regen-Brücken in der Gegend, doch mit 78 m Länge und 20 m Höhe gilt diese als die schönste. Weitere 25 km nördlich steht der 12 m hohe hölzerne Ma-Pang-Trommelturm. Er ähnelt einer chinesischen Pagode, doch ist er typisch für den Baustil der Dong und gilt als deren schönster und größter Turm.

Das südliche Guangxi

Weiter im Süden weist die Landschaft einen eher tropischen Charakter auf. Die Hauptstadt des Autonomen Gebietes Guangxi ist **Nanning** ❹. Sie ist nur 160 km von der vietnamesischen Grenze entfernt. Hier kann der Besucher das **Provinzmuseum** (tgl. 8.30–12, 14.30 bis 17 Uhr) mit einer schönen Sammlung von Bronzetrommeln und ein Kulturzentrum besichtigen, in dem die Dörfer von elf nationalen Minderheiten nachgebaut wurden. 5 km südöstlich der Stadt ragt im Qingxiu-Park die höchste Pagode von Guangxi auf.

In der Hafenstadt **Beihai** ❺ erinnern am Ufer noch einige Häuser aus dem 19. Jh. im europäischen Stil an die Vergangenheit des Ortes als Vertragshafen der Kolonialmächte. Beliebt sind auch die **Strände,** wie der Silberstrand, der aber manchmal ziemlich überfüllt ist. Die Wasserqualität ist hier zudem extrem schlecht.

Südwestlich von Nanning, unweit der vietnamesischen Grenze, findet sich eine ähnlich fantastische Landschaft wie in Guilin. Im Kreis **Ningming** ❻ sind vom Boot aus auf dem **Zuojiang** an einer steilen Felswand 1700 Jahre alte, geheimnisvolle Felsmalereien zu sehen. Heiße Quellen, Wasserfälle, Höhlen und viel Urwald bestimmen diese kaum erschlossene Gegend, in der zahlreiche Angehörige verschiedener Völker leben.

Von hier aus kann man auch einen Ausflug zur euphemistisch **»Freundschaftspass«** benannten Grenze nach Vietnam unternehmen, denn Freundschaft war zwischen den beiden Ländern eine Seltenheit, da China mehr als tausend Jahre als Kolonialmacht Vietnam beherrschte.

Provinz Guizhou

Die von der Regierung vernachlässigte, relativ arme Provinz Guizhou ist ein abgelegenes Gebiet, das noch der Entdeckung harrt. Sie liegt im Osten des Yunnan-Guizhou-Plateaus und weist eine hügelige Landschaft und beträchtliche Regenfälle auf. Der Anbau landwirtschaftlicher Güter ist schwierig. Da die Han-Chinesen bei ihrer Ausbreitung nach Süden die dort lebenden Völker in geografische und ökonomische Randzonen abgedrängt haben, verwundert es nicht, dass hier zahlreiche sogenannte Minderheiten anzutreffen sind, darunter Dong, Miao, Bouyei, Sui, Hui und Zhuang, sowie fantasievoll benannte Untergruppen wie die Kleinblumen-Miao oder die Langhörnigen Miao. Heute dominieren die Han-Chinesen die Städte und machen insgesamt 70 Prozent der Bevölkerung aus, während sich die restlichen 30 Prozent auf mehr als 30 Volksgruppen verteilen, die meist auf dem Land, vor allem im Osten und Südosten, leben. Der Westen

Seilbahnen fahren bei Guiyang auf den Qianling Shan

Unten: Der Jiaxiu-Pavillon am Fluss Nanming in Guiyang

Die überdachten Wind- und-Regen-Brücken in den Dörfern der Dong sind typisch für das südliche Guizhou und das nördliche Guangxi

der Provinz wird von hohen Gebirgen bestimmt, nach Osten fällt das Land steil ab, und im Süden gibt es Kalksteinfelsen.

Über Jahrhunderte versuchten die Han-Chinesen die Region zu kontrollieren, stießen aber immer auf Widerstand. Andererseits war ihr Interesse angesichts der Armut auch nicht zu groß. Erst im 19. Jh. entstanden größere Siedlungen von Han. In deren Bewusstsein verbindet sich Guizhou außer mit der Armut höchstens noch mit Maotai, dem aus Sorghum gebrannten Schnaps.

Guiyang

Die triste Hauptstadt **Guiyang ❼** ist eigentlich nur Durchgangsstation zu den Dörfern im Westen. Das **Provinzmuseum** (Di–So 9–11.30, 13–16 Uhr) stellt die »Minderheiten« aus offizieller Sicht dar, und der **Qianling-Park** im Westen ist eine angenehme, bewaldete und hügelige Gegend, überragt vom 1672 gegründeten buddhistischen **Hongfu-Kloster**, das über Treppen oder per Seilbahn zu erreichen ist.

Ost-Guizhou: Heimat der Miao und Dong

Die meisten Touristen möchten aber das Minderheitengebiet der Miao und Dong sowie anderer Völker im Osten der Provinz besuchen. Wenn man von Guangxi kommt, gelangt man zunächst in das Gebiet der Dong, die für ihre hölzernen Türme und Brücken bekannt sind und für ihre indigoblaue Kleidung. Ihre wichtigste Stadt ist **Zhaoxing ❽**. Sie weist fünf Trommeltürme und fünf Wind-und-Regen-Brücken auf. Auch die anderen Häuser in der Stadt sind im traditionellen dreistöckigen Stil aus Holz errichtet.

Die Bezirkshauptstadt **Kaili ❾** kann als Ausgangsort für Ausflüge in die Umgebung genutzt werden. Zu den schönsten Dörfern der hügeligen Landschaft rund um Kaili gehören **Matang, Chong'an** und **Shibing** im Norden sowie **Xijiang** im Südosten.

Der Ort **Zhenyuan ❿** liegt wie für ein Foto arrangiert im tiefen grünen Tal des Flusses Wuyang und ist per Zug (1 Std. 40 Min.) von Kaili aus erreichbar. Seine **Höhle des Schwarzen Drachen** (Heilong Dong, tgl. 6.30 bis

FESTE DER MIAO

Hunderte von Miao-Festen finden jedes Jahr in Guizhou statt. Die bekanntesten sind die *lusheng*-Feste, bei denen die jungen Mädchen ihre bunten Trachten anziehen, ihren traditionellen Silberschmuck anlegen und zur näselnden Musik der *lusheng*-Flöten tanzen. Diese werden aus langen Bambusrohren gefertigt. Meist finden die Feste zwischen Oktober und April statt, vor allem im Januar und Februar, wenn auf den Feldern nicht viel zu tun ist. Alle versammeln sich dann am »Blumenplatz«, der genauso gut ein Basketballfeld wie eine schöne Stelle in der Natur sein kann. Eine der wichtigen Aufgaben dieser Feste ist es, jungen Leuten die Gelegenheit zu geben, nach geeigneten Heiratspartnern Ausschau zu halten. Die Miao nennen dies »angeln«.

Ein offizielleres Werben findet vom 15. bis zum 17. Tag des dritten Mondmonats beim Mahl der Schwestern statt. Dann werden Klebreis und andere Geschenke ausgetauscht. Besonders ausgiebig wird dieses Fest in den Dörfern Shidong und Taijiang nordöstlich von Kaili begangen. Shidong ist auch ein guter Ort für das Drachenbootfest, das an den Tod eines bösen Drachen erinnert. Das Neujahrsfest der Miao findet über fünf Tage im 10. Mondmonat statt. Auch Büffelkämpfe gehören zu den Miao-Festen. Diese Kämpfe laufen aber meistens unblutig ab, da Büffel von den Miao verehrt werden.

Unten rechts:
Lusheng-Fest der Miao

19.30 Uhr) ist eine Ansammlung von buddhistischen und daoistischen Tempeln und Pavillons, die sich an die Felsen auf dem gegenüberliegenden Ufer schmiegen. Der 1530 begründete Komplex ermöglicht einen schönen Blick auf die **Zhusheng-Brücke** mit dem **Kuixing-Pavillon.** Wenn man den Pfad neben der Brücke hochklettert, gelangt man zu noch besseren Aussichtpunkten auf den Ort und die Stadtmauer. Geht man weiter nach links und den Hügel hinunter, so kommt man zum kleinen Sigong-Tempel, von wo man zurück in die Stadt kommt. Wichtigstes Fest ist das Drachenbootfest (s. S. 9) der Han am 5. Tag des 5. Mondmonats. Man kann den Wuyang auch mit dem Boot befahren; der Ausflug kann in der Stadt **Shibing,** 40 km westlich von Zhenyuan, arrangiert werden.

Ausgangspunkt zur Erkundung der Berg- und Waldregion des **Fanjing Shan** ⓫ im Osten, nahe der Grenze zu Hunan, ist die Stadt Tongren. Die Gegend ist für ihre vielfältige Fauna und Flora bekannt, zu denen etwa die selten vorkommenden Goldaffen *(jinshi hou)* sowie die Riesensalamander *(wawa yu)* gehören. Auch eine große Zahl unterschiedlicher Baumarten und medizinisch nutzbarer Pflanzen gibt es hier. Der Gipfel selbst ist 2494 m hoch, und man sollte ihn nur mit guter Ausrüstung angehen; in höheren Lagen kann es empfindlich kühl werden. Der Auf- und Abstieg dauern jeweils einen Tag. In der Nähe des Gipfels kann man in schlichter Umgebung in einem buddhistischen Kloster übernachten und somit den Sonnenaufgang erleben.

Zunyi und die Vergangenheit

Sie wäre einfach das, was sie ist, eine gesichtslose chinesische Industriestadt, wäre **Zunyi** ⓬ nicht von den Kommunisten zur revolutionären Stätte auserkoren worden. Denn im Januar 1935 kamen die schon recht geschwächten Kämpfer auf dem Langen Marsch hier an. Die Führungsspitze hielt eine Versammlung ab, auf der Mao Zedong die Führung der Partei eroberte. Die Partei hatte seine Strategie akzeptiert, dass die Macht durch das Anstacheln von Bauernaufständen erreicht werden könnte. Daran erinnert die **Konferenzstätte Zunyi**, während das **Museum**

Mao begrüßt Bauern – Propagandagemälde im Revolutionsmuseum in der Konferenzstätte Zunyi

Unten: Das Landleben hat sich in Guizhou nur wenig verändert

VERKEHRSMITTEL

Reisen nach Guizhou

◆ **Flug:** Von Guiyang regelmäßige Verbindungen in andere Städte.

◆ **Zug und Bus:** Mehrere Züge tgl. zwischen Guiyang und Kunming (12 bis 15 Std.), nach Guilin (16 Std.), Changsha (14 Std.), Chongqing (12 Std.), Chengdu (19 Std.) und Kanton (24 Std.). Zweimal tgl. Busse nach Guilin (10 Std.).

Reisen in Guizhou

Der Bus ist meist besser als der Zug.

◆ **Guiyang:** Mehrere Busse nach Anshun (1,5 Std.), Kaili und Zunyi (jew. 2,5 Std.). Züge brauchen nach Kaili 3 Std., nach Zunyi 5 Std., nach Anshun 2 Std.

◆ **Kaili:** Häufige Busse nach Guiyang (2,5 Std.), weniger oft in die nahen Dörfer. Züge nach Guiyang brauchen 3 Std.

◆ **Zunyi:** Busse nach Anshun (3-mal tgl., 5,5 Std.), Guiyang (2-mal tgl., 2,5 Std.).

Der Caohai-See ist ideal für die Vogelbeobachtung, besonders im Winter, wenn viele seltene Vögel hier einen Zwischenstopp einlegen, wie auch der Schwarzhalskranich

Unten: Die Huangguoshu-Wasserfälle nach der Regenzeit

des Langen Marsches die Route und die Beschwerlichkeiten des Weges darstellt (beide tgl. 8.30–17 Uhr).

Nach zehn Stunden anstrengender Busfahrt Richtung Nordwesten ist die Kleinstadt **Chishui** ⓭ erreicht, die sich in einer eindrucksvoll abgelegenen Gegend subtropischen Waldes an der Grenze zwischen Guizhou und Sichuan befindet. Die **Shizhangdong-Wasserfälle,** 40 km südlich der Stadt, sind vom Tourismus noch nicht überlaufen, und auf Pfaden durch Sidonggou, das näher an der Stadt liegt, kann man die bemerkenswerte Landschaft erkunden.

Im Westen von Guizhou

Die ungepflegte Stadt **Anshun** ist Ausgangsort für die Karstregion 100 km südwestlich von Guiyang. Erwähnt werden muss lediglich die Pagode auf dem Xixiu-Berg aus der Ming-Dynastie. Minibusse fahren regelmäßig von Anshun zu den **Huangguoshu-Wasserfällen** ⓮, 45 km südwestlich. Einige der Busse halten unterwegs auch an den **Longgong-Höhlen**, ein 15 km langes Höhlensystem, durch das Chinas längster unterirdischer Fluss strömt. Mit dem Boot kann man allerdings nur sechs der insgesamt 90 Höhlen erkunden. Der Wasserfall von Huangguoshu ist nur einer von vielen hier, aber sicher der eindrucksvollste (und am stärksten kommerzialisierte). Man kann beobachten, wie das Wasser in den unteren See stürzt oder sogar hinter die Wasserwand gehen. Während der regnerischen Sommermonate donnert das Wasser am kraftvollsten den 68 m hohen Felsen hinunter. In der Nähe kann man auch übernachten.

Etwa 90 km nördlich von Anshun breiten sich die untereinander verbundenen **Zhijin-Höhlen** (tgl. 8–17 Uhr) aus. Sie gehören mit 150 m hohen Sälen zu den größten Chinas.

Weiter im Westen liegt das Wumeng-Gebirge an der Grenze zur Provinz Yunnan. In der Umgebung des in einem Naturschutzgebiet gelegenen **Caohai-Sees** ⓯ versammeln sich während der winterlichen Wanderzeit Vogelbeobachter, um die seltener gewordenen Zugvögel wie den Schwarzhalskranich oder den Grauen Kranich zu sehen. Die Stadt Weining ist nicht weit vom See entfernt. ■

RESTAURANTS

Preiskategorien (für eine Person mit einem Getränk)
●●●● = über 15 €
●●● = 10–15 €
●● = 5–10 €
● = unter 5 €

Provinz Guangxi

Der Guangxi-Küche fehlt ein wenig die eigene Identität. Im Osten und Süden weist sie starke kantonesische Einflüsse auf. Je weiter man ins Landesinnere vordringt, umso schärfer werden die Speisen. Guilin ist berühmt für seine ausgefallenen Delikatessen aus exotischen Tieren.

Beihai

◆ **Tommy's Bar**
Block D, Yuenan Jie, Waishadao
Tel: 07 79/208 7020
Die Bar hinter den Fischrestaurants am nördlichen Ufer hat eine eigene Brauerei. Auf der Karte stehen Steaks und verschiedene asiatische Gerichte. Man kann auch schön draußen sitzen. ●

Guilin

Rund um den zentralen Platz (Zhongxin Guangchang) sowie entlang der Zhongshan Zhonglu, die südlich vom Platz abgeht, findet man viele Restaurants.

◆ **Forest Gump**
3 Yiren Lu
Tel: 07 73/286 3038
Einfaches chinesisches Restaurant mit Filialen in der ganzen Stadt. Es gibt keine augenscheinliche Verbindung zum Film. ●

◆ **Left Bank Café**
18 Binjiang Lu
Tel: 07 73/288 2259
Erstaunlich großes Angebot, einschließlich Steaks, Hamburgern, Pizza und gebratenem Reis. Liegt am Fluss, mit Ausblick auf den Sieben-Sterne-Park. ●●

◆ **Natural Café**
24–25 Yiren Lu
Tel: 07 73/283 8866
Großes Restaurant, in dem westliche und chinesische Speisen sowie leckere Currys serviert werden. ●●

◆ **Two Pigs Asian Fusion**
Hotel of Modern Art (HOMA), Yuzi-Paradies, Dabu Township, Yanshan
Tel: 07 73/386 9172
Beste Fusion-Küche erwartet den Gast in diesem Restaurant mit Künstler-Touch: Nudeln, Thailändisches, Sushi und Hamburger. ●●

◆ **Zhengyang Tang Cheng**
54 Zhengyang Lu
Tel: 07 73/285 8553
Beliebtes Lokal mit regionalen Spezialitäten. ●

Nanning

◆ **V-Touch Restaurant**
43-12 Xinmin Lu
Tel: 07 71/263 6388
Das V-Touch ist auf Hot-Pot spezialisiert, aber es gibt auch vegetarische Gerichte. Bebilderte Speisekarte, das Personal spricht Englisch. ●

Yangshuo

Hier spielt sich alles entlang der Xi Jie ab.

◆ **Café Too**
7 Cheng Zhong Lu
Tel: 07 73/882 8342
Regionale Gerichte und westliche Speisen. Preiswert und besonders gut ist das Frühstück. ●

◆ **Drifters**
58 Xi Jie
Tel: 07 73/882 1715
Bar-Café mit großer Karte, das von einem Australier geführt wird. ●

◆ **Le Vôtre**
79 Xi Jie
Tel: 07 73/882 8040
Dieses restaurierte Gebäude aus der Zeit der Ming-Dynastie mit großer Terrasse beherbergt ein französisches Restaurant der gehobenen Kategorie, in dem köstlicher Salade Niçoise, leckere Croissants und Schokoladenmousse zu haben sind. ●●

◆ **7th Heaven Café**
2 Cheng Zhong Lu
Tel: 07 73/882 6101
Sämtliche Lieblingsspeisen der Café-Kultur von Yangshuo – falls man das so bezeichnen darf – und dazu noch eine große Auswahl an chinesischen Suppen mit medizinischer «Heilkraft». ●

Provinz Guizhou

In Guizhou ist das Essen scharf und würzig. In den Klein- und Großstädten und auf Festen kann man sich nach Herzenslust an Kebab-, Nudel- und Hot-Pot-Ständen mit günstigen Gerichten satt essen.

Guiyang

Wenn Sie authentisches Essen lieben, sollten Sie vom Bahnhof aus die Zunyi Lu entlangschlendern: Hier reihen sich in den Seitenstraßen zahllose kleine Imbissbuden aneinander.

◆ **Howard Johnson Plaza Hotel**
29 Zaoshan Lu
Tel: 08 51/651 8888 oder 810 8888
Im Erdgeschoss bietet das westliche 5-Sterne-Restaurant ein preisgünstiges *»all you can eat international buffet«*. Im dritten Stock genießen Sie gepflegte chinesische Kanton-Küche. ●●

◆ **Merrylin Restaurant**
1F Motel 168, 2 Guiyang Shi Shenghu Lu
Tel: 08 51/821 7692
Vornehmes Restaurant mit exquisiten chinesischen und japanischen Speisen und einer reichen Auswahl an chinesischen Weinen.
●●–●●●

Zhaoxing

◆ **The Haixing Pub**
Zhaoxing Street
In einem zweistöckigen Dong-Haus untergebrachtes Lokal, das schmackhafte regionale Spezialitäten bietet. Alternativ dazu gibt's hier die einzige Pizza außerhalb Guiyangs. ●

Die Völker Südwestchinas

Die nicht-chinesischen Völker haben ihre Identität und Traditionen nur mit Mühe bewahren können. Interessant sind die bunten Trachten und farbenfrohen Feste.

In Südchina, vom Westen der Provinz Hunan über Guizhou, Teilen von Guangxi bis zum größten Teil von Yunnan, leben bis heute zahlreiche nicht-chinesische Völker. Sie sind ein kleiner Teil derjenigen, die früher von den Han-Chinesen bekämpft und marginalisiert wurden. Sie hielten ihre kulturelle Identität aufrecht, was den Besuch ihrer Dörfer so interessant macht.

Das größte Volk ist das der Zhuang in Guangxi und Ostyunnan, die sich den Chinesen mehr angepasst haben als andere Gruppen. 8 Mio. Miao gibt es noch, von denen die meisten in Guizhou leben. Zudem wohnen die Yi in Yunnan, die Dong im südlichen Guizhou, die Dai im südlichen Yunnan, die Bai in der Umgebung von Dali, die Naxi in der Region von Lijiang und viele kleinere Gruppen weit verstreut.

Offiziell dürfen die Minderheiten ihre Sitten und Sprache beibehalten, doch sind z.B. die Schullehrer Chinesen, die die einheimische Sprache nicht verstehen, dafür aber auf die fremden Kulturen herabschauen. ■

Links: Reiter vom Volk der Khampa, das in den abgelegenen Plateaus Osttibets zu Hause ist.

Die Trachten

Die Miao und andere Völker wie etwa die Dong (s. Foto rechts) veranstalten jedes Jahr bunte Feste, bei denen sich die ganze Gemeinschaft trifft und v.a. die jungen Frauen ihre traditionelle bunte Tracht tragen. Besonders beeindruckend ist der silberne Kopfschmuck der Miao-Mädchen bei den *lusheng*-Festen. Im Volk der Miao gibt es verschiedene Untergruppen, die jeweils eigene Trachten tragen. Die Kleinblumen-Miao zeichen sich durch extravagante Frisuren aus, während die Langhörnigen Miao ihre Haare um Hörner wickeln, die seitlich vom Kopf abstehen. Die Dong tragen indigoblaue Kostüme.
Die Trachten werden nicht einfach zum Schmuck getragen, sondern sie demonstrieren auch eine kulturelle Identität gegenüber den Chinesen, die sich ganz dem Konsum hingegeben haben und die Kultur der anderen Völker gefährden.

Ganz oben: Männer vom Volk der Miao spielen auf Festen die *lusheng*-Flöten. Die indigoblaue Kleidung wird in Heimarbeit gewebt und gefärbt.
Ganz links: Das bekannte Naxi-Orchester von Lijiang führt Musik auf, die bis ins 13. Jh. zurückgeht. Die Naxi im Nordwesten Yunnans leben in einer matriarchalischen Gesellschaft und verfügen als eines der wenigen südwestlichen Völker über eine eigene Schrift.
Oben und oben links: Die Bai-Frauen tragen oft farbenprächtige Kostüme, die aufwendig bestickt sind.
Rechts: Bai-Tanzgruppe vor den Drei Pagoden von Dali. Die Bai sind nicht nur gute Architekten, sondern auch bekannt für ihre Tänze, Musik und Lackwaren. Von ihrer weißen Kleidung, rührt der Name »Bai« , der »weiße Menschen« bedeutet. Die Bai sind Buddhisten. Allerdings vermischen sich auch daoistische und sogar christliche Einflüsse mit ihrem Glauben.

Chinas Reiskammer: Sichuan

Sichuan, vom restlichen China durch hohe Berge abgetrennt, ist berühmt für seine scharfe Küche und einen majestätischen Steinbuddha. In den entlegenen Wäldern im Westen haben die vom Aussterben bedrohten Pandas einen Zufluchtsort gefunden.

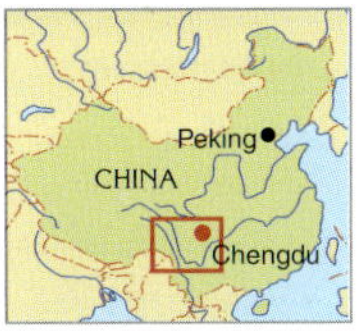

NICHT VERPASSEN!

- Wuhousi, Chengdu
- Teehäuser, Chengdu
- Panda-Reservat
- Buddha von Leshan
- Reservat Jiuzhaigou
- Langmu-Tempel
- Gletscher Hailuogou
- Luding-Brücke

Typisch für das »Rote Becken« im Zentrum der Provinz Sichuan sind die fast bilderbuchmäßig anmutenden Terrassenfelder, die bis zu drei Ernten im Jahr erbringen, und die malerisch dazwischen verstreut liegenden Bauernhäuser, oft in Fachwerkbauweise errichtet und von Schatten spendenden Bambushainen umgeben.

Sichuan ist eine der bevölkerungsreichsten Provinzen des Landes. Nachdem die regierungsunmittelbare Stadt Chongqing (s. S. 258) mit ihren mehr als 30 Millionen Einwohnern 1997 abgespalten wurde, leben noch etwa 88 Millionen Menschen in Sichuan, darunter auch Yi, Tibeter, Miao, Hui und Qiang, die hauptsächlich in den drei Autonomen Gebieten siedeln. Nach Norden, Osten und Westen durch hohe Gebirgszüge eingegrenzt, hat die Ebene ein für die Landwirtschaft günstiges Klima mit warmen Sommern, milden Wintern und hoher Luftfeuchtigkeit, was eine ganzjährige Bewirtschaftung der Felder möglich macht. Selbst im Januar und Februar liefern hier die Bauern frisches Obst und Gemüse auf den Markt.

Hauptanbauprodukt ist Reis, daneben wird Raps angebaut, der wichtigste Grundstoff für Speiseöl. Vielerorts wachsen an den Rändern der Terrassenfelder Maulbeerbäume. Sie liefern das Futter für die Seidenraupenzucht, die viele Bauern als Nebenerwerb betreiben. Weitere landwirtschaftliche Produkte der relativ reichen Provinz sind Orangen, Mandarinen und Pomelos, Tung-Öl, Zuckerrohr, Kampfer, Rohlack, Wachs, Tee sowie Bambus, der auch für Flechtarbeiten Verwendung findet.

Die im westlichen Gebirgsland liegenden Urwälder sind reich an Nadel- und Laubhölzern sowie seltenen Tierarten. Hier ist der Große Pandabär zu Hause, der vom Menschen in immer höhere Bergregionen zurückgedrängt wurde und inzwischen vom Aussterben bedroht ist. Leider machen dieser Region Raubbau und Umweltver-

Links: Der große Steinbuddha von Leshan **Unten:** Synchron ausgeführte Tai-Chi-Übungen im Chengdu-Park

schmutzung stark zu schaffen, und um Fauna und Flora wenigstens auf dem jetzigen Stand erhalten, hat man einige Naturschutzgebiete ausgewiesen.

Geschichte

Sichuan weist eine lange Geschichte auf. Im 9. Jahrhundert v. Chr. gab es hier die Fürstentümer Shu und Ba, von denen das Zeichen für *shu* als Abkürzung für Sichuan übriggeblieben ist. Im 11. Jahrhundert, während der Nördlichen Song-Dynastie, gehörte das Gebiet fest zum Reich und wurde in vier Bezirke aufgeteilt. Sie wurden Chuan Xia Si Lu genannt, die »vier Distrikte von Chuanxia«, woraus der moderne Name Sichuan entstand.

Sichuan gehört zu den reicheren Provinzen und das vor allem aufgrund der Landwirtschaft. Die wird durch Überschwemmungen und Erdbeben immer stärker beeinträchtigt. Zuletzt zerstörte am 12. Mai 2008 ein Erdbeben die Stadt Wenchuan, 80 km nordwestlich von Chengdu. In einer nicht sehr dicht besiedelten Gegend wurden mehr als 80 000 Menschen getötet. Es stellte sich heraus, dass vor allem Schulen, bedingt durch die Korruption, aus minderwertigen Baumaterialien errichtet worden waren und wie Kartenhäuser zusammenstürzten.

Die Brokatstadt: Chengdu

Im Zentrum der Ebene von Sichuan liegt die Hauptstadt **Chengdu** ❶. Der über 2000 Jahre alte Ort mit heute etwa 11 Millionen Einwohnern hat sich noch etwas an Atmosphäre erhalten. So ähnlich wie in Chengdus Altstadt stellt man sich das China der Vergangenheit vor. Schon 400 v. Chr. war Chengdu das politische, wirtschaftliche und kulturelle Zentrum von West-Sichuan. Während der Fünf Dynastien hatte Meng Chang (935–965), ein Herrscher der späteren Shu, auf den Stadtmauern zahlreiche Eibischbüsche anpflanzen lassen, wonach Chengdu auch den Beinamen Eibisch-Stadt erhielt. Die berühmten Brokatwebereien prägten den zweiten Namen: Brokatstadt. Die flach angelegte Stadt lässt sich zu gut Fuß oder mit dem Fahrrad erforschen und mutet mit ihren malerischen Altstadtstraßen, in denen sich ein kleines Restaurant an das andere reiht, und mit

TIPP

In den Teehäusern Chengdus, *chadian*, trifft man sich seit jeher, um über Politik oder andere wichtige Dinge zu diskutieren. Während der Kulturrevolution wurden sie geschlossen, sind aber jetzt wieder geöffnet. Besonders zu empfehlen ist das Teehaus im Renmin-Park.

den bis spätabends flanierenden Menschen, den Händlern und Käufern, geradezu südländisch an.

Fast könnte man behaupten, die Fahrt nach Chengdu lohne sich schon wegen der vielen Teehäuser, in denen jetzt wieder Geschichtenerzähler oder Opernsänger auftreten und in denen man neben Tee auch viele Kleinigkeiten probieren kann. Vor allem ältere Männer verbringen gern ganze Tage hier, spielen chinesisches Schach oder andere Spiele und halten ein Schwätzchen. Das Leben der Alten kann man gut im **Volkspark** Ⓐ etwas westlich vom Tianfu-Platz mit der großen Mao-Statue beobachten. Für viele Besucher, vor allem im Sommer, ist das gelassene Geschehen im schattigen Park der stärkste Eindruck, den sie von Chengdu mitnehmen.

Wie in fast allen anderen Städten Chinas auch, wurde mit der **Kuan Xiangzi,** fünf Minuten Fußweg nordwestlich vom Volkspark gelegen, eine ziemlich künstliche Nachahmung einer Straße aus der Qing-Dynastie geschaffen, an der es einige Restaurants und Teeläden gibt.

Historische Tempel

Der **Tempel des Herzogs von Wu** Ⓑ (Wuhousi, tgl. 8–17.30 Uhr) weiter südlich wurde auf Geheiß des Königs des Cheng-Reiches in den letzten Jahren der Westlichen Jin-Dynastie (265–316) erbaut. Er dient dem Andenken Zhuge Liangs, des Kanzlers von Shu und Herzogs von Wuxiang. In der Ming-Zeit wurde dieser Tempel mit einem Tempel des Andenkens an Liu Bei zusammengelegt. Die heutige Anlage wurde 1672 wiederaufgebaut. Man findet mehr als 40 Skulpturen berühmter Persönlichkeiten aus der Shu- bzw. Han-Zeit, dazu zahlreiche Gedenksteine, Schriftrollen und diverse Sakralgeräte.

Am Huanhua-Bach im Westen liegt der Park, in dem sich die angebliche **Strohhütte des Dichters Du Fu** Ⓒ (Du Fu Caotang, tgl. 9–17 Uhr) befindet. Du Fu, ein Dichter der Tang-Dynastie, suchte mit seiner Familie in Chengdu Zuflucht vor einem Aufruhr und baute im Garten eines Freundes eine Strohhütte, in der er drei Jahre in äußerst einfachen Verhältnissen lebte und über 240 seiner beliebten und vielgelesenen Gedichte schrieb.

Ein chinesischer Singvogel (Bulbul) auf einer Säule im Wenshu-Park, Chengdu

Unten: Tianfu-Platz im Zentrum von Chengdu

Dort, wo sich einst die Strohhütte des Dichters Du Fu befunden haben soll, sind noch Relikte aus der Zeit der Tang-Dynastie zu sehen, darunter auch einige Brunnen

Zu den weiteren interessanten Tempeln der Stadt zählt der daoistische **Tempel der Grünen Ziege** Ⓓ (Qingyanggong) östlich des Du-Fu-Parks. Seine bunte Vielfalt ist Laozi, dem Begründer des Daoismus, geweiht. Wesentlich nüchterner stellt sich der **Wenshu-Tempel** Ⓔ auf halbem Weg zwischen der Mao-Statue und dem Bahnhof vor. Er ist der größte buddhistische Tempel der Stadt und beherbergt zudem ein beliebtes Teehaus.

Sehenswert ist das **Mausoleum des Wang Jiang** Ⓕ (tgl. 9–17.30 Uhr) nordwestlich der Innenstadt. Wang Jiang war ein General am Ende der Tang-Dynastie, im frühen 10. Jh., und erster Herrscher des neuen Fürstentums Shu, das in dieser Gegend geschaffen wurde. Es gibt drei Grabkammern, von denen die mittlere einen Sarkophag und zwei Reihen von Steinfiguren enthält.

Südöstlich vom Zentrum

Der **Turm des Flussblicks** Ⓖ (Wangjianglou) liegt am Südufer des Jinjiang (Brokatfluss) im Südosten der Stadt. Er wurde in der Qing-Dynastie errichtet, zum Andenken an Xue Tao, eine bekannte Dichterin der Tang-Dynastie. Heute ist dieses Gelände ein öffentlicher Park mit Türmen und Pavillons.

Der mehr als 30 m hohe, vierstöckige **Chongli-Pavillon** hebt sich mit seinen auffallenden Ornamenten, grün glasierten Ziegeln und rot lackierten Säulen besonders hervor. Zu Ehren von Xue Tao, die den Bambus besonders liebte, hat man hier mehr als hundert Bambusarten gepflanzt, darunter auch den seltenen gefleckten und den viereckigen Bambus. Aus dem Brunnen der Anlage soll die Dichterin das Wasser zur Herstellung ihres Papiers geschöpft haben.

Nicht weit vom Park lohnt das **Universitätsmuseum** (tgl. 9–18 Uhr) einen kurzen Besuch. Es zeigt eine schöne Sammlung von auf Sichuan bezogenen Exponaten, von denen viele auch tibetisch sind.

Der Große Panda

Etwa 6 km nordöstlich der Stadt befindet sich die **Zuchtstation für Pandas,** in der man die großen, schwarz-weiß gefleckten Pandas und die kleineren roten Pandas in etwas natürlicherer

Umgebung sehen kann als im Zoo der Stadt. Ungefähr ein Dutzend Pandas wird hier versorgt, mit dem Ziel, die Tiere wieder auszuwildern, obwohl bisher meist Zoos mit den hier gezüchteten Pandas bestückt wurden. Darüber hinaus gibt es ein Museum und eine gute Ausstellung. Das große Museum wurde mit Hilfe von amerikanischen Experten in eine bilinguale und interaktive Show über die Lebenswelt der Pandas verwandelt. Außerdem wird das Problem erörtert, dass die Pandas immer stärker durch menschliche Siedlungen bedroht sind.

Die Umgebung Chengdus

In der Kreisstadt **Xindu,** 18 km nördlich von Chengdu, steht das berühmte buddhistische **Kloster des Kostbaren Lichts** (Baoguangsi, tgl. 8–18 Uhr). Man nimmt an, dass es unter der Östlichen Han-Dynastie gegründet wurde und im 11. Jh. mehr als 3000 Mönche beherbergte. 1670 wurde die Anlage, die in der Ming-Zeit abbrannte, wieder aufgebaut. Das älteste Gebäude dieses Klosterkomplexes ist die 30 m hohe Pagode im vorderen Klosterhof, die als einziges Bauwerk das Feuer überstand. In den Gemächern des Abtes wird eine Buddha-Reliquie aufbewahrt. Besonders sehenswert sind die relativ gut erhaltenen 500 Luohan-Statuen aus der Qing-Dynastie.

Der **Qingcheng Shan**, ein daoistischer Berg 64 km westlich von Chengdu, bietet ausgezeichnete Wandermöglichkeiten vorbei an Tempeln, Höhlen und Seen. Ähnliche Ausflüge kann man auch zum **Qingchenghou Shan** weiter nördlich unternehmen. Es gibt einen steilen, aber zu bewältigen Anstieg zum Gipfel, auf dem ein Teegarten bei einem Tempel einlädt.

Ein wenig aufwendig, aber lohnend ist der Besuch des **Sanxingdui-Museums** (tgl. 8.30–17.30 Uhr), 40 km nördlich von Chengdu, das eine merkwürdige Sammlung archäologischer Fundstücke präsentiert. Nachdem ein Bauer 1929 per Zufall einige Stücke entdeckt hatte, förderten systematische Grabungen mehr als 3000 Jahre alte Funde einer fremden Kultur zutage. Offiziell wird behauptet, sie gehörten zur alten Shu-Zivilisation, die ohne Kontakt zur chinesischen Zivilisation

TIPP

Die Gegend um den Wenshu-Tempel gehört zu den für einen Spaziergang angenehmsten Ecken Chengdus. Die zahlreichen renovierten Gässchen werden von traditionellen Geschäften gesäumt. Und zur Erfrischung kann man außer in das berühmte Teehaus innerhalb der Tempelanlage in viele weitere Teehäuser einkehren.

Unten: Das erst kürzlich im alten Stil renovierte Viertel um den Wenshu-Tempel

Der Große Panda rückte erst in den 1860er-Jahren in das Blickfeld der Europäer. Heute leben in China nur noch etwa 1000 Tiere in freier Wildbahn, vor allem in Nordsichuan und in den Qinling-Bergen im Süden der Provinzen Gansu und Shaanxi.

Unten: Reisterrassen, so weit das Auge blickt

am Gelben Fluss existiert haben soll. Tatsächlich handelt es sich aber wohl um klare Beweise dafür, dass eine nicht mit den Han-Chinesen verwandte Kultur gleichzeitig mit dieser vorhanden war.

Der **Staudamm Dujiangyan** ❷ am Oberlauf des Minjiang, 55 km von Chengdu entfernt, ist eine über 2000 Jahre alte Bewässerungsanlage. Unter der Leitung des Präfekten Li Bing und seines Sohnes wurde 306–251 v. Chr. an diesem Projekt gearbeitet. Seine Erbauer ehrt der **Tempel der Zwei Könige** (Erwangmiao), in dessen Pavillon der Unterwerfung des Drachen (Fulongguan) eine fast 1900 Jahre alte, 2,9 m große Steinstatue des Li Bing zu sehen ist. Von hier genießt man einen herrlichen Blick über die gesamte Anlage.

Von Dujiangyan erreicht man in drei Busstunden das 140 km nordwestlich von Chengdu gelegene **Panda-Reservat Wolong** ❸. Man kann auf schmalen Pfaden durchs wilde Gelände streifen, doch die Chancen, tatsächlich einen Panda in freier Natur anzutreffen, sind denkbar gering. Insgesamt gibt es nur noch rund tausend Große Pandas in Freiheit. Nicht nur die menschlichen Eingriffe in die Natur sind dafür verantwortlich, sondern auch die Tatsache, dass sein Hauptnahrungsmittel, der Bambus, gelegentlich einfach gelb wird und abstirbt, sodass die Pandas regelrecht verhungern, bevor neuer Bambus nachgewachsen ist. Da Pandas zudem ausgesprochen zeugungsfaul sind, bringen auch die Aufzuchtstationen bisher wenig Erfolg.

Etwa 40 km südlich von Chengdu und per Bus leicht zu erreichen, liegt die gut erhaltene Stadt **Huanglongxi** an einem Fluss. An gewundenen Straßen findet man schlichte alte Läden und einen Guanyin-Tempel.

Der heilige Berg Emei

Das **Emei-Gebirge** ❹ liegt im Südwesten des Sichuan-Beckens, 160 km von Chengdu. Die Kreisstadt Emeishan am Fuß der Berge erreicht man entweder mit dem Bus oder dem Zug von Chengdu aus in etwa drei Stunden, oder man steigt auf der Strecke Kunming–Cheng-

Karte auf Seite 354

du in Emeishan aus. Von hier fahren Minibusse zum Tor des Emei-Gebirges, dem **Baoguo-Tempel**. Er stammt aus dem 16. Jh. Die Sheli-Pagode am Eingang ist 30 m hoch. Der am Hang errichtete Tempel umfasst vier hintereinander liegende Hallen. In Ausstellungen sind Kulturgegenstände, Kalligrafien und Gemälde zu sehen sind.

Der Emeishan ist nach seiner Form benannt: einer geschwungenen Augenbraue. Zahllose Tempel wurden seit dem 2. Jh. zunächst von Daoisten, nach Erstarkung des Buddhismus im 6. Jh. auch von Buddhisten angelegt. Damit gehört der Emei zu den vier heiligen Bergen des Buddhismus. Insgesamt sollen hier im Laufe der Jahrhunderte 151 Klöster erbaut worden sein, die meisten verfielen jedoch, sodass man heute nur noch 20 besuchen kann. Heute bewältigen Busse und Seilbahnen den größten Teil des Weges, aber es lohnt sich immer noch, wie früher den ganzen Weg zu Fuß in Angriff zu nehmen. Man kann Tiere sehen, vor allem Vögel und zahllose Schmetterlinge.

Nahe dem Baoguo-Tempel steht unter Bäumen an einem Teich das ehemalige Erholungsdomizil für politische Kader, das Hotel Hongzhushan. Von hier aus kann man Tagesausflüge auf den Berg oder auch eine mehrtägige Wanderung starten. Neben dem Hotel entstanden in den letzten Jahren weitere Gästehäuser.

Über 60 km Treppen führen vom Baoguo-Tempel hinauf zum Gipfel. Seit einigen Jahren kann man mit dem Bus zum 2670 m hoch gelegenen Jieyin-Pavillon bis 6 km unter den 3099 m hohen **Goldenen Gipfel** (Jinding) fahren. 22 m unter dem Gipfel liegt der **Tempel des Goldenen Gipfels** (Jindingsi) mit einer 20 m langen Bronzehalle, der sogenannten Goldhalle.

Bei günstigen Wetterverhältnissen erlebt man auf dem Gipfel ein einmaliges Naturereignis mit: Mit entsprechendem Sonneneinfall wird der Schatten des Betrachters auf das Wolkenmeer unterhalb des Gipfels geworfen, und um den Schatten herum bildet sich eine Aureole in den Farben des Regenbogens. Die zahlreichen buddhistischen Pilger verstehen es heute noch als ein besonderes Zeichen, wenn ihnen dieses Phänomen widerfährt.

TIPP

Es empfiehlt sich, die Tagesstrecke so zu wählen, dass man vor 17 Uhr in einem der Klöster ankommt, in dem man übernachten möchte. Dann hat man die Chance, ein Bett in einer abgeteilten Kammer zu erhalten, und muss nicht mit zahlreichen Wanderern auf dem Fußboden der Tempelhalle schlafen. Komfortabler ist dagegen eines der Gästehäuser (an den Berghängen und auf dem Jinding-Gipfel), deren Zahl stetig wächst.

VERKEHRSMITTEL

Reisen nach Sichuan

◆ **Flug:** Flughäfen in Chengdu, Jiuzhaigou und Panzhihua.

◆ **Zug und Bus:** Verbindungen z.B. nach Lhasa (48 Std.), Peking (24 Std.), Kanton (32 Std.) und Chongqing (4,5 Std.).

Reisen in Sichuan

◆ **Chengdu:** Busse u.a. nach Emeishan (5 Std.), Dujiangyan (1,5 Std.), Leshan (5 Std.) und Jiuzhaigou (36 Std.). Züge nach Emeishan (2–3 Std.), Panzhihua (12 Std.) und Xixhang (11 Std.).

◆ **Emeishan:** Busse nach Chengdu (5 Std.), Xichang (10 Std.) und Ya'an (3 Std.). Zug nach Chengdu (2–3 Std.), Panzhihua (11 Std.) und Xichang (5 Std.).

◆ **Leshan:** Busse nach Chengdu (4 Std.), Emeishan (1,5 Std.), Zigong (3,5 Std.).

◆ **Yibin:** Busse nach Chengdu (8 Std.), Zigong (2,5 Std.), Gongxian (2,5 Std.).

Unten: Mönch im Tempel der Ewigkeit auf dem Emeishan

An den rutschigen Hängen des Emeishan ist Vorsicht geboten

Unten: Tibetische Makaken bekommt man auf dem Emeishan häufig zu Gesicht, aber sie können aggressiv werden **Unten rechts:** Auf dem Gipfel des Emeishan

Wandert man die Steintreppen hinunter, kann man während des ungefähr zweieinhalb Tage dauernden Abstiegs in einigen größeren Klöstern übernachten oder essen. Ungefähr 10 km unterhalb des Jieyin-Pavillons liegt der **Elefantenbadeteich** (Xixiangchi), ein relativ großer Tempel, der an den Felsen gebaut ist und einen schönen Ausblick bietet. Der Legende nach soll das Reittier des Bodhisattva Samantabhadra (chin. Puxian) hier gebadet haben. Morgens um fünf Uhr kann man religiösen Zeremonien beiwohnen.

Unterhalb des Xixiangchi teilt sich der Abstieg in einen relativ steilen, aber kürzeren Weg hinunter zu dem Tempel der Ewigkeit (Wanniansi) oder in einen längeren, aber landschaftlich schöneren Pfad bis zum Pavillon des Klaren Klangs (Qingyinge). Auf dem Weg zu diesem Pavillon trifft man im oberen Drittel meist auf eine Horde von Affen, die dem Wanderer Wegezoll in Form von Erdnüssen oder Obst abverlangen. Dass man diese Affen nicht reizen soll, da sie sonst aggressiv werden und manchmal sogar Fotoapparate und Kleidungsstücke an sich reißen, ist in den Broschüren zu lesen, die man sich vor Besteigung des Emeishan in den Orten am Fuße des Berges kaufen kann. Nähert man sich den Tieren jedoch in einer Gruppe, halten sie Distanz.

Folgt man dem Pfad weiter, gelangt man in eine schmale Schlucht, **Yixiantian** (»ein Faden Himmel«), durch die sich ein von sehr üppiger Vegetation gesäumter Bach namens »Schwarzer Drache« windet. Seltene Tier- und Vogelarten und bis zu 200 verschiedene Schmetterlingsarten bevölkern den Emeishan.

Der **Tempel der Ewigkeit** (Wanniansi) liegt am unteren Ende des steileren Weges auf etwa 1200 m Höhe. Er ist das älteste Gebäude auf dem Emeishan und wurde im 4. Jahrhundert erbaut. Damals soll er aus sieben Hallen bestanden haben. Heute steht nur noch eine 16 m hohe Halle mit einer balkenlosen Konstruktion aus Backsteinen aus der Ming-Dynastie. Das quadratische Gebäude wird von einem runden Dach gekrönt. Es beherbergt eine auf einem weißen Elefanten reitende Bronzefigur des Bodhisattva Samantabhadra aus dem Jahre 918. Der Überliefe-

rung zufolge soll dieser auf einem weißen Elefanten reitend zum Emeishan gekommen sein.

Am **Pavillon des Klaren Klangs** (Qingyinge), an dem die Bäche Schwarzer Drache und Weißer Drache zusammenfließen, vereinigen sich auch die beiden Wege. Der Pavillon dient heute Wanderern als Rasthaus mit guter Verpflegung. Nur noch wenige Kilometer den vereinigten Drachenbach entlang, und man gelangt in den malerischen kleinen Ort Lianghekou, wo man stündlich per Bus zum Baoguo-Tempel zurückfahren kann.

Der Große Buddha von Leshan

In die dem Fluss zugewandte Felswand des Lingyunshan (»Berg, der bis zu den Wolken reicht«) im Ort **Leshan** ❺ haben buddhistische Mönche im 8. Jahrhundert über 90 Jahre lang eine riesige, sitzende Buddhafigur gehauen. Allein der Kopf des 71 m hohen Buddha ist 14,7 m lang, 10 m breit und mit über 1000 schneckenförmigen Haarknoten versehen. Mehr als hundert Leute finden auf seinem 8,5 m breiten Fuß Platz. Einer Überlieferung zufolge wurde dieser Buddha auf Initiative eines Mönchs aus dem Kloster Lingyun gebaut, um den tosenden Fluss zu besänftigen. Dass die Figur heute noch so gut erhalten ist, verdankt sie dem Umstand, dass man im Innern ihres Körpers, von außen unsichtbar, Abflussrinnen für das Regenwasser anbrachte. Den besten Blick auf den Großen Buddha hat man vom Boot aus.

Das **Kloster Lingyun** liegt oberhalb der Buddhafigur. Seine Gebäude stammen ursprünglich aus der Tang-Zeit, wurden aber mehrfach erneuert. Daneben steht die 38 m hohe **Seelenpagode** (Lingbaota) aus der Song-Zeit, ein viereckiger Ziegelbau mit innen fünf, außen 13 Stockwerken, jedes mit einer Buddhastatue.

Der **Wuyou-Tempel,** ebenfalls aus der Tang-Zeit, erhebt sich noch sehr gut erhalten auf dem gleichnamigen Berg. In ihm sind die vergoldeten, aus Holz gefertigten Figuren der Buddhas Sakyamuni, Manjusri und Samantabhadra zu besichtigen.

Der Buddha von Leshan ist angeblich die größte Buddhastatue der Welt

Unten: Buddha-Figuren im Wuyou-Tempel

Die intensive blaue Farbe der Seen von Jiuzhaigou ist das Ergebnis von Kalziumablagerungen unter Wasser. Das Naturreservat erfreut sich in den letzten Jahren großer Beliebtheit.

Unten: Grasland und Berge in der Nähe von Langmusi

Der Bambussee

In der südöstlichen Ecke von Sichuan, nahe der Grenze mit Guizhou, liegt der bemerkenswerte **Bambussee** ❻ (Shunan Zhuhai), der oft als Filmset Verwendung findet. Zahllose Pfade führen durch den Wald von zwölf Meter hohen Bambussen. Die Gegend ist abgelegen und am einfachsten vom 75 km entfernten **Yibin** aus zu erreichen.

Nord- und West-Sichuan

Die wilde Berglandschaft des Nordwestens von Sichuan grenzt unmittelbar an den Westen und Norden von Chengdu. Es ist eine einsame Gegend mit sehr schöner Natur, etwa den größten zusammenhängenden Wäldern des Landes, von denen sich die meisten auf dem Gebiet des alten Tibet befinden.

Naturreservat Jiuzhaigou

Für Touristen zugänglich ist das im Nordwesten von Sichuan gelegene **Naturreservat Jiuzhaigou** ❼ (Neun-Dörfer-Tal). Es empfiehlt sich, nur an einer von einem Reisebüro organisierten Tour teilzunehmen, denn die Fahrt in dieses Gebiet kann sehr beschwerlich sein, besonders während der regenreichen Sommermonate, wo sintflutartige Niederschläge und Erdrutsche die Wege oft unpassierbar machen.

Zur Entstehung Jiuzhaigous gibt es eine Legende: Einst sollen in den Bergen der Unsterbliche Dage und die Fee Wunuosemo gelebt und sich ineinander verliebt haben. Dage schenkte seiner Liebsten einen Spiegel, den er mit Wind und Wolken glänzend poliert hatte. Doch fiel ihr der Spiegel aus der Hand und zerbrach in 108 Stücke, die sich in die 108 Seen des Neun-Dörfer-Tals verwandelten.

Jiuzhaigou liegt ca. 500 km nördlich von Chengdu in etwa 2500 m Höhe. Das 60 000 ha große Areal rahmen bewaldete Berge und mit ewigem Schnee bedeckte Hochgebirgszüge ein. Üppige Vegetation wechselt mit Grassteppen, Seen, Flussläufen und bizarren Wasserfällen. Von den Dämonen-Klippen über die Shuzheng-Wasserfälle und den Fünf-Blumen-See erstreckt sich das Gebiet bis zum Panda-See und, entlang eines anderen Weges, bis auf 3100 m Höhe, wo sich der größte See ausbreitet, der Changhai (»Langes Meer«).

Fährt man weiter Richtung Norden, so erreicht man das abgelegene Dorf **Langmusi** ❽, in dem neben Chinesen auch Tibeter, Golok und muslimische Hui leben. Optisch erinnert das inmitten von Grasland gelegene Dorf vor allem an ein Tibet, in dem manche Traditionen noch gepflegt werden, etwa die alte Luftbestattung, bei der der Körper eines Verstorbenen auf einem erhöhten Platz der Verwesung und den Tieren der Lüfte überlassen wird. Das Grasland lädt zu ausgiebigen Wanderungen ein. Von Langmusi führt die Straße weiter zum Labrang-Kloster (s S. 405).

Auf dem Weg nach Tibet

Das gebirgige westliche Sichuan wartet mit einer faszinierenden Landschaft auf. Dörfer und Menschen zeigen immer mehr tibetischen Charakter, je weiter man nach Westen gelangt. Auf dem Weg zum **Gletscher Hailuogou** kann man in der Stadt **Luding** anhalten, um die Brücke zu betrachten, bei der die Kommunisten während des Langen Marsches einen berühmten Sieg gegen die Guomindang errangen. Wesentlich spektakulärer ist jedoch der Gletscher selbst sowie die Berglandschaft des **Gonggashan** ❾, der 7556 m hoch ist. In der Stadt Moxi, die von Leshan und Emeishan per Straße erreichbar ist, kann man Führer für einen dreitägigen Ausflug auf den Gletscher mieten. Ohne komplette Bergausrüstung sollte man sich jedoch nicht auf den Weg machen.

Der tibetische Einfluss wird auch in **Kangding** ❿ größer, der Hauptstadt der Region Ganzi, in der es mehrere Klöster gibt. Hier liegt praktisch die unsichtbare Grenze zwischen dem chinesischen und dem tibetischen Sichuan. In der Stadt selbst gibt es wenig zu sehen und zu unternehmen.

Wer nach Yunnan will, reist vom abgelegenen **Litang** ⓫, in dem es ein tibetisches Kloster gibt, nach Süden durch Xiangcheng nach Zhongdian, das sich in Shangri-la umbenannt hat (s. S. 376), und dann weiter nach Lijiang (s. S. 373). Die Reise entlang dieser Straßen gehört zu den landschaftlich schönsten in China. Man sollte jedoch rechtzeitig in Erfahrung bringen, ob die Routen offen sind. ■

Es wird noch viele Jahre dauern, bis die durch das Erdbeben im Jahr 2008 entstandenen Schäden wieder behoben sind. Der Weg in die Berge westlich und nördlich von Chengdu bleibt so lange beschwerlich.

RESTAURANTS

Preiskategorien (für eine Person mit einem Getränk)
●●●● = über 15 €
●●● = 10–15 €
●● = 5–10 €
● = unter 5 €

Die Sichuan-Küche ist für ihre scharfen Aromen nicht nur in China sehr beliebt.

Chengdu

Mehr als jede andere Stadt in China hat Chengdu einen ausgeprägten Sinn für die eigene Identität. Diese Unverwechselbarkeit spiegelt sich auch in der Kochkunst wider. Feurig-scharfe Sichuan-Gerichte wie Hühnchen *kung pao* und *mapo doufu* sind meist von exzellenter Qualität.

◆ **8trees Wine Bar**
9 Ping'an Alley (Seitenstraße der 25 Xihuamen Jie)
Große Auswahl an internationalen Weinen sowie exzentrische Speisekarte: von gebackenem Thunfisch bis zu Würstchen mit Kartoffelpüree gibt es allerhand. ●●

◆ **Gongguan Cai**
41 Qinghua Lu
Gongguan Cai bedeutet «Essen der Beamten» und bietet hochwertige Sichuan-Küche. Das Lokal liegt nahe dem nördlichen Eingang zur Strohhütte des Dichters Du Fu. ●●

◆ **Huangcheng Laoma**
Erhuan Lu, Section 3
Das Huangcheng Laoma gilt als die Mutter der Feuertopf-Restaurants in Chengdu – obwohl der Name eigentlich »Mutter der kaiserlichen Stadt« bedeutet. Das vierstöckige Restaurant beeindruckt mit einer schönen Inneneinrichtung, die unter dem Motto »Chengdu« steht. ●●

◆ **Peter's Tex Mex**
117 Kehua Beilu
Besonders bei den in Chengdu lebenden Auswanderern beliebt. Den »Heimwehkranken« bietet dieses Lokal amerikanische Südstaatenküche an und ist auch ein beliebter Treffpunkt. Serviert werden u.a. Burger, Burritos, Enchiladas und andere Tex-Mex-Spezialitäten. ●

◆ **Shunxing Old Teahouse**
3rd Floor, Chengdu International Exposition Centre, 258 Shawan Lu
Dieser Sichuan-Teeladen mit ganz eigenem Flair bietet Sichuans zwar wenig bekannte, aber umso delikatere Antwort auf die *dim sum* der kantonesischen Küche. Die Ausstattung und Folklore-Darbietungen tragen ihr Übriges zu der großen Popularität des Restaurants bei – Reservierungen sind daher unerlässlich. ●●

永鎮山川

Karte auf Seite 369

Die Hochebene des Ewigen Frühlings: Yunnan

Das exotische Burma, Laos, Vietnam und, auf der anderen Seite, Tibet sind die Nachbarn dieser kulturell vielseitigen Region, in der ein buntes Völkergemisch anzutreffen ist.

NICHT VERPASSEN!

- Kunming
- Bambustempel
- Westberge
- Steinwald
- Dali und Umgebung
- Lijiang
- Tigersprung-Schlucht
- Lugu-See
- Naturpark Sanchahe

Einer der Prinzen aus dem Reich zwischen Burma, Laos und Vietnam soll im 8. Jahrhundert die weite Reise zum Kaiserhof der Tang-Dynastie nach Chang'an (heute Xi'an) unternommen haben. Auf die Frage, woher er komme, antwortete er, dass seine Heimat noch weiter südlich als das Regengebiet in Südsichuan liege. Der Kaiser soll daher den Namen Yun-Nan kreiert haben, was in wörtlicher Übersetzung »Wolke-Süd« bedeutet.

Für die Ming-Kaiser war Yunnan vor allem ein Verbannungsort für oppositionelle Beamte oder kritische Literaten. Allen chinesischen Dynastien galt diese Region zwar nie als exterritoriales, aber immer als exkulturelles Gebiet: Für Chinesen lebten dort lediglich Barbaren, am Rande ihrer Welt. Wer dorthin verbannt wurde, war meist für immer vergessen.

Yunnan ist die Vielvölkerprovinz Chinas, denn 26 verschiedene Nationalitäten siedeln auf dem Yunnan-Guizhou-Hochplateau, zumeist als Bauern in Bergdörfern, während die Städte heute zum überwiegenden Teil von Han-Chinesen bewohnt werden. Die Yi, Naxi, Bai und Dai zählen zu den größten Volksgruppen in der Provinz. Dem Reisenden werden in Yunnan keine großartigen Bauwerke oder Kulturgüter geboten, dagegen locken unberührte Landschaften, seltene Tiere, üppige Flora und die Vielfalt der Ethnien und ihrer einzigartigen kulturellen Traditionen.

Die Zugfahrt aus der Ebene des nördlich angrenzenden Sichuan führt allmählich auf das Yunnan-Guizhou-Plateau hinauf, das eine durchschnittliche Höhe von 2000 m aufweist. Majestätisch erheben sich kahle Berge, auf denen vereinzelte Bäume trotzig ihre grünen Kronen in den Himmel strecken. Ruhige Flüsse dominieren die Täler, und nur in schmalen Talschluchten können sich Menschen niederlassen. Selbst die Bahn erscheint bis heute wie ein Fremdkörper aus einem fernen Jahrhundert.

Links: Pagoden in Dali
Unten: Bai-Frauen in traditioneller Kleidung

»

»Man erreicht die großartige und edle Hauptstadt namens Yachi (Kunming). Dort sind Kaufleute und Handwerker inmitten einer bunt gemischten Bevölkerung aus Götzendienern, Nestorianischen Christen und Sarazenen zu finden …« (Marco Polo)

Die Stadt des ewigen Frühlings: Kunming

Die gut 4 Millionen Einwohner zählende Hauptstadt der Provinz Yunnan liegt auf einem 2000 m hohen Plateau. Die geschützte Lage bedingt ein mildes Klima: Mit einer Jahresdurchschnittstemperatur von 18 °C herrscht hier das ganze Jahr über Frühling. In den Straßen von **Kunming** ❶ lässt sich die Vielfalt der verschiedenen Nationalitäten Yunnans beobachten. Die südländische Atmosphäre, die Vielfalt der Menschen, Kulturen und Gebräuche kann man beispielsweise bei einem Spaziergang durch die Marktstraßen abseits der großen Alleen erleben.

Den Südosten der Stadt überragen zwei Ziegelsteinpagoden: die interessantere **Pagode des Westtempels** Ⓐ (Xisita) und die **Pagode des Osttempels** Ⓑ (Dongsita, beide tgl. 9 bis 18.30 Uhr). Die Pagode des Westtempels entstand zwischen 824 und 859 und zeigt die typischen Merkmale des Pagodenbaus der Tang-Dynastie, wie sie auch in den Wildgans-Pagoden Xi'ans zu bewundern sind: einen quadratischen Grundriss, geringe Verjüngung im unteren Teil, verputzte Ziegelsteine ohne Holzanbauten außen, weit herausragende Steintraufen auf jedem der 13 Stockwerke. Die Innenkonstruktion aus Zwischenböden und der Treppe besteht aus Holz. Auf der Spitze ragt ein runder Metallturm auf, und vogelähnliche mythische Wesen schauen von jeder Ecke herunter. Obwohl bei Restaurationen verschiedene Elemente geändert wurden, blieb der Eindruck der massiven wie eleganten Bauweise der Tang-Dynastie erhalten. Die Pagode des Osttempels ähnelt der westlichen Pagode in Größe und Bauart.

Wenn man von den Pagoden nach Norden geht, kommt man durch das muslimische Viertel der Stadt, in dem eine größere Gemeinschaft von Hui lebt. Die ursprüngliche Altstadt lag noch etwas weiter nördlich. Etwas weiter westlich befindet sich das **Provinzmuseum** Ⓒ (Yunnansheng Bowuguan, tgl., 9–17 Uhr) mit zahlreichen lokalen Bronzen und Darstellungen der Völker der Region.

Im Norden der Stadt liegt mit dem **Yuantong-Tempel** Ⓓ (tgl. 8–17 Uhr) der wichtigste buddhistische Tempel

der Stadt, der vor über tausend Jahren gegründet wurde. Im 14. Jahrhundert wurde er stark vergrößert und bekam den Ziergarten dazu. Nur ein paar Schritte weiter westlich gelangt man zum **Grünen See** E (Cuihu). Der umliegende Park zählt mit seinen herrlichen Uferpromenaden, kleinen Tempeln und Pavillons zu den beliebten Ausflugszielen der Stadtbewohner.

Auch die Universität liegt in der Nähe. Deshalb sieht man hier viele junge Leute – besonders in der **Wenhua Xiang** F, auch »Kulturstraße« genannt, wenngleich es dort vor allem ums Essen und Einkaufen geht. Bei gutem Wetter und am Wochenende ist hier immer viel los.

Historisch gesehen ist der **Tanhua-Tempel** G (tgl. 8–17 Uhr) der bedeutendste der Stadt. Er liegt in östlicher Richtung etwa 3 km vom Stadtzentrum. Dieser sehr aktive buddhistische Tempel mit seiner großen Pagode geht auf das Jahr 1634 zurück und ist nach einer besonderen Spezies der Magnolie benannt, die im Innenhof wächst. Vom siebten Stock der Pagode hat man einen schönen Blick über die Stadt.

Außerhalb Kunmings

Keinesfalls verpassen sollte man mindestens einen Ausflug in die Westberge und zum Dian-See. Doch es zeigen sich noch andere Kleinodien in der Umgebung der Stadt.

Etwa 13 km nördlich der Stadt liegt der **Bambustempel** H (Qiongzhusi, tgl., 8–18 Uhr), der in der frühen Ming-Dynastie gegründet und seitdem mehrmals renoviert werden musste. Dieser Tempel ist insbesondere wegen seiner eigentümlich und volksnah gestalteten 500 Luohan-Figuren aus dem 19. Jahrhundert sehenswert. Die oft kühne, absurde oder auch lustige Nachbildung der Buddhaschüler steht in scharfem Kontrast zur sonst eher üblichen, ernsten und andächtigen Darstellung von Figuren in buddhistischen Klöstern Chinas.

Noch etwas weiter nördlich liegt in einer landschaftlich schönen Parkanlage der **Teich des Schwarzen Drachen** I (Heilongtan, tgl. 8–18 Uhr). Die Halle des Schwarzen Drachen (Heilonggong) ist der Rest eines ehemals daoistischen Tempels aus der Zeit der mongolischen Yuan-Dynastie.

Straßenmarkt in Kunming. Die besten Souvenirläden findet man in der Dongfeng Lu und der Beijing Lu.

Unten: In der Innenstadt von Kunming

Blick auf den Dian-See vom Drachentor in den Westbergen

Die im 17. Jahrhundert angelegte **Goldene Halle** (Jindian, tgl. 8 bis 17 Uhr) in der nordöstlichen Vorstadt besteht ganz aus Bronze. Ihre Balken, Säulen, Ziegel, Statuen und Wanddekorationen, die eine Holzhalle imitieren, sind vollständig und massiv aus Bronze gegossen, lediglich für die Treppen und die Balustraden wurde Marmor verwendet. Per Seilbahn ist eine **Gartenbauausstellung** (Shiboguan, tgl. 8–17 Uhr) zu erreichen, in der lokale Blumen, seltene Bäume, eine Teeplantage und skurril beschnittene Bäume zu sehen sind.

Wenn Sie nach Südwesten aus der Stadt heraus Richtung Dian-See fahren, gelangen Sie zunächst zum **Park der Schönen Aussicht** (Daguanyuan), der über die Jahrhunderte aus dem Garten einer Privatvilla entstand. In dem Park steht seit dem 17. Jahrhundert ein Aussichtsturm, der allerdings 1857 abbrannte und 1869 neu errichtet wurde. Links und rechts vom Eingangstor ist ein »Parallelgedicht" zu sehen, das von dem Dichter Sun Ranweng verfasst und 1888 von dem Kalligrafen Zhao Fan aufgeschrieben wurde. Wie der Name andeutet, besitzen Parallelgedichte gleiche Zeichenzahl, gleichen Aufbau und gleichen Reim und werden häufig an den beiden Seiten von Toren, auf Säulen oder nebeneinander auf einer Wand aufgehängt. Das Gedicht im Park gehört mit 180 Zeichen zu den längsten und bekanntesten in China. Es beschreibt die Schönheit Kunmings und die Geschichte der Provinz Yunnan.

Mit einer Länge von etwa 40 km und einer durchschnittlichen Breite von 8 km ist der **Dian-See** ❶ der sechstgrößte Binnensee Chinas. Bei einer Bootsfahrt kann man die südchinesischen Dschunken auf dem See aus nächster Nähe beobachten und die **Westberge** Ⓚ entlangfahren, in denen man oben in der Felswand einen kleinen daoistischen Tempel entdeckt.

Am Fuß der Westberge befindet sich das **Huating-Kloster** (tgl. 8–18 Uhr), das im 14. Jahrhundert gegründet, aber vielfach umgebaut wurde. Sehenswert

Unten: Alle Luohan-Figuren im Bambustempel sind äußerst lebhaft gearbeitet

VERKEHRSMITTEL

Reisen nach Yunnan

Flüge u.a. nach Dali, Lijiang, Jinghong. Züge von Kunming nach Peking, Shanghai, Chengdu, Xi'an, Guilin und Kanton.

Reisen in Yunnan

◆ **Kunming:** Busse tgl. nach Hekou (12 Std.) und Yuanyang (6–7 Std.); Busse brauchen 2 Std. zum Steinwald.

◆ **Dali:** 3–4 Flüge tgl. zwischen Kunming und Dali. Nachtzüge von Kunming brauchen 8–9 Std, Busse 7 Std. Busse nach Lijiang (3 Std.), nach Ruili (10–12 Std.).

◆ **Lijiang:** Mehrere Flüge tgl. von/nach Kunming. Busse nach Dali (3 Std.) und Zhongdian (5 Std.).

◆ **Jinghong:** 4–6 Flüge pro Tag zwischen Kunming und Jinghong. Schlafbusse von/nach Kunming alle 30 Min., Reisezeit 10 Std. Der tgl. Bus von Jinghong nach Dali braucht 17 Std., nach Ruili 24 Std.

sind die Statuen in den schön angelegten Gärten sowie die großen vergoldeten Buddhas in der Haupthalle.

Das Kloster ist auch der Ausgangspunkt für eine Wanderung durch die Westberge. Ein Waldpfad windet sich hinauf zum **Taihua-Kloster** (tgl. 8 bis 18 Uhr), das zum Chan-Buddhismus (Zen) gehört und der Göttin Guanyin gewidmet ist. Auf dem Gelände liegen ein Teich und eine Aussichtsplattform für Blicke über den See. Man sollte etwas ausruhen, denn der Aufstieg zum **Tempel der Drei Reinen** (Sanqingge) führt über mehr als tausend Stufen und mag etwas absonderlich erscheinen, verläuft er doch zum Teil durch niedrige, in die Felswand gehauene Pfade und Tunnel. Ein Sessellift und eine Bahn führen zum mit 2500 m höchsten Punkt, dem **Drachentor,** mit fantastischer Aussicht.

Der Sessellift rattert auch wieder hinunter zum **Dorf der Nationalen Minderheiten Yunnans** (tgl. 8–19 Uhr), in dem alle Völker der Provinz in Tracht und Tanz vorgestellt werden. Die meisten Ausländer finden das jedoch weniger interessant und propagandistisch.

Im Wald der Steine

Hauptattraktion von Kunming ist der 126 km südöstlich im Autonomen Kreis Lunan der Yi-Nationalität gelegene **Steinwald** ❷ (Shilin, tgl. 8.30 bis 19 Uhr). Die »Bäume« dieses fast 26 000 ha großen Gebiets sind schmale, bizarr geformte Felsnadeln, die zwischen fünf und dreißig Meter hoch aufragen. Diese Karstformationen entstanden vor 200 Mio. Jahren, als die Erdkruste sich hob und den ursprünglich vorhandenen See absinken ließ. Das Regenwasser wusch dann die bizarren Formen aus.

Am Eingang des etwa 80 ha großen Areals, das man üblicherweise besichtigt, wird der Besucher von einem großen Felsen begrüßt, der die Schriftzeichen *shi* und *lin* trägt. Folgt man dem rund 1200 m langen markierten Wanderweg, passiert man allerlei eigentümliche Felsformationen, die dem Bergsteiger entweder erhebliche Kletterkünste abverlangen oder einfach nur fantastische Geschichten erzählen.

Nach Lijiang ist der Steinwald mit seinen skurrilen Felsformationen die touristische Hauptattraktion von Yunnan. Von Kunming verkehren alle 30 Min. Minibusse (8–12 Uhr) zum Steinwald. Die Fahrt dauert zwei Stunden. Am Nachmittag fahren die Busse, wenn sie voll besetzt sind, wieder zurück nach Kunming.

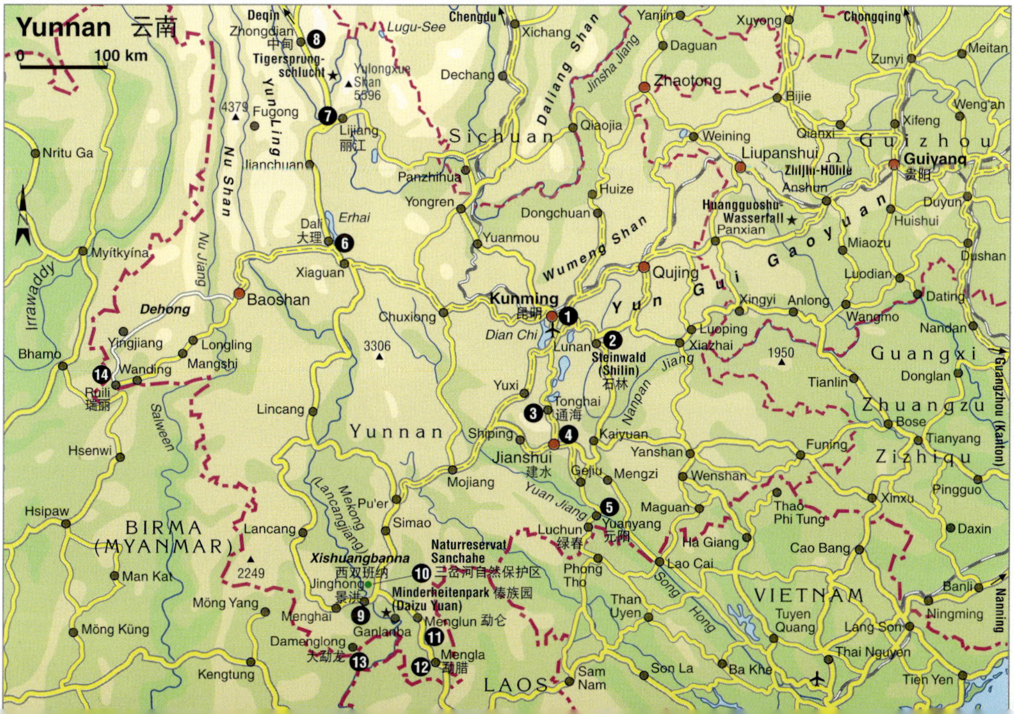

Dieser Tempel, der sich hinter den Drei Pagoden von Dali befindet, wurde erst kürzlich errichtet. Im Hintergrund sind die schneebedeckten Cang-Berge zu erkennen.

Einer der bei den Einheimischen bekanntesten Steine ist der **Ashma-Felsen.** Er verkörpert eine bei den Sani beliebte Legende: Die schöne Ashma wurde von einem reichen Grundbesitzer entführt, woraufhin sich ihr Geliebter Ahai, mit magischen Waffen ausgerüstet, aufmachte, sie zu befreien. Auf der Flucht starb sie jedoch durch unglückliche Umstände und erstarrte zu Stein, und in diesem Zustand wartet sie noch heute auf ihren Geliebten. Zu bestimmten Festtagen versammeln sich die Sani aus nahe gelegenen Dörfern zu ihren traditionellen Festen vor dem Ashma-Felsen.

Südlich Richtung Vietnam

Von Kunming fährt man zwölf Stunden bis zur vietnamesischen Grenze, aber es lohnt sich, die Fahrt zu unterbrechen und Jianshui sowie Yuanyang anzusehen. Die Strecke führt auch an der alten Stadt **Tonghai** ❸ vorbei, die am Südende des Seengebiets liegt, unweit des 2000 Jahre alten **Xiushan-Parks.** Von hier braucht ein Bus eine halbe Stunde bis zum Dorf **Xinmen.** Vor 750 Jahren kam Kublai Khan hier durch und gründete eine Garnison, was in den Gesichtern der Bewohner noch deutlich zu erkennen ist.

Die alte Stadt **Jianshui** ❹, 80 km südlich von Tonghai, gehört zu den am besten erhaltenen im Südosten Yunnans; vor allem ihre Mauern sind noch sichtbar. Von hier geht es noch einen halben Tag durch schöne Landschaft bis zur Grenze.

Eine andere Straße wendet sich von Jianshui nach Süden, entlang von Bergketten und Hügeln mit Reisterrassen und pittoresken Dörfern, um **Yuanyang** ❺ zu erreichen. Fährt man weiter nach **Luchun,** so kommt man durch atemberaubende Landschaften mit unendlichen Reisterrassen.

Dali am Erhai-See

Bei vielen der über 20 Völker in Südwestchina sind Relikte matriarchalischer Gesellschaftsformen unverkennbar. So auch bei den Bai, die vornehmlich im Gebiet um den Erhai-See siedeln. Die Stadt **Dali** ❻ trägt den Namen eines stolzen und mächtigen Reiches, welches vom 10. bis ins 13. Jahr-

Unten: An der Kreuzung der Fuxing Lu mit der Renmin Lu in Dali

hundert Südwestchina beherrschte, ehe Kublai Khan, der große Mongolenkaiser, auch diesen entlegenen Winkel des Reiches eroberte. Bereits drei Jahrhunderte zuvor hatten die Bai ein erstes Königreich namens Nanzhao (738 bis 902) errichtet, dessen letzte, gut erhaltenen Relikte in den Grotten des »Steinglockenbergs« (Shizhongshan) in der Stadt Jianchuan, nördlich von Dali, besichtigt werden können. Die Volksgruppe der Bai stellt immer noch rund 75 Prozent der Bevölkerung.

An der Stelle der alten Hauptstadt Taihe des Nanzhao-Reiches kann man die aus dem Jahr 766 stammende Nanzhao-Stele sehen, einen 3 m hohen Monolithen, dessen Inschriften Aufschluss über das politische und wirtschaftliche System des Staates geben.

Der landschaftliche Reiz, das sogar im Winter milde Klima und die Gastfreundschaft der Leute haben die Stadt Dali zu einem beliebten Reiseziel für Ausländer gemacht. Die geschäftstüchtigen Einwohner Dalis entwickelten sehr schnell ein Gespür für die Bedürfnisse und Wünsche der Besucher. Und so gibt es kleine Hinterhofrestaurants, die neben Cola und Kaffee auch Pizzas und Hamburger anbieten. Es ist also dafür gesorgt, dass der Reisende sich nicht als Verbannter fühlen muss.

In der Stadt

Wer sich über die Vergangenheit des Königreichs Nanzhao informieren möchte, sollte sich das kleine **Dali-Museum** Ⓐ (tgl., 8–17.30 Uhr) ansehen. Das Gebäude war einst das Hauptquartier von Du Wenxiu, einem muslimischen Hui, der eine Rebellion (1856 bis 1873) gegen die Qing-Dynastie anführte und dafür geköpft wurde.

Das nahegelegene **Südtor** Ⓑ ist der am besten erhaltene Teil der ehemaligen Stadtmauer, wobei auch dieser in den letzten Jahren umfassend restauriert wurde, denn das Tor wurde während der Rebellion zerstört. Alle vier Stadttore sowie die Mauer lohnen einen kurzen Blick. Es gab allein 45 Befestigungsanlagen, und im **Nordtor** Ⓒ blieben Holzschnitzereien erhalten. Nicht weit vom Südtor, innerhalb der Mauern und über der geschäftigen Fuxing Lu, steht der **Turm der Fünf Glorien** (Wuhualou) aus der Qing-Zeit.

TIPP

Verwirrenderweise gibt es zwei Dalis. Die von einer Stadtmauer umgebene Altstadt, wo die meisten ausländischen Besucher Quartier beziehen, wird **Dali Gucheng** genannt. Das neue, größere und unattraktive Dali, das ca. 20 Min. südlich der alten Stadt liegt, ist auf den Karten meist als **Xiaguan** verzeichnet, manchmal aber auch nur als Dali oder Dali Shi. Fast alle aus Kunming und Lijiang ankommenden Busse enden in Xiaguan und nicht in Dali Gucheng. Es gibt jedoch Taxis, die einen für ungefähr 30 Yuan in die alte Stadt bringen.

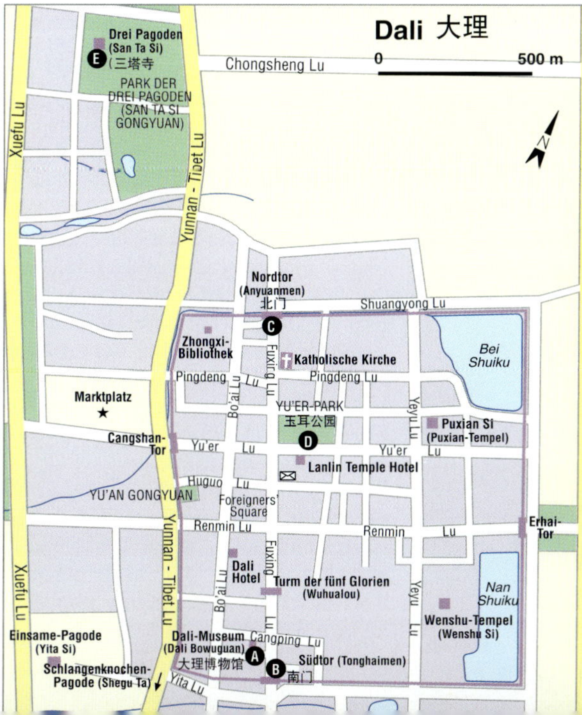

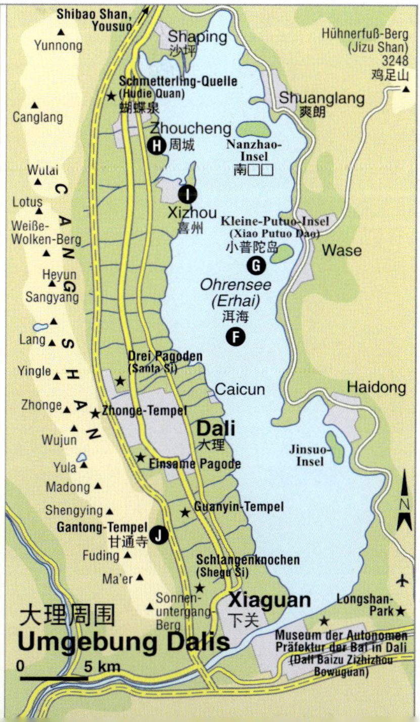

TIPP

An zahlreichen Verkaufsstellen bekommt man Tickets für eine Schifffahrt auf dem Erhai. Die Boote legen am Taoyuan-Pier ab. Alternativ dazu kann man am Ende des Hafenkais im östlich der Stadt gelegenen Dorf Caicun ein Boot mieten. Das beliebteste Ausflugsziel ist Wase am Ostufer des Sees – früher verkehrte täglich eine Fähre zwischen Caicun und Wase, die aber jetzt nur noch selten fährt. Die andere Seeseite erkundet man am besten mit dem Fahrrad, das man einfach aufs Schiff mitnimmt.

Unten: Die Drei Pagoden von Dali

Weiter nördlich in der Fuxing Lu liegt mit dem **Yu'er-Park** Ⓓ ein stiller Garten. Zwei Straßen weiter steht eine kleine **Katholische Kirche,** ein Zeugnis früher und weitgehend erfolgloser Missionsbemühungen bei den buddhistischen Dai.

Das in ganz China bekannte Wahrzeichen Dalis sind die **Drei Pagoden** Ⓔ (Dali Santa, tgl. 8–19 Uhr). Die zentrale und mit 69 m höchste Pagode stammt aus dem 9. Jh. und stand ursprünglich im Zentrum eines Tempels. Bei Restaurierungsarbeiten im Jahre 1978 entdeckte man in den Bauwerken mehr als 600 Gegenstände aus dem 7. bis 10. Jh., darunter Bronzespiegel, Arzneimittel, Buddha-Skulpturen aus Gold sowie einen Phönix aus Silber.

Die Pagoden von Dali sind weiß getüncht. Bai heißt »weiß«. »Weißer König« nennen die Bai ihren Urahn, und ihre Sprache, die dem Mandarin-Chinesisch ähnlich ist, bezeichnen sie als »weiße Sprache«. Vielleicht kommt der Name auch von ihrer vorzugsweise weißen Kleidung, die mit bunten Westen und Accessoires ergänzt wird. In ihrer Tracht bevorzugen die Bai-Frauen neben Weiß kräftige, leuchtende Farben, vor allem Rot. In Kultur und Religion der Bai finden sich eigene überlieferte Traditionen neben chinesischen, indischen und tibetischen zu einer eigenartigen Synthese zusammen.

In kleinen Tempeln werden Buddha, Laozi, der Begründer des Daoismus, Guandi, der Kriegsgott, und lamaistische Gottheiten gleichermaßen verehrt. Die religiösen Zeremonien gleichen eher einem Jahrmarkt. Jeden Tag vor einer Vollmondnacht zelebriert man essend und trinkend im Tempel, und die Mönche haben keine Skrupel, sich in Wahrsagerei zu üben und gegen Spenden Horoskope anzufertigen.

Während die Drei Pagoden zum Wahrzeichen von Dali geworden sind, stehen aber noch weitere aus der Nanzhao-Zeit. Westlich des Südtors befindet sich die **Einsame Pagode** (Yita), auch sie mit 16 Stockwerken. Weiter südlich ragt die **Schlangenknochen-Pagode** (Sheguta) auf, die an die Legende eines Helden erinnert, der im Kampf gegen eine Python starb, die die Bewohner von Dali bedrohte.

Umgebung Dalis

Attraktivste Sehenswürdigkeit der Umgebung ist zweifellos der 250 km² große **Erhai** Ⓕ, auch »Ohrensee« genannt. An einem sonnigen Tag, von denen man im Frühjahr und Herbst in Dali eine ganze Reihe antrifft, strahlt der See ein leuchtendes Blau aus, während im Winter der Schnee von den Spitzen der Cang-Shan-Kette glitzert. Noch vor kurzer Zeit waren auf dem See nur Fischerboote und kleine Fähren, die die Märkte belieferten, anzutreffen, doch jetzt fahren darauf auch zahlreiche Ausflugsdampfer.

Am Ostufer liegt das pittoreske Bai-Dorf **Wase** und nur wenig vom Ufer entfernt die **Kleine-Putuo-Insel** Ⓖ, die ihren Namen von der Guanyin-Legende erhielt. In einem Tempel auf dem Gipfel der Insel steht eine kleine Statue der Göttin. Einige Kilometer nördlich liegt das Dorf **Shuanglang,** von dem aus wohl der beste Blick auf die Berge jenseits des Sees möglich ist. Der Weg auf die touristische Insel Nanzhao lohnt sich hingegen nicht.

Hat man die Nordspitze des Sees umrundet, liegt die **Schmetterling-Quelle** (Hudie Quan) am Weg, einst ein netter Teich mit Akazienbäumen und Schmetterlingen, doch jetzt halten hier viele Busse und alles ist voll mit Souvenirständen. Schon sehenswerter ist das nahe **Zhoucheng** Ⓗ, ein authentisches Bai-Dorf, das in etwa so aussieht wie Dali vor 20 Jahren. Die Frauen tragen noch ihre traditionellen roten Trachten, und die Gebäude sind um Innenhöfe angelegt, haben weit aufragende Dachecken und liegen an gepflasterten Straßen. Nächster Ort in Richtung Dali ist **Xizhou** Ⓘ, ein weiteres traditionelles Bai-Dorf, das zur Zeit der Ming-Dynastie ein wichtiger Handelsplatz war.

Das **Cang-Gebirge** zieht sich am Westufer des Sees entlang. Ein gut gepflegter **Guanyin-Tempel** liegt 5 km südlich von Dali. Die vor der Haupthalle aufgestellte Guanyin-Statue wird flankiert von Darstellungen der 18 wichtigsten Buddhaschüler, der Luohan. Eine ungewöhnliche, quadratische Guanyin-Halle findet sich hingegen in dem von Brücken überspannten Teich in einem der Innenhöfe. Nach der Legende hat die Mitleidsgöttin hier eine Invasionsarmee aufgehalten und damit Dali gerettet.

In einer Stunde klettert man vom Guanyin-Tempel auf den nahe gelegenen Berg, auf dessen Spitze der kleine **Gantong-Tempel** Ⓙ steht, von dem aus man einen wunderschönen Blick auf den See genießt.

Lijiang und der Nordwesten

»Als Himmel und Erde noch nicht getrennt waren, konnte der Steingott noch singen, Bäume konnten laufen und die Steine sprechen«, heißt es in den in einer alten Bilderrolle erhaltenen Dongba-Schriften der Naxi, die ebenso von Mythologie und der Geschichte des Volkes handeln wie von Astronomie, Magie und Exorzismus.

Lijiangs Altstadt ist eine der am besten erhaltenen Altstädte ganz Chinas

Unten: Der alte Marktplatz in Lijiang (Sifang Jie)

Die Wasserräder am Yuhe-Platz in der Altstadt von Lijiang sind Teil eines ausgedehnten Kanalsystems, das die Stadt mit Trinkwasser versorgte

Hier in der Nordwestecke von Yunnan ist die Landschaft am schönsten, denn sie grenzt an die Südostecke des Tibetplateaus, wo die Berge Höhen von 6000 m erreichen. Die schönste Stadt der Region ist **Lijiang** ❼. Der Hintergrund der schneebedeckten Berge, die reiche lokale Kultur, gewundene Gassen und Steinbrücken über Kanäle mit klarstem Wasser machen die Stadt zu einem attraktiven Touristenziel, zu dem auch die verbesserte Infrastruktur (bis hin zum Flughafen) beiträgt. So schön die Stadt auch aussieht, man muss dennoch bedenken, dass sie eigentlich ein Neubau ist, denn ein Erdbeben zerstörte die alte Stadt 1996 fast vollständig.

In der Altstadt

Dicht gedrängt geht es im Viertel der Naxi zu, das als **Dayan** bekannt ist. Einen Rundgang beginnt man vielleicht am besten auf dem **Yuhe-Platz** Ⓐ, an dem die großen Wasserräder stehen. Wenn man von hier aus Richtung Süden in den stilleren Teil der Altstadt geht, kommt man an Läden vorbei, die in alte Naxi-Häuser gebaut wurden, deren geschnitzte Türen in ruhige Innenhöfe führen. Überall sind dicke Säulen zu sehen, und große Treppen führen zu Balkonen.

Im Süden der Altstadt steht das **Haus der Familie Mu** Ⓑ (Mufu, tgl., 8.30 bis 18 Uhr), eine Art Palast aus der Ming-Zeit, der an die Familie Mu erinnert, die 1254–1723 Lijiang im Auftrag der Dynastien Yuan, Ming und Qing regierte. Dieses Ensemble mit sechs Gebäuden wurde nach dem Erdbeben von 1996 mit Geld der Weltbank erbaut.

Während die »Modernisierungen«, die über Lijiang hereingebrochen sind, unbestreitbar sind, wurden Teile der Naxi-Kultur dadurch gefestigt, vor allem die Musik. Die 23 Lieder, die Kublai Khan den Naxi schenkte, gingen anderswo in China verloren, hier blieben sie hingegen erhalten. Sie werden zum Beispiel, zusammen mit Naxi-Volksmusik, in der **Naxi-Orchester-Halle** Ⓒ aufgeführt.

Im Norden der Stadt liegt der **Teich des Schwarzen Drachen** Ⓓ in einem Park (tgl. 6.30–20.30 Uhr) mit schatti-

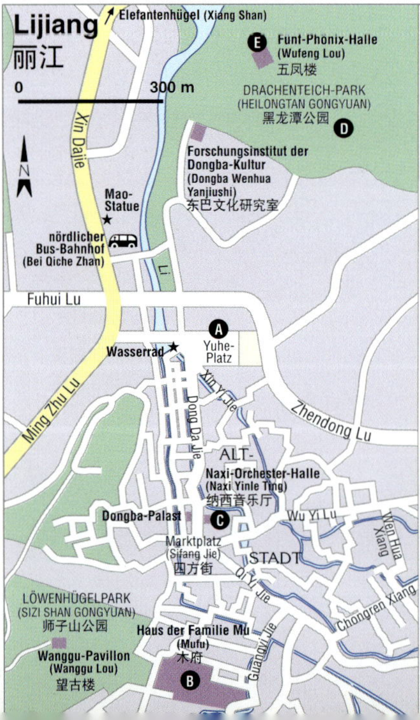

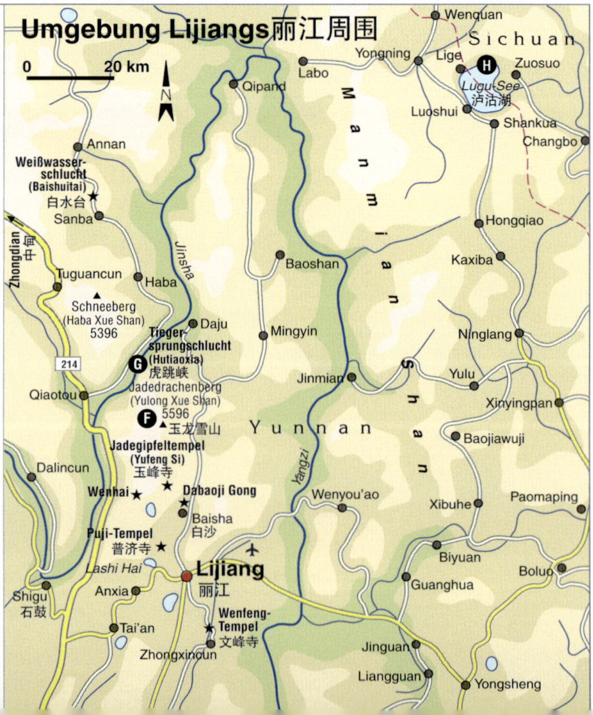

 Karte auf Seite 369/374

gen Wegen und guter Aussicht. Bedeutendstes Gebäude im Park ist die **Fünf-Phönix-Halle** Ⓔ (Wufenglou) aus dem 17. Jahrhundert, die aus dem Fuguo-Tempel außerhalb Lijiangs hierher versetzt wurde. Von hier aus hat man den besten Blick auf den Jadedrachenberg, dessen zackiges Schneeprofil sich im See spiegelt.

Im nahegelegenen **Forschungsinstitut der Dongba-Kultur** (tgl. 8.30 bis 18 Uhr) findet man Kleidung und Hilfsmittel von Naxi-Schamanen sowie eine Sammlung von Manuskripten in der piktographischen Naxi-Schrift.

Lijiangs Umgebung

Himmel und Erde sind sich in Lijiang sehr nah. Der **Jadedrachenberg** Ⓕ (Yulongshan) mit seinem höchsten Gipfel, dem stets schneebedeckten 5596 m hohen Shanzidou, überragt die weite Lijiang-Ebene, als wolle er die Richtigkeit der zitierten Zeilen aus den Dongba-Schriften der Naxi beweisen. Bis in die heutige Zeit hat der Jadedrachenberg dem Ansturm der Menschen getrotzt. Noch keiner Expedition gelang bisher die Gipfelbesteigung.

An den Berghängen unterhalb der Schneegrenze blühen im Sommer Azaleen in allen Farben, und unzählige Heilkräuter locken die Sammler. Auf den Weiden am Fuß des Berges grasen neben Rindern und Ziegen auch Yaks.

Wer den Berg aus größerer Nähe betrachten will, kann zur **Weißwasserschlucht** (Baishuitai) fahren und dort per Pony oder Seilbahn den Yunshanping bewältigen und zu einer 3300 m hoch gelegenen Wiese kommen. Noch weiter Richtung Norden ragt der 5400 m hohe Haba neben dem Jadedrachenberg auf. Zwischen diesen beiden Bergen gibt es eine 16 km lange Schlucht, die zu den tiefsten der Erde gehört, die **Tigersprung-Schlucht** Ⓖ (Hutiaoxia). Der Canyon selbst ist 2500 bis 3000 m tief und an seiner schmalsten Stelle nur 30 m breit. Hier soll ein Tiger über die Schlucht gesprungen sein, wodurch sie ihren Namen erhielt. Unten fließt der Jinshajiang (Oberlauf des Yangzi). Zahlreiche Wanderwege führen durch die spektakuläre Landschaft.

Bei einer Wanderung durch die Tigersprung-Schlucht kann man in zahlreichen Gästehäusern am Weg übernachten. In der Regenzeit von Juli bis August besteht jedoch die Gefahr von Erdrutschen.

Unten: Lijiangs Naxi-Orchester erhält die einzigartige Musiktradition seines Volkes aufrecht

TIPP

Etwas abseits der bekannten Wege liegt die wunderschöne, 320 km lange Nu-Jiang-Schlucht (Nujiang Xiagu). Hier nähert sich der Nu-Fluss zwei anderen großen Flüssen, dem Mekong (Lancang) und dem Jinsha, dem Hauptquellfluss des Yangzi. Alle drei fließen nebeneinander von Norden nach Süden. Jedes der drei Flusstäler wird von riesigen Bergen begrenzt. Die Nu-Jiang-Schlucht erreicht man von Fugong aus (12 Std. mit dem Nachtbus von Dali).

Unten: Landschaft nördlich von Zhongdian **Unten rechts:** Lugu-See

Der Lugu-See

Rund 240 km nordöstlich von Lijiang liegt der wunderschöne, von kleinen Inseln gespickte **Lugu-See** Ⓗ in einem Bett von Bergen und Hügeln. An seinen Ufern gibt es nur wenige Häuser, dafür aber eine ganze Reihe von Blockhütten. In dieser Region lebt ein Stamm des Volks der Yi, dessen Frauen leicht an ihren langen dreifarbigen Röcken und den großen schwarzen Hüten zu erkennen sind.

Auch das Volk der Mosuo, die in der Umgebung des Sees und im Yongning-Becken leben, kennt eine wirkliche matrilineare Gesellschaftsform. Alles Eigentum wird von der Mutter an die Tochter weitergegeben, und alle Kinder bleiben stets an den Haushalt der Mutter gebunden.

Der äußerste Nordwesten

Die Straße nach Nordwesten klettert bis an den Rand des Tibetplateaus auf 3500 m Höhe. Schon **Zhongdian** ❽, 200 km nördlich von Lijiang, zeigt alle Kennzeichen der tibetischen Kultur: Gerstenanbau, Yaks, Lamas in aktiven Klöstern, Buttertee und Gebetsfahnen. Als Marketing-Gag wurde die Stadt jedoch 2001 von der chinesischen Tourismusbehörde in Shangri-la umbenannt (s. unten).

Die Altstadt, die wie in Lijiang in den letzten Jahren wiederaufgebaut wurde, liegt am südlichen Rand von Zhongdian und ist gespickt mit Restaurants und Cafés, rustikalen Gästehäusern und Souvenirläden. Matschige Gassen wurden gepflastert, und tibetisch aussehende Folkloregruppen tanzen abends auf dem Hauptplatz. Auf dem Hügel hinter der Altstadt ragt ein 23 m großes Gebetsrad auf; von hier hat man auch einen guten Blick.

Etwa 5 km nördlich der Stadt, im Dorf Songzhanling, kann man ein **Songsenling** (auf Tibetisch Sumtseling Gompa, tgl. 7–16 Uhr) genanntes Kloster besichtigen. In dem bedeutenden tibetischen Kloster leben fast 600 Mönche der Gelugpa-Sekte.

Entlang der Straße von Zhongdian nach **Deqin** durchfährt man 190 km lang eine herrliche Bergwelt. Die Berge reichen bis auf Höhen von 4000 m und haben sehr steile Anhänge – ein unvergessliches Erlebnis.

SHANGRI-LA

Im Jahr 2001 beschloss die chinesische Regierung in all ihrer Weisheit, dass nach von ihr selbst veranlasster Forschung unhinterfragbar bewiesen war, dass James Hiltons 1933 erschienener Roman *Der verlorene Horizont,* der in einem abgelegenen und idyllischen Himalaja-Tal spielt, eigentlich auf der Umgebung der Stadt Zhongdian basiert. Die allwissende Regierung erklärte, dass die Gegend ab sofort Shangri-la heißen sollte. Eine gnadenlose PR-Kampagne folgte.

In Wahrheit war James Hilton aber nie im Himalaja, und sein Shangri-la ist dem tibetischen Wort *shambala* entlehnt, das »Paradies« bedeutet.

Das focht die Regierung natürlich nicht an, vielmehr betonierte sie einen Flughafen und eine völlig neue Altstadt in die Landschaft, und schon kamen die chinesischen Volksmassen, trippelten über die Pflastersteine und nahmen Souvenirläden und Hotels in Beschlag. Und natürlich müssen die hier lebenden Tibeter, während ihre Kultur anderswo gerade zerstört wird, in ihren Trachten herumlaufen und auf dem Marktplatz tanzen.

Tropisches Xishuangbanna

Im tiefen Süden Yunnans liegt eingekeilt zwischen Laos und Burma ein Stück tropisches Asien, das Xishuangbanna genannt wird. Der klangvolle Name hat leider einen sehr profanen Inhalt: »Zwölf Verwaltungseinheiten« bedeutet er in der Dai-Sprache, die dem Thailändischen sehr ähnlich ist. Was der Name nicht hält, macht die Natur wett. Die immergrüne Landschaft der autonomen Provinz ist heute noch Heimat einiger weniger wilder Tiere, die anderswo ausgestorben sind: Elefanten, Tiger, Pythonschlangen, Malaienbären, Leoparden oder Nashornvögel. Mehr als 100 000 ha sind mit tropischem Urwald bedeckt. In den tiefen Tälern wachsen so exotische Früchte wie Kiwis, Mangos, Bananen und Papayas. In den Wäldern findet man wertvolle Edelhölzer: Mahagoni, Teak, Kampfer und Sandelholz.

Etwa ein Drittel der 830 000 Bewohner der Präfektur gehören zum Volk der Dai. Sie sind Theravada-Buddhisten und bauen anmutige Pagoden. Insgesamt gibt es 14 verschiedene Volksgruppen in dieser Region.

Jinghong und Umgebung

Früher erreichte man Xishuangbanna mit Propellermaschinen von Kunming nach Simao, dann folgten sechs beschwerliche Stunden über Land, bis man in der Hauptstadt des Autonomen Bezirks ankam. Heute besteht von Kunming aus eine direkte Flugverbindung nach **Jinghong** ❾. Jeden Sonntag, am traditionellen Markttag, kommen zahlreiche Bauern aus den umliegenden Dörfern in die schnell wachsende und stark chinesisch geprägte Stadt am Mekong. Es sind v.a. Dai, aber auch Hani, die in entlegeneren Bergdörfern wohnen, Jinuo und Angehörige anderer Völker.

In der Stadt ist der **Botanische Garten** (tgl. 7.30–18 Uhr) von Interesse, in dem über tausend Arten der in Xishuangbanna heimischen Pflanzen zu sehen sind. Vermeiden sollte man den **Park der Nationalen Minderheiten,** da hier nur Ersatzshows nach chinesischen Anweisungen aufgeführt werden. Seit die Regierung die »Nationalen Minderheiten« für den Tourismus »benutzt«, dürfen die Dai auch wieder ihr traditionelles Wasserfest (s. S. 17)

In den Dschungeln von Süd-Yunnan leben noch einige wilde Elefanten

Unten: Während der Regenzeit in Xishuangbanna beschirmen sich auch die Knirpse

Auf dem Spazierweg durch die Baumkronen bei Yaoqu, Xishuangbanna, stellt sich der Wald aus neuer Perspektive dar

Unten: Die Goldene Pagode im Dai-Minderheiten-Park von Ganlanba

begehen. Mitte April kann man in den Dörfern von Xishuangbanna den ein oder anderen nicht direkt vom Himmel fallenden erfrischenden Guss und eine ausgelassene Stimmung erwarten.

Auf dem **Jinsha-Nachtmarkt** unter der Xishuangbanna-Brücke machen abends zahlreiche Essensstände auf. Etwas nördlich vom Manting-Park steht **Wat Manting**, das größte buddhistische Kloster der Gegend.

Außerhalb der Stadt sind einzelne Dörfer auch zu Fuß erreichbar. Sie sind keine Zoos, und die Menschen dort sollten auch nicht behandelt werden wie die Tiere im Zoo. Man sollte ihre Privatsphäre respektieren und einen Führer mitnehmen.

Das **Naturreservat Sanchahe** ❿ etwa 50 km nördlich von Jinghong bietet 359 ha tropischen Regenwald, eine Seilbahn, mit der man 40 Min. unterwegs ist, wilde Elefanten, einen kleinen Zoo und eine Elefantenshow.

Ganlanba, das auch als Menghan bekannt ist, ist eine wenig ansehnlich Stadt am Mekong mitten in einer fruchtbaren Ebene, die den Dai als Anbaugebiet diente. Dort wurde ein weiterer dieser unsäglichen »Minderheitenparks« erbaut, in dem nachmittags chinesische Touristen in Golfwagen auftauchen, um gekünstelte Folkloreveranstaltungen zu sehen.

Etwa 90 km östlich von Jinghong befindet sich in der Stadt **Menglun** ⓫ ein tropischer **Botanischer Garten** (tgl. 8–24 Uhr) am Fluss Luosuo. Mehr als 3000 verschiedene Pflanzen sind auf Chinesisch und Latein bezeichnet.

Die Straße weiter nach Süden, Richtung **Mengla** ⓬, führt durch den wilderen Teil Xishuangbannas und den Regenwald. 25 km von Mengla Richtung Yaoqu befindet sich der **Baumkronenweg Bupan**, auf dem man in 40 m Höhe durch die Baumwipfel spazieren kann.

Von Jinghong nach Westen führt eine Straße in die 70 km entfernte, nahe der Grenze nach Burma gelegene Kleinstadt **Damenglong** ⓭. Hier ragt die 1204 gegründete **Bambussprossen-Pagode** im Dorf Manfeilong auf. Der Legende nach sollen in der Pagode die Füße Buddhas begraben sein.

Dschungel in Dehong

Ganz im Westen, mitten im Dschungel an der Grenze zu Burma, liegt der Bezirk Dehong. Auch in dieser abgelegenen Region wohnen vor allem nichtchinesische Völker, wie die Kachin, Achang oder De'ang.

Seit China beste Beziehungen zur Militärdiktatur in Burma unterhält, hat sich die Region mit der Grenzstadt **Ruili** ⓮ leider zu einem Paradies für Schmuggler und andere Kriminelle entwickelt. Neben Produkten des täglichen Lebens, die in Burma ansonsten nicht erhältlich sind, wird hier auch mit Frauen, Kindern und Rauschgift gehandelt. Auf dem **Jademarkt** gibt es schöne Souvenirs, aber man sollte sich vor Fälschungen in Acht nehmen.

Zu den interessantesten Bauwerken des Bezirks Dehong gehören die **Yunyan-Pagode** bei Yingjiang, der **Goldene Stupa** in Jiele, 7 km östlich von Ruili, und der im burmesischen Stil errichtete **Wuyin-Tempel** in Mangshi. ■

RESTAURANTS

Preiskategorien (für eine Person mit einem Getränk)
●●●● = über 15 €
●●● = 10–15 €
●● = 5–10 €
● = unter 5 €

Yunnans Küche spiegelt die Einflüsse Indochinas und Burmas wie auch jene der Sichuan- und muslimischen Hui-Gemeinschaft wider. Viele Gerichte kombinieren die Geschmacksrichtungen sauer und scharf. Am bekanntesten ist *guoqiao mian,* die sog. »Brückenschlag-Nudeln«. Es handelt sich dabei um eine scharfe Nudelsuppe.

Kunming

Restaurants und Cafés findet man in der Nähe des Camelia-Hotels an der Dongeng Donglu sowie rund um die Wenlin Jie, nahe der Yunnan-Universität.

◆ 1910 La Gare du Sud
8 Houxin Jie
Restaurant im Kolonialstil mit Garten, in dem Spezialitäten aus Yunnan und chinesische Gerichte serviert werden. Englische Speisekarte und vernünftige Preise. Nehmen Sie ein Taxi und fragen Sie nach *huoche nanzhan canting.* ●●

◆ Belvedere International Restaurant
Greenlake Hotel,
6 Cuihu Nanlu
Mit seinem schönen Seeblick ist das Belvedere der perfekte Ort für eine üppige westliche Mahlzeit. Im offenen Reis-Nudel-Showküchenbereich gibt es natürlich auch die klassischen Yunnan-Nudeln. ●●–●●●

◆ The Brothers Jiang
1 Jinbi Qianjie (Kreuzung Jinbi Lu und Shulin Jie)
Die Spezialität sind hier »Brückenschlag«-Nudeln, die man bestellt, indem man am Haupteingang ein Ticket kauft. Die Armada von Tellern, die daraufhin auf Ihrem Tisch landet, enthält die Einlagen, die in die später servierte Brühe gegeben werden. Es gibt mehrere Filialen in der Stadt. ●–●●

◆ Guangyi
68–70 Beimen Jie
Dieses Minderheiten-Restaurant befindet sich in einem bezaubernden Hinterhof. Eine Spezialität des Hauses ist der Naxi-Feuertopf. ●●

◆ Salvador's
76 Wenlin Jie, Wenhua Xiang
Das Salvador's ist ein ausländisch geführtes Café/Restaurant mit hervorragender Tex-Mex-Küche, Eis aus eigener Herstellung – und Internetzugang. ●●

Dali

Dali hat zwar genügend Restaurants, in denen Rucksacktouristen ihren Hunger stillen können, jedoch sehr wenige mit regionaler chinesischer Küche. Auf der oberen Renmin Lu findet man viele Garküchen. Abends bieten Imbissstände an der Kreuzung Fuxing Lu und Huguo Lu Leckereien wie gegrilltes Lamm, Huhn und Rind an.

◆ An Caife Beag
215 Renmin Lu
Dieses gemütliche Café (der Name ist Gaelisch und bedeutet »Kleines Café«) bringt ein gutes Frühstück auf den Tisch und hat eine große Auswahl an chinesischen Gerichten. ●

◆ King's Park Kitchen
5 Huguo Lu
In einem Innenhof serviert das King's feine Kanton-Küche. Wer Fisch bestellen will, sollte früh kommen. ●●

◆ Tower Café
44 Huguo-Lu-Platz
Leckerste westliche Küche, aber ziemlich schwer zu finden. Biegen Sie in der Mitte der Huguo Lu rechts ab, gehen Sie nach Osten und biegen Sie dann rechts auf den Platz ab. ●●

Lijiang

Viele verschiedene chinesische und internationale Restaurants und Cafés finden Sie in der Altstadt.

◆ Le Petit Lijiang Book Café
50 Chongren Xiang, Qiyi Jie
Altes Lijiang-Haus mit Hof und westlichen oder chinesischen Gerichten. Die Betreiber, ein belgisch-chinesisches Paar, bieten auch Reisedienste an. ●●

◆ Sakura Café
123 Cuiwen Xiang
Dieses an einem Kanal gelegene Restaurant serviert neben koreanischer Küche und Feuertopf auch japanisches, chinesisches und westliches Essen. ●●

Xishuangbanna

In den südlichen Gegenden Yunnans wird des öfteren frischer, mit Zitronengras gegrillter Fisch angeboten, außerdem gibt es gekochtes Hühnchen mit sauren Bambussprossen oder auch im Bambusrohr gegartes Schwein.

Jinghong

◆ Mei Mei's
Manting Lu
Ein echtes Rucksacktouristen-Paradies, mit allerlei Infomaterial – plus Bananenpfannkuchen als Stärkung. Internetzugang und englische Bücher. ●

◆ Nachtmarkt
Mekong Bridge
In dem nördlich der neuen Brücke gelegenen Lokal sucht man die Zutaten selbst aus und lässt sich die Mahlzeit nach traditioneller Dai-Art zubereiten. Besonders zu empfehlen ist der Reis in der ausgehöhlten Ananas. ●

Der Westen

Die unermesslichen Weiten des Westens, vom Dach der Welt bis zu den Oasen an der Seidenstraße in Xinjiang, werden von extremen und einsamen Landschaften geprägt.

Der Westen besticht durch seine Ausmaße, seien es die Hochebenen und Bergketten Tibets oder die Steppen- und Wüstengebiete Xinjiangs. Die gesamte Region ist – bis auf einzelne Großstädte – nur dünn besiedelt. Menschen verschiedenster Völker lebten dort über Jahrhunderte, und sie hatten vor allem eine Gemeinsamkeit: Sie waren keine Chinesen. Sowohl die Tibeter als auch die Muslime im weiten Umfeld der Seidenstraße besitzen eine vollkommen andere Geschichte und Kultur als die Han-Chinesen. Diese haben in den letzten 2000 Jahren immer wieder versucht, ihre Nachbarn zu unterdrücken, was ihnen häufig gelang. Aber chinesisch waren Tibet und Xinjiang nie.

Lhasa, die Hauptstadt Tibets, lässt sich kaum noch von den anderen gesichtslosen Betonsiedlungen in China unterscheiden. Der Potala, Sitz des Dalai Lama, und die alten lamaistischen Tempel ragen als museale Inseln aus dem Einheitsgrau heraus. Die während der Kulturrevolution zerstörten Klöster wurden z.T. wieder aufgebaut und sind zu besichtigen. Für den Reisenden ist Tibet ein atemberaubendes Ziel, nicht zuletzt wegen der Kargheit der Landschaft, der extremen klimatischen Bedingungen und der Ausmaße der Berge.

Ähnliches gilt für Xinjiang. Auch in dieser Region ragen gewaltige Bergketten auf, die in starkem Kontrast zu den Wüsten Gobi und Taklamakan stehen, zu ausgetrockneten Flüssen und grünen Oasen. Die Menschen hier sind Muslime, die von Westen kamen und an diesem Ort schon lange vor den Chinesen siedelten. Xinjiang ist von größter strategischer Bedeutung für die Pekinger Machthaber. Sie haben ihren Atommüll und andere gefährliche Stoffe im Sand vergraben, experimentieren mit Massenvernichtungswaffen und betrachten das weite Land als Puffer gegen mögliche, auch terroristische Angriffe aus Zentralasien.

Touristen besuchen die Seidenstraße wegen der buddhistischen Klöster und Höhlentempel und der Oasen Dunhuang und Turfan. Schon Marco Polo hat sie besucht – zu Zeiten, als nicht Chinesen, sondern Mongolen ganz China und Zentralasien beherrschten. ■

Vorhergehende Seiten: Sanddünen bei Dunhuang **Links:** Landschaft an der Straße nach Pakistan **Ganz oben:** Der Potala in Lhasa **Unten links:** Zwei Tibeter **Unten rechts:** Kamele sind perfekte Verkehrsmittel für die Wüsten Xinjiangs

Karte auf Seite 386

Tibet und Qinghai

Das legendäre »Dach der Welt« bleibt ein Reiseziel für Abenteurer. Zwar haben Modernität und gesellschaftlicher Wandel auch hier ihre Spuren hinterlassen, aber Tibets Kultur hat überlebt, wenn auch unter schwierigen politischen Voraussetzungen.

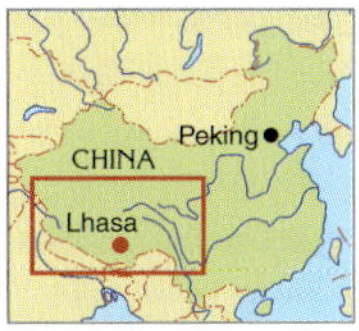

NICHT VERPASSEN!

- Potala
- Jokhang
- Norbulingka
- Samye-Kloster
- Gyanze
- Kloster Tashi Lhunpo
- Märkte in Xining
- Berg Kailash

Tibet – das war lange Zeit das geheimnisvolle, sagenumwobene, unbekannte Land auf dem Dach der Welt, versteckt und fast unerreichbar hinter den höchsten Bergen der Erde. Viele versuchten, das Land zu bereisen und zu erkunden, doch nur wenige drangen ins streng bewachte Allerheiligste des tibetischen Buddhismus, in die Hauptstadt Lhasa, die Residenz des Dalai Lama, vor. Historisch und geografisch gehört ein großer Teil von Qinghai zu Tibet.

Der Himalaja ist das jüngste Faltengebirge der Erde. Bevor sich die südindische Landmasse vor etwa 40 Mio. Jahren nordwärts zu schieben begann, erstreckte sich hier bis vor ca. 300 Mio. Jahren das Tethys-Meer, einer der größten Ozeane der Erdgeschichte. Das Tibet-Qinghai Plateau ist heute mit einer durchschnittlichen Höhe von 4000 m das höchstgelegene Hochland der Erde und macht ein Viertel des de-facto-Staatsgebiets der VR China aus. An drei Seiten ist es von den höchsten Bergketten der Welt umschlossen: im Süden vom Himalaja, im Westen vom Karakorum und im Norden von Kunlun- und Tanggula-Gebirge. Im dünn besiedelten Westen Tibets, am heiligen Berg Kailash, entspringen Indus und Sutlej, östlich davon der Brahmaputra (Yarlung Zambo), der ganz Tibet durchfließt, bevor er sich durch gewaltige Schluchten seinen Weg nach Süden in den Golf von Bengalen bahnt. Im Norden, in der Provinz Qinghai, liegen die Quellen des Gelben Flusses (Huanghe) und des Yangzi (Chang Jiang).

Die Tibeter sind seit Jahrhunderten Nomaden, die mit ihren Schaf-, Ziegen- und Yakherden über die Hochlandweiden im Süden ziehen. Der Norden ist eine unbewohnte Wüste. Heute leben in der Autonomen Region Tibet 2,5 Millionen Menschen, davon ungefähr 1,3 Millionen Tibeter. Tibeter leben aber auch in den Provinzen Qinghai, Sichuan und Yunnan sowie im Exil in Indien und Nepal. Ihre Gesamtzahl wird auf 6 Millionen geschätzt.

Links: Tibetische Frau
Unten: Gebetsfahnen auf einem abgelegenen Bergpass

TIPP

Lhasa liegt auf rund 3680 m Höhe und manche der Straßen, die in die Stadt führen, erreichen an ihrem höchsten Punkt sogar 5000 m. Bevor Tibet von China okkupiert wurde, war Lhasa die höchstgelegene Hauptstadt der Welt (La Paz in Bolivien liegt auf 3631 m). Manche Touristen leiden daher an der Höhenkrankheit, die sich mit Kopfschmerzen, Schwindel und Übelkeit bemerkbar macht. Normalerweise braucht man zwei bis drei Tage, um sich zu akklimatisieren. Bis dahin sollte man jegliche körperliche Anstrengung meiden und viel Wasser trinken.

Eine kurze Geschichte

Ethnologen gehen davon aus, dass die Tibeter aus Zentralasien stammen. Sie hingen ursprünglich der schamanistischen Bon- oder Bön-Religion an. Im 7. Jh. gründete Songtsen Gampo einen mächtigen Militärstaat und übte Kontrolle über ein weites Territorium aus, das sich zwischen Indien, Nepal und China positionierte. Er heiratete die Chinesin Wen Cheng und die Nepalesin Bhrikuti, um ein Machtgleichgewicht zu etablieren. Auf diese Heirat begründen die Chinesen ihren Machtanspruch. Songtsen Gampas Frauen brachten den Buddhismus nach Tibet, der bis zum 9. Jh. blühte, als Langdarma an die Macht gelangte, der der Bon-Religion anhing.

Tibet zerbrach in verschiedene Fürstentümer, wodurch auch einige einflussreiche Äbte großer Klöster weltliche Macht erlangten. 1207 erreichte die erste mongolische Armee Tibet. Da die Mongolen davon ausgingen, dass sie das große, abgelegene Land nicht würden beherrschen können, gingen sie eine Koalition mit dem tibetischen Adel ein, förderten den tibetischen Buddhismus auch in China und der Mongolei und übergaben die weltliche Macht in Tibet an die Äbte des Klosters Sakya.

Viele Mönche konzentrierten sich nun stark auf die weltlichen Dinge, so dass es im 14. Jahrhundert des großen Reformers Tsongkhapa (1357–1416) bedurfte, um dem Buddhismus in Tibet seine heutige Stellung zu verschaffen. Tsongkhapa gründete die Sekte der Gelugpa, der Tugendhaften, die wegen der Kopfbedeckungen der Mönche auch Gelbmützensekte genannt wird, erließ strenge religiöse und Verhaltensvorschriften und führte die Ämter des Dalai Lama und des Pantschen Lama ein. Die nächste herausragende Figur war der 5. Dalai Lama (1617–1682), der über Tibet eine Theokratie errichtete, d.h. alle weltliche und religiöse Macht in seiner Person vereinte.

Die chinesische Einflussnahme in Tibet begann im 18. Jahrhundert. Der Qing-Kaiser Kangxi schlug dsungarische Invasoren zurück und etablierte chinesische Mandarine in der lokalen Verwaltung. Im späten 19. Jahrhundert erhoben auch die Briten und Russen Ansprüche. Nach dem Zusammen-

bruch der Monarchie in Peking verlor China die Kontrolle, und der Dalai Lama erklärte Tibet für unabhängig. 1950, ein Jahr nach der kommunistischen Machtübernahme, besetzte die chinesische Armee das Land im Himalaja. Die Tibeter, einschließlich des jungen Dalai Lama, hofften auf eine echte Autonomie, wurden jedoch bitter enttäuscht. Ein Aufstand gegen die Fremdherrschaft 1959 wurde mit Waffengewalt brutal niedergeschlagen, und der Dalai Lama floh nach Indien, wo er bis heute residiert.

Seit dieser Zeit unternehmen die chinesischen Besatzer alles, um die Tibeter und ihre Kultur zu unterdrücken. Seit einigen Jahren siedelt Peking massiv (auch gegen ihren Willen) Han-Chinesen in Tibet an und schuf damit eine neue Art von Siedlerkolonie wie zu Hochzeiten des Kolonialismus. Jede Art von Opposition gegen die chinesische Gewaltherrschaft wird mit großer Brutalität niedergeschlagen. Zuletzt kam es vor Beginn der Pekinger Olympischen Spiele 2008 zu heftigen Auseinandersetzungen zwischen Tibetern und Han-Chinesen.

Lhasa – Sitz der Götter

Die Hauptstadt **Lhasa** ❶, die zugleich Zentrum des tibetischen Buddhismus ist, liegt auf 3680 m Höhe am Ufer des **Kyichu-Flusses** (auch Lhasa-Fluss genannt), ein Nebenfluss des Brahmaputra. Man verbindet leicht romantische Vorstellungen mit der Stadt, doch wurde sie in den letzten Jahren systematisch mit chinesischen grauen Plattenbauten zugestellt und weist keinerlei Charme mehr auf.

Der Palast des Dalai Lama

Schon von Weitem grüßen die goldenen Dächer des **Potala** Ⓐ (tgl. 9 bis 18 Uhr). Bereits im 7. Jahrhundert stand dort auf dem Marpori, dem »Roten Berg", ein Palast, den König Songtsen Gampo hatte errichten lassen. Seit dem Bau des Potala-Palastes im Jahr 1645 unter dem 5. Dalai Lama residierten hier die Dalai Lamas als religiöse und weltliche Herrscher.

Zunächst wurde der »Weißer Palast« genannte Teil errichtet, bevor in etwa 50 Jahre später auch der »Rote Palast« fertiggestellt wurde. Er erhebt sich wie ein gewaltiger Turm aus dem Meer der

Tibetische Gebetsmühlen (chokhor) enthalten gedruckte Mantras. Schon allein das Drehen der Mühle wirkt somit wie ein Gebet. Allerdings sollten die entsprechenden Mantras dabei laut mitgesprochen werden. Es gibt mittlerweile sogar elektrisch betriebene Gebetsmühlen.

Unten: Vor dem Jokhang, dem heiligsten Tempel der Tibeter

TIPP

Die Einreise nach Tibet unterliegt ständig wechselnden Regelungen, aber für gewöhnlich brauchen Touristen eine Einreiseerlaubnis. Am einfachsten erhält man diese, wenn man eine der teuren Pauschalreisen bucht. Individualreisende können eine Erlaubnis erhalten, wenn Sie über ein Reisebüro die Anreise und wenigstens eine paar Übernachtungen buchen. Dies gilt für alle Grenzposten, egal ob in Katmandu, Chengdu oder für den Zug von Golmud.

Unten: Potala in Lhasa **Unten rechts:** Tibeter mit vom Wetter gegerbter Haut

weiß getünchten Gebäude. Dort oben befinden sich die Privatgemächer des Dalai Lama. Die Ausdehnung des gesamten Palastes beträgt in Ost-West-Richtung fast 400 m und von Nord nach Süd 350 m. 117 m hoch ragt er über das Lhasa-Tal, die 13 Stockwerke bieten fast tausend Räumen Platz, deren Decken von über 15 000 Säulen getragen werden.

Der Rote Palast beherbergt die großen Zeremonialhallen – in der Westhalle steht der Thron des 6. Dalai Lama –, 35 kleine Kapellen, vier Meditationshallen und acht Grabchorten für verstorbene Dalai Lamas, worunter der Chorten für den 5. Dalai Lama der prächtigste und wertvollste ist: Er ist 14,85 m hoch und 3,7 t Gold, unzählige Diamanten, Türkise, Achate, Korallen und Perlen schmücken das Grabmal. 14 m misst der Chorten für den 13. Dalai Lama. Im nordöstlichen Teil des Palastes gelangt man in die Avalokiteshvara-Kapelle, die als ältester Teil der Anlage gilt und noch von dem ursprünglichen Palast Songtsen Gampos erhalten sein soll. Diese auch als Brautkammer bezeichnete Kapelle enthält eine Statue des Königs sowie seiner chinesischen Frau Wen Cheng und seiner nepalesischen Gemahlin Bhrikuti.

Vom Dach des Potala blickt man in die Altstadt, in deren Zentrum der heiligste Tempel aller Tibeter steht: der Jokhang. Er ist der zentrale Bau, der von den Gebäuden des Tsuglagkhang umschlossen wird, in dem sich früher die Büros der tibetischen Staatsverwaltung befanden.

Tibets heiligster Tempel

Durch eine von tiefroten Säulen getragene Gebetshalle gelangt man in den **Jokhang** **B** (tgl. 8–20 Uhr). Die über einem quadratischen Mandala-Grundriss erbauten Kerngebäude stammen aus der Mitte des 7. Jahrhunderts. Der Tempelbau war damals als Schrein für eine Buddhastatue errichtet worden, die die chinesische Prinzessin Wen Cheng als Hochzeitsgeschenk des chinesischen Kaisers mit nach Lhasa gebracht hatte. Dieser in tibetischer Sprache »Jobo« genannte Buddha gab dem Tempel den Namen: Halle des Jobo-Buddha. Das Zentrum des Tempels nimmt ein Lichthof ein, vier vergoldete

Dächer markieren die heiligsten Hallen: die des Jobo-Buddha, des Avalokiteshvara, des Maitreya und des Königs Songtsen Gampo. Die vergoldete Jobo-Statue ist reich mit Edelsteinen verziert und meist mit viel Brokat und Seidenschleifen verhängt. Zu Füßen des Buddha brennen ständig die aus schwerem Silber gefertigten und mit Yakfett gefüllten Butterlampen.

Vom Dach des Jokhang blickt man zum Potala-Palast und auf den **Barkhor** Ⓒ hinunter, den heiligen Ritualweg, der Jokhang und Tsuglagkhang umgibt. Auf dem 800 m langen Barkhor drängen sich unzählige Pilger und Händler. Einige Pilger werfen sich der Länge nach in den Staub und umrunden mit diesem Ritual den Tempel, andere drehen ununterbrochen ihre Gebetsmühlen. Zu beiden Seiten des Weges bieten fliegende Händler ihre Waren feil. Wandermönche meditieren am Straßenrand und halten gegen kleine Spenden Fürbitten.

Am Eingang zum Jokhang-Tempel markiert eine 1985 auf dem Barkhor gepflanzte Weide den Platz, an dem die chinesische Prinzessin bei ihrer Ankunft 641 einen Baum zum Zeichen der Freundschaft gepflanzt haben soll. Eine Bodenplatte enthält die Inschrift des tibetisch-chinesischen Friedensvertrags aus dem Jahr 821.

Nördlich des Barkhor steht der **Ramoche-Tempel** Ⓓ (tgl. 9–18 Uhr), der wohl älteste Klosterbau Lhasas. Er soll in der ersten Hälfte des 7. Jahrhunderts erbaut worden sein und diente als Schrein für eine Statue, die die nepalesische Frau des Königs Songtsen Gampo mit nach Tibet gebracht hatte. Der Tempel wurde 1985 wieder hergerichtet und geöffnet, nachdem er in der Kulturrevolution zerstört worden war.

Die Sommerresidenz des Dalai Lama

Etwa 7 km vom Stadtzentrum entfernt erreicht man den **Norbulingka** Ⓔ (Edelsteingarten, tgl. 9–12.30, 14.30 bis 18 Uhr), der auf Anweisung des 7. Dalai Lama in der zweiten Hälfte des 18. Jahrhunderts errichtet wurde. Seitdem diente er den Dalai Lamas als Sommerresidenz. Am besten erhalten ist der **Neue Sommerpalast,** der für den 14. Dalai Lama erbaut und 1956

Beim Betreten eines tibetischen Klosters bemerkt man sofort den ungewöhnlichen Geruch der Butterlampen

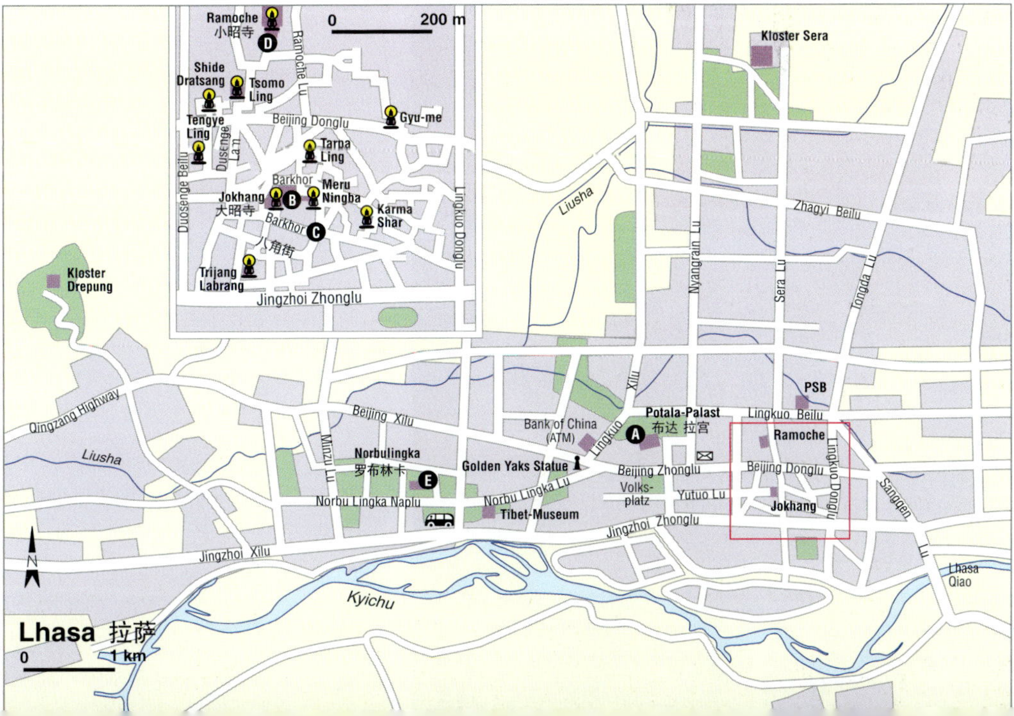

»

Man nimmt an, dass die Tibeter Nachfahren der Turan- und Tangut-Volksgruppen aus Zentralasien sind. Sie kamen aus dem Norden nach Tibet, ließen sich im Yarlung-Tal am Zangbo-Fluss nieder und vermischten sich über die Jahrhunderte mit der einheimischen Bevölkerung.

fertiggestellt wurde. Das obere Stockwerk des mit zahlreichen Wandgemälden geschmückten Gebäudes nimmt unter anderem die Audienzhalle ein, deren Wände mit Episoden aus der Geschichte des tibetischen Volkes bemalt sind. Des Weiteren kann man die Meditationskammer und das Schlafzimmer des Dalai Lama sehen. In der Empfangshalle steht ein Thronsitz für den Gottkönig, und die Wandgemälde berichten von verschiedenen Erlebnissen aus dem Leben des 14. Dalai Lama, umrahmt von Legenden aus dem Leben Buddhas und Tsongkhapas. Weitere Gebäude in der Parkanlage sind die Paläste des 8. und des 13. Dalai Lama und der Drunzig-Palast mit Bibliothek und Studierzimmer.

Die drei großen Klöster

Drei große Klöster in der Nähe von Lhasa galten als bedeutende Zentren der Gelbmützensekte und als Säulen des theokratischen Staates: Sera, Drepung und Ganden. Das **Kloster Sera** ❷ (tgl. 9–12, 14–16 Uhr) wurde 1419 von einem Schüler Tsongkhapas errichtet, an einer Stelle, an der sein Lehrmeister viele Jahre lang in einer kleinen Klause studiert und meditiert hatte. In seinen Glanzzeiten lebten fast 5000 Mönche in dem Kloster, das wegen seiner berühmten Akademie in ganz Tibet einen glänzenden Ruf besaß. Heute sind es nur noch 300 Mönche. Das Sera-Kloster liegt 5 km nördlich von Lhasa, am Fuß der das Lhasa-Tal begrenzenden Berge.

Auf dem Weg zum Kloster Drepung, das fast 10 km westlich des Stadtzentrums liegt, passiert man das kleine **Kloster Netschung**, wo sich früher das tibetische Staatsorakel aufhielt; Orakelpriester konnten sowohl Mönche als auch Laien sein. Vor jeder wichtigen Entscheidung wurde das Orakel befragt, nachdem die Priester zuerst in Trance versetzt worden waren. Der letzte Orakelpriester ging mit dem Dalai Lama ins indische Exil und verstarb dort 1985.

Das im Jahr 1416 ebenfalls von einem Tsongkhapa-Schüler errichtete **Kloster Drepung** ❸ (tgl. 9–18 Uhr) galt lange Zeit als politische Hochburg der Gelbmützensekte. Vor der Fertigstellung des Potala-Palastes residierten hier bereits die Vorgänger des 5. Dalai Lama

Unten: Mönche erfreuen sich im Kloster Sera an einer lebhaften Diskussion

VERKEHRSMITTEL

Reisen nach Tibet

◆ **Flug:** Der Flughafen Gongkar liegt 90 km südwestl. von Lhasa. Tgl. landen Flüge aus Chengdu, mehrmals wöchentlich aus Xi'an, Xining, Katmandu (Nepal), Kunming, Chongqing und Zhongdian.

◆ **Zug und Bus:** Züge aus verschiedenen chinesischen Städten, auch von Peking (47 Std.) fahren via Golmud. Busse verkehren zwischen Lhasa und Katmandu sowie zwischen Lhasa und Golmud.

Reisen in Tibet

◆ **Lhasa:** Regelmäßig Minibusse von Lhasa u.a. zu den Klöstern Drepung und Sera. Etwa ein Dutzend Busse fährt von Lhasa nach Xigaze (6 Std.), von dort weiter nach Gyanze (1,5 Std.). Andere Ziele nur per Allradfahrzeug erreichbar. Man bucht in Lhasa bei einem Reisebüro, das auch die Genehmigungen besorgt.

sowie er selbst vor seinem Umzug in den Potala. Die Grabstupas des 2., 3. und 4. Dalai Lama befinden sich im Drepung-Kloster. Drepung war einst wahrscheinlich das größte Kloster der Welt, als hier annähernd 10 000 Mönche lebten. Die Wanderung durch die Klosterstadt ist etwas beschwerlich, da man in der ohnehin schon dünnen Luft einen Hang hinaufgehen muss. Den unteren Teil der Anlage nehmen die Mönchsklausen, zahlreiche Magazinräume und ähnliches ein. Weiter oben trifft man auf die Dukhangs, die kostbare Statuen und Thangkas enthalten.

Das dritte große Kloster der Gelugpa-Sekte ist das 40 km östlich von Lhasa gelegene **Ganden-Kloster** ❹ (tgl. 9 bis 12, 14–16 Uhr). Das 1409 von Tsongkhapa gegründete Kloster, in dem einmal 5000 Mönche lebten, ist eines der größten Heiligtümer des tibetischen Buddhismus. Umso tragischer war die fast vollständige Zerstörung während der Kulturrevolution. Kaum etwas von den Klosterschätzen blieb erhalten, die Gebäude wurden bis auf die Grundmauern niedergerissen. Erst 1985 war ein Wiederaufbau abgeschlossen, wobei man sich auf die wichtigsten Gebäude beschränkte, darunter das Mausoleum des Tsongkhapa, das an seinem roten Mauerwerk erkennbar ist. Inzwischen haben sich auch wieder etwa 300 Mönche eingefunden.

Yarlung – das Tal der Könige

Nach zwei Stunden Autofahrt von Lhasa Richtung Südosten gelangt man nach **Tsetang** ❺. Von hier aus kann man lohnenswerte Exkursionen ins Yarlung-Tal zu den tibetischen Königsgräbern, zum alten Kloster Samye und zum Kloster Mindroling unternehmen. Die Stadt Tsetang ist an dem Ort errichtet, an dem nach der Legende der Bodhisattva Avalokiteshvara (in China als Guanyin verehrt) in Gestalt eines Affen vom Himmel herabgestiegen sein soll und mit einem weiblichen Dämon den ersten Tibeter gezeugt haben soll.

7 km südlich von Tsetang an der Straße ins Yarlung-Tal liegt das Kloster **Trandruk** (auch Khrabrug genannt), eines der ersten buddhistischen Klöster Tibets, das bereits unter der Regierung

Der Yumbulhakhang erhebt sich hoch über dem geschichtsträchtigen Yarlung-Tal

Unten: Pilger auf der Zangbo-Fähre auf ihrem Weg zum Kloster Samye

Tibetische Tempel sind mit den Bildern von Schutzgöttern geschmückt. Diese sind meist Furcht einflößende Wesen, die die Seelen der Menschen daran hindern sollen, vom Pfad der Erleuchtung abzuweichen.

Unten: Die Ruinen des Dzong von Gyanze

des Königs Songtsen Gampo errichtet worden sein soll. Seit der Kulturrevolution werden die Gebäude als Bauernhof und landwirtschaftliche Lagerhallen genutzt; die Anlage ist nicht vollständig renoviert.

30 km von Tsetang entfernt erstreckt sich das **Yarlung-Tal**, die Heimat der 627–842 regierenden Yarlung-Könige. Die Burg **Yumbulhakhang** (tgl. 8 bis 18 Uhr) ist eines der wenigen Gebäude aus dem frühen Tibet und scheint förmlich aus dem Gipfel eines Hügels herauszuwachsen. Schon früher war die Burg in eine Kapelle umgewandelt worden. Da die Kulturrevolution nur eine Ruine hinterlassen hatte, wurde das Gebäude 1982 restauriert. Von der Burg hat man einen grandiosen Blick auf das unten liegende Tal mit seinen Feldern, die schon seit mehr als 2000 Jahren bewirtschaftet werden.

Im Nachbartal **Chongye** wurden die Könige der Yarlung-Dynastie beigesetzt. Die Tumuli sind meist nur noch als kleine Erdhügel erkennbar. Der größte Erdhügel mit einem kleinen Tempel darauf gilt als die Grabstätte Songtsen Gampos.

Kloster Samye

In einem Tagesausflug kann man von Tsetang aus **Samye** ❻ (tgl. 9–12.30, 15 bis 17 Uhr), das älteste Kloster Tibets, erreichen. Der Überlieferung nach wurde Samye von dem indischen Lehrmeister Padmasambhava um das Jahr 767 gegründet. Er gilt als Begründer des tibetischen Buddhismus, dem es angeblich gelang, die Dämonengottheiten der Bon-Religion zu gewinnen. Viele der dämonischen Göttergestalten in den tibetischen Klöstern gehen auf solche Bon-Götter zurück. Die Anlage ist auf einem Mandala-Grundriss errichtet und spiegelt die kosmische Vorstellung der tibetischen Religion wider. In der Mitte steht der Haupttempel, der den Berg Meru symbolisiert, in den vier Himmelsrichtungen wurden vier kleinere Kapellen errichtet. Die Gesamtanlage wird von einer Mauer umgeben, die teilweise erhalten ist.

Rund 60 km westlich von Tsetang liegt das 1676 gegründete Kloster **Mindroling** ❼ (tgl. 9–17 Uhr) der Nyingma-Schule, des ältesten Ordens, der noch von Padmasambhava ins Leben gerufen wurde.

Unterwegs nach Xigaze

Ein atemberaubendes Erlebnis ist die Fahrt von Lhasa über Gyanze nach Xigaze. Die Route führt zunächst an den Ufern des Brahmaputra entlang auf den Pass **Kampa-La** (4794 m). Rückwärts gewandt erblickt man im Flusstal nur wenige hundert Meter tiefer den in sattem Blaugrün leuchtenden **Yamdrok-See.** Die Straße verläuft am Ufer des Sees entlang. Am gegenüberliegenden Seeufer führt dann die in steile Berghänge gebaute Serpentinenstraße zum nächsten Pass hinauf, dem 5045 m hohen **Karo-La,** zu dem ein Gletscher bis auf Straßenniveau hinunter reicht. Auf dem Weg nach Gyanze passiert man kleine Dörfer, fruchtbare Täler, Viehherden und immer wieder Yaks, die mit erstaunlicher Behendigkeit die steilsten Hänge erklimmen, um dort zu grasen.

Gyanze

Gyanze ❽, am Nordufer des Flusses Nyangchu, 265 km südwestlich von Lhasa, ist nach Lhasa und Xigaze die drittgrößte der alten tibetischen Städte. Seine exponierte Lage an der Straße von Xigaze nach Lhasa und an der Handelsroute nach Indien, Sikkim und Bhutan machte es zu einem bedeutenden Handelszentrum. Schon von Weitem ist auf einem Hügel der **Dzong,** die Festung, zu erkennen. Diese Burg wurde 1904 von einer englischen Militärexpedition angegriffen, erobert und zerstört. Ein englischer Diplomat verglich 1910 den Markt von Gyanze mit Londons Oxford Street. Neben Seide, Brokat, Wolle und Jade soll es auch Schweizer Uhren und schottischen Whisky gegeben haben.

Die wichtigste Anlage in Gyanze ist allerdings das 1418 gegründete **Kloster Palkhor Tschöde** (Mo–Sa 9–12, 15 bis 18 Uhr). Der kreisförmig angelegte Klosterbezirk, umschlossen von einer Mauer, beherbergte früher einmal mehrere Klöster verschiedener Sekten. Ein einzigartiges Beispiel tibetischer Baukunst ist der im Zentrum stehende, 32 m hohe Kumbum-Chorten. Sein Grundriss folgt der Form eines dreidimensionalen Mandala und symbolisiert den Berg Meru. Das zentrale Bau-

Als der 10. Pantschen Lama 1989 verstorben war, luden die Chinesen den Dalai Lama nach Tashi Lunpo ein, um einen Nachfolger zu bestimmen. Allerdings waren sie mit seiner Wahl nicht einverstanden und machten ein chinesisches Kind zum Pantschen Lama. Der tibetische Nachfolger wird seitdem in Peking gefangen gehalten.

Unten: Die Eisenbahnstrecke von Qinghai nach Tibet

BAHN AUFS DACH DER WELT

Am 1. Juli 2006 wurde mit der Jungfernfahrt die Eisenbahnlinie nach Lhasa eröffnet. Militärische Gründe und die touristische Erschließung der entlegenen Region sind der Hintergrund für dieses gigantische Unternehmen, obwohl offiziell angegeben wurde, man wolle damit die Wirtschaft in der armen Region ankurbeln. Tatsächlich hat die neue Eisenbahnlinie bereits zu einem beträchtlichen Anstieg der Besucherzahlen geführt. Seit 2007 wird die Reise von diversen Veranstaltern regulär angeboten, und seit Oktober 2007 ist auch kein Sonder-Permit mehr für den Tibet-Besuch nötig. Von Peking aus dauert die Fahrt 48 Stunden. Bis 2017 sind neue Streckenabschnitte geplant, u.a. nach Nyingchi im Osten und nach Xigaze westlich von Lhasa.

Die rund 1100 km lange Strecke von Golmud in West-Qinghai nach Lhasa führt über den 5072 m hohen Tangu-Pass. Die Eisenbahnwaggons verfügen wegen der Fahrt in großer Höhe über Druckausgleichsysteme. Sauerstoffflaschen für jeden Reisenden sollen im Notfall die Symptome der Höhenkrankheit mildern.

Die höchste Eisenbahnstrecke der Welt führt zum großen Teil durch Gebiete mit Permafrostboden, weshalb Brücken die instabilen Abschnitte überspannen. Dort, wo der Boden auftauen könnte, wurde er vorsichtshalber mit unterirdischen Kühlsystemen versehen, um eine Verschiebung der Gleise zu verhindern – eine Meisterleistung der Ingenieure. Der Bau der Strecke kostete aber nicht nur die stolze Summe von 26 Milliarden Yuan, sondern birgt auch große Gefahren für die fragile Umwelt des Tibet-Qinghai-Plateaus. Potenzielle Erdbeben werfen weitere Sicherheitsfragen auf. Große Sorge bereitet den Tibetern darüber hinaus, dass mit der Bahn noch mehr Han-Chinesen in ihrem Land angesiedelt werden könnten und ihre eigene Kultur dann endgültig untergehen könnte.

»

Der Himalaja ist das jüngste Faltengebirge der Welt. Es entstand vor etwa 40 Millionen Jahren, als sich die indische Platte nordwärts bewegte und mit der eurasischen Platte zusammenstieß. Davor erstreckte sich hier einer der größten Ozeane der Welt (s. S. 385).

werk an der Spitze ist eine Kapelle für den Urbuddha, mit weiteren Kapellen in allen vier Himmelsrichtungen; andere Schreine verteilen sich auf die vier Stockwerke. Man pilgert wie auf einem Wandelgang daran entlang. Der physisch zurückgelegte Weg zum Zentrum ist somit Symbol für den seelischen Weg der Erlösung. Der in der ersten Hälfte des 15. Jhs. errichtete Stupa hat bis heute alle Wirren der Geschichte überstanden.

Xigaze

Xigaze ❾, 360 km westlich von Lhasa am Südufer des Yarlung Zangbo gelegen, ist traditionell der Sitz des Pantschen Lama, des zweiten geistigen Oberhauptes des tibetischen Buddhismus. Die heute knapp 60 000 Einwohner zählende Stadt war im alten Tibet Hauptstadt der Provinz Tsang, während Lhasa damals über die Provinz Ü herrschte.

Den Titel Pantschen Lama verlieh der 5. Dalai Lama seinem Lehrer aus dem Kloster Tashi Lhunpo. Während der Dalai Lama eine Inkarnation des tibetischen Schutzgottes Bodhisattva Avalokiteshvara ist, wird der Pantschen Lama als Wiedergeburt des Buddhas Amitabha verehrt und steht somit in der göttlichen Hierarchie höher. Bei Auseinandersetzungen wird beständig versucht, diesen Konflikt zu schüren. Der 10. Pantschen Lama verstarb Anfang 1989 (s. auch S. 393).

Die Residenz des Pantschen Lama, das **Kloster Tashi Lhunpo** (tgl. 9–12, 15.30–17 Uhr), wurde 1447 von einem Schüler Tsongkhapas gegründet. Besonders im 17. und 18. Jahrhundert wurde die Anlage wesentlich erweitert, annähernd 4000 Mönche lebten einmal hier, heute sind es wieder etwa 600. Der bedeutendste Bau ist die **Maitreya-Kapelle,** die der 9. Pantschen Lama 1914 errichten ließ. In dem 30 m hohen roten Steingebäude ist eine 26,2 m hohe Maitreya-Statue untergebracht, welche vollständig vergoldet ist. Sehenswert ist zudem der Chorten des 4. Pantschen Lama. 3000 Unzen Gold, 15 Tonnen Silber und unzählige Edelsteine zieren seinen 11 m hohen Grabchorten von 1662. Die vergoldeten Dächer über den Kapellen der verstorbenen Pantschen Lamas überragen die Gesamtanlage.

Unten: Der Mount Everest von Dingri aus gesehen

Karte auf Seite 386

Am Hang hinter dem Kloster steht eine hohe Steinwand, an der an den Festtagen riesige Thangkas enthüllt werden. Das sind aufgerollte Gebetsbilder, die mit geometrischen Mustern versehen sind und bei der Meditation helfen sollen.

Westlich der Stadt liegt in einem großen Park der Palast des 7. Pantschen Lama. Nachdem er zu Beginn der 1980er-Jahre problemlos zu besichtigen war, gab es in den letzten Jahren Schwierigkeiten, weil der Palast dem 10. Pantschen Lama zurückgegeben wurde und die ansässigen Mönche über Touristenbesuche nicht gerade erfreut sind.

Sakya

145 km südwestlich von Xigaze liegt Sakya. Die Straße dorthin führt über zwei hohe Pässe, vom Tso-La kann man bei klarer Sicht den Mount Everest erkennen. Dem **Kloster Sakya ⑩** (tgl. 9–12, 16–18 Uhr) gebührt in der tibetischen Geschichte ein besonderer Rang. 1073 wurde mit der Gründung des Klosters zugleich ein neuer Orden, die Sakyapa-Schule, ins Leben gerufen. Die Sakya-Äbte waren in gewisser Weise die Vorläufer der Dalai Lamas. Denn seit 1247, als der mongolische Khan Göden den Abt Pandita von Sakya zum Vizekönig von Tibet ernannte, regierte der Sakya Trizin, eine Inkarnation Manjushris, des Bodhisattva der Weisheit, die Region westlich von Xigaze.

Auf ihrem Weg zum Jokhang-Tempel werfen sich tibetische Pilger zu Boden und sprechen dabei Mantras

Auffällig an den Sakya-Klosterbauten sind die dunkelgraue Farbe der Wände, die weißen Querstreifen unter dem Dach und die roten vertikalen Farbstreifen an den Ecken. Während das Südkloster von den Kämpfen in der Kulturrevolution offenbar unbehelligt blieb, wurde das Nordkloster fast vollständig zerstört. Nur wenige Teile wurden inzwischen neu errichtet.

Höhenrekorde

Von der Straße 318 Richtung Nepal zweigt südwestlich von Lhatse und etwa auf halbem Weg zwischen Shekar und Dingri eine neue Betonstraße Richtung **Mount Everest** ab. Den Sommer

Unten: Zhangmu an der Grenze zu Nepal

Bis auf wenige Ausnahmen sind die Straßen in Tibet nicht geteert. Daher braucht man auf den meisten Strecken ein Auto mit Vierradantrieb.

über sind das Everest-Basiscamp und das **Kloster Rongbuk** auf 4980 m Höhe zugänglich. Vom Kloster aus hat man einen faszinierenden Blick über das Rongbuk-Tal auf die Nordseite des Everest. Das Kloster wurde 1902 gegründet und weist einige sehenswerte Wandmalereien auf. Schon vorher lebten hier einige Asketen, heute bewohnen 30 Mönche das Kloster. Zahlreiche Höhlen in den umliegenden Berghängen zeugen von konzentrierter Meditation. In der Nähe liegt ein einfaches Gästehaus mit Schlafsaal oder man kann zelten.

Das Basislager befindet sich 8 km weiter auf 5180 m Höhe. Aus ökologischen Gründen wird jedoch dringend davon abgeraten, dorthin zu fahren. Die Zahlen der Besucher sind in den letzten Jahren in unverantwortlicher Weise gestiegen, und die ganze Umgebung ist mit Müll und Sauerstoffflaschen zugeschüttet. Gedankenlosigkeit und Profitgier gehen hier eine zerstörerische Verbindung ein.

Unten: Der Manasarovar-See

Richtung Nepal

Zurück auf der Straße 318 und 50 km südlich des Abzweigs zum Everest liegt das tibetische Dorf **Dingri,** das sich als Zwischenhalt auf der Straße nach Nepal anbietet. Von hier hat man gute Blicke auf den Everest und die Nachbarberge wie den Cho Oyu, Shishapangma und Gyachung Kang, die alle zu den 15 höchsten Bergen der Erde gehören. Am besten steigt man zu den Ruinen der Festung auf einem Hügel neben dem Dorf hoch. Sie wurde im 18. Jh. von nepalesischen Gurkhas zerstört. In Dingri gibt es einfache Hotels, Gästehäuser und Restaurants.

Es geht weiter Richtung Südwesten, und die Straße steigt auf den nächsten 80 km stärker an zu den Pässen Lalung (5050 m) und Thong (5120 m), von denen beste Blicke auf den Himalaja möglich sind. Dann geht es hinunter zum Dorf Nyalam. Während man an Höhe verliert, kehrt auch ein Teil der Vegetation zurück. Von hier sind es noch 35 km bis zur Grenzstadt **Zhangmu,** die eine Mischung aus chinesischen, tibetischen und nepalesischen Baustilen präsentiert. Nach 9 km Niemandsland kommt man nach Kodari in Nepal.

Der wilde Westen

Das unwirtliche Westtibet gehört zu den abgelegensten Orten der Erde. Es ist kaum besiedelt, denn es ist kahl und von Stürmen durchzogen. Doch obwohl (oder gerade weil) es so schwer zugänglich ist, gilt es den Tibetern als heiliges Land, mit heiligen Seen und Bergen, die mit den von Menschen gemachten Tempeln zu vergleichen sind. Reisende sollten sich aus dieser Gegend fernhalten und sie nur besuchen, wenn sie sich über Jahre vorbereitet haben und bereit sind, die religiösen Gefühle der Tibeter zu respektieren.

Drei Pilgerstätten

Etwa 900 km nordwestlich von Lhatse, noch hinter den kleinen Siedlungen Saga und Zhongba, liegt der **Manasarovar-See ⓫** auf einer Höhe von 4550 m. Er ist der höchstgelegene Süßwassersee der Erde und wird sowohl von tibetischen Buddhisten als auch von Hindus als heiligster See und Pilgerort verehrt. Tibeter bewältigen die 88 km lange, im Uhrzeigersinn zu begehende Seeumrundung innerhalb von vier Tagen. Zwischendurch kehren sie in den Tempeln und Klöstern am Ufer ein. Indische Hindus kommen jedes Jahr hierher, um sich durch ein Bad im eiskalten See zu reinigen und um sein Wasser zu trinken. Nach der Hindu-Mythologie wurde der See vom Gott Brahma geschaffen; er wird zudem verehrt, weil in der Umgebung die wichtigsten Flüsse des Subkontinents, Brahmaputra, Indus, Ghaghara und Sutlej, entspringen.

Der **Berg Kailash** ⓬, 30 km nördlich des Sees, wird sogar von Hindus, Jaina, Lamaisten und Anhängern der Bon-Religion für heilig gehalten. Seit vielen Jahrhunderten wird er jedes Jahr von zahllosen Pilgern umrundet. Eine *kora* umfasst 58 km und führt durch zahllose Flusstäler am Fuß des Berges. Hindus und Buddhisten umrunden den Berg im Uhrzeigersinn, Jaina und Bon in umgekehrter Richtung. Manche Pilger versuchen, die Umrundung in einem Tag zu schaffen, manche Tibeter werfen sich die gesamte Strecke über lang auf den Boden, stehen auf und werfen sich wieder hin. Das Besteigen des Bergs ist strikt tabu. Über die Kleinstadt **Darchen,** die über ein Gästehaus, einen Laden und eine Klinik verfügt, gelangt man zum Kailash.

Etwa 70 km nördlich von Darchen liegt ein weiterer beliebter Pilgerort, die **Heiße Quelle Tirthapuri,** bei der die Pilger ihre Füße in flache Wasserlöcher eintauchen. Oft kommen sie nach der Umrundung des heiligen Bergs Kailash hierher. In der Nähe wurde ein Tempel um eine Höhle gebaut, in der Padmasambhava und sein tibetischer Begleiter Yeshe Tsogyel meditiert haben sollen. Im Innern befinden sich auf Granitsteinen Abdrücke, die angeblich von ihren Füßen stammen. Die Quelle befindet sich etwa 6 km südwestlich der Abzweigung in Montser.

Tholing und Tsaparang

Weiter nördlich sind die Überreste des Königreichs Guge aus dem 10. Jahrhundert anzutreffen, das in der damaligen Zeit an der wichtigsten indisch-tibetischen Handelsroute lag und viel dazu beitrug, dass der Buddhismus nach Tibet gelangte. Die Tempel des Klosters in **Tholing** ⓭, von denen die meisten im frühen 11. Jahrhundert erbaut wurden, gelten als besterhaltene Beispiele für den Guge-Stil, der indische, tibetische und nepalesische Elemente miteinander vereinte. Zu sehen sind Mönchsquartiere, mehrere Hallen mit gut erhaltenen Wandgemälden und eine eindrucksvolle Reihe von 108 irdenen Pagoden. Die Abzweigung liegt in Namru, 131 km nördlich von Tirthapuri; von dort weitere 144 km über eine Bergstraße. Beim letzten Abstieg hat man einen herrlichen Blick auf die Ruinen, die verstreut im Tal liegen, und die schneebedeckten Berge des indischen Himalaja.

Yaks sind die häufigsten Nutztiere in Tibet

Unten: Der Kailash ist für Buddhisten, Hindus und Jaina gleichermaßen ein heiliger Berg

Im Kloster Ta'er in Xining ist Tsongkhapa, der Begründer des Gelbmützenordens, geboren

Das Königreich Guge verlegte seine Hauptstadt später nach **Tsaparang,** 26 km westlich von Tholing. Hier sind die Ruinen einer riesigen Zitadelle erhalten geblieben, welche hoch oben auf einem pyramidenförmigen Felsen errichtet wurde. Vor ihrem Verfall war die Stadt ein lebhaftes Handelszentrum.

Große Leere – Qinghai

Die Provinz Qinghai, die geografisch und historisch zu Tibet gehört, liegt auf einer durchschnittlichen Höhe von 4000 m und gehört zu den abgelegensten und ärmsten Regionen Chinas. Die Sommer sind heiß, die Winter trocken und kalt. Die Landschaft wird beherrscht von Hochebenen und Gebirgen, ist allerdings nach dem riesigen Grünen See (Qinghaihu) benannt. Über Jahrhunderte lebten hier nur Nomaden, weil die Kargheit des Bodens keine dauerhaften Siedlungen erlaubte. Unter diesen befinden sich verschiedene Volksgruppen, so etwa Hui, Tibeter, Mongolen und Kasachen. Erst 1949 wurde die Region fest an Peking gebunden, und die Kommunisten bauten hier mehrere Arbeits- und Umerziehungslager.

Xining

In der Provinzhauptstadt **Xining** ⓮ fällt die hauptsächlich im chinesischen Stil errichtete **Große Moschee** (tgl. 8–20 Uhr) auf, in deren Hof sich zu den Gebetszeiten zahllose Gläubige versammeln. Etwas nördlich der Stadt liegt der **Tempel des Nordberges** (Beishansi, tgl. 7–19 Uhr), der ursprünglich aus einer Reihe von buddhistischen Höhlen bestand, die in der Zeit der Nördlichen Wei-Dynastie geschaffen wurden, und heute vor allem von Daoisten genutzt wird. Man muss einen weiten, steilen Weg klettern und kann dann einige der 18 Höhlen ansehen.

Geburtsort Tsongkhapas

25 km südöstlich von Xining liegt mit dem **Kloster Ta'er** (tgl. 8–18 Uhr) eines der größten tibetischen Klöster in Qinghai. Das 1560 gegründete Kloster markiert den Geburtsort Tsongkhapas, des

Unten: Mit Gebetsfahnen geschmückter Yak-Kopf, der an einem Tempeleingang hängt

VERKEHRSMITTEL

Reisen nach Qinghai

◆ **Flug:** Nur Xining hat Verbindungen nach Peking, Shanghai, Lhasa und Urumqi.

◆ **Zug:** Es gibt täglich mehrere Zugverbindungen zwischen Xining und Lanzhou (4 Std.) sowie nach Xi'an (12 Std.), und einen Zug pro Tag nach Peking (25 Std.).

◆ **Bus:** Verbindungen von Xining nach Goldmud, in andere Städte der Provinz, nach Tibet, Xinjiang und Sichuan.

Reisen in Qinghai

◆ **Zug:** Täglich verkehren mehrere Züge zwischen Xining und Golmud (17 Std.), zudem gibt es Flüge.

◆ **Bus:** Mehrere Busse fahren pro Tag zwischen Xining und dem Ta'er-Tempel (30 Min.). Es gibt zwar öffentliche Busse von Xining zum Qinghai-See, doch besser schließt man sich einer Reisegruppe an.

Gründers der Gelugpa, des Gelbmützenordens. Während der Kulturrevolution wurde es stark zerstört und jüngst neu aufgebaut. Jetzt wohnen hier wieder mehrere Hundert Mönche. Mit der Eintrittskarte hat man Zutritt zu neun Tempeln. Ungewöhnlich mutet die Halle der Butterskulpturen an, in der aus Yakbutter geschnitzte Reliefs mit Szenen aus der tibetischen und buddhistischen Mythologie zu sehen sind. Und das Dach der Goldenen Halle erstrahlt in purem Gold.

Chinas größter See

Chinas größter See, der **Qinghai-See** ⓯ liegt 150 km westlich von Xining. Hier rasten zahllose Zugvögel auf ihrem Weg von und nach Sibirien, vor allem auf der Vogelinsel am Nordwestende des Sees, die zur **Naturschutzzone Qinghai-See** (tgl. 9 bis 17 Uhr) gehört. Man kann u.a. verschiedene Kranicharten, Gänse, Möwen und Schwäne sehen. Es gibt zwei hauptsächliche Beobachtungszonen, die man am besten in einer organisierten Tour erreicht. ■

Am Qinghai-See machen sommers wie winters viele Zugvögel Rast

RESTAURANTS

Preiskategorien (für eine Person mit einem Getränk)
●●●● = über 15 €
●●● = 10–15 €
●● = 5–10 €
● = unter 5 €

Tibet

Die traditionelle tibetische Kost ist bescheiden, ja fast schon karg, und verwendet hauptsächlich Fleisch und Milch vom Yak oder aber vom Schaf. Was hier stets Körper und Geist zusammenhält, ist der überall erhältliche Buttertee (*suyou cha* auf Chinesisch), ein bitter schmeckendes Gebräu aus Tee, Yak-Butter und Salz. Der fremdartige, unverkennbare Geruch schlägt einem in jedem Kloster entgegen. Ein weiteres traditionelles Lieblingsgericht ist *tsampa*, mit folgender Zubereitung: Geröstetes Gerstenmehl wird in Buttertee (oder in Milch) eingerührt, zu einem Bällchen geknetet. Dieses tunkt man in eine Sauce und isst es zusammen mit Gemüse oder Fleisch. Yoghurt und Käse werden viel gegessen, während Yakfleisch verhältnismäßig selten auf den Tisch kommt; manchmal wird es der *thukpa*, einer Nudelsuppe, zugefügt. In den Städten gibt es öfter *momos*, das sind Teigtaschen, die mit Gehacktem aus Yak- oder Hammelfleisch gefüllt werden. Das beliebteste alkoholische Getränk der Tibeter ist *chang*, ein süßer bierähnlicher Durstlöscher, der aus fermentierter Gerste hergestellt wird. Die meisten ausländischen Gäste finden alle diese Spezialitäten sehr gewöhnungsbedürftig und ziehen das in Lhasa erhältliche chinesische oder westliche Essen vor.

Lhasa

Lhasa hat eine gewisse Vielfalt zu bieten: tibetische, chinesische und westliche Küche sind hier ebenso vertreten wie nepalesische oder indische Currys. Gute *momos* und *thukpa* bekommen Sie in den winzigen Nudelbuden nahe dem Tromzikhang-Markt (nördlich des Jokhang-Klosters).
Der geschäftige abendliche Markt im nördlichen Abschnitt der Dosengge Lu, westlich des Ramoche-Klosters, ist bei Chinesen und ausländischen Touristen gleichermaßen beliebt. Der Teil der Beijing Donglu, der nördlich von Jokhang beginnt, hat mehrere westliche Lokale sowie einige Restaurants mit Sichuan-Küche zu bieten.

◆ **Dunya Restaurant**
100 Beijing Donglu
Beliebtes, ausländisch geführtes Restaurant mit abwechslungsreicher Menükarte: hausgebackene Brote, wechselnde Tagessuppen, exzellente nepalesische und indische Currys und auch ein leckeres Frühstücksbuffet. ●●

◆ **Namtso Restaurant**
8 Beijing Donglu
Auf dem Dach des Banak Shol Hotel gelegen, bietet das Restaurant verschiedenste Speisen an, von Yak-Burgern über koschere und vegetarische Spezialitäten bis hin zum englischen Frühstück. ●

◆ **Tashi II**
105 Beijing Donglu
Preisgünstiges Restaurant im Kirey Hotel, das v.a. für Reisende mit knappem Budget geeignet ist. Hier gibt's nach Belieben *momos* und *bobis*, ungesäuertes Fladenbrot mit einem Belag aus Frischkäse und frittiertem Fleisch oder Gemüse. ●

Provinz Qinghai

Xining

Wenn es Sie nach muslimischem Essen gelüstet, sollten Sie in die Restaurants auf der Dongguan Dajie, nahe der Großen Moschee gehen. Die meisten Lokale dort bieten Nudeln und schmackhafte Lammgerichte an. Einfache, billige aber nicht minder leckere muslimische Straßenimbisse reihen sich auch in der schmalen Gasse aneinander, die südlich vom Haupteingang zur Großen Dongguan-Moschee abgeht.
Auch im Zentrum, auf dem riesigen Shuijingxiang-Markt (auf der Südseite der Xi Dajie) werden Sie sicher fündig.
Probieren Sie Fleisch- und Gemüsekebabs, regulären Feuertopf und *shaguo*, also Feuertopf mit Gemüse und Fleisch aus dem Tontopf.

Die Seidenstraße

Hier wurden nicht nur Waren transportiert, es gelangten auch religiöse Anschauungen und wissenschaftliche Errungenschaften nach China.

Die alte Seidenstraße sah ihre aktivste Zeit im ersten Jahrtausend und blühte in der Tang-Dynastie (618–907) auf. Spätestens seit dem 15. Jh. reduzierte sich der Handel über Land zwischen China und Zentralasien und wurde durch den Seehandel ersetzt. Im 18. Jh. hatte die Seidenstraße ihre Handelsfunktion vollständig eingebüßt.

In ihrer Blütezeit war sie mehr als nur eine Handelsroute. Neben Kaufleuten nutzten auch Invasoren, Reisende, Pilger und Missionare diese Straße, um ihre Absichten umzusetzen und ihre Ideen zu verbreiten. Die wissenschaftlichen Erkenntnisse, Erfindungen, Religionen, Philosophien oder auch nur Kochrezepte, die in beide Richtungen transportiert wurden, verbanden sonst isolierte Gegenden mit der Welt. Dies machte die Seidenstraße zur ersten wichtigen Kommunikationsverbindung.

Von Chang'an, nicht weit vom modernen Xi'an, schlängelte sich die Seidenstraße durch den Hexi-Korridor, dem westlichen Außenposten Chinas, zur Festungsstadt Jiayuguan und weiter zur Oasenstadt Dunhuang, wo sie sich in eine nördliche und eine südliche Route teilte, die in Kaschgar wieder zusammentrafen. ■

Oben: Seidenraupe auf einem Maulbeerblatt
Links: Über die Seidenstraße fand auch ein kultureller und religiöser Austausch statt. So gelangte der Buddhismus von Indien nach China. Fremde Einflüsse sind an dieser Buddhastatue aus dem heutigen Nordpakistan zu sehen, die ein griechisches Gewand trägt.

Oben: Der klassische Roman »Die Reise nach dem Westen« beschreibt die Abenteuer des buddhistischen Mönchs Xuanzang. Die Seidenstraße hatte einen wesentlichen Anteil an der Verbreitung von Buddhismus und Islam in China.
Unten: Die große Moschee in Kuqa

Oben: Dieses türkische Schriftstück aus dem 13. Jh. zeigt einen Basar an der Seidenstraße. Von links nach rechts sind zu sehen: ein Juwelier, ein Kräuterhändler, ein Metzger und ein Bäcker. **Unten:** Die Seidenstraße erstreckte sich einst über rund 8000 km, und der Transport der Seide vom östlichen Kathai bis ans Mittelmeer dauerte Monate, wenn nicht Jahre.

Moderne Reisen auf der Seidenstraße

Der Zusammenbruch der Sowjetunion und die Fertigstellung der Straße zwischen Urumqi und Almaty eröffnete ein neues Zeitalter des Reisens auf der Seidenstraße. Heute ist es möglich, im Zug oder klimatisierten Bus von Xinjiang in die Städte jenseits des Tianshan zu reisen. Taschkent, Samarkand und Buchara, alle in Usbekistan, sind erreichbar, vorausgesetzt man hat die richtigen Papiere. Alle Visa muss man jedoch vorher besorgen.
Es gibt Grenzübergänge zwischen Xinjiang und Kasachstan in Korgas und Tacheng sowie eine Zugverbindung durch Alashankou nach Druzba und nach Almaty. Zwei Straßen führen nach Kirgisien, über den Irkeshtam-Pass nach Osh und über den weniger befahrenen Torugart-Pass nach Naryn und Bischkek. Die Karakorum-Passstraße führt nach Baltit (Hunza), Gilgit und Islamabad.
Aus Xinjiang kann man in nördlicher Richtung den Altai überqueren und mit dem Zug durch die üppigste Landschaft Zentralasiens nach Sibirien fahren.

Oben: Die Karakorum-Passstraße
Rechts und links: Baktrische Kamele werden traditionell als Transportmittel genutzt.

104

Die Seidenstraße

Seit mehr als 2000 Jahren verbindet die Seidenstraße Ost- mit Westasien und Europa. Sie führt mitten durch das faszinierende Zentralasien. Und so liegen an ihrer Route Monumente buddhistischer Kunst sowie eine äußerst imposante Landschaft.

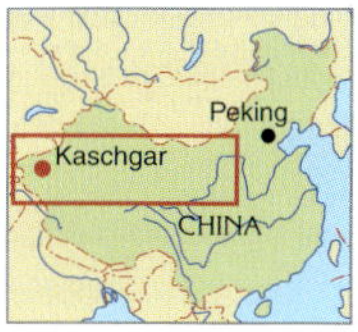

Chinas weiter, wilder Westen, der früher auch Turkestan genannt wurde und damit deutlich macht, wohin er historisch, geografisch und kulturell gehört, ist für ausländische Besucher entlang der klassischen Seidenstraße zugänglich. Dieser alte Handelsweg beginnt in den ehemaligen Hauptstädten Luoyang und Xi'an, erreicht bei Lanzhou den Gelben Fluss, folgt dann dem Gansu-Korridor und zieht sich an den Wüsten- und Gebirgsrändern entlang. In der Oasenstadt Dunhuang teilt er sich.

Die nördliche Route erreicht die Oase Hami, verläuft südlich des Berges Bogdashan zur Turfan-Oase, berührt Urumqi, führt über mehrere Passstraßen durch das Tianshan-Massiv nach Karaschahr und Korla und erreicht dann über Kuqa (Kutscha), Kysyl, Kumtura, Aksu, Tumtschuk sowie Lailik schließlich Kaschgar.

Der südliche Weg verläuft von Dunhuang aus zur Randzone zwischen den Flussoasen am Nordhang des Kunlun-Gebirges und der Sandwüste Taklamakan. Die bekanntesten Oasensiedlungen sind Charklik, Cherchen, Endere, Niya, Kerija, Chotan und Yarkand. In Kaschgar treffen beide Wege wieder aufeinander.

Um das Jahr 200 v. Chr. verband diese transkontinentale Route das Römische Reich im Westen mit dem China der Han-Dynastie. Vor der Entdeckung des Seewegs nach Indien war die Seidenstraße die wichtigste Verbindung zwischen dem Orient und dem Okzident. Ihre letzte große Blütezeit erlebte sie in der Mongolenära, als der gesamte Weg von China bis zum Mittelmeer einem Reich angehörte. Zu jener Zeit reisten Nicolò und Marco Polo (1254 bis 1323) in den Fernen Osten, von Kaschgar aus auf dem südlichen Weg.

Mit der Öffnung der Ozeane für den Seehandel verlor die Landverbindung an Bedeutung. Heute wird sie auf chinesischem Gebiet von der Eisenbahnlinie Lanzhou–Hami–Urumqi ersetzt. Das letzte Teilstück, das dann die Ver-

NICHT VERPASSEN!

- Kloster Labrang
- Jiayuguan
- Mogao-Grotten
- Turfan
- Himmelssee
- Kaschgar
- Karakorum Highway

Links: Rast in der Oase von Dunhuang
Unten: Uiguren in Urumqi

Lanzhous strategisch günstige Lage am Gelben Fluss hat es zu einem wichtigen Verkehrsknotenpunkt und zu einer geschichtsträchtigen, aber unansehnlichen Garnisonsstadt gemacht

bindung zum russischen und damit zum europäischen Eisenbahnnetz herstellt, wurde 1992 fertiggestellt. In der Geschichte ist diese Handelsverbindung nie als Seidenstraße bekannt gewesen. Diese Bezeichnung hat ihr erst der deutsche Geograf Ferdinand Freiherr von Richthofen (1833–1905) verliehen.

Die Reise nach dem Westen

Diese Reise beginnt in **Lanzhou ❶**, der Hauptstadt der Provinz Gansu, einer der ärmsten Regionen Chinas, in der etliche Minderheiten leben, darunter auch Tibeter und muslimische Hui. Die Drei-Millionen-Stadt, die sich an beiden Ufern des Gelben Flusses erstreckt, ist eine moderne Industriestadt für petrochemische und andere schwerindustrielle Erzeugnisse und Zentrum der chinesischen Atomenergieforschung. Leider macht sie ihrem Namen – Orchideenstadt – keine große Ehre, Luft und Wasser sind hochgradig verseucht.

Lediglich in der Altstadt ist noch etwas von der 2000-jährigen Geschichte zu erahnen. Den besten Ausblick auf die Stadt und den schnell strömenden Fluss hat man vom Hügel der **Weißen Pagode** (Baitashan, tgl. 6.30–20.30 Uhr). Sie ist per Seilbahn zu erreichen, und oben gibt es Getränke und Snacks.

Nahe der Seilbahnstation steht eine symbolisch nach Westen gerichtete **Skulptur** »Die Reise nach dem Westen« mit dem buddhistischen Mönch Xuanzang und seinen legendären Kumpanen. In der Nähe drehen sich im **Park der Wasserräder** (Shuicheyuan, tgl. 6.30–20.30 Uhr) zwei große rekonstruierte Wasserräder in einer schnellen Strömung. Diese Art der Bewässerungstechnik kam aus Yunnan, und die beiden einsamen Nachbauten sind alles, das noch an etwa 250 Räder erinnert, die noch im frühen 20. Jahrhundert im Einsatz waren.

Nicht weit entfernt liegt der daoistische **Tempel der Weißen Wolken** (Baiyunguan, tgl. 7–17.30 Uhr), der eine kleine Oase der Ruhe im fürchterlichen Verkehr der Stadt bietet. Nahe dem Westbahnhof stellt das **Provinzmuseum** (Di–So 9–17 Uhr) vor allem neolithische Töpfe und Bronzen aus der

Zhou-Zeit aus. Prunkstück ist eine Kopie des »Fliegenden Pferds von Gansu«, eine Bronze aus der Zeit der Östlichen Han-Dynastie, die im Jahre 1968 bei Wuwei entdeckt wurde. Das Original befindet sich in Peking. Ein aus dem 2. Jahrhundert stammender Silberteller zeigt den griechischen Gott des Weines, Dionysos. Er wurde über die Seidenstraße hierher transportiert.

In der Tianshui Nanlu liegt ein weitläufiger **Nachtmarkt,** auf dem man allerlei Köstlichkeiten probieren kann.

Südlich von Lanzhou

Die Stadt **Linxia,** die früher Hezhou hieß, ist eine selten besuchte Handelsstadt auf der Südroute der Seidenstraße. Viele der 300 000 Einwohner sind Muslime, seien sie chinesischsprachige Hui, mongolischsprachige Dongxiang oder türkischsprachige Salar, die vor langer Zeit aus Usbekistan hierher einwanderten.

Die Stadt gilt als wichtiges Zentrum für Sufis, islamische Mystiker, die an ihren sechseckigen Hüten erkennbar sind, sowie als Treffpunkt der Religionen. Es gibt praktisch keine Sehenswürdigkeiten, aber wenn man von Lanzhou nach Xiahe reist, kann man hier übernachten. Es gibt einige Hotels und einfaches, muslimisch geprägtes Essen am **Platz der Nationalitäten** (Minzu Guangchang).

Die **Tausend-Buddha-Höhlen** (Binglingsi, tgl. 9–17 Uhr) befinden sich 80 km westlich von Lanzhou und bestehen aus buddhistischen Grotten, die in einen 60 m hohen Felsen geschlagen wurden. Die Höhlen sind mit Skulpturen, Fresken und Statuen dekoriert, von denen die größte einen 27 m hohen Maitreya darstellt. Der Eintritt zu den interessanten Höhlen ist allerdings sehr teuer, die Anreise kompliziert; man schließt sich also am besten einem organisierten Ausflug an.

Xiahe

Empfehlenswert ist ein Ausflug nach **Xiahe** ❷, eine unansehnliche Stadt 280 km südwestlich von Lanzhou, in der sich aber das atemberaubende tibetische **Kloster Labrang** (tgl. 8–19 Uhr) befindet. Labrang ist das zweitgrößte der wichtigsten sechs Klöster der Gelbmützensekte des tibetischen Buddhis-

»

Gansu gehört zu den ärmeren Provinzen Chinas, denn hier gibt es oft Dürren, Hungerkatastrophen und Erdbeben. So forderte ein starkes Erdbeben 1920 geschätzte 120 000 Todesopfer. Nur zwölf Jahre später kamen weitere 70 000 Menschen durch ein anderes Beben um.

Unten: Dieses Denkmal in Lanzhou erinnert an Xuanzang und seine Gefährten im Roman »Die Reise nach dem Westen«

Die Stadt Xiahe entstand rund um das Kloster Labrang, eines der größten tibetischen Kulturzentren außerhalb Tibets

mus und ein wichtiges Pilgerziel. Es ist ein wichtiges Zentrum der Lehre und soll 10 000 tibetische Bücher und Schriften sowie wichtige tibetische Kulturrelikte beherbergen.

In dem 1709 gegründeten Kloster wohnten einst 4000 Mönche, doch es wurde während der Kulturrevolution weitgehend zerstört. Heute soll es wieder knapp 2000 Mönche geben. Die Tempelbauten wurden weitgehend restauriert oder neu errichtet, und täglich bewegen sich zahlreiche Tibeter durch die Gänge und drehen die Gebetsmühlen. Interessanterweise sieht man auch viele Han-Chinesen als Pilger, die versuchen, das geistig inhaltslose Leben des heutigen China neu zu füllen.

Der weitläufige Tempelkomplex dominiert den westlichen Teil der Stadt. Die weißen und ockerfarbigen Wände und die goldenen Dächer sind weitgehend im tibetischen Stil dekoriert, wenn auch einige Drachen zu sehen sind. Es gibt 18 Hallen, sechs Schulen, den **Gongtang Ta,** einen schönen vergoldeten Stupa mit einem Basrelief der Göttin Tara, sowie kilometerlange überdachte Gänge mit Gebetsmühlen.

Die moderne Stadt liegt im Osten; hier haben Chinesen und Hui ihre Läden, von denen einige sogar gute Geschäfte mit buddhistischem Krimskrams für die Pilger machen. Gästehäuser gibt es sowohl im tibetischen als auch im modernen Teil der Stadt.

Von Xiahe kann man nach Süden durch das Grasland in die Provinz Sichuan reisen. Dabei kommt man durch die tibetischen Orte Langmusi (s. S. 363), Zoige und Songpan und schließlich nach Chengdu.

Ningxia

Nordöstlich von Lanzhou ist die kleine autonome Region der Hui, Ningxia, zu finden. Die Hui sind muslimische, assimilierte Chinesen, die von Händlern der Seidenstraße abstammen. Sie machen in Ningxia noch 30 Prozent der Bevölkerung aus.

Das nahe am Gelben Fluss gelegene **Yinchuan** war früher die Hauptstadt der nicht-chinesischen Xi-Xia-Dynastie, die von Dschingis Khan vernichtet wurde. Im **Ningxia-Museum** (tgl. 8 bis 17 Uhr) gibt es einige Ausstellungsstücke über die Xi Xia und die Hui zu be-

Unten: Kloster Labrang in Xiahe

sichtigen. Man kann auf die **Westpagode** (Xita) im Innenhof steigen und den Blick über die Stadt genießen.

Etwa 20 km westlich der Stadt liegen die **Mausoleen der Xi-Xia-Könige** (Xi Xia Wangling, tgl. 8–18 Uhr). Bei Xingtongxia, 80 km südlich, sieht man die **108 Dagobas** (tgl. 8–18 Uhr) in Reihen angeordnet. Die Stadt **Zhongwei** im Westen der Region wurde durch den im 15. Jahrhundert gegründeten Gao-Tempel bekannt, den alle Religionen nutzen. Zudem steht im Stadtzentrum ein Trommelturm aus der Ming-Dynastie. Den Gelben Fluss kann man in **Shapotou** betrachten, wo es auch ein Wüsten-Forschungszentrum gibt, in dem man auf Kamelen reiten und Sandschlitten fahren kann. Am Rand der Tengger-Wüste blieben Fragmente der Großen Mauer erhalten.

Im Westen Gansus

Der Landweg von Lanzhou nach Jiuquan ist wegen der vielgestaltigen Lösslandschaft und der landschaftlichen Kontraste in den Wüstenregionen außerordentlich reizvoll. Im Süden flankieren die schneebedeckten Berge des Qilianshan die Bahnlinie in einigem Abstand. Bei der alten Garnisonsstadt **Wuwei** erreicht sie den ebenen, über 800 km langen Gansu-Korridor. Hier wurde die Bronze »Fliegendes Pferd« (s. S. 405) ausgegraben.

Die Bahn passiert **Shandan** mit mingzeitlicher Stadtmauer und einer Pagode an der Stelle, an der angeblich ein Haar des buddhistischen indischen Kaisers Ashoka aufgefunden wurde. 60 km westlich liegt **Zhangye**, die Hauptstadt der gleichnamigen Präfektur. Im Zentrum der 121 v. Chr. als Garnison gegründeten Stadt steht ein **Glockenturm** aus dem Jahr 1507 mit einer Glocke aus der Tang-Zeit. Ebenfalls aus der Tang-Zeit stammt die Hölzerne Pagode mit acht Stockwerken, deren untere sechs jedoch aus Ziegeln bestehen. Der **Tempel des Großen Buddhas** (Dafosi, tgl. 7.30–18.30 Uhr) wurde für den mit 35 m längsten liegenden Buddha Chinas gebaut.

Jiuquan ❸, eine aufstrebende Industriestadt, wurde 111 v. Chr. als Garnison gegründet. Zwischen 127 und 102 v. Chr. siedelten die Han-Kaiser in dieser Region 980 000 Familien als

»

Die meisten Einwohner von Gansu sprechen einen mandarin-chinesischen Dialekt. In entlegeneren Gegenden werden auch Tibetisch, Mongolisch, Kasachisch und Salarisch – eine Turksprache – gesprochen. Alle Volksgruppen verstehen jedoch Hochchinesisch.

VERKEHRSMITTEL

Reisen in die Region
Von Lanzhou und Urumqi Züge und Flüge nach Peking, Xi'an, Kanton und Shanghai. Von Urumqi Flüge nach Tashkent (Usbekistan) und andere zentralasiatische Orte.

Reisen innerhalb der Region
- **Lanzhou:** Züge halten in Jiayuguan (11 Std.), Liuyuan/Dunhuang (14 Std.), Daheyan/Turfan (22 Std.) und Urumqi (24 Std.). Tgl. 3 Busse von Lanzhou nach Xiahe (6 Std.), öfter über Linxia.
- **Dunhuang:** Züge fahren u.a. nach Jiayuguan (6 Std.), Lanzhou (11 Std.), Turfan (11 Std.) und Urumqi (14 Std.).
- **Urumqi:** Flüge nach Lanzhou und Kaschgar; tgl. ein Zug nach Kaschgar (25 bzw. 23 Std.). Züge nach Kuqa (14 Std.), Busse nach Turfan, Kuqa und Kaschgar.
- **Kaschgar:** Busse nach Urumqi (24 Std.), Turfan und Taxkorgan (6 Std.).

Unten: Muslimische Garküche in Linxia

TIPP

Jiuquan ist als Raumfahrt-Stadt bekannt, obwohl die riesige Raketenbasis, von der aus Satelliten ins All geschossen werden, eigentlich in der nahe gelegenen Region Ashalan in der Inneren Mongolei liegt. Im Weltraumzentrum, das sich über 2800 m^2 erstreckt, leben und arbeiten bis zu 20 000 Wissenschaftler und Techniker.

Wehrbauern an, darunter wenigstens 700 000 Opfer von Überschwemmungen in Shandong. Das alte Innenstadtquartier um den Trommel- und Glockenturm ist saniert; die umliegenden Wohngassen wurden durch Hochhäuser ersetzt. Der reizvolle **Quellenpark** (Renmin Gongyuan) am Rande der Stadt weist auf General Huo Qubing hin, der hier zum Lohn für einen entscheidenden Sieg über die Xiongnu vom Han-Kaiser Wudi ein Fass Wein erhalten haben soll, welches er, damit seine Soldaten auch in den Genuss des Weines kommen konnten, in einer Quelle verdünnte. Die besagte Quelle befindet sich vor einem Landschaftsgarten in einem Bassin.

15 km südwestlich liegen die buddhistischen Tempelanlagen des **Wenshushan**. In der Zeit Kaiser Qianlongs (1736–1795) soll es hier 300 Mönchszellen gegeben haben, die jedoch nach 1865 durch aufständische chinesische Muslime zerstört wurden. Aus der Zeit der Nördlichen Wei (386–535) datieren die **Kleinen Tausend-Buddha-Höhlen** (Qianfodong) mit – leider schlecht erhaltenen – Malereien.

Gut 30 km westlich befindet sich **Jiayuguan** ❹, seit 1372 der westliche Endpunkt der Großen Mauer. Die Befestigung (tgl. 8.30–17.30 Uhr), 1773 m über dem Meeresspiegel, wurde bereits vier Jahre nach dem Sieg der Ming-Dynastie vollendet. Zwei Tore und ein Mauersystem umschließen einen quadratischen Innenhof. Auf den mehrfach restaurierten, begehbaren Mauern der Festung stehen 17 m hohe, pavillonartige Wachtürme aus dem 17. Jahrhundert Am Südosteingang erhebt sich eine erhöhte Pavillon-Bühne, und es gibt ein Museum mit Exponaten zur Geschichte der Großen Mauer. Die noch heute erhaltene Mauer reicht südwestwärts bis an die Ausläufer des Qilianshan und nordwärts bis zum Beishan. Außerhalb des Westtores steht seit 1809 ein Denkmal mit der Inschrift »Stärkste Passfeste der Erde«. Einige westlich vorgelagerte Forts sind verfallen, im Gelände aber noch zu erkennen, etwa der Erster-Sonnenstrahl-Turm, etwa 6 km südlich von Jiayuguan, der den westlichen Anfang der Großen Mauer bildet. 8 km nordwestlich wurde ein Stück der Mauer restauriert.

Unten: Festung Jiayuguan

Acht Gräber aus der Wei-Dynastie (220–265) und der Jin-Dynastie (265 bis 420), **Weijin Bihua Mu** genannt, liegen rund 20 km nordöstlich. Sie enthalten Wandmalereien mit Darstellungen aus dem Alltagsleben.

Dunhuang

Die Stadt **Dunhuang** ❺ liegt in einer Baumwolle produzierenden Bewässerungsoase. Durch eine 2006 eröffnete neue Eisenbahnstrecke ist die Stadt jetzt besser erreichbar.

Etwa 40 km vor Dunhuang steht in der Nähe der Straße ein gut erhaltener Wachturm von 1730, von dem aus tagsüber Flaggensignale und nachts Feuersignale übermittelt werden konnten.

Das örtliche Museum zeigt einige lokale Funde, grafische Darstellungen und Modelle der Oase und vermittelt die historische Bedeutung dieser Siedlung. Zwischen Baumwollfeldern und Tennen befindet sich am Ortsrand die Weiße-Pferd-Dagoba (Baimata), die an die Weiße Dagoba in Peking erinnert. Hier soll der Schimmel des indischen Wandermönchs Kumarajiva (344–431) verendet sein.

Die Mogao-Grotten

Die **Mogao-Grotten** tgl. 8.30–11.30, 14.30–18 Uhr), 25 km südöstlich der Stadt, enthalten 492 Höhlentempel in den Mingsha-Hügeln, von denen rund 70 zugänglich sind. Die ersten Höhlen soll der Mönch Lezun 366 gebaut haben, die letzten wurden zur Zeit der mongolischen Eroberung (1277) angelegt. Danach geriet Mogao in Vergessenheit, bis sich um 1898 der Mönch Wang Yuanlu dort niederließ. Er legte mehrere Höhlen frei und fand 40 000 Manuskripte. Der Forscher Sir Aurel Stein kaufte Wang von 1907 bis 1914 über 6500 Schriften ab, Paul Pelliot erwarb 1906 weitere 6000.

Die Höhlen zeigen die Geschichte der chinesischen Malerei, vor allem der Landschaftsmalerei, über einen Zeitraum von nahezu tausend Jahren. Ihr Besuch ist der Höhepunkt jeder Reise entlang der Seidenstraße, bedarf aber intensiver Vorbereitung. Die folgenden Hinweise geben die Nummern der Höhlen in eckigen Klammern an.

Die Malerei der Nördlichen Wei (386–535) beschäftigt sich stark mit buddhistischen Legenden (*jataka*) und Heiligen wie Kumarajiva [272]. »Das Jataka des Königs Sivi« [275] berichtet von der Selbstopferung eines Monarchen für eine Taube. Die »Vier Ausflüge des Sakyamuni« [275] konfrontieren ihn mit der realen Welt. Das »Jataka vom Hirschkönig« [257] zeigt die Rettung eines Hirsches und die Bestrafung des Jägers. Der »Sieg des Buddha über den Versucher Mara« [254] und das »Jataka vom Opfer des Prinzen Sudana für einen hungernden Tiger« [254] sind weitere Beispiele. Viele Darstellungen zeigen den predigenden Buddha.

Die Formen und Inhalte der Malerei entwickelten sich unter den Westlichen Wei und den Nördlichen Zhou (535 bis 589) weiter; es treten nun Alltagsmotive, etwa Jagdszenen [240], auf. Ein Jataka erzählt, wie 500 bekehrte Banditen ihr Augenlicht zurückerhalten [285]. Die Darstellung wendet sich Bodhisattvas und Weltenwächtern zu. Fliegende

7 km nordwestlich von Jiayuguan kann man ein 500 m langes restauriertes Mauerstück besuchen, die Hängende Mauer (Xuanbi), die die Festung mit dem schwarzen Berg verband

Unten: Die Oase Dunhuang wird vom imposanten Mingsha-Berg flankiert (Singende Sanddünen)

Elfen, männliche Gandharva [290] und vor allem weibliche Apsara [404], werden wichtige Motive.

In der Sui-Zeit (6./7. Jh.) finden sich weitere Jataka [419], Legenden aus dem Lotos-Sutra [419] oder über Buddhas Eingang ins Nirwana [295]. Die zeitbedingte Schwärzung des verwendeten Bleiweiß verleiht den Konturen der Figuren einen besonderen Reiz. Die Menschendarstellung wird realistischer [303], erstmals finden sich auch Abbildungen vom Paradies [420].

Besondere Schönheit und Perfektion erlangte die Malerei der Tang. Es gibt Darstellungen des »Westlichen Paradieses« [329], [217], [172], aber auch weltlicher Stifterinnen [329] und Stifter, Meditationsszenen [172], ein Bild des Mönchs Xuanzang [217], von Orchestern [220] und Hochzeitsszenen [445], Bilder vom Pflügen im Regen [23], von Tänzerinnen und Musikanten [320], erneut von Buddhas Eingang ins Nirwana [158], studierende Mönche [201], Schlachtenszenen [12] und Dienerinnen [17], schließlich Landschaften wie den Wutaishan [61]. Eine der schönsten Höhlen [323] zeigt die Übergabe einer indischen Buddhastatue aus Sandelholz an den Kaiser Wu. Außerdem ist der Gesandte Zhang Qian zu sehen, der in kaiserlichem Auftrag bis ins heutige Usbekistan gereist war.

In den Fünf Dynastien bleibt die formale Meisterschaft erhalten; Stifter, wie der König von Khotan [98], werden realistischer dargestellt. Unter den Nördlichen Song entstanden sehenswerte Bilder von Tempeln [61] und Luohan [97]. Nach dieser Zeit geht die künstlerische Gestaltungskraft zurück. Ein Meisterwerk ist jedoch die aus der Yuan-Zeit stammende Darstellung des tausendarmigen und -äugigen Bodhisattva Avalokiteshvara [3].

Rein touristische Attraktionen in Dunhuang sind der **Mondsichelsee** (Yueyaquan) und der **Singende Sandberg** (Mingshashan). Ein Tagesausflug zum 70 km entfernten **Jadepass** (Yumenguan), den Ruinen einer hanzeitlichen Grenzstadt, vermittelt einen guten Eindruck von der Landschaft.

TIPP

Vom Stadtzentrum von Dunhuang aus gelangt man in 30 Min. mit einem normalen Linienbus, einem Minibus oder mit dem Taxi zu den Mogao-Grotten. Bei den Grotten angekommen, muss man sich einer geführten Besichtigungstour anschließen. Zu sehen bekommt man allerdings nur einen Teil der Grotten.

Unten: Eingang zu den Mogao-Grotten

Der ferne Westen: Xinjiang

Die Autonome Region wird bestimmt von Wüsten und Bergen. Im Norden wird sie begrenzt durch die Mongolei, im Süden durch Tibet und im Westen durch Kasachstan, Kirgisien und Tadschikistan. Xinjiangs Uiguren sind turksprachig und islamisch. Sie stellen jedoch nur noch knapp 40 Prozent der Bevölkerung, denn durch die Ansiedlung von Han-Chinesen stieg deren Anteil von 8 Prozent (1940) auf über 50 Prozent. Viele Han-Chinesen sind von den Landverschickungen der Kulturrevolution übrig geblieben, viele wurden aber auch gezielt in die strategisch wichtige Region geschickt.

Turfan

Die Oase **Turfan** ❻ (auch: Turpan, Tulupan) wird von Urumqi in fünfstündiger Busfahrt oder mit der Eisenbahn erreicht. Am Ende der Baiyanghe-Schlucht erreicht die Straße eine Schotterwüste, die sich bis zur Oase erstreckt. Die 150 km lange Oase und der austrocknende **Salzsee des Mondlichts**

 Karte auf Seite 404

(Aydingkol) liegen rund 150 m unter Meeresniveau. Die Bewohner der Oase sind meist Uiguren.

In der Stadt Turfan sind nur wenige alte Bauten erhalten. Das aus Lehmziegeln erbaute **Emin-Minarett** (Sugongta) von 1776 mit karg ausgestatteter, neuerer Moschee ist ihr Wahrzeichen. Besichtigenswert ist das unterirdische Bewässerungsnetz (Karez), in dem das Schmelzwasser von den Bergen über weite Strecken an die Oase herangeführt wird. Das örtliche Museum zeigt Funde von der Seidenstraße, Mumien aus dem Gräberfeld von Astana, Seiden aus der Frühzeit des Handels und Grabbeigaben.

Nordöstlich der Stadt wurden im **Traubental** (Putaogou) wieder Weinfelder angelegt. Man hatte mumifizierte Trauben gefunden, die angeblich fast 2000 Jahre alt waren. Mit europäischer Hilfe wurden hier neue Sorten angebaut und der Markt mit Trauben und Wein versorgt. 90 Prozent der chinesischen Produktion kernloser Trauben stammt mittlerweile aus Turfan. Im August/September wird ein Trauben- und Erntefest abgehalten.

Turfans Umgebung

Östlich der Stadt erstrecken sich 90 km weit die **Flammenden Berge** (Huoshan), ein bis 1851 m aufragendes, vegetationsloses Sandsteingebirge, das sich bis auf 75 °C aufheizt und durch den Roman »Die Reise nach dem Westen« Berühmtheit erlangte.

Knapp 50 km von Turfan ist die Ruinenstadt **Gaochang**, das alte Karachotscha oder Khocho, entfernt. Die Stadt wurde unter Han-Kaiser Wudi als Garnison gegründet und um das Jahr 400 zur Präfektur ernannt. 460 erklärte sie ihre Selbständigkeit unter den teils turkstämmigen Herrschern, 640 eroberte Tang-Kaiser Taizong sie von dem letzten unabhängigen Herrscher zurück. In ihrer Blütezeit hatte sie 30 000 Einwohner und über 30 buddhistische Klöster, von denen nur noch Reste erhalten sind. Um 1300 wurde die Stadt nach 40-jährigen Kämpfen, bei denen die Bewässerungsanlagen zerstört wurden, aufgegeben.

Nordwestlich benachbart ist **Astana** (Asitana oder Sanbao, »Drei Burgen«), ein Gräberfeld mit weit über tausend Grabhöhlen. Zugänglich sind nur drei

Emin-Moschee und Minarett in Turfan

Unten: Leere Straße in der Wüste

Die baktrischen Kamele, ohne die Transporte auf der Seidenstraße gar nicht möglich gewesen wären, wurden bereits vor rund 2500 Jahren domestiziert. Sie können fünf Tage ohne Wasser auskommen. Sie produzieren Milch und versorgen die Einheimischen mit Wolle. Ihr Dung wird als Brennstoff genutzt.

Unten: Weinfeld im Dorf Tuyoq in der Nähe von Turfan

Gruften aus dem 5. und 6. Jahrhundert. Deren Wandmalereien zeigen die den Elementen Erde, Gold, Jade und Stein zugeordneten Charaktereigenschaften, sodann sechs Entenrassen, die ebenso bestimmten Charaktereigenschaften zugeordnet werden, und schließlich drei Mumien.

Nördlich von Gaochang liegt in den Flammenden Bergen das alte Höhlenkloster **Bezeklik** ❼ (Qianfodong, »Tausend-Buddha-Höhlen«, tgl. 8–16 Uhr). Die Anfahrt durch die Murtuq-Schlucht beginnt bei der Ruine eines Wachtturmes aus der Qing-Zeit (um 1770) gegenüber der nicht zugänglichen Höhlenklosteranlage Sämgin (Murtuq), die von etwa 450 bis ins 13. Jahrhundert benutzt wurde. Die rund 70 Höhlen von Bezeklik, von denen nur fünf besichtigt werden können, sind etwa 80 m über dem Fluss in die Steilwand des Westufers gegraben. Die Entnahme wertvoller Malereien durch europäische Archäologen schädigte vor allem die bildlichen Darstellungen des Buddha und von Bodhisattvas (Höhlen 29 und 39). Islamische Eiferer zerstörten nach 1860 die meisten Gesichtsdarstellungen. Trotzdem bieten die Höhlen mit ihrer fantastischen Lage inmitten eines von steilen Abhängen eingeschlossenen Tals immer noch einen überwältigenden Anblick.

Etwa 30 km südöstlich von Bezeklik und 70 km östlich von Turfan, am östlichen Rand der Turfansenke, liegt das traditionelle uigurische Dorf **Tuyoq,** das eine einzigartige Möglichkeit bietet, eine entlegene und traditionelle uigurische Gemeinschaft zu besuchen. Allerdings muss man als Tourist Eintritt zahlen, wenn man das Dorf am südlichen Abhang der Flammenden Berge sehen möchte.

Oberhalb des Dorfes gibt es zahllose Höhlen am steilen Abhang, die sehr schwer zu erreichen sind. Die Schätze, die sie einst bewahrten, sind entweder zerstört oder in Museen in aller Welt verfrachtet worden. Also wendet man sich mehr dem Dorf zu, dessen Gebäude aus Lehmziegeln bestehen und Innenhöfe haben, in denen oft Weinranken wachsen. Sie ordnen sich um eine grün-weiße Moschee an, die Nichtgläubige aber nicht betreten dürfen. Genau-

so wenig wie ein von einer grünen Kuppel gekröntes Mausoleum für die »Sieben Schläfer«, das auf einem Hügel oberhalb des Dorfes aufragt. Auch der staubige Friedhof ist tabu.

Etwa 10 km westlich von Turfan erreicht man die Ruinenstadt **Jiaohe Gucheng** (»Alte Stadt an zwei Flüssen«), eine Gründung aus der Han-Zeit und bis zum 5. Jahrhundert Zentrum eines Königreiches. Jiaohe liegt auf einem Plateau, einer natürlichen Befestigung zwischen zwei Flussläufen. Bürgerkriege und Wassermangel während der Mongolenherrschaft um 1230 ließen die Stadt verfallen. Der zentrale Sakralbezirk und die die Ruine beherrschenden Reste buddhistischer Klöster und Stupas sind gut erhalten. Beim Friedhof sind noch die Reste eines Pagodenwalds zu erkennen. Zwischen dem nahe dem Osttor gelegenen Basar- und Handwerkerviertel und den ehemaligen Wohngebieten lassen sich die Unterschiede recht deutlich erkennen. Eine Besonderheit von Jiaohe Gucheng sind die Überreste unterirdischer, Schutz vor Sommerhitze und Winterkälte gewährender Wohnungen.

Urumqi

Die Straße von Turfan nach Urumqi führt nach Westen durch die wie ein Halbmond geformte Turfansenke, bis nach der Überwindung des Baiyang-Passes eine vollständig andere Landschaft vorherrscht. Es geht durch das bewaldete Tal des Flusses Baiyang und dann durch Felder entlang des Abhangs des Himmelsgebirges (Tianshan), bevor man nach 186 km in Urumqi ankommt.

Die Hauptstadt der Autonomen Region, **Urumqi** ❽, mit 2,8 Mio. Einwohnern, davon 80 Prozent Chinesen, liegt auf 900 m Höhe. Sie ist weiter vom Meer entfernt als jede andere Großstadt der Erde. Urumqi ist eine gesichtslose, hässliche Stadt und vor allem in eisigen Wintertagen sehr unwirtlich sowie von Smog verseucht. Im Juli 2009 gab es hier größere rassistische Auseinandersetzungen zwischen Uiguren und Chinesen, die gewaltsam niedergeschlagen wurden.

Am ehesten sehenswert ist das **Provinzmuseum** (tgl. 9.30–19 Uhr), das neben archäologischen Funden auch lebensgroße Modelle von Wohnungen

Hami ist für seine leckeren und süßen Melonen (Hami Gua) bekannt

Unten: In der Wüste Taklamakan

»

In der chinesischen Propaganda, die voller rassistischer Vorurteile ist, werden die Uiguren als immer singendes, tanzendes und glückliches Volk dargestellt, das unter der weisen und gerechten Herrschaft Pekings fröhlich das Leben zelebriert. Dies führte letztlich zu den Ausschreitungen vom Juli 2009.

und Werkzeugen verschiedener Nationalitäten ausstellt. Höhepunkt sind einige Mumien von Europäern, Kashmiri und Ostasiaten.

In der Altstadt sind einige kleine Moscheen und Basare zu entdecken. Auf dem **Roten Berg** (Hongshan), von dem man eine gute Übersicht über die Stadt gewinnt, stehen ein Pavillon im Stil eines chinesischen Gartenhäuschens und eine kleine Pagode, beides Wahrzeichen der Stadt. Das Stadtbild wird von modernen Hochhäusern bestimmt. Die Hauptpost und das staatliche Gästehaus weisen sowjetischen Einfluss auf.

Himmlische Berge

Ein Ausflug zum 110 km entfernten **Himmelssee** ❾ (Tianchi), der 1900 m hoch im **Himmelsgebirge** (Tianshan) zu Füßen des 5445 m aufragenden Bogdashan liegt, lohnt sich wegen der landschaftlichen Eindrücke. Am See gibt es immer einen großen Touristenauflauf, doch die umliegenden Wanderwege sind schon einsamer. Man kann sogar in Jurten kasachischer Familien übernachten.

Seidenstraßen nach Kaschgar

Die lange Reise von Urumqi nach Kaschgar war früher äußerst gefährlich, denn sie führte durch eine von Banditen belagerte Wüste mit großer Hitze oder Kälte. Sowohl die nördliche als auch die südliche Route verlief am Rand der Wüste Taklamakan, durch unwirtliche Gegenden mit nur wenigen Oasen.

Die Stadt **Korla** ❿ ist heute ein Verkehrsknotenpunkt mit überwiegend chinesischer Bevölkerung, während **Kuqa** früher ein wichtiger Halt war. In der Umgebung dieser uigurischen Stadt gibt es viele Ruinen aus vorislamischer Zeit. Westlich liegen die **Buddhahöhlen von Kezier,** von denen nur wenige zugänglich sind. Die Industriestadt **Aksu** weist einige Hotels auf.

Die südliche Route wird kaum noch benutzt. Früher war **Khotan** ⓫ die wichtigste Handelsstadt und im 3. Jh. v. Chr. Herz eines buddhistischen Reiches, nachdem der älteste Sohn des indischen Herrschers Ashoka sich hier niederließ. Ashoka war der erfolgreichste Herrscher der indischen Dynastie der Maurja, die vom 4. bis 2. Jh.

Unten: Himmelssee

v. Chr. den größten Teil des Subkontinents regierte. Die Stadt gehörte zu den berühmtesten der Seidenstraße, bekannt wegen Teppichen und Jade, und hier soll erstmals außerhalb des chinesischen Reiches Seide erzeugt worden sein. Von der Altstadt ist wenig erhalten, doch die Stadt hat eine zentralasiatische Atmosphäre.

Viel weiter im Westen liegt **Yarkand** ⓬, das sich einen gewissen Charme erhalten hat, weil es bisher noch am wenigsten von Chinesen besiedelt wurde. In der Altstadt gibt es ein paar wenige Sehenswürdigkeiten, darunter die große Altyn-Moschee, die mit schönen Deckenmalereien geschmückt ist, das Mausoleum der Dichterin und Musikerin Aman Isa Khan (1526–1560), den Friedhof, wo die Khane von Yarkand bestattet sind, sowie das Tor der ehemaligen Zitadelle, das man besteigen kann. Ansonsten hat die Stadt einen lebhaften Sonntagsmarkt zu bieten.

Der große Basar

Die Großstadt **Kaschgar** ⓭ (chin. Kashi) liegt in 1300 m Höhe am Fluss Tuman inmitten einer Bewässerungsoase mit Baumwolle und reicher Landwirtschaft. Die Bevölkerung (rund 300 000) ist noch vorwiegend uigurisch. Chinesisch wurde Kaschgar zuerst um 200 v. Chr., dann wieder zur Tang-Zeit und endgültig in der Ära der Qing-Kaiser Kangxi (1662–1722) und Qianlong (1736–1795).

Kaschgar liegt den Hauptstädten Moskau, Islamabad, Delhi, Kabul und Teheran näher als Peking. Das Klima hier ist extrem kontinental: Die Temperaturen fallen im Winter auf –24 °C und steigen im Sommer auf über 40 °C an; die frostfreie Periode dauert in der Regel 220 Tage im Jahr.

Einst war Kaschgar eine vollständig uigurische Stadt, doch auch hier werden immer mehr Chinesen angesiedelt, und die Bauweise folgt dem chinesischen Plattenbaustil. Die Zerstörung einer lebenswerten Stadt von einst schreitet beunruhigend schnell voran.

Im Zentrum steht die 1445 erbaute **Id-Kah-Moschee** Ⓐ (chinesisch: Aitika), Chinas größte Moschee, ein von zwei Minaretten flankierter Portalbau im arabisch anmutenden zentralasiatischen Stil. Hinter dem Portal befinden sich offene, baumbestandene Gebetsplätze und die Große Gebetshalle, die nur zum Freitagsgebet geöffnet wird. Sogar die Nebenhallen sind mit kostbaren Teppichen ausgelegt. Eine stilisierte Abbildung der Kaaba von Mekka schmückt den Eingang der Halle. Die Treppenstufen vor den seitlichen Mauern sind zu allen Tageszeiten Treffpunkt der Alten. Zum Freitagsgebet finden sich hier an den Festtagen bis zu 50 000 Gläubige ein.

Auf dem Platz gegenüber der Moschee zieht der belebte, malerische **Jiefang-Beilu-Nachtmarkt** Einheimische und Besucher gleichermaßen an.

An der belebten Basarstraße reihen sich Läden von Barbieren, Buch- und Pelzhändlern, Hufschmieden, Bäckereien und – unmittelbar an der Moschee – zahlreichen Zahnarztpraxen auf. Auf den Großen Platz mündet der überdachte Basar, in dem vorwiegend

In Khotan spürt man noch etwas vom Flair der alten Seidenstraße. In der Stadt gibt es einen belebten Markt und schöne historische Holzhäuser.

Unten: Pappelallee mitten in der Wüste (nahe Kaschgar)

Ein Besuch auf dem quirligen Tiermarkt von Kaschgar (Mal Bazaar/Dongwu Shichang) lässt Sie in den uigurischen Alltag eintauchen. Hier kaufen und verkaufen die Einheimischen ihr Vieh, von Schafen über Pferde und Yaks bis hin zu Kamelen.

Unten: Das Mausoleum des Apak Hodscha in Kaschgar

Stoffe, Kurzwaren und Lebensmittel verkauft werden. Diesen Basar durchstreifend, gelangt man zu einer neuzeitlichen Geschäftsstraße, in der das »Kaufhaus der Minderheiten« (Minzudian) durch seine eigenwillige Architektur auffällt und an der sich Kunstgewerbeläden finden. Gegenüber dem Eingang zum gedeckten Basar säumen Garküchen, Teestuben und zahlreiche Lädchen den Großen Platz, der von Esels- und Pferdegespannen, den traditionellen Verkehrsmitteln, nicht befahren werden darf. Diese müssen am Nordende neben der zur Id-Kah-Moschee führenden Ladenstraße halten.

Das bedeutendste allwöchentliche Ereignis ist der **Sonntagsmarkt** Ⓑ auf einem weiten Freigelände am Ufer des Tuman, den einige Brücken und Stege zur Stadt überqueren. Zu diesem Markt, angeblich dem größten Asiens, kommen Tausende Käufer und Verkäufer. Und man findet hier alles Mögliche an Waren. Man sollte den Markt nicht mit dem **Tiermarkt** verwechseln, der am Stadtrand weiter südlich abgehalten wird. Der Viehmarkt ist frühmorgens besonders eindrucksvoll und dauert bis mittags (s. links).

Eine wichtige Gedenkstätte der Uiguren ist das **Mausoleum des Yusup Has'** Ⓒ (tgl. 10–19 Uhr). Er war der Autor des uigurischen Werkes *Qutatu Bilik* (»Positives Wissen«), eines der wichtigsten Werke in uigurischer Sprache, und zusammen mit Mahmud Kashgari gehört er zu den am meisten verehrten uigurischen Intellektuellen. Sein Grabmal bietet innen keine besonderen Sehenswürdigkeiten, ist aber mit einer blauen Kuppel und den Minaretten ein beeindruckendes Gebäude.

Sehenswert ist zudem das **Apak-Hodscha-Mausoleum** (Xiangfei Mu) von 1583, ein Gedenkbau für die Hodscha-Familie. Apak Hodscha (chinesisch: Aba Hezhuo), gestorben 1583, war ein herausragender politisch-religiöser Führer Kaschgariens. Sein Sarkophag, einer von 57, liegt auf einem Postament in der Haupthalle des an eine Moschee erinnernden (jedoch nicht auf Mekka ausgerichteten) zentralen Bauwerks, das von etwas schiefen Minaretten so-

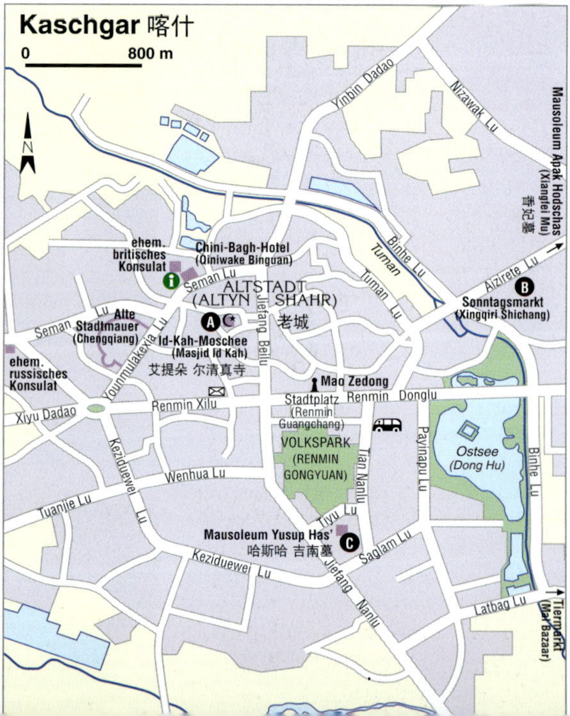

Karte auf Seite 416/404

wie einer grünen Kuppel überragt wird, die von einer Laterne gekrönt wird. In der linken vorderen Ecke steht der Sarkophag der Xiangfei (»duftende Konkubine«) genannten Tochter des letzten Hodscha, um die sich eine Legende rankt. Nachdem der Qianlong-Kaiser Xiangfei entführt hatte, weigerte sie sich angeblich, mit ihm das Bett zu teilen, woraufhin man sie zum Selbstmord gezwungen haben soll. Ihr Leichnam wurde nach Kaschgar gebracht. Auf dem nahe gelegenen Friedhof mit den typischen spitz zulaufenden Gräbern aus Lehm ist Jakub Beg beigesetzt, der Führer des im Jahre 1877 von den Qing niedergeschlagenen Aufstands.

Die Umgebung von Kaschgar

Die 30 km östlich von Kaschgar malerisch in der Wüste gelegene alte Residenz der Karachaniden, **Hanoi** (Halvoi), die im 7. und 10. Jahrhundert ihre Blütezeit erlebte und im 11. Jahrhundert aufgegeben wurde, ist heute ein Ruinenfeld mit nur wenigen Überresten. Die Mor-Pagode zeugt jedoch von der einstigen Blüte des Buddhismus in dieser Region, und die Karez-Bewässerungsanlagen von großen technischen Leistungen weit vor der Ankunft der Chinesen.

Interessant, aber schwer zu erreichen ist ein natürliches Phänomen, das als **Shipton's Arch** (Tiandong) bekannt ist. Der 40 km von Kaschgar entfernte natürliche Felsbogen gilt als der größte der Erde und wurde von dem in Kaschgar stationierten Diplomaten Eric Shipton (1907–1977) in einer entlegenen Schlucht der Schwarzen Berge (Kara Tagh) entdeckt, daher auch der Name. Er war völlig in Vergessenheit geraten und wurde 2000 von einer Expedition der National Geographic Society wieder gefunden.

In der Umgebung wurde das großartige **Mausoleum des Mahmud al-Kaschgarli** errichtet. Der etwa 60 km auf der Straße Richtung Pakistan entfernte Bau überragt eine von Erdbeben zerstörte Moschee. In der Eingangshalle hängt ein Porträt des Mahmud, auf seinem Sarkophag liegt ein Exemplar seines Hauptwerks »Diwan Lugat attürk«, das er im Exil in Bagdad um 1072 verfasste: eines der ältesten arabisch-türkischen Lexika, mit insgesamt

TIPP

Überlandfahrten zwischen Kaschgar und Lhasa durch Westtibet sind, obwohl heute weniger beschwerlich, nach wie vor offiziell verboten, und so mancher Tourist, der versuchte, diese Reise anzutreten, musste saftige Strafen zahlen.

»DAS GROSSE SPIEL«

Im späten 19. und frühen 20. Jahrhundert befand sich Kaschgar im Zentrum des »großen Spiels« zwischen Russen und Briten. Beide Länder unterhielten Konsulate in dieser abgelegenen, aber strategisch wichtigen Oase. Das **ehemalige britische Konsulat,** als Chini Bagh oder »chinesischer Garten« bekannt, liegt hinter dem Chini-Bagh-Hotel an der Seman Lu, während das **ehemalige russische Konsulat** beim Seman-Hotel, ebenfalls auf der Seman Lu, überlebte. Die diplomatischen Vertreter der beiden damaligen Großmächte konkurrierten miteinander und bekämpften sich, während sie sich gleichzeitig auf inoffiziellem Parkett zum Essen oder zu Drinks trafen und eine Art Freundschaft in der Einsamkeit unterhielten. Tagsüber hatten sie dann in ihrer eigentlichen Funktion wieder die Interessen Londons und Moskaus zu vertreten.

Unten: Uigurische Männer in Kaschgar

TIPP

Der Khunjerab-Pass, der 1982 fertiggestellt wurde, ist mit exakt 4693 m der höchste asphaltierte Grenzübergang der Welt. Sein Name kommt aus der regionalen Wakhi-Sprache und bedeutet »Tal des Blutes«. Meistens ist der Pass mit Schnee bedeckt.

7500 Eintragungen. Mahmud, der aus dem Hause der herrschenden Karachaniden stammte und einer der bedeutendsten Gelehrten seiner Zeit war, wurde nach deren Sturz im Jahr 1058 vertrieben und kehrte erst kurz vor seinem Tode nach Kaschgar zurück.

Etwa 20 km nördlich von Kaschgar wurden die **Höhlen der drei Unsterblichen** (Sanxian Dong) in einen Felsen beim Fluss Qiakmak getrieben. Man nimmt an, dass sie aus dem 2. Jahrhundert stammen. Sehenswert sind nur noch einige Buddhafiguren, ansonsten sind die Grotten schwer erreichbar und nicht sehr interessant. Um sie zu besichtigen, muss man sich einer offiziellen Führung anschließen.

Weiter südwestlich, 190 km von Kaschgar entfernt, am Eingang des Pamir-Hochgebirges, liegt der **Karakulsee**, »Schwarzer See« genannt, auf 3645 m Höhe. Hier haben im Sommer Kirgisen ihre Jurten. In seiner Nähe ragen die eisbedeckten Gipfel von Muztagata (7546 m) und Kongur (7719 m) auf, der zweit- und dritthöchste Gipfel des Pamir-Gebirges. Der Kongur wurde erst 1981 erstmals bezwungen.

Taxkorgan

Auf der Karakorum-Straße ungefähr 250 km von Kaschgar entfernt liegt **Taxkorgan** ⓮ (Taschkurgan, auch Sariköl, »Steinturm«) in einer Höhe von 3600 m, der letzte Vorposten Chinas vor Pakistan. Hier sollen nach der Überlieferung des Ptolemaios (um 140) Händler aus Ost und West ihre Waren getauscht haben, jedoch ohne Grenzverkehr von Personen. Zu sehen sind noch die Ruinen eines alten Forts.

Von Kaschgar kann man – mit dem nötigen Visum – über das **Karakorum-Gebirge** (»Schwarze Mauer«) nach Pakistan gelangen. Hotelwerber aus dem pakistanischen Hunzatal sind in Kaschgar stets anzutreffen. Der 753 km lange Weg über den 4800 m hohen **Khunjerab-Pass** ⓯ (»Bluttal«) ist aber wegen seiner Wetterabhängigkeit unsicher. 270 km südlich der Passhöhe liegt der erste pakistanische Flugplatz, Gilgit. An der Straße gibt es zahlreiche Wandgemälde, Reliefs und Skulpturen aus der Zeit der Seidenstraße zu besichtigen, und die Landschaft gehört zu den dramatischschsten und gleichzeitig gefährlichsten der Erde. ■

Unten: Kamele am Ufer des Karakulsees vor der Kulisse des Hohen Pamir

RESTAURANTS

Preiskategorien (für eine Person mit einem Getränk)

●●●● = über 15 €
●●● = 10–15 €
●● = 5–10 €
● = unter 5 €

Gansu

Gansu ist berühmt für seine Nudelsuppe mit Rindfleischstückchen oder *niurou chaomian*, gebratene Nudeln mit Rindfleisch und Gemüse. Muslimische Straßenverkäufer bieten eine große Auswahl an hervorragenden Currys und gefüllten Fladenbroten an.

Dunhuang

Cafés wie das **John's** und **Charley Johng's**, beide auf der Mingshan Lu gelegen, sind für gutes Essen bekannt.

◆ Feng Yi Ting
Silk Road Dunhuang Hotel, Dunyue Lu
Feng Yi Ting bedeutet »Zimmer der Herrlichkeit«, und das trifft die Qualität dieses exzellenten Restaurants ganz gut. Es serviert eine verwirrend große Anzahl an Gerichten der Kanton- und Sichuan-Küche. ●●–●●●

◆ Shazhou-Nachtmarkt
Off Yangguan Donglu
Auf diesem Nachtmarkt in einer Fußgängerzone im nördlichen Teil der Stadt werden chinesische, muslimische und uigurische Spezialitäten feilgeboten. ●

Lanzhou

In Lanzhou gibt es eine beachtliche Anzahl an Restaurants und Straßenständen.

◆ Boton Coffee Shop, Bodun Canting
Nongmin Xiang und Tianshui Lu
Verkehrsgünstig neben dem Lanzhou Hotel gelegen; westliches Essen mit englischer Speisekarte und freundlichem Service. ●–●●

◆ Fengshan Jiudian
Nongmin Xiang
Das Fengshan, neben dem CITS-Büro, serviert einige köstliche Gansu-Gerichte, dazu besondere Desserts wie gefüllte Melone oder gedämpfte Lilien. ●–●●

◆ Mingde Gong
191 Jiuquan Lu
Das Mingde Gong bietet eine Vielfalt an Gansu-Gerichten an einem außergewöhnlichen Ort. Je höher man die Stockwerke hinaufsteigt, umso schöner, raffinierter und daher auch teurer wird es. ●–●●

Xiahe

◆ Everest Café
Renmin Xijie
An das Overseas Tibetan Hotel (Huaqiao Fandian) angeschlossenes Café, das von Nepalesen betrieben wird und nepalesische Currys mit *naan/chapati* (Fladenbrot) serviert. Aber auch Steaks und tibetische Spezialitäten kann man hier bekommen. ●

◆ Snowland Restaurant (Xuecheng Canting)
Renmin Xijie
Gute tibetische Küche, z.B. *momo* (Maultäschchen) und *tsampa* (geröstete Gerste, in Milch, Yoghurt oder Tee gerührt). ●

◆ Tsewong's Café
Renmin Xijie
Beliebter Treffpunkt, in dem die Gäste eine hervorragende Mischung aus tibetischer, muslimischer und internationaler Kost erwarten dürfen. ●

Xinjiang

Die uigurische Küche findet man überall in Xinjiang. Sie verwendet Lammfleisch, Rind, Tomaten, Zwiebeln, Auberginen, Fladenbrot und diverse Milchprodukte als Basiszutaten.

Kaschgar

◆ Caravan Café
120 Seman Lu
Gutes westliches Frühstück und Kaffee, zudem Kebabs, Pizzas und Sandwiches. Das Personal ist bei der Reiseplanung und Buchung von Ausflügen behilflich. ●

◆ Lao Chayuan Jiudian
251 Renmin Xilu
Vielleicht das feinste Restaurant in Kaschgar, auf der Karte stehen uigurische Speisen: *polo* (spezielles Reisgericht), *shish kebab* vom Lamm und Nudelsuppe mit Rindfleischeinlage. ●

Turfan

◆ Bazar von Turfan (Shi Maoyi Shichang)
Seitenstraße der Laocheng Lu
Zahlreiche Essensstände mit muslimischen Spezialitäten sowie chinesischen Speisen aus den entlegenen Provinzen Chinas. ●

◆ Xin Shiji
Xinzhan Dingzi Lukou
Im Xin Shiji kann man ein Uiguren-Bankett und das typisch Xinjianger Unterhaltungsprogramm erleben. Bekannt ist es auch für Kebabs und Maulbeeren-Wein *(sangshen jiu)*. ●–●●

Urumqi

Viele muslimische Restaurants sind auf der Xinhua Lu zu finden. Auf dem Nachtmarkt entlang der Changjiang Lu gibt es Lamm-Kebab, Fladenbrot, *laghman* (Nudeleintopf) und *samsa* (gefüllte Teigtaschen).

◆ Fubar
Gongyuan Beijie
Urumqis Sportbar unter irisch-japanischem Management zeigt regelmäßig live Fußball-, Rugby- und Kricketspiele aus der ganzen Welt. ●–●●

◆ Kashgari's
168 Xinhua Beilu
Kashgari's serviert die wohl beste uigurisch-muslimische Küche in Urumqi. Das Restaurant ist Teil des Xinjiang Grand Hotel, was die relativ hohen Preise erklärt. ●●–●●●

REISESERVICE

VERKEHRSMITTEL

Anreise und Reisen im Land

Anreise

Mit dem Flugzeug

Peking, Shanghai, Kanton, Hongkong und Macau werden von vielen Flughäfen Europas aus mehrfach in der Woche angeflogen. Die durchschnittliche Flugzeit von Frankfurt/M. direkt nach Peking beträgt rund zehn, nach Hongkong zwölf Stunden.
Einige internationale Flugverbindungen bestehen außerdem zwischen verschiedenen chinesischen Städten und umliegenden Zielen wie Bangkok, Hanoi, Saigon oder in Zentralasien. Dies ändert sich jedoch häufig.

Flughafen Hongkong

Der internationale Flughafen Chek Lap Kok liegt 34 km von Central entfernt. Mit der neuen Schnellbahn, Airport Railway, gelangt man in 23 Min. am schnellsten und einfachsten in den Central District. Wer mit dem Taxi fährt, muss auf die Farbe des Wagens achten: rote fahren nach Kowloon und Hongkong Island, grüne in die New Territories, blaue zur Insel Lantau. Flughafenbusse verkehren 6–24 Uhr alle 10–20 Min. Es gibt mehrere Linien, die Ziele in Hongkong ansteuern.

Flughafen Macau

1995 wurde der Macau International Airport eröffnet. Er verbindet Macau mit zahlreichen Städten in Asien sowie mit Lissabon und Brüssel. Wegen der geringen Entfernungen dauert es nicht einmal 30 Min., um jeden beliebigen Ort in Macau zu erreichen.

Flughafen Peking

Der Capital Airport liegt 30 km außerhalb der Stadt. Die Auto- oder Busfahrt ins Zentrum kann bei dichtem Verkehr durchaus eine Stunde dauern. Viele große Hotels haben einen eigenen Minibus-Abholservice für ihre Gäste. Auch Air China unterhält einen Flughafenbus, der u.a. das Air China Büro (nahe der Xidan-Straße westlich des Tian'anmen-Platzes), das Lufthansa Center und das International Hotel anfährt. Der Taxistand befindet sich zwischen dem internationalen und dem nationalen Terminal.
Empfehlenswert ist die Fahrt mit der 2008 eingeweihten S-Bahn zum Bahnhof Dongzhimen, wo man Anschluss an das U-Bahn-System hat.

Flughafen Shanghai

Seit seiner Fertigstellung landen die meisten internationalen Flüge auf dem neuen Flughafen Pudong; der alte Hongqiao Airport ist jedoch weiterhin in Betrieb und wird vor allem für den innerchinesischen Verkehr genutzt. Beide Flughäfen sind über Autobahnen zu erreichen. Seit 2003 verbindet die Transrapid-Strecke den neuen Flughafen mit dem Stadtteil Pudong.

FLUGTICKETS

Tickets für Inlandsflüge sind in der Regel relativ einfach zu beschaffen. Sie werden meist als einfache Flugtickets verkauft. Der Rückflug kostet dann das Doppelte. Fragen Sie nach Sonderangeboten, die normalerweise bei Reisebüros und Fluggesellschaften erhältlich sind.

Transsibirische Eisenbahn

Eine Fahrt mit der Transsibirischen Eisenbahn (www.transsib.de) von oder nach Peking ist eine der reizvollsten Möglichkeiten, die riesige Strecke zwischen Europa und China zurückzulegen. Will man die Hinreise per Bahn unternehmen, wendet man sich am besten an ein erfahrenes Reisebüro, da die Besorgung von Visa und Fahrkarte ein relativ aufwendiges Unternehmen darstellt. Mehrere Wochen sollte man für diese Prozedur einkalkulieren. Spätestens zwei Monate vor Reiseantritt müssen Pass und Visaanträge beim Reiseveranstalter vorliegen.
Per Bahn oder Flug geht es zunächst nach Moskau, wo man einen Tag Spielraum für eventuelle Verspätungen einplanen sollte. Eine pauschal gebuchte Transsib-Anreise schließt gewöhnlich den Flug nach Moskau, eine Übernachtung dort, die Bahnfahrt zweiter Klasse nach Peking und manchmal eine Übernachtung in Ulan Bator ein. Den Zug nach Peking besteigt man am Jaroslavski-Bahnhof. Züge aus Berlin kommen am Belorusski-Bahnhof an, von dort gibt es eine Metro-Verbindung zum Jaroslavski-Bahnhof.
Zwei Routen stehen zur Auswahl: Entweder fährt man mit dem besser gepflegten und ausgerüsteten chinesischen Zug in fünfeinhalb Tagen über Ulan Bator durch die Mongolei mit Einreise in China über Erlian, oder man

BAHNVERBINDUNGEN IN CHINA

Zielort, Entfernung und Reisezeit, jeweils ab Peking:

Chengdu	2048 km	28 Std.
Chongqing	2552 km	31 Std.
Dalian	1239 km	10 Std.
Datong	400 km	5 Std.
Guilin	2134 km	24 Std.
Hangzhou	1651 km	16 Std.
Harbin	1388 km	14 Std.
Hohhot	680 km	11 Std.
Kanton	2313 km	24 Std.
Kunming	3179 km	45 Std.
Lanzhou	1882 km	29 Std.
Luoyang	819 km	10 Std.
Nanjing	1157 km	12 Std.
Qingdao	887 km	10 Std.
Shanghai	1462 km	10 Std.
Suzhou	1376 km	14 Std.
Taiyuan	514 km	11 Std.
Ürümqi	3774 km	49 Std.
Wuhan	1229 km	14 Std.
Wuxi	1334 km	14 Std.
Xi'an	1165 km	14 Std.

entscheidet sich für den russischen Zug, der für seinen Weg durch die Mandschurei einen Tag länger benötigt. Einreiseort in China ist dann Manzhouli. Beide Züge fahren einmal wöchentlich in Moskau ab.
Die Züge verfügen je nach Typ über zwei bis drei Kategorien, die von 2-Bett-Abteilen mit Waschabteil über »weiche« 2- oder 4-Bett-Abteile bis zu »harten« 4-Bett-Abteilen reichen. Die Verpflegung ist im Fahrpreis nicht inbegriffen, in der Regel ist sie in der ersten Zeit recht annehmbar, wird jedoch mit zunehmender Fahrzeit eintöniger. Die Stopps an den Bahnhöfen werden so zu willkommenen Unterbrechungen, bei denen man sich nicht nur die Beine vertreten, sondern auch den Obstvorrat auffüllen kann. Heißes Wasser ist in der Regel im Zug vorhanden, sodass man sich mitgebrachten Tee oder Kaffee zubereiten kann.
Die Reise in umgekehrter Richtung, also von Peking nach Moskau, ist mehr ein Abenteuer- als ein Erholungstrip, da die Züge oft überfüllt sind mit chinesischen und russischen Kleinhändlern, die sich in Peking mit Waren eingedeckt haben und diese unterwegs wieder absetzen – dementsprechend gleicht der ganze Zug einem rollenden Flohmarkt. Dieser Warenverkehr ist mit der Auflösung der Sowjetunion und der jetzt anhaltenden schlechten Versorgungslage sprunghaft angestiegen. Wer eine Rückreise mit der Transsib trotz allem wagen will, sollte seine Fahrkarte in einem Reisebüro buchen, sich die Visa zuerst bei der russischen und dann der mongolischen Botschaft (Wartezeit jeweils mehrere Stunden) besorgen und schließlich als letztes beim Reisebüro die Fahrkarte kaufen.

Mit dem Bus

Aus Nepal

1985 wurde die Einreise mit Bussen oder Taxis von Nepal aus möglich. Ein sieben Tage gültiges Einreisevisum für Nepal kann man direkt am Flughafen von Katmandu erhalten. Das chinesische Visum sollte man sich bereits in Europa besorgt haben, denn es wird von der chinesischen Botschaft in Nepal nur bei Vorlage eines Flugtickets erteilt.
Von der nepalesischen Hauptstadt aus führt die Straße 130 km bis zur Grenze am Khodari-Pass. Da die Wege nach wie vor beschwerlich sind, sogar zeitweise wegen der immer wieder auftretenden Erdrutsche ganz geschlossen werden, muss man für die Strecke mit dem öffentlichen Bus einen ganzen Tag rechnen. Von Khodari aus fahren in unregelmäßigen Abständen Busse über Shigatse in die tibetische Hauptstadt Lhasa. Die Fahrt nimmt mehrere Tage in Anspruch. Komfort und Waschmöglichkeiten sind in den Übernachtungsstätten kaum zu erwarten, auch für ausreichende Verpflegung unterwegs sollte man vorher gesorgt haben. Eine solche Tour kann nur empfohlen werden, wenn man sich körperlich dazu in der Lage fühlt, denn nicht zuletzt die Höhe lässt auch kleinere Fußwege – mit oder ohne Gepäck – außerordentlich anstrengend werden.

Aus Pakistan, Kirgisien und Kasachstan

Seit 1986 ist die Einreise nach China von Pakistan über den Karakorum-Highway möglich. Das Visum für Pakistan erhält man bei den Botschaften Pakistans in Europa, ebenso sollte man auch das chinesische Visum mit sich führen.
Von April bis Oktober verbindet der Karakorum-Highway Rawalpindi und Islamabad mit der chinesischen Provinz Xinjiang. Die Fahrt führt über die Grenze am 4600 m hoch gelegenen Khunjerab-Pass bis nach Kaschgar.
Seit den Terroranschlägen vom 11. September 2001 gibt es jedoch vermehrt Busfahrten über Kasachstan nach Yining oder durch Kirgisien über den Torugart-Pass nach Xinjiang. In den landschaftlich reizvollen Gegenden kommt es auf allen Strecken gelegentlich zu Erdrutschen, sodass man auch mit Fußmärschen – samt Gepäck! – rechnen muss. Die Unterkunftsmöglichkeiten sind während der gesamten Fahrt einfach.

Reisen im Land

Gruppenreise

Die einfachste und komfortabelste Art, zu einem angemessenen Preis nach China zu reisen, ist eine Gruppenreise. Hier werden für die Teilnehmer An- und Abreise, Hotelunterkunft mit Vollpension und Besichtigungsprogramm bei einem deutschen Reiseveranstalter gebucht, der wiederum mit den chinesischen Reisbüros vor Ort zusammenarbeitet. Für eine Erläuterung der besuchten Sehenswürdigkeiten ist meist der örtliche Begleiter des chinesischen Reisebüros zuständig.
Eine Reihe von Veranstaltern bietet neben den klassischen Routen inzwischen auch Reisen mit besonderem thematischen Schwerpunkt an. Einige ermöglichen Kurse in Schattenboxen, Kalligrafie oder Akupunktur, sogar Sprachkurse kann man in den Angeboten finden.
Sehr beliebt geworden sind inzwischen auch Städtereisen für eine Woche oder zehn Tage. Die meisten führen nach Peking oder zusätzlich nach Xi'an. Am preisgünstigsten sind sie im Winter, was bei entsprechender Kleidung im trocken-kalten Peking kein Problem darstellt.

Einzelreise

Inzwischen können Individualreisende rund 1200 Städte und Kreise in China besuchen. Dabei gibt es grundsätzlich drei verschiedene Möglichkeiten.

Full Package Tour

Am komfortabelsten und natürlich auch teuersten ist es, bei einem erfahrenen Veranstalter eine sogenannte Full Package Tour zu buchen. Für die Reisenden wird von Europa aus alles (Flüge und Fahrten, Unterkunft, Vollpension, Transfers etc.) vorgebucht, allerdings mit dem Unterschied zur Gruppenreise, dass Sie Ihre Reiseroute nach persönlichem Geschmack und Besichtigungswünschen zusammenstellen können. In jeder Stadt steht ein Begleiter des Reisebüros zur Verfügung, der bei der Durchführung des Besichtigungsprogramms behilflich ist.

Mini Package Tour

Eine weitere Möglichkeit ist die Buchung einer sog. Mini Package Tour. Auch hier werden vom Veranstalter Flüge, Unterkunft mit Frühstück, Transfers und Gepäcktransport vorgebucht. Für Gestaltung und Organisation ihres Besichtigungsprogramms sind die Reisenden dann selbst verantwortlich, sie werden in jeder Stadt lediglich vom Flughafen/Bahnhof abgeholt und zum Hotel gebracht. In jedem Hotel gibt es einen Reiseschalter, bei dem man seine Besichtigungswünsche vorbringen und gegen eine Gebühr auch arrangieren lassen kann. An sich ist diese Art zu reisen für Individualtouristen am angenehmsten. Die notwendigsten Buchungen sind vorgenommen (diese selbst zu tätigen bedeutet oft erheblichen Zeit- und Nervenaufwand), und man hat bei gründlicher Vorbereitung gute Chancen, China auch jenseits der üblichen Strecken kennenzulernen. Spätestens drei Monate vor Abreise sollte man sich um eine endgültige Buchung bemühen.

Auf eigene Faust

Das völlig selbstständige Reisen hat in den letzten Jahren zugenommen, sodass chinesische Reisebüros sich darauf eingestellt haben. Dennoch ist die eigene Organisation der Reise extrem anstrengend und zeitaufwendig. Ohne

grundlegende Sprachkenntnisse sollte man sich besser nicht daranmachen. Denn auch im touristischen Bereich, selbst in den Hotels, sprechen viele Angestellten keine Fremdsprache. Die Verwendung der Umschrift Hanyu Pinyin ist im Alltag wenig verbreitet, sodass man auch Schriftzeichen lesen können sollte. In jedem Fall sollte man nicht kurzfristig planen oder jederzeit bereit sein, spontan sein Programm abzuändern, denn oft muss man auf das nächste Bahn- oder Flugticket einige Tage warten oder eine andere Stadt als nächstes Ziel wählen. In einigen Bereichen verfügen die staatlichen Reisebüros über Sperrkontingente, sodass man dort möglicherweise noch eine Fahrkarte erhält, wenn am Bahnhof schon alles ausverkauft ist.
Die Preise für Flugzeuge, Züge und manche Busse sind für Ausländer und Einheimische gleich. Die etwas besseren Hotels lassen sich bei Reisebüros buchen. An preiswerte Hotels oder Gästehäuser wendet man sich am besten direkt, auch hier sind Chinesisch-Kenntnisse von Vorteil.
Die Reisebüros berechnen für ihre Dienstleistungen eine Gebühr, da sie keine Provision erhalten.

Flugzeug

Es gibt mittlerweile mehrere chinesische Fluglinien, deren Flotte nach und nach mit neuen Maschinen ergänzt wurde. Die Buchung innerchinesischer Flüge ist vom Ausland aus nur bedingt möglich. Hierfür sollte man sich an ein erfahrenes Reisebüro wenden. In China erhalten Sie Tickets in allen Reisebüros, in vielen Hotels oder den Buchungsstellen der einzelnen chinesischen Fluggesellschaften. Die Flughafengebühr ist bereits im Ticketpreis enthalten.
Sie sollten nur robuste, abschließbare Koffer mitnehmen. Es kann vorkommen, dass unabgeschlossene Gepäckstücke nicht transportiert werden.

FLUGVERBINDUNGEN

Reisezeit ab Peking in Stunden und Minuten:

Chengdu:	2.35 Std.
Chongqing:	2.30 Std.
Dalian:	1.10 Std.
Guilin:	2.35 Std.
Hangzhou:	1.50 Std.
Harbin:	1.40 Std.
Hohhot:	1.15 Std.
Kanton:	2.40 Std.
Kunming:	2.55 Std.
Lanzhou:	2.10 Std.
Nanjing:	1.50 Std.
Qingdao:	1.15 Std.
Shanghai:	1.50 Std.
Taiyuan:	1.35 Std.
Ürümqi:	3.55 Std.
Wuhan:	1.45 Std.
Xi'an:	2.00 Std.

Schiff

Zwischen den großen Küstenstädten Chinas und auf einigen großen Flüssen wie dem Yangzi und dem Perlfluss – nicht aber dem Gelben Fluss – gibt es regelmäßige Linienverbindungen. Sowohl die Seeschiffe als auch die inländischen Flussschiffe verfügen über mehrere Klassen. Einzel- und Doppelkabinen sind mittlerweile fast überall vorhanden. Bei der Buchung der 1. Klasse sollten keine europäischen Verhältnisse erwartet werden. Mit viel Glück erhält man Fahrpläne bei den entsprechenden Reisebüros oder – mit Chinesisch-Kenntnissen – bei den jeweiligen Schiffsagenturen.

Yangzi-Flussfahrt

Von Chongqing flussabwärts durch die ehemaligen Yangzi-Schluchten nach Wuhan dauert die Fahrt drei Tage, in der Gegenrichtung vier Tage. Flussaufwärts lässt sich der erste, relativ unspektakuläre Tag einsparen, wenn man in Sashi oder Yichang zusteigt. Da es in Chongqing mehrere Schiffshäfen gibt, sollten Sie sich danach erkundigen, wo Ihr Schiff an- bzw. ablegt. Wegen der Vielzahl unterschiedlicher Schiffe, die den Yangzi befahren, sollte man unbedingt die Art des Schiffes kennen, für das man eine Passage kauft. Es gibt Transportschiffe und Touristenschiffe. Erstere befördern Fracht jeder Art und haben üblicherweise zusätzlich Fahrgastkabinen der 1. bis 4. Klasse. Verpflegung gibt es keine, und die sanitären und hygienischen Bedingungen sind schlecht.
Stark verbessert hat sich in den letzten Jahren die Qualität der touristischen Schiffe, die regelmäßig auf dem Yangzi verkehren. Sowohl die Ausstattung als auch Sauberkeit und Verpflegung sind – je nach Preisklasse – internationalen Maßstäben angepasst.

Hongkong

Schiffsverbindungen bestehen vor allem nach Kanton und Macau und außerdem die Ostküste entlang nach Xiamen (20 Std.), Shantou (14 Std.) und Shanghai (60 Std.).
Hongkong hat zwei Schiffsanlegestellen: Schiffe nach Macau fahren ab Macau Ferry Terminal im Shun Tak Centre, 200 Connaught Road, Hongkong Island, nach Kanton und zu anderen Städten der Volksrepublik vom China Ferry Terminal in der Canton Road in Kowloon. Einige Luftkissenboote und Katamarane nach Macau benutzen ebenfalls den China Ferry Terminal.
◆ **Nach Macau:** Es fahren zwischen 6 und 20 Uhr etwa viertelstündlich und später mindestens stündlich Fähren unterschiedlichster Art nach Macau. So gibt es die High Speed Ferry (ein normales Schiff), Tragflächenboote und Hochgeschwindigkeitskatamarane mit einem oder zwei Decks (bis 45 Knoten). Vor manchen Feiertagen und an Freitagnachmittagen empfiehlt sich eine Reservierung für die Hinfahrt und an Sonntagnachmittagen für die Rückfahrt. Für Katamarane und Tragflächenbote gibt es einen computergesteuerten Fahrkartenverkauf mit Platzreservierung bis 28 Tage im Voraus. Automaten befinden sich in großen U-Bahnhöfen.
Inhaber gängiger Kreditkarten können telefonisch vorausbuchen unter Tel. 00 852/2859 6596. Aktuelle Auskünfte zu Fahrzeiten und Preisen erteilen das Hongkonger Büro des Macau Government Tourist Office, Tel. 00 852/2857 2287, oder die Far East Jetfoil Co., Tel. 00 852/2859 3333 oder 2859 3111.
◆ **Ins Perlflussdelta:** Als weitere Zielorte im Perlflussdelta stehen Lianhuashan, Nansha, Shekou, Shunde, Zhongshan und Zhuhai zur Auswahl. Beeindruckend ist vor allem die einstündige Fahrt nach Nansha in einem modernen Katamaran. Von Nansha aus gibt es einen kostenlosen Zubringerdienst nach Kanton ins White Swan Hotel. Abfahrt ist täglich in Hongkong um 8.30, 9.15 und 14 Uhr, in Nansha um 11.20, 16 und 17 Uhr. Fahrkarten gibt es in Hongkong am China Ferry Terminal, in Nansha am Terminal (Tel. 0 20/498 8312) und in Kanton im White Swan Hotel (s. S. 12 u. 429).

Bahn

Das chinesische Bahnnetz ist in jüngster Vergangenheit ausgebaut und verbessert worden. Statt 1. und 2. Klasse gibt es vier verschiedene Kategorien: *Ruanwo* bzw. »weich liegen« (soft sleeper), *Ruanzuo* bzw. »weich sitzen« (soft seat), *Yingwo* bzw. »hart liegen« (hard sleeper) und *Yingzuo,* »hart sitzen« (hard seat).
Die Soft-seat-Klasse entspricht etwa der 2. Klasse, wird aber meist nur auf den kürzeren Strecken eingesetzt. Die Soft-sleeper-Klasse hat abgeschlossene Vier-Bett-Abteile mit weichen Betten. Vor allem für längere Fahrten ist sie daher zu empfehlen. Die Hard-sleeper-Klasse hat offene Sechs-Bett-Ab-

teile. Die Pritschen ähneln dem europäischen Liegewagen. Die Hard-seat-Klasse ist meist überfüllt, schmutzig, unbequem, laut, aber sehr billig. In den ersten drei Klassen ist Platzreservierung obligatorisch.
Abgekochtes Wasser gibt es in den Zügen eigentlich immer, Tee kann gekauft werden, und die Fernzüge haben Speisewagen. In den Soft-sleeper- und Hard-sleeper-Klassen stehen Waschräume zur Verfügung. Die Toiletten – gleich in welcher Klasse – sind meist nicht sonderlich hygienisch, und man muss eigenes Toilettenpapier dabei haben. Falls man keine Karte für ein Softsleeper-Abteil bekommen hat, kann man theoretisch beim Schlafwagenschaffner freie Restplätze nachbuchen, was sich jedoch ohne Reiseleiter oder Chinesisch-Kenntnisse als schwieriges Unterfangen erweist. In der Regel sind aber die chinesischen Züge ausgebucht, und es ist ratsam, sich die Fahrkarten möglichst früh zu besorgen. Dies gilt insbesondere für die Hauptreisesaison und die bevölkerungsreichen Gegenden Süd- und Ostchinas.
An mehreren großen Bahnhöfen gibt es eigene Schalter für Ausländer. Oft gibt es auch Verkaufsstellen in den Stadtzentren. Reservierungen können genauso gut über Reisebüros vorgenommen werden. Chinesische Züge sind zwar langsam, aber normalerweise pünktlich.

Von Hongkong nach Kanton

Eine gute Möglichkeit, seine Reise im südlichen Teil Chinas zu beginnen, ist eine Zugfahrt von Hongkong nach Kanton.
Die Fahrt mit dem komfortabel eingerichteten Expresszug vom Bahnhof Hung Hom in Kowloon führt durch die New Territories und die Wirtschaftssonderzone Shenzhen. Der Zug fährt vier- bis sechsmal täglich und benötigt drei Stunden. Sind diese Direktzüge ausgebucht, fährt man am besten mit der Hongkonger S-Bahn bis zum Grenzort Lo Wu (40 Min. Fahrzeit, stündlich drei Züge), verlässt hier samt Gepäck den Zug, passiert die Grenzkontrolle und überquert die Brücke zum Bahnhof Shenzhen. Von dort fährt täglich ein Dutzend Züge nach Kanton (Fahrzeit 2 Std.). Nur die Direktzüge haben auch klimatisierte Abteile. In Kanton kommen die Züge am Hauptbahnhof oder am Ostbahnhof in Tiahe an, eine 45-minütige Taxifahrt vom Stadtzentrum entfernt.
Fahrkarten erhält man in Hongkong am Bahnhof Hung Hom oder bei CTS, in Kanton sind die meisten Hotels und Reisebüros beim Kauf von Tickets behilflich.

Peking

Peking hat zwei Hauptbahnhöfe, den Hauptbahnhof, von wo aus auch die Transsib abfährt, und den Westbahnhof. Fahrkarten kauft man am besten am Ausländerschalter (Foreigners' Booking Office) auf der linken Seite des Hauptbahnhofes. Dort gibt es auch Fahrkarten für Züge, die vom Westbahnhof abfahren.

Bus

In vielen Teilen Chinas sind die Überlandbusse das wichtigste Verkehrsmittel. Für sie gibt es in den meisten Orten und Städten zentrale Busbahnhöfe. Busse sind das billigste Transportmittel, aber entsprechend langsam und auf Langstrecken auch unbequemer als der Zug. Viele Überlandbusse haben nummerierte Plätze, weswegen sich die rechtzeitige Ticket- und Platzreservierung empfiehlt.
In den touristischen Zentren stehen den Reisenden für die Besichtigungsfahrten meist moderne, klimatisierte Busse zur Verfügung.

Auto/Motorrad

Bis vor Kurzem waren private Auto- und Motorradreisen in China nicht möglich. Das beginnt sich aber schrittweise zu ändern. Auskünfte darüber erteilen das Fremdenverkehrsamt der VR China (s. S. 450) oder andere Informationsstellen.
Auto- und Motorradreisen organisiert in Deutschland z.B. B & B Reisen, Gisela Prümm, Am Pastorsberg 15, 46499 Hamminkeln, Tel. 0 28 56/9 20 30, Fax 9 20 35. Von CITS (s. S. 445) werden regional Auto- und Motorradreisen über Land organisiert. Mietwagen oder Minibusse mit Fahrer kann man in allen größeren Städten mieten. Informationen und Reservierungen von Mietwagen, die nur mit Fahrer erhältlich sind, gibt es in den Reisebüros oder an den Rezeptionen größerer Hotels. CITS besorgt Kartenmaterial.

Stadtverkehr

Taxi

Das bequemste innerstädtische Transportmittel sind die Taxis, die auch für ganze Ausflüge gemietet werden können. In Städten kann man Taxis vom Straßenrand heranwinken, ansonsten bekommt man sie an zentralen Punkten wie Bahnhöfen, Flughäfen und Hotels. Die Benutzung des Taxameters ist Vorschrift. Den von der Wagengröße abhängigen Kilometerpreis kann man von einem Aufkleber außen am hinteren Seitenfenster ablesen. Nachtfahrten, Fahrten außerhalb der Innenstädte und auf gebührenpflichtigen Straßen kosten extra. Wer kein Chinesisch kann, sollte das Fahrtziel und die Adresse seines Hotels in chinesischen Schriftzeichen mit sich führen, um diese vorzeigen zu können, da die meisten Taxifahrer keine Fremdsprache beherrschen. Liegt das Fahrtziel weit vom Zentrum, empfiehlt es sich, den Fahrer für die Rückfahrt warten zu lassen.

U-Bahn

In allen Großstädten wurde und wird das U-Bahn-Netz ausgebaut. Die Bahnen sind für längere innerstädtische Strecken eine gute Alternative zum meist gestauten Auto- und Busverkehr.

Bus

Stadtbusse sind äußerst billig, aber meist überfüllt. Das Fahrgeld wird im Bus beim Schaffner bezahlt. Busfahrpläne oder Stadtpläne bekommt man in der Regel nur auf Chinesisch, sodass eine Busfahrt ohne Chinesisch-Kenntnisse schnell zum Abenteuer wird.

Fahrrad

In vielen Städten können Fahrräder gemietet werden, entweder in den Hotels oder an eigenen Verleihstellen. Das ist nicht sehr teuer, nur muss meist eine Kaution hinterlegt werden. Beim Radfahren sollte man langsam und sehr vorsichtig fahren, ständig klingeln und allem, was von vorne kommt, Vorfahrt gewähren.
Es empfiehlt sich, Fahrräder auf den bewachten Fahrradparkplätzen gegen eine geringe Gebühr abzustellen; Fahrraddiebe gibt es auch in China, und »wildes« Parken wird bestraft. Durch den immens angestiegenen Verkehr und die große Umweltbelastung ist Radfahren jedoch nicht ungefährlich.

UNTERKUNFT

Hotels, Jugendherbergen und Pensionen

Wahl der Unterkunft

Die Auswahl der Übernachtungsmöglichkeiten reicht in China von Luxushotels und renovierten Grand Hotels aus der Kolonialzeit über speziell für den Tourismus errichtete, funktionale Häuser der gehobenen Mittelklasse bis hin zu einfachen Hotels, Jugendherbergen und Zimmern in Klöstern.
Üblicherweise können die Zimmer erst ab 14 Uhr bezogen werden, ausgecheckt wird um 12 Uhr. Ohne Reservierung dürfte in den First-Class- und Luxus-Hotels auch in letzter Minute noch ein Zimmer zu bekommen sein, schwieriger wird es hingegen in den Hotels mittlerer und unterer Kategorie. Insbesondere in den Hochsaisonmonaten Mai, September und Oktober oder zu Feiertagen wie dem Chinesischen Neujahr im Januar oder Februar sind sie oft ausgebucht.
Außerhalb von den Hotels ist es in China für einen Fremden (vor allem ohne Chinesisch-Kenntnisse) so gut wie unmöglich, auf eigene Faust eine Unterkunft zu finden. Privatunterkünfte sind rar gesät, und außerdem bringen sie größere bürokratische Anstrengungen mit sich (Anmeldung beim Sicherheitsbüro etc.).

DIE HOTELREZEPTION

Mangels offizieller Auskunftsstellen ist die Hotelrezeption Anlaufpunkt für alle möglichen Fragen wie Transporte zu den Sehenswürdigkeiten, Ausflüge, Auto- und Fahrradvermietung, Veranstaltungen und ärztliche Hilfe. Viele Hotels haben sogar ein eigenes Reisebüro. Sie sollten immer eine Visitenkarte Ihres Hotels mit sich führen, damit Sie nach dem Weg fragen können und mit dem Taxi leichter wieder zurück finden, denn nur wenige Taxifahrer können Englisch.

Touristenhotels

Seit den 1980er-Jahren entstanden im Rahmen von Joint Ventures in Großstädten eine Reihe von Hotels mit internationalem Management und Standard sowie Englisch sprechendem Personal. Sie sind oft an weltweit operierende Hotelketten angeschlossen und haben auch im Preis internationales Niveau erreicht.
Hotels der Spitzen- und der gehobenen Klasse bieten meist ein breit gefächertes Angebot an touristischen Einrichtungen: In der Regel gibt es mehrere Restaurants mit chinesischer und westlicher Küche, Geldumtausch, ein Businesscenter mit Post-, Fax- und E-Mail-Service, Ausflugsschalter, Zimmer- und Wäscheservice sowie einen oder mehrere Läden mit Büchern und Zeitschriften. Bars und Diskotheken sind oft laut und verfolgen nicht immer honorige Ziele. Viele Hotels verfügen über einen Friseur und vermitteln Massagen und Akupunktur-Behandlungen. Auch ein ärztlicher Notdienst ist in der Regel vorhanden, der zumindest Erste Hilfe leisten kann. Die Zimmer sind im Allgemeinen groß und modern ausgestattet, die Sanitäreinrichtungen funktionell (Badewanne oder Dusche). Telefon, Satellitenfernsehen und Internetanschluss gehören ebenso dazu wie der bereitgestellte Beuteltee oder Kaffee. Das abgekochte Wasser in der Thermoskanne ist genießbar, während Leitungswasser keine Trinkwasserqualität besitzt.
Drei-Sterne-Hotels haben meist eine einfache Einrichtung, sind aber in der Regel sauber; falls nicht, sollte man das Zimmer zurückweisen. Hotels mit weniger Sternen sind nur Abenteurern zu empfehlen.
Praktisch alle Hotels besitzen eigene Restaurants, von denen die chinesischen oft recht gut sind. In den Metropolen findet man in den Spitzenhotels auch sehr gute europäische Restaurants.

Die rein chinesischen Hotels werden von der Tourismusbehörde großzügiger mit Sternen versehen, sodass man dort seine Erwartungen etwas zurücknehmen sollte. Dennoch hat die Hotelversorgung mittlerweile ein gutes Niveau erreicht.

Einfache Unterkünfte

Neben den für Touristen konzipierten Hotels gibt es viele einfachere Unterkünfte für die einheimische Bevölkerung. Ob diese Hotels ausländische Gäste aufnehmen, hängt von den Bestimmungen des chinesischen Reisebüros oder der örtlichen Sicherheitspolizei ab, die festlegen, welche Häuser Ausländer beherbergen dürfen. Sie verfügen in der Regel über Zwei- und Mehrbettzimmer, oft auch über Schlafsäle und Dusch- oder Waschgelegenheiten. Sie sind eine preiswerte Alternative für Rucksackreisende. Das Personal spricht jedoch meist kein Englisch. Und man sollte rechtzeitig da sein, um noch eine Auswahl zu haben.
In Hongkong gibt es einige schön gelegene und gut ausgestattete Jugendherbergen. Auch in der Volksrepublik tauchen Herbergen mit dieser Bezeichnung auf, doch gibt es hier keine Qualitätskontrolle.
Unternimmt man längere Fahrten oder auch Fußmärsche über Land, wie in Tibet oder in den Landschaften um die heiligen Berge Chinas, trifft man auf verschiedene Arten einfachster Übernachtungsmöglichkeiten. Häufig kann man auch in Klöstern die Nacht verbringen. Diese Unterkünfte bieten keinen Komfort und oft auch keine Waschmöglichkeiten. Die Mitnahme eines Schlafsacks ist zudem überaus ratsam.
In den nachstehenden Unterkunftsempfehlungen finden Sie eine Bandbreite von Übernachtungsmöglichkeiten, vom teuren Fünf-Sterne-Hotel bis zur Jugendherberge (weitere Hotels siehe Seite 12).

AUSGEWÄHLTE ADRESSEN

Die Preiskategorien gelten für Doppelzimmer ohne Frühstück in der Hauptsaison
●●●●● = über 150 €
●●●● = 100–150 €
●●● = 70–100 €
●● = 35–70 €
● = unter 35 €

Anhui

Hefei

◆ **Holiday Inn**
1104 Changjiang Dong Lu
Tel. 05 51/220 6666
Der Hotelturm des Holiday Inn ist eine gute Wahl, denn das Hotel verfügt über ordentlich ausgestattete Zimmer, vier Restaurants und ein Schwimmbad. ●●●

◆ **Anhui Hotel**
18 Meishan Lu
Tel. 05 51/221 8888
Liegt 3 km außerhalb des Stadtzentrums in der landschaftlich reizvollen Xishan-Gegend, ist die längere Anfahrt aber wert. ●●

◆ **Huaqiao Fandian**
98 Changjiang Lu
Tel. 05 51/265 2221
Gutes und günstiges Hotel in zentraler Lage. Sie sollten möglichst ein Zimmer in Gebäude B verlangen. ●●

Chongqing

◆ **InterContinental Chongqing**
101 Minzu Rd, Yuzhong District
Tel. 0 23/8906 6888
Dieses 42-stöckige Luxushotel mit 338 Zimmern ist besonders Geschäftsreisenden zu empfehlen. Es gibt Konferenzräume und kostenlosen Internetanschluss, und nach getaner Arbeit entspannt man sich am Pool oder im Wellnessbereich. ●●●●●

◆ **Hilton Chongqing**
139 Zhongshan San Lu
Tel. 0 23/8903 9999
Nur einige Gehminuten vom zentralen Renmin-Platz entfernt, bietet das Hotel alle Annehmlichkeiten, die man von dieser namhaften Kette erwartet. In vier Restaurants kann man zwischen Bistrospeisen, Grillgerichten und Spezialitäten aus Kanton oder Sichuan wählen. Das Hotel ist besonders für Geschäftsreisende geeignet, die hier sogar ein Büro mieten können. ●●●●

◆ **JW Marriott Hotel Chongqing**
77 Qingnian Lu
Tel. 0 23/6388 8888
Mit vier Restaurants, einem Innenpool, einer eleganten Lobby, verschiedenen Bars, hochklassigem Service und seiner guten Lage in der Innenstadt ist das Marriott eine gute Wahl. ●●●●

◆ **Harbour Plaza**
Wuyi Lu, Tel. 0 23/6370 0888
Renoviertes Fünf-Sterne-Hotel in zentraler Lage mit luxuriösen Zimmern. ●●●

◆ **Holiday Inn Yangtze Chongqing**
87 Nanping Beixin Jie
Nan'an District
Tel. 0 23/6280 3380
Das Holiday Inn bietet herrliche Ausblicke auf den Yangzi und die Skyline der schnell wachsenden Großstadt. Trotzdem ist es preislich günstiger als die anderen namhaften Hotels Chongqings. Im Pool, der zum Fluss hin gelegen ist, kann man sich in den berüchtigt heißen Sommern herrlich abkühlen. Kulinarisch verwöhnen ein Grillrestaurant und das Golden Sand Restaurant die Gäste mit hervorragender Sichuan- und Kanton-Küche. ●●●●

◆ **Chung King Hotel**
41–43 Xin Hua Lu
Tel. 0 23/6383 8888 oder 6384 9301
In der Nähe der Chaotianmen Docks gelegen, verfügt dieses moderne, vor allem bei Ausländern beliebte Drei-Sterne-Hotel über ausreichend große, sich aneinander anschließende Zimmer, die alle mit Klimaanlage ausgestattet sind. Zum Service gehören Geldwechsel sowie Ausflugs- und Reisebuchungen. Das Hotel verströmt Sowjet-Nostalgie. ●

Dongbei

Dalian

◆ **Dalian Hotel**
4 Zhongshan Square
Tel. 04 11/8263 3111
Dalians beeindruckendes historisches Hotel wurde 1914 von japanischen Besatzern errichtet. ●●

Harbin

◆ **Shangri-La Hotel**
555 Youyi Lu
Tel. 04 51/8485 8888
Erstklassiger Service und Komfort, schöner Blick auf den Songhua-Fluss. ●●●●

◆ **Songhuajiang Gloria Inn**
257 Zhongyang Avenue
Tel. 04 51/8463 8855
Annehmbares Drei-Sterne-Hotel in großartiger Lage nahe dem Zhaolin-Park und dem Songhua-Fluss. Alle Zimmer sind mit einer Klimaanlage ausgestattet. ●●

Shenyang

◆ **Haiyue City Plaza Hotel**
83 Zhongshan Lu
Tel. 0 24/6250 1888
Modernes Vier-Sterne-Hotel im Stadtzentrum mit geräumigen Zimmern und gutem Preis-Leistungs-Verhältnis. ●

Fujian

Fuzhou

◆ **Lakeside Hotel**
158 Hubin Lu
Tel. 05 91/8783 9888
www.lakeside-hotel.com.cn
Das Hotel liegt wunderschön zwischen dem Westsee und seinem Park. Die vernünftigen Preise beinhalten Frühstück, kostenlosen Internetzugang und Ferngespräche. ●●●

Xiamen

◆ **Marco Polo Xiamen**
8 Jianye Rd (nahe Hubin Beilu)
Tel. 05 92/509 1888
www.marcopolohotels.com
Dieses in Würde gealterte, feine Hotel liegt im Herzen der hübschen historischen Hafenstadt direkt am See und bietet internationalen Standard. Zum Hotel gehören mehrere Restaurants, es gibt Freizeitangebote und Extra-Service für Geschäftskunden. ●●●

◆ **Sofitel Plaza Xiamen**
19 Hubin Beilu
Tel. 05 92/507 8888
www.sofitel.com
Sofitel war die erste westliche Hotelkette, die in Xiamen ein Haus eröffnete. Der schicke Fünf-Sterne-Palast im Finanzviertel der Stadt verwöhnt seine Gäste mit Wellnessbereich, Fitnessstudio und Pool. Die Zimmer haben Blick auf die Stadt oder den See. ●●●

◆ **Xianglu Grand**
18 Changhao Rd, Huli
Tel. 05 92/263 8888
Dieses prächtige Hotel wurde 2006 eröffnet. Den Mittelpunkt des Gebäudes bildet ein riesiges Atrium. Die 1500 Zimmer sind luxuriös ausgestattet, ein großer Wellnessbereich, ein Fitnessstudio und ein Schwimmbad sorgen für Entspannung. ●●

◆ **Lujiang Harbourview**
54 Lujiang Lu
Tel. 05 92/202 2922
Hübsch liegt das alte Gebäude aus der Kolonialzeit am Ufer. Zu den Booten, die zur Insel Gulangyu übersetzen, ist es nur ein Katzensprung. Einige Zimmer verfügen über Seeblick. Trotz der modernen Ausstattung haben sich die Räume ihr historisches Flair bewahrt. ●●

◆ **Xiamen Yongshun**
12 Lujiao Lu, Insel Gulangyu
Tel. 05 92/206 0920,
www.glyhotel.com/english.asp
Dieses Hotel auf der hübschen Insel Gulangyu gehört zu einer kleinen Hotelkette und ist in der ehemaligen britischen Botschaft untergebracht. Am Ufer steht ein weiteres Gästehaus. Beide Hotels sind bequem ausgestattet, und das Preis-Leistungs-Verhältnis stimmt. ●●

Gansu

Dunhuang

◆ Silk Road Dunhuang Hotel (Dunhuang Shanzhuang)
Dunyue Lu
Tel. 09 37/888 2088
www.the-silk-road.com
Das Silk Road ist mit Abstand Dunhuangs bestes Hotel, wenn nicht sogar der ganzen Provinz Gansu. Das schön inmitten der riesigen Sanddünen im Süden der Stadt gelegene Gebäude fügt sich harmonisch in die Landschaft ein. Alle Zimmer und Suiten sind elegant ausgestattet und in Wüstenfarben gehalten. In einigen Zimmern wurde sogar der traditionelle Unterkunftsstil der Karawansereien an der Seidenstraße nachempfunden. Die Freizeitangebote beinhalten Kamelritte über die Dünen, Sandschlittenfahren und Bogenschießen. Unvergesslich ist der Sonnenuntergang über der Wüste. ●●●–●●●●

◆ Grand Sun Hotel (Taiyang Dajiudian)
5 Shazhou Beilu
Tel. 09 37/882 9998
Freundlicher Service zeichnet dieses herausragende Hotel im Stadtzentrum von Dunhuang aus. Im neuen Gebäudeteil sind die Zimmer gut ausgestattet, aber teurer als die im etwas schlechter gewarteten alten Flügel. Zudem besitzen sie weniger Atmosphäre. Bei der Organisation von Ausflügen und Rundreisen ist das hoteleigene Reisebüro behilflich. ●●●

◆ Feitian Hotel
Mingshan Lu
Tel. 09 37/882 2008
Äußerst günstig in unmittelbarer Nähe des Busbahnhofs gelegen, verfügt dieses saubere und nette Hotel über Einzel- und Doppelzimmer sowie Schlafsäle. Es besitzt zwar kein eigenes Restaurant, aber zu beiden Seiten der Mingshan Lu lassen sich ausreichend Möglichkeiten finden, die Spezialitäten der Region zu kosten. ●●

Lanzhou

◆ JJ Sun Hotel (Jinjiang Yangguang Jiudian)
589 Donggang Xi Lu, Lanzhou
Tel. 09 31/880 5511
www.jinjianghotels.com
Das 24-stöckige Drei-Sterne-Hotel liegt im quirligen Einkaufsviertel der Stadt. Die Zimmer sind bequem und verfügen über Kabelfernsehen, Internetanschluss, Minibar und Kühlschrank. In der Nähe befinden sich einige der besten Restaurants von Lanzhou. ●●●

◆ Lanzhou Legend Hotel (Lanzhou Feitian Dajiudian)
599 Tianshui Lu
Tel. 09 31/888 2876
Dies ist das wohl beste Hotel in Lanzhou. Die Kunden finden dort alles, was sie an moderner Ausstattung erwarten: Internetanschluss, Kabelfernsehen, gute Restaurants und eine Wechselstube. Das Personal spricht Englisch, organisiert auch Ausflüge und nimmt Reisebuchungen entgegen. Die Lage im Südosten der Stadt ist wegen der Nähe zum Bahnhof und zum Busbahnhof günstig. ●●

◆ Lanzhou Hotel (Lanzhou Fandian)
434 Donggang Xilu
Tel. 09 31/841 6321
Angenehmes Hotel mit akzeptablen Zimmerpreisen. Es ist in einem unscheinbaren Gebäude im Sowjet-Stil untergebracht, das erst kürzlich renoviert wurde. Das Hotel liegt nahe dem Bahnhof und Busbahnhof, auch in die Innenstadt gelangt man leicht. Internetanschluss und ein Reiseschalter gehören zum Service. ●●

Xiahe

◆ Labrang Baoma Hotel (Labuleng Baoma Binguan)
Renmin Xijie
Tel. 09 41/712 1078
Dieses gut geführte, freundliche Haus ist angenehm im tibetischen Stil eingerichtet und besitzt zwei Restaurants, die Gerichte aus Sichuan und Tibet servieren. Die meisten Zimmer, die zu vernünftigen Preisen zu haben sind, verfügen über ein eigenes Bad. Für Reisende mit kleinem Geldbeutel werden auch leidlich bequeme Schlafsäle angeboten. Man kann im Hotel Fahrräder ausleihen – das ideale Verkehrsmittel, um Xiahe und das Labrang-Kloster zu erkunden. ●

◆ Overseas Tibetan Hotel (Huaqiao Fandian)
77 Renmin Xijie
Tel. 09 41/712 2642
Dieses direkt neben der Hauptattraktion von Xiahe, dem Labrang-Kloster, gelegene Hotel wurde in den letzten Jahren stetig renoviert, sodass man mittlerweile recht komfortable Zimmer vorfindet. Obwohl es leider immer noch einige Zimmer ohne eigenes Bad gibt, bietet es zuverlässigen und guten Service. ●

Guangdong

Hinweis: Die Zimmerpreise aller Hotels in Kanton steigen horrend, wenn Ende April bzw. Ende Oktober die Kanton-Messe stattfindet. Touristen sollten die Stadt dann meiden.

Kanton

◆ The Ritz-Carlton Guangzhou
3 Xing'an Lu (in der Nähe der Xiancun Lu)
Tel. 0 20/3813 6688
www.ritzcarlton.com
Aristokratisch und europäisch wirkt die Möblierung des Ritz-Carlton, das nicht nur über exzellenten Service, sondern auch über fantastische Restaurants verfügt. Es liegt in der gerade emporsprießenden Neustadt Zhujiang, wo das neue Messezentrum Kantons entsteht. ●●●●●

◆ China Marriott
122 Liuhua Lu
Tel. 0 20/8666 6888
Dieses riesige Fünf-Sterne-Hotel beherbergt eine große Auswahl an Restaurants und Bars, ein luxuriöses Einkaufszentrum und hat direkten Zugang zur U-Bahn. Es liegt zwar zentral, aber das Messegelände, das früher genau gegenüber war, wurde nun in die östlichen Vororte verlegt. Man kann es jedoch immer noch bequem per U-Bahn erreichen. ●●●●

◆ Garden Hotel
368 Huanshi Donglu
Tel. 0 20/8333 8989
Das Garden Hotel, eines von drei zur Platinum-Kette gehörenden Fünf-Sterne-Hotels, ist schon fast eine Institution. Dazu tragen nicht zuletzt die prächtige Lobby und der Wasserfall im Garten bei. ●●●●

◆ The Westin Guangzhou
6 Linhe Zhonglu
Tel. 0 20/2886 6868
Spitzenhotel in Tianhe, dem schicken neuen Shopping- und Geschäftsviertel. Der Zhongxin-Turm und der Ostbahnhof liegen gleich um die Ecke. ●●●●

◆ Asia International Hotel
326 Huanshi Dong
Tel. 0 20/6128 8888
Modernes Hochhaus mit geräumigen Zimmern, Schwimmbad, Fitnesscenter und schnellem DSL-Anschluss. Vom Drehrestaurant Sky Café im Turm genießt man einen herrlichen Panoramablick über die Stadt. ●●●

◆ Holiday Inn City Centre
28 Guangming Lu (nahe Huanshi Donglu)
Tel. 0 20/6128 6868
Der Name Holiday Inn verspricht zuverlässigen Service und das gilt auch für dieses bereits einige Jahre existierende Hotel in exzellenter zentraler Lage. Es befindet sich ganz in der Nähe einer der bekanntesten Kneipenstraßen der Stadt. ●●●

◆ Shangri-La Pazhou
Suite 2001, North Tower, The Hub
1068 Xingang Donglu, Hai Zhu District
Tel. 0 20/8923 1188
Dieses große, erst 2006 eröffnete Hotel kann nur Messebesuchern empfohlen werden. Das Messegelände erreicht man zu Fuß in fünf

Minuten. Für alle anderen Reisenden ist die Lage am Stadtrand unattraktiv. ●●●

◆ **White Swan Hotel**
1 Shamian Nanjie
Tel. 0 20/8188 6968
Dieses schöne Hotel mit 843 Zimmern auf der Insel Shamian beherbergt eine Galerie mit hochklassigen Boutiquen und Restaurants. Das White Swan war das erste Fünf-Sterne-Hotel in China und zählt immer noch zu den Top-Adressen (s. S. 12). ●●●

◆ **Shamian Hotel**
52 Shamian Nanjie, Shamian Island
Tel. 0 20/8121 8288
Dieses bei ausländischen Besuchern beliebte und preisgünstige Hotel liegt auf der pittoresken Insel Shamian gegenüber dem White Swan Hotel. ●

Shenzhen

◆ **InterContinental Shenzhen**
9009 Shennan Dadao
Chinese Overseas Town
Tel. 07 55/3399 3388
Mit 540 Zimmern und acht Themenrestaurants, darunter eines in einer originalgetreu nachgebauten Galeere, passt das neue Intercontinental perfekt zu den verrückten Themenparks in seiner unmittelbaren Nachbarschaft. Die Zimmer sind gut ausgestattet, es gibt einen großen Wellnessbereich und einen Außenpool. ●●●●●

◆ **Crowne Plaza Hotel and Suites Landmark**
3018 Nanhu Lu
Tel. 07 55/8217 2288
Solides Fünf-Sterne-Hotel im Herzen des Einkaufs- und Geschäftsviertels von Luohu. Seit Kurzem wird es von der Hotelgruppe Crowne Plaza geführt und bietet guten Service, einen Pool, ein Fitnessstudio, Konferenzräume und ein Restaurant. ●●●

◆ **Shangri-La Shenzhen**
East Side, Railway Station
1002 Jianshe Road
Tel. 07 55/8233 0888
Gleich an der Grenze zu Hongkong gelegen, ist dieses Hotel bei Geschäftsreisenden beliebt. Zimmer und Ausstattung befinden sich nicht auf dem letzten Stand, aber der Service ist erstklassig und die öffentlich zugänglichen Bereiche sowie die Restaurants, speziell das 360 Bar and Restaurant, haben nichts an Luxus eingebüßt. ●●●

◆ **Days Hotel Luohu**
1021 Yanhe Nanlu
Tel. 07 55/2585 9988
Schickes, neues Mittelklassehotel über einem Einkaufszentrum mit ordentlicher Ausstattung und günstiger Lage in der Nähe des Bahnhofs und der Grenze zu Hongkong. ●●

Guangxi

Guilin

◆ **Hotel of Modern Art HOMA**
Dabu Town, Yanshan District
Tel. 07 73/386 5555
Die Hauptattraktion dieses etwas überkandidelten Designerhotels, das neben dem Yuzi-Paradise-Skulpturenpark im Süden der Stadt liegt, ist HOMA Libre. Dieses Gebäude mit 46 Zimmern und einem von Gras bewachsenen Dach schmiegt sich an einen hoch aufragenden Kalksteinfelsen. ●●●

◆ **Lijiang Waterfall**
1 Shanhu Bei Lu
Tel. 07 73/282 2881
Zentral gelegenes Hotel gegenüber dem Elefantenrüsselberg mit Blick auf den Li-Fluss. Es bietet geräumige Zimmer und eine moderne Ausstattung, zu der ein Innenpool, eine Sauna und ein Fitnessbereich gehören. Im Hotel gibt es zudem ein chinesisches, ein japanisches, ein koreanisches sowie ein westlich geprägtes Restaurant. ●●●

◆ **Sheraton Guilin Hotel**
15 Bin Jiang Lu
Tel. 07 73/282 5588
Eines der Top-Hotels in Guilin in schöner Lage direkt am Fluss. ●●●

◆ **Guilin Fubo Hotel**
27 Bin Jiang Lu
Tel. 07 73/256 9898
Freundliches Mittelklasse-Hotel mit bequem ausgestatteten Zimmern und guter Lage in Flussnähe. Zum Hotel gehören zwei Restaurants, ein Fitnessbereich und ein Businesscenter. ●●

Nanning

◆ **Phoenix Hotel**
63 Chaoyang Lu
Tel. 07 71/211 9666
Großes, imposantes Hotel mit geräumigen, schön möblierten Zimmern, bei dem das Preis-Leistungs-Verhältnis stimmt. ●

Yangshuo

◆ **Yangshuo Mountain Retreat**
Wang Gong Shan Jiao, Feng Lou Cun Wei, Gao Tian
Tel. 07 73/877 7091
www.yangshuomountainretreat.com
Das Yangshuo Mountain Retreat ist ein ruhiger Zufluchtsort in herrlicher Umgebung. Von den 22 Zimmern des am Ufer des Yulong-Flusses gelegenen Hotels sind die mit Balkon und Blick auf den Fluss am meisten zu empfehlen. ●–●●

Guizhou

Guiyang

◆ **Guizhou Park Hotel**
66 Beijing Rd
Tel. 08 51/682 3888
Dieses Vier-Sterne-Hotel neben dem Qinling-Park besitzt eine Kegelbahn, eine Disko und ein Billiardzimmer. In den Restaurants wird chinesische und westliche Küche angeboten. ●●

◆ **Motel 168**
2 Sheng Fu Road
Tel. 08 51/816 8168
Schickes, modernes und zentral gelegenes Hotel mit gutem Restaurant. ●

Kaili

◆ **Gui Tai Hotel**
Beijing Donglu
Tel. 08 55/826 9888
Das Hotel liegt im Herzen der Stadt. Frühstück und Satellitenfernsehen sind im Preis inbegriffen. ●

Zhaoxing

◆ **Lulu's Homestay**
Guihua Lu
Tel. 08 55/613 0112
Der Besitzer, Herr Lu, ist hilfsbereit, und das Essen schmeckt interessant. In jedem Stockwerk gibt es für alle Gäste zugängliche Balkone, von denen man schöne Ausblicke genießt. ●

Hainan

Haikou

◆ **Sheraton Haikou Resort**
199 Binhai Lu
Tel. 08 98/6870 8888
Das Hotel liegt an einem langen Sandstrand nahe dem Holiday Beach und nicht weit vom Zentrum entfernt. Es bietet neben ausgezeichneter Küche Wellness-Behandlungen und Entspannung am Pool. ●●●●

◆ **HNA Hotel**
38 Datong Lu
Tel. 08 98/6679 6999
In der Nähe des Finanz- und Einkaufszentrums von Haikou gelegen, verfügt das Hotel über geräumige Zimmer und einen Landschaftsgarten. ●●

Nanshan

◆ **Nanshan Leisure Villas and Tree House**
Nanshan Park
Tel. 08 98/8883 7936
In diesem kleinen Resort-Hotel wohnt man entweder in netten Häuschen mit Meerblick oder in Unterkünften, die mitten in den Sanddünen gleich hinter einem herrlichen Strand in Tamarindenbäume gebaut wurden. Die Zimmer in den Baumhäusern sind zwar etwas spartanisch ausgestattet und es gibt Gemeinschaftsbäder, aber alles ist sauber – und so zu wohnen macht vor allem Spaß. ●●

Qixianling

◆ Paradise Rainforest Spa and Resort
Qixianling National Forest Reserve
Baoting County
Tel. 08 98/8388 8888
Das Paradise Rainforest zu Füßen des zerklüfteten Qixianling-Berges ist ein schönes Wellness-Hotel. Einige Zimmer haben Balkone mit Badewannen, die sich aus heißen Quellen speisen. Öffentlich zugänglich sind wunderbare Poollandschaften. Das gute chinesische Restaurant bietet einige interessante lokale Spezialitäten an. ●●●–●●

Yalong Wan

◆ Hilton Sanya Resort and Spa
Tel. 08 98/8858 8588
www.hilton.de/sanya
Das Hotel unterscheidet sich von den anderen internationalen Resort-Hotels am Yalong-Strand durch sein stilvolles und schickes Design und einen großen Wellnessbereich. Beeindruckend ist die riesige Poolanlage mit Wasserfall und Lagune. ●●●●●–●●●●

Hebei

Chengde

◆ Pu Ning Hotel
West Courtyard of Puning Temple
Tel. 03 14/205 8888
Das Pu Ning Hotel gehört zur Anlage des Puning-Tempels, daher trägt das Personal traditionelle Kleidung. Im Restaurant wird buddhistisch angehauchte vegetarische Küche serviert, und jeden Abend finden Showveranstaltungen statt. ●●

◆ Qian Yang Hotel
18 Fule Lu, Shuangqiao District
Tel. 03 14/205 7188
Angenehmes, modernes Touristenhotel gegenüber dem Mountain Resort mit Schwimmbad, Sauna und Tennisplätzen. ●

Shanhaiguan

◆ The First Pass Hotel (Diyiguan Binguan)
1 Dong Dajie
Tel. 03 35/513 2188
Die der Qing-Architektur nachempfundenen Gebäude sollen eine harmonische Einheit mit der östlich davon gelegenen Großen Mauer bilden. Shanhaiguan hat nur wenige Hotels, und dieses ist noch das beste davon. Allerdings lassen die Ausstattung der Doppelzimmer und der Service zu wünschen übrig. Das Frühstück ist im Preis inbegriffen. ●

Tianjin

◆ Astor
33 Tiaer Zhuang Lu
Tel. 0 22/23 31 1688
Dieses in einem historischen Gebäude mit Blick auf den Fluss untergebrachte, etwas plüschige Hotel bietet nette Zimmer und eine gute Ausstattung. ●●●

◆ Huibinyuan Hotel
46 Shuishang Beilu
Tel. 0 22/2336 9486
Angenehmes und hübsch gelegenes Drei-Sterne Hotel. Alle Zimmer haben Fernseher, Kühlschränke und eigene Badezimmer. Allerdings spricht das Personal nur schlecht Englisch. ●●

◆ Super 8 Hotel
5 Jinping Lu
Tel. 0 22/5829 8988
Empfehlenswertes billiges Hotel in der Nähe des Busbahnhofs und der U-Bahn. ●

Henan

Dengfeng

◆ Shaolin International Hotel
20 Shaolin Lu
Tel. 03 71/6286 6188
www.shaolinhotel.com
Dengfengs Top-Hotel ist bei Pauschalreisenden besonders beliebt. Das Vier-Sterne-Hotel hat eine große Lobby und eine Vielzahl an Zimmern. Die Restaurants haben sich auf verschiedene regionale chinesische Speisen spezialisiert. Ein Businesszentrum sowie ein Fitness- und Saunabereich runden das Angebot ab. ●●

Kaifeng

◆ Dajintai Hotel
23 Gulou Jie
Tel. 03 78/6255 2888
Das Dajintai Hotel liegt im Herzen der Altstadt zu beiden Seiten des beeindruckenden Nachtmarkts. Und der Preis stimmt auch bei den großzügig geschnittenen, bequemen Doppelzimmern, alle mit eigenem Bad und inklusive Frückstück. ●

◆ Kaifeng Hotel
66 Ziyou Lu
Tel. 03 78/6595 5589
Das Kaifeng erkennt man an den geschwungenen chinesischen Dächern – ursprünglich wurde es von einer russischen Hotelkette errichtet. Die hübsche Architektur kann aber nicht über die im Vergleich zum Dajintai ungerechtfertigt höheren Preise hinwegtäuschen. ●

Luoyang

◆ Peony Hotel
15 Zhongzhou Xilu
Tel. 03 79/6468 0000
Luoyangs teuerstes Hotel wird stark von internationalen Pauschaltouristen frequentiert, die die nahen Longmen-Grotten besichtigen möchten. Die Zimmer sind gemütlich und sauber, im Erdgeschoss befindet sich das zentrale CITS-Reisebüro der Stadt. ●●

◆ Tianxiang Hotel
56 Jinguyuan Lu
Tel. 03 79/6393 5439
Ein angenehmes, preiswertes Hotel für Indiviualreisende, das nur wenige Gehminuten vom Bahnhof entfernt liegt. Viele Zimmer wurden renoviert. Das preisgünstige Sichuan-Restaurant ist äußerst beliebt und mittags und abends meist gut besucht. ●

Zhengzhou

◆ Crowne Plaza
115A Jinshui Lu
Tel. 03 71/6595 0055
www.crowneplaza.com/zhengzhou-cp
Das Crowne Plaza liegt im Osten von Zhengzhou, inmitten der anderen Fünf-Sterne-Unterkünfte der Stadt. Es zeichnet sich durch guten Service, gemütliche Zimmer und viele Annehmlichkeiten aus, darunter auch einen gepflegten Pool. ●●●

◆ Sofitel Zhengzhou
289 Chengdong Lu
Tel. 03 71/6595 0088
www.sofitel.com/asia
Das Sofitel bietet den modernen Komfort eines internationalen Fünf-Sterne-Hotels, dazu gehören auch ein Café, zwei Restaurants, zwei Bars, ein Nachtclub, ein Fitnessstudio, ein Schwimmbad und eine Sauna. ●●●

◆ Holiday Inn Express
115 Jinshui Lu
Tel. 03 71/6 95 6600
Das Holiday Inn wird vom angrenzenden Crowne Plaza gemanagt und bietet erschwinglichere Zimmerpreise als seine Fünf-Sterne-Schwester. Die Zimmer sind peinlich sauber und bodenständig. Das Frühstück ist inklusive. ●●

Hongkong

◆ Conrad
Pacific Place, 88 Queensway, Central
Tel. 00 852/2521 3838
Europäisch geprägtes Luxushotel im 40.–61. Stock über dem Pacific Place Shopping Centre. Die geräumigen Zimmer strömen elegantes Understatement aus, und die Lage ist auch günstig: MTR-Station Admiralty und Tram-Haltestelle. ●●●●●

◆ Four Seasons
8 Finance Street, Central
Tel. 00 852/3196 8899
Dieses glamouröse Hotel setzt die Messlatte für Luxus höher an. Herrliche Ausblicke auf den Hafen und das Lichtermeer der Stadt sind garantiert, und die beiden Restaurants – französische und kantonesische Küche – verwöhnen den Gaumen mit preisgekrönten Gerichten. ●●●●●

◆ **Grand Hyatt**
1 Harbour Road, Wan Chai
Tel. 00 852/2261 0222
www.hongkong.grand.hyatt.com
Luxus auf Palastniveau zeichnet dieses Hotel aus, das über dem Hafen thront und nur wenige Gehminuten vom Convention and Exhibition Centre und Arts Centre entfernt ist. Besonders der riesige Wellnessbereich ist einen Besuch wert. ●●●●●

◆ **InterContinental**
18 Salisbury Road, Tsim Sha Tsui
Tel. 00 852/2721 1211
Eine atemberaubende Aussicht auf den Hafen verspricht dieses Hotel in herausragender Lage direkt am Wasser, in unmittelbarer Nähe der Star Ferry und von Kowloons Vergnügungsviertel. Natürlich werden den Gästen alle erdenklichen Annehmlichkeiten geboten, darunter ein kombinierter Wellness- und Poolbereich, ein Nachtclub sowie ein Luxusrestaurant. ●●●●●

◆ **Island Shangri-La**
Pacific Place, Supreme Court Road, Central
Tel. 00 852/2877 3838
Diese luxuriöse Oase macht ihrem Namen alle Ehre: elegante Inneneinrichtung, hilfsbereites Personal, außergewöhnlich gute Restaurants und wunderschöne, geräumige Zimmer mit fantastischem Blick auf den Hafen bzw. den Peak. In direkter Nachbarschaft befinden sich der Hong Kong Park, das Einkaufszentrum Pacific Place, die U-Bahn-Station Admiralty und Straßenbahnhaltestellen. ●●●●●

◆ **Kowloon Shangri-La**
64 Mody Road, Tsim Sha Tsui East
Tel. 00 852/2721 2111
Opulenz und ein großartiger Hafenblick kennzeichnen das Kowloon Shangri-La, das seinen Gästen luxuriösen Service bietet. Zum Angebot gehören ein Innenpool und exzellent bewertete Restaurants. Das Hotel liegt nahe der Tsim Sha Tsui Hafenfront mit guter Verbindung zu Central. ●●●●●

◆ **Langham Place Hotel**
555 Shanghai Street, Mong Kok
Tel. 00 852/3552 3388
Dieses Hotel mit viel Klasse bietet luxuriöse Zimmer auf dem neuesten Stand der Technik. Einen reizvollen Kontrast zur modernen Einrichtung bilden beeindruckende Kunstwerke im chinesischen Stil. ●●●●●

◆ **Mandarin Oriental**
5 Connaught Road, Central
Tel. 00 852/2522 0111
Erstklassiges und günstig gelegenes Hotel, das 1963 gegründet wurde und immer wieder zu den besten Hotels der Welt gezählt wird. Es verwöhnt seine Gäste mit tadellosem Service und höchster Qualität. Zu den zahlreichen Annehmlichkeiten gehört ein Innenpool. ●●●●●

◆ **Marco Polo**
Harbour City, 3 Canton Road, Tsim Sha Tsui
Tel. 00 852/2113 0088
Viele Zimmer haben Hafenblick; ein Innenpool und fünf Restaurants tun ein Übriges, damit man sich hier wohlfühlt. Und auch schier unbegrenzte Einkaufsmöglichkeiten gibt es. Das Hotel befindet sich nämlich in dem riesigen Shoppingcenter, welches sich vom Ocean Terminal zum Gateway erstreckt. ●●●●●

◆ **The Peninsula**
Salisbury Road, Tsim Sha Tsui
Tel. 00 852/2920 2888
Hongkongs ältestes und renommiertestes Hotel ist seit 1928 der Inbegriff für tadellosen Service und kolonialen Glanz. Im 30-stöckigen Anbau befinden sich modern ausgestattete Zimmer, außerdem gibt es acht exzellente Restaurants (s. S. 12). ●●●●●

◆ **Ritz-Carlton**
3 Connaught Road, Central
Tel. 00 852/2877 6666
Die postmoderne Fassade kontrastiert mit der traditionellen Inneneinrichtung aus Antiquitäten und Kunstwerken. Außenpool sowie gutes japanisches und italienisches Restaurant, günstige Lage nahe der Star Ferry.

◆ **Sheraton Hong Kong Hotel and Towers**
20 Nathan Road, Tsim Sha Tsui
Tel. 00 852/2369 1111
Sehr amerikanisches Design im Hotel Ecke Nathan und Salisbury Road mit mittlerem Komfort, Außenpool und fünf Restaurants. Museen, Einkaufsmöglichkeiten, die U-Bahn und Kowloons wichtigstes Vergnügungsviertel sind auch nicht weit. ●●●●●

◆ **The Excelsior**
281 Gloucester Road, Causeway Bay
Tel. 00 852/2894 8888
Mit Blick auf den farbenfrohen Taifun-Schutzhafen in Causeway Bay liegt das Excelsior ganz in der Nähe des Einkaufs- und Geschäftsviertels. Das Hotel bietet effizienten Service und eine angenehme Atmosphäre. U-Bahn-Anschluss. ●●●●

◆ **Kimberley**
28 Kimberley Road, Tsim Sha Tsui
Tel. 00 852/2723 3888
Zeitgemäßes Dekor und moderne Möblierung zeichnen Zimmer und Suiten aus. Es gibt chinesische und japanische Restaurants, und für Entspannung sorgen ein Wellness- und Fitnessbereich und mit Netzen gesicherte Golfübungsplätze. ●●●●

◆ **Majestic**
348 Nathan Road, Yau Ma Tei
Tel. 00 852/2781 1333
Gut ausgestattetes Business-Hotel mit großen Zimmern. In der Nähe befinden sich der Nachtmarkt der Temple Street, Geschäfte, Kinos und die U-Bahn-Station Jordan. Außerdem gibt es eine gute Busanbindung. ●●●●

◆ **Marco Polo Gateway**
Harbour City, 13 Canton Road, Tsim Sha Tsui
Tel. 00 852/2113 0888
Elegantes, im Kolonialstil gehaltenes Hotel, das zum Harbour-City-Komplex gehört. Es ist preislich günstiger als das dazugehörende Marco Polo, lässt dafür aber die schönen Ausblicke und einen Pool vermissen. ●●●●

◆ **Marco Polo Prince**
Harbour City, 23 Canton Road, Tsim Sha Tsui
Tel. 00 852/2113 1888
Das Hotel in der Nähe des China Ferry Terminal und des

Kowloon Park hat eine ähnliche Ausstattung wie das Marco Polo Gateway. Restaurants und Außenpool. ●●●●

◆ **Miramar**
118–130 Nathan Road,
Tsim Sha Tsui
Tel. 00 852/2368 1111
Völlig unprätentiöses, freundliches, großes Hotel, von dem aus man die besten Restaurants und Bars von Tsim Sha Tsui gut erreicht. ●●●●

◆ **Novotel Century**
238 Jaffe Road, Wan Chai
Tel. 00 852/2598 8888
Gut ausgestattetes Hotel mit Außenpool und Fitnessclub in der Nähe des Hong Kong Exhibition and Convention Centre. ●●●●

◆ **Regal Airport**
9 Cheong Tat Road,
Chek Lap Kok, Lantau
Tel. 00 852/2286 8888
In fünf Minuten gelangt man über einen überdachten Gehweg zum internationalen Flughafen. Das hell und luftig wirkende Hotel bietet Ausblicke auf die Lande- und Startbahnen. ●●●●

◆ **Wharney Guangdong Hotel**
57–73 Lockhart Road,
Wan Chai
Tel. 00 852/2861 1000
Das schicke, moderne Hotel mit guter Ausstattung und Schwimmbad auf dem Dach liegt im Herzen des Geschäfts- und Nightlife-Viertels von Wan Chai. ●●●●

◆ **Hotel Concourse**
22 Lai Chi Kok Road,
Mong Kok
Tel. 00 852/2397 6683
Modernes Hotel im quirligen Mong Kok, besonders beliebt bei asiatischen Geschäftsreisenden. In den Fabrik-Outlets der Fa Yuen Street kann man günstig einkaufen. MTR-Station in der Nähe. ●●●

◆ **The Minden**
7 Minden Avenue,
Tsim Sha Tsui
Tel. 00 852/2739 7777
www.theminden.com
Europäisch-inspiriertes Boutique-Hotel mit echten Kunstwerken in den Gästezimmern. ●●●

◆ **New Cathay Hotel**
17 Tung Lo Wan Road,
Causeway Bay
Tel. 00 852/2577 8211
Ein gutes Hotel für Individualreisende. In der Nähe sind Straßenbahnhaltestellen, das Stadion, Victoria Park und die Geschäfts-, Restaurant- und Einkaufsviertel von Causeway Bay zu finden. ●●●

◆ **The Salisbury (YMCA)**
41 Salisbury Road,
Tsim Sha Tsui
Tel. 00 852/2268 7000
Man muss schon rechtzeitig reservieren, um in dieser hochklassigen Jugendherberge noch eines der gut ausgestatteten, aber engen Zimmer zu erhaschen. Manche haben sogar Hafenblick. Außerdem gibt es einen Pool und Sportmöglichkeiten (s. S. 12). ●●●

◆ **Caritas Bianchi Lodge**
4 Cliff Road, Yau Ma Tei
Tel. 00 852/2388 1111
Saubere und geräumige Zimmer bietet diese gut geführte katholische Herberge. In der näheren Umgebung befinden sich der Temple-Street-Nachtmarkt, viele Geschäfte und die MTR-Station Yau Ma Tei. ●●

◆ **Eaton Hotel**
380 Nathan Road, Kowloon
Tel. 00 852/2782 1818
Das Eaton verfügt über gut ausgestattete Zimmer und preisgünstige Restaurants mit Stammkundschaft. Der Temple-Street-Nachtmarkt, Geschäfte und Kinos sorgen für Abwechslung. MTR-Station Jordan. ●●

◆ **Evergreen Hotel**
48 Woo Sung St, Yau Ma Tei
Tel. 00 852/2780 4222
Saubere Dreibett- und Vierbettzimmer werden hier zu fairen Preisen angeboten. Nahe Temple-Street-Nachtmarkt und MTR-Station Jordan. ●●

◆ **Anne Black Guest House (YMCA)**
5 Man Fuk Road, Kowloon
Tel. 00 852/2713 9211
Nur wenige Gehminuten vom Ladies' Market und der MTR-Station Mong Kok gelegen, bietet diese Jugendherberge einfache, saubere Zimmer an. Ein Stockwerk ist für Frauen reserviert. ●

◆ **Cosmic Guesthouse**
12/F, Block A1, A2, F1 and F4, Mirador Mansion,
54–64 Nathan Road,
Tsim Sha Tsui, Kowloon
Tel. 00 852/2369 6669
Dieses saubere Gästehaus ist wegen seiner großen Zimmer und der freundlichen Atmosphäre beliebt. Die Einzel- bis Vierbettzimmer sind mit Telefon, Fernseher und Bad ausgestattet. ●

Hubei

Wudang Shan

◆ **Xuanwu Hotel**
Taihe Dadao
Tel. 07 17/566 5526
Dies ist das netteste Hotel in Wudang Shan. Es liegt zentral an der Hauptstraße (wo die vom Bahnhof kommende Straße in eine Sackgasse mündet) gegenüber einer Bushaltestelle. Die Doppelzimmer sind erschwinglich, sauber und groß. Im etwas bescheideneren Anbau gibt es weitere, noch billigere Doppelzimmer. ●

Wuhan (Hankou)

◆ **Novotel Xinhua**
558 Jianshe Dadao
Tel. 0 27/8555 1188
www.accorhotels.com/asia
Im nahe dem New World Department Store gelegenen Vier-Sterne-Hotel steigen vor allem Geschäftsreisende ab. Die Zimmer entsprechen internationalem Standard. Es empfiehlt sich, die Übernachtung im Internet zu buchen, da man dann günstigere Preise erhält. ●●●

◆ **Best Centurial Hotel**
131 Yanjiang Dadao
Tel. 0 27/8277 7798
Die Lage des Hotels an der Ecke Jianghan Lu und Küstenstraße ist recht günstig, ebenso wie die Übernachtungspreise in diesem renovierten Gebäude im Renaissance-Stil, das 1913 erbaut wurde. ●

◆ **Dahua Hotel**
708 Zhongshan Dadao
Tel. 0 27/8533 7333
Das in einem stattlichen historischen Gebäude untergebrachte Dahua ist leicht zu finden, da es sich an einer von Wuhans Hauptverkehrsstraßen befindet, und bietet eine große Auswahl an erschwinglichen, sauberen Zimmern. ●

◆ **Zhufeng Hotel**
23 Qianjin Xilu
Tel. 0 27/8586 2561
Dieses zentral gelegene Hotel bietet günstige Doppelzimmer in der Stadtmitte von Wuhan, die auch noch relativ sauber sind – eine gute Wahl für Rucksacktouristen. ●

Wuhan (Wuchang)

◆ **Marine Hotel**
530 Zhongshan Lu
Tel. 0 27/8874 0122
Nur wenige Schritte über die Straße geht man vom Marine Hotel bis zu Wuchangs stets gut besuchtem Bahnhof. Die preiswerten Doppelzimmer mit eigenem Bad stellen eine recht gute Übernachtungsmöglichkeit für Gäste dar, die mit dem Zug an- oder abreisen. ●

Yichang

◆ **Taohualing Hotel**
29 Yunji Lu
Tel. 07 17/623 6666
www.taohualing-hotel.com
Das Taohualing, das über geräumige Zimmer mit Bad verfügt, zählt zu den besten Hotels von Yichang. Besonders in den Sommermonaten außerhalb der Hauptsaison stimmt das Preis-Leistungs-Verhältnis. Im kleinen Anbau finden Reisende mit schmalem Geldbeutel noch günstigere Doppelzimmer. Nur ein paar Türen weiter nördlich helfen die Angestellten des CITS-Büros bei Reservierungen. ●●

◆ **Yunji Hotel**
8 Yunji Lu
Tel. 07 17/605 7888
Nur wenige Gehminuten sind es vom Hotel zum Bahnhof und zum CITS-Büro in der Yunji Lu. Eine Übernachtung in den eher etwas spartanisch mit Doppel- oder zwei Einzelbetten ausgestatteten Zimmern (mit oder ohne Bad zu haben) stellt in der Sommer-Hauptsaison, wenn fast alle Hotels belegt sind, die einzige billige Alternative dar. ●

Hunan

Changsha

◆ **Sheraton Changsha**
478 Furong Zhonglu
Tel. 07 31/488 8888
www.starwoodhotels.com
Das neue Sheraton im Yunda International Plaza, einem zweitürmigen Bürokomplex mit angeschlossenem sechsstöckigem Einkaufszentrum, gilt als das beste Hotel am Platz. ●●●

◆ **Crowne Plaza City Centre Changsha**
868 Wuyi Dadao
Tel. 07 31/288 8888
www.ichotelsgroup.com
Das Hochhaus des Crowne Plaza liegt direkt in der Stadtmitte und zieht vor allem Geschäftsreisende an. Aber auch Touristen finden hier komfortable und relativ günstige Zimmer. ●●

◆ **Huatian Hotel**
300 Jiefang Donglu
Tel. 07 31/444 2888
Dieses recht gut geführte Hotel unter chinesischer Leitung war das erste Fünf-Sterne-Hotel von Changsha. Mit seinen 700 Zimmern in mittlerweile zwei Hochhaustürmen wirkt es sehr unpersönlich, bietet aber gute Restaurants. ●●

Fenghuang

Die Übernachtungsmöglichkeiten in dieser beliebten, aber abgelegenen Touristenstadt sind eher bescheiden. Dafür kann man zu minimalen Preisen Zimmer mit großartigem Flussblick finden, wenn man sich etwas umschaut. Auf der Suche nach einer Unterkunft sollten Sie die Hotels zu beiden Seiten der Hongqiao-Brücke abklappern. Nehmen Sie auf jeden Fall die Zimmer in Augenschein, bevor sie eine Reservierung vornehmen.

Zhangjiajie

◆ **Xiangdian International Hotel**
Zhangjiajie Forest Park
Tel. 07 44/571 2999
www.xiangdianhotel.com.cn
Dieses komfortable, 2008 ausgezeichnete Vier-Sterne-Hotel liegt nur fünf Minuten zu Fuß vom südlichen Eingang zu Hunans berühmtem Naturpark. Die Zimmer sind rings um eine Reihe ruhiger Innenhöfe angeordnet, und von der Glaskuppel im Restaurant genießt man sogar einen schönen Blick auf die Berggipfel. Kostenloser Internetanschluss. ●●

Innere Mongolei

Baotou

◆ **Baotou Hotel**
33 Gangtie Dajie
Tel. 04 72/536 5199
www.baotouhotel.com.cn
An der Hauptverkehrsader von Baotous geschäftigem Kundulun-Viertel gelegen, bietet dieses Hotel komfortable Zimmer zu erschwinglichen Preisen. Es beherbergt auch das örtliche CITS-Büro. In der Nähe sind einige gute Restaurants mit lokalen Spezialitäten zu finden. ●

Hohhot

◆ **Holiday Inn**
33 Zhongshan Xilu
Tel. 04 71/635 1888
www.holidayinn.com/hihohhot
Dieses Business-Hotel im Herzen des Einkaufsviertels verfügt auf neun Stockwerken über 198 Zimmer mit Satellitenfernsehen. Ein gut ausgestattetes Businesszentrum, ein Fitnessstudio und das Jade Vine Restaurant, das Gerichte aus Kanton, Sichuan und Hunan serviert, gehören zu den Annehmlichkeiten des Etablissements. ●●

◆ **Inner Mongolia Hotel**
31 Wulanchabu Xilu
Tel. 04 71/693 8888
www.nmghotel.com
Im Osten der Stadt gelegen, bietet dieses Fünf-Sterne-Hotel 344 Zimmer mit modernem Komfort, unter anderem Satellitenfernsehen und schnellem Breitband-Internetanschluss. Im Erdgeschoss befindet sich das örtliche CITS-Büro. ●●

◆ **Inner Mongolia International Hotel**
66 Xinhua Dajie
Tel. 04 71/666 6688
www.nmgj.cn
Dieses ultramoderne Vier-Sterne-Hotel thront über der Westseite des Xinhua-Platzes. Seine Zimmer und Suiten sind hell und geräumig und mit Satellitenfernsehen und schnellem Breitband-Internetanschluss ausgestattet. Dazu gibt es mehrere Restaurants sowie Fitness- und Freizeitangebote, darunter Billiardtische und ein Schachzimmer. ●●

◆ **Xincheng Hotel**
40 Hulun Nan Lu
Tel. 04 71/666 1888
www.xincheng-hotel.com.cn
Das Xincheng zählt mit Sicherheit zu den schicksten Hotels am Platz. Es liegt nahe der Hauptstraße auf einem hübschen Parkgelände im Osten der Stadt. Das Personal ist freundlich, und es gibt ein chinesisches und ein westliches Restaurant, ein Businesscenter, einen Pool sowie einen Wellnessbereich. Desweiteren stehen den Gästen Tennisplätze, eine Kegelbahn und ein Innen-Minigolfplatz zur Verfügung. ●●

◆ **Zhaojun Hotel**
53 Xinhua Dajie
(Ecke Xilin Guole)
Tel. 04 71/666 8888
In günstiger Lage, nur 15 Gehminuten südlich des Bahnhofs, wartet dieses in einem Hochhaus untergebrachte Drei-Sterne-Hotel mit 260 Zimmern und Suiten auf. Zur Ausstattung gehören Satellitenfernsehen, Internetanschluss, Pool, Fitness- und Wellnessbereich und ein Businesscenter. ●

Jiangsu

Nanjing

◆ **Jinling Hotel**
2 Hanzhong Lu
Tel. 0 25/8471 1888
www.jinlinghotel.com
Viele Jahre war das Jinling das einzige Fünf-Sterne-Hotel unter chinesischer Leitung. Es befindet sich in bester zentraler Lage und bietet seinen Gästen allen möglichen Komfort, Pool inklusive. ●●●

◆ **Crowne Plaza Nanjing Hotel and Suites**
89 Han Zhong Rd
Tel. 0 25/8471 8888
www.ichotelsgroup.com
Im Zentrum von Nanjing gelegen, bietet dieses sich in den oberen Stockwerken eines 60-stöckigen Gebäudes befindende Hotel schöne Ausblicke über die alte Hauptstadt und eine moderne Ausstattung. ●●

◆ **Jingli Hotel**
7 Beijing Xilu
Tel. 0 25/8331 0818
Bei diesem recht schicken Hotel stimmt das Preis-Leistungs-Verhältnis. Zudem liegt es zentral. ●●

◆ **Nanjing Grand Hotel**
208 Guangzhou Lu
Tel. 0 25/8331 1999
Sehr gutes chinesisch-japanisches Joint-Venture-Hotel mit Pool. Vom Dachgarten genießt man eine schöne Aussicht. ●●

Suzhou

◆ **Shangri-La**
168 Ta Yuan Rd
Tel. 05 12/6808 0168
www.shangri-la.com
Das Gebäude des Shangri-La, das in einem Industriegebiet liegt, ist das höchste der ganzen Provinz. Es verwöhnt mit Fünf-Sterne-Luxus. ●●●●●

◆ **Sheraton Suzhou Hotel and Towers**
259 Xinshi Lu
Tel. 05 12/6510 3388
www.starwoodhotels.com
Suzhous bestes Hotel im Südosten der Stadt in der Nähe des Panmen-Landschaftsparks. Einige Zimmern haben einen schönen Gartenblick. ●●●●●

◆ **Hotel One**
379 Chang Jiang Rd,
New District, Suzhou
Tel. 05 12/6878 1111
www.hotelone.com.cn
Die Hauptklientel dieses Boutique-Hotels, das 2007 eröffnet wurde, besteht aus Geschäftsleuten. Die Inneneinrichtung ist postmodern gehalten, es gibt kostenlose Handydienste, einen Pool, einen Wellnessbereich und äußerst zuvorkommendes, Englisch sprechendes Personal. ●●●

◆ **Suzhou Overseas Chinese Hotel**
188 Sanxiang Rd
Tel. 05 12/8888 0008
Das Overseas Hotel ist eine saubere Unterkunft mit erschwinglichen Zimmerpreisen. Zwischen der Neu- und der Altstadt gelegen. ●

Jiangxi

Lushan

◆ **Lushan Hotel**
70 He Xilu, Guling
Tel. 07 92/828 2060
Dieses schicke Hotel liegt äußerst günstig mitten im Herzen von Guling. Die Inneneinrichtung verbindet traditionellen chinesischen mit europäischem Stil. Im Restaurant wird regionale Küche gekocht, außerdem gibt es eine Sauna und einen Schönheitssalon. ●●

Nanchang

◆ **Gloria Plaza Hotel**
9 Yanjiang Beilu
Tel. 07 91/673 8855
Das Gloria gehört zu einer bekannten chinesischen Hotelkette und bietet zuverlässigen Service und einen Pool. Seine Lage am Gan-Fluss ist günstig für die Besichtigung des Tengwang-Pavillons, der touristischen Hauptattraktion von Nanjing. ●●

◆ **Jiangxi Hotel**
368 Bayi Dadao
Tel. 07 91/620 6666
Das Fünf-Sterne-Hotel gibt es seit 1961. Und so wirken die zugänglichen Bereiche und die Zimmer, die zu vernünftigen Preisen zu haben sind, etwas antiquiert. ●●

Macau

◆ **Westin Resort**
1918 Entrada de Hac Sá Coloane Island
Tel. 00 853/2887 1111
www.starwoodhotels.com
In friedlicher Abgeschiedenheit liegt dieses achtstöckige Resort-Hotel im Südosten der Insel Coloane. Die 208 Zimmer sind geräumig und jeweils mit großen Balkonen mit Strandblick ausgestattet. Nebenan lockt ein 18-Loch-Golfplatz. ●●●●●

◆ **Lisboa**
2–4 Avenida de Lisboa
Tel. 00 853/2888 3888
Das Hotel ist vor allem für sein Kasino bekannt, bietet darüber hinaus aber auch 1000 große Zimmer mit kunstvollem Dekor, 18 Restaurants und ein Unterhaltungsprogramm (vor allem massenhaft Prostituierte). ●●●●

◆ **Mandarin Oriental Macau**
956–1110 Avenida Amizade
Tel. 00 853/2856 7888
www.mandarinoriental.com
Das vielleicht beste Hotel in Macau: Der Komfort lässt keine Wünsche übrig, im Bereich zwischen Hotel und Kulturzentrum wird die ganze Palette an resorttypischen Serviceleistungen angeboten, und ein Kasino gibt es ebenfalls. Hervorragend ist auch das Restaurant Mezzaluna. ●●●●

◆ **Pousada de São Tiago**
Avenida da Republica
Tel. 00 853/2837 8111
Gasthaus im portugiesischen Stil, das in die Mauern des aus dem 17. Jh. stammenden Barra-Forts gebaut wurde – vielleicht Macaus romantischstes Hotel. In den 23 Zimmern sorgen dunkles Holz, weißes Leinen, Marmor und Kerzenschein für das richtige Ambiente. Frühzeitige Reservierung wird empfohlen. ●●●●

◆ **Hotel Royal**
2–4 Estrada de Vitoria
Tel. 00 853/2855 2222
Hotel mit gutem Preis-Leistungs-Verhältnis. Zur Ausstattung gehört ein Innenpool. ●●●

Peking

◆ **China World**
1 Jianguomenwai Dajie
Tel. 0 10/6505 2266
www.shangri-la.com
Eines der besten Hotels der chinesischen Hauptstadt mit herausragendem Service und gut ausgestatteten Zimmern. Zudem gibt es ein Fitnessstudio, ein Schwimmbad, ein Businesszentrum, Einkaufsmöglichkeiten sowie zwei Restaurants (asiatische und internationale Küche). ●●●●●

◆ **Grand Hyatt**
1 Dong Chang'an Jie
Tel. 0 10/8518 1234
Das riesige, aber schicke Fünf-Sterne-Hotel liegt ganz am Ende der Wangfujing Dajie und ist Teil des Oriental-Plaza-Komplexes. ●●●●●

◆ **Hilton Beijing Wangfujing**
8 Wangfujing Dajie
Tel. 0 10/5812 8888
Schickes, nach neuestem Standard ausgestattetes Designer-Hotel. Die luxuriösen Zimmer sind großzügig geschnitten. Für Gaumenfreuden sorgt ein portugiesisches Restaurant. ●●●●●

◆ **Peninsula Beijing**
8 Jinyu Hutong, Wangfujing Dajie
Tel. 0 10/8516 2888
In der Nähe der Wangfujing Dajie gelegen, bietet das Palast-Hotel allen möglichen Komfort. Mehrere Restaurants und Geschäfte mit Luxusmarken runden das Angebot ab. ●●●●●

◆ **Radisson SAS Royal Hotel**
6A Beisanhuan Donglu
Tel. 0 10/5922 3388
Das Hotel liegt in unmittelbarer Nähe des internationalen Messegeländes, verfügt über alle Annehmlichkeiten und drei Restaurants mit chinesischer und internationaler Küche. Die Inneneinrichtung ist im skandinavischen Stil gehalten. ●●●●●

◆ **The St Regis**
21 Jianguomenwai Dajie
Tel. 0 10/6460 6688
Dieses eindrucksvolle, zentral gelegene Hotel verwöhnt seine Gäste mit purem Luxus. Ausländische Journalisten treffen sich gern an der eleganten Press Club Bar. ●●●●●

◆ **Grand Mercure**
6 Xuanwumennei Dajie
Tel. 0 10/6603 6688
Dieses Vier-Sterne-Hotel mit schönem Innenpool gilt als gutes Haus im Xidan-Viertel, im Westen der Stadt. ●●●●

◆ **New Otani Changfugong**
26 Jianguomenwai Dajie
Tel. 0 10/6512 5555
Japanisches Joint-Venture-Hotel östlich der Innenstadt und unweit des Botschaftsviertels. ●●●●

◆ **Novotel Peace Hotel**
3 Jinyu Hutong, Wangfujing Dajie
Tel. 0 10/6512 8833
Gegenüber dem Peninsula Palace Hotel gelegen, nur wenige Schritte von der Einkaufsstraße Wangfujing entfernt, bietet das Hotel guten Komfort und geräumige Zimmer. ●●●●

◆ **Raffles**
33 Dong Chang'an Jie
Tel. 0 10/6526 3388
Das Hotelgebäude stammt aus dem Jahr 1917 und verzaubert seine Gäste, anders als die anderen Fünf-Sterne-Hotels der Metropole, mit historischem Flair. Außerdem ist es nicht weit bis zum Kaiserpalast und den Shopping-Vierteln. ●●●●

◆ **Swissôtel**
Hong Kong Macau Centre
2 Chaoyangmen Beidajie
Tel. 0 10/6553 2288
Die halbrunde, mit Glas verkleidete Fassade des vor allem bei Geschäftsleuten beliebten Hotels dominiert eine belebte Straßenkreuzung. ●●●●

◆ **Traders (China World Trade Centre)**
1 Jianguomenwai Dajie
Tel. 0 10/6505 2277
Zuverlässiger Service, gutes Essen und ordentliche Zimmer ziehen Geschäftsleute in dieses Hotel im Osten der Stadt. ●●●●

◆ **International Hotel**
9 Jianguomennei Dajie
Tel. 0 10/6512 6688
Die günstige Lage gleich am Bahnhof macht dieses große Hotel attraktiv. Es bietet einen umfassenden Service mit Ticketbüros für internationale Flüge und Zugreisen. ●●●

◆ **Holiday Inn Crowne Plaza**
48 Wangfujing Dajie, Dengshikou
Tel. 0 10/6513 3388
Das Hotel liegt an einer der zentralen und viel frequentierten Shoppingmeilen Pekings nahe dem Kaiserpalast. Fitnessstudio und kleiner Innenpool. ●●●

◆ **Jianguo**
5 Jianguomenwai Dajie
Tel. 0 10/6500 2233
Freundschaftsladen, Seidenmarkt und einige Botschaften sind bequem zu erreichen, was das Jianguo zu einer beliebten Unterkunft für Geschäftsleute macht. Beliebtes Café in der Lobby, eine Bar, ein französisches Restaurant und Zimmer zu begrünten Innenhöfen sprechen für das erste Joint-Venture-Hotel der Stadt. ●●●

◆ **Scitech**
22 Jianguomenwai Dajie
Tel. 0 10/6512 3388
Großes, modernes und dem üblichen Standard entsprechendes Hotel im zentralen Geschäftsviertel. ●●●

◆ **Shangri-La**
29 Zizhuyuan Lu, Haidian
Tel. 0 10/6841 2211
Das Hotel am Westrand der Stadt bietet seinen Gästen einen Shuttle-Bus-Service ins Zentrum an. ●●●

◆ **Bamboo Garden**
24 Xiaoshiqiao Hutong, Jiugulou Dajie
Tel. 0 10/5852 0088
Einfache und saubere Zimmer mit Blick auf einen klassischen chinesischen Garten (s. S. 12). ●●

◆ **Fragrant Hills Hotel**
Im Xiangshan-Park
Tel. 0 10/6259 1166
Das etwas heruntergekommene Hotel, das hinter dem Sommerpalast in den grünen Hügeln im Nordwesten von Peking liegt, bildet einen Ruhepol abseits des Großstadtlärms. Natürlich gibt es auch ein Schwimmbad, dazu Restaurants mit internationaler und chinesischer Küche. ●●

Günstig in der südwestlichen Ecke des Bahnhofsplatzes gelegen, zählt das Meining zu den besten Billighotels der Stadt. Die Zimmer sind hell und luftig und zu Schnäppchenpreisen zu haben. Einen Haken gibt es natürlich: Warmwasser kommt für gewöhnlich nur abends aus den Leitungen. ●

◆ Friendship Hotel
3 Baishiqiao Lu,
Haidian District
Tel. 0 10/6849 8888
Dieses riesige, alte, staatlich geführte Hotel erstreckt sich auf einem schönem Gelände in der Nähe des Sommerpalastes und Universitätsviertels. ●●

◆ Haoyuan Guesthouse
53 Shijia Hutong,
Dongsinan Dajie
Tel. 0 10/6512 5557
Charmantes Hofhotel mit nur wenigen Zimmern im historischen Kern der Stadt. ●●

◆ Holiday Inn Lido
Jiangtai Lu
Tel. 0 10/6437 6688
www.ichotelsgroup.com
Nur 20 Minuten liegt das Hotel vom Flughafen entfernt und bildet damit eine gute Anlaufstelle für Touristen. Im Gebäude befinden sich neben Büros und Wohnungen diverse Geschäfte, darunter auch ein Delikatessenladen, eine Bäckerei und ein Supermarkt. ●●

◆ Lusongyuan
22 Banchang Hutong
Tel. 0 10/6404 0436,
Fax: 6403 0418
Eine Alternative zu der Vielzahl an modernen Hotels stellt dieses Gästehaus mit viel Atmosphäre dar, das sich in einem Hutong befindet. Typisch für die traditionelle Pekinger Architektur ist der Innenhof (s. S. 12). ●●

◆ Qianmen Jianguo
175 Yong'an Lu
Tel. 0 10/6301 6688
Dieses elegante Hotel nahe dem Himmelstempel verfügt über 410 renovierte Zimmer und gute Restaurants. Abends werden im hauseigenen Theater Pekingopern aufgeführt. ●●

◆ Fangyuan Hotel
36 Dengshikou Xijie
Tel. 0 10/6525 6331
Billiges, einfaches und gut gelegenes Hotel in einer Seitenstraße der Wangfujing. Das Frühstück ist im Preis inbegriffen. ●

◆ Youyi Youth Hostel
43 Beisanlitun, Sanlitun
Tel. 0 10/6417 2632
Hervorragend gelegene Jugendherberge mitten im Kneipenviertel Sanlitun. Leider gehört eine laute und äußerst beliebte Bar dazu. Das Frühstück ist im Preis inbegriffen. ●

◆ Zhaolong International Youth Hostel
2 Gongti Beilu
Tel. 0 10/6597 2299
Die Jugendherberge, die gleich hinter dem gleichnamigen Hotel zu finden ist, bietet gut ausgestattete und saubere Zimmer, eine freundliche Atmosphäre, ein Selbstbedienungsrestaurant, ein Lesezimmer, Waschmaschinen, eine Fahrradvermietung und – besonders wichtig – 24 Stunden lang heißes Wasser zum Duschen. ●

Qinghai

Xining

◆ Yinlong Hotel
38 Huanghe Lu
Tel. 09 71/616 6666
www.ylhotel.net
Das 21-stöckige Yinlong war das erste Hotel mit internationalem Standard in der Provinz Qinghai. Es verfügt über 316 luxuriöse Suiten, mehrere chinesische und westliche Restaurants, sieben Konferenzräume, ein Fitnesscenter und eine Sauna. Zum Shoppen verlockt das in der Nähe gelegene Einkaufszentrum. ●●●

◆ Qinghai Hotel
20 Huanghe Lu
Tel. 09 71/614 4888
www.qhhotel.com
Früher war es einmal Xinings führendes Hotel, heute spielt es trotz seiner vier Sterne nur noch die zweite Geige. Einen Rekord konnte das Qinghai allerdings noch halten: Es ist mit seinen 395 Zimmern das größte Hotel der Stadt. Zur Ausstattung gehören Klimaanlage, Satellitenfernsehen, Internetzugang, Restaurants mit chinesischer und westlicher Küche, ein Fitnesscenter, eine Sauna sowie ein Schönheitssalon. Das örtliche CITS-Büro liegt gleich nebenan. ●●

◆ Meining Hotel
1 Qilian Lu
Tel. 09 71/819 1288

Shaanxi

Xi'an

◆ Sofitel Xi'an on Renmin Square
319 Dongxin Jie
Tel. 0 29/8792 8888
www.sofitel.com
Der riesige Fünf-Sterne-Komplex des Sofitel scheint den größten Teil des ehemaligen Volksplatzes einzunehmen. Das Hotel, das die Einheimischen als »Sechs-Sterne-Hotel« bezeichnen, versinnbildlicht den rasanten Aufschwung in China. Dem ebenfalls sehr attraktiven, von Russen erbauten Renmin-Hotel hat es auf jeden Fall den Rang abgelaufen. Wer bereit ist, die stolzen Zimmerpreise zu bezahlen, darf dafür aber auch allen erdenklichen Luxus erwarten. Mehrere Restaurants und ein populärer Nachtclub gehören zum Hotel (s. S. 12). ●●●●●

◆ Howard Johnson Plaza
18 Huancheng Nanlu (West)
Tel. 0 29/8842 1111
www.hojochina.com
Gleich südwestlich von Xi'ans Südtor liegt der 19-stöckige Hotelturm, eines der besten Hotels der Stadt. Geboten wird alles, was man von einem Fünf-Sterne-Hotel erwartet. Die Inneneinrichtung ist im postmodernen Design gehalten. ●●●●

◆ Hyatt Regency Xi'an
158 Dong Dajie
Tel. 0 29/8769 1234
www.xian.regency.
hyatt.com
Top-Hotel in eleganter Umgebung an der geschäftigen Dong Dajie im Herzen von Xi'ans Shoppingviertel. Zusätzlich zu westlichen und

asiatischen Restaurants bietet es ein Businesscenter und einen Fitnessbereich. ●●●●

◆ **Bell Tower Hotel Xi'an**
110 Nan Dajie (neben dem Glockenturm)
Tel. 0 29/8760 0000
www.belltowerhtl.com
Exzellente Lage – man kann die Hauptsehenswürdigkeiten von Xi'an zu Fuß erreichen –, freundlicher Service und vernünftige Zimmerpreise haben dieses Drei-Sterne-Hotel bei den Gästen zu einem langjährigen Favoriten gemacht. Neben einem Businesscenter und einem Minimarkt beherbergt es außerdem das beste CITS-Büro der Stadt. ●●●

◆ **Hotel Royal Garden**
334 Dong Dajie
Tel. 0 29/8769 0000
Dieses japanisch-chinesische Joint-Venture-Hotel in netter Lage besitzt peinlich saubere Zimmer und ist vor allem bei asiatischen Reisegruppen beliebt. Das Preis-Leistungs-Verhältnis stimmt. ●●

◆ **Xi'an Hotel**
58 Chang'an Beilu,
Tel. 0 29/8766 6666
www.xahotel.com
Dieses etwas veraltet wirkende chinesische Vier-Sterne-Hotel bietet Zimmer zu vernünftigen Preisen an und liegt recht günstig für Ausflüge zu den Sehenswürdigkeiten im Süden der Stadt. ●●

◆ **May First Hotel**
351 Dong Dajie
Tel. 0 29/8768 1098
Beliebtes Mittelklassehotel in zentraler Lage. Die Zimmer sind sauber und besitzen Flair. Im Erdgeschoss befindet sich ein gut besuchtes Café-Restaurant, die Hotelrezeption ist im ersten Stock untergebracht. ●

◆ **Melody Hotel**
86 Xi Dajie
Tel. 0 29/8728 8888
Schnörkelloses Mittelklassehotel gegenüber dem Trommelturm. Zuweilen ist es voll mit chinesischen Reisegruppen. Das Personal hat viel Erfahrung im Organisieren von Touren in die Umgebung von Xi'an. ●

◆ **Shuyuan Youth Hostel**
2 Shuncheng Xixiang
Nan Jie
Tel. 0 29/8728 7721
www.hostelxian.com
Das Shuyuan ist eine der besten Jugendherbergen von Xi'an mit Rundum-Service, obwohl es eher an ein Billighotel erinnert, das vor allem Rucksackreisende anzieht. Es liegt versteckt in einer ruhigen Straße an der Stadtmauer, ungefähr 20 m westlich des Südtores. Die Zimmer sind sauber, das Personal an der Rezeption wirkt jedoch gelangweilt im Vergleich zu dem der neueren Jugendherbergen. ●

◆ **Xiangzimen Youth Hostel**
16 Xiangzimiao Jie
Tel. 0 29/6286 7888
Ungefähr 20 Min. westlich vom Shuyuan liegt das Xiangzimen, die wohl beste Jugendherberge von Xi'an. Die ästhetisch geschmackvolle Unterkunft in einem renovierten dreistöckigen Gebäude könnte sogar einige Hotels in Xi'an in den Schatten stellen. Die verfügbaren Zimmer reichen von romantischen Doppelzimmern über mit Kohle beheizbare gemauerte Betten bis hin zu Schlafsälen. Im Restaurant kommt chinesische und westliche Küche auf den Tisch, und die Bar schließt erst, wenn ihre Besitzer schlafen gehen. ●

Yan'an

◆ **Silver Seas International Hotel**
Daqiao Jie
Tel. 09 11/213 9999
Yan'ans neuestes und nettestes Hotel, das hoch über dem Stadtzentrum thront, kann man nicht übersehen. Die sauberen und geräumigen Doppelzimmer sind mit modernen Bädern ausgestattet. Vom Hotel ist es nur ein Katzensprung bis zur Bushaltestelle, von wo der Bus zu den Höhlenwohnungen abfährt, die nach dem Langen Marsch den Führern der Armee als Unterkunft und Tagungsstätte dienten. ●

Shandong

Qingdao

◆ **Shangri-La Hotel**
9 Xianggang Zhonglu
Tel. 05 32/8388 3838
www.shangri-la.com
Das exzellente Hotel im Osten der Stadt bietet erstklassigen Service und absoluten Komfort. ●●●●

◆ **Haitian Hotel**
48 Xianggang Xilu
Tel. 05 32/8387 1888
www.haitian-hotel.com
Hotel in netter und ruhiger Lage gegenüber dem Strand Nr. 3. ●●

◆ **Sophia International Hotel**
217 Xianggang Donglu
Tel. 05 32/8897 1111
Das nahe Laoshan gelegene Vier-Sterne-Hotel bietet preisgünstige Zimmer mit Blick auf die Stadt oder das Meer an. ●●

◆ **Qingdao Old Observatory Hostel**
21 Guanxianger Lu
Tel. 05 32/8282 2626
www.hostelqingdao.com
Von der sauberen und gut geführten Jugendherberge, die in einer renovierten Sternwarte untergebracht ist, genießt man einen fantastischen Blick über die Stadt. Es gibt Internetzugang und hilfsbereites, Englisch sprechendes Personal. ●

Qufu

◆ **Queli Hotel**
1 Queli Jie
Tel. 05 37/486 6818
Das Queli Hotel befindet sich in einem traditionellen Hofhaus. Es verfügt über modern ausgestattete Zimmer und liegt in der Nähe der meisten Sehenswürdigkeiten. ●●

◆ **Qufu International Youth Hostel**
Gulou Beijie
Tel. 05 37/5165 9660
Auch von dieser Jugendherberge hat man es nicht weit bis zu den wichtigsten Sehenswürdigkeiten. Übernachten kann man in Schlafsälen, Zweibett- oder Familienzimmern. ●

Shanxi

Datong

◆ **Garden Hotel**
59 Danan Jie
Tel. 03 52/586 5825
www.huayuanhotel.com.cn
Das Vier-Sterne-Hotel ist mit Abstand das stilvollste Hotel von Datong. Einzigartig ist die Inneneinrichtung der Zimmer mit aus Birnbaumholz geschnitzten Reproduktionen von Möbeln aus der Zeit der Ming- und Qing-Dynastie. Natürlich gibt es Internetanschluss und Fernsehen. Das Garden Hotel liegt nördlich der Bank-of-China-Filiale und dem Restaurant Yonghe Shifu. ●●

◆ **Feitian Hotel**
1 Zhanqian Jie
Tel. 03 52/281 5117
Das Feitian ist eine billige Unterkunft und bietet Doppelzimmer mit eigenem Bad. Es liegt links gegenüber dem Bahnhof. ●

◆ **Hongqi Grand Hotel**
11 Zhanqian Jie
Tel. 03 52/536 6666
www.hongqihotel.com
Günstig gegenüber dem Bahnhof und nahe dem Tonghe-Restaurant gelegenes Mittelklasse-Hotel mit sauberen und bequemen Zimmern. ●

Pingyao

◆ **Yunjincheng Hotel**
56 Xi Dajie
Tel. 03 54/568 9123
www.pibc.cn
Das Yunjincheng – auch bekannt als der Pingyao International Financier Club – gilt als das wohl beste Hotel am Platz. Die stilvoll ausgestatteten Zimmer sind um schöne Innenhöfe herum angeordnet. ●●●

◆ **Harmony Guesthouse**
165 Nan Dajie
Tel. 03 54/568 4952
E-Mail: harmonyguesthouse@asia.com
Die fantastische Lage an der idyllischen Nan Dajie nahe dem Südtor macht das Harmony zu einer Oase der Ruhe. Das traditionelle Gästehaus verfügt über mehrere

geschmackvoll renovierte Zimmer, die um einen eleganten Innenhof herum angeordnet sind. Die Englisch sprechenden Besitzer geben gern Auskunft über die Geschichte der Stadt. Für Gäste, die ein Zimmer gebucht haben, besteht ein kostenloser Abholservice vom Bahnhof und Busbahnhof. ●

◆ **Tianyuankui**
73 Nan Dajie
Tel. 03 54/568 0069
Weiteres hübsch gelegenes traditionelles Gästehaus mit einer großen Auswahl an preisgünstigen Zimmern, die um attraktive Innenhöfe gruppiert sind. Auch hier gibt es einen kostenlosen Abholservice vom Bahnhof und Busbahnhof. ●

◆ **Yamen Hostel**
69 Yamen Jie
Tel. 03 54/568 3539
www.yamenhostel.com
Das Yamen strömt eine hippe Atmosphäre aus und ist daher auch äußerst beliebt bei jungen Rucksacktouristen. Ein westlich anmutendes Café, eine Buchaustauschbörse und ein DVD-Zimmer sorgen für Abwechslung. Außerdem steht Gästen der Jugendherberge ein kostenloser Abholservice zur Verfügung. ●

Taiyuan

◆ **Longcheng International Hotel**
2 Bingzhou Beilu
Tel. 03 51/820 8888
Das Fünf-Sterne-Hotel erstreckt sich am Südende des Wuyi-Platzes, etwa 15 Minuten zu Fuß vom Bahnhof. Das Preis-Leistungs-Verhältnis ist gut, essen kann man in einigen nahe gelegenen Restaurants. ●●●

◆ **Sanjin International Hotel**
108 Yingze Dajie
Tel. 03 51/882 7777
Dieses Vier-Sterne-Hotel nahe dem Longcheng auf der Südseite des Wuyi-Platzes bietet gut ausgestattete Zimmer. Häufig gibt es auch interessante Nachlässe auf die doch etwas überhöhten Preise. ●●

◆ **Changtai Hotel**
38 Yingze Dajie
Tel. 03 51/223 0888
Gutes Billig- bis Mittelklassehotel nahe dem Bahnhof. Die Zimmer sind sauber und modern möbliert; das freundliche Personal hilft bei der Reservierung von Zugtickets. ●

Shanghai

◆ **Grand Hyatt Shanghai**
Jin Mao Tower, 88 Century Blvd, Pudong
Tel. 0 21/5049 1234
Luxushotel mit mehreren ausgezeichneten Restaurants und großartiger Aussicht von der Bar im 87. Stock (s. S. 12). ●●●●●

◆ **Hyatt on the Bund**
199 Huangpu Rd
Tel. 0 21/6393 1234
Als das direkt am Fluss gelegene Hotel 2007 eröffnete, war es das erste Fünf-Sterne-Hotel im aufstrebenden Hongkou-Viertel nördlich vom Bund. ●●●●●

◆ **JW Marriott Shanghai Tomorrow Square**
399 Nanjing W Rd
Tel. 0 21/5359 4969
Das Marriott nimmt die oberen Stockwerke des unverkennbaren Tomorrow-Square-Hochhauses ein, das die nordwestliche Ecke des Volksplatzes dominiert. Außerdem liegt es exzellent, denn große Teile Shanghais und Pudongs sind in nur 15 Minuten zu Fuß zu erreichen. ●●●●●

◆ **Marriott Executive Apartments Union Square**
506 Shang Cheng Rd, Pudong
Tel. 0 21/2899 8888
Dieses neu eröffnete Apartmenthotel bietet auch Kurzzeitunterkünfte an. Die Preise entsprechen gleichwertigen normalen Hotels, aber als Gast hat man nicht nur ein Schlafzimmer, sondern auch ein Wohnzimmer und eine Küche zur Verfügung. ●●●●●

◆ **Portman Ritz-Carlton**
Shanghai Centre,
1376 Nanjing Rd (W)
Tel. 0 21/6279 8888
Aufgrund seiner guten Ausstattung und der großartigen Lage mitten im Zentrum ist das Portman Ritz-Carlton mit 600 bequemen Zimmern ein äußerst beliebtes Hotel. Sogar das Fitnesscenter gilt als herausragend. In der unmittelbaren Umgebung befinden sich ein Büro- und Wohnkomplex inklusive Einkaufszentrum, Büros mehrerer Fluggesellschaften, Theater sowie Restaurants mit internationaler Küche. ●●●●●

◆ **Pudong Shangri-La**
33 Fucheng Rd
Tel. 0 21/6882 8888
Elegantes Hotel direkt gegenüber dem Bund in Pudong, das besonders bei Geschäftsleuten beliebt ist. Freundliches Personal. ●●●●●

◆ **St Regis**
889 Dong Fang Rd, Pudong
Tel. 0 21/5050 4567
Elegantes Hotel in einem aufstrebenden Teil von Pudong. Wer möchte, kann rund um die Uhr einen persönlichen Butlerservice in Anspruch nehmen – ein Verkaufsschlager. ●●●●●

◆ **Shanghai Hilton**
250 Huashan Rd
Tel. 0 21/6248 0000
Dieses schöne, zentral gelegene Fünf-Sterne-Hotel mit 43 Stockwerken beheimatet mit die besten Restaurants der Stadt. Die Zimmer sind luxuriös. ●●●●●

◆ **Westin Shanghai**
88 Henan Rd (M)
Tel. 0 21/6335 1888
Dieses neuere Fünf-Sterne-Hotel liegt in der Nähe des Bund und ist ein beeindruckender Neuzugang in Shanghais Hotelszene. Bei den Zimmern und Bädern wurde an nichts gespart, und die Restaurants sind erstklassig. ●●●●●

◆ **Crowne Plaza Shanghai**
400 Panyu Rd
Tel. 0 21/6145 8888
E-Mail: hicpsha@uninet.com.cn
Dieses westlich des französischen Viertels gelegene Vier-Sterne-Hotel mit 496 Zimmern ist bekannt für seinen freundlichen Service, die gute Ausstattung und Lebensmittel-Outlets. ●●●●

◆ **Hotel Sofitel Hyland**
505 Nanjing Rd (E)
Tel. 0 21/6351 5888
Das mitten im Zentrum gelegene Vier-Sterne-Hotel bietet 400 geschmackvoll eingerichtete Zimmer und umfassenden Service. Vom Hotel ist es nicht weit bis zur Nanjing Lu und dem Bund. ●●●●

◆ **Jinjiang Hotel**
59 Maoming Rd (S)
Tel. 0 21/3218 9888
Vor 1935 wurden die Gebäude des Jinjiang Hotels erbaut, die früher einmal zu den besten Adressen des französischen Viertels gehörten. Die komfortablen Zimmer sind gemütlich im traditionell Stil möbliert, können aber nicht als luxuriös bezeichnet werden – mit Ausnahme des Grosvenor House, welches sehr dekadente Suiten zu ebenso dekadenten Preisen bietet. ●●●●

◆ **Le Royal Meridien**
789 Nanjing Rd (E)
Tel. 0 21/3318 9999
Das Royal Meridien wurde 2006 eröffnet und hat seinen Sitz in den oberen Etagen des Shimao Tower, der am Nordende des Volksparks liegt – ein günstiger Ausgangspunkt für Besichtigungen in Shanghai. In der 789 Bar im obersten Stock des Hotels genießt man gern noch einen letzten Drink und das bei atemberaubendem Ausblick. ●●●●

◆ **Okura Garden Hotel**
58 Maoming Rd (S)
Tel. 0 21/6415 1111
Dieses wunderschöne, 33-stöckige Fünf-Sterne-Hotel in den oberen Etagen des ehemaligen Französischen Clubs im französischen Viertel wird von der japanischen Okura-Gruppe gemanagt. Sehr geschmackvoll eingerichtet. ●●●●

◆ **Ruijin Guesthouse**
118 Ruijin No. 2 Rd
Tel. 0 21/6472 5222
Auf dem Morris-Besitz, dessen Gebäude vor der Kulturrevolution von einem westlichen Zeitungsmagnaten

erbaut wurden, ist heute das Ruijin-Gästehaus untergebracht. Die fünf staatlich geführten Villen im ehemaligen französischen Viertel haben 47 Zimmer. Die Häuser liegen schön inmitten von Bäumen und riesigen Grasflächen. Die Restaurants servieren chinesische und westliche Küche. ●●●●

◆ **Urbn Hotel**
183 Jiaozhou St, nahe Beijing Rd (W)
Tel. 0 21/5153 4600
www.urbnhotels.com
Stilvolles Boutique-Hotel, das 2008 als erstes angeblich emissionsfreies Hotel in China seine Pforten öffnete. ●●●●

◆ **City Hotel**
5–7 Shaanxi Rd (S)
Tel. 0 21/6255 1133
Drei-Sterne-Hotel in guter Lage mit Businesscenter, chinesischer und westlicher Küche sowie hauseigener Disko. ●●●

◆ **Hengshan Hotel**
534 Hengshan Rd
Tel. 0 21/6437 7050
Dieses Art-déco-Hotel hieß früher Picardie Mansions und liegt an der schicken Hengshan Rd. Die Ausstattung der Zimmer ist angemessen, es gibt ein westliches und chinesisches Restaurant, ein Businesscenter und ein Fitnessstudio. ●●●

◆ **Howard Johnson Plaza Hotel**
595 Jiu Jiang Rd
Tel. 0 21/3313 4888
Internationalem Standard entsprechendes Business-Hotel mit vernünftigen Zimmerpreisen und guter Lage zwischen Volkspark und Bund. ●●●

◆ **Metropole Hotel**
180 Jiangxi Rd (C)
Tel. 0 21/6321 3030
In den vergangenen 60 Jahren hat das nahe dem Bund gelegene Hotel schon bessere Zeiten erlebt. Die Zimmer sind zu vernünftigen Preisen zu haben, und es gibt ein chinesisches Restaurant, einen Fitnessbereich und eine Bar. ●●●

◆ **Park Hotel**
170 Nanjing Rd (W)
Tel. 0 21/6327 5225
Dieses historische Gebäude, von dem aus man den Volkspark überblickt, war einst das höchste Hotel in Shanghai. Heute hat das staatlich geführte Haus einiges von seinem ehemaligen Glanz eingebüßt, aber die 208 Zimmer wurden geschmackvoll neu eingerichtet. ●●●

◆ **Shanghai JC Mandarin**
1225 Nanjing Rd (W)
Tel. 0 21/6279 1888
Mitten im Herzen der Stadt befindet sich dieses 30-stöckige Fünf-Sterne-Hotel unter singapurischer Leitung. Im Restaurant genießt man südostasiatische Küche. ●●●

◆ **Shanghai Mansions**
20 Suzhou Rd (N)
Tel. 0 21/6324 6260
Dieses Art-déco-Gebäude liegt am Bund, gleich am Suzhou Creek, und verfügt über einfache, aber komfortable Zimmer mit großartigem Flussblick. ●●●

◆ **Yangtze New World Hotel**
2099 Yan'an Rd (W)
Tel. 0 21/6275 0000
E-Mail: gm_ynwh@online.sh.cn
Dieses Vier-Sterne-Hotel in Hongqiao ist v.a. wegen seiner exzellenten chinesischen Restaurants beachtenswert. Die 553 Zimmer sind modern und komfortabel eingerichtet, insgesamt bietet das Haus eine gute Ausstattung. ●●●

◆ **Pacific Hotel**
108 Nanjing Rd
Tel. 0 21/6327 6226
Dieses ältere Hotel erinnert an längst vergangene Zeiten: Eine mit Gold verzierte Kuppel mit Uhrturm überspannt das Gebäude, und vom Eingang gelangt man in eine schöne Art-déco-Lobby. ●●

◆ **Pujiang Hotel**
15 Huangpu Rd
Tel. 0 21/6324 6388
Das Pujiang ist eines von Shanghais ältesten und billigsten Hotels. Es hat ein angenehm altmodisches Flair und liegt günstig gleich nördlich des Bund. ●●

Sichuan

Chengdu

◆ **Amara Hotel**
2 Taisheng Bei Lu
Tel. 0 28/8692 2233
Das mit 232 Zimmern ausgestattete Amara bildet eine ruhige Oase inmitten des quirligen Chengdu. Das Hotel ist ganz im balinesischen Stil gehalten, was auch für den entspannenden Poolbereich gilt. Das Xinya-Restaurant wartet mit exzellenten Speisen aus Kanton und Sichuan auf, während man im Café Oriental authentische Singapur-Küche serviert bekommt. ●●●●

◆ **Holiday Inn Chengdu West Century City**
198-1 Century City Boulevard
Tel. 0 28/8534 8888
Das große Holiday Inn mit 780 Zimmern hat sich mehr auf Geschäftsreisende als auf Touristen eingerichtet. Trotzdem genießt man auch als Urlauber gern das vielfältige Angebot und die kulinarischen Genüsse, die die fünf Restaurants garantieren. ●●●●

◆ **Kempinski Chengdu**
42 Renmin Nan Lu, Section 4
Tel. 0 28/8526 9999
Das hypermoderne Kempinski mit 483 Zimmern liegt in herausragender Lage im Herzen von Chengdus Restaurant- und Nightlife-Viertel, nur fünf Minuten mit dem Taxi südlich des zentralen Geschäftsviertels. ●●●●

◆ **Holiday Inn Crowne Plaza**
31 Zong Fu Lu
Tel. 0 28/8678 6666
Modernes Hotel mit guter Ausstattung mitten im Geschäftszentrum von Chengdu, das v.a. Geschäftsreisende anzieht. ●●●–●●●●

◆ **Sheraton Chengdu Lido**
15 Section 1, Renmin Zhonglu
Tel. 0 28/8676 8999
Dieses luxuriöse und äußerst beeindruckende Hotel mit attraktiven Zimmern, drei Restaurants und einem Innenpool bietet ausgezeichneten Service. ●●●–●●●●

◆ **Mix Hostel**
23 Xinghui Xi Lu, Renjia Wan
Tel. 0 28/8322 2271
Mit seiner fröhlichen Inneneinrichtung und sehr freundlichem Personal zieht das Mix viele Reisende mit schmalem Geldbeutel an. Die Zimmer sind gut ausgestattet und sauber. Die Jugendherberge bestätigt somit schon fast ihren Anspruch, Drei-Sterne-Service zu Rucksacktouristen-Preisen anzubieten. ●

◆ **Traffic Hotel**
6 Linjiang Zhong Lu
Tel. 0 28/8545 1017
Am Goldenen Fluss in der Nähe des Xinnanmen Intercity-Busbahnhofs gelegen, genießt das preiswerte Traffic Hotel wegen seiner sauberen Zimmer und dem hilfsbereiten Personal einen guten Ruf. Man kann eines der 170 Zimmer oder auch nur ein Bett im Schlafsaal mieten. ●

Emeishan

◆ **Golden Summit Hotel**
Jinding Area, Emei
Tel. 0 8 33/509 8045
Das Golden Summit reicht nicht ganz an den Komfortstandard heran, den es anstrebt, und guter Service ist eher Glückssache. Aber die atemberaubende Lage auf dem Gipfel des Berges Emei hat bisher noch jeden fasziniert. ●●

◆ **Teddy Bear Youth Hostel**
43 Baoguo Lu, Emei
Tel. 08 33/559 0135
Diese Jugendherberge verfügt über schöne Zimmer und ausgezeichnete Küche und ist der perfekte Standort für den Gipfelsturm des Emei. Die Angestellten helfen gern bei der Planung der Wanderung. ●●

Jiuzhaigou

◆ **Holiday Inn Jiuzhai Jarpo**
Ganhaizi Zhangzha, Jiuzhaigou
Tel. 08 37/778 8888
Das in einem scheinbar tibetischen Stil eingerichtete Holiday Inn bietet seinen Gästen gut ausgestattete Zimmer mit Internetzugang. Vom Café aus, das eine große Auswahl internationaler, chinesischer und tibetischer Gerichte serviert, genießt man die Aussicht auf das Tal. ●●●●

◆ **Sheraton Jiuzhaigou Resort**
Jiuzhaigou-Naturpark
Tel. 08 37/773 9988
Das Sheraton sieht aus wie ein tibetischer Palast und ist mit seiner Lage in einer der schönsten Ecken des Landes der ideale Ort zum Entspannen. Die 482 komfortablen Gästezimmer verbinden tibetischen Einrichtungsstil mit moderner Ausstattung, wie Internetzugang. In den drei Restaurants genießt man internationale und chinesische Küche. ●●●●

Leshan

◆ **Jiazhou Hotel (Jiazhou Binguan)**
19 Baita Jie
Tel. 08 33/213 9888
Dieses am Dadu-Fluss westlich von Dafo gelegene Drei-Sterne-Hotel bietet Zimmer mit Bad und Satellitenfernsehen. Vom Hotelrestaurant hat man einen schönen Blick auf den Fluss, aber man kann auch in mehreren kleineren Restaurants in der Nachbarschaft gut essen. Das Frühstück ist im Preis inbegriffen. ●–●●

Tibet

Lhasa

◆ **Diren Hotel**
An der Kreuzung von Xuexincun- und nördlicher Linguo-Straße
Tel. 08 91/627 8888
Ganz in der Nähe des Potala-Palasts liegt dieses moderne Hotel mit Blick auf das naturgeschützte Feuchtgebiet La Lu. ●

◆ **Kyichu**
19 Beijing Zhong Lu
Tel. 08 91/633 8824
Freundliches Hotel in Familienbesitz zwischen dem Jokhang-Tempel und dem Potala-Palast. Die Zimmer mit Bad sind im tibetischen Stil eingerichtet, und es gibt ein gutes Restaurant und einen Garten. ●

◆ **Lhasa Century Hotel**
6 Beijing Zhong Lu
Tel. 08 91/681 9111
Das Hotel (Zimmer mit Bad) liegt in der Nähe des Zhe-Band-Tempels und des Potala-Palasts. ●

Shigatse

◆ **Shigatse Hotel**
13 Shanghai Zhong Lu
Tel. 08 92/882 2525
Modernes Hotel im Stadtzentrum mit prunkvoller Einrichtung im tibetischen Stil und vier Restaurants. ●●

Tsetang

◆ **Tsetang Hotel**
21 Naidong Lu
Tel. 08 93/682 9364
Die Zimmer dieses großen Hotels sind alle mit Klimaanlage versehen, außerdem gibt es Sportangebote und mehrere Restaurants. ●●

Xinjiang

Kaschgar (Kashi)

◆ **Chini Bagh Hotel (Qiniwake Binguan)**
144 Seman Lu
Tel. 09 98/282 2103
Das eher unattraktive und rein funktionale Hotel wurde auf dem Gelände des ehemaligen britischen Konsulats errichtet. Die Zimmer sind jedoch geräumig und komfortabel. Wem die Übernachtungspreise im neuen Flügel zu teuer erscheinen, findet im alten Gebäudetrakt günstigere Alternativen. Zur Ausstattung gehören Internetzugang und Sauna. Das alte Konsulatsgebäude wurde zu einem Restaurant umfunktioniert, welches jedoch die meiste Zeit geschlossen ist. Auf dem Gelände befinden sich zudem noch ein chinesisches Restaurant, in dem man zu vernünftigen Preisen essen kann, sowie John's Information Café, das westliches Frühstück und andere Speisen anbietet. ●–●●●

◆ **Seman**
337 Seman Lu
Tel. 09 98/258 2150
www.semanhotel.com
Der große Hotelkomplex mit seinen zahlreichen Gebäuden erstreckt sich über das Gelände des ehemaligen russischen Konsulats. Es bietet, bis auf wenige Ausnahmen, recht komfortable Zimmer. Das alte Konsulatsgebäude steht noch und verfügt über die besten Übernachtungsmöglichkeiten. Das Seman ist sicher nicht die luxuriöseste Unterkunft in Kaschgar, aber es strahlt immer noch ein wenig vom vergangenen Glanz des 19. Jahrhunderts aus. ●–●●●

◆ **Qianhai Hotel**
48 Renmin Xilu
Tel. 09 98/282 2922
Das Qianhai ist ein ruhiges, entspannendes, wenn auch etwas anonymes Hotel mit nur magerer Ausstattung, zu der zwei recht gute Restaurants gehören. Die Zimmer haben Kühlschränke – ein absolutes Muss in der heißen Sommersaison. Zuweilen lässt der Service etwas zu wünschen übrig, aber die Angestellten geben sich alle Mühe, um einen guten Eindruck zu hinterlassen. ●–●●

Turfan (Tulufan)

◆ **Oasis Hotel (Luzhou Binguan)**
41 Qingnian Beilu
Tel. 09 95/852 2491
www.the-silk-road.com
Das Oasis gehört zur Silk-Road-Hotelkette, die viele Hotels in Gansu und Xinjiang betreibt, und bietet eine Auswahl an attraktiven Zimmern. Ein besonderes Merkmal des Hotels sind die im zentralasiatischen Stil eingerichteten Zimmer mit Kang-Betten oder mit gemauerten Schlafplätzen, die beheizt werden konnten. Außerdem gibt es ein Internet-Café, eine Sauna und ein gutes muslimisches Restaurant mit Spezialitäten aus Xinjiang. ●●–●●●

◆ **Grand Turpan Hotel (Tulufan Dafandian)**
20 Gaochang Lu
Tel. 09 95/855 3668
www.xjturpanhotel.com
Das Grand ist vermutlich das komfortabelste Billighotel der Stadt. 2001 wurde der Anbau fertiggestellt, der große Zimmer mit Minibar, Satellitenfernsehen und Internetzugang bietet. Zudem verfügt das Hotel über eine Karaoke-Lounge und eine Sauna. Am Reisebüroschalter kann man Ausflüge in die nähere Umgebung buchen. ●–●●

◆ **Turpan Hotel (Tulufan Binguan)**
2 Qingnian Lu
Tel. 09 95/852 2301
Schon viele Jahre ist das Turpan Hotel der Favorit unter den preiswerten Hotels der Stadt. Man übernachtet in Einzelzimmern oder Schlafsälen. Für Unterhaltung sorgen in der Sommersaison allabendliche Folklore-Shows der einheimischen Uiguren. Das Hotel liegt zudem in der Nähe des beliebten John's Information Café (im Winter geschlossen), wo man Fahrräder ausleihen und Ausflüge buchen kann und das westliches Frühstück anbietet. ●–●●

Ürümqi (Wulumuqi)

◆ **Hoi Tak Hotel (Haide Jiudian)**
1 Dong Feng Lu
Tel. 09 91/232 2828
www.hoitakhotel.com
Dieses zentral gelegene 36-stöckige Fünf-Sterne-Hotel ist die Topadresse der Stadt. Von den oberen Etagen genießt man einen wundervollen Ausblick auf den Tianshan, der Ürümqi umgibt. Neben Billardtischen, einer Sauna und einem Whirlpool gibt es auch ein Bowlingzentrum mit acht Bahnen. ●●●●–●●●●●

◆ **Hongfu Hotel (Hongfu Dafandian)**
26 Huanghe Lu
Tel. 09 91/588 1588
www.hongfuhotel.com
Das Hongfu Hotel ist hauptsächlich ein Vier- bis Fünf-Sterne-Business-Hotel, hat aber zuweilen tolle Sonderangebote. Die Zimmer im Hochhausturm sind riesig und mit herrlichen Bädern ausgestattet. Hinzu kommen ein Innenpool, eine Sauna und ein Wellnessbereich mit Massageräumen. ●●●–●●●●

◆ **Bogda Binguan**
10 Guangming Lu
Tel. 09 91/886 3910
Dieses zentral beim Hongshan-Park und Volkspark gelegene Drei-Sterne Hotel mit freundlicher Atmosphäre bietet saubere Zimmer zu vernünftigen Preisen. Zum Stadtplatz und in das quirlige Viertel rund um die Zhongshan Lu und Minzhu Lu gelangt man leicht zu Fuß. ●●–●●●

◆ **Xinjiang Fandian**
107 Changjiang Lu
Tel. 09 91/585 2511
Etwas abseits von der Innenstadt von Ürümqi liegt dieses gute und preiswerte Hotel. Auch zum Bahnhof ist es nicht weit. Das Hotel zieht viele pakistanische Reisende an. ●–●●

Yunnan

Dali

◆ **Asia Star Hotel Dali**
South Gate, Dali Old Town
Tel. 08 72/267 9999
Das Hotel bietet recht luxuriöse Zimmer und liegt nur 15 Min. zu Fuß von der Altstadt. Die gut ausgestatteten Zimmer haben entweder Berg- oder Seeblick. ●●

◆ **Landscape Hotel**
96 Yuer Lu, Dali, Altstadt
Tel. 08 72/266 6188
Das Landscape Hotel befindet sich in einem renovierten alten Gebäude, das typisch für die Architektur der Bai-Minderheit ist. Dieses Boutique-Hotel mit viel Atmosphäre im Herzen der Altstadt besitzt einen reizenden Innenhof, der abends mit Laternen beleuchtet wird. ●●

◆ **Dali San Ta Yuan Hotel**
San Ta Yuan
Tel. 08 72/267 6521
Die pittoreske Lage, die entspannende Atmosphäre und viel Charme wiegen die etwas vernachlässigte Inneneinrichtung und die schlechten Englischkenntnisse der Angestellten wieder auf. Das Stadtzentrum erreicht man in 10 Min. mit dem Taxi. ●

◆ **Jade Emu International Hostel**
West Gate Village,
Dali, Altstadt
MobilTel. 01 38/8723 2726
www.jade-emu.com
Dieses neue Gästehaus, nur wenige Gehminuten von Dalis Westtor entfernt, bietet ein gutes Preis-Leistungs-Verhältnis. Die Ausstattung lässt keine Wünsche offen. Es gibt Billardtische und WLAN-Internetzugang. ●

◆ **Manwan Hotel**
Canglang Road, Xiaguan
Tel. 08 72/218 8188
Für alle, denen eine gute Lage nicht so viel bedeutet, ist das Manwan Hotel eine gute Wahl. Das Hotel liegt nämlich in einer trostlosen Nachbarstadt, und man braucht 20 Min. mit dem Taxi in die Altstadt von Dali. Das Hotel ist v.a. bei Reisegruppen beliebt und bietet relativ luxuriöse Zimmer. ●

Jinghong

◆ **Dai Garden Hotel**
8 Nonglin Nanlu, Jinghong
Tel. 06 91/212 3888
Das Drei-Sterne-Hotel liegt hübsch am Liusha-Fluss in der Nähe eines Sees und eines Parks und ist im Stil der Dai-Architektur gebaut. Zur Ausstattung gehören ein Schwimmbad und mehrere Restaurants mit westlicher und kantonesischer Küche. Das Peacock Flavour Restaurant bietet darüber hinaus Spezialitäten aus Yunnan und typische Dai-Gerichte sowie folkloristische Dai-Tanzvorführungen. ●●●

Kunming

◆ **Harbour Plaza Kunming**
20 Honghuaqiao
Tel. 08 71/538 6688
Nahe dem Park des Grünen Sees gelegen, wartet dieses 21-stöckige Hotel mit schön eingerichteten, hellen und schnörkellosen Zimmern auf, manche davon mit Parkblick. Ein Außenpool, drei Restaurants, ein Delikatessenshop, spezielle Serviceleistungen für Geschäftsleute und ein Kinderspielplatz runden das Angebot ab. ●●

◆ **Kai Wah Plaza International Hotel**
157 Beijing Lu
Tel. 08 71/356 2828
www.kaiwahplaza.com
Das Kai Wah, das früher Westin hieß, ist Harbour Plazas stärkster Konkurrent, denn Zimmerpreise und Service ähneln sich. Allerdings hat das Kai Wah zusätzlich einen 71-Loch-Golfplatz zu bieten. Da der Platz etwas außerhalb liegt, gibt es einen kostenlosen Pendelbus. In dem Hochhausturm im Stadtzentrum (nicht weit vom Bahnhof und ca. 15 Min. per Taxi bis zum Flughafen) stehen 525 Zimmer zur Verfügung. Fünf Etagen des Hotels sind für besonders betuchte Reisende reserviert, außerdem gibt es eine gute Auswahl luxuriöser Zimmer und Suiten, die eine gute Aussicht auf die Stadt garantieren. ●●

◆ **Kunming Green Lake Hotel**
6 Cuihu Nanlu
Tel. 08 71/515 8888
www.greenlakehotel.com
In herrlicher Lage direkt am See ist dieses früher staatlich geführte Gästehaus zu finden. Es wurde geschmackvoll renoviert, ohne dass es dabei an Charakter verloren hätte. Obwohl noch manches verbesserungswürdig wäre, gehört das Hotel zu den charmanteren Unterkünften in Kunming. ●●

◆ **Camellia Hotel**
154 Dongfeng Donglu
Tel. 08 71/316 3000, www.camelliahotelkunming.cn
Moderate Zimmerpreise sowie eine ruhige und doch zentrale Lage machen dieses Haus attraktiv. Die Zimmer sind einfach, aber sauber. Für Rucksackreisende gibt es günstige Betten in Schlafsälen. Die meisten der hilfsbe-

zentralen Geschäftsviertel von Hangzhou ist es ebenfalls nicht weit. ●●●●●

◆ **Holiday Inn**
289 N Jiangguo Rd
Tel. 05 71/8527 1188
www.ichotelsgroup.com
Das Holiday Inn befindet sich in der Stadtmitte. Es liegt 2 km vom Westsee und ungefähr 1 km vom Seidenmarkt entfernt. Zur Ausstattung gehören ein Schwimmbad, ein Fitnessraum und viele andere Annehmlichkeiten. ●●

◆ **Lakeview**
2 Huancheng Rd (W)
Tel. 05 71/8707 8888
Zentral gelegenes, nur zwei Häuserblocks vom Westsee entferntes Drei-Sterne-Hotel unter chinesischer Leitung, mit Pool. Nichtraucher sollten Nichtraucherzimmer verlangen, was sich auch in anderen chinesischen Hotels empfiehlt. ●●

reiten Angestellten sprechen zumindest ein wenig Englisch. ●

◆ **Kunming Hotel**
145 Dongfeng Donglu
Tel. 08 71/316 2063
Viele Jahre schon existiert dieses in der Nähe des Bahnhofs gelegene Hotel, das erst vor Kurzem renoviert wurde. Das Hotelpersonal hat reichlich Erfahrung im Umgang mit ausländischen Gästen. ●

Lijiang

◆ **Banyan Tree Lijiang**
Yuerong Lu, Shuhe, Gucheng District
Tel. 08 88/533 1111
www.banyantree.com
Mit diesem Hotel hat der Luxus auch in den Nordwesten von Yunnan Einzug gehalten. Dieses nördlich von Lijiang an der Straße zum Dorf Shuhe gelegene Fünf-Sterne-Resorthotel verfügt über 55 einzeln stehende Villen mit Garten, einen Wellnessbereich und ein Schwimmbad. Zudem ist der Blick auf das Jadedrachen-Schneegebirge einfach fantastisch. ●●●●●

◆ **Grand Lijiang Hotel**
Xinyi Jie
Tel. 08 88/512 0888
Günstig am Weg zum Teich des Schwarzen Drachen gelegenes Vier-Sterne-Hotel. Das Grand Lijiang ist ein modernes, gut ausgestattetes Hotel mit gutem Service und schöner Aussicht auf Berge und Altstadt. Angenehm speist man im gleich am Wasser gelegenen Restaurant. ●●

◆ **Jian Nan Chun**
8 Guang Yi Jie
Tel. 08 88/510 2222
E-Mail: hotel@jnchotel.com
www.jnchotel.com
Vier-Sterne-Hotel im Zentrum der Altstadt, das besonders bei durchreisenden Kadern beliebt ist. Die traditionelle chinesische Architektur steht in reizvollem Kontrast zu den modern ausgestatteten Zimmern. ●●

◆ **First Bend Inn**
43 Mishi Xiang, Xinyi Jie
Tel. 08 88/518 1688
Das First Bend Inn ist ein preiswertes Hotel mit Flair und liegt im Herzen der Altstadt von Lijiang. Die Zimmer sind komfortabel, es gibt einen hübschen Innenhof und hilfsbereites, auskunftswilliges Personal. ●

Tengchong

◆ **Tengchong Hotel**
12 Guanting Xiang
Tel. 08 75/512 5634
Das Tengchong, ein chinesisches Gästehaus mit relativ hohem Qualitätsstandard, bietet zuweilen interessante Nachlässe auf seine sowieso schon günstigen Zimmerpreise. Nachfragen lohnt sich also. Die Ausstattung der Zimmer ist vergleichbar mit Drei-Sterne-Hotels überall in China, und das freundliche Personal tut alles in seiner Macht stehende, um die ausländischen Gäste zufrieden zu stellen, die in den letzten Jahren immer zahlreicher nach Tengchong kommen. ●

Zhejiang

Hangzhou

◆ **Fuchun Resort**
Fuyang Section, Hangfu Yanjiang Rd
Tel. 05 71/6346 1111
www.fuchunresort.com
Wunderschön gestaltetes, erstklassiges Resort-Hotel, in dem eine entspannte Atmosphäre herrscht. Zur Ausstattung gehören Restaurants mit exzellenten lokalen Spezialitäten, ein 18-Loch-Golfplatz und einer der bemerkenswertesten Pools in Asien. Wer es privat liebt und über das nötige Kleingeld verfügt, kann auch eine der idyllisch auf einem Hügel gelegenen Villen reservieren. ●●●●●

◆ **Sofitel Westlake**
333 West Lake Ave
Tel. 05 71/8707 5858
www.sofitel.com
Das Sofitel muss man einfach als perfektes Fünf-Sterne-Hotel bezeichnen. Man findet es nur einen Steinwurf vom Ostufer des berühmten Westsees entfernt, und zum

Moganshan

◆ **Naked Retreats**
Adresse in Shanghai: Lane 248 Taikang Rd
Tel (Shanghai): 0 21/5465 9577
www.nakedretreats.cn
Die Naked-Gruppe bietet acht Hütten in verschiedenen Größen und Lagen an, die alle Zimmermädchen-Service haben und mit Küchen ausgestattet sind. Die Preise variieren, sind aber nichts für Reisende mit schmalem Geldbeutel. ●●●–●●●●●

Putuoshan

◆ **Putuoshan Hotel**
93 Meicen Lu
Tel. 05 80/609 2828
E-Mail: htpts@mail.zsptt.zj.cn
Alle 150 Zimmer dieses modernen Vier-Sterne-Hotels sind mit Klimaanlage und Satellitenfernsehen ausgestattet. Darüber hinaus gehören ein Krankenhaus und Geschäfte zum Hotel, das in einem schönen und großen Parkgelände nur wenige Schritte vom Puji Chansi liegt. ●●●

AKTIVITÄTEN

Festivals, Nightlife, Aktivurlaub und Shopping

Feiertage

Gesetzliche Feiertage

◆ 1.1.: Neujahrstag (1 Tag frei)
◆ 8.3.: Frauentag
(1/2 Tag frei für Frauen)
◆ 1.5.: Tag der Arbeit
(2 bis 3 Tage frei)
◆ 1.10.: Nationalfeiertag
(2 bis 3 Tage frei)

Eine »Goldene Woche« gibt es jeweils um den 1. Mai bzw. 1. Oktober. Durch die allgemeinen Ferien soll sowohl der Tourismus als auch der Konsum angekurbelt werden. Achtung: Das sind Hauptreisezeiten für inländische Touristen, und überall ist mit größtem Andrang zu rechnen.

Fast alle Geschäfte sind an den arbeitsfreien Feiertagen geöffnet. In den Parks werden oft Aufführungen etc. veranstaltet. Die Schulferien in der VR China liegen in den Monaten Juli und August. Das gilt auch für höhere Bildungseinrichtungen wie Universitäten, Institute o. Ä. Generell werden die meisten chinesischen Feste, da sie einen religiösen Hintergrund haben, in der Volksrepublik kaum begangen. Traditionelle westliche Feiertage wie Weihnachten werden in der VR China nicht gefeiert. (Weitere regionale und nationale Feste s. S. 9, 16 und 88.)

JÄHRLICH WECHSELNDE DATEN

Die Daten der traditionellen Feste richten sich im Allgemeinen nach dem Mondkalender, das heißt, sie werden jährlich auf einen bestimmten Tag festgelegt. Es ist daher empfehlenswert, sich rechtzeitig vor einer Reise über die exakten Daten und Orte der Veranstaltungen beim Fremdenverkehrsamt der Volksrepublik China zu informieren (Adresse s. S. 450).

Chinesisches Neujahr

Das für die Chinesen wichtigste Fest ist das **Frühlingsfest** (chunjie), das **chinesische Neujahrsfest** (s. S. 89) des traditionellen chinesischen Mondkalenders. Das Datum ändert sich entsprechend jährlich; es liegt zwischen Mitte Januar und Mitte Februar. Vergleichbar ist es in seiner Bedeutung mit dem christlichen Weihnachtsfest. Zum Frühlingsfest haben die Chinesen mindestens drei Tage frei. Da es ein Familienfest ist, kommen alle Familienmitglieder zu Hause zusammen. Während des Festes muss mit einer Beeinträchtigung der Serviceleistungen gerechnet werden, da viele Büros nur eingeschränkt arbeiten. Auch die Verkehrsmittel sind überfüllt. Im Mittelpunkt des Festes stehen große Essen im Familienkreis, Verwandtenbesuche und das Abbrennen von Knallkörpern. Traditionell wurde an diesem Fest den Ahnen und Göttern geopfert, was auf dem Lande auch heute noch getan wird.

Traditionelle Feiertage

Andere Feiertage nach dem traditionellen Kalender sind das Laternenfest, das Totenfest Qingming, das Drachenbootfest (s. S. 9) und das Mondfest, das im September begangen wird. Bei Letzterem werden auch heute noch Mondkuchen gegessen, die mit Fleisch, Gewürzen, Melonenkernen, Mandeln, Orangenschalen, Zucker etc. gefüllt sind. Diese Feiertage sind im Gegensatz zum Frühlingsfest nicht arbeitsfrei (außer in Hongkong und Macau). Sie werden höchstens in der Familie gefeiert. Auch in den Gebieten nationaler Minderheiten gibt es etliche lokale Feste, wie etwa das Wasserfest der Dai (ein traditionelles Neujahrsfest dieses Volkes, s. S. 17), oder das Naadamfest der Mongolen (s. S. 17), das tibetische Neujahrsfest oder das Fackelfest der Yi.

Chinesische Oper

Es gibt mehr als 300 Opernstile, von denen die Pekingoper wohl der bekannteste ist. In praktisch jeder Stadt kann man Opernaufführungen besuchen. Im Folgenden finden Sie einige ausgewählte Theater in den großen Metropolen Peking, Kanton und Shanghai. Mit Adresse und Kartenbeschaffung hilft das Hotel gerne weiter. Formelle Kleidung ist nicht erforderlich, denn hier geht es entspannt und laut zu (s. auch S. 98).

Peking

◆ **Chang'an Grand Theater**
7 Jiangguomennei Dajie (neben dem International Hotel)
Tel. 0 10/6510 1309

◆ **Gildenhalle Huguang**
3 Hufang Qiao, Xuanwu
Tel. 0 10/6351 8284
Neben den abendlichen Aufführungen ist auch ein Besuch des Opernmuseums sehr zu empfehlen.

◆ **Lao She Teehaus**
3. Stock, 3 Qianmen Xidajie
Tel. 0 10/6303 6830
Es gibt verschiedene Aufführungen, meist ist Pekingoper dabei, aber auch Akrobaten und Zauberer treten auf.

◆ **Zhengyici Theater**
220 Xiheyan Dajie, Xuanwu
Tel. 0 10/8315 1649
Das Theater ist das einzige, das noch vollständig aus Holz errichtet ist und die ursprüngliche Struktur beibehalten hat: eine Bühne mit Dach, die an drei Seiten von Tischen und Stühlen umgeben ist, an denen Tee serviert wird. Die Eintrittspreise für die täglichen Vorführungen sind entsprechend höher.

◆ **Liyuan Theater**
Qianmen Hotel, 175 Yongan Lu
Tel. 0 10/6301 6688, Anschluss 8860
Jeden Abend wird ein populärer Zusammenschnitt verschiedener Opern für Touristen aufgeführt. So erhält man einen ganz guten Überblick.

Kanton

◆ **Huang Hua Gang Theater**
96 Xianlie Zhonglu
Tel. 0 20/8776 0445
Das Huang Hua Gang Theater ist eine der besten Kantoner Hallen für Opern und andere Aufführungen.
◆ **Konzerthalle Xinghai**
33 Qingbo Lu, Insel Ersha
Tel. 0 20/8735 2222
Eine neue Halle, in der das Symphonieorchester und gelegentlich Operntruppen auftreten. Der moderne Bau ist nach einem bekannten chinesischen Komponisten benannt.

AKROBATIK

Akrobatikvorführungen bestehen meist aus einer Mischung von akrobatischen Übungen, Zauberkunststückchen, Tierdressur und Auftritten von Clowns. In fast jeder Stadt gibt es eine professionelle Truppe, die oft auch durch das Land tourt. In Städten wie Shanghai, Kanton und Peking existieren sogar Hallen, in denen nur Akrobatik aufgeführt wird.
◆ **Chaoyang-Theater**
36 Dongsanhuan Beilu, Peking
Tel. 0 10/6507 2421
Tägliche Aufführungen um 19.15 Uhr.
◆ **Wan Sheng Theatre**
95 Tianqiao (westl. des Himmelstempels), Peking
Tel. 0 10/6303 7449
Tgl. Aufführungen um 19.15 Uhr.
◆ **ERA Intersection of Time**
Circus World, 2266 Gongheixin Rd., Shanghai, Tel. 0 21/6630 0000
Dieser professionelle Zirkus zeigt atemberaubende Vorführungen von Akrobatik und Zauberei.

Shanghai

◆ **Yifu Theater**
701 Fuzhou Rd.
Tel. 0 21/6351 4668
Hier finden regelmäßig Aufführungen von Peking- und anderen Regionalopern statt.
◆ **Shanghai Grand Theatre**
Volksplatz
Tel. 0 21/6372 8701
Im großen Auditorium werden Opern und klassische Konzerte aufgeführt, in den kleineren Pekingopern und Kammermusik.

Nightlife

Bars, Discos und Karaoke

In allen größeren Städten hat sich ein ausgiebiges Nachtleben breitgemacht. Fast fühlt man sich wie in London oder Paris. Zahlreiche Restaurants bieten ihre Speisen an, oft auch bis zum späteren Abend. In vielen Städten gibt es Nachtmärkte mit Imbissständen, die aber nicht immer den hygienischen Vorstellungen von westlichen Touristen entsprechen.
Auch Kneipen, Bars und Diskotheken beleben Hotels und Straßen. Die meisten sind ganz harmlos, und man kann unbedenklich ein Bier, einen Cocktail oder gar Tee schlürfen. Eine ganze Reihe, vor allem Discos und Karaoke-Bars, dienen jedoch der Anbahnung von Prostitution. Karaoke kam aus Japan nach China. Hier versammeln sich Gruppen von Leuten in einem abgetrennten Raum mit Sofas und Fernseher. Man wählt ein Lied und schon läuft das Video auf dem Fernseher mit dem Liedtext als Untertitel. Und dann singt eine/r mit Mikrofon oder die ganze Gruppe im Chor – mit Musik hat das nicht immer etwas zu tun.

Die Kneipenszene ist ständig in Bewegung. Früher wurden viele Etablissements von der Polizei geschlossen, die heute lieber abkassiert oder die Lokale gleich selbst betreibt. Informationen über neueste Entwicklungen erhält man aus kostenlosen Magazinen wie »Beijing this week« oder »Shanghai monthly«.

Aktivurlaub

Sport

Golf

Golf (s. S. 16) ist bei Geschäftsleuten sehr beliebt. Es gibt etwa 350 Plätze, vor allem im Süden.

Wandern

Wandern (s. S. 15) sollte man nur in abgelegenen Gegenden, am besten auf einer organisierten Tour. Besonders eignen sich die **heiligen Berge** und das auf einer Hochebene gelegene **Yunnan.**

Wassersport

In Qingdao fanden die Segelwettbewerbe der Olympischen Spiele statt. In **Guangdong** bietet das Resort **Xiaomeisha** östlich von Shenzhen Wassersport an. Geeignet ist aber vor allem die Südküste von **Hainan** mit ihren Sandstränden und Angeboten zum Tauchen und Paragliding.

Reiseveranstalter in China

In China können Reservierungen von Mietwagen mit Fahrer, Inlandsflügen, der Kauf von Fahrscheinen, Karten für den Besuch von Opern, Akrobatikvorstellungen, Konzerten u. Ä. von den Reiseschaltern der Hotels oder in einem Reisebüro getätigt werden. Längere Rundreisen sollte man sich von einem Reisebüro zusammenstellen lassen. Das bekannteste ist **CITS** (China International Travel Service) mit der Zentrale in Peking. Das Hauptbüro hat sich nach Gebieten und Sprachräumen aufgegliedert und besitzt in jeder größeren Stadt Zweigstellen, die die Reisenden vor Ort betreuen. Zudem sind in allen Provinzen weitere staatliche und private Reisebüros zugelassen. Zwar haben diese gelegentlich eine geringere Auswahl an Reiserouten, doch dafür sind sie flexibler und freundlicher. Mittlerweile gibt es weit über 200 Reisebüros und -veranstalter, mit denen Touristen und hiesige Veranstalter direkten Kontakt knüpfen können. Die Adressen sind über das Fremdenverkehrsamt der VR China in

Frankfurt (s. S. 450) zu beziehen. Im Folgenden sind die wichtigsten CITS-Büros in der Volksrepublik aufgelistet. Vorwahl nach China: 00 86.

◆ **Chengdu:** 65 Sec 2 Renmin Nanlu, Tel. 0 28/8665 8731.

◆ **Chongqing:** 8. Stock, Gebäude A, 151 Zourong Lu, Yuzhong, Tel. 0 23/6385 0196.

◆ **Dalian:** 1 Changtong Jie, Tel. 04 11/8368 7843.

◆ **Guilin:** 19 Binjiang Lu, Tel. 07 73/288 2727.

◆ **Hangzhou:** 1 Shihang Lu, Tel. 05 71/8505 9109 oder 8515 2888.

◆ **Hongkong:** CTS, Erdg., CTS-Haus, 78–83 Connaught Rd., Central, Tel. 00 852/2853 3888, Fax 2541 9777; das Hauptbüro des Hong Kong Tourism Board befindet sich am Star Ferry Pier in Tsim Sha Tsui, Kowloon, Tel. 00 852/2508 1234.

◆ **Kanton:** 618 Jiefang Beilu, Tel. 0 20/2201 3333.

◆ **Kashgar:** Qinibagh Hotel, 93 Seman Lu, Tel. 09 98/298 3156 (tgl. 9.30–13.30 und 16–20 Uhr).

◆ **Kunming:** 285 Huancheng Nanlu, Tel. 08 71/355 4283.

◆ **Lanzhou:** Tourism Building, Nongmin Xiang, Tel. 09 31/883 5566.

◆ **Luoyang:** Changjiang Lu, Tel. 0379/432 3212.

◆ **Nanjing:** 202-1 Zhongshan Beilu, Tel. 0 25/8353 8735 oder 8353 8737 (Mo–Sa 9–17 Uhr).

◆ **Peking:** 1 Dongdan Beijadie, Tel. 0 10/8522 8888 (24-stündig besetzt, Büro: 8.30–11.30 und 13.30 bis 17 Uhr); Beijing Tourist Information Centre am Flughafen, Tel. 0 10/6459 8137; 11 Gongti Beilu, Tel. 0 10/6417 6627.

◆ **Qingdao:** Yuyuan Building, 73 Xianggang Xilu, Tel. 05 32/389 3066.

◆ **Shanghai:** Shanghai Guangming Building, 2 Jinling Rd. (E), Tel. 0 21/6323 8770.

◆ **Suzhou:** 18 Dajing Xiang, Tel. 05 12/6515 5207.

◆ **Tianjin:** 22 Youyi Lu, Tel. 0 22/2810 9985 (Mo–Fr 9–17 Uhr, Sa 9–12 Uhr).

◆ **Ürümqi:** 38 Xinhua Nanlu, Tel. 09 91/282 1428.

◆ **Wuhan:** 692 Jiefang Dadao, Hankou, Tel. 0 27/8585 5622.

◆ **Wuxi:** 18 Zhongshan Lu, Tel. 05 10/8270 5369 oder 8272 4077.

◆ **Xi'an:** 48 (N) Changan Lu, Tel. 0 29/8524 1864; Belltower Hotel, Tel. 0 29/727 9200, Anschl. 2842 (Mo–Fr 8.30–12 Uhr und 14.30 bis 17.30 Uhr).

◆ **Xiamen:** 22A Huangda Dasha, 28 Houdi Xilou, Tel. 05 92/518 9110 (tgl. 8–17.30 Uhr).

In Hongkong und Macau kann man sich an folgende unabhängige Informationsbüros wenden:

◆ **Hong Kong Tourism Board,** 9–11/F Citicorp Centre, 18 Whitfield Road, North Point Hongkong, Tel. 00852/2807 6543, Fax 2806 0303, www.discoverhongkong.com/german. Offizielles Büro in der Stadt. Schalter des Hong Kong Tourism Board befinden sich auch am Flughafen hinter der Zollkontrolle und am Pier der Star Ferry in Kowloon. Mehrsprachige Infohotline für Hongkong, Tel. 00 852/2508 1234.

◆ **Macau Government Tourist Office,** 335–341 Alameda Dr. Carlos D'Assumpação, 12. Stock, Macau, Tel. 00 853/2831 5566, Fax 2851 0194, www.macautourism.gov.mo. Offizielles Fremdenverkehrsbüro von Macau.

◆ **Government Tourist Office,** Infostellen im Flughafen, im Fährterminal, im Fährterminal von Taipa, am Largo do Senado, im Leuchtturm Guia, im Fort Monte, in den Portas do Cerco und an der Fisherman's Wharf, in Hongkong Informationsstellen im Flughafen und 336 Shun Tak Centre, 200 Connaught Rd. (Macau Ferry Terminal), Central, Hongkong. Tel. 00 852/2857 2287. Touristen-Hotline: 00 853/2833 3000.

Shopping

Souvenirs

Durch den Tourismusboom ist auch das Geschäft mit den Reisemitbringseln entsprechend gewachsen, und das Angebot ist kaum mehr überschaubar – bei einem entsprechend hohen Anteil von reiner Ramschware. Trotzdem findet man häufig schöne aus Stein geschnittene Namensstempel, typische Rollbilder, feines Porzellan, Lackarbeiten, Fächer und natürlich Essstäbchen. Guter Tee und hochwertige Seide kommen aus der Umgebung von Suzhou und Hangzhou. Kleidung aus Seide in modischem Schnitt gibt es in Peking, Kanton und Shanghai in den teuren Boutiquen sowie auf Märkten.
Typisch chinesische Produkte wie Seide, Jade und auch Porzellan lassen sich mittlerweile in fast allen Landesteilen erwerben, allerdings in sehr unterschiedlicher Qualität und zu sehr verschiedenen Preisen. Sehr breit ist das Angebot in Hongkong, wo man in Geschäften, die Mitglied des Hong Kong Tourist Board sind, Garantieleistungen erhält.
Es empfiehlt sich, in kleineren Städten oder Orten der nationalen Minderheiten nach lokalen Produkten Ausschau zu halten. Wenn einem etwas gefällt, sollte man es gleich an Ort und Stelle kaufen, denn nur selten wird man es in einem anderen Teil Chinas am Ende der Reise wieder finden. Das Auge erfreuen kunsthandwerkliche Gebrauchsgegenstände oder auch besonders gearbeitete und bestickte Textilien.
Sehr beliebt sind inzwischen die Kleidermärkte in den Städten der Ostküste, auf denen Überproduktionen oder Waren mit kleinen Fehlern aus den Schneidereien verkauft werden, die alle berühmten Marken in China unterhalten.
Schwierigkeiten beim Kauf von Kleidung bereiten oft die chinesischen Größenangaben. Selbst wenn Größen wie S, M, L und XL angegeben werden, sollten die Kleidungsstücke in jedem Fall anprobiert werden.
Läden und Kaufhäuser öffnen in der Regel täglich zwischen 9 und 10 Uhr und schließen zwischen 18 und 22 Uhr. Der Betrieb auf den Gemüsemärkten beginnt wesentlich früher. In einigen Städten gibt es auch Nachtmärkte, deren Verkaufsstände mit allerlei Gebrauchsartikeln wie auch Kleidung erst in der Abenddämmerung aufgebaut werden.

ANTIQUITÄTEN

Beim Kauf von Antiquitäten ist unbedingt darauf zu achten, dass der Artikel das offizielle rote (Export-) Siegel trägt. Nur mit dieser Bestätigung sind Kauf und Ausfuhr überhaupt gestattet, es kann sonst zu großen Schwierigkeiten bei der Ausreise kommen. Bedacht werden sollte außerdem, dass es nach dem Washingtoner Artenschutzabkommen verboten ist, Elfenbein oder Elfenbeinprodukte nach Europa einzuführen.
Die meisten als Antiquitäten bezeichneten Gegenstände sind gefälscht; so werden Statuen und Porzellan durch Lagerung im Wasser und Eingraben auf alt getrimmt. Auch Echtheitszertifikate werden massenhaft gefälscht. Wirkliche Antiquitäten gibt es kaum noch auf dem Markt, und wenn, sind sie sündhaft teuer. Nur wer sich in diesem Bereich bestens auskennt, sollte hier kaufen. Wenn man ein schönes Souvenir mitnehmen möchte, egal ob echt oder falsch, sollte man versuchen, einfach solange zu handeln, bis der Preis akzeptabel ist.

Handeln

Feilschen um den Preis ist in den staatlichen Läden und Warenhäusern nicht angebracht, in Privatgeschäften ist es jedoch gang und gäbe. Handeln empfiehlt sich auch an den vielen Souvenirständen und auf den Märkten, da hier zunächst weit überhöhte Preise verlangt werden. Selbst danach muss man fast immer noch einen mehr oder weniger hohen Ausländeraufpreis zahlen.
Einige spezialisierte Läden, z.B. für Möbel oder Teppiche, große Freundschaftsläden und Warenhäuser verfügen über Speditionsabteilungen, die die Übersendung der Waren ins Heimatland übernehmen.

Geschäfte und Märkte

Kaufhäuser

In jeder Stadt findet man Kaufhäuser, die Produkte für den täglichen Gebrauch anbieten. Von der Zahnpasta bis zum Fahrrad kann man hier das Notwendigste kaufen. Allerdings entsprechen bei der Kleidung Stoffqualität (bei Hemden, Blusen, Röcken und langen Hosen meist Kunstfasern), Schnitt und Größe oft nicht westlichen Vorstellungen. Man sollte also nicht darauf vertrauen, sich in China mit einer Urlaubsgarderobe eindecken zu können. Bei den großen Warenhäusern handelt es sich um staatliche Einrichtungen, daneben sind viele Läden und Einkaufszentren als Investitionen aus dem Ausland oder Hongkong entstanden. Hier finden sich oft Produkte bekannter chinesischer Firmen oder internationaler Marken, die meist im Land gefertigt wurden.

Freundschaftsläden

Überzeugende Qualität erhält man in der Regel bei Waren, die für den Export bestimmt sind. Sie werden vorwiegend in den sog. Freundschaftsläden (Youyi Shangdian) und den Hotelläden angeboten. Staatliche oder private Geschäfte, deren Besuch bei Gruppenreisen fast unvermeidlich zum Programm gehört, bieten meist eine gute Auswahl an Exportwaren: Seidenstoffe, kunsthandwerkliche Gegenstände, Antiquitäten, elektronische Geräte, Kleidung, Bücher. Oft gibt es sogar eine Abteilung mit traditionellen und modernen medizinischen Produkten und Gerätschaften (s. S. 90).

Märkte

Auf den staatlichen Märkten werden Lebensmittel wie Obst und Gemüse, Fisch und Fleisch zu festgesetzten Preisen angeboten. Auf den freien Märkten finden sich – meist in gefälligerer Form arrangiert – neben diesen Produkten vielfach Gebrauchsgegenstände für den täglichen Bedarf, wie geflochtene Körbe, Metall- und Eisenteile, Kleidungsstücke; sogar kleine Schneidereien haben hier ihren Stand eröffnet. Zahlreiche Straßenhändler bieten in den größeren Städten bis spät in den Abend hinein ihre Waren an, hier kann man oft gute Produkte aus Hongkong, wie Jeans und Seidenblusen, finden. Ein Besuch gerade der freien Märkte und Straßenstände lohnt sich (mehr Shopping-Tipps s. S. 14).

> **VÖGEL UND BLUMEN**
>
> Südöstlich des Himmelstempels in Peking befindet sich der **Blumen- und Vogelmarkt Yuting** (tgl. 7–18 Uhr). Vögel sind die beliebtesten Haustiere, weil sie fröhlich vor sich hin singen und in den oft engen Wohnungen wenig Platz wegnehmen. Auf dem Markt sieht man nicht nur die bunten Zirper, sondern auch alles mögliche Zubehör wie Käfige und Futter.

Hongkong

Hongkong galt immer als das Einkaufsparadies schlechthin. Das Angebot ist nach wie vor sehr groß, Qualität und Service sind kein Vergleich zu China und die Sicherheit ist wesentlich größer, keine gefälschten Waren angedreht zu bekommen. Die Preise sind allerdings nicht besonders niedrig.

Einkaufszentren

Überall im Zentrum, zu beiden Seiten des Hafens gibt es große Einkaufszentren und zahllose Fachgeschäfte, in Kowloon v.a. in der **Nathan Rd.** und ihren Seitenstraßen sowie im **Ocean Terminal** und den damit verbundenen Zentren. Auf der Insel Hongkong befinden sich mehrere Einkaufszentren unmittelbar in Umgebung der Anlegestelle der Star Ferry, und sehr beliebt ist auch **Pacific Place** in Admiralty.

Kaufhäuser

Das obere Marktsegment bedienen Kaufhäuser wie **Lane Crawford** oder die Japaner **Seibu, Mitsukoshi** und **Sogo,** das untere die Hongkonger Kaufhäuser **Sincere** und **Wing On.** Waren aus China bekommt man bei **Chinese Arts and Crafts, Yue Hwa** und **Chung Kiu.**

Maßschneider

Hongkong ist berühmt für seine chinesischen und indischen Maßschneider. Vor allem in der Nathan Rd. wird man immer wieder angesprochen, doch sollte man dringend auf die Qualität achten. Ein Anzug oder Kostüm in 24 Stunden kann einfach nicht gut sitzen und solide vernäht sein. Nehmen Sie sich etwas mehr Zeit, lassen Sie sich genau vermessen und vereinbaren Sie zwei Anproben. Gute Schneider besprechen auch kleinere Details wie Taschen, Knöpfe, Revers. Die Schnitte sind in Hongkong meist konservativ. Bewährte Firmen sind **British Textile Co.** (Shop 219, The Galleria, 9 Queen's Rd., Central), **Kwun Kee Tailor** (Shop 51, Peninsula Centre, 67 Mody Rd., Tsim Sha Tsui East) und **Princeton Tailors** (4/F, Mary Building, 71–77 Peking Rd., Tsim Sha Tsui).

Märkte

Die bekanntesten Märkte für Kleidung und allerhand Krempel, der zunehmend aus der Volksrepublik kommt, sind der **Stanley Market** (tgl. 10 bis

19 Uhr) im Ort Stanley an der Südküste der Insel sowie der **Nachtmarkt in der Temple Street** (tgl. ab 18 Uhr) nahe der U-Bahn-Station Jordan. Mehr auf Damenmode und Schuhe spezialisiert ist der sog. **Ladies' Market** in der Tung Choi Street in Mongkok. Bei allen Märkten gilt, dass man die Sachen anprobieren und auf Verarbeitungsqualität untersuchen muss und das Handeln nicht vergessen darf.
Eine Art in Läden und der Straße davor etablierter täglicher Flohmarkt (ab 14 Uhr) befindet sich in der **Cat Street,** parallel zur Hollywood Rd. in den Midlevels der Insel Hongkong. Die **Hollywood Rd.** ist auch eine gute Einkaufsstraße für Teppiche und Stoff, außerdem haben sich hier zahlreiche Kunstgalerien angesiedelt.
Jade und was man dafür halten könnte wird auf dem ausgedehnten **Jade Market** (tgl. 10–18 Uhr) unter einer Straßenbrücke in der Kansu St. angeboten. Wer mehr als ein Andenken kaufen möchte, sollte einen Experten mitnehmen.

Spezielle Läden

Eine besondere Empfehlung sind die Läden von **Shanghai Tang** (Pedder St, Central; Peninsula Hotel; Intercontinental Hotel; Flughafen). David Tang, Hongkongs bekanntester Zigarrenraucher, hat früh den aufkommenden Retrostil erkannt und fertigt aus hochwertigen Materialien mit leuchtend klaren Farben Mode im Stil Shanghais in den 1930er-Jahren. Eine Reihe von Accessoires und schönen Dingen für das Haus gibt es auch.
Wer mehr an Technik interessiert ist und allerhand Praktisches und Unpraktisches von Hongkonger Designern erwerben will, sollte einmal in der **HKTDC Design Gallery** vorbeischauen (Level 1, Hong Kong Convention & Exhibition Centre, 1 Harbour Rd., Wanchai).
Ein sehr interessanter Laden namens **Mountain Folkcraft** (12 Wo On Lane, Central) verkauft Kleidung, Stoffe, Batikarbeiten, Körbe und Tonwaren von verschiedenen »Minderheitenvölkern« aus Ost- und Südostasien. Besonders schön sind Puppen aus China, Thailand und Indonesien sowie Masken aus Malaysia.

Kanton

Natürlich fällt die Messestadt Kanton gegenüber dem internationalen Hongkong ein wenig ab, doch man bemüht sich, Anschluss zu finden und vor allem den zahlreichen Besuchern der Kanton-Messe im Frühjahr und im Herbst etwas zu bieten.

Die wichtigsten Einkaufsgegenden sind die Zhongshan Lu, die Renmin Nanlu, die Beijing Lu und die Xiajiu Lu. Der bekannteste Markt für Lebensmittel ist der **Qingping-Markt** direkt nördlich der Insel Shamian.
Zu den größten Einkaufszentren gehören die **Teemall** (Tianhe Cheng, 208 Tianhe Lu) und **China Plaza** (33 Zhongshan Lu). In den **Fußgängerzonen Xiajiu Lu** und **Shangjiu Lu** finden sich kleinere Läden für ein junges Publikum in der Architektur der 1920er-Jahre. Nur wenig weiter nördlich, in der Umgebung der **Changshou Lu,** findet man Jade an zahlreichen Ständen.
Antiquitäten und Ähnliches gibt es auf dem größten Privatmarkt in der Umgebung der **Kangwang Lu.** Auch in etwas weiter entfernten Gassen kann man immer wieder Antiquitätenläden wie die **Xiguan Antique City** in der Lizhiwan Lu entdecken. Wer wirklich ernsthaft sammelt, wendet sich am besten an einen staatlichen Laden, der auch sorgsam mit den wichtigen roten Siegeln umgeht, z.B. den **Guangzhou Antique Shop** (146/162/170 Wende Beilu). Hier gibt es vor allem Kalligrafien, Gemälde, Porzellan, Silber und Schmuckkästchen.
Selten zu finden sind alte Vogelkäfige. Wer auf neuere Modelle steht und ihre zwitschernden Bewohner erleben will, sollte sich zum **Vogelmarkt** am Eingang zum Liuhua-Park in der Dongfeng Lu begeben.
Ebenfalls ein bereits »alter Vogel« ist der Genosse Mao. Seine Porzellanbüsten, Anstecknadeln und Roten Bücher wirken heute besonders skurril und kitschig. **Mao-Memorabilien** finden Genießer in den Läden der Kangwang Lu und teilweise auf dem **Briefmarkenmarkt** am Volkspark.
Kanton ist auch für seine exzellenten **Perlen** bekannt. Hier gibt es insbesondere Salzwasser-Zuchtperlen, die bis zu 1,5 cm groß werden können. Empfehlenswerte Geschäfte sind: **Guangzhou Gold and Silver Jewellery Centre** (109 Dade Lu) und **die Sun Moon Hall** im Equatorial Hotel (Liuhua Park).

Peking

In Peking kann man (neben Shanghai) am besten Kleidung in europäischen Größen kaufen. Zunehmend bieten auch Schneider Maßfertigungen an, einige sprechen sogar etwas Englisch. Die meisten Geschäfte werden inzwischen in den gigantischen Kaufhäusern getätigt, während die kleinen spezialisierten Läden immer weniger werden.

Märkte

Der **Panjiayuan- oder Teufelsmarkt** (tgl., in der gesamten Fülle aber nur Sa/So, Sonnenaufgang bis ca. 16 Uhr, s. auch S. 15) hat ein unüberschaubares Angebot an Kleidung, Möbeln, Kunsthandwerk und Krimskrams, sodass sich ein Besuch lohnt, auch wenn man nichts kaufen will. Auch fliegende Händler der »nationalen Minderheiten« bieten ihre Waren an. Alle »Antiquitäten« sind nachgemacht, und heftiges Feilschen um den Preis ist nötig. Einen halben Kilometer nördlich befindet sich der **Chaowai-Markt** (tgl. 10 bis 18 Uhr). Hier findet man auf vier Stockwerken zu vernünftigen Preisen Möbel und Kuriositäten.
Der **Hongqiao-Markt** an der Hongqiao Lu (tgl. 8.30–19 Uhr) hat die beste Auswahl an alten Uhren und Mao-Memorabilien. Auf drei Stockwerken werden Perlen angeboten, sodass er auch »Perlenmarkt« genannt wird.
Traditionelle Gemälde und Kalligrafien aus Fabrikfertigung, die »Vier Kostbarkeiten des Studios« sowie antiquarische Bücher findet man auf der **Liulichang** (tgl. 9–17.30 Uhr, s. S. 143). Wer sich besonders für chinesischen Tee interessiert, sollte sich **Maliandao** (tgl. 8.30–18 Uhr) ansehen, einen Straßenabschnitt mit zahlreichen kleinen Ständen direkt südlich des Pekinger Westbahnhofs. Man kann überall probieren und neben Tee auch Kannen und Teeschalen kaufen.
Nach der Beseitigung des Seidenmarkts ist jetzt der **Yashow-Markt** in Sanlitun (tgl. 9.30–21 Uhr) bei Ausländern der beliebteste Markt. Neben Kleidung und Schuhen in europäischen Größen gibt es auch technische Geräte und Geschenke. Ausdauerndes Handeln ist angesagt.

Einkaufsgegenden

Die **Wangfujing** war schon im 19. Jh. eine beliebte Wohn- und Einkaufsstraße der mandschurischen Prinzen, denen das Leben im benachbarten Palast zu eng geworden war. In den 1970er-Jahren verbreiteten das Kaufhaus Nr. 1 und kleine Fachgeschäfte ihren staubigen Charme, während jetzt eine protzige, mit Marmorimitation bedeckte Fußgängerzone entstanden ist, die von Kaufhäusern und teuren Boutiquen gesäumt wird. Größtes Einkaufszentrum ist das am Südende gelegene **Oriental Plaza,** in dem man leicht einen ganzen Tag verbringen könnte.
Die **Youyi Shopping City** im Lufthansa Centre (52 Liangmaqiao Lu, Chaoyang, tgl. 9–21 Uhr) bietet ein breites Angebot von gehobener Qualität. Hier werden auch Seidenstoffe und Teppiche angeboten.

Auch die **Xidan** im Pekinger Westen ist eine beliebte Einkaufsstraße. Das eindrucksvollste Einkaufszentrum heißt hier **Joy City** und bietet auf 13 Stockwerken Waren aus Asien und zahlreiche Restaurants und Imbissläden.

Originelle Läden

Wer statt den riesigen Shoppingcentres kleinere Läden aufsucht, mag zwar in der Verständigung gelegentlich Probleme haben, kann aber viel originellere Souvenirs finden. Bei **Nei Liang Sheng** (285 Gulou Dong Dajie, östlich des Glocken- und des Trommelturms) beispielsweise werden noch die typischen chinesischen Stoffschuhe mit unterschiedlichen Sohlen in guter Qualität angeboten.

Five Colours Earth (10 Dongzhimen Nandajie) lässt Jacken, Kissenbezüge und anderes im Stil der »Minderheiten« besticken und erhält so bunte, fröhliche Textilien.

Das obere Ende der Qualitätsskala finden Kunden bei **Rechenberg Couture** (12 Xinyuanxili Dongjie, Rückgebäude, www.rechenberg.cn, Tel. 0 10/ 6463 1788). Das Schwergewicht liegt auf eleganter, handgefertigter Mode aus Teeseide, die in einem komplizierten Verfahren aus der Ming-Dynastie mit Naturstoffen gefärbt wird. Die in München gebürtige gelernte Haute-Couture-Schneiderin fertigt auch Maßkleidung und zeigt sehr originelle und tragbare Modelle, v.a. für Damen.

Auf ein jüngeres Publikum eingerichtet hat sich **Tixuni** (1. Stock, Wudaokou Fuzhuang Shanchang, Nordeingang) in Haidian mit seinen witzigen bedruckten T-Shirts.

Ganz traditionell in Seide guter Qualität macht der **Yuanlong Silk Store** (15 Yongdingmen Dongjie) am Südeingang des Himmelstempels (Zweigstellen: World Trade Center und 33 Dong Chang'an Jie).

Shanghai

Shanghai hat sich zu einer der wichtigsten Handelsstädte des Landes aufgeschwungen; das Angebot ist kaum noch überschaubar. Die bekanntesten Einkaufsstraßen sind die berühmte **Nanjing Lu,** die vom Bund bis zum Volksplatz führt, und die **Huaihai Lu,** die bei den Shanghaiern beliebter ist als ihre berühmtere Schwester.

Einkaufszentren und Läden

In Shanghai gibt es zahllose Einkaufszentren im amerikanischen Stil, die lokale und internationale Waren führen. Das **Kaufhaus Nr. 1** (800-830 Nanjing Dong Lu) ist wahrscheinlich das größte staatliche Kaufhaus des Landes. Es hat vor allem einheimische Waren im Angebot. Das **Plaza 66** (1226 Nanjing Xi Lu) bietet bekannte Marken an, während die **Westgate Mall** (1038 Nanjing Xi Lu) zahlreiche Boutiquen vereint. **Grand Gateway** in Xijiahui hat viele Sportgeschäfte und zahllose Restaurants aufzuweisen.

Kunsthandwerk kauft man am besten im **Freundschaftsladen** (1188 Changshou Rd.) oder im **Kunsthandwerkmuseum** (79 Fenyang Rd.). Das kaiserliche Porzellan kam früher aus der Stadt **Jingdezhen,** die die Tradition jetzt wiederbelebt und in Shanghai einen Laden unterhält (212 Shanxi North Rd.). Tee und Kannen aus dem bekannten Yixing-Ton gibt es bei der **Huangshan Tea Company** (605 Huaihai Rd. Central). Den Tee kann man auch gleich kosten.

Alles rund um die Kalligrafie findet man im traditionsreichen Künstlerbedarf-Laden **Donyin Art Gallery.**

Immer mehr Schneider bieten ihre Dienste an. Zu den besten und teuersten gehört **Phonepha Custom Tailer** (7 Dong Ping Rd.) mit Erfahrung in europäischen Schnitten und Stoffqualitäten. Ein weiterer Laden in der oberen Liga ist **Dave's Custom Tailoring** (6 Lane 288, Wuyang Rd.).

Am anderen Ende der Skala hält sich der **Stoffmarkt** am südlichen Bund auf (399 Lu Jia Bang Rd.). Hier gibt es zahllose Stände, und als Kunde sollte man genau wissen, was man möchte, und eventuell gut sitzende Kleidungsstücke mitbringen, die man nachschneidern lassen will.

Ein guter Tipp für Seide ist die **Golden Dragon Wool and Silk Co.** (145 Maoming Rd.) mit einem breiten Angebot.

INFOS VON A–Z

Praktische Informationen

Behinderte

In der Volksrepublik China wird erst seit einigen Jahren den Problemen der Behinderten ansatzweise Aufmerksamkeit geschenkt. In der Regel sind chinesische Städte, Institutionen, öffentliche Transportmittel und Sehenswürdigkeiten nicht behindertenfreundlich eingerichtet. Innerhalb einer Reisegruppe haben es Behinderte daher wesentlich leichter.
Beim Chinesischen Fremdenverkehrsamt (s. S. 450) und bei CITS (s. S. 445) erhält man Informationen über die Durchführung von Behindertenreisen.

Botschaften/Konsulate

Peking

◆ Deutsche Botschaft, 17 Dongzhimenwai Dajie, Sanlitun, Tel. 0 10/8532 9000, Notfallbereitschaft Tel. 0 10/8532 9200, www.peking.diplo.de
◆ Österreichische Botschaft, 5 Xiushui Nanjie, Jianguomenwai, Tel. 0 10/6532 2061, www.aussenministerium.at/peking.
◆ Schweizer Botschaft, 3 Sanlitun Dongwujie, Tel. 0 10/8532 8888, www.eda.admin.ch/beijing.

Hongkong

◆ Deutsches Generalkonsulat, 21/F, United Centre, 95 Queensway, Admiralty, Central, Tel. 00 852/2105 8788, Fax 2865 2033, www.hongkong.diplo.de.
◆ Österreichisches Generalkonsulat, 2201 Chinachem Tower, 34–37 Connaught Road, Central, Tel. 00 852/2522 8086, Fax 2521 8773, www.aussenministerium.at/hongkong.
◆ Schweizer Generalkonsulat, 6206-07 Central Plaza, 18 Harbour Road, Wanchai, Tel. 00 852/2522 7147 oder 48, Fax 2845 2619.

Shanghai

◆ Deutsches Generalkonsulat, 181 Yongfu Road, Tel. 0 21/3401 0106, Fax 6471 4448, www.shanghai.diplo.de.
◆ Österreichisches Generalkonsulat, 3/F, Qihua Tower, 1375 Huaihai Road, Tel. 0 21/6474 0268, Fax 6471 1554.
◆ Schweizer Generalkonsulat, 22/F, Far East International Plaza, Bldg. A, 319 Xianxia Road, Tel. 0 21/6270 0519 oder 20, Fax 6270 0522.

Kanton

◆ Deutsches Generalkonsulat, 19/F, Guangdong International Hotel, 339 Huanshi Donglu, Tel. 0 20/8313 0000, Fax 8331 7033, www.kanton.diplo.de.
◆ Schweizer Generalkonsulat, 27/F, Grand Tower, 228 Tianhe Lu, Tianhe, Tel. 0 20/3833 0450, Fax 3833 0453.

Chengdu

◆ Deutsches Generalkonsulat, 25/F, Western Tower, 19 Renmin 4 Nanlu, Tel. 0 28/8528 0800, Fax 8526 8308, www.chengdu.diplo.de.

CHINA IM INTERNET

◆ www.china-botschaft.de
◆ www.auswaertiges-amt.de
◆ www.fac.de
◆ www.cits.net
◆ www.asiaxpat.com
◆ www.chinadaily.com
◆ www.cbw.com
◆ www.chinaweb.de
◆ www.chinafokus.de
◆ www.discoverhongkong.com
◆ www.hongkonghotelguide.com
◆ www.hongkongfoodguide.com
◆ www.macautourism.gov.mo
◆ www.hotels-travel-world.com/macau/de

Diplomatische Vertretungen Chinas

Deutschland:

◆ Botschaft der VR China, Märkisches Ufer 54, 10179 Berlin, Tel. 0 30/27 58 80, Fax 0 30/27 58 82 21, www.china-botschaft.de.
◆ Generalkonsulat (Hamburg, Bremen, Niedersachsen, Schleswig-Holstein), Elbchaussee 268, 22605 Hamburg, Tel. 0 40/82 27 60 13, Fax 0 40/8 22 62 31.
◆ Generalkonsulat (Hessen, Rheinland-Pfalz, Saarland), Mainzer Landstr. 175, 60326 Frankfurt, Tel. 0 69/ 75 08 55 34, Fax 0 69/75 08 55 10.
◆ Generalkonsulat (Bayern), Romanstr. 107, 80639 München, Tel. 0 89/17 30 16 25, Fax 0 89/ 17 09 45 06.

Österreich:

◆ Botschaft der VR China, Metternichgasse 4, 1030 Wien, Tel 01/7 14 31 49, Fax 01/7 13 68 16, www.chinaembassy.at.

Schweiz:

◆ Botschaft der VR China, Kalcheggweg 10, 3006 Bern, Tel. 0 31/3 52 73 33, Fax 0 31/3 51 45 73, http://ch.china-embassy.org/ger.
◆ Generalkonsulat der VR China, Bellariastr. 20, 8002 Zürich, Tel. 01/2 01 10 05, Fax 01/2 01 77 12.

Elektrizität

In der VR China herrscht in der Regel eine Stromspannung von 220 Volt bei 50 Hz. In den modernen, großen Hotels gibt es vor allem zweipolige Steckdosen internationalen Typs. Ansonsten ist häufig das dreipolige Stecksystem anzutreffen. Einen Adapter sollte man von zu Hause mitbringen oder an der Hotelrezeption erfragen.

Fotografieren

Verboten ist das Fotografieren von militärischen Anlagen und von als strategisch wichtig beurteilten Bauwerken. Bei Unklarheiten und Unsicherheiten wenden Sie sich an Ihren Reiseleiter. Mit der überall üblichen Diskretion und dem nötigen Taktgefühl können Sie in China ansonsten frei und ungehindert fotografieren.
Wie auch in anderen Ländern ist in einigen Museen, Palästen oder Tempeln das Fotografieren oder Blitzlicht verboten. In einigen Besichtigungsorten ist es trotz Fotografierverbots möglich, gegen eine – teilweise beträchtliche – Gebühr Aufnahmen zu machen. Für Video- und Schmalfilmkameras braucht man keine besondere Genehmigung.
Zubehör für Digitalkameras bringt man am besten von zu Hause mit. Im Notfall bekommt man das ein oder andere aber auch – nach längerer Suche – in den Fachgeschäften in größeren Städten. Spezialzubehör sollte man auf jeden Fall von zu Hause mitbringen. Obwohl Durchleuchtungsgeräte an den Flughäfen angeblich sicher sind, empfiehlt es sich, Kameras getrennt vom Gepäck zur Untersuchung bereitzuhalten.

Fremdenverkehrsämter

◆ Fremdenverkehrsamt der VR China, Ilkenhansstr. 6, 60433 Frankfurt/M., Tel. 0 69/52 01 35, Fax 52 84 90, E-Mail: info@fac.de, www.fac.de (versendet allgemeines Informationsmaterial).
◆ Hong Kong Tourism Board, Humboldtstr. 94, 60318 Frankfurt/M., Tel. 0 69/9 59 12 90, Fax 5 97 80 50, E-Mail: frawwo@hktourismboard.com, www.discoverhongkong.com/german.
◆ Fremdenverkehrsbüro Macau, Schenkendorfstr. 1, 65187 Wiesbaden, Tel. 06 11/267 67 30, Fax 267 67 60, E-Mail: macau@discoverfra.com, www.macau-info.de.
Beim CTS (China Travel Service) kann man schon im Heimatland organisierte Rundreisen, Inlandsflüge und Hotels buchen. Man ist hier hilfsbereit und gut informiert.
◆ CTS, Düsseldorfer Str. 14, 60329 Frankfurt/Main, Tel. 0 69/ 23 85 22 32, Fax 23 10 95, www.chinatravelservice.de.

Geld

Die chinesische Währung nennt sich Renminbi (wörtlich: Volkswährung) und wird in Yuan gezählt. 1 Yuan unterteilt sich in 10 Jiao oder 100 Fen, 1 Jiao hat also 10 Fen. Es gibt Banknoten von 1, 2, 5, 10, 50 und 100 Yuan und 1, 2 und 5 Jiao. Außerdem gibt es Münzen im Wert von 1, 2 und 5 Fen, 1 Jiao und 1 Yuan. Im Sommer 2009 hatten 100 Yuan einen Wert von etwa 10 Euro bzw. 16 CHF. Die Ein- und Ausfuhr der Landeswährung Renminbi (RMB) ist bis zu 6000 Yuan gestattet. In Hongkong zahlt man mit dem Hong Kong Dollar (HKD). Es gibt Banknoten zu 10, 20, 50, 100, 500 und 1000 HKD, Münzen zu 10, 20 und 50 Cents sowie zu 1, 2, 5 und 10 HKD. Im Sommer 2009 entsprachen 100 HKD 10 Euro bzw. 14 CHF. Touristen können gegen Vorlage des Passes an internationalen Flughäfen, Bahnhöfen oder Schiffsanlegestellen, in Banken und großen Hotels Geld wechseln. Akzeptiert werden Bargeld oder Reiseschecks in Euro oder US-Dollar. Die Umtauschquittung sollte man aufheben, da sie bei einem eventuellen Rücktausch gefordert werden kann.
Einheitliche Banköffnungszeiten gibt es nicht. Größere Filialen der Bank of China sind meist von 9–12 und von 14–16 Uhr geöffnet.

Impfungen/Krankenversicherung

Sofern man nicht aus einem Gebiet anreist, in dem vorher Epidemien aufgetreten waren, sind für die Einreise Impfnachweise gegen Pocken, Cholera oder Gelbfieber nicht erforderlich. In China selbst sind derzeit für keine Region Impfungen vorgeschrieben.
Ein Malariarisiko besteht in ländlichen Gegenden südlich des 25. Breitengrads, vor allem in Guangxi, Guizhou, Yunnan und auf der Insel Hainan. Die großen Städte sind malariafrei.
Gegen Hepatitis A (Gelbsucht) halten manche Ärzte eine vorbeugende Gammaglobulin-Impfung für ratsam, sie sorgt für eine verstärkte Abwehrkraft des Körpers. Für längere Reisen oder Aufenthalte in ländlichen Gegenden ist eventuell eine aktive Hepatitis-A-Impfung und Impfschutz gegen Typhus und Japanische Enzephalitis (Gehirnentzündung) anzuraten. Allgemein empfohlen wird eine Auffrischung der Tetanusimpfung.
Genauere Informationen erteilen die örtlichen Gesundheitsämter, auf Tropenmedizin spezialisierte Ärzte oder die Tropeninstitute in Hamburg, Tel. 0 90 01 23 49 99 (1,98 €/Min.), und München, Tel. 0 89/33 60 38. Im Internet: www.dtg.org.
Der Abschluss einer Reisekrankenversicherung ist empfehlenswert.

Kleidung

Für Reisende ist einfache und zweckmäßige Kleidung empfehlenswert. Bei Schuhen sollte man darauf achten, dass sie bequem und strapazierfähig sind; nicht nur der langen Strecken wegen, die man im Laufe eines Besichtigungstages zurücklegt, sondern man wird in den Städten auch oft auf »unwegsames« Gebiet treffen oder eine der zahlreichen Baustellen überwinden müssen. Zumindest strapazierfähige Sportschuhe verstehen sich für Wanderungen auf den heiligen Bergen Chinas von selbst, das Gleiche gilt für Reisen nach Tibet oder entlang der Seidenstraße.
Zu Abendveranstaltungen wie Pekingoper, Theater- oder Zirkusvorstellungen gehen die meisten Chinesen in ihrer alltäglichen Kleidung. Man kann sich dem getrost anpassen.

Sommer

In jedem Fall sollte man in den Sommermonaten genügend leichte, einfache Kleidungsstücke mitnehmen, die problemlos zu waschen sind, da die chinesischen Hotelwäschereien zwar als sehr gründlich gelten, in der Regel jedoch nicht sehr schonend mit den Sachen umgehen. Auch für die heißeste Jahreszeit braucht man zumindest einen Pullover oder ein warmes Umhängetuch, da die Klimaanlagen in den Hotels oft mehr als effektiv arbeiten und sich die obligatorische Erkältung dann schon am ersten Reiseort einstellt. Regen- und Windschutz gehören v.a. in den Sommermonaten unbedingt in den Koffer, insbesondere bei Reisen auf dem Yangzi sowie für Wanderungen auf den heiligen Bergen.

Winter

Da im Winter im Norden Temperaturen um die –15 bis –20 °C keine Seltenheit sind, sollte man sich hierfür mit dicken Daunenjacken, gefütterten Hosen und Stiefeln versorgen. Zwar kann man beispielsweise Daunenjacken in den größeren Städten recht preiswert erstehen, schon bei langen Hosen wird es jedoch – insbesondere für Damen – recht schwierig, denn Schnitt und Design weichen erheblich von westlichen Vorstellungen ab.

Klima

China ist ein riesiges Land und dementsprechend weist es auch große klimatische Unterschiede auf. Sie resultieren aus den Monsunwinden, aus der Ausdehnung des Landes (insgesamt 35 Breitengrade) und den beträchtlichen Höhenunterschieden. Wenn etwa im Januar in Harbin –13 °C gemessen werden, kann es in Kanton leicht +15 °C warm sein. Der größte Teil Chinas liegt in der gemäßigten Zone mit deutlich unterscheidbaren Jahreszeiten, vor allem im Norden.

Während es in Südost- und Zentralchina im Allgemeinen warm und feucht ist, ist es in Nord- und Nordostchina relativ trocken mit heißen Sommern und langen, kalten Wintern. Die Zone mit kalten Wintern reicht im Süden bis etwa an den Yangzi. In den Regionen um Peking, Xi'an und Zhengzhou treten im Winter und Frühjahr verstärkt Sandstürme auf.

In Nordchina fallen über 80 % der Jahresniederschläge im Sommer. In den Wüstenregionen in Xinjiang und der Inneren Mongolei sind die Sommer heiß und trocken, die Winter kalt und trocken. Auf dem Tibet-Qinghai-Plateau (4000 m Höhe im Durchschnitt) ist die Sommerzeit kurz und gemäßigt warm, die Winter sind hingegen sehr kalt. Die Niederschlagsmenge ist hier das ganze Jahr über gering. Die Temperaturunterschiede zwischen Tag und Nacht sind sehr groß.

In Zentralchina gibt es durchweg heiße und feuchte Sommer mit vielen Niederschlägen in den Spätsommermonaten, und ganz im Süden herrscht subtropisches bis tropisches Klima. Die Niederschläge sind hier über das ganze Jahr verteilt, wobei die Sommer lang, feucht und heiß sind, die Winter dagegen nur kurz mit etwas kühleren Temperaturen. Im Südosten kommt es während der dort ausgeprägten Regenzeit von Juli bis September häufig zu Taifunen. In den Tieflandregionen des Yangzi sind die Winter viel milder als im zentralchinesischen Lössbergland oder im von Gebirgsketten eingeschlossenen Sichuan. Auf dem Yunnan-Guizhou-Hochplateau herrscht ebenfalls ein mildes Klima mit warmen Sommern und kühlen Wintern, die Niederschlagsmengen sind gering, und es friert selten (s. auch S. 37).

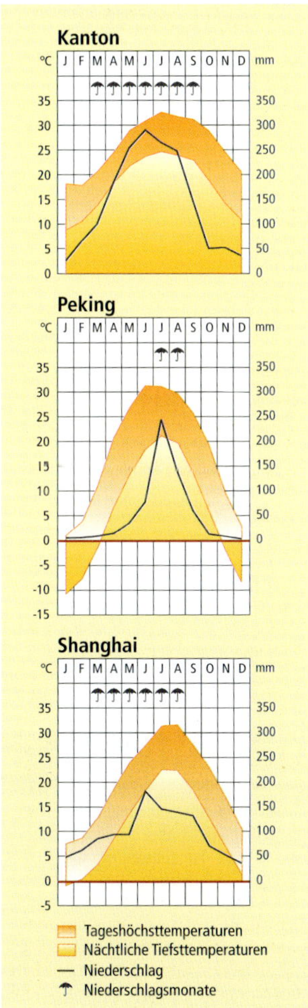

TAIFUNE

Die Taifun-Saison im südlichen China reicht von Juli bis Oktober. In Hongkong gibt es ein funktionierendes Warnsystem mit Stufe 1 bis 10, und es gibt kaum noch Schäden an Gebäuden, selbst wenn der Sturm genau über die Stadt wegzieht. In China ist das ganz anders und sehr gefährlich.
Evakuierung: International SOS (HK) Limited, 16/F, World Trade Centre, 280 Gloucester Road, Causeway Bay, Hongkong, Tel. 00 852/2528 9998, Fax: 00 852/2528 9933

Kreditkarten

Bislang wird nur in internationalen Hotels und in größeren privaten Geschäften in den touristischen Zentren »Plastikgeld« anstandslos akzeptiert. Flugtickets können inzwischen an den meisten Stellen per Kreditkarte bezahlt werden. Die gängigsten Kreditkarten sind American Express, Diners Club, Mastercard und VISA.

Bargeld erhält man in größeren Filialen der Bank of China und neuerdings an einigen Geldautomaten in den Großstädten. Nur die Automaten der Bank of China sind jedoch an das internationale Netz angeschlossen. Hongkong und Macau haben zahlreiche Geldautomaten.

Literaturtipps

Sprachführer, Reiseführer

◆ Langenscheidts Sprachführer Chinesisch, München; auch als Set mit Kassette.
◆ Hochchinesisch Wort für Wort, Kauderwelsch Bd. 14, Reise Know-How-Verlag, Bielefeld.
◆ Polyglott on tour China. Polyglott Verlag, München.
◆ Polyglott on tour Hongkong/Macau. Polyglott Verlag, München.
◆ Polyglott on tour Peking. Polyglott Verlag, München.

Kultur und Geschichte

◆ Bauer, Wolfgang: Geschichte der chinesischen Philosophie. C. H. Beck, München.
◆ Erling, Johnny: Schauplatz China: Aufbruch zur Supermacht. Herder, Freiburg.
◆ Granet, Marcel: Die chinesische Zivilisation. dtv, München.
◆ Granet, Marcel: Das chinesische Denken. Suhrkamp, Frankfurt/M.
◆ Liu Shaoqi: Schriften. edition global, München.
◆ Schmidt-Glintzer, Helwig: Das alte China: Von den Anfängen bis zum 19. Jh. C. H. Beck, München.
◆ Schmidt-Glintzer, Helwig: Das neue China: Von den Opiumkriegen bis heute. C. H. Beck, München.
◆ Spence, Jonathan: Chinas Weg in die Moderne. Hanser, München.

◆ Staiger, Brunhild (Hrsg.): Das große China-Lexikon. Primus, Darmstadt.
◆ Strittmatter, Kai: Atmen einstellen, bitte! Pekinger Himmelsstürze. Picus, Wien.
◆ Strittmatter, Kai: Vorwärts, Genossen: Chinesische Sternenfischer. Picus, Wien.
◆ Strittmatter, Kai: Gebrauchsanweisung für China. Piper, München.
◆ Winchester, Simon: Der wilde Strom. Reise auf dem Jangtse. Knaus, München.

Belletristik

◆ Ba Jin: Die Familie. Oberbaum, München.
◆ Baum, Vicky: Hotel Shanghai. Kiepenheuer & Witsch, Köln.
◆ Dai Houying: Die große Mauer. Hanser, dtv, München.
◆ Gao Xingjian: Die Busstation. Brockmeyer, Bochum.
◆ Ders.: Die Wilden. Brockmeyer, Bochum.
◆ Ders.: Der Berg der Seele. Fischer, Frankfurt.
◆ Ha Jin: Warten. dtv, München.
◆ Ders.: Ein freies Leben. Ullstein, Berlin.
◆ Hermann, Marc (Hrsg.): Stumme Städte: Neue Großstadtliteratur aus China. edition global, München.
◆ Jung Chang: Wilde Schwäne. Knaur, München.
◆ Kubin, Wolfgang (Hrsg.): Die Fahrt zur Roten Wand: Dichtung der Tang-Zeit. edition global, München.
◆ Mo Yan: Das Rote Kornfeld. Rowohlt, Reinbek.
◆ Ders.: Die Knoblauchrevolte. Rowohlt, Reinbek.
◆ Qiu Xiaolong: Die Frau mit dem roten Herzen. Zsolnay, München.
◆ Ders.: Tod einer roten Heldin. Zsolnay, München.
◆ Ders.: Rote Ratten. Zsolnay, München.
◆ Su Tong: Reis. Rowohlt, Reinbek.
◆ Wang, Anni: Peking Girls. Aufbau, Berlin.

Maßeinheiten

Die metrischen Maßeinheiten sind weit verbreitet, die traditionellen werden selten benutzt.

Medizinische Versorgung

Zwischen Stadt und Land besteht ein großes Gefälle in der ärztlichen Versorgung. In den großen Städten können Sie über Ihr Hotel einen in westlicher Medizin ausgebildeten Arzt und einen Dolmetscher organisieren. Außerdem besitzen einige Krankenhäuser eigene Abteilungen für Ausländer, in denen man Englisch spricht.
Wollen Sie sich in traditioneller chinesischer Medizin behandeln lassen, so müssen Sie dies eigens verlangen, denn normalerweise wird bei Ausländern westliche Medizin angewandt. Behandlungskosten, Medikamente, Transport und Dolmetscher müssen Sie sofort begleichen. Für Rücktransporte im Notfall gibt es zwei Organisationen, SOS Assistance und Asia Emergency Assistance, die Zweigstellen in Peking, Hongkong und Shanghai haben.

Vorbeugende Maßnahmen im Land

In Restaurants und Garküchen am Straßenrand muss auf größtmögliche Sauberkeit geachtet werden, keine rohen bzw. nicht gut durchgebratenen Speisen oder Salat essen. Sie sollten außerdem nur abgekochtes Wasser *(kaishui)* trinken. Alle Hotels und Restaurants in China halten in Thermoskannen abgekochtes Wasser bereit. Wasser in Plastikflaschen ist fast überall zu erhalten (immer ohne Kohlensäure). Achten Sie stets auf Originalverschlüsse.
Wegen der Umstellungsprobleme auf das andere Klima und die andersartige Ernährung kommt es bei Reisenden immer wieder zu Erkältungskrankheiten und zu Verdauungsproblemen. Tibet, die Seidenstraße in Nordwestchina und die tropische Provinz Yunnan sind Reisegebiete, die besondere Anforderungen an die körperliche Konstitution stellen. Bei einer Tibetreise können Herzkrankheiten und hoher Blutdruck zu ernsten Problemen führen. Auf der Seidenstraße müssen Sie mit großer Hitze und Trockenheit rechnen, der Flüssigkeitsverlust muss evtl. auch durch Einnahme von Salz- oder Mineralientabletten ausgeglichen werden.
Auch in Teilen der VR China sind zahlreiche Fälle der Vogelgrippe und der Schweinegrippe aufgetreten. Reisenden wird empfohlen, Kontakt mit lebenden Tieren oder rohem Fleisch zu meiden. Das Verbraucherschutzministerium und auswärtiges Amt halten Informationen zu Epidemien bereit:
◆ www.bmelv.de
◆ www.auswaertiges-amt.de

NOTRUFNUMMERN

Touristenhotline:
◆ Kanton: 0 20/8667 7422
◆ Peking: 0 10/6513 0828
◆ Shanghai: 0 21/6439 0630

Polizei:
◆ China: 120
◆ Hongkong: 999
◆ Macau: 919

Notarzt:
◆ China: 120
◆ Hongkong: 2713 5555
◆ Kowloon, 2576 6555
◆ Macau: 57 71 99

Öffnungszeiten

Die Geschäfte in der VR sind täglich geöffnet, auch an Feiertagen. Die Geschäftszeiten sind in der Regel 9–21 Uhr. Staatliche Büros haben gewöhnlich von Montag bis Freitag 8.30–17.30 Uhr geöffnet (Mittagspause 12–13.30 Uhr). Chinesische Läden auf Märkten und »Touristenstraßen« sind meist an Wochentagen bis 22 Uhr geöffnet.
Banken öffnen meist 9–12 und 14 bis 16 Uhr, Postämter durchgehend 8–19 Uhr. Die meisten Museen haben täglich außer Montag im Sommer 10–17, im Winter bis 16 Uhr geöffnet. Bei anderen Sehenswürdigkeiten sind die Öffnungszeiten uneinheitlich.

Post

Die inländische Postzustellung ist oft schnell, auch im internationalen Bereich arbeitet die Post effizient. Viele Hotels verkaufen Briefmarken und geben Päckchen auf. Briefe nach Europa und Amerika werden nach Gewicht frankiert, Postkarten kosten circa 5 Yuan (Luftpost). Pakete dürfen wegen der Zollprüfung erst im Postamt gepackt und verschlossen werden. Für Pakete ins Ausland ist das jeweilige internationale Postamt zuständig, für Postlagersendungen das jeweilige Hauptpostamt der Stadt.

Reisedokumente (Pass und Visum)

Reisende benötigen für die VR China ein Visum, nicht aber für Hongkong und Macau. Für Teilnehmer einer Gruppenreise wird es vom Reiseveranstalter besorgt, Einzelreisende wenden sich an die diplomatischen Vertretungen in ihrem Land. Das Visum berechtigt zu einem Aufenthalt von einem bis drei Monaten, zu einer einmaligen Einreise über alle geöffneten Grenzstatio-

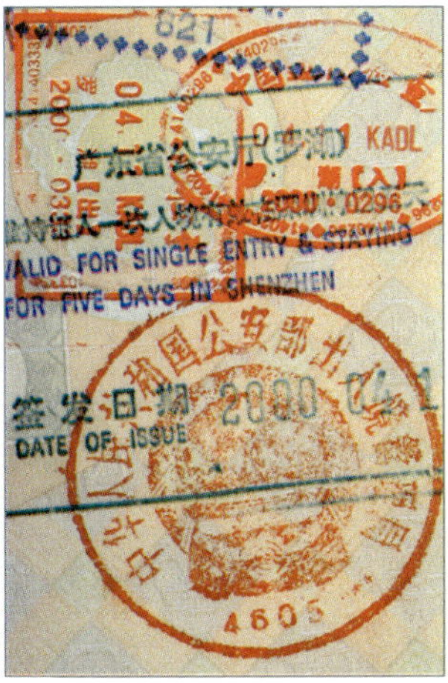

nen. Es gibt auch Mehrfachvisa. Fast alle Gebiete Chinas stehen Touristen inzwischen offen, nur in militärisch sensiblen Regionen wie Tibet und Xinjiang kann es Probleme geben.
Die Botschaften benötigen zur Erteilung des Visums den Reisepass, der noch mindestens sechs Monate nach Reiseablauf gültig sein muss, ein Passbild, einen ausgefüllten Visumantrag (das Formular erhält man von den konsularischen Vertretungen, dem Fremdenverkehrsamt, einem Reiseveranstalter oder im Internet) sowie die Visumgebühren. Die Bearbeitungszeit beträgt etwa eine Woche. Die erforderlichen Papiere können frühestens 50 Tage vor Reiseantritt bei den Botschaften eingereicht werden.
Bei der Ein- und Ausreise müssen Individualreisende ein Formular ausfüllen. Für Gruppenreisende gilt diese Anweisung nicht, da ein Gruppenvisum vorgelegt wird. Die sog. »Health Declaration« wird bei der Einreise von allen Reisenden erwartet.

Reisegepäck

Bei Toilettenartikeln sollte man ebenso wie bei Medikamenten seine gewohnten Produkte mitnehmen. Das gilt insbesondere für Medikamente gegen Darmerkrankungen, Magenverstimmungen, Hals- und Erkältungskrankheiten. Allergiker sollten ihre benötigten Medikamente bei sich haben und notfalls auch, etwa beim Zoll, in der Lage sein, ihre Spraydosen auf Englisch erklären zu können. Aspirin ist in vielen chinesischen Apotheken erhältlich (Asipilin). In den Wintermonaten empfiehlt sich in Peking und Umgebung die Mitnahme einer guten Fettcreme und von Lippenpflege.

In den Hotelläden gibt es manchmal eine recht gute Auswahl auch an westlichen Markenartikeln, der Gebrauch von Tampons oder Damenbinden ist für China jedoch noch ungewöhnlich, sie sollten daher besser in ausreichender Menge mitgeführt werden. Ratsam ist es außerdem, sich bei Reisen durch das Land mit Toilettenpapier auszustatten, das abseits der Hotels in öffentlichen Toiletten oft nicht vorhanden ist.
Sowohl bei den Fluggesellschaften als auch beim innerchinesischen Bahntransport wird mit den Gepäckstücken selten pfleglich umgegangen. Man sollte daher einen stabilen Koffer mitnehmen. Es empfiehlt sich der Abschluss einer Reisegepäckversicherung, da ein Ersatz des Schadens vor Ort meist nicht durchsetzbar ist. Die Koffer müssen abschließbar sein, der chinesische Gepäckservice kann sonst den Transport verweigern.

Reisezeit

Die besten Reisezeiten sind das späte Frühjahr (Mai) und Herbst (September und Oktober), denn im Sommer ist in China Regenzeit. Gelegentlich gibt es auch einen der gefürchteten Taifune. In den Hochebenen von Tibet und Qinghai macht der harte Winter das Reisen nahezu unmöglich, und auch Nordchina ist wegen der empfindlichen Kälte im Winter nur schlecht zu bereisen.

Sicherheit/Kriminalität

In China gibt es genauso viel Kriminalität wie in anderen Ländern. Durch drakonisches staatliches Durchgreifen bei Verbrechen – unter anderem willkürliche Verhängung der Todesstrafe vor allem in Zusammenhang mit Delikten gegen Ausländer – versucht der Staatsapparat, den sozialen Frieden unter Kontrolle und die Kriminalitätsrate niedrig zu halten. Trotzdem nehmen aufgrund der immer größer werdenden sozialen Ungerechtigkeiten Diebstähle in Hotels, Bussen, Zügen und auf Märkten etc. zu. Achten Sie daher stets darauf, dass Wertsachen nicht arglos in Ihrem Hotelzimmer herumliegen, sondern benutzen Sie die hoteleigenen Safes und versuchen Sie, Ihr Geld möglichst diebstahlsicher bei sich zu tragen.
Anlaufstelle bei Diebstahl von Dokumenten, Verlust von Gepäck oder auch bei Problemen mit Taxifahrern und Hotels ist die allgegenwärtige Polizei, das Public Security Bureau (PSB, chinesisch: Gonganju).

Telekommunikation

Telefon

Gespräche ins Ausland sind in Hongkong und Macau kein Problem, in China gibt es Internationale Direktwahlsysteme (IDD) in großen, internationalen Hotels, wo allerdings hohe Gebühren berechnet werden. Jede Stadt hat ein Post- und Telegrafenamt, von wo man günstiger telefonieren kann. Ortsgespräche sind auch von den Hotels meist kostenlos. In letzter Zeit werden in den Städten mehr und mehr öffentliche Kartentelefone eingerichtet. Die Telefonkarten sind bei Postämtern, an Kiosken und auch in Hotels erhältlich.
Handys sind sehr weit verbreitet. Die zwei großen Netzbetreiber (China Telecom und China Unicom) arbeiten nach dem Standard GSM900. Bei Ihrem Netzbetreiber erfahren Sie Näheres über die speziellen Roaming-Bedingungen.

Fax und E-Mail

Die meisten großen Hotels verfügen über Faxanschlüsse und in ihren Businesszentren über E-Mail. Mittlerweile verfügen viele Hotelzimmer bereits über einen DSL-Anschluss. Der Zugang zum Internet wird vom Staat aber scharf kontrolliert. In vielen Städten bieten Internet-Cafés ihre Dienste an.

CHINESISCHE VORWAHLEN

Bei Anrufen innerhalb Chinas muss die 0 vorangestellt werden:
◆ Chengdu 10
◆ Chongqing 28
◆ Guilin 773
◆ Hangzhou 571
◆ Harbin 451
◆ Kanton 20
◆ Kashi 998
◆ Kunming 871
◆ Luoyang 379
◆ Nanjing 25
◆ Sanya 898
◆ Shanghai 21
◆ Shenyang 24
◆ Shenzhen 755
◆ Suzhou 512
◆ Peking 10
◆ Qingdao 532
◆ Tianjin 22
◆ Ürümqi 991
◆ Wuhan 27
◆ Xi'an 29
◆ Xiamen 592
◆ Zhengzhou 371

Internationale Vorwahlnummern

Die Vorwahl von Europa nach China lautet 00 86, nach Hongkong 00 852 und nach Macau 00 853. Von China aus muss die Landeskennzahl (Deutschland 00 49, Österreich 00 43, Schweiz 00 41) und dann die Vorwahl ohne 0 gewählt werden.

Trinkgeld

Vor Jahrzehnten noch als kapitalistisch verpönt, ist Trinkgeld längst fester Bestandteil jeder Chinareise. Alle, die im Tourismus arbeiten, rechnen mit dieser Aufbesserung ihrer niedrigen Löhne. Einerseits gehen – vor allem in den Städten – die Erwartungen oft ins Astronomische, andererseits ruft in touristisch nicht erschlossenen ländlichen Regionen Trinkgeld immer noch Verwunderung hervor und wird zurückgewiesen. Im Allgemeinen sollte man sich nicht kleinlich zeigen, denn oft kann die Leistungsbereitschaft dadurch erheblich gesteigert werden. Der chinesischen Sitte entsprechend wird die Annahme von Trinkgeld unter Umständen zunächst verweigert, beim zweiten Versuch jedoch gerne angenommen.

ZEIT

China hat keine Zeitzonen und keine Sommerzeit, also gilt im ganzen Land einheitlich MEZ plus sieben Stunden, während der europäischen Sommerzeit MESZ plus sechs Stunden.
Die chinesische Einheitszeit ist auf Peking abgestellt, was für die westlichen Gegenden einen völlig anderen Tagesrhythmus bedeutet, denn dort ist es gefühlt bis zu drei Stunden früher.

Zeitungen/Zeitschriften

In China erscheint sechsmal pro Woche die offizielle englischsprachige Tageszeitung »China Daily«. Sie ist wenig informativ und unterliegt wie alle Medien der politischen Zensur. In großen Hotels ist sie oft kostenlos zu haben. »Shanghai Daily« erscheint ebenfalls täglich in englischer Sprache. Viele Hotels in Peking, Kanton und Shanghai verkaufen an ihren Zeitungsständen ausländische, meist englischsprachige Zeitschriften und Zeitungen. Hilfreich können auch die englischsprachigen Wochenmagazine »That's Beijing«, »City Weekend« und »That's Shanghai« sein.

Zoll

Einfuhr

Touristen dürfen 2 Flaschen Wein und 400 Zigaretten zollfrei einführen, Fremdwährung und Wertgegenstände für den persönlichen Gebrauch in unbegrenzter Höhe. Verboten ist die Einfuhr von Waffen, Munition, Drogen und Pornografie, wobei dieser Begriff sehr weit ausgelegt wird. Nachdem längere Zeit keine Zollerklärungen mehr notwendig waren, werden sie jetzt wieder bei der Einreise und manchmal sogar bei der Ausreise verlangt.

Ausfuhr

Bei der Ausreise ist zu beachten, dass Antiquitäten, die nicht das rote Lacksiegel eines offiziellen Antiquitätengeschäftes tragen, nicht ausgeführt werden und sich nicht einmal in Ihrem Besitz befinden dürfen. Solche Gegenstände werden ersatzlos von den Zollbehörden beschlagnahmt. Nicht ausführen bzw. gar nicht erst kaufen sollte man Gegenstände, die aus wild lebenden Tieren bzw. Teilen von ihnen hergestellt wurden, wie z.B. Elfenbein. Sie unterliegen dem Washingtoner Artenschutzabkommen, ihre Einfuhr nach Deutschland ist verboten. Scharfe Kontrollen auf den Heimatflughäfen werden hinsichtlich der Einfuhr von Imitationen von Uhren etc. oder Raubkopien von CDs durchgeführt. Die Strafen können recht empfindlich sein.
Nach Deutschland und Österreich als EU-Länder dürfen eingeführt werden (ab Mindestalter 17 Jahre): Tabakwaren (200 Zigaretten, 100 Zigarillos, 50 Zigarren oder 250 g Rauchtabak), Alkohol (1 l hochprozentige Spirituosen), Kaffee (500 g Röstkaffee oder 200 g löslicher), Duftwasser (50 g Parfüm und 0,25 l Toilettenwasser), Arzneien für den persönlichen Bedarf und alle anderen Waren bis zu einem Wert von 430 Euro. Über diesem Wert gilt ein Steuersatz von 17,5 Prozent. Ausgenommen sind in jedem Fall Gegenstände des persönlichen Bedarfs.
Schweizer Bürger dürfen neben den gebrauchten persönlichen Dingen folgende Mengen einführen: Alkohol (2 l bis 15 Vol.-%, 1 l ab 15 Vol.-%), Tabakwaren (200 Zigaretten, 50 Zigarren oder 250 g Pfeifentabak; Mindestalter 17 Jahre), Geschenke im Wert von 300 CHF.

SPRACHE UND MINI-DOLMETSCHER

Kleiner Sprachführer Chinesisch

Einleitung

Englisch wird zwar in den letzten Jahren in zunehmendem Maße auch in der VR China benutzt, aber insgesamt findet man abseits der großen Hotels und der Geschäfts- und Touristikzentren nach wie vor schwer jemanden, der Englisch spricht, ganz zu schweigen von Deutsch oder Französisch. Deswegen ist es angebracht – insbesondere für Alleinreisende – sich etwas mit dem Chinesischen zu beschäftigen. Spötter meinen allerdings, dass neben »mei you« (»gibt's nicht«) das meistgebrauchte Wort in China heute »change money?« sei.

Über eine Milliarde Menschen in China und dazu noch viele Millionen Chinesen in Südostasien und Amerika sprechen Chinesisch. In der Volksrepublik China werden neben Chinesisch – der Sprache des Han-Volkes (Hanyu), der eigentlichen Chinesen also – in einigen Landesteilen noch die Sprachen der jeweils dort ansässigen Minderheiten gesprochen, u.a. Tibetisch, Mongolisch oder Uigurisch. Überall jedoch wird heute in der Volksrepublik das Hochchinesische (Mandarin) einigermaßen verstanden und gesprochen.

Aussprache, Betonung

Das Chinesische zerfällt in mehrere große Dialektgruppen, die untereinander starke Abweichungen aufweisen. So kann etwa ein Kantoner oder ein Hongkonger einen Pekinger nicht verstehen und umgekehrt, es sei denn, beide sprechen Hochchinesisch. Die verschiedenen Dialekte haben aber dieselbe Grammatik und denselben Wortschatz und vor allem eine gemeinsame Schrift. Das heißt, auch wenn die Aussprache stark differiert, können die jeweiligen Schriftzeichen von allen Chinesen gelesen werden.

In der Volksrepublik China wird seit den 1950er-Jahren an allen Schulen das Hochchinesische oder Mandarin unterrichtet und in Rundfunk, Fernsehen etc. benutzt. Vor allem die jüngeren Chinesen beherrschen Mandarin. Das standardisierte Hochchinesisch beruht auf der Aussprache der nördlichen Dialekte, insbesondere des Pekinger Dialekts. Es gibt eine offizielle lateinische Umschrift, das Hanyu Pinyin (die Lautschrift der Sprache des Han-Volkes). Hanyu Pinyin wird in der ganzen Volksrepublik benutzt; an einigen Bahnhöfen und den meisten Flughäfen stehen Ortsnamen und Straßennamen sowohl in Schriftzeichen als auch in der lateinischen Umschrift. Zudem benutzen alle modernen Wörterbücher das System des Hanyu Pinyin. Auch in dem vorliegenden Reiseführer wird in der Regel für chinesische Namen und Ausdrücke das Hanyu-Pinyin-System benutzt.

Die chinesische Sprache ist durch ihre relative Silbenarmut gekennzeichnet. Nur rund 400 Silben stehen dem Hochchinesischen zur Verfügung. Um dennoch Worte unterscheiden zu können, bedient man sich vier verschiedener Betonungsmöglichkeiten sowie unbetonter Silben. Das Chinesische ist eine tonale Sprache, d.h. die Betonungen, Töne genannt, sind bedeutungstragend. Spricht man etwa die Silbe »mai« im fallenden vierten Ton aus, heißt dies »verkaufen«; spricht man sie dagegen im fallend-steigenden dritten Ton aus, bedeutet sie »kaufen«. Zahlreiche Silben bzw. Wörter werden gleich ausgesprochen und gleich betont, jedoch völlig verschieden geschrieben. Die jeweilige Bedeutung ist also im Gespräch nur aus dem Zusammenhang erkennbar.

Viele chinesische Wörter sind zudem aus zwei oder mehreren Silben oder einsilbigen Wörtern aufgebaut. So heißt zum Beispiel das chinesische Wort für Film »dian-ying«, das aus den beiden Worten »dian« für Strom und »ying« für Schatten besteht. Zum leichteren Lesen werden im Hanyu-Pinyin-System Silben, die zusammen Wörter bilden, zusammengeschrieben. Beispielsweise wird häufig am Ende eines Straßennamens eine Himmelsrichtung angegeben: xi = Westen, dong = Osten, bei = Norden und nan = Süden. Die Worte »lu« und »jie« bedeuten Straße, »Nanlu« heißt also einfach Südstraße (s. S. 38).

Wer alleine in China reist, dem ist zu empfehlen, einen Sprachführer für Chinesisch (siehe Literaturhinweise S. 451) mitzunehmen, denn weder Aussprache noch Betonung sind vom geschriebenen Zeichen ableitbar, sondern müssen Wort für Wort auswendig gelernt werden.

Schrift

Die chinesische Schrift ist eine Zeichen- oder Bilderschrift. Dabei repräsentiert jedes Schriftzeichen ein einsilbiges Wort. Insgesamt gibt es über 50 000 Schriftzeichen, wovon das moderne Chinesisch jedoch nur einen Teil benutzt. Für eine Tageszeitung sind in etwa 3000 bis 4000 Schriftzeichen ausreichend, Gelehrte beherrschen zwischen 5000 und 10 000, ein Alltagswörterbuch verzeichnet 8000 Zeichen.

Früher waren viele Schriftzeichen relativ kompliziert. Nach 1949 wurden in der VR China mehrere Schriftreformen durchgeführt, um die Schreibweise zu vereinfachen. Heute sind in der VR China durchgängig die vereinfachten Schriftzeichen gebräuchlich, in Hongkong, Singapur, Taiwan und bei allen Auslandschinesen jedoch noch die Langformen. Wegen des Traditionsbewusstseins der Chinesen setzt sich im privaten Bereich auch in der Volksrepublik wieder mehr und mehr der Gebrauch der komplizierteren alten Zeichen durch, denn die Zeichenreformen wurden nur per Dekret befohlen, nicht aber vom Volk von innen heraus mitgetragen.

Allgemeines

Guten Tag (allg.)	你好。[ni hau]
Auf Wiedersehen!	再见！[dsai djiän]
Wie geht's?	你好吗？[ni hau ma]
Danke, gut.	谢谢，很好。[ßiä ßiä, hen hau]
Ich heiße …	我姓。。。[wo ßing …]
hier	这里 [dsche li]
dort	那里 [na li]
geradeaus	往前走 [wang tjiän dsou]
gestern	昨天 [dsuo tiän]
heute	今天 [djin tiän]
morgen	明天 [ming tiän]
Sprechen Sie Deutsch?	你说德文吗？[ni schuo dewen ma]
Sprechen Sie Englisch?	你说英文吗？[ni schuo ingwen ma]
Ich bin Deutscher.	我是德国人。[wo schi deguo ren]
Ich verstehe nicht.	我不懂。[wo bu dung]
Sagen Sie es bitte noch einmal.	请再说一边。[tjing dsai schuo i biän]
…, bitte.	请。。。[tjing …]
danke	谢谢。[ßiä ßiä]
Keine Ursache.	不谢。[bu ßiä]
was	什么 [scheme]
wer	谁 [schuäi]
wo	在哪里 [dsai nali]
wohin	到哪里 [dau nali]
wie	怎么 [dseme]
wie viel	多少 [duoschau]
wann	什么时候 [scheme schihou]
wie lange	多长时间 [duo tschang schidjiän]
Wie heißt das?	这叫什么？[dsche djiau scheme]
Wo ist …?	。。。在哪里？[… dsai nali]
Können Sie mir helfen?	你能不能帮助我？[ni neng bu neng bangdschu wo]
ja	是的 [schi de]
nein	不 [bu]
Entschuldigen Sie.	对不起。[duäi bu tji]
Das macht nichts.	没关系。[mej guanßi]
Ich möchte…	我要。。。[wo jau …]
Wo ist die Toilette?	厕所在哪里？[tsessuo dsai nali]

Notfälle

Ich brauche einen Arzt.	我要看医生。[wo jau kan ischeng]
Ich brauche einen Zahnarzt.	我要看牙科大夫。[wo jau kan jake daifu]
Rufen Sie bitte die Polizei.	请叫警察来。[tjing djiau djingtscha lai]

Shopping

Wo gibt es …?	哪里有。。。？[nali jou …]
Wie viel kostet das?	这个多少钱？[dschege duoschau tjiän]
Das gefällt mir.	我很喜欢。[wo hen ßihuan]
Das gefällt mir nicht.	我不喜欢。[wo bu ßihuan]
Gibt es das in einer anderen Farbe?	这个别的颜色有没有？[dschege biäde jänse jou mej jou]
Gibt es das in einer anderen Grösse?	这个别的大小有没有？[dschege biäde daßiau jou mej jou]
Ich nehme es.	我买它。[wo mai ta]
Wo ist eine Bank?	银行在哪里？[jinhang dsai nali]
Wo kann ich Geld wechseln?	哪里可以换钱？[nali keji huan tjiän]
Geben Sie mir bitte …	请给我。。。[tjing gej wo …]
Haben Sie deutsche Zeitungen?	你有没有德文报纸？[ni jou mej jou dewen baudschi]
Wo kann ich telefonieren?	哪里可以打电话？[nali keji da diänhua]

Essen und Trinken

Die Speisekarte, bitte.	请来菜单。[tjing lai tsaidan]
Kaffee	咖啡 [kafej]
grüner Tee	绿茶 [lütscha]
schwarzer Tee	红茶 [hung tscha]
Suppe	汤 [tang]
Fisch	鱼 [jü]
Meeresfrüchte	海鲜 [hai ßiän]
Fleisch	肉类 [roulej]
Geflügel	家禽 [djiatjin]
Reis	米饭 [mifan]
Nudeln	面条 [miän tjiau]
vegetarische Gerichte	素菜 [ssu tsai]
Obst	水果 [schuej guo]
Eis	冰淇淋 [bing tji lin]
Wein	葡萄酒 [putau djiou]
weiß	白 [bai]
rot	红 [hung]
Bier	啤酒 [pidjiou]
Wasser	水 [schuej]
Mineralwasser	矿泉水 [kuang tjü än schuej]
Frühstück	早饭 [dsau fan]
Mittagessen	午饭 [wu fan]
Abendessen	晚饭 [wan fan]
eine Kleinigkeit	小吃 [ßiaou tschö]
Ich möchte bezahlen.	请算帐。[tjing ssuan dschang]
Es war sehr gut.	这很好吃。[dsche hen hau tschö]

Sightseeing

Gibt es hier eine Touristeninformation?	这里有没有旅行社？[dscheli jou mej jou lü ßing sche]
Haben Sie einen Stadtplan?	你有没有市区地图？[ni jou mej jou schitju ditu]
Wann ist … geöffnet?	。。。什么时候开？[… scheme schihou kai]
Museum	博物馆 [bo wu guan]
Tempel	庙宇 [miau jü]
Palastmuseum	故宫 [gugung]
Können Sie mir bitte ein Taxi rufen.	请为我叫一辆出租汽车来 [tjing wej wo djiau i liang tschudsu tjitsche lai]

Im Hotel

Ich suche ein gutes Hotel.	我找一个好的旅馆。[wo dschau ige hau de lüguan]
Ich suche ein nicht zu teures Hotel.	我找一个不太贵的旅馆。[wo dschau ige bu tai guej de lüguan]
Ich habe ein Zimmer reserviert.	我预订了一个房间。[wo yüding le ige fangdjiän]
Ich suche ein Einzelzimmer.	我找一个单人房间。[wo dschau ige danren fangdjiän]
Ich suche ein Doppelzimmer.	我找一个双人房间。[wo dschau ige schuangren fangdjiän]
Wie viel kostet das Zimmer pro Nacht?	这房间一个晚上多少钱？[dsche fangdjiän ige wanschang duoschau tjiän]
Mit Frühstück?	包括早饭吗？[baukuo dsaufan ma]
Kann ich mit Kreditkarte bezahlen?	可以用信用卡付钱吗？[keji jung ßinjungka futjiän ma]
Kann ich mit Reiseschecks bezahlen?	可以用旅行支票付钱吗？[keji jung lü ßing dschöpiau futjiän ma]
Können Sie das Gepäck in mein Zimmer bringen?	你可以把我的行李送到我的房间吗？[ni keji ba wo de ßingli sung dau wo de fangjiän ma]
Das Licht geht nicht.	电灯坏了。[diändeng huai le]
Es kommt kein heißes Wasser.	没有热水。[mej jou re schuej]
Die Spülung funktioniert nicht.	水箱坏了。[schuejßiang huai le]

REGISTER

Orts- und Sachregister

A

B

C

D

E

F

G

H

I

J

K

P

Q

R

S

Personenregister

BILDNACHWEIS

4Corners 10 (oben), 250
Alamy 180, 264, 311, 313
APA/Archive 263
APA/Chris Bradley 246 (links)
APA/Alex Havret 1, 115, 278/279, 281, 282/283, 284 (oben), 291 (oben u. links), 293 (beide)
APA/David Henley 6 (unten rechts), 7 (oben links), 8 (unten links u. unten rechts), 11 (oben u. unten), 24 (Mitte), 41, 55 (links), 68 (unten rechts), 106, 109, 120/121, 127, 190 (oben), 202, 258, 259, 263, 272/273, 275 (alle), 302, 304, 307, 308, 310 (unten), 314 (beide), 316, 318 (oben), 318/319, 319 (oben), 324, 325 (links), 326 (oben), 328 (beide), 329, 335 (alle), 337, 338, 339 (beide), 341, 342 (oben), 343, 345 (beide), 346, 347 (beide), 348 (oben), 352, 353, 355 (beide), 356, 357, 358 (oben), 359, 360 (oben u. links), 361 (alle), 367 (beide), 368 (beide), 369, 370 (beide), 372, 373 (beide), 374, 375 (beide), 380/381,382, 402, 403, 404, 405, 406 (beide), 409 (beide), 410, 412 (beide), 413 (oben), 414, 415 (beide), 416 (beide), 417, 418, 454
APA/Taras Kovaliv 103, 289 (oben), 291
APA/Tom Le Bas 23 (oben), 108 (unten), 221 (oben), 224 (links), 239, 242 (oben), 244, 245, 254 (oben), 255, 290 (oben)
APA/Brice Minnigh 4, 8 (Mitte), 10 (Mitte rechts), 11 (Mitte), 23 (unten), 35, 56 (beide), 74 (links), 82 (rechts), 83, 85 (rechts), 112, 118, 131 (oben), 172, 173 (oben), 174 (oben), 175, 176, 177, 178, 180 (oben), 181 (beide), 182 (beide), 189, 191, 192 (beide), 194 (beide), 195 (beide), 197 (oben), 198 (oben), 199 (beide), 200 (oben u. unten links), 261, 265 (beide), 267 (beide), 271 (beide), 388 (rechts), 389, 392 (oben), 395 (oben), 398 (beide), 399, 421, 450
APA/Abe Nowitz 27, 69 (oben), 102, 104 (links), 134, 136, 137 (oben), 138 (oben), 139, 143, 144, 147 (unten rechts), 148 (beide), 153, 157, 158 (oben), 326 (unten)
APA/David Shen Kai 9 (oben rechts), 10 (Mitte links), 22, 23 (Mitte), 26, 28, 29, 30, 31, 32, 33, 46, 59 (rechts), 64, 65, 70/71, 72, 73, 74 (rechts), 75 (links), 76, 77, 82 (links), 85 (links), 87, 95, 96, 103 (links), 113, 119 (rechts), 169, 211 (beide), 215, 217 (oben), 218 (oben), 219, 220, 221, 222 (beide), 223, 224 (oben u. unten rechts), 225 (beide), 226 (oben), 227 (beide), 228, 229 (alle), 232, 233, 234, 236 (oben), 238 (oben), 239 (oben), 240, 241, 242, 244 (oben), 246 (rechts), 249, 251, 252 (oben u. unten links), 253 (oben), 266, 309, 420
APA/Sinopix 81, 90, 91, 93 (links unten), 158, 287, 288, 297 (oben), 300, 306, 307 (oben), 308 (oben), 320
APA/Ming Tang-Evans 7 (unten rechts), 69 (unten rechts), 84, 101 (links), 105 (beide), 116 (rechts), 131 (Mitte u. unten), 138 (unten), 141 (oben), 142 (beide), 143 (oben), 144 (oben), 146 (beide), 147 (oben u. unten links), 150, 151 (oben), 155 (oben), 156 (links), 160, 431
APA/Tim Thompson 320
APA/Marcus Wilson-Smith 137 (unten)
Jon Arnold 7 (oben rechts), 244, 316
Art Archive 66 (oben)
Axiom 278
Beijing New Picture Film Co 97 (links unten)
Bodo Bondzio 107, 384
Bridgeman Art Library 51
Corbis 9 (oben links u. unten), 34, 43, 44, 53, 55 (rechts), 57, 60, 100, 154/155, 325 (rechts), 408
CPA Media 49, 67 (oben u. unten links), 68 (oben), 69 (unten links)
R Dorel 101 (rechts)
DDR.net 7 (Mitte rechts), 166
P-Antoine Donnet 188 (oben)
David Drakeford 159 (links)
Fotolibra 36, 126, 340, 341 (oben)
Fotostock 274, 303
Fremdenverkehrsamt der Volksrepublik China 14 (unten)
Getty 25, 108 (oben), 134, 164
Jim Goodman 376 (rechts)
Brent Hannon 243
Damian Harper 236
Jack Hollingsworth 432
HK Tourist Board 13 (oben), 14 (oben), 42 (unten rechts), 114, 276/277, 279, 280, 283 (oben), 284 (rechts), 285 (links), 289, 290, 431
ImagineChina 6 (links), 6/7, 18/19, 20/21, 61, 62, 63, 67 (unten rechts), 86, 122/123, 130, 140/141, 165, 197, 202, 208/209, 210, 216/217, 226, 235 (oben), 238 (unten), 254, 257, 305, 316, 320, 348, 360 (rechts), 377, 378 (beide), 393 (unten)
iStockphoto 3, 6 (Mitte rechts), 7 (Mitte links u. unten links), 8 (oben), 10 (unten), 24 (oben), 37, 39, 40, 48 (links), 66 (unten), 93 (rechts), 116 (links), 117, 119 (links), 127 (oben), 140 (oben), 145 (beide), 151, 156 (rechts), 159, 168 (beide), 171, 174, 179, 186, 193, 200 (unten rechts), 201, 247, 251 (oben), 252 (rechts), 253, 268, 281 (oben), 285 (rechts), 297 (links), 299 (beide), 300 (oben), 304, 327, 342, 344/345, 346 (oben), 362 (beide), 363, 376 (links), 377 (oben), 383 (oben u. unten), 385, 387 (oben), 388 (links), 393 (oben u. Mitte), 395, 396 (beide), 397 (beide), 413, 453
Leo Hacks Collection 80
Peter Hessel 47
Volkmar Janicke 15 (unten)
Leonardo 448
Laif 237
Mary Anne Le Bas 292
Tom Le Bas 383 (Mitte), 387, 390, 391, 392
Macau Tourism 296, 297 (oben)
Mary Anne Hemphill 263 (oben)
Mary Evans 45, 68 (unten links)
Medizinische Gesellschaft für Qigong Yangsheng 16
Manfred Morgenstern 42, 50, 52 (beide), 54, 59 (links), 94, 188, 196, 358
Ben Nakayama 336
National Palace Museum 104 (rechts)
OnAsia 25
Panos 124/125, 190, 198
Erhard Pansegrau 15 (oben), 17 (oben), 185, 365
Phillip Gostelow 218
PhotoBank Singapore 38, 166, 173, 183, 256
Dirk Renckhoff 13 (unten)
Rex Features 75 (rechts)
A Rowart 214
Scala 66 (Mitte)
Superstock 242/243
Mike Theiler 86
via/F.-J. Krücker 17 (unten)
White Swan Hotel 12
David Wilkinson 364

Im Bild

Seiten 78–79
obere Reihe: iStockphoto, ChinaFotoPress, Xinhua New Agency/eyevine;
mittlere Reihe: Getty (beide);
untere Reihe: Getty, Rex Features, Getty

Seiten 88–89
obere Reihe: Corbis, Tom Le Bas (Figuren);
mittlere Reihe: CPA/David Henley, iStockphoto, APA/Brice Minnigh;
untere Reihe: APA/David Shen Kai, Corbis

Seiten 98–99
obere Reihe: APA/Alex Havret, APA/David Shen Kai;
untere Reihe: APA/Sinopix, APA/Nowitz

Seiten 110-111
obere Reihe: APA/Marcus Wilson-Smith, APA/David Henley, APA/Brice Minnigh;
untere Reihe: HK Tourist Board, APA/David Shen Kai, APA/Brice Minnigh

Seiten 162–163
obere Reihe: APA/Ming Tang-Evans, Erhard Pansegrau;
mittlere Reihe: M. Morgenstern, B. Smith;
untere Reihe: APA/Ming Tang-Evans

Seiten 204–205
obere Reihe: iStockphoto, APA/Brice Minnigh, Art Archive;
mittlere Reihe: APA/Nowitz, APA/Brice Minnigh;
untere Reihe: iStockphoto, APA/Brice Minnigh

Seiten 206-207
Mainstream Photography/Roy Main (alle)

Seiten 270–271
obere Reihe: Imagine China, APA/Brice Minnigh, iStockphoto;
mittlere Reihe Getty, APA/Brice Minnigh;
untere Reihe: APA/Brice Minnigh (alle)

Seiten 330–331
obere Reihe: CPA/David Henley (330), iStockphoto;
mittlere Reihe: FLPA/John Holmer;
untere Reihe: Ardea, CPA/David Henley, Photolibrary

Seiten 350-351
CPA/David Henley

Seiten 400-401
obere Reihe: iStockphoto, OnAsia, APA/David Henley;
mittlere Reihe: APA/David Henley, Mary Evans;
untere Reihe: Tony Halliday, APA/David Henley, Mary Evans

Polyglott
Travel Guide
Für iPhone und iPod Touch
Jetzt downloaden:
App Store/Kategorie Reisen
Immer mit dabei: Die Polyglott Travel Guides für die beliebtesten Reiseziele mit vielen Top Adressen, Bildern, Plänen und praktischen Zusatzdiensten wie Hotelbuchung, Google-Maps und das Zusammenstellen der eigenen Tour.
22:04
POLYGLOTT
Travel Guide
PARIS
Top Tipps
Karten
Meine Tour
Mehr sehen – mehr genießen für € 4,99
www.polyglott.de/iphone

Shanghai Metro

U-Bahn Peking

RUSSLAND
KASACHSTAN
Ozero Zaysan
Ozero Balkhash
Hövsgöl Nuur
Tashkent
Bishkek
Almaty
KIRGISIEN
Ürümqi
柏孜克里千佛洞
Kaschgar (Kashi)
喀什
Tarim He
TADSCHIKISTAN
Xinjiang
新疆维吾尔自治区
PAKISTAN
Indus
Qinghai Hu
Xining
西宁
Huang He
Qinghai
青海省
Xizang
西藏自治区
Tibet
Delhi
Neu Delhi
Jinshajiang (Yangzi)
Lancang (Mekong)
CHINA
Nu Jiang (Salween)
NEPAL
Lhasa
拉萨
Sichua
四川省
Kanpur
Ganges
Ghaghara
Katmandu
Chengdu
成都
Thimphu
BHUTAN
Brahmaputra
Wendekreis des Krebses
INDIEN
Irrawaddy
BANGLADESH
Dhaka
Kunming
昆明
Kalkutta
BIRMA (MYANMAR)
Yunnan
云南省
Hanoi
Irrawaddy
Bucht von Bengalen
LAOS
Rangun (Yangon)
THAILAND
Vientiane (Viang Chan)